高速铁路基础研究与技术创新丛书

编 委 会

国家出版基金项目
NATIONAL PUBLICATION FOUNDATION

国家出版基金项目
“十四五”时期国家重点出版物出版专项规划项目

高速铁路基础研究与技术创新丛书

基础理论与基础技术系列

高速铁路线路系统动力学

本丛书编委会　总主编
龙许友　时　瑾　王英杰　编　著
王开云　主　审

中国铁道出版社有限公司

2022年·北　京

内 容 简 介

本书为“高速铁路基础研究与技术创新丛书”之分册。本书系统论述了高速铁路线路系统动力学理论与工程应用，高速铁路车辆、轨道、桥梁结构和线路线形的动力学建模方法、数值求解方法，动力学现场测试及试验、动力学评价指标与方法；研究了线路系统动力学理论在线路参数、线路方案评价与优化以及曲线地段车线桥系统动力分析等内容。

本书适合高速铁路线路、轨道、桥梁等领域的科研人员、设计人员、工程技术人员参考，也可作为高等院校铁道工程、桥梁工程及铁道机车车辆等专业研究生和高年级本科生的学习参考用书。

图书在版编目(CIP)数据

高速铁路线路系统动力学/龙许友，时瑾，王英杰编著. —北京：中国铁道出版社有限公司，2022.4

(高速铁路基础研究与技术创新丛书. 基础理论与基础技术系列)

“十四五”时期国家重点出版物出版专项规划项目

ISBN 978-7-113-28997-3

Ⅰ. ①高…　Ⅱ. ①龙…　②时…　③王…　Ⅲ. ①高速铁路-铁路线路-动力学　Ⅳ. ①U238

中国版本图书馆 CIP 数据核字(2022)第 044999 号

书　　名：高速铁路线路系统动力学

作　　者：龙许友　时　瑾　王英杰

策　　划：刘　霞

责任编辑：张　瑜　　**编辑部电话：**(010)51873017

封面设计：高博越　　**封面摄影：**王明柱　　**丛书标识设计：**崔丽芳

责任校对：孙　玫

责任印制：高春晓

出版发行：中国铁道出版社有限公司(100054，北京市西城区右安门西街 8 号)

网　　址：http://www.tdpress.com

印　　刷：北京联兴盛业印刷股份有限公司

版　　次：2022 年 4 月第 1 版　2022 年 4 月第 1 次印刷

开　　本：787 mm×1 092 mm 1/16　**印张：**20.25　**字数：**409 千

书　　号：ISBN 978-7-113-28997-3

定　　价：128.00 元

高速铁路基础研究与技术创新丛书

编　辑　组

序

我国高速铁路起步晚、发展快、后劲足，经过几代人的不懈努力，通过原始创新、集成创新、引进消化吸收再创新，成功地走出了一条符合中国国情路情、具有中国特色的自主创新之路。我国已系统掌握各种复杂地质和气候条件下高速铁路建造成套技术；在工务工程、列车运行控制、牵引供电、动车组等高速铁路核心技术方面实现自主化；形成了复杂路网条件下处理跨线运行的运营管理成套技术，构建了人防、物防、技防三位一体的主动安全保障机制。我国已成为全球高速铁路运营里程最长、在建规模最大、运营速度最快、技术体系最全、运营和管理经验最丰富的国家。我国高速铁路技术已走在世界前列，成为推动世界高速铁路发展的重要力量。

为贯彻落实中共中央、国务院《交通强国建设纲要》，推进国铁集团《新时代交通强国铁路先行规划纲要》的落地，系统总结、梳理我国高速铁路各领域前沿理论和技术，向我国乃至世界高速铁路科研工作者和工程技术人员提供一套前沿性的参考书，中国国家铁路集团有限公司铁道出版社公司特组织编著出版“高速铁路基础研究与技术创新丛书”。

丛书以习近平新时代中国特色社会主义思想为指导，以国家自然科学基金课题、国家基金委-国铁集团高铁联合基金课题、国家“973”课题、国家重点研发计划课题等科研成果为支撑，从高速铁路前沿研究、补短板技术、核心技术、技术发展趋势等方向组织选题，涵盖动车组、供电、通信与信号、列控与检测、工程勘察与设计、智能建造、运营与管理、现代信息技术、安全和维护等领域，规模为100册，是全面系统论述我国高速铁路基础研究与技术创新成就的大型系列原创性科技著作。

丛书力求突出制高点、原创性、权威性、全覆盖特色。丛书各册内容以作者团队长期从事高速铁路科学研究的成果为依托，多数成果居于国内领先水平甚至世界先进水平，多种成果荣获国家科学技术奖一等奖、二等奖，国家技术发明奖一等奖、二等奖，茅以升科学技术奖，詹天佑铁道科学技术奖，铁道科技进步奖等奖项，丛书内容体现了我国当今最新、最前沿以及展现未来发展趋势的高速铁路相关研究成果和应用技术。丛书包括动车组、供电、工程施工与组织等十个系列，基本实现高速铁路各领域全覆盖。

丛书由编委会总负责。编委会阵容强大，认真负责。编委会各成员都是长期从事我国高速铁路科研、技术、生产和管理的一流专家学者，是所从事领域的翘楚，其中包括高速铁路及其相关领域的四位院士。编委会多次开会商讨丛书的体系、内容特色、作者条件及质量保障机制；分工负责，精心审订和修改各册编写提纲；多次遴选选题，先从 150 多个选题意向中遴选出 100 个选题，后又剔除了内容特色不太鲜明的 8 个选题，还对 10 多个选题提出了较大的改进意见，补充了 8 个关键技术和弥补技术空白的选题；最后邀请专人对各册内容进行审定，从而保证了各册内容的正确性和先进性。

2021 年年底，国家新闻出版署经过严格评审，“高速铁路基础研究与技术创新丛书”(100 册)成功入选“‘十四五’时期国家重点出版物出版专项规划——重大出版工程”。这是对本丛书项目的认可，也是对编委会、作者和编辑等人员前期工作的认可，更是一种鞭策。我们相信，本丛书的出版，将助力于《交通强国建设纲要》的贯彻落实，推动我国乃至世界高速铁路事业的发展，也将为铁路领域的科研工作者、工程技术人员、管理人员，以及高校相关专业师生提供一套高水平、原创性、权威性、全覆盖的大型高铁科技精品著作。

中国工程院院士

“高速铁路基础研究与技术创新丛书”编委会主任

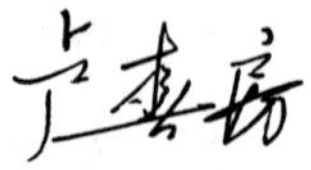

2022 年 2 月

前　　言

本书为“高速铁路基础研究与技术创新丛书”之分册，按丛书要求，力图体现高速铁路线路系统动力学理论和应用的制高点、前沿性、原创性特色。

我国已建成了世界上规模最大的高速铁路网，截至2021年底高速铁路运营里程已突破4万km。我国高速铁路具有运行速度高、线路长、跨越区域广、线路条件复杂等特点。列车高速度长时间持续运行引发的行车平稳性、轮轨动力作用问题更趋复杂，线路条件对行车安全性及乘坐舒适性的影响也愈加显著。

伴随着高速铁路发展，高速铁路车辆与轨道/桥梁系统动力学研究取得了大量成果，有效支撑了国家高速铁路建设和运营维护。高速铁路线路系统动力学聚焦复杂线路条件下高速列车与线路系统动力相互作用问题，可为线路参数选取、线路方案优化、线路平顺性管理和系统设计提供理论依据，具有如下几个特点：一是线路线形引起的动力学问题需要详细考虑曲线上的非线性轮轨关系以及线形空间几何条件，系统模型复杂；二是需要解决线路较长条件下，怎样选择合适的模型、线下结构如何考虑、如何高效数值求解等问题；三是线路线形引起的车体振动主要在低频范围，高速行车条件下线形与长波不平顺对动力性能的影响关系与线路状态管理密切相关；四是车辆乘坐舒适度评价方法主要针对0.4 Hz以上的振动，评价方法难以有效区别不同线路线形的影响。

笔者长期从事高速铁路线路系统动力学相关研究，提出的线路平纵断面参数推荐取值部分成果已纳入《高速铁路设计规范》(TB 10621—2014)、《城际铁路设计规范》(TB 10623—2014)，提出的线路方案的动力学评估和优化方法已应用于国内外多条高速铁路，例如：济青、太焦、京沈高铁等项目线路方案动力学评估，京津城际铁路350 km/h达速实施方案动力学评估，以及印尼雅万等国外高速铁路线路参数和线路方案的动力学评估。

本书内容基于国家自然科学基金(50978024，51008018，51408036，51578054，52078035，52178406)、博士后科学基金(20090450289)、北京市自然科学基金项目

(8182041)和中国国家铁路集团有限公司科技研究开发计划(2012G002-4,2014G010-H,K2019G043)等项目的研究成果,系统论述了高速铁路线路系统动力学的理论和工程应用,包括完整的铁路车辆及线下轨道和桥梁结构建模方法、数值求解方法、动力学现场测试及试验、动力学评价指标与方法,以及线路参数研究、线路方案评价和曲线地段车线系统动力分析等方面的应用案例。

本书围绕高速铁路线路系统动力学,在动力学理论模型方面,推导了可考虑线路平纵断面线形组合条件的车辆动力学模型,介绍了不同类型轨道和桥梁结构采用模态法和有限元法的建模方法,提出了综合运用车辆与线路结构分离迭代、移动释放结构自由度技术提升长距离动力仿真效率的计算方案;在线路系统动力学评价指标方面,提出了引入车体振动加速度频数分布、累计分布和低频晕动感等指标,以完善线路线形舒适性评价体系;在工程应用方面,介绍了结合高速铁路设计规范开展的一系列线路关键参数研究,以及结合实际工程需求开展的线路方案动力学评估与优化、线形与结构设计适应性等方面的研究工作。

本书由中国铁路设计集团有限公司龙许友等人编著,具体编著情况如下:龙许友编著第1章1.1节,第2章,第3章,第4章4.1、4.3节,第5章5.2节,第6章6.1、6.2、6.3节;北京交通大学时瑾编著第1章1.2、1.3节,第4章4.2节,第6章6.4节,第7章,第8章;北京交通大学王英杰编著第5章5.1、5.3节。最后,龙许友对全书进行统稿、定稿,西南交通大学王开云教授主审。中国铁路设计集团有限公司李世元、邹凯、王俊东等参与了书稿的整理工作。

借本书出版之机,首先要特别感谢北京交通大学魏庆朝教授长期以来的关心、指导和帮助,感谢北京交通大学夏禾、高亮等教授的指导。感谢中国铁路设计集团有限公司李树德、胡叙洪、张涵、孙海富、李荣华、左锋、白宝英等领导和专家在科研工作中给予的帮助和支持。特别感谢西南交通大学王开云教授仔细审阅了书稿并提出许多宝贵意见。

本书涉及领域较广、涵盖内容较多,限于作者水平,错误和不妥之处在所难免,敬请读者不吝指正。

编著者

2022年1月

目　录

第1章　绪　论 …… 1

1.1　高速铁路发展概况 …… 1

1.1.1　世界高速铁路发展概况 …… 1

1.1.2　中国高速铁路发展概况 …… 4

1.2　高速铁路线路系统动力学发展概况 …… 7

1.2.1　研究背景 …… 7

1.2.2　发展概况 …… 7

1.3　高速铁路线路系统动力学研究范畴和方法 …… 11

1.3.1　研究特点及范畴 …… 11

1.3.2　研究方法 …… 12

第2章　车辆系统动力学模型 …… 13

2.1　多刚体系统动力学建模方法 …… 13

2.1.1　多刚体系统的组成和广义坐标 …… 13

2.1.2　引入动参考基运动学方程 …… 14

2.1.3　无约束刚体的动力学方程 …… 15

2.1.4　约束及约束方程 …… 17

2.1.5　受约束多刚体系统的动力学方程 …… 19

2.1.6　动力学方程数值分析方法 …… 20

2.2　轮轨接触几何关系 …… 22

2.2.1　轮轨基本特征和参数 …… 22

2.2.2　轮轨几何接触关系计算 …… 25

2.3　轮轨滚动接触理论 …… 33

2.3.1　Hertz 接触理论 …… 33

2.3.2　轮轨蠕滑理论 …… 35

2.4　轮对运动方程 …… 38

2.4.1　轮对坐标系统 …… 38

2.4.2　轮对质心的加速度 …… 41

2.4.3　轮对角速度与动量矩 …… 42

2.4.4　自由轮对运动方程 …… 43

2.4.5 轮轨作用力求解…… 45
2.5 车辆运动方程…… 51
2.5.1 车辆模型和自由度…… 51
2.5.2 车辆运动方程…… 53
2.5.3 悬 挂 力…… 55
第 3 章 车辆-线路系统动力学模型…… 58
3.1 系统动力学分析方法…… 58
3.1.1 动力学分析基本步骤…… 58
3.1.2 连续系统离散化方法…… 58
3.1.3 建立运动方程的方法…… 61
3.2 车辆-线路系统垂向动力分析模型 …… 63
3.2.1 车辆模型…… 63
3.2.2 轨道模型…… 64
3.2.3 桥梁模型…… 73
3.3 车辆-线路系统空间动力分析模型 …… 74
3.3.1 轨道模型…… 74
3.3.2 桥梁模型…… 88
3.4 轨道不平顺模型…… 93
3.4.1 轨道几何不平顺的描述…… 94
3.4.2 轨道随机不平顺模型…… 95
3.5 系统方程的求解 …… 101
3.5.1 微分方程组的数值解法 …… 101
3.5.2 车线系统方程求解方法 …… 108
3.5.3 新型两步数值积分法 …… 109
3.5.4 长距离线路仿真计算方法 …… 117
3.6 系统动力学分析软件开发与验证 …… 119
3.6.1 软件开发 …… 119
3.6.2 软件验证 …… 122
第 4 章 动力学性能评价标准与方法…… 128
4.1 车辆动力学评价指标与方法 …… 128
4.1.1 行车安全性评价指标 …… 128
4.1.2 乘坐舒适性评价指标 …… 132
4.2 结构动力性能评价标准 …… 146
4.2.1 轨道动力性能评价指标 …… 146

4.2.2 桥梁动力性能评价指标 …… 148
4.2.3 路基动力性能评价指标 …… 150
4.3 线路线形对系统动力性能影响评价方法 …… 151
4.3.1 线路条件对乘坐舒适度的主要影响因素 …… 151
4.3.2 乘坐舒适度指标线路线形评价中的主要问题 …… 152
4.3.3 线路线形乘坐舒适度评价指标选用 …… 153
4.3.4 线路线形乘坐舒适度评价方法 …… 154
第5章 线路系统动力学现场测试与分析 …… 156
5.1 系统动力学测试方法 …… 156
5.1.1 动力学测试系统搭建 …… 156
5.1.2 线路结构动力学测试方法 …… 157
5.1.3 铁路车辆动力学测试方法 …… 157
5.2 京津城际铁路乘坐舒适性测试与分析 …… 158
5.2.1 测试工况 …… 158
5.2.2 乘坐舒适性分析与评估 …… 159
5.2.3 线路线形与平顺性对乘坐舒适度影响对比分析 …… 162
5.3 济青高铁车线系统动力学测试与分析 …… 168
5.3.1 测试工况 …… 168
5.3.2 桥梁动力学测试结果分析 …… 172
5.3.3 车体振动测试结果分析 …… 182
第6章 线路平纵断面参数动力学分析 …… 192
6.1 线路平面参数分析 …… 192
6.1.1 圆曲线最小半径分析 …… 192
6.1.2 夹直线最小长度分析 …… 197
6.1.3 缓和曲线线形与长度分析 …… 205
6.1.4 超高方式影响分析 …… 216
6.2 线路纵断面参数分析 …… 217
6.2.1 最小坡段长度分析 …… 217
6.2.2 竖曲线最小半径分析 …… 220
6.3 平竖曲线重叠问题分析 …… 222
6.3.1 圆曲线与竖曲线重叠设置最小半径分析 …… 222
6.3.2 平面曲线与竖曲线间距分析 …… 225
6.3.3 竖曲线与缓和曲线重叠设置分析 …… 230
6.4 既有时速350 km高铁提速关键线路参数分析 …… 234

6.4.1 最小平面曲线半径分析 …… 234
6.4.2 超高分析 …… 237
第 7 章 线路方案动力学评估 …… 240
7.1 京沈高铁试验段线路方案动力学评估 …… 240
7.1.1 计算条件 …… 240
7.1.2 动力学分析与评估 …… 242
7.2 印尼雅万高铁线路方案动力学分析 …… 256
7.2.1 线路困难地段动力学仿真分析 …… 256
7.2.2 线路方案动力学性能评估与比选 …… 261
7.3 某海外高速铁路线路方案评估与比选 …… 269
7.3.1 研究背景 …… 269
7.3.2 线路方案概况 …… 269
7.3.3 线路方案评估与比选 …… 270
第 8 章 曲线地段车-线-桥系统动力学分析 …… 276
8.1 曲线地段车-线-桥动力学行为特征 …… 276
8.1.1 计算条件 …… 276
8.1.2 车桥共振与消振条件 …… 279
8.1.3 曲线地段轮轨动力作用分析 …… 281
8.1.4 曲线地段桥梁动力响应分析 …… 284
8.1.5 曲线地段动力学分析结论 …… 287
8.2 车-线-桥动力学系统性能检算 …… 288
8.2.1 太焦铁路桥上反向曲线地段工况 …… 288
8.2.2 R=3 000 m 曲线地段车-线-桥动力学行为特征 …… 288
8.2.3 桥上反向曲线设置动力学分析 …… 291
参考文献 …… 305

第1章　绪　　论

1.1　高速铁路发展概况

人类交通运输的发展史，从根本上说就是不断提高运输速度的创新历程。速度是交通运输现代化的最重要标志，往往在很大程度上决定某种运输方式或某种运输工具的兴衰消长，既集中反映社会的生产技术水平，又直接促进社会经济的发展和科学技术的进步。

不同国家、不同年代对高速铁路有不同的定义。国际铁路联盟(UIC)关于高速铁路的定义为：新建高速铁路的设计速度达到 250 km/h 以上；经升级改造的高速铁路，其设计速度达到 200 km/h，甚至达到 250 km/h。欧盟 1996 年发布了“96/48/EC 法案”(DIRECTIVE 96/48/EC)，将高速铁路定义为：新建线路，最高行车速度达到 250 km/h 或以上；既有线改建提速线路，最高行车速度达到 200 km/h。日本政府 1970 年发布《全国新干线铁道整备法》，对高速铁路的定义为：主要区间列车的最高行车速度达到 200 km/h 或以上的铁路。

中国国务院 2013 年发布《铁路安全管理条例》(国务院令第 639 号)，将高速铁路定义为：设计开行时速 250 km 以上，并且初期运营时速 200 km 以上的客运列车专线铁路。《铁路主要技术政策》(2013 年铁道部令第 34 号)对高速铁路的定义为：新建设计开行 250 km/h(含预留)及以上动车组列车，初期运营速度不小于 200 km/h 的客运专线铁路。《铁路技术管理规程》(铁总科技〔2014〕172 号)中指出：按高速铁路管理的线路为 200 km/h 及以上的铁路和 200 km/h 以下仅运行动车组列车的线路。

综合目前世界上不同国家和组织对“高速铁路”的定义可见，一般而言，高速铁路是指列车最高行车速度达到 200 km/h 或以上的铁路。

1.1.1　世界高速铁路发展概况

高速铁路是近代高新技术在铁路运输中的集中体现，它集中反映了一个国家铁路牵引动力、线路结构、高速运行控制、高速运输组织和经营管理等方面的技术进步，也体现了一个国家的科技和工业水平。高速铁路是社会经济发展和运输市场竞争的需要，它促进了地区经济的发展和城市化进程，在经济发达、人口密集地区的经济效益和社会效益尤为突出。

自1825年世界上第一条铁路诞生，一百多年来，世界各国始终在为提高列车的行车速度做不懈的努力。1903年德国用电力机车牵引，试验速度已达到210 km/h。1954年法国用电力机车牵引，试验速度达到243 km/h。1962年日本用电力机车牵引，试验速度达到256 km/h。1964年10月1日，日本建成了当时最高行驶速度为210 km/h的世界上第一条高速铁路——东海道新干线。1972年法国用内燃机车牵引，试验速度达到317 km/h。1981年TGV列车在法国东南部正式投入运行，速度为260 km/h。1985年，德国开始进行高速列车试验，速度达到345 km/h，至1988年德国ICE创造了406.9 km/h的高速列车世界纪录；1990年法国以515.3 km/h的试验速度将世界纪录刷新。2007年4月3日，法国高速电气列车TGV最新型V-150列车创下了574.8 km/h的最新高速列车纪录。

2008年，我国建成的京津城际铁路设计速度为350 km/h，2008年6月24日，国产"和谐号"CRH3型动车组在京津城际铁路运行试验中达到394.3 km/h的试验速度。2009年12月9日，武广高速铁路创造了两动车组重联情况下时速394.2 km的世界运营高速铁路最高试验速度。2010年9月28日，沪杭高速铁路使用国产"和谐号"CRH380A新一代高速动车组试运行创下时速416.6 km的铁路运营列车试验速度。2010年12月3日，在京沪高速铁路枣庄至蚌埠间的先导段联调联试和综合试验中，国产"和谐号"CRH380A高速动车组最高运行时速达到486.1 km，中国高铁再次刷新世界铁路运营列车试验最高速度。2016年7月，我国自行设计研制、全面拥有自主知识产权的中国标准动车组在郑徐高铁实现时速420 km交会及重联运行。

目前，世界上拥有高速铁路的国家包括中国、日本、法国、意大利、瑞典、德国、西班牙、英国、比利时、荷兰、韩国、土耳其、俄罗斯、乌兹别克斯坦等。中国是世界上高速铁路路网规模最大的国家，截至2021年底，中国高速铁路运营里程已突破4万km，拥有世界上规模最大、技术标准最高的高速铁路网。根据技术特点、范围和规模，世界高速铁路的发展可分为探索初创阶段、扩大发展阶段和快速发展阶段。

1. 探索初创阶段

从20世纪60年代到70年代末，以日本1964年开通第一条高速铁路——东海道新干线为标志，开通时最高运营速度为210 km/h。从东海道新干线开始，高速铁路在工务工程、高速列车、牵引供电以及通信信号等领域都对传统铁路进行了重大革新。由于高速铁路发展尚处于探索阶段，没有经验可借鉴，需要反复论证和试验，而且从高速铁路发展成效显现到加快发展高速铁路形成共识需要一定的过程，因此高速铁路发展缓慢，在将近20年的时间里，全世界只有日本先后于1964年和1975年建成了东海道新干线和山阳新干线，总里程1 069 km。

2. 扩大发展阶段

从20世纪80年代初到20世纪末，以1981年法国第一条高速铁路TGV东南线开通运营为标志，开通时最高运营速度 270 km/h，是世界高速铁路进入最高运营速度 250～300 km/h 新时期的转折点。随着高速铁路技术研究开发与应用的不断深入，高速铁路技术体系不断完善。除日本新干线技术体系继续发展外，法国、德国、意大利也先后形成了各具特色的高速铁路技术体系和系列化产品，并分别于 1981 年、1991 年、1992 年开通了本国第一条高速铁路，开始制定并逐步实施庞大的高铁发展规划。从 20 世纪 90 年代开始，伴随着已建成高速铁路的成功运营，以及可持续发展理念逐步成为共识，高速铁路对经济社会可持续发展的重要作用日益显现，欧洲其他发达国家也开始通过技术引进发展高速铁路，西班牙、比利时分别在 1991 年、1997 年开通了本国第一条高速铁路。其他国家(如荷兰、瑞典等)也制定了高速铁路发展规划。近 20 年中，日本以及欧洲一些国家共新建高铁 3 000 多公里，是 20 世纪 80 年代以前新建高速铁路的 3 倍多。

3. 快速发展阶段

从 21 世纪初开始，以中国高速铁路的快速崛起为标志，世界高速铁路进入快速发展阶段。2004 年中国制定《中长期铁路网规划》、2008 年修编提出建设“四纵四横”高速铁路干线，2016 年修编的《中长期铁路网规划》提出构筑“八纵八横”高速铁路主通道，构建了中国高速铁路发展的宏伟蓝图。在短短十几年时间内，中国已经成为世界上高速铁路运营里程最长、在建规模最大、商业运营速度最高、高铁技术最全面、运营场景和管理经验最为丰富的国家。

中国高速铁路的快速发展，为世界高速铁路发展注入了强大动力，对其他国家产生了强大的示范作用，形成了中国高铁发展的世界效应。美国、波兰、俄罗斯、土耳其等国家纷纷加快实施本国的高速铁路发展规划，南美洲、亚洲的一些发展中国家，如阿根廷、巴西、印尼、泰国等，也纷纷加入高速铁路发展行列。截至 2021 年底，世界部分国家高速铁路运营里程及最高运营速度见表 1-1。

表 1-1 世界部分国家运营高速铁路概况

国家	运营里程/km	最高速度/(km·h^{-1})	国家	运营里程/km	最高速度/(km·h^{-1})
中国	40 050	350	希腊	700	200
法国	3 300.2	320	葡萄牙	624	220
西班牙	3 240	310	沙特阿拉伯	453	300
德国	3 045.9	300	奥地利	352	250
日本	2 764.6	320	比利时	326	300
瑞典	1 706	205	摩洛哥	186	320
英国	1 377	300	荷兰	175	300
土耳其	1 213	250	波兰	143	200
意大利	1 191.7	300	瑞士	136.7	250

续上表

国家	运营里程/km	最高速度/(km·h^{-1})	国家	运营里程/km	最高速度/(km·h^{-1})
韩国	1 104.5	305	挪威	103.5	210
芬兰	944.3	220	丹麦	65	250
俄罗斯	845	250	美国	44.8	240
乌兹别克斯坦	741	250			

注：1. 中国铁路数据截至2021年底，不含中国台湾地区(高速铁路运营线路长度349.5 km，最高运营速度300 km/h)。
2. 其他国家数据来源于国际铁路联盟(UIC)和Wikipedia，统计的高速铁路为新建或既有线提速，时速达到200 km及以上的线路。

1.1.2 中国高速铁路发展概况

中国高速铁路的研究起于20世纪90年代，经历了长期的技术研究、探讨、发展的历程。自2004年开始，中国高铁从无到有、从小到大、从少到多、从慢到快，每一次都在不断进步。从引进时速200 km高速列车技术到自主开发时速350 km、380 km的“和谐号”“复兴号”动车组，从京津城际铁路、武广客专到京沪高铁的开通运营，中国迅速步入“高铁时代”。

中国高速铁路在过去10年间的发展突飞猛进，高铁建设频频刷新世界纪录，取得了举世瞩目的成就。中国高速铁路虽起步晚，但起点高、发展快，通过引进国外核心技术、消化吸收再创新，同时结合自有技术研发的多年积累，具备了建设运营高速铁路的能力。中国高铁的发展大致可以分以下几个阶段：

1. 初始起步发展阶段(1990—2004年)

20世纪80年代末至1993年，中国在跟踪世界高速铁路技术发展的同时，开展高速铁路基础性技术研究。

1993年，国家科委、计委、经贸委、体改委及铁道部共同组织完成《京沪高速铁路重大技术经济问题前期研究》，就该项目重大技术经济问题进行研究，为高速铁路发展做了初步技术准备。通过“三大工程实践”，即广深准高速、既有线提速和新建秦沈客专，对高速铁路技术进行了初步探讨和积累。

(1)广深准高速铁路

为探索中国高速铁路的发展模式，1994年广州—深圳准高速铁路建成并投入运营，线路长度147 km，其旅客列车速度达到160 km/h，利用既有线提速改造、建设部分新线和引入瑞典摆式列车、使用蓝箭国产动车组，第一次实现公交化运输，在技术上实现了质的飞跃，开创了我国铁路大幅度提速的先河，取得了良好的社会和经济效益。

(2)既有线五次提速

1997年至2004年先后五次既有线改造提速，主要干线最高运行速度从120 km/h提高到140 km/h、160 km/h、200 km/h，部分区段250 km/h。120 km/h以上的提速线路总里程达 2.2 万 km，大量采用新技术、新设备，开行夕发朝至旅客列车。

1997 年 4 月 1 日，中国铁路实施第一次大面积提速，京沪、京广、京哈三大干线全面提速。以沈阳、北京、上海、广州、武汉等大城市为中心，开行了最高时速达 140 km、平均旅行时速 90 km 的 40 对快速列车和 64 列夕发朝至列车。1998 年 10 月 1 日，铁路第二次大面积提速，京广、京沪、京哈三大干线的提速区段最高时速达到 140 km 至 160 km，广深线采用摆式列车最高时速达到 200 km，全路旅客列车平均速度达到 55.16 km/h。2000 年 10 月 21 日，铁路第三次大面积提速，重点是亚欧大陆桥(陇海、兰新线)、京九线和浙赣线，列车等级和车次重新分类和调整，全国铁路实行联网售票，400 多个较大车站可办理相互异地售票业务。2001 年 10 月 21 日，铁路第四次大面积提速，提速范围基本覆盖全国较大城市和大部分地区，对武昌至成都、京广线南段、京九线、浙赣线、沪杭线和哈大线进行提速。2004 年 4 月 18 日，铁路第五次大面积提速，京沪、京广、京哈等干线部分地段线路最高时速 200 km。

(3)新建秦沈客运专线

1998—2002 年中国开始对高速铁路进行深化技术研究，进一步深入研究高速铁路重大技术问题，将研究成果优先应用于新建客运专线和既有线提速工程。秦沈客运专线全长 404.6 km，基础设施预留提速至 250 km/h 的条件。项目于 1999 年开工建设，2003 年通车。秦沈客运专线的建设使我国铁路工程技术跨上新台阶，在设计施工标准、关键技术、工程管理水平等方面取得一系列成果，使我国干线铁路形成客货分线运输业新模式，形成大能力客运通道。

2. 技术引进发展阶段(2004—2008 年)

该阶段围绕技术引进以及引进技术的本土化与国产化开展了大量工作。2004 年中国从国外引进高铁技术，首先面临的问题就是如何让国外的技术能够适应中国的水土。以高铁的路基技术为例，由于普通列车行车速度低，往往忽视了路基的影响，然而中国幅员辽阔，横跨多个不同的气候和地质区域，地质及气候条件复杂多样：京津城际是软土路基，武广高铁是岩溶路基，郑西高铁是湿陷性黄土路基，在这样的地质条件下建设高速铁路，需要处理好地基和路基填筑技术，而国外技术供给方都没有如此复杂的地质条件的工程经验，在中国高铁实际建设环境中，德、法、日等国成熟的高铁技术在中国就可能变得不够完善，必须进行技术创新。国产化改造同样非常重要，从 2004 年开始引进高铁技术，先后经历了整机进口、零部件进口、国内组装、技术消化、提高国产化率的过程。如果没有中国自己十多年的高铁技术研究和工程实践，就不可能低成本引进世界先进技术，也不可能很快在引进吸收基础上实现再创新。

2007 年 4 月 18 日，铁路第六次大面积提速，范围包括京哈、京广、浙赣、沪杭、京沪、陇海、胶济等干线，覆盖全国 17 个省、直辖市。第六次大提速，通过引进、消化、吸收、再创新战略，大规模实用化的和谐号动车组开始正式投入运营。中国在工程建造技术、高速列车技术、运营维护技术、系统集成技术上均取得了突破性进展，初步形成中国高速铁路技术体系。

2008 年 8 月 1 日，中国第一条时速 350 km 高速铁路——京津城际铁路开通运营。京津城际铁路通过技术引进、增强自主创新能力为主的途径，对核心技术全面引进消化吸收，取得了中国第一条时速 350 km 高速铁路实现商业运行的重大成果，初步形成了涵盖高速动车组、线路基础、通信信号、牵引供电、调度指挥、旅客服务等领域时速 300～350 km 的高速铁路成套技术体系。

3. 技术再创新发展阶段（2009—2012 年）

通过引进、消化、吸收、再创新战略的成功实施，中国高速铁路事业得到了跨越式发展，在设计建造、产品制造、运营管理等方面都取得了举世瞩目的成就，已经从“跟跑”“并跑”进入“领跑”。从 2008 年开始，中国每年都有一批新建高速铁路投入运营。

2009 年 12 月 26 日，世界上一次建成运营里程最长的武广高速铁路开通运营。2011 年 6 月 30 日建成通车的京沪高速铁路标志着中国自主创新的高速铁路技术成功应用。京沪高速铁路是《中长期铁路网规划》（2008 年调整）中投资规模最大、技术含量最高的一项工程，正线全长 1 318 km。京沪高速铁路建设坚持自主创新，立足高起点、高标准，瞄准世界先进水平，历经前期引进消化吸收再创新的过程，形成具有中国自主知识产权的高速铁路技术体系，初步掌握了世界顶级高速铁路客车的设计与制造关键技术。依托重大项目工程，创建了具有自主知识产权的 CTCS-3 级列控系统技术标准体系。成功研制生产了 CRH380 型新一代高速列车，并于 2010 年在京沪高速铁路上创造了时速 486.1 km 的运营试验列车最高速度新纪录，标志着我国高速铁路列车技术发展到新水平，走完了国外历经几十年才走完的高速历程，开启了中国铁路高速新时代。

4. 自主化智能化发展阶段（2013 年至今）

党的十八大以来，以中国标准动车组研制为重点，我国全面推进高铁关键核心技术自主化，系统掌握了涵盖工程建造、技术装备、运营管理等高铁核心技术，形成了完备的高铁技术体系。

按照正向设计的思路，我国研制了具有完全自主知识产权和世界先进水平的中国标准动车组，并于 2016 年在郑徐高速铁路上首次实现时速 420 km 交会与重联运行。2017 年 6 月，中国标准动车组被正式命名为复兴号，2017 年 9 月率先在京沪高速铁路实现了时速 350 km 商业运营，标志着我国高速铁路由制造向创造迈出了坚实的步伐。

2017 年，随着智能京张高速铁路建设的全面启动，我国高速铁路向更智能、更安全舒适、更高标准的方向迈进。智能高铁采用云计算、物联网、大数据、北斗定位、宽带移动通信、人工智能等先进技术，通过新一代信息技术与高速铁路技术的集成融合，全面提升高速铁路智能建造、智能装备、智能运营技术水平，实现旅客出行更加方便快捷，铁路运营更加安全高效，铁路装备更加绿色环保。随着 2019 年底京张高铁和 2020 年底京雄高铁相继开通运营，中国高速铁路在自主提升之路上又迈上了新台阶，开始进入智能化时代。

随着近年来的飞速发展，截至2021年底，中国已经拥有世界上规模最大的高速铁路网，运营里程突破4万km，如图1-1所示。目前，中国高铁正在实施“走出去”战略，成套技术体系已推广应用于印尼雅万高速铁路。此外，中国台湾高速铁路于1999年开工，2007年通车，全长349.5 km，最高运营速度300 km/h，引进日本技术。

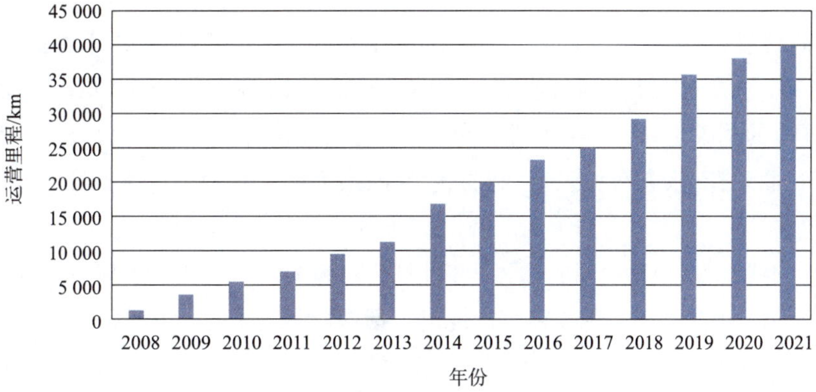

图1-1 中国高速铁路运营线路统计

1.2 高速铁路线路系统动力学发展概况

1.2.1 研究背景

自铁路诞生以来，系统动力学经历了问题发现、理论发展到广泛应用的过程。车辆和轨道、桥梁结构的动力学是高速铁路最重要的基础支撑理论之一，在高铁技术发展过程中发挥着重要作用。

我国已建成世界上规模最大的高速铁路网，我国高速铁路具有运行速度高、线路长、跨越区域宽、线路条件复杂等特点，列车以较高速度长时间持续运行引发的行车安全性、轮轨动力作用问题将更趋复杂，线路条件对行车安全性及乘坐舒适性的影响也愈加显著。高速铁路线路系统动力学聚焦复杂线路条件下动车组与线路动力相互作用问题，为线路参数选取、线路方案优化、线路平顺性管理和系统设计提供理论基础，实现高速铁路列车与线路匹配设计，提升列车运行安全性和舒适性，最大限度地减轻轮轨间动力相互作用，从而为全生命周期确保高速铁路基础设施安全可靠服役提供支撑。

1.2.2 发展概况

1. 高速铁路线路设计标准

铁路设计是极其复杂的系统工程，线路设计在铁路设计中起着主导和统筹各专业设计的总体作用，是铁路设计的核心内容。

随着我国高速铁路发展，相关设计规范和标准也不断完善。以高速铁路设计规范为例，为配合京沪高速铁路设计，2004 年发布了《京沪高速铁路设计暂行规定》（铁建设〔2004〕157 号）；在充分吸取京津、京沪高铁设计经验的基础上，2007 年又发布了《新建时速 300～350 公里客运专线铁路设计暂行规定》（铁建设〔2007〕47 号）；在进一步吸纳武广、郑西、合武、石太等高速铁路建设经验的基础上，2009 年发布了《高速铁路设计规范（试行）》（TB 10621—2009）；在系统总结中国时速 250～350 km 高速铁路建设、运营实践经验，全面修订以往高铁规范的基础上，2014 年正式发布了《高速铁路设计规范》（TB 10621—2014），对曲线半径、缓和曲线长度、夹直线长度、竖曲线半径、最大坡度和最小坡段长度等线路参数细化了相关规定。

国外各国线路设计技术标准的原理和计算方法基本一致，只是在某些边界条件的取值方面略有差别。目前国外主要线路设计规范包括国际铁路联盟《快速客运列车线路设计特性》（UIC 703）、欧洲《铁路线路设计参数》（EN 13803）、德国《铁路技术管理规程》（DS 800）、日本《新干线铁路构造规范》和《轨道整备原则》等。

长期以来，《铁路线路设计规范》（TB 10098—2017）和《高速铁路设计规范》（TB 10621—2014）等规范中铁路线路设计标准结合实际建设经验和简化理论分析得到，其中对平纵断面核心参数选取基于运动学，假定车辆为刚体，运行过程中车辆与刚性轨道完全跟随，旅客乘坐舒适性主要采用欠过超高及其时变率等进行分析。事实上，各国规范对于超高及其时变率取值差异很大，使得旅客乘坐舒适性的实际感受各不相同，此外，运动学方法忽略了轮轨动态相互作用的影响，对车辆运行姿态及车辆内部构件之间相互作用造成的不舒适性考虑不足。值得说明的是，运动学理论是高速铁路线路平纵面参数制定的依据，以此展开的研究丰富和完善了线路标准制定的依据，但运动学的计算理论终究无法揭示列车通过平纵面时的舒适度变化情况，更为重要的是，对高速铁路来说，线路平纵断面造成的激扰会加剧列车与线路之间动力作用，有可能对运行安全、结构性能造成较大影响，线路设计标准确定需考虑列车与线路之间动力作用的影响。

2. 轮轨关系

轮轨关系是线路系统动力学的难点，不仅在于轮轨接触几何关系、轮轨滚动接触的求解，而且还因为实际运营中轮轨关系的不确定性。

车轮和钢轨的接触区域与诸多因素相关。由于车轮与钢轨踏面轮廓线为曲线，左右车轮的接触位置会相互影响，轮轨接触几何关系变得复杂。轮轨接触存在单点接触、多点接触和共形接触几种情况。常规的轮轨接触几何计算中不考虑车轮和钢轨弹性变形，寻找左右轮轨间最小间隙所处位置，由此得到一个或者多个接触点。计算得到接触点后，再根据 Hertz 和非 Hertz 接触理论，计算接触斑大小和接触参数。轮轨接触几何关系的发展，在接触点类型方面是从单点接触向两点接触、多点接触和共形接触发展，在接触力计算方面是从

Hertz 接触向非 Hertz 接触发展。动力学仿真中，单点接触是最成熟和最常用的，近年来多点接触也有所发展，但共形接触理论尚不成熟。我国高速铁路大量实测数据表明车轮踏面磨耗有向共形接触发展的趋势，这会对磨耗后的动力学性能产生较大影响，也会给动力学仿真带来困难。

1926 年 Carter 在研究论文中将铁路钢轨看作弹性半空间，用弹性圆柱体模拟车轮，借助 Hertz 理论和弹性半空间理论求解二维弹性体滚动接触问题。Johnson K. L. 在 1958 年研究了弹性球在弹性平面上的滚动接触，将 Carter 的研究推广到三维滚动接触情形，首次将自旋蠕滑概念引入轮轨滚动接触研究；1964 年又进一步将圆形接触区推广到椭圆接触区，提出了关于纵横向蠕滑率/力定律的三次渐近曲线。荷兰学者 Kalker 研究了滚动接触问题的线性理论，给出了三维蠕滑率/力线性定律，至今仍得到普遍应用，该定律是后来的简化理论和多个近似理论建立的基础。之后，Kalker 致力于滚动接触简化理论的研究，开发了 FASTSIM 算法。Kalker 还用线性规划法求解弹性体滚动接触问题，开发了“完全理论”CONTACTA 程序用于求解 Hertz 和非 Hertz 接触法向问题、增量形式的滑移接触问题、稳态和非稳态滚动接触、相互接触物体内部的弹性场，是目前研究三维弹性体滚动接触问题最完善的理论。1983 年，沈志云等人结合 Kalker 线性理论和 Vermeulen-Johnson 模型，同时考虑轮轨之间纵、横向蠕滑率和自旋蠕滑率对纵、横向蠕滑力和自旋力矩影响发展了一种快速算法。1999 年，Polach 在 Kalker 线性理论的基础上提出了大滑动条件下蠕滑理论，用于解决牵引力增加导致的黏着能力下降问题。这两种方法计算速度较快且满足工程精度，在系统动力学仿真中得到了广泛应用。

3. 列车与线路动力学

随着高速铁路的发展，列车与线路动力相互作用的研究得到了极大发展，研究涉及车辆与轨道、车辆与桥梁动力问题的研究。

(1)在车辆与轨道动力作用方面。众多学者结合轨道振动、轨道稳定性、轨道强度等问题开展了大量研究，理论模型从移动质量-轨道模型、整车-轨道耦合模型发展到考虑轨道下部结构的车辆与轨道精细化模型。例如：翟婉明等建立了车辆-轨道耦合动力学理论体系，将车辆系统和轨道系统看作相互作用的整体系统进行研究，详细考虑了车辆结构和轨道结构主要影响因素。雷晓燕等建立了高速铁路车辆与轨道系统的有限元模型，分析了车辆高速运行时轨道的动力行为。高亮等建立了高速铁路车辆与无砟轨道动力学精细化模型，考虑了无砟轨道层间相互作用关系。王平等建立了高速铁路车辆-道岔耦合动力学模型，详细考虑了道岔部件结构振动特点。

(2)在车辆与桥梁动力作用方面。随着高速铁路出现，铁路桥梁在高速列车作用下的动力行为及其对桥上运行安全性的影响备受关注。法国、日本、德国、西班牙、韩国、瑞典等国以及我国台湾在高速铁路的发展过程中，都建立了各自的车桥耦合振动分析模型，采用计算机仿真分析的方法，对桥梁结构在高速列车作用下的动力响应问题进行了系统的研究，为高速铁路桥梁的设计提供了重要的动力参数。在日本,松浦章夫首先研究了高速列车对桥梁的竖向动力冲击作用。1987年,Tanabe针对新干线上的四轴客车建立了31个自由度的车辆模型,采用有限元模态综合技术进行求解,分析了车桥系统的空间动力响应,研究成果已经直接应用于高速铁路桥梁的设计中。Ladislav Frýba研究了移动力作用下梁、板结构振动的解析解,其不但解决了铁路桥梁在各种动力荷载作用下的分析理论,还进行了大量试验研究以验证其理论体系,所得研究成果已被UIC等规范采纳。杨永斌、姚忠达等提出了适用于求解车桥耦合问题的VBI单元,并采用解析方法、数值有限元法等系统分析了桥梁共振、车辆共振等问题。从1998年开始,铁道部组织铁科院等单位组成课题组,结合秦沈客运专线以及京沪高速铁路的建设,先后对各种不同形式的常用跨度简支梁桥、连续梁桥、连续刚构、简支及连续钢-混结合梁等桥梁进行了系统的车桥耦合振动分析,分析结果已经在京津城际铁路、武广、石太、郑西等客运专线,以及京沪高速铁路等工程中得到了广泛应用,为这些项目桥梁的动力设计提供了依据。

(3)在高速铁路线路线形引起的系统动力学问题方面。高速铁路线路线形引起的系统动力学问题,已引起国内外研究机构及设计单位的重视,并开展了一定的研究。国外对于高速铁路动力学的研究主要集中于车辆运行的平稳性和乘客乘坐舒适性,并从此方面研究高速铁路线路线形参数的影响及评价体系。例如:K. Zboiński通过建立多刚体模型研究了沿曲线轨道运行的车辆动力响应,并单独分析了行车速度、超高及曲线半径的影响规律;Ahmed A. Shabana在分析轨道几何行为的基础上探讨了车辆通过曲线地段的轮轨关系,研究了车辆通过曲线的动力行为;Louis T. Klauder Jr假定ACELA客车通过缓和曲线时有侧滚运动,并通过观察轮轨横向力和车体横向加速度,提出改善型三次抛物线缓和曲线;Mohamed Nejlaoui等运用脱轨系数和蠕滑力作为行车安全性指标研究了车辆通过小半径曲线的动力学性能,并采用多目标方法优化小半径曲线参数。国内学者借助车线动力仿真手段对铁路线路关键参数开展了大量研究,例如:王开云等从动态行车安全性及舒适性角度出发,对高中速客运专线和高低速客货共线铁路平纵断面参数合理匹配进行了评价,并针对高速铁路研究了曲线轨道轮轨动态相互作用性能,分析了轨道结构振动及轨道结构关键参数对曲线轨道轮轨动力性能的影响;龙许友等研究了高速铁路缓和曲线上超高设置方式、圆曲线最小半径、最小坡段长度及平竖曲线重合地段曲线参数对乘坐舒适度的影响,开展了高速铁路线路方案动力学评估;宣言等通过建立高速铁路曲线线路车线耦合系统有限元模型,研究了高速动车组作用下轨道结构各部分振动响应、列车运行速度与曲线半径和超高的关系。

值得指出的是,尽管在列车与线路动力学方面开展了大量研究,但随着高速铁路进一步发展和工程建设需求,未来还应在适应复杂空间线形的高效线路动力学仿真技术、适应高速铁路的线路动力学评估方法、线形与平顺性关联关系等方面进一步深化研究。

1.3　高速铁路线路系统动力学研究范畴和方法

1.3.1　研究特点及范畴

高速铁路线路系统动力学基于翟婉明院士提出的车辆-轨道耦合动力学理论体系，侧重该理论在高速铁路线路几何线形以及与线下结构匹配的研究应用，通过分析和评估高速行车条件下线路线形及线下结构对系统动力响应的影响，开展线路线形及轨道、桥梁结构标准和设计方案优化，从而提高工程整体经济社会效益，其主要有如下几方面特点：

第一，研究线路线形引起的动力学问题，动力学模型需要详细考虑曲线上的非线性轮轨关系及线形空间几何条件，理论模型的复杂性较大。

第二，研究线路线形需要考虑的线路很长，通常为几公里，甚至上百公里。怎样选择合适的模型、线下结构如何考虑、需要细化到什么程度等均需要有新的认识，同时在求解方法上需要有新的手段。

第三，线路线形引起的车体振动主要在低频范围内，高速行车条件下，线形引起的振动与轨道长波不平顺的影响类似，需要研究区分轨道不平顺的影响。

第四，常用的铁路车辆乘坐舒适度指标和评价方法主要针对 0.4 Hz 以上的振动，这些指标和方法难以有效区别不同线路线形的影响。

高速铁路线路系统动力学涉及结构动力学、车辆动力学、振动与控制等多个工程科学领域，当前研究主要包括如下几个方面：

(1)线路设计参数及其匹配对车线系统动力学行为的影响研究

利用线路系统动力学理论，分析平纵断面关键参数对行车舒适性、安全性的影响关系，进而分析最小曲线半径、坡度代数差、最小坡段长度、竖曲线半径等关键参数选取原则和匹配原理，评估线路设计标准协调性和经济合理性。

(2)更高速度运行安全、舒适性能评价指标和方法研究

通过线路系统动力学分析和实车运行试验，研究确定保证列车运行安全舒适的动车组动力学指标、线路结构动力性能指标及轮轨安全性性能评价指标和方法，进一步为线路系统设计提供依据。

(3)线路方案动力学评估与优化研究

针对不同线形参数组合条件下的线路方案，应用线路系统动力学方法，对动车组运行安全性、乘客舒适性、轮轨磨耗等指标进行预测，对比分析服役期不同线路方案列车运营效果，为系统设计与优化提供指导。

(4)线路状态对车线系统动力学性能影响及线形控制研究

开展线路状态变化对行车安全性和舒适性影响关系研究，研究线形及线路平顺性对运

营期动力学指标影响规律，研究基于平顺性的平纵断面重构方法，研究线形精确调整方法，为高速铁路精捣精调提供指导。

(5)复杂线路条件下车-线-桥系统动力响应及系统设计研究

研究平纵断面线形组合条件下列车、轨道及桥梁动力响应，分析复杂线路条件下车-线-桥系统共振和消振条件，研究线形参数对系统动力响应影响程度，为高速铁路线路系统设计提供指导。

(6)高速铁路线路平顺性评价方法及线形参数适应性研究

在充分考虑不同频段振动对乘客舒适性影响基础上，综合运用系统动力学方法研究平纵断面参数对不同运营速度高速铁路的系统适应性和关键舒适度指标，结合平顺性管理要求研究线形设置原则和平顺性控制标准。

1.3.2 研究方法

国内外相关学者和科研机构针对列车与线路动力相互作用问题开展了大量研究工作，先后建立和发展了不同的理论模型和方法，很多研究成果在工程中得到了应用。总体来看，线路系统动力学研究方法主要有数值模拟法、试验研究法和工程综合类比法。

1. 数值模拟法

数值积分方法的发展，使得求解复杂系统动力响应成为了可能，也推动了线路系统动力学理论的发展。列车与线路系统复杂且模型自由度多，理论模型的维数增大将大大增加计算时间，甚至降低计算精度。此外，由于受计算手段和参数条件限制，数值模拟往往不得不采用近似假设，数值模拟的首要问题就是要验证模型合理性。国内外学者结合列车与线路动力学模型特点发展了多种数值积分方法，在计算效率、求解精度方面均得到了很大提升，目前数值模拟已经成为线路系统动力学分析的主要方法。

2. 试验研究法

由于列车与线路动力相互作用的复杂性，单纯依靠数值模拟来解决工程问题也是很困难的，需要借助现场动力学试验。在试验线或运营线上有针对性地开展实车运行试验，分析不同线路条件下乘坐舒适性、行车安全性及结构动力性能变化规律，借助大量试验数据研究线路系统动力学原理，验证数值模拟结果的合理性。

3. 工程综合类比法

工程问题影响因素繁多，采用单一方法往往难以解决，需要通过以往工程实践效果、现场试验、理论分析综合研究确定。此外，线路条件、轮轨界面、环境等边界条件的随机性导致了车线系统理论仿真的局限性，通过国内外相似工程运营效果对比分析可有效支撑理论研究。

第 2 章　车辆系统动力学模型

铁道车辆可视为由车体、构架和轮对构成的复杂多刚体系统，其轮轨关系具有强非线性特征。本章介绍任意线形条件下车辆系统动力学建模方法，首先简要介绍适于车辆建模的多刚体系统动力学方法，其次介绍轮轨接触几何关系和轮轨滚动接触理论，最后详细推导任意几何线形条件下轮对运动方程以及完整的车辆运动方程。

2.1　多刚体系统动力学建模方法

多刚体系统动力学中，首先面临的是描述系统受力与运动之间的关系的运动微分方程。本节主要介绍基于笛卡尔坐标，应用牛顿-欧拉方程建立多刚体系统动力学方程，采用拉格朗日乘子引入约束方程的方法。

2.1.1　多刚体系统的组成和广义坐标

多刚体系统是由多个刚体用各种形式的连接器连接组成的，图 2-1 所示为一个多刚体系统的示意图。两个刚体间的连接称为铰链。铰链可以是圆柱铰链（两相邻刚体有一个相对转动的自由度）、万向联轴节（两个相对转动自由度）、球铰（三个相对转动自由度）；也可以是其他形式的运动约束（如相对滑移），甚至是没有运动学约束，只有力的作用（如两相邻刚体用弹簧相连接）。总之从约束和受力的角度看，在铰链中可以含有任何性质的运动学约束（定常的、非定常的、完整的、非完整的）和相应的约束反力，也可以不含有运动学约束，而只存在某种力所体现的耦合作用。由于铰链的约束作用，两个邻接刚体之间相对运动自由度数不大于 6。规定两个邻接刚体之间的相互作用力都集中在一个铰链中，如果在两个邻接刚体之间存在两个以上的连接器，可以用力的平移定理处理。因此，每一对邻接刚体之间只存在一个铰链，反过来一个铰链也只连接一对连接刚体。

对于由 n 个刚体组成的系统，每个刚体的位形可由刚体质心的位置矢量和描述刚体转动广义欧拉角确定。如图 2-2 所示，刚体 B_i 的质心 C_i 在动参考基 $\boldsymbol{e}^r$ 的位置矢径 $\boldsymbol{r}_{ri}$ 的坐标阵为 $\underline{\boldsymbol{r}}_{ri}=(r_{ri1},r_{ri2},r_{ri3})^{\mathrm{T}}$①；刚体 B_i 在连体基 $\boldsymbol{e}^i$ 的 3 个广义欧拉角记为 $\underline{\boldsymbol{\vartheta}}_i=(\psi_i,\theta_i,\varphi_i)^{\mathrm{T}}$。将每

---

① 本章黑体下加横线表示矢量、张量在某一基（坐标系）下的坐标阵。

个刚体 3 个平动坐标和 3 个转动坐标写成 6×1 的列阵，即为刚体的广义欧拉角 $\underline{\boldsymbol{q}}_i$ 的笛卡尔广义坐标，见式(2-1)。

$$\underline{\boldsymbol{q}}_i=(\underline{\boldsymbol{r}}_{ri}^{\mathrm{T}}\quad \underline{\boldsymbol{\vartheta}}_i^{\mathrm{T}})^{\mathrm{T}}=(r_{ri1}\quad r_{ri2}\quad r_{ri3}\quad \psi_i\quad \theta_i\quad \varphi_i)^{\mathrm{T}} \tag{2-1}$$

n 个刚体组成的多刚体系统的位形由 $6n$ 个笛卡尔广义坐标可写成 $6n\times1$ 的列阵，记为

$$\underline{\boldsymbol{q}}=(\underline{\boldsymbol{q}}_1^{\mathrm{T}}\quad \underline{\boldsymbol{q}}_2^{\mathrm{T}}\quad \cdots\quad \underline{\boldsymbol{q}}_n^{\mathrm{T}})^{\mathrm{T}}=(q_{r1}\quad q_{r2}\quad \cdots\quad q_{r6n})^{\mathrm{T}} \tag{2-2}$$

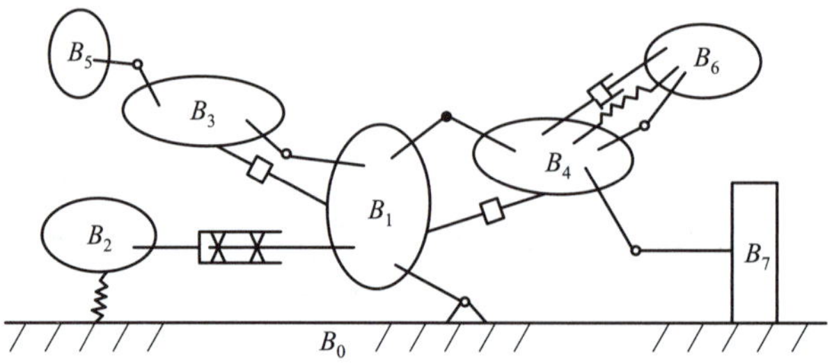

图 2-1　多刚体系统组成示意图

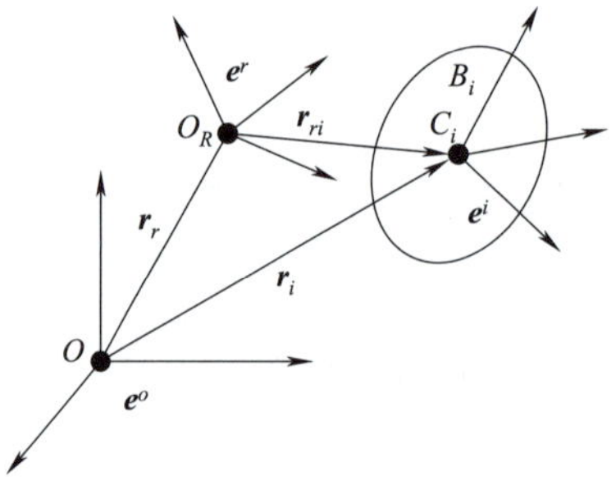

图 2-2　刚体的连体基、动参考基和惯性参考基

2.1.2　引入动参考基运动学方程

在许多实际问题中，引入一个已知运动的动参考基来研究系统的运动特征及动力问题是比较方便的。例如，在研究铁道车辆-线路系统动力问题时，可选用给定线路参数的轨道作为动参考基。

如图 2-2 所示，令基 $\boldsymbol{e}^o$ 为惯性基。基 $\boldsymbol{e}^r$ 为相当于惯性基运动的动参考基，基点 O_R。基 $\boldsymbol{e}^i$ 为刚体 B_i 的连体基，基点为刚体质心 C_i。如将此质心关于惯性基与动参考基的矢径分别记为 $\boldsymbol{r}_i$ 和 $\boldsymbol{r}_{ri}$，基点 O_R 关于惯性基的矢径记为 $\boldsymbol{r}_r$，则有如下关系：

$$\boldsymbol{r}_i=\boldsymbol{r}_r+\boldsymbol{r}_{ri} \tag{2-3}$$

又令刚体 B_i 相对于惯性基与动参考基的角速度矢量分别为 $\boldsymbol{\omega}_i$ 和 $\boldsymbol{\omega}_{ri}$，动参考基 $\boldsymbol{e}^r$ 相对于惯性基的角速度矢量为 $\boldsymbol{\omega}_r$，根据角速度叠加原理，有

$$\boldsymbol{\omega}_i=\boldsymbol{\omega}_r+\boldsymbol{\omega}_{ri} \tag{2-4}$$

将式(2-3)对时间求一阶和二阶导数，可得到各刚体质心绝对速度与加速度，表达式如下：

$$\boldsymbol{v}_i=\dot{\boldsymbol{r}}_i=\dot{\boldsymbol{r}}_r+\frac{^r\mathrm{d}}{\mathrm{d}t}\boldsymbol{r}_{ri}+\boldsymbol{\omega}_r\times\boldsymbol{r}_{ri} \tag{2-5}$$

$$\boldsymbol{a}_i=\ddot{\boldsymbol{r}}_i=\ddot{\boldsymbol{r}}_r+\frac{^r\mathrm{d}^2}{\mathrm{d}t^2}\boldsymbol{r}_{ri}+\dot{\boldsymbol{\omega}}_r\times\boldsymbol{r}_{ri}+\boldsymbol{\omega}_r\times(\boldsymbol{\omega}_r\times\boldsymbol{r}_{ri})+2\boldsymbol{\omega}_r\times\frac{^r\mathrm{d}}{\mathrm{d}t}\boldsymbol{r}_{ri} \tag{2-6}$$

式中，$(\dot{\ })$表示在惯性基上对时间的导数；$\frac{^r\mathrm{d}}{\mathrm{d}t}(\quad)$表示在动参考基上对时间求导。

将式(2-4)对时间求一阶导数，得到角加速度表达式如下：

$$\dot{\boldsymbol{\omega}}_i=\dot{\boldsymbol{\omega}}_r+\frac{^i\mathrm{d}}{\mathrm{d}t}\boldsymbol{\omega}_{ri}+\boldsymbol{\omega}_r\times\boldsymbol{\omega}_{ri} \tag{2-7}$$

式中，$\frac{^i\mathrm{d}}{\mathrm{d}t}(\quad)$表示在连体基上对时间求导。

2.1.3　无约束刚体的动力学方程

采用牛顿-欧拉方程建立多刚体系统的运动微分方程，首先将系统解除约束，分割成若干单个的刚体或质点，各铰链的约束反力将出现在运动微分方程中，因此必须与约束方程(代数方程)联立求解。所得方程的数目虽多，且为微分-代数方程组，但推导过程较直观、简单。

取每个刚体 $B_i(i=1,2,\cdots,n)$为研究对象进行受力分析。将所有作用于刚体 B_i上的主动力和约束反力分别向质心 C_i简化，得到主动力主矢 $\boldsymbol{F}_i^{\mathrm{a}}$ 和主矩 $\boldsymbol{M}_i^{\mathrm{a}}$，以及约束反力主矢 $\boldsymbol{F}_i^{\mathrm{c}}$ 和主矩 $\boldsymbol{M}_i^{\mathrm{c}}$。可以对每个刚体 B_i写出牛顿-欧拉动力学方程，即

$$m_i\ddot{\boldsymbol{r}}_i=\boldsymbol{F}_i^{\mathrm{a}}+\boldsymbol{F}_i^{\mathrm{c}} \tag{2-8}$$

$$\boldsymbol{I}_i\cdot\dot{\boldsymbol{\omega}}_i+\boldsymbol{\omega}_i\times\boldsymbol{I}_i\cdot\boldsymbol{\omega}_i=\boldsymbol{M}_i^{\mathrm{a}}+\boldsymbol{M}_i^{\mathrm{c}} \tag{2-9}$$

将式(2-6)和式(2-7)代入式(2-8)和式(2-9)，经整理可得刚体相对于动参考基的动力学方程。

$$m_i\frac{^r\mathrm{d}^2}{\mathrm{d}t^2}\boldsymbol{r}_{ri}=\boldsymbol{F}_i^{\mathrm{a}}+\boldsymbol{F}_i^{\mathrm{c}}+\boldsymbol{F}_i^{\mathrm{I}} \tag{2-10}$$

$$\boldsymbol{I}_i\cdot\frac{^i\mathrm{d}}{\mathrm{d}t}\boldsymbol{\omega}_{ri}+\boldsymbol{\omega}_{ri}\times\boldsymbol{I}_i\cdot\boldsymbol{\omega}_{ri}=\boldsymbol{M}_i^{\mathrm{a}}+\boldsymbol{M}_i^{\mathrm{c}}+\boldsymbol{M}_i^{\mathrm{I}} \tag{2-11}$$

式中，$\boldsymbol{F}_i^{\mathrm{I}}$ 和 $\boldsymbol{M}_i^{\mathrm{I}}$ 分别为动参考基牵连运动在刚体 B_i上产生的惯性力和惯性力矩。

$$\boldsymbol{F}_i^{\mathrm{I}}=-m_{ri}\left[\ddot{\boldsymbol{r}}_r+\dot{\boldsymbol{\omega}}_r\times\boldsymbol{r}_{ri}+\boldsymbol{\omega}_r\times(\boldsymbol{\omega}_r\times\boldsymbol{r}_{ri})+2\boldsymbol{\omega}_r\times\frac{^r\mathrm{d}}{\mathrm{d}t}\boldsymbol{r}_{ri}\right] \tag{2-12}$$

$$\boldsymbol{M}_i^{\mathrm{I}}=-\boldsymbol{I}_i\cdot(\dot{\boldsymbol{\omega}}_r+\boldsymbol{\omega}_r\times\boldsymbol{\omega}_{ri})-(\boldsymbol{\omega}_r+\boldsymbol{\omega}_{ri})\times\boldsymbol{I}_i\cdot\boldsymbol{\omega}_r-\boldsymbol{\omega}_r\times\boldsymbol{I}_i\cdot\boldsymbol{\omega}_{ri} \tag{2-13}$$

记矢径 $\boldsymbol{r}_{ri}$在动参考基 $\boldsymbol{e}^r$ 上的坐标阵为 $\underline{r}_{ri}$，角速度矢量 $\boldsymbol{\omega}_{ri}$在连体基 $\boldsymbol{e}^i$ 上的坐标阵和叉乘矩阵分别为$\underline{\boldsymbol{\omega}}'_{ri}$和$\underline{\tilde{\boldsymbol{\omega}}}'_{ri}$，上标“′”表示在连体基 $\boldsymbol{e}^i$ 上的坐标阵，以区别无上标的动参考基 $\boldsymbol{e}^r$ 上的坐标阵。

由此，矢量方程(2-12)在动参考基和矢量方程(2-13)在连体基上的坐标式分别为

$$\underline{\boldsymbol{M}}_i\ddot{\underline{\boldsymbol{r}}}_{ri}=\underline{\boldsymbol{F}}_i^{\mathrm{a}}+\underline{\boldsymbol{F}}_i^{\mathrm{c}}+\underline{\boldsymbol{F}}_i^{\mathrm{I}} \tag{2-14}$$

$$\underline{\boldsymbol{I}}'_i\dot{\underline{\boldsymbol{\omega}}}'_{ri}+\tilde{\underline{\boldsymbol{\omega}}}'_{ri}\underline{\boldsymbol{I}}'_i\underline{\boldsymbol{\omega}}'_{ri}=\underline{\boldsymbol{M}}'^{\mathrm{a}}_i+\underline{\boldsymbol{M}}'^{\mathrm{c}}_i+\underline{\boldsymbol{M}}'^{\mathrm{I}}_i \tag{2-15}$$

式中，$\underline{\boldsymbol{F}}_i^{\mathrm{I}}$和$\underline{\boldsymbol{M}}'^{\mathrm{I}}_i$分别为惯性力和惯性力矩的坐标式，分别为

$$\underline{\boldsymbol{F}}_i^{\mathrm{I}}=-\underline{\boldsymbol{M}}_i(\ddot{\underline{\boldsymbol{r}}}_r+\dot{\tilde{\underline{\boldsymbol{\omega}}}}_r\underline{\boldsymbol{r}}_{ri}+\tilde{\underline{\boldsymbol{\omega}}}_r^2\underline{\boldsymbol{r}}_{ri}+2\tilde{\underline{\boldsymbol{\omega}}}_r\dot{\underline{\boldsymbol{r}}}_{ri}) \tag{2-16}$$

$$\underline{\boldsymbol{M}}'^{\mathrm{I}}_i=-\underline{\boldsymbol{I}}'_i(\dot{\underline{\boldsymbol{\omega}}}'_r+\tilde{\underline{\boldsymbol{\omega}}}'_r\underline{\boldsymbol{\omega}}'_{ri})-(\tilde{\underline{\boldsymbol{\omega}}}'_r+\tilde{\underline{\boldsymbol{\omega}}}'_{ri})\underline{\boldsymbol{I}}'_i\underline{\boldsymbol{\omega}}'_r-\tilde{\underline{\boldsymbol{\omega}}}'_r\underline{\boldsymbol{I}}'_i\underline{\boldsymbol{\omega}}'_{ri} \tag{2-17}$$

式中，$\underline{\boldsymbol{M}}_i=m_i\underline{\boldsymbol{E}}$ 为刚体 B_i的 3×3 的质量对角阵；$\underline{\boldsymbol{I}}'_i$为刚体 B_i在连体基中 3×3 的惯量矩阵，为常量矩阵。

动力学方程是关于速度和角速度的微分方程组，求解时必须与姿态运动学关系式联立，导出关于姿态坐标的二阶微分方程组。

根据欧拉定理，定点转动的刚体 B（连体基 $\boldsymbol{e}^b$）相对于参考基 $\boldsymbol{e}^r$ 的转动分解为由连续三次定轴转动来实现。根据角速度矢量叠加原理，采用欧拉角坐标（图 2-3）表示角速度，角速度矢量 $\boldsymbol{\omega}$ 可分解为沿欧拉角的三根转轴的三个角矢量之和，即

$$\boldsymbol{\omega}=\dot{\psi}\boldsymbol{e}_3^r+\dot{\theta}\boldsymbol{e}_1^{b'}+\dot{\varphi}\boldsymbol{e}_3^b \tag{2-18}$$

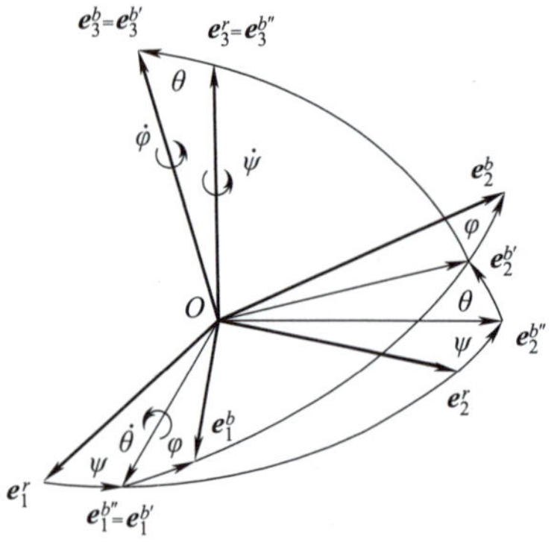

图 2-3　欧拉角坐标

在连体基 $\boldsymbol{e}^b$ 上分解式(2-18)，即可导出欧拉运动学方程如下：

$$\begin{pmatrix}\omega_1^b\\ \omega_2^b\\ \omega_3^b\end{pmatrix}=\begin{pmatrix}\sin\theta\sin\varphi & \cos\varphi & 0\\ \sin\theta\cos\varphi & -\sin\varphi & 0\\ \cos\theta & 0 & 1\end{pmatrix}\begin{pmatrix}\dot{\psi}\\ \dot{\theta}\\ \dot{\varphi}\end{pmatrix} \tag{2-19}$$

采用卡尔丹角坐标（图 2-4）表示角速度，将角速度矢量 $\boldsymbol{\omega}$ 分解为沿卡尔丹角的三根转轴的三个角矢量之和，即

$$\boldsymbol{\omega}=\dot{\alpha}\boldsymbol{e}_1^r+\dot{\beta}\boldsymbol{e}_2^{b'}+\dot{\gamma}\boldsymbol{e}_3^b \tag{2-20}$$

在连体基 $\boldsymbol{e}^b$ 上分解式(2-20)，即可导出坐标方程如下：

$$\begin{pmatrix}\omega_1^b\\ \omega_2^b\\ \omega_3^b\end{pmatrix}=\begin{pmatrix}\cos\beta\cos\gamma & \sin\gamma & 0\\ -\cos\beta\sin\gamma & \cos\gamma & 0\\ \sin\beta & 0 & 1\end{pmatrix}\begin{pmatrix}\dot{\alpha}\\ \dot{\beta}\\ \dot{\gamma}\end{pmatrix} \tag{2-21}$$

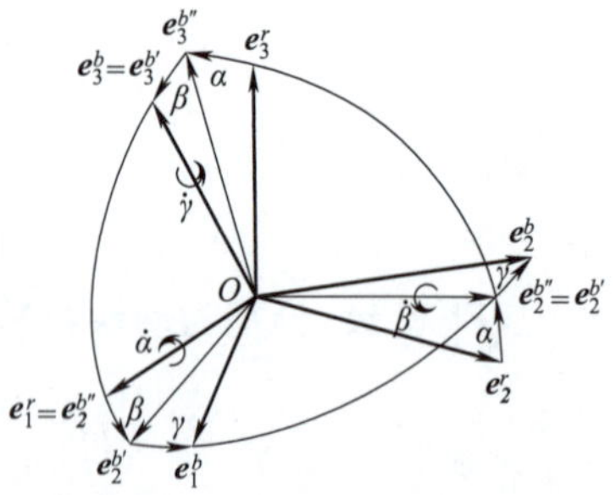

图 2-4　卡尔丹角坐标

利用式(2-19)或式(2-21)将角速度 $\underline{\boldsymbol{\omega}}'_{ri}$ 以角度坐标 $\underline{\boldsymbol{\vartheta}}_i$ 的导数表示为

$$\underline{\boldsymbol{\omega}}'_{ri}=\underline{\boldsymbol{D}}_i\dot{\underline{\boldsymbol{\vartheta}}}_i \tag{2-22}$$

将式(2-22)代入式(2-15)和式(2-17)，可得到以角度坐标表示的方程为

$$\underline{I}'_i\underline{D}_i\ddot{\underline{\vartheta}}_i+(\underline{I}'_i\dot{\underline{D}}_i+\widetilde{\underline{D}_i\dot{\underline{\vartheta}}_i}\,\underline{I}'_i\underline{D}_i\dot{\underline{\vartheta}}_i)\dot{\underline{\vartheta}}_i=\underline{M}'^{\mathrm{a}}_i+\underline{M}'^{\mathrm{c}}_i+\underline{M}'^{\mathrm{I}}_i \tag{2-23}$$

$$\underline{M}'^{\mathrm{I}}_i=-\underline{I}'_i(\dot{\underline{\omega}}'_r+\tilde{\underline{\omega}}'_r\underline{D}_i\dot{\underline{\vartheta}}_i)-(\underline{\omega}'_r+\widetilde{\underline{D}_i\dot{\underline{\vartheta}}_i})\underline{I}'_i\underline{\omega}'_r-\underline{\omega}'_r\underline{I}'_i\underline{D}_i\dot{\underline{\vartheta}}_i \tag{2-24}$$

刚体的动力学方程由质心运动方程(2-14)和绕质心转动方程(2-24)组成，具体如下：

$$\begin{pmatrix} m_i\underline{E} & \underline{0} \\ \underline{0} & \underline{I}'_i\underline{D}_i \end{pmatrix}\begin{pmatrix} \ddot{\underline{r}}_{ri} \\ \ddot{\underline{\vartheta}}_i \end{pmatrix}=\begin{pmatrix} \underline{0} \\ -(\underline{I}'_i\dot{\underline{D}}_i+\widetilde{\underline{D}_i\dot{\underline{\vartheta}}_i}\,\underline{I}'_i\underline{D}_i\dot{\underline{\vartheta}}_i)\dot{\underline{\vartheta}}_i \end{pmatrix}+\begin{pmatrix} \underline{F}^{\mathrm{a}}_i \\ \underline{M}'^{\mathrm{a}}_i \end{pmatrix}+\begin{pmatrix} \underline{F}^{\mathrm{c}}_i \\ \underline{M}'^{\mathrm{c}}_i \end{pmatrix}+\begin{pmatrix} \underline{F}^{\mathrm{I}}_i \\ \underline{M}'^{\mathrm{I}}_i \end{pmatrix} \tag{2-25}$$

利用式(2-1)定义的刚体 B_i 的 6 维笛卡尔坐标阵 $\underline{q}_i=(\underline{r}_n^{\mathrm{T}}\quad\underline{\vartheta}_i^{\mathrm{T}})^{\mathrm{T}}(i=1,2,\cdots,n)$，$B_i$ 的动力学方程(2-25)可写为如下形式：

$$\underline{A}_i\ddot{\underline{q}}_i=\underline{b}_i\quad(i=1,2,\cdots,n) \tag{2-26}$$

其中，6×6 系数方阵 $\underline{A}_i$ 和 6×1 列阵 $\underline{b}_i$ 定义为

$$\underline{A}_i=\begin{pmatrix} m_i\underline{E} & \underline{O} \\ \underline{O} & \underline{I}'_i\underline{D}_i \end{pmatrix} \tag{2-27}$$

$$\underline{b}_i=\begin{pmatrix} \underline{F}^{\mathrm{a}}_i+\underline{F}^{\mathrm{c}}_i+\underline{F}^{\mathrm{I}}_i \\ -(\underline{I}'_i\dot{\underline{D}}_i+\widetilde{\underline{D}_i\dot{\underline{\vartheta}}_i}\,\underline{I}'_i\underline{D}_i\dot{\underline{\vartheta}}_i)\dot{\underline{\vartheta}}_i+\underline{M}'^{\mathrm{a}}_i+\underline{M}'^{\mathrm{c}}_i+\underline{M}'^{\mathrm{I}}_i \end{pmatrix} \tag{2-28}$$

对 n 个刚体分别写出方程(2-26)，得到由 $6n$ 个标量方程组成的方程组，即为 n 个无约束刚体的动力学方程。

$$\underline{A}\ddot{\underline{q}}=\underline{b} \tag{2-29}$$

其中，$\underline{q}$ 为式(2-2)定义的包括全部笛卡尔坐标的 6n 阶列阵。6n 维方阵 $\underline{A}$ 和列阵 $\underline{b}$ 分别为

$$\underline{A}=\mathrm{diag}(\underline{A}_1\quad\underline{A}_2\quad\cdots\quad\underline{A}_n) \tag{2-30}$$

$$\underline{b}=(\underline{b}_1^{\mathrm{T}}\quad\underline{b}_2^{\mathrm{T}}\quad\cdots\quad\underline{b}_n^{\mathrm{T}})^{\mathrm{T}} \tag{2-31}$$

2.1.4　约束及约束方程

多刚体系统中各刚体之间存在着各种类型的铰(或运动副)，因此它们的运动不是独立的，必须满足给定的限制条件，这种限制刚体间相对运动的条件称为运动学约束。约束的解析表达式称为约束方程。本节将介绍邻接刚体约束方程的一般形式及点和矢量的基本约束方程，通过这些基本约束方程组合可以得到一般铰的约束方程。

1. 邻接刚体约束方程的一般形式

对于由 n 个刚体组成的系统，描述第 i 个刚体的位形的广义坐标为 $\underline{q}_i$，广义坐标可以是欧拉角或方向余弦阵等。多刚体系统的广义坐标列阵可表示为 $\underline{q}=(\underline{q}_1^{\mathrm{T}}\quad\underline{q}_2^{\mathrm{T}}\quad\cdots\quad\underline{q}_n^{\mathrm{T}})^{\mathrm{T}}$。

描述系统的约束方程组一般可表达为

$$\underline{\boldsymbol{\Phi}}(\underline{\boldsymbol{q}},\dot{\underline{\boldsymbol{q}}},t)=\underline{\boldsymbol{0}} \tag{2-32}$$

式中，$\underline{\boldsymbol{\Phi}}=(\Phi_1,\cdots,\Phi_{n_c})^{\mathrm{T}}$；$n_c$ 为约束方程的个数。

约束方程显含坐标的速度 $\dot{\underline{\boldsymbol{q}}}$，且方程不可积时，这种约束称为非完整约束。当方程只含坐标 $\underline{\boldsymbol{q}}$ 和时间 t 时，或含有速度 $\dot{\underline{\boldsymbol{q}}}$ 的方程可积分时，称为完整约束。工程中大多数约束为完整约束，其约束方程可采用广义坐标表示为

$$\underline{\boldsymbol{\Phi}}(\underline{\boldsymbol{q}},t)=\underline{\boldsymbol{0}} \tag{2-33}$$

方程(2-33)中，如不显含时间 t，称为定常约束，否则称为非定常约束。约束方程通常为系统坐标的非线性方程。

将约束方程(2-33)对时间求导，得到系统的速度约束方程，即

$$\underline{\boldsymbol{\Phi}}_q\dot{\underline{\boldsymbol{q}}}+\underline{\boldsymbol{\Phi}}_t=\underline{\boldsymbol{0}} \tag{2-34}$$

式中，$\underline{\boldsymbol{\Phi}}_q=\left(\dfrac{\partial\Phi_i}{\partial q_i}\right)_{n_c\times n_q}$ 为 $n_c\times n_q$ 阶矩阵，n_q 为广义坐标的个数；$\underline{\boldsymbol{\Phi}}_t=\left(\dfrac{\partial\Phi_i}{\partial t}\right)_{n_c\times 1}$ 为 n_c 阶列阵。$\underline{\boldsymbol{\Phi}}_q$ 称为约束方程的雅可比矩阵。

将速度约束方程(2-34)对时间求导，得到系统的加速度约束方程，即

$$\underline{\boldsymbol{\Phi}}_q\ddot{\underline{\boldsymbol{q}}}-\underline{\boldsymbol{\gamma}}=\underline{\boldsymbol{0}} \tag{2-35}$$

$$\underline{\boldsymbol{\gamma}}=-(\underline{\boldsymbol{\Phi}}_q\dot{\underline{\boldsymbol{q}}})_q\dot{\underline{\boldsymbol{q}}}-2\underline{\boldsymbol{\Phi}}_{qt}\dot{\underline{\boldsymbol{q}}}-\underline{\boldsymbol{\Phi}}_{tt} \tag{2-36}$$

2. 点和矢量的基本约束方程

刚体的运动学约束可以分为两大类：相对平动约束和相对转动约束。相对平动约束可采用两个刚体上点的相对距离来描述，而相对转动约束则可通过分别固结在两刚体上的矢量相对关系来描述。描述这些矢量关系的数学表达式称为基本约束方程。利用这些基本约束方程可以构造出各种铰的约束方程。

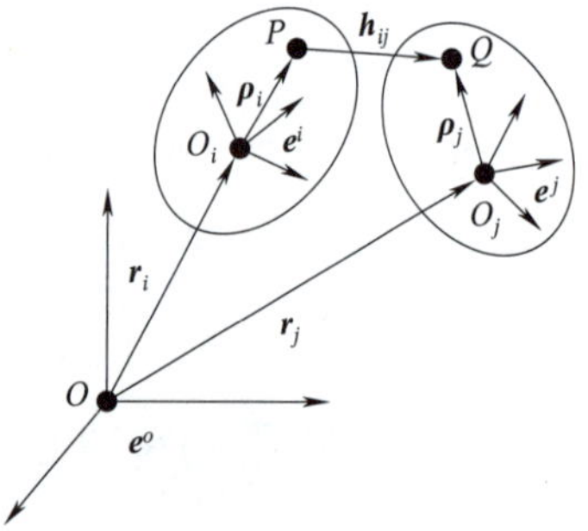

图 2-5　邻接刚体的运动学关系

如图 2-5 所示，刚体 B_i 和刚体 B_j 通过铰连接，铰在两刚体上的安装位置分别为点 P 和点 Q。令基 $\boldsymbol{e}^o$ 为全局参考基，分别在刚体 B_i 和刚体 B_j 的点 O_i 和 O_j 上建立连体基 $\boldsymbol{e}^i$ 和 $\boldsymbol{e}^j$，连体基与惯性基矢径分别为 $\boldsymbol{r}_i$ 和 $\boldsymbol{r}_j$。定义矢量 $\boldsymbol{\rho}_i$ 和 $\boldsymbol{\rho}_j$ 分别固结在刚体 B_i 和刚体 B_j 上，这两个矢量将用来定义刚体间的转动，因此它们可以定义在刚体的任意位置上。此外为了计算的方便，常将它们定义为单位矢量。

(1)点的基本约束方程

两刚体之间的相对平动约束可以通过限制矢量 $\boldsymbol{h}_{ij}=\overrightarrow{PQ}$ 的大小和方向来确定，矢量 $\boldsymbol{h}_{ij}$ 可以表示为

$$\boldsymbol{h}_{ij}=\boldsymbol{r}_j+\boldsymbol{\rho}_j-\boldsymbol{r}_i-\boldsymbol{\rho}_i \tag{2-37}$$

点 P 和点 Q 始终重合的约束方程可写为

$$\boldsymbol{\Phi}(\boldsymbol{h}_{ij})=\boldsymbol{h}_{ij}=\mathbf{0} \tag{2-38}$$

其全局坐标阵约束方程为

$$\underline{\boldsymbol{\Phi}}(\underline{\boldsymbol{h}}_{ij})=\underline{\boldsymbol{h}}_{ij}=\underline{\boldsymbol{r}}_j+\underline{\boldsymbol{A}}^j\underline{\boldsymbol{\rho}}_j^j-\underline{\boldsymbol{r}}_i-\underline{\boldsymbol{A}}^i\underline{\boldsymbol{\rho}}_i^i=\underline{\mathbf{0}} \tag{2-39}$$

式中，$\underline{\boldsymbol{A}}^i$ 和 $\underline{\boldsymbol{A}}^j$ 分别为刚体连体基的坐标阵；$\underline{\boldsymbol{\rho}}_i^i$ 和 $\underline{\boldsymbol{\rho}}_j^j$ 分别为两矢量在其连体基的坐标列阵。

该约束方程含有 3 个标量方程。

点 P 和点 Q 之间始终保持给定的距离，其约束方程可表示为

$$\boldsymbol{\Phi}(\boldsymbol{h}_{ij},t)=\boldsymbol{h}_{ij}\cdot\boldsymbol{h}_{ij}-\boldsymbol{c}(t)^2=\mathbf{0} \tag{2-40}$$

其全局坐标阵约束方程为

$$\underline{\boldsymbol{\Phi}}(\underline{\boldsymbol{h}}_{ij},t)=\underline{\boldsymbol{h}}_{ij}^{\mathrm{T}}\underline{\boldsymbol{h}}_{ij}-\underline{\boldsymbol{c}}(t)^2=\underline{\mathbf{0}} \tag{2-41}$$

(2)矢量的基本约束方程

矢量 $\boldsymbol{\rho}_i$ 和 $\boldsymbol{\rho}_j$ 垂直的约束方程为

$$\boldsymbol{\Phi}(\boldsymbol{\rho}_i,\boldsymbol{\rho}_j)=\boldsymbol{\rho}_i\cdot\boldsymbol{\rho}_j=\mathbf{0} \tag{2-42}$$

其全局坐标阵约束方程为

$$\underline{\boldsymbol{\Phi}}(\underline{\boldsymbol{\rho}}_i,\underline{\boldsymbol{\rho}}_j)=\underline{\boldsymbol{\rho}}_i^{i\mathrm{T}}\underline{\boldsymbol{A}}^{i\mathrm{T}}\underline{\boldsymbol{A}}^j\underline{\boldsymbol{\rho}}_j^j=\mathbf{0} \tag{2-43}$$

该约束方程含有 1 个标量方程。

另一个常用的矢量约束关系式 $\boldsymbol{\rho}_j$ 和 $\boldsymbol{h}_{ij}$ 垂直，约束方程可以写为

$$\boldsymbol{\Phi}(\boldsymbol{h}_{ij},\boldsymbol{\rho}_j)=\boldsymbol{h}_{ij}\cdot\boldsymbol{\rho}_j=\mathbf{0} \tag{2-44}$$

其全局坐标阵约束方程为

$$\underline{\boldsymbol{\Phi}}(\underline{\boldsymbol{h}}_{ij},\underline{\boldsymbol{\rho}}_j)=\underline{\boldsymbol{h}}_{ij}^{\mathrm{T}}\underline{\boldsymbol{A}}^j\underline{\boldsymbol{\rho}}_j^j=\underline{\mathbf{0}} \tag{2-45}$$

求解约束方程对时间的一阶、二阶导数可以分别得到速度、加速度约束方程。

2.1.5　受约束多刚体系统的动力学方程

对于由 n 个刚体组成的系统，当系统受到 n_c 个独立完整约束时，系统的总自由度为 $n_f=6n-n_c$。显然，多刚体系统的广义坐标列阵 $\underline{\boldsymbol{q}}$ 含有不独立的坐标，可应用拉格朗日乘子方法处理。首先将无约束系统动力学方程式(2-29)的各项与绝对坐标的变分 $\delta\underline{\boldsymbol{q}}$ 相乘，得到

$$(\boldsymbol{A}\ddot{\underline{\boldsymbol{q}}}-\boldsymbol{b})^{\mathrm{T}}\delta\underline{\boldsymbol{q}}=\mathbf{0} \tag{2-46}$$

其中，变分 $\delta\underline{\boldsymbol{q}}$ 并非独立变量，必须满足 n_c 个约束方程(2-32)的限制。考虑式(2-34)，坐标的等时变分有

$$\underline{\boldsymbol{\Phi}}_q\delta\underline{\boldsymbol{q}}=\underline{\mathbf{0}} \tag{2-47}$$

引入 n_c 个拉格朗日乘子 $\lambda_k(k=1,2,\cdots,n_c)$，组成列阵 $\underline{\boldsymbol{\lambda}}$ 为

$$\underline{\boldsymbol{\lambda}}=(\lambda_1\quad\lambda_2\quad\cdots\quad\lambda_{n_c})^{\mathrm{T}} \tag{2-48}$$

将式(2-47)分别与相应拉格朗日乘子相乘，再与动力学方程式(2-46)相加，得到

$$(\underline{A}\ddot{\underline{q}}-\underline{b}+\underline{\Phi}_q^{\mathrm{T}}\underline{\lambda})^{\mathrm{T}}\delta\underline{q}=\underline{0} \tag{2-49}$$

令 $\delta\underline{q}$ 中 n_c 个不独立变分的系数为零，式(2-49)中仅剩余与 $6n-n_c$ 个独立变分有关的和式。方程(2-49)成立的充分必要性要求独立变分为零。其结果是括弧内的所有元素均为零，并考虑理想约束反力在任意虚位移所做的元功之和为零，导出带拉格朗日乘子的动力学方程：

$$\underline{A}\ddot{\underline{q}}=\underline{b}'-\underline{\Phi}_q^{\mathrm{T}}\underline{\lambda} \tag{2-50}$$

式中，$\underline{b}'$即为列阵 $\underline{b}$ 减去理想约束反力和力矩 $\underline{F}_i^c$、$\underline{M}_i'^c$的相应项，可以看出 $-\underline{\Phi}_q^{\mathrm{T}}\underline{\lambda}$ 即相当于列阵 $\underline{b}$ 中缺失的理想约束反力和力矩。

方程(2-50)有 $6n+n_c$ 个未知变量，必须与加速度约束方程(2-35)联立求解，可写作

$$\begin{pmatrix}\underline{A} & \underline{\Phi}_q^{\mathrm{T}}\\ \underline{\Phi}_q & \underline{O}\end{pmatrix}\begin{pmatrix}\ddot{\underline{q}}\\ \underline{\lambda}\end{pmatrix}=\begin{pmatrix}\underline{b}'\\ \underline{\gamma}\end{pmatrix} \tag{2-51}$$

式(2-51)即为笛卡尔绝对坐标描述的多体系统动力学方程的普遍形式。该方程包含 $6n$ 个绝对坐标 $q_{rj}(j=1,2,\cdots,6n)$和 n_c 个拉格朗日乘子 $\lambda_k(k=1,2,\cdots,n_c)$。

2.1.6 动力学方程数值分析方法

多体系统动力学方程(2-51)为微分-代数混合方程组，求解这类方程的数值方法有两大类：增广法(augmented formulation)和缩并法(embedded formulation)。增广法将广义坐标和拉格朗日乘子均看作未知量，联立求解 $6n+n_c$ 个方程；缩并法则是将坐标分为独立坐标和非独立坐标，找到二者之间的关系，将动力学方程转换为独立坐标的纯微分方程后进行求解。

1. 增广法

增广法的特点是直接求解微分-代数混合方程组，求解微分-代数方程的数值方法远没有纯微分方程的初值问题成熟。这类方程固有的病态在数值计算中会产生许多困难。求解方法有直接法和违约稳定法两种。对 $6n+n_c$ 个未知变量 $\ddot{\underline{q}}$、$\underline{\lambda}$，该方程为一封闭的代数，可以证明该方程系数矩阵为非奇异，因而如方程等式右侧非零时，有唯一解。

直接法的基本思想是利用解代数方程的数值方法得到 $\ddot{\underline{q}}$、$\underline{\lambda}$，然后由 $\ddot{\underline{q}}$ 利用数值积分方法求 $\dot{\underline{q}}$、$\underline{q}$。直接法利用的是加速度约束方程，故数值解 $\dot{\underline{q}}^{(i)}$、$\underline{q}^{(i)}$ 不一定能满足约束方程(2-33)和速度约束方程(2-34)，即

$$\underline{\Phi}(\underline{q},t)=\underline{\varepsilon}\neq\underline{0} \tag{2-52}$$

$$\underline{\Phi}_q\dot{\underline{q}}+\underline{\Phi}_t=\underline{\varepsilon}_1\neq\underline{0} \tag{2-53}$$

随着数值计算步数的增加，误差累积会造成数值解发散，而违约稳定法是对直接法的改进。违约稳定法思想来源于控制反馈原理。引入常数 α、β，以 $\underline{\gamma}-2\alpha\underline{\varepsilon}_1-\beta^2\underline{\varepsilon}$ 替代式(2-51)中的 $\underline{\gamma}$，违约稳定法的方程为

$$\begin{pmatrix} \underline{A} & \underline{\boldsymbol{\Phi}}_q^{\mathrm{T}} \\ \underline{\boldsymbol{\Phi}}_q & \underline{O} \end{pmatrix}\begin{pmatrix} \ddot{\underline{q}} \\ \underline{\boldsymbol{\lambda}} \end{pmatrix}=\begin{pmatrix} \underline{b}' \\ \underline{\boldsymbol{\gamma}}-2\alpha\underline{\boldsymbol{\varepsilon}}_1-\beta^2\underline{\boldsymbol{\varepsilon}} \end{pmatrix} \tag{2-54}$$

可以看出，当 $\underline{\boldsymbol{\varepsilon}}$、$\underline{\boldsymbol{\varepsilon}}_1$ 为 $\underline{\mathbf{0}}$ 时，方程(2-54)与方程(2-51)一致。一旦出现违约，修正项自动起作用。α 和 β 的经验值取在 5 到 50 之间，当 $\alpha=\beta$ 时稳定响应比较快。由于修正项的引入，破坏了系统原动力学方程，故上述违约稳定方式只适合违约比较小的情况。违约稳定法的计算与直接法区别不大，只要增加 $\underline{\boldsymbol{\varepsilon}}$ 和 $\underline{\boldsymbol{\varepsilon}}_1$ 值的计算，由函数 $\underline{\boldsymbol{\gamma}}-2\alpha\underline{\boldsymbol{\varepsilon}}_1-\beta^2\underline{\boldsymbol{\varepsilon}}$ 替代式(2-51)中的 $\underline{\boldsymbol{\gamma}}$ 即可。

2. 缩并法

缩并法的实质是选择适当的算法处理约束方程。选择独立广义坐标，找到独立与非独立坐标的关系，然后将动力学方程表示为广义坐标的纯微分方程进行数值求解。

由于约束的存在，描述多体系统的广义坐标不独立，通过矩阵分解(如 LU 分解、QR 分解等)，可将约束方程的雅可比矩阵 $\underline{\boldsymbol{\Phi}}_q$ 分解为如下形式：

$$(\underline{\boldsymbol{\Phi}}_q)_{s\times n}=((\underline{\boldsymbol{\Phi}}_u)_{s\times s},\ (\underline{\boldsymbol{\Phi}}_v)_{s\times(n-s)}) \tag{2-55}$$

速度约束方程式(2-34)可写为

$$\underline{\boldsymbol{\Phi}}_u\dot{\underline{u}}+\underline{\boldsymbol{\Phi}}_v\dot{\underline{v}}=-\underline{\boldsymbol{\Phi}}_t \tag{2-56}$$

$\underline{u}$、$\underline{v}$分别为系统非独立和独立广义列阵，即

$$\underline{q}=(\underline{u}^{\mathrm{T}},\underline{v}^{\mathrm{T}})^{\mathrm{T}} \tag{2-57}$$

由式(2-56)和式(2-57)可得系统的广义坐标与独立坐标导数之间的关系为

$$\dot{\underline{q}}=\underline{H}\dot{\underline{v}}+\underline{c} \tag{2-58}$$

速度变换矩阵 $\underline{H}$ 及 $\underline{c}$ 的表达式为

$$\underline{H}=\begin{pmatrix} -\underline{\boldsymbol{\Phi}}_u^{-1}\underline{\boldsymbol{\Phi}}_v \\ \underline{E} \end{pmatrix} \tag{2-59}$$

$$\underline{c}=\begin{pmatrix} -\underline{\boldsymbol{\Phi}}_u^{-1}\underline{\boldsymbol{\Phi}}_t \\ \underline{\mathbf{0}} \end{pmatrix} \tag{2-60}$$

系统广义坐标加速度为

$$\ddot{\underline{q}}=\underline{H}\ddot{\underline{v}}+\dot{\underline{H}}\dot{\underline{v}}+\dot{\underline{c}}=\underline{H}\ddot{\underline{v}}+\underline{d} \tag{2-61}$$

其中

$$\underline{d}=\begin{pmatrix} -\underline{\boldsymbol{\Phi}}_u^{-1}[(\underline{\boldsymbol{\Phi}}_q\dot{\underline{q}})_q\dot{\underline{q}}+2\underline{\boldsymbol{\Phi}}_{qt}\dot{\underline{q}}+\underline{\boldsymbol{\Phi}}_{tt}] \\ \underline{\mathbf{0}} \end{pmatrix} \tag{2-62}$$

速度变换矩阵 $\underline{H}$ 可以消除系统约束反力项 $-\underline{\boldsymbol{\Phi}}_q^{\mathrm{T}}\underline{\boldsymbol{\lambda}}$，有

$$\underline{H}^{\mathrm{T}}\underline{\boldsymbol{\Phi}}_q^{\mathrm{T}}=(-\underline{\boldsymbol{\Phi}}_v^{\mathrm{T}}(\underline{\boldsymbol{\Phi}}_u^{-1})^{\mathrm{T}}\quad \underline{E})\begin{pmatrix} \underline{\boldsymbol{\Phi}}_u^{\mathrm{T}} \\ \underline{\boldsymbol{\Phi}}_v^{\mathrm{T}} \end{pmatrix}=-\underline{\boldsymbol{\Phi}}_v^{\mathrm{T}}(\underline{\boldsymbol{\Phi}}_u^{-1})^{\mathrm{T}}\underline{\boldsymbol{\Phi}}_u^{\mathrm{T}}+\underline{\boldsymbol{\Phi}}_v^{\mathrm{T}}=\underline{\mathbf{0}} \tag{2-63}$$

因此，将式(2-61)等号两端左乘 $\underline{\boldsymbol{H}}^{\mathrm{T}}$，并代入式(2-50)，可得到方程数目和自由度数相等，以独立广义坐标为变量的动力学微分方程组为

$$\bar{\underline{\boldsymbol{A}}}\ddot{\underline{\boldsymbol{v}}}=\bar{\underline{\boldsymbol{b}}} \tag{2-64}$$

式中，$\bar{\underline{\boldsymbol{A}}}=\underline{\boldsymbol{H}}^{\mathrm{T}}\underline{\boldsymbol{A}}\underline{\boldsymbol{H}}$；$\bar{\underline{\boldsymbol{b}}}=\underline{\boldsymbol{H}}^{\mathrm{T}}(\underline{\boldsymbol{b}}'-\underline{\boldsymbol{A}}\underline{\boldsymbol{d}})$。

2.2 轮轨接触几何关系

铁道车辆与轨道之间的联系通过轮轨接触来实现。轮轨接触关系将车辆和轨道联系起来，使二者相互作用、相互影响，并在很大程度上决定了车辆的运行特性。轮轨接触关系由轮轨接触几何关系以及轮轨滚动接触理论组成。本节主要介绍轮轨型面特征及轮轨几何接触参数的求解方法。

2.2.1 轮轨基本特征和参数

铁道车辆轮对由车轴和左右车轮固接组成，在运动过程中不允许有任何的松动，因此可以将轮对看成一个整体，考虑其左右车轮与钢轨的接触。车轮与钢轨轨头的接触面称为踏面。轮对滚动时，踏面与轨头的断面外形、名义滚动圆直径、轮轨接触位置等对车辆的行车动力性能影响很大。

1. 车轮形状尺寸

图 2-6 所示为踏面的横截面外轮廓线，称为踏面外形。重要的几何尺寸主要有轮缘、车轮名义直径、轮对内侧距以及踏面斜度等。

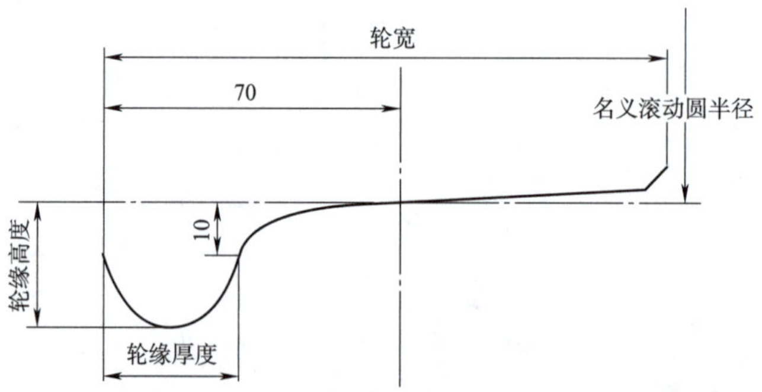

图 2-6 车轮踏面外形(单位：mm)

(1)轮缘

轮缘是保持车辆沿钢轨运行，防止车轮脱轨的重要部件。轮缘高度是轮缘顶点与踏面上名义滚动圆所在点的径向距离。踏面的垂直磨耗会增加轮缘高度。轮缘厚度是指名义滚

动圆所在点上面 10 mm 处的横向水平线与轮缘的交点距轮缘内侧面的横向距离。轮缘高度和厚度与轮对通过道岔时的安全有关。

(2)车轮名义直径

由于车轮踏面由多段圆弧组成,踏面存在斜度,各处直径不同,因而规定车轮在离轮缘内侧 70 mm 处的滚动圆直径为车轮名义直径。车轮直径小可以降低车辆重心、减小车辆簧下质量、缩小转向架固定轴距、减小建筑边界、降低工程成本。但是小直径车轮会增加车轮阻力,轮轨接触应力增加,踏面磨耗加快,通过轨道凹陷和接缝处的振动增大。

(3)轮对内侧距

轮对内侧距为两边轮缘内侧之间的距离。轮对运行时,轮缘内侧的距离将影响行车的安全性和平稳性,既要保证轮缘与钢轨之间有一定的游间,实现轮对自动对中作用,避免轮轨之间过分滑动及偏磨现象,又要能限制轮对蛇行运动的振幅,防止因间隙过大恶化车辆运行舒适度。

我国铁路轮轨内侧距为 1 353 mm,欧洲和日本铁路轮对内侧距为 1 360 mm。如果轮对中心与轨道中心在同一垂直平面内,我国轮轨间隙为 9 mm,而欧洲和日本铁路则为 5.5 mm,如图 2-7 所示,图中括号内数值为欧洲和日本的取值。这两种轮轨间隙方式各有利弊。我国的内侧距较大,可以降低轨道铺设、养护和维修难度,减轻轮轨磨耗,但其缺点是列车运行中允许的横移幅度较大,从而影响乘坐舒适度。欧洲和日本的内侧距较小,对轨道铺设、养护和维修要求高,轮轨磨耗可能加快,但有利于提高乘坐舒适度。

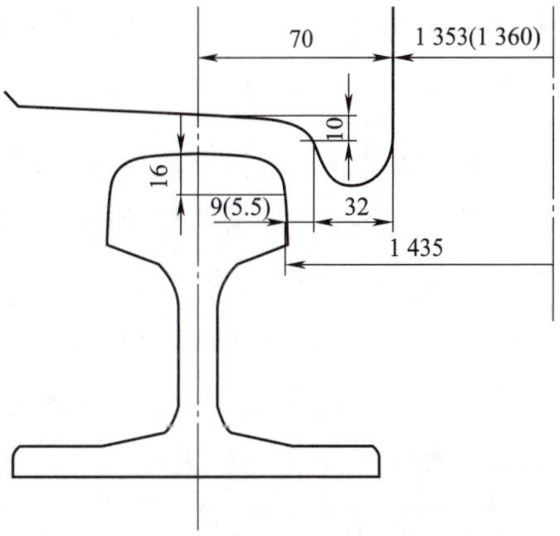

图 2-7　轮轨间隙示意图(单位:mm)

(4)车轮踏面斜度

在通过曲线时,外侧钢轨长度大于内侧钢轨长度。为使得同一时间间隔内,外侧车轮走行的距离大于内侧车轮走行的距离,曲线上同一车轴上外侧车轮的滚动半径必须大于内侧车轮的滚动半径。因此,车轮踏面必须有斜度,可以减小运行阻力,减轻轮轨间磨耗,避免脱轨现象发生。

2. 车轮踏面类型

目前各国使用的车轮踏面可归为三种类型:圆柱形踏面、锥形踏面和磨耗型踏面。

(1)圆柱形踏面

圆柱形踏面的外轮廓没有斜度。这种踏面只在日本少数轨检车上可以见到,目的是在轨道检测时,消除轮对踏面斜度对轨道高低和水平不平顺测试结果造成的不良影响。

(2)锥形踏面

锥形踏面是我国铁路较早前普遍采用的踏面外形。该型车轮轮缘内侧 48 mm 至 100 mm 范围内由一段斜度为 1∶20 的直线段组成,继续向外一段斜度为 1∶10 的直线段,其作用是便于通过小半径曲线,也便于通过辙岔。车轮轮缘由 4 段圆弧组成,轮缘与直线间有一段 $R=18$ mm 的圆弧,这段圆弧的位置与圆弧中心的位置选择十分重要,它的形状关系到轮轨之间是否会出现两点接触以及两点接触之间垂向距离的大小,对轮缘磨耗也有较大影响。

(3)磨耗型踏面

磨耗型踏面是在研究、改进锥形踏面的基础上发展而来的。各国运行情况表明,锥形踏面在运行过程中会很快磨耗,但磨耗达到一定程度后会趋于稳定。实践证明,把车轮踏面一开始就做成类似磨耗后的踏面形状,即磨耗型踏面,可以明显减轻磨耗,减少轮轨接触应力,既能保证运行稳定性,又能保证曲线通过能力。我国铁道车辆主要采用的磨耗型踏面有 LM、LM_A 型踏面。LM_A 型踏面是我国 20 世纪 90 年代为高速动车组开发设计的新型踏面。

3. 钢轨轨头外形

钢轨由轨头、轨腰和轨底组成,其中主要影响轮轨接触几何关系的是轨头外形。轨头外形由多段圆弧组成,为使轮轨间法向作用力通过钢轨中心线,在轨底设置轨底坡。目前我国广泛使用的钢轨类型为 50 kg/m、60 kg/m、75 kg/m 标准钢轨。

60 kg/m 标准钢轨截面是按照磨耗型原则设计的,并与 LM 型踏面车轮配合使用,如图 2-8 所示。60 kg/m 标准钢轨轨头部分由两段 $R=13$ mm 圆弧、两段 $R=80$ mm 圆弧和一段 $R=600$ mm 圆弧相切而成。轨头宽 73 mm,两轨头侧面与钢轨中心线之间呈 1∶20 斜度,轨高 176 mm。

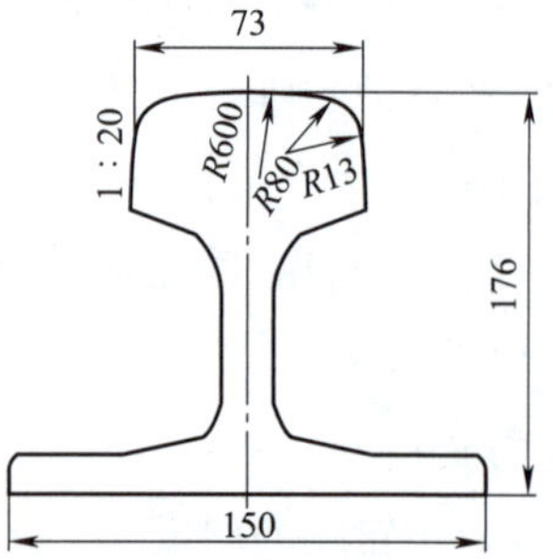

图 2-8　钢轨轨头外形(单位:mm)

除了轨头外形,两股钢轨间的轨距和轨底坡对接触几何关系也有重要影响。轨距是轨头踏面下 16 mm 范围内两股钢轨工作边之间的最小距离,我国直线标准轨距为 1 435 mm。轨道铺设时需将钢轨向内倾斜,使轨底与轨道平面间形成一个横向坡度,即为轨底坡。适当的轨底坡主要有以下作用:(1)能使轮轨接触集中于轨顶及车轮踏面的中部,钢轨轴心受力,横向偏压受力较小,提高钢轨的横向稳定性;(2)使轮轨接触面增大,降低接触应力,减少轮轨疲劳损伤,提高轮轨使用寿命;可增大牵引黏着力,提高运行效率;(3)减轻轨头及轮踏面不均匀磨耗,延长钢轨及车轮使用寿命;减少钢轨旁侧因磨耗产生的铁屑,减少杂散电流。我国高速铁路轨底坡采用 1∶40。

表 2-1 给出了中国铁路、日本新干线和欧洲高速铁路采用的钢轨、车轮基本参数。

表 2-1　钢轨、车轮基本参数

类　别	钢轨断面	标准轨距/mm	轨底坡	车轮踏面	轮对内侧距/mm	滚动圆半径/mm	轮缘厚度/mm
中国铁路	CHN60	1 435	1∶40	LM_A	1 353	915/860	32.0
日本新干线	JIS60	1 435	1∶40	JP-ARC	1 360	860/790	32.5
欧洲铁路	UIC60	1 435	1∶40(20)	S1002	1 360	920/850	32.5

图 2-9 和图 2-10 所示分别为我国 LM_A 型踏面和 CHN60 型钢轨，以及欧洲铁路 S1002 型踏面和 UIC60 型钢轨外形，可见二者外形差别较小。

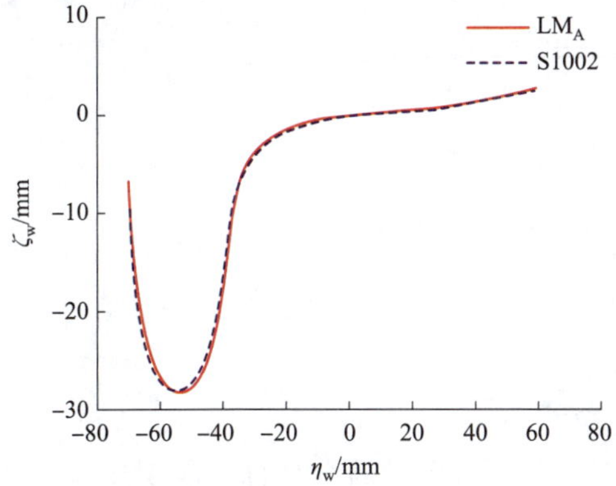

图 2-9　LM_A 与 S1002 踏面外形

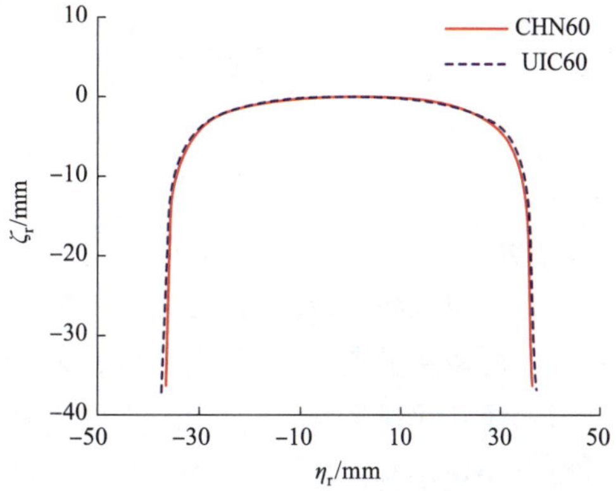

图 2-10　CHN60 与 UIC60 钢轨轨头外形

2.2.2　轮轨几何接触关系计算

轮轨接触几何关系及参数是研究车辆-线路动力相互作用的基础。自由轮对在空间具有 6 个自由度，包括 3 个平动和 3 个转动自由度。由于轮轨接触面相对轮对和钢轨较小，在求解轮轨接触几何参数时，通常将轮轨接触视为一点，且将轮轨均视为刚体。这样当轮对行走在左右两条刚性轨道上时，将产生 2 个约束，只有 4 个自由度。车辆动力分析中，一般选择轮对的横移和摇头运动作为独立自由度，垂向移动和侧滚运动被限制。车轮和钢轨在正常条件下轮轨始终保持接触，轮轨几何参数与轮对在钢轨上的纵向位置和旋转无关，因此轮轨几何参数实际上是轮对相对轨道的横移和摇头角的函数。

1. 轮轨接触参数及影响因素

轮轨接触点的位置随轮对在钢轨上的横移和摇头而随时改变，而且车轮踏面和钢轨轨头外形、轨距、超高、轨底坡等也是影响轮轨接触点位置的基本因素；在接触点处的几何参数，如曲率半径、等效锥度、接触角等，更是决定轮轨接触斑大小的要素，如图 2-11 所示。轮轨接触几何分析就是确定轮对在轨道上的接触点位置以及轮轨接触几何参数。

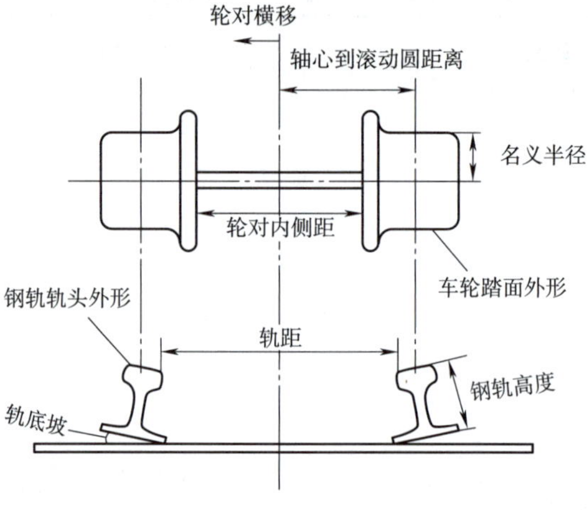

图 2-11　影响轮轨接触的主要因素

对机车车辆运行时动力学性能影响较大的轮轨接触几何参数主要有(图 2-12)：

(1)轮轨接触点处左、右轮的实际滚动圆半径 r_L、r_R；

(2)轮轨接触点处左、右轮的踏面曲率半径 ρ_{wL}、ρ_{wR}；

(3)轮轨接触点处左、右轮的轨头截面曲率半径 ρ_{rL}、ρ_{rR}；

(4)轮轨接触点处左、右轮与左、右轨的接触角 δ_{wL}、δ_{wR}，即轮轨公切面与轮对中心线的夹角；

(5)轮对的侧滚角 θ_w，轮对侧滚角会引起转向架和车体的侧滚；

(6)轮对中心垂向位移 z_w，该值会引起转向架和车体的垂向位移。

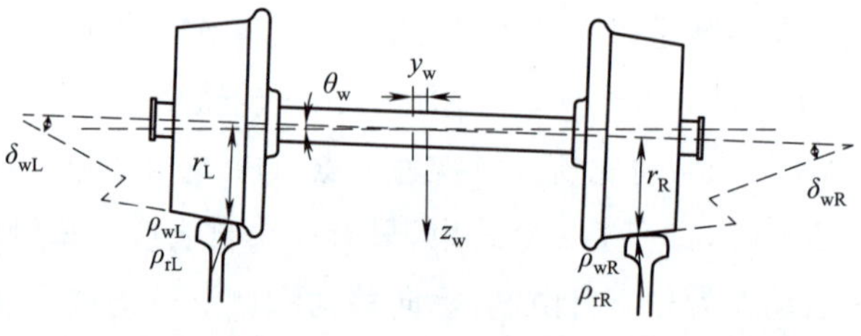

图 2-12　轮轨接触几何参数

2. 轮轨型面的拟合

新制的车轮和钢轨外形具有比较规则的几何形状，经运营后的车轮踏面和轨头断面，其外形轮廓线难以用一般解析式来描述。因此，磨损后的轮轨轮廓形状，需通过测量所得的表面离散点，采用数学方法找出一条拟合曲线表示轮轨外形。既可用分段表达式描述的轮轨外形，也可以首先转换为一组离散数据，再拟合为一条曲线。拟合曲线在尽量符合轮廓外形的同时，要求其一阶导数、二阶导数值在整段曲线内连续。

曲线拟合的方法很多，采用三次样条函数曲线来拟合轮轨外形曲线结果比较满意。在区间$[a,b]$上给定一组数据：

$$a=x_0<x_1<\cdots<x_n=b$$

$$y_0<y_1<\cdots<y_n \tag{2-65}$$

三次样条曲线 $S(x)$是一个分段定义的函数，在区间$[a,b]$上具有连续的二阶导数。通过选取节点上的二阶导数值 $S''(x_i)=M_i(i=0,1,\cdots,n)$作为参数，构造函数 $S(x)$满足下列条件：

(1)$S(x)$在$[a,b]$上具有连续的一阶、二阶导数；

(2)在每个子区间$[x_i,x_{i+1}]$上，$S(x)$是一个不超过三次的多项式；

(3)$S(x_i)=y_i(i=0,1,\cdots,n)$，表示这个函数代表曲线上所有各点。

n 个三次多项式分段可以写作

$$S(x_i)=a_i+b_i(x-x_i)+c_i(x-x_i)^2+d_i(x-x_i)^3 \tag{2-66}$$

式中，a_i,b_i,c_i,d_i 为 $4n$ 个未知系数。根据上述三个条件及两个端部条件即可求得这些系数。

3. 轮轨几何接触关系平面问题计算

在无摇头角的情况下，自由度变成一个，即所谓平面问题。轮轨各接触几何参数仅是轮对中心横移量的函数。通过轮对中心先作铅垂平面(主剖面)剖切车轮，剖面与车轮轮廓的交线称为车轮踏面主轮廓线。

在平面问题中，轮轨接触点在车轮主轮廓线上。根据刚性轮轨约束条件，计算轮轨接触点的方法是在左右侧轮轨主轮廓线上寻求两曲线距离为零的点，同时这点必定为两曲线的切点。在实际计算时，则将左右钢轨向下铅垂偏移一段距离。当轮对横移后，通过调整轮轨的侧滚角，以迭代逼近的方法求出左右侧轮轨主轮廓线上垂向距离最小的点，并使左右侧最小距离趋于相等。这两点分别是左右侧轮轨接触点。轮轨接触点求出后，其他轮轨接触几何参数，如接触角、滚动圆半径等均可用解析方法导出。

在固定轮对中心线的垂向平面内作固定坐标系 Oyz，坐标原点在过轨道中心线的垂向平面内，如图 2-13 所示。为确定轮轨踏面外形，在轮轨和钢轨踏面上以轮对位于轨道中心位置时的轮轨接触点为原点，分别建立平面坐标系 $O_w\eta_w\zeta_w$ 和 $O_r\eta_r\zeta_r$，如图 2-9 和图 2-10 所示。轮对和钢轨轮廓线可以分别由拟合的函数描述为

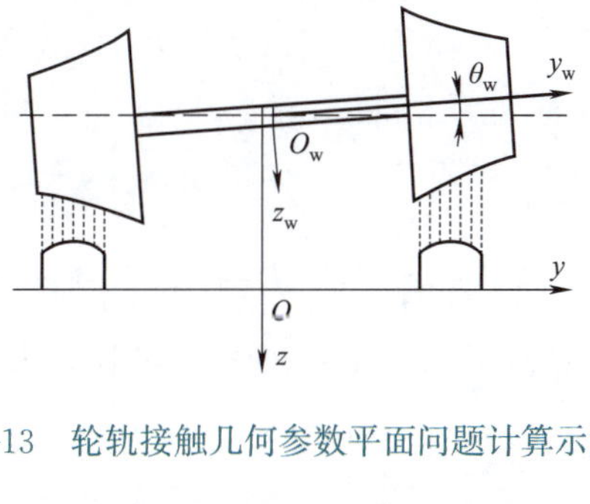

图 2-13　轮轨接触几何参数平面问题计算示意图

$$\zeta_w=f(\eta_w),\quad \zeta_r=g(\eta_r) \tag{2-67}$$

当车轮发生轮对横移量 y_w，分别对左、右轮轨每一段微小水平距离，计算轮轨之间的垂向距离，找出左、右轮轨之间的最小垂向距离分别为 Δz_{Lmin}、Δz_{Rmin}，相应的横向位置为 y_{Lmin}、y_{Rmin}。如果 $\Delta z_{Lmin}=\Delta z_{Rmin}$，则当轮对向下平移后，左、右车轮与左、右钢轨同时接触，y_{Lmin}、

y_{Rmin}则为左、右轮轨接触点；当二者不相等时，必须调整轮对的侧滚角，使之符合接触关系。如果 $\Delta z_{\mathrm{Rmin}} > \Delta z_{\mathrm{Lmin}}$，可将轮对逆时针旋转一个角度 γ，即

$$\gamma = \frac{z_{\mathrm{Rmin}} - z_{\mathrm{Lmin}}}{y_{\mathrm{Rmin}} - y_{\mathrm{Lmin}}} \tag{2-68}$$

轮对旋转以后，重复上述扫描过程，即在轮对新的位置上重新检查左、右轮轨最小距离是否相等。当二者最小距离之差的绝对值小于给定的某一很小正整数时，即可结束迭代。此时，轮对的侧滚角为

$$\theta_{\mathrm{w}} = \theta_{\mathrm{w0}} + \sum_{i=1}^{k} \gamma_i \quad (i = 1, 2, \cdots, k) \tag{2-69}$$

式中，θ_{w0} 为轮对初始侧滚角；γ_i 为每次迭代调整的侧滚角；k 为迭代次数。

根据固定坐标系下轮轨接触点位置 y_{Lmin}、y_{Rmin}，即可得到左、右轮对和钢轨接触点在相对体坐标系的横坐标 η_{wL}、η_{wR}、η_{rL} 和 η_{rR}，分别代入式(2-70)和式(2-71)，即可得到轮轨接触点处轮轨踏面接触角和曲率半径。

$$\delta_{\mathrm{w}} = \frac{\mathrm{d}\zeta_{\mathrm{w}}}{\mathrm{d}\eta_{\mathrm{w}}} = f'(\eta_{\mathrm{w}}), \quad \delta_{\mathrm{r}} = \frac{\mathrm{d}\zeta_{\mathrm{r}}}{\mathrm{d}\eta_{\mathrm{r}}} = g'(\eta_{\mathrm{r}}) \tag{2-70}$$

$$\rho_{\mathrm{w}} = \left| \frac{(1 + f'^2(\eta_{\mathrm{w}}))^{\frac{3}{2}}}{f''(\eta_{\mathrm{w}})} \right|, \quad \rho_{\mathrm{r}} = \left| \frac{(1 + g'^2(\eta_{\mathrm{r}}))^{\frac{3}{2}}}{g''(\eta_{\mathrm{r}})} \right| \tag{2-71}$$

轮对垂向位移可根据侧滚角以及左侧或右侧轮轨接触点处垂向坐标变化确定的几何关系得到，即

$$z_{\mathrm{w}} = -a_0 \theta_{\mathrm{w}} - \zeta_{\mathrm{wR}} + \zeta_{\mathrm{rR}}, \quad z_{\mathrm{w}} = a_0 \theta_{\mathrm{w}} - \zeta_{\mathrm{wL}} + \zeta_{\mathrm{rL}} \tag{2-72}$$

轮轨接触点处左、右轮的实际滚动圆半径 r_{L}、r_{R} 可由车轮名义滚动圆半径和接触点处轮对踏面垂向坐标得到，即

$$r_{\mathrm{L}} = r_0 - \zeta_{\mathrm{wL}}, \quad r_{\mathrm{R}} = r_0 - \zeta_{\mathrm{wR}} \tag{2-73}$$

近似计算时，滚动圆半径 r_{L}、r_{R} 表示为轮对横向位移 y_{w} 的函数，即

$$r_{\mathrm{L}} = r_0 - \lambda_0 y_{\mathrm{w}}, \quad r_{\mathrm{R}} = r_0 + \lambda_0 y_{\mathrm{w}} \tag{2-74}$$

λ_0 称为等效锥度，有

$$\lambda_0 = \frac{\delta_0 \rho_{\mathrm{w}} (1 + \rho_{\mathrm{r}} \delta_0 / a_0)}{(\rho_{\mathrm{w}} - \rho_{\mathrm{r}})(1 - r_0 \delta_0 / a_0)} \tag{2-75}$$

图 2-14 和图 2-15 分别给出了所示方法得到的 $\mathrm{LM_A}$ 型踏面与 CHN60 型钢轨以及 S1002 型踏面与 UIC60 型钢轨的接触点分布图。

4. 轮轨接触几何关系空间问题计算

在轮轨几何关系的空间问题中，由于考虑轮对摇头角，轮轨接触点一般不在车轮主轮廓线上，而是分布在主轮廓线附近的车轮轮廓面上。求轮轨接触点的方法和平面问题中求轮轨接触点的方法在原则上是一致的，但要扩大范围，在左、右车轮踏面和钢轨顶面上求出垂向距离最小的点。

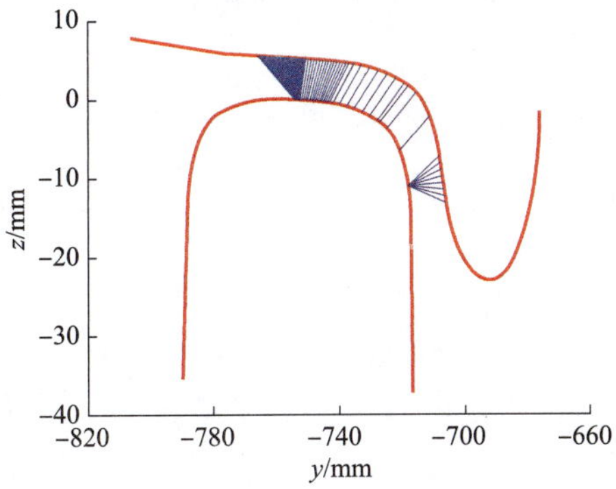

图 2-14　LM_A型踏面与 CHN60 钢轨接触点分布

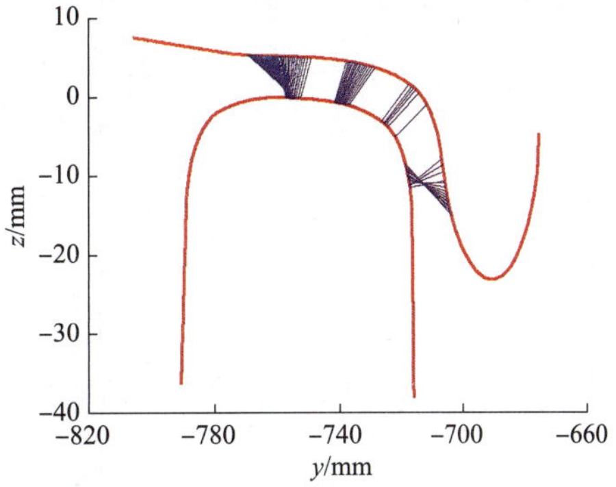

图 2-15　S1002 型踏面与 UIC60 钢轨接触点分布

这里介绍轮轨空间接触几何计算通常采用的迹线法。其基本原理是：当轮对摇头角和侧滚角一定的情况下，轮轨空间接触点的集合形成一条在车轮踏面上的空间曲线，即车轮踏面上轮轨接触点的轨迹。因此求轮轨接触点的计算范围，由一个曲面区域缩小为一条曲线，其计算方法和计算量与平面问题基本相同。不同的是，平面问题是在一条平面曲线(车轮主轮廓线)上求轮轨接触点，而该方法是在一条空间曲线(迹线)上求轮轨接触点。

迹线法计算轮轨空间接触几何关系有以下基本假定：(1)车轮与钢轨均为刚体，不存在影响接触关系的弹性变形，或者说车轮表面任意点不能嵌入钢轨内部；(2)车轮与钢轨的接触区域为一个点或斑，即车轮踏面与钢轨之间不存在共面或共线接触情况；(3)同一轮对的左轮和左轨、右轮和右轨同时接触，不存在一侧轮轨脱离现象。

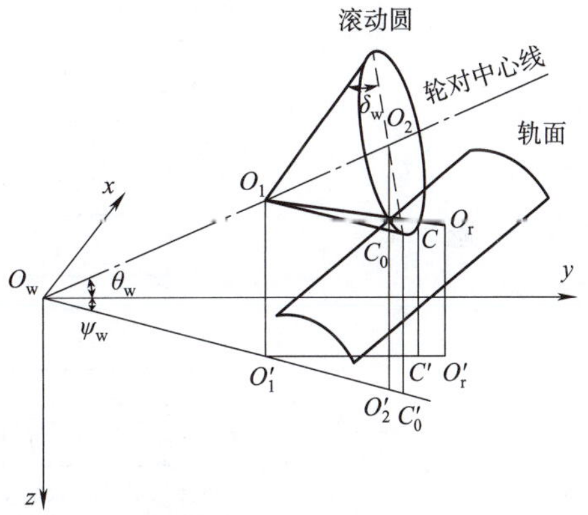

图 2-16　轮轨接触几何参数迹线法计算示意图

以图 2-16 所示的右侧轮轨为例，以轮对的质心 O_w 为原点建立轮对坐标系 O_wxyz，轮对横移、摇头和侧滚运动分别表示为 y_w、ψ_w 和 θ_w。轮轨接触点为 C，C_0 点为滚动圆的最低点，由于摇头角 ψ_w，轮轨接触点不在滚动圆最低点上。O_1O_r 为过点 C 踏面与钢轨柱面的公法线，点 O_1 和 O_r 分别位于轮轨中心线和钢轨中心线上。

根据图 2-16，可以得到轮轨接触点的坐标为

$$\begin{cases} x_C = x_{O_2} + l_x r_w \tan\delta_w \\ y_C = y_{O_2} - \dfrac{r_w}{1-l_x^2}(l_x^2 l_y \tan\delta_w + l_z m) + y_w \\ z_C = z_{O_2} - \dfrac{r_w}{1-l_x^2}(l_x^2 l_z \tan\delta_w - l_y m) \end{cases} \tag{2-76}$$

式中，r_{w} 和 δ_{w} 分别为车轮滚动圆半径和右侧轮轨接触角；l_x、l_y 和 l_z 为轮对轴线方向余弦；x_{O_2}、y_{O_2} 和 z_{O_2} 为车轮滚动圆心的坐标。有

$$\begin{cases} l_x = -\cos\theta_{\mathrm{w}}\sin\psi_{\mathrm{w}} \\ l_y = \cos\theta_{\mathrm{w}}\cos\psi_{\mathrm{w}} \\ l_z = \sin\theta_{\mathrm{w}} \end{cases} \tag{2-77}$$

$$\begin{cases} x_{O_2} = b_{\mathrm{w}} l_x \\ y_{O_2} = b_{\mathrm{w}} l_y \\ z_{O_2} = b_{\mathrm{w}} l_z \end{cases} \tag{2-78}$$

式中，b_{w} 为轮对中心至轮对踏面离散点的横向距离。参数 m 为

$$m = \sqrt{l - l_x^2(1+\tan^2\delta_{\mathrm{w}})} \tag{2-79}$$

左侧轮轨接触点的迹线可以由同样方法得到。由于侧滚角 θ_{w} 是未知量，因此需要首先指定一个初值迭代求解。当轮对横移、摇头和侧滚一定时，改变车轮踏面离散点位置，就可以得到轮轨空间接触的迹线。其后，与平面问题类似，通过寻找轮轨间垂向距离最小且左右距离相等的点作为接触点，如果左右距离最小点距离不相等，则调整侧滚角重复以上步骤，求解流程如图 2-17 所示。

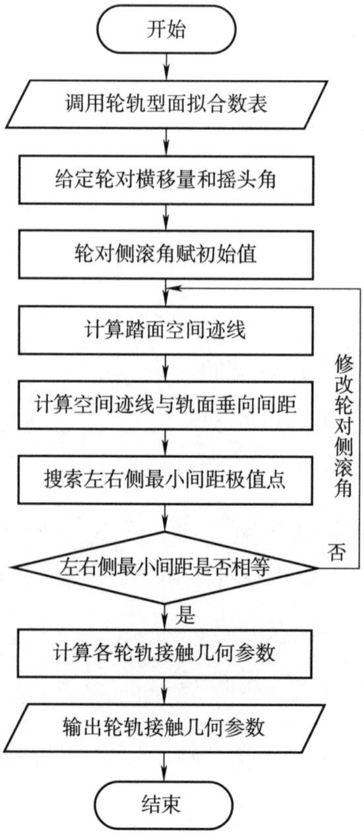

图 2-17　轮轨接触几何参数计算流程

可以看出，迹线法求轮轨接触点时，暂时抛开钢轨型面求出车轮踏面接触点的集合。迭代求解过程中，除了轮对横移和摇头作为输入量以外，如果考虑钢轨振动，则还需将左右钢轨的垂向、横向位移和扭转角作为输入量；当考虑轨道不平顺激励时，还需考虑轨道轨距和水平不平顺的影响。

图 2-18 所示为轮对摇头角分别为 0°、1°、3°和 5°时轮轨接触迹线空间曲线。可以看出，当轮对无摇头角时，轮轨接触点迹线为一平面曲线，且与车轮踏面主轮廓线完全一致；当轮对有摇头角时，接触点迹线将变为一条三维空间曲线，轮对根部迹线点斜率较其他部位明显。

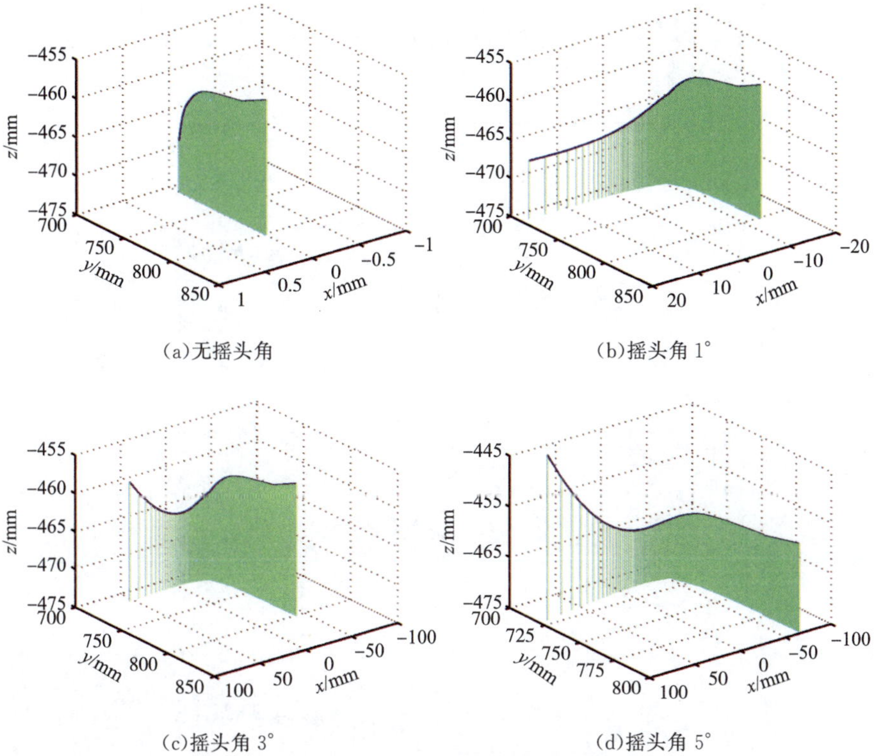

(a)无摇头角　(b)摇头角 1°

(c)摇头角 3°　(d)摇头角 5°

图 2-18　轮轨接触迹线

图 2-19 所示为计算得到的左右轮滚动圆半径差、接触角差及等效锥度随轮对横移的变化曲线。可以看出，轮对横移量较小时，滚动圆半径差和接触角半径差呈近似线性变化。等效锥度随轮对横移量呈分段近似线性变化。轮对摇头角在轮对横移量较小时，对轮轨接触几何参数影响较小。

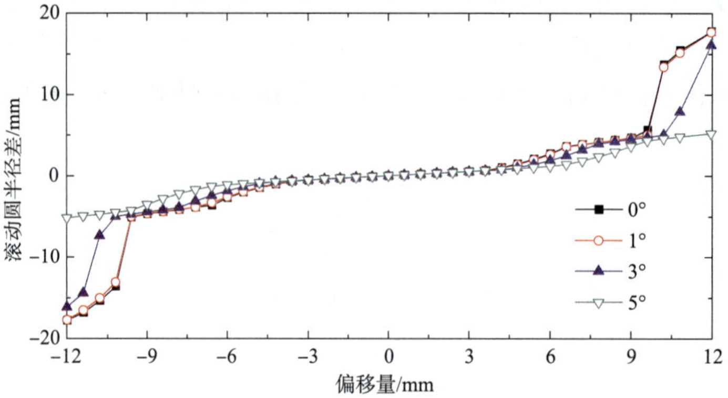

(a)滚动圆半径差

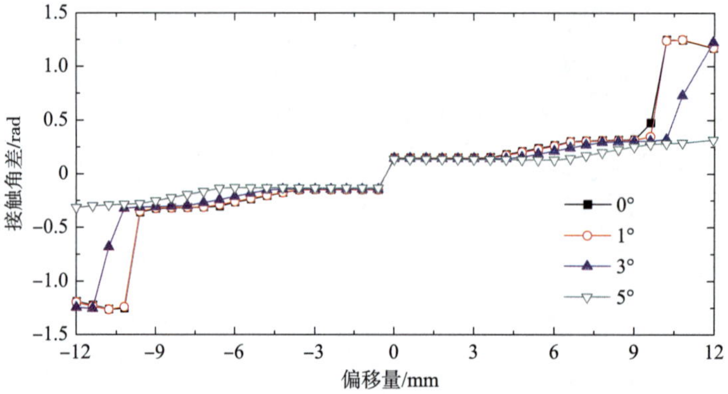

(b)接触角差

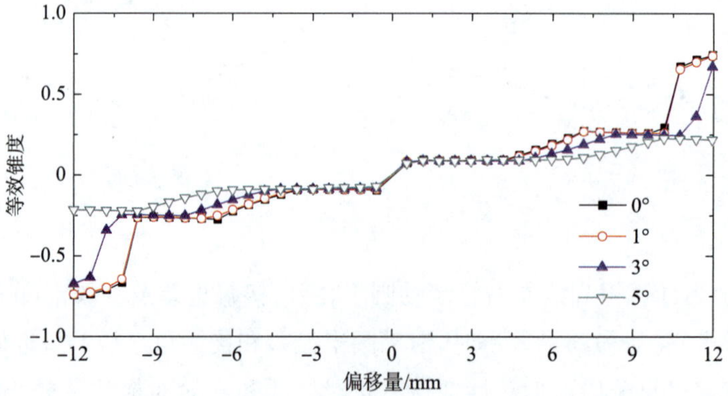

(c)等效锥度

图 2-19　轮轨接触参数随轮对横移与摇头角的变化曲线

车辆系统动力仿真分析中，轮轨接触参数的计算引入主要有两种方式：一是采用数表，在仿真计算之前，首先将轮轨接触参数存为以轮对横移和摇头位移为变量的数表，计算过程中，根据实时的轮对横移和摇头位移通过插值得到相应的轮轨接触参数，该方法计算速度快，但精度受到一定限制；二是采用实时在线计算，该方法计算精度较高，但对计算效率有一定影响。

2.3 轮轨滚动接触理论

轮轨滚动接触是轨道交通车辆区别其他交通运输工具与承载结构相互作用的重要标志。轮轨滚动接触理论也是轨道交通车辆系统动力学的核心研究内容。轮轨之间的相互作用在相当大程度上决定了车辆系统动力学性能。本节首先介绍 Hertz 接触理论在轮轨接触理论上的应用，并给出了两个弹性体接触的形状和大小；其次介绍两个相互滚动的物体在接触区内的蠕滑现象，以及轮轨蠕滑率和蠕滑力的求解方法。重点介绍广泛采用的 Kalker 线性蠕滑理论及非线性蠕滑力的近似计算和修正方法。

2.3.1 Hertz 接触理论

早在 19 世纪，Hertz 就用弹性力学理论研究了两弹性体的接触问题，认为两弹性体间的接触斑的形状是一个椭圆，并推导了接触斑椭圆长短半轴 a 和 b 的计算式，如图 2-20 所示。

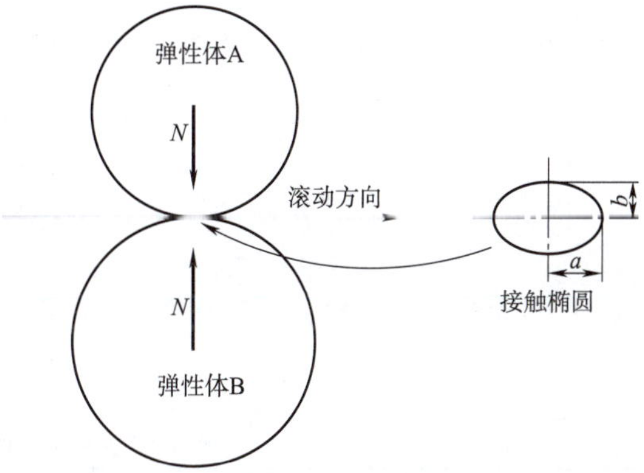

图 2-20 弹性体接触及接触椭圆

定义两个常数 A 和 B，它们可表示为主曲率平面夹角的函数。设 ρ_1、ρ_2 为其中一个弹性体在其接触点上的主曲率半径，ρ_{t1}、ρ_{t2} 为与其接触的另一弹性体在同一接触点上的主曲率半径，角 η 为包含 $1/\rho_1$ 的平面和包含 $1/\rho_{t1}$ 的平面之间的夹角，则常数 A 和 B 可由式(2-80)确定。

$$\begin{cases} A+B=\dfrac{1}{2}\left(\dfrac{1}{\rho_1}+\dfrac{1}{\rho_2}+\dfrac{1}{\rho_{t1}}+\dfrac{1}{\rho_{t2}}\right) \\ B-A=\dfrac{1}{2}\left[\left(\dfrac{1}{\rho_1}-\dfrac{1}{\rho_2}\right)^2+\left(\dfrac{1}{\rho_{t1}}-\dfrac{1}{\rho_{t2}}\right)^2+2\left(\dfrac{1}{\rho_1}-\dfrac{1}{\rho_2}\right)\left(\dfrac{1}{\rho_{t1}}-\dfrac{1}{\rho_{t2}}\right)\cos(2\eta)\right]^{\frac{1}{2}} \end{cases} \tag{2-80}$$

考虑铁道车辆与钢轨接触时的具体情况，其主曲率半径分别为沿线路方向和垂直于线路方向，且角 η 等于零。于是，各主曲率半径按其定义可分别表示为：

$\rho_1=R_w$——车轮滚动圆半径，与车轮名义半径有关；

$\rho_2=r_w$——车轮踏面横断面外形半径；

$\rho_{t1}=\infty$——沿轨道长度方向轨头是平直的，因此其曲率半径为无穷大；

$\rho_{t2}=r_r$——轨头横断面外形半径。

对于曲率半径的符号，Hertz 规定：若曲率中心位于弹性体内部时取正号，反之则取负号。于是式(2-80)可进一步简化为

$$\begin{cases} A+B=\dfrac{1}{2}\left(\dfrac{1}{R_w}+\dfrac{1}{r_r}+\dfrac{1}{r_w}\right) \\ B-A=\dfrac{1}{2}\left(\dfrac{1}{R_w}-\dfrac{1}{r_r}-\dfrac{1}{r_w}\right) \end{cases} \tag{2-81}$$

Hertz 又给出了另外两个常数 k_1 和 k_2：

$$k_1=\frac{1-\sigma_1^2}{\pi E_1},\quad k_2=\frac{1-\sigma_2^2}{\pi E_2} \tag{2-82}$$

在式(2-82)中，假定两个弹性体具有不同的弹性模量 E 和泊松比 σ。对于车轮与钢轨，其材料弹性模量 E 和泊松比 σ 可认为相同，于是有

$$k_1+k_2=\frac{2(1-\sigma^2)}{\pi E} \tag{2-83}$$

Hertz 给出的计算接触椭圆长、短半径 a 和 b 的计算式为

$$\begin{cases} a=m\left[\dfrac{3\pi N(k_1+k_2)}{4(A+B)}\right]^{\frac{1}{3}} \\ b=n\left[\dfrac{3\pi N(k_1+k_2)}{4(A+B)}\right]^{\frac{1}{3}} \end{cases} \tag{2-84}$$

式中，N 为接触椭圆斑上的法向荷载；m 和 n 为与 A 和 B 有关的系数。

记 $\beta=\arccos|(B-A)/(A+B)|$，对应不同的 β 值，m 和 n 可利用表 2-2 插值确定。

表 2-2　β 与 Hertz 系数 m 和 n 的关系

β/(°)	m	n	β/(°)	m	n	β/(°)	m	n
0.5	61.4	0.101 8	10	6.604	0.311 2	60	1.486	0.717
1	36.89	0.131 4	20	3.813	0.412 5	65	1.378	0.759
1.5	27.48	0.152 2	30	2.731	0.493	70	1.284	0.802
2	22.26	0.169 1	35	2.397	0.530	75	1.202	0.846
3	16.5	0.196 4	40	2.136	0.567	80	1.128	0.893
4	13.31	0.218 8	45	1.926	0.604	85	1.061	0.944
6	9.79	0.255 2	50	1.754	0.641	90	1.0	1.0
8	7.86	0.285	55	1.611	0.678			

2.3.2　轮轨蠕滑理论

1. 轮轨蠕滑现象

轮对在轨道上滚动时，轮轨间将产生相对位移和速度差，轮轨接触斑金属表层不仅有微量弹性变形，还含有微量的速度差(微量滑动)，这种金属材料的微量弹性滑动称为蠕滑，它是介于纯滚动和纯滑动之间的中间形式。由于车轮与钢轨间的滑动将产生两者之间的速度差，车轮与钢轨两紧压着的弹性体之间将形成接触斑。由于摩擦的存在，车轮与钢轨在接触斑上会产生切向力，即蠕滑力。在考察接触斑处轮轨切向力随蠕滑而变化的规律的研究中，发展并形成了轮轨蠕滑理论。

2. 蠕滑率的定义

一般情况下，两滚动物体接触表面的圆周速度是不相等的。两物体纯滚动时这一速度差即可用来定义无量纲的蠕滑率。早在 20 世纪 20 年代，Carter 发现轮轨间的蠕滑现象，并给出了纵向蠕滑率 ξ_x 和横向蠕滑率 ξ_y 的定义，具体如下：

$$\begin{cases} \xi_x = \dfrac{\text{车轮实际的前进速度}-\text{纯滚动时的前进速度}}{\text{由车轮纯滚动产生的前进速度}} \\ \xi_y = \dfrac{\text{车轮实际的横向速度}-\text{纯滚动时的横向速度}}{\text{由车轮纯滚动产生的前进速度}} \end{cases} \tag{2-85}$$

另外，由于轮对与钢轨绕垂直于接触面平面的法线而旋转的转速之间的差别会产生自旋蠕滑，相应的自旋蠕滑率 ξ_{sp} 定义为

$$\xi_{sp} = \frac{\text{车轮绕接触斑法向的角速度}-\text{钢轨绕接触斑法向的角速度}}{\text{由车轮纯滚动产生的前进速度}} \tag{2-86}$$

20 世纪 70 年代初，国际铁路联盟(UIC)考虑到在较大蠕滑情况下车轮在钢轨上的运动特点，对蠕滑率作了更为确切的定义。参见图 2-21，以轮轨接触椭圆的中心为原点，建立 $Ox'y'z'$ 坐标系。Ox' 轴为车轮前进方向，它与轮对坐标系 Ox' 轴相重合；Oy' 轴在轮轨接触平面内，大致与车轴轴线方向平行(与车轴方向有摇头角 ψ)，且在 yz 平面内，与 Oy 轴间的夹角即为接触角 δ；Oz' 轴为接触椭圆的法向。实际上，只要将 $Oxyz$ 坐标系绕 Ox 轴转动一接触角 δ，即得到 $Ox'y'z'$ 坐标系。

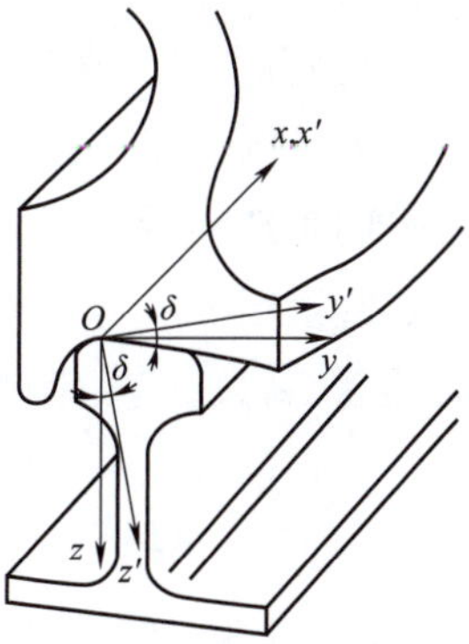

图 2-21　轮轨接触椭圆上的两个坐标系统

设车轮在接触斑椭圆沿 Ox' 轴、Oy' 轴的速度和绕 Oz' 轴的转动速度分别为 v_{w1}、v_{w2} 和 Ω_{w3}，相应的钢轨上接触斑的速度分别为 v_{r1}、v_{r2} 和 Ω_{r3}，则蠕滑率的定义如下：

$$\begin{cases} \xi_1 = \dfrac{v_{r1} - v_{w1}}{(v_{r1} + v_{w1})/2} \\ \xi_2 = \dfrac{v_{r2} - v_{w2}}{(v_{r1} + v_{w1})/2} \\ \xi_3 = \dfrac{\Omega_{r3} - \Omega_{w3}}{(v_{r1} + v_{w1})/2} \end{cases} \tag{2-87}$$

式中，$(v_{r1} + v_{w1})/2$ 表示轮对沿钢轨运动的平均速度。

3. 轮轨蠕滑理论简介

蠕滑率与蠕滑力之间关系相当复杂，求解蠕滑系数、蠕滑力和蠕滑率之间的关系一直是轮轨蠕滑理论解决的主要问题，实际运用中总是依据某些理论对其简化处理。

1926 年，Carter 发表了轮轨一维滚动接触模型，对蠕滑率与蠕滑力的关系进行了系统分析。他运用弹性体滚动接触理论将轮轨接触斑区分为滑动区和黏着区。将钢轨模拟成弹性半空间，将车轮模拟成弹性圆柱体，求解两个半空间接触的二维弹性问题，并提出纵向蠕滑率和横向蠕滑率的计算方法。

1964 年，Johnson 和 Vermeulen 根据 Carter 的研究思想，发展了轮轨滚动接触过程中纵横向轮轨蠕滑率/力模型，给出了纵向蠕滑、横向蠕滑和切向力的变化关系和计算公式，还做了试验论证。该模型是二维非线性的，忽略了轮轨自旋蠕滑率的影响。

1967 年，Kalker 在其博士论文中借助级数理论发展了考虑自旋效应的线性轮轨蠕滑理论模型，该模型建立了轮轨纵横蠕滑率/力、轮轨蠕滑力偶/自旋线性关系定律。随后在线性模型的基础上发展了“简化理论”模型。

1983 年，沈志云等借助于 Johnson-Vermeulen 的二维非线性理论模型和 Kalker 的三维线性理论模型，发展了三维考虑小自旋影响的非线性轮轨蠕滑率模型。

这些模型在考虑法向力时均采用 Hertz 接触理论假设。20 世纪 70 年代，Kalker 根据变分原理，又发展了三维非 Hertz 接触理论模型，并开发了相应数值程序“CONTACT”。该程序能够得到上述经典理论得不到的轮轨相关信息，但是它的计算速度较慢。

金学松将上述几个模型（Carter 模型除外）数值分析结果对比分析，结果显示，除了 Kalker 的线性理论模型结果差异较大外，其余几个模型结果较接近[38]。考虑车辆-线路系统动力仿真分析的效率需求，沈志云等的轮轨蠕滑率/力模型不仅考虑因素全面，且计算效率较高，目前得到广泛应用。此外，从 20 世纪 80 年代开始，将有限元方法用于轮轨滚动接触问题研究，在高速铁路轮轨非稳态滚动、高频振动、钢轨波磨引起的振动等问题研究中取得了良好的效果。

4. Kalker 的线性蠕滑理论

在实际工程应用中，蠕滑力的计算更多地首先采用 Kalker 线性理论，再进行非线性修正。

在 Kalker 的线性蠕滑理论中，假定接触区全部为黏着区，且切向力的分布对称，所以纵向蠕滑力与横向蠕滑率无关，由此给出了蠕滑力与蠕滑率的线性关系式如下：

$$\begin{cases} F'_{cx}=-f_{11}\xi_x \\ F'_{cy}=-f_{22}\xi_y-f_{23}\xi_{sp} \\ M'_{cz}=f_{32}\xi_y-f_{33}\xi_{sp} \end{cases} \tag{2-88}$$

式中，f_{ij} 为蠕滑系数（其中 $f_{23}=f_{32}$），由式(2-89)确定。

$$\begin{cases} f_{11}=E(ab)C_{11} \\ f_{22}=E(ab)C_{22} \\ f_{23}=E\,(ab)^{3/2}C_{23} \\ f_{33}=E\,(ab)^2C_{33} \end{cases} \tag{2-89}$$

式中，a、b 为接触椭圆的长、短轴，可由 Hertz 理论公式求出；E 为杨氏弹性模量；C_{ij} 为无量纲的 Kalker 系数。

确定接触椭圆的长、短轴后，就可求得 C_{ij}，它与 a/b 及泊松比 σ 有关。对于钢质的车轮和钢轨，可取 $\sigma=0.3$，C_{ij} 可根据 a/b 的值由表 2-3 得到。

表 2-3　Kalker 系数 C_{ij} 的数值计算表($\sigma=0.3$)

a/b	C_{11}	C_{22}	C_{23}	C_{33}	b/a	C_{11}	C_{22}	C_{23}	C_{33}
0.1	1.35	0.98	0.195	3.34	0.9	1.7	1.49	0.628	0.425
0.2	1.37	1.01	0.242	1.74	0.8	1.75	1.56	0.689	0.396
0.3	1.40	1.06	0.288	1.18	0.7	1.81	1.65	0.768	0.366
0.4	1.44	1.11	0.328	0.925	0.6	1.90	1.76	0.875	0.336
0.5	1.47	1.18	0.368	0.766	0.5	2.03	1.93	1.04	0.304
0.6	1.50	1.22	0.410	0.661	0.4	2.21	2.15	1.27	0.275
0.7	1.54	1.28	0.451	0.588	0.3	2.51	2.54	1.71	0.246
0.8	1.57	1.32	0.493	0.533	0.2	3.08	3.26	2.64	0.215
0.9	1.60	1.39	0.535	0.492	0.1	4.60	5.15	5.81	0.183
1.0	1.65	1.43	0.579	0.458					

5. 蠕滑力非线性修正

用 Kalker 线性理论提供的方法计算蠕滑系数既简便实用，又有一定的精度。但 Kalker 线性蠕滑理论只适用于小蠕滑率和小自旋的情形，对大蠕滑甚至完全滑动的情况，蠕滑力呈饱和状态，蠕滑力和蠕滑率之间为非线性关系。因此，当研究大蠕滑情况下的车辆曲线通过时，用线性理论来计算蠕滑力将会产生较大的误差。Johnson-Vermeulen 理论给出了任意蠕滑率条件下的非线性修正方法。沈志云等在此基础上考虑了自旋的影响。

在 Kalker 线性理论得到的纵向蠕滑力 F'_{cx} 和横向蠕滑力 F'_{cy} 基础上，计算合成蠕滑力，即

$$F'_c=\sqrt{F'^2_{cx}+F'^2_{cy}} \tag{2-90}$$

根据库仑摩擦定律，合成蠕滑力不超过纯滑动摩擦力 μN。根据 Johnson-Vermeulen 理论合成蠕滑力 F_c'受到非线性量 F_c 的限制，其关系如下式：

$$F_c=\begin{cases}\mu N\left[\dfrac{F_c'}{\mu N}-\dfrac{1}{3}\left(\dfrac{F_c'}{\mu N}\right)^2+\dfrac{1}{27}\left(\dfrac{F_c'}{\mu N}\right)^3\right] & (F_c'\leqslant 3\mu N)\\ \mu N & (F_c'>3\mu N)\end{cases} \tag{2-91}$$

式中，μ 为轮轨间摩擦因数；N 为接触点处的法向力。

引入蠕滑力修正系数

$$\varepsilon=\frac{F_c}{F_c'} \tag{2-92}$$

因此，修正后的蠕滑力和力矩为

$$\begin{cases}F_{cx}=\varepsilon F_{cx}'\\ F_{cy}=\varepsilon F_{cy}'\\ M_{cz}=\varepsilon M_{cz}'\end{cases} \tag{2-93}$$

2.4 轮对运动方程

2.4.1 轮对坐标系统

建立惯性坐标系$\boldsymbol{e}^{\mathrm{I}}$、轨道坐标系$\boldsymbol{e}^{\mathrm{T}}$ 以及轮对坐标系$\boldsymbol{e}^{\mathrm{W}}$，如图 2-22 所示。轮对的绝对运动可以由轮对相对轨道坐标系的运动及轨道坐标系相对惯性坐标系的运动组合得到。

1. 轨道坐标系

轨道坐标系$\boldsymbol{e}^{\mathrm{T}}$ 的原点 O_{T} 位于轨道中心线，沿轨道切线方向以车辆行车速度 v 向前移动，它反映了线路几何线形及轨道不平顺。

轨道坐标系$\boldsymbol{e}^{\mathrm{T}}$ 由惯性坐标系$\boldsymbol{e}^{\mathrm{I}}$ 的三次连续转动得到。引入两个辅助坐标系$\boldsymbol{e}^{\mathrm{T}'}$和$\boldsymbol{e}^{\mathrm{T}''}$，分别反映前两次转动后的位置。

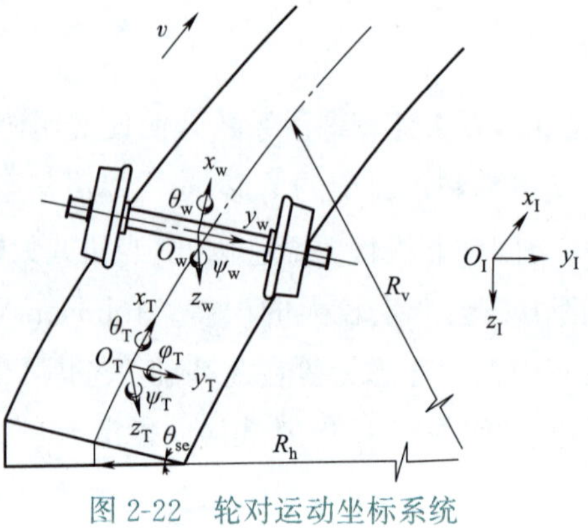

图 2-22　轮对运动坐标系统

(1)绕惯性坐标系$\boldsymbol{e}^{\mathrm{I}}$的$z_{\mathrm{I}}$轴，转动$\psi_{\mathrm{T}}$角，得到$\boldsymbol{e}^{\mathrm{T}'}$，它反映平面线形。

(2)绕坐标系$\boldsymbol{e}^{\mathrm{T}'}$的$y_{\mathrm{T}}'$轴，转动$\varphi_{\mathrm{T}}$角，得到$\boldsymbol{e}^{\mathrm{T}''}$，它反映纵断面线形。

(3)绕坐标系$\boldsymbol{e}^{\mathrm{T}''}$的$x_{\mathrm{T}}''$轴，转动$\theta_{\mathrm{T}}$角，得到$\boldsymbol{e}^{\mathrm{T}}$，它反映超高。

相邻坐标系间的变换矩阵$\underline{\boldsymbol{A}}_z^{\psi}$、$\underline{\boldsymbol{A}}_x^{\theta}$和$\underline{\boldsymbol{A}}_y^{\varphi}$为

$$\underline{\boldsymbol{A}}_z^{\psi}=\begin{pmatrix}\cos\psi & \sin\psi & 0\\ -\sin\psi & \cos\psi & 0\\ 0 & 0 & 1\end{pmatrix},\quad \underline{\boldsymbol{A}}_x^{\theta}=\begin{pmatrix}1 & 0 & 0\\ 0 & \cos\theta & \sin\theta\\ 0 & -\sin\theta & \cos\theta\end{pmatrix},\quad \underline{\boldsymbol{A}}_y^{\varphi}=\begin{pmatrix}\cos\varphi & 0 & -\sin\varphi\\ 0 & 1 & 0\\ \sin\varphi & 0 & \cos\varphi\end{pmatrix} \tag{2-94}$$

坐标系$\boldsymbol{e}^{\mathrm{I}}$、$\boldsymbol{e}^{\mathrm{T}'}$、$\boldsymbol{e}^{\mathrm{T}''}$至轨道坐标系$\boldsymbol{e}^{\mathrm{T}}$的变换矩阵$\underline{\boldsymbol{G}}^{\mathrm{TI}}$、$\underline{\boldsymbol{G}}^{\mathrm{TT}'}$、$\underline{\boldsymbol{G}}^{\mathrm{TT}''}$可写为

$$\underline{\boldsymbol{G}}^{\mathrm{TI}}=\underline{\boldsymbol{A}}_x^{\theta}\underline{\boldsymbol{A}}_y^{\varphi}\underline{\boldsymbol{A}}_z^{\psi},\quad \underline{\boldsymbol{G}}^{\mathrm{TT}'}=\underline{\boldsymbol{A}}_x^{\theta}\underline{\boldsymbol{A}}_y^{\varphi},\quad \underline{\boldsymbol{G}}^{\mathrm{TT}''}=\underline{\boldsymbol{A}}_x^{\theta} \tag{2-95}$$

有

$$\underline{\boldsymbol{G}}^{\mathrm{TI}}=\begin{pmatrix}\cos\varphi_{\mathrm{T}}\cos\psi_{\mathrm{T}} & \cos\varphi_{\mathrm{T}}\sin\psi_{\mathrm{T}} & -\sin\varphi_{\mathrm{T}}\\ \sin\theta_{\mathrm{T}}\sin\varphi_{\mathrm{T}}\cos\psi_{\mathrm{T}}-\cos\theta_{\mathrm{T}}\sin\psi_{\mathrm{T}} & \sin\theta_{\mathrm{T}}\sin\varphi_{\mathrm{T}}\sin\psi_{\mathrm{T}}+\cos\theta_{\mathrm{T}}\cos\psi_{\mathrm{T}} & \sin\theta_{\mathrm{T}}\cos\varphi_{\mathrm{T}}\\ \cos\theta_{\mathrm{T}}\sin\varphi_{\mathrm{T}}\cos\psi_{\mathrm{T}}+\sin\theta_{\mathrm{T}}\sin\psi_{\mathrm{T}} & \cos\theta_{\mathrm{T}}\sin\varphi_{\mathrm{T}}\sin\psi_{\mathrm{T}}-\sin\theta_{\mathrm{T}}\cos\psi_{\mathrm{T}} & \cos\theta_{\mathrm{T}}\cos\varphi_{\mathrm{T}}\end{pmatrix} \tag{2-96}$$

根据变换矩阵性质，轨道坐标系$\boldsymbol{e}^{\mathrm{T}}$至惯性坐标系$\boldsymbol{e}^{\mathrm{I}}$的变换矩阵$\underline{\boldsymbol{G}}^{\mathrm{IT}}$为

$$\underline{\boldsymbol{G}}^{\mathrm{IT}}=(\underline{\boldsymbol{G}}^{\mathrm{TI}})^{-1}=(\underline{\boldsymbol{G}}^{\mathrm{TI}})^{\mathrm{T}} \tag{2-97}$$

轨道坐标系的三个转角ψ_{T}、φ_{T}和θ_{T}由线路平纵断面参数得到，它们为线路长度s的函数。平面和纵断面的转角ψ_{T}、φ_{T}分别可由平、纵断面曲率半径R_{h}、R_{v}表示为

$$\psi_{\mathrm{T}}=\psi_{\mathrm{T0}}+\int_{s_0}^{s}\frac{\mathrm{d}s}{R_{\mathrm{h}}(s)},\quad \mathrm{d}\psi_{\mathrm{T}}=\frac{\mathrm{d}s}{R_{\mathrm{h}}(s)} \tag{2-98}$$

$$\varphi_{\mathrm{T}}=\varphi_{\mathrm{T0}}+\int_{s_0}^{s}\frac{\mathrm{d}s}{R_{\mathrm{v}}(s)},\quad \mathrm{d}\varphi_{\mathrm{T}}=\frac{\mathrm{d}s}{R_{\mathrm{v}}(s)} \tag{2-99}$$

横断面的转角θ_{T}可由超高h_{se}得到超高角θ_{se}表示为

$$\theta_{\mathrm{T}}=\theta_{\mathrm{se}}(s)=h_{\mathrm{se}}(s)/l_{\mathrm{s}} \tag{2-100}$$

式中，l_{s}为两股钢轨中心线间距离，取 1 500 mm。

当平面为右转曲线时R_{h}和θ_{se}取正号，左转曲线则为负；纵断面为凹形竖曲线R_{v}取正号，凸形竖曲线R_{v}取负号。

再由轨道坐标系沿$O_{\mathrm{T}}x_{\mathrm{T}}$移动速度$v=\mathrm{d}s/\mathrm{d}t$，这样，轨道坐标系$\boldsymbol{e}^{\mathrm{T}}$的运动可以完全确定。

由式(2-98)和式(2-99)可得，轨道坐标系转角速度为

$$\frac{\mathrm{d}\psi_{\mathrm{T}}}{\mathrm{d}t}=\frac{v}{R_{\mathrm{h}}(s)} \tag{2-101}$$

$$\frac{\mathrm{d}\varphi_{\mathrm{T}}}{\mathrm{d}t}=\frac{v}{R_{\mathrm{v}}(s)} \tag{2-102}$$

根据轨道坐标系定义，有

$$\dot{\boldsymbol{r}}_{\mathrm{T}}^{\mathrm{I}}=\dot{\underline{\boldsymbol{r}}}_{\mathrm{T}}^{\mathrm{I}}\boldsymbol{e}^{\mathrm{T}},\quad \dot{\underline{\boldsymbol{r}}}_{\mathrm{T}}^{\mathrm{I}}=(v\quad 0\quad -a_0\dot{\theta}_{\mathrm{T}})^{\mathrm{T}} \tag{2-103}$$

$$\boldsymbol{\omega}_{\mathrm{TI}}=\dot{\psi}_{\mathrm{T}}\boldsymbol{e}_z^{\mathrm{I}}+\dot{\varphi}_{\mathrm{T}}\boldsymbol{e}_y^{\mathrm{T}\prime}+\dot{\theta}_{\mathrm{T}}\boldsymbol{e}_x^{\mathrm{T}\prime\prime}=\underline{\boldsymbol{\omega}}_{\mathrm{TI}}\boldsymbol{e}^{\mathrm{T}},$$

$$\underline{\boldsymbol{\omega}}_{\mathrm{TI}}=\begin{pmatrix}-\dot{\psi}_{\mathrm{T}}\sin\varphi_{\mathrm{T}}+\dot{\theta}_{\mathrm{T}}\\ \dot{\psi}_{\mathrm{T}}\sin\theta_{\mathrm{T}}\cos\varphi_{\mathrm{T}}+\dot{\varphi}_{\mathrm{T}}\cos\theta_{\mathrm{T}}\\ \dot{\psi}_{\mathrm{T}}\cos\theta_{\mathrm{T}}\cos\varphi_{\mathrm{T}}-\dot{\varphi}_{\mathrm{T}}\sin\theta_{\mathrm{T}}\end{pmatrix}\approx\begin{pmatrix}\dot{\theta}_{\mathrm{T}}\\ \dot{\varphi}_{\mathrm{T}}+\dot{\psi}_{\mathrm{T}}\theta_{\mathrm{T}}\\ \dot{\psi}_{\mathrm{T}}-\dot{\varphi}_{\mathrm{T}}\theta_{\mathrm{T}}\end{pmatrix} \tag{2-104}$$

2. 轮对坐标系

轮对相对轨道坐标系$\boldsymbol{e}^{\mathrm{T}}$ 的空间位置，可以通过相继的摇头 ψ_{w}、侧滚 θ_{w} 和旋转 φ_{w} 三次连续转动确定。由于轮对绕轴 $O_{\mathrm{w}}y_{\mathrm{w}}$ 的旋转角 φ_{w} 不影响轴 $O_{\mathrm{w}}x_{\mathrm{w}}$、轴 $O_{\mathrm{w}}z_{\mathrm{w}}$ 相对轨道坐标系的位置以及轮对几何和质量分布，因此轮对坐标系$\boldsymbol{e}^{\mathrm{W}}$ 定义原点 O_{w} 位于轮对质心，仅包括前两次摇头和侧滚转动运动。

(1)绕惯性坐标系$\boldsymbol{e}^{\mathrm{T}}$ 的 z_{w} 轴，转动摇头角 ψ_{w}，得到轮对辅助坐标系$\boldsymbol{e}^{\mathrm{W}\prime}$。

(2)绕坐标系$\boldsymbol{e}^{\mathrm{W}\prime}$的 $x_{\mathrm{w}'}$ 轴，转动侧滚角 θ_{w}，得到轮对坐标系$\boldsymbol{e}^{\mathrm{W}}$。

轨道坐标系$\boldsymbol{e}^{\mathrm{T}}$ 至轮对坐标系$\boldsymbol{e}^{\mathrm{W}}$ 的变换矩阵 $\underline{\boldsymbol{G}}^{\mathrm{WT}}$可写为

$$\underline{\boldsymbol{G}}^{\mathrm{WT}}=\underline{\boldsymbol{A}}_{x_{\mathrm{w}}}^{\theta}\underline{\boldsymbol{A}}_{z_{\mathrm{w}}}^{\psi}=\begin{pmatrix}\cos\psi_{\mathrm{w}} & \sin\psi_{\mathrm{w}} & 0\\ -\cos\theta_{\mathrm{w}}\sin\psi_{\mathrm{w}} & \cos\theta_{\mathrm{w}}\cos\psi_{\mathrm{w}} & \sin\theta_{\mathrm{w}}\\ \sin\theta_{\mathrm{w}}\sin\psi_{\mathrm{w}} & -\sin\theta_{\mathrm{w}}\cos\psi_{\mathrm{w}} & \cos\theta_{\mathrm{w}}\end{pmatrix} \tag{2-105}$$

轮对坐标系$\boldsymbol{e}^{\mathrm{W}}$ 至轨道坐标系$\boldsymbol{e}^{\mathrm{T}}$ 的变换矩阵 $\underline{\boldsymbol{G}}^{\mathrm{TW}}$则可由式(2-106)得到。

$$\underline{\boldsymbol{G}}^{\mathrm{TW}}=(\underline{\boldsymbol{G}}^{\mathrm{WT}})^{-1}=(\underline{\boldsymbol{G}}^{\mathrm{WT}})^{\mathrm{T}} \tag{2-106}$$

3. 接触斑坐标系

以轮轨接触点为原点建立轮对左右接触斑坐标系$\boldsymbol{e}^{\mathrm{cL}}$、$\boldsymbol{e}^{\mathrm{cR}}$，如图 2-23 所示。在轮对坐标系$\boldsymbol{e}^{\mathrm{W}}$ 的 x_{w} 轴，转动接触角 δ_{L}、δ_{R}，得到轮对坐标系接触斑坐标系$\boldsymbol{e}^{\mathrm{cL}}$、$\boldsymbol{e}^{\mathrm{cR}}$。轮对坐标系到接触斑坐标系的变化矩阵 $\underline{\boldsymbol{G}}^{\mathrm{cW}}$为

$$\underline{\boldsymbol{G}}^{\mathrm{cW}}=\begin{pmatrix}1 & 0 & 0\\ 0 & \cos\delta & \sin\delta\\ 0 & -\sin\delta & \cos\delta\end{pmatrix} \tag{2-107}$$

轨道坐标系至接触斑坐标系的变化矩阵 $\underline{\boldsymbol{G}}^{\mathrm{cT}}$为

$$\underline{\boldsymbol{G}}^{\mathrm{cT}}=\begin{pmatrix}\cos\psi_{\mathrm{w}} & \sin\psi_{\mathrm{w}} & 0\\ -\cos(\theta_{\mathrm{w}}+\delta)\sin\psi_{\mathrm{w}} & \cos(\theta_{\mathrm{w}}+\delta)\cos\psi_{\mathrm{w}} & \sin(\theta_{\mathrm{w}}+\delta)\\ \sin(\theta_{\mathrm{w}}+\delta)\sin\psi_{\mathrm{w}} & -\sin(\theta_{\mathrm{w}}+\delta)\cos\psi_{\mathrm{w}} & \cos(\theta_{\mathrm{w}}+\delta)\end{pmatrix} \tag{2-108}$$

式中，左侧轮对接触角 δ_L 取正值，右侧轮对接触角 δ_R 取负值。

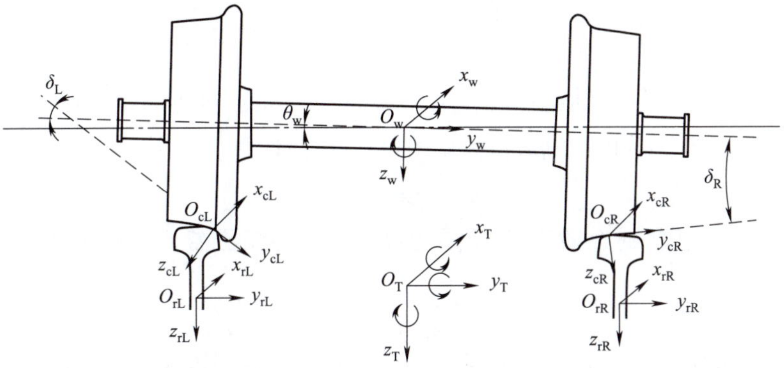

图 2-23　轮对接触斑坐标系示意图

2. 4. 2　轮对质心的加速度

轮对质心的运动可以表示为轮对相对轨道坐标系的运动和轨道坐标系相对惯性坐标系运动之和，即

$$\boldsymbol{r}_w=\boldsymbol{r}_T+\boldsymbol{\rho}_w \tag{2-109}$$

式中，$\boldsymbol{r}_T$ 为轨道坐标系原点的矢径，根据定义它位于轮对在轨道中心处质心的位置，并以速度 v 向前移动；$\boldsymbol{\rho}_w$ 为轮对质心相对轨道坐标系原点的矢径。

轮对质心的绝对速度由式(2-109)对时间求导可得

$$\boldsymbol{v}_w^I=\dot{\boldsymbol{r}}_w^I=\dot{\boldsymbol{r}}_T^I+\dot{\boldsymbol{\rho}}_w^T+\boldsymbol{\omega}_{TI}\times\boldsymbol{\rho}_w \tag{2-110}$$

式中，上标“I”和“T”分别表示相对于惯性坐标系和轨道坐标系；$\dot{\boldsymbol{\rho}}_w^T$ 表示矢量 $\boldsymbol{\rho}_w$ 在轨道坐标系对时间的导数；$\boldsymbol{\omega}_{TI}$表示轨道坐标系相对惯性坐标系的角速度矢量。

轮对质心的绝对加速度可表示为

$$\boldsymbol{a}_w^I=\ddot{\boldsymbol{r}}_w^I=\ddot{\boldsymbol{r}}_T^I+\ddot{\boldsymbol{\rho}}_w^T+\dot{\boldsymbol{\omega}}_{TI}^I\times\boldsymbol{\rho}_w+\boldsymbol{\omega}_{TI}\times(\boldsymbol{\omega}_{TI}\times\boldsymbol{\rho}_w)+2\boldsymbol{\omega}_{TI}\times\dot{\boldsymbol{\rho}}_w^T \tag{2-111}$$

轮对质心的位移，在轨道坐标系可以表示为

$$\boldsymbol{\rho}_w=\underline{\boldsymbol{\rho}}_w^T\boldsymbol{e}^T,\quad \underline{\boldsymbol{\rho}}_w=(x_w\quad y_w\quad z_w-r_0)^T \tag{2-112}$$

相对轨道坐标系，速度和加速度可分别表示为

$$\dot{\boldsymbol{\rho}}_w^T=\dot{\underline{\boldsymbol{\rho}}}_w^{TT}\boldsymbol{e}^T,\quad \ddot{\boldsymbol{\rho}}_w^T=\ddot{\underline{\boldsymbol{\rho}}}_w^{TT}\boldsymbol{e}^T \tag{2-113}$$

将式(2-104)、式(2-112)和式(2-113)代入式(2-111)，并考虑小角度，忽略高次项，可以得到轨道坐标系下轮对质心绝对加速度坐标阵为

$$\underline{\boldsymbol{a}}_w^I\approx\begin{pmatrix}\ddot{x}_w+\dot{v}-r_0\ddot{\varphi}_T\\ \ddot{y}_w+v\dot{\psi}_T-v\dot{\varphi}_T\theta_T+r_0\ddot{\theta}_T\\ \ddot{z}_w-v\dot{\varphi}_T-v\dot{\psi}_T\theta_T-a_0\ddot{\theta}_T\end{pmatrix} \tag{2-114}$$

2.4.3 轮对角速度与动量矩

1. 轮对角速度

轮对坐标系统并不绕轮轴旋转，轮对坐标系的绝对角速度为轨道坐标系相对惯性坐标系的角速度与轮对坐标系相对轨道坐标系的角速度之和，即

$$\boldsymbol{\omega}_{\mathrm{w_b I}}=\boldsymbol{\omega}_{\mathrm{TI}}+\boldsymbol{\omega}_{\mathrm{w_b T}} \tag{2-115}$$

轮对的绝对角速度则在轮对坐标系运动的基础上，还需要考虑轮对的旋转角速度 $\boldsymbol{\varphi}_{\mathrm{w}}$，即

$$\boldsymbol{\omega}_{\mathrm{wI}}=\boldsymbol{\omega}_{\mathrm{TI}}+\boldsymbol{\omega}_{\mathrm{w_b T}}+\boldsymbol{\varphi}_{\mathrm{w}}=\boldsymbol{\omega}_{\mathrm{TI}}+\boldsymbol{\omega}_{\mathrm{wT}} \tag{2-116}$$

轮对坐标系相对轨道坐标系的角速度 $\boldsymbol{\omega}_{\mathrm{w_b T}}$ 在轮对坐标系的坐标阵可得

$$\boldsymbol{\omega}_{\mathrm{w_b T}}=\dot{\psi}_{\mathrm{w}}\boldsymbol{e}_z^{\mathrm{T}}+\dot{\theta}_{\mathrm{w}}\boldsymbol{e}_x^{\mathrm{W}\prime}=\underline{\boldsymbol{\omega}}_{\mathrm{w_b T}}{}^{\mathrm{T}}\boldsymbol{e}^{\mathrm{W}},$$

$$\underline{\boldsymbol{\omega}}_{\mathrm{w_b T}}=\begin{pmatrix}\dot{\theta}_{\mathrm{w}}\\ \dot{\psi}_{\mathrm{w}}\sin\theta_{\mathrm{w}}\\ \dot{\psi}_{\mathrm{w}}\cos\theta_{\mathrm{w}}\end{pmatrix} \tag{2-117}$$

轮对的旋转角速度 $\boldsymbol{\varphi}_{\mathrm{w}}$，在轮对坐标系可以写为

$$\boldsymbol{\varphi}_{\mathrm{w}}=\dot{\varphi}_{\mathrm{w}}\boldsymbol{e}_y^{\mathrm{W}},\quad \dot{\varphi}_{\mathrm{w}}=\Omega+\dot{\chi} \tag{2-118}$$

式中，$\Omega=-v/r_0$，即轮对名义滚动速度；$\dot{\chi}$ 为轮对旋转速度扰动量；r_0 为轮对名义滚动圆半径。

轮对坐标系相对轨道坐标系的角速度 $\boldsymbol{\omega}_{\mathrm{wT}}$ 在轮对坐标系的坐标阵可得

$$\boldsymbol{\omega}_{\mathrm{wT}}=\boldsymbol{\omega}_{\mathrm{w_b T}}+\boldsymbol{\varphi}_{\mathrm{w}}=\underline{\boldsymbol{\omega}}_{\mathrm{wT}}{}^{\mathrm{T}}\boldsymbol{e}^{\mathrm{W}},$$

$$\underline{\boldsymbol{\omega}}_{\mathrm{wT}}=\begin{pmatrix}\dot{\theta}_{\mathrm{w}}\\ \dot{\psi}_{\mathrm{w}}\sin\theta_{\mathrm{w}}+\Omega+\dot{\chi}\\ \dot{\psi}_{\mathrm{w}}\cos\theta_{\mathrm{w}}\end{pmatrix} \tag{2-119}$$

考虑到小角度，忽略高阶量，轮对坐标系与轮对绝对角速度在轮对坐标系中的坐标阵可以分别写为

$$\underline{\boldsymbol{\omega}}_{\mathrm{w_b I}}\approx\begin{pmatrix}\dot{\theta}_{\mathrm{T}}+\dot{\theta}_{\mathrm{w}}\\ \dot{\varphi}_{\mathrm{T}}+\dot{\psi}_{\mathrm{T}}\theta_{\mathrm{T}}+\dot{\psi}_{\mathrm{w}}\sin\theta_{\mathrm{w}}\\ \dot{\psi}_{\mathrm{T}}-\dot{\varphi}_{\mathrm{T}}\theta_{\mathrm{T}}+\dot{\psi}_{\mathrm{w}}\cos\theta_{\mathrm{w}}\end{pmatrix} \tag{2-120}$$

$$\underline{\boldsymbol{\omega}}_{\mathrm{wI}}\approx\begin{pmatrix}\dot{\theta}_{\mathrm{T}}+\dot{\theta}_{\mathrm{w}}\\ \dot{\varphi}_{\mathrm{T}}+\dot{\psi}_{\mathrm{T}}\theta_{\mathrm{T}}+\dot{\psi}_{\mathrm{w}}\sin\theta_{\mathrm{w}}+\Omega+\dot{\chi}\\ \dot{\psi}_{\mathrm{T}}-\dot{\varphi}_{\mathrm{T}}\theta_{\mathrm{T}}+\dot{\psi}_{\mathrm{w}}\cos\theta_{\mathrm{w}}\end{pmatrix} \tag{2-121}$$

2. 轮对动量矩

轮对相对其质心的绝对动量矩 $\boldsymbol{L}_{\mathrm{w}}$ 为

$$\boldsymbol{L}_{\mathrm{w}}=\boldsymbol{I}_{\mathrm{w}}\cdot\boldsymbol{\omega}_{\mathrm{wI}} \tag{2-122}$$

式中，$\boldsymbol{I}_{\mathrm{w}}$ 为轮对质心的惯量张量，见式(2-123)。

$$\boldsymbol{I}_{\mathrm{w}}=\boldsymbol{e}^{\mathrm{WT}}\begin{pmatrix} I_{\mathrm{w}x} & 0 & 0 \\ 0 & I_{\mathrm{w}y} & 0 \\ 0 & 0 & I_{\mathrm{w}z} \end{pmatrix}\boldsymbol{e}^{\mathrm{W}} \tag{2-123}$$

轮对角动量对时间的导数可写为

$$\dot{\boldsymbol{L}}_{\mathrm{w}}^{\mathrm{I}}=\dot{\boldsymbol{L}}_{\mathrm{w}}^{\mathrm{w_b}}+\boldsymbol{\omega}_{\mathrm{w_b I}}\times\boldsymbol{L}_{\mathrm{w}}=\boldsymbol{I}_{\mathrm{w}}\cdot\dot{\boldsymbol{\omega}}_{\mathrm{wI}}+\boldsymbol{\omega}_{\mathrm{w_b I}}\times\boldsymbol{I}_{\mathrm{w}}\cdot\boldsymbol{\omega}_{\mathrm{wI}} \tag{2-124}$$

考虑到小角度，忽略高阶量，轮对角动量对时间的导数在轮对坐标系中的坐标阵可以写为

$$\underline{\dot{\boldsymbol{L}}}_{\mathrm{w}}^{\mathrm{I}}\approx\begin{pmatrix} I_{\mathrm{w}x}(\ddot{\theta}_{\mathrm{w}}+\ddot{\theta}_{\mathrm{T}})-I_{\mathrm{w}y}(\dot{\varphi}_{\mathrm{w}}+\dot{\varphi}_{\mathrm{T}})(\dot{\psi}_{\mathrm{w}}+\dot{\psi}_{\mathrm{T}})+I_{\mathrm{w}z}(\dot{\psi}_{\mathrm{w}}+\dot{\psi}_{\mathrm{T}})\varphi_{\mathrm{T}} \\ I_{\mathrm{w}y}(\ddot{\varphi}_{\mathrm{w}}+\ddot{\varphi}_{\mathrm{T}})+I_{\mathrm{w}x}(\dot{\theta}_{\mathrm{w}}+\dot{\theta}_{\mathrm{T}})(\dot{\psi}_{\mathrm{w}}+\dot{\psi}_{\mathrm{T}})-I_{\mathrm{w}z}(\dot{\psi}_{\mathrm{w}}+\dot{\psi}_{\mathrm{T}})(\dot{\theta}_{\mathrm{w}}+\dot{\theta}_{\mathrm{T}}) \\ I_{\mathrm{w}z}(\ddot{\psi}_{\mathrm{w}}+\ddot{\psi}_{\mathrm{T}})-I_{\mathrm{w}x}(\dot{\theta}_{\mathrm{w}}+\dot{\theta}_{\mathrm{T}})\varphi_{\mathrm{T}}+I_{\mathrm{w}y}(\dot{\varphi}_{\mathrm{w}}+\dot{\varphi}_{\mathrm{T}})(\dot{\theta}_{\mathrm{w}}+\dot{\theta}_{\mathrm{T}}) \end{pmatrix} \tag{2-125}$$

2.4.4 自由轮对运动方程

由牛顿-欧拉方程可得到自由轮对的运动方程为

$$m_{\mathrm{w}}\boldsymbol{a}_{\mathrm{w}}^{\mathrm{I}}=\boldsymbol{F}_{\mathrm{w}} \tag{2-126}$$

$$\dot{\boldsymbol{L}}_{\mathrm{w}}^{\mathrm{I}}=\boldsymbol{M}_{\mathrm{w}} \tag{2-127}$$

$\boldsymbol{F}_{\mathrm{w}}$ 为轮对外力矢量，由左右轮轨蠕滑力($\boldsymbol{F}_{\mathrm{L}}$、$\boldsymbol{F}_{\mathrm{R}}$)、轮轨法向力($\boldsymbol{N}_{\mathrm{L}}$、$\boldsymbol{N}_{\mathrm{R}}$)、悬挂力 $\boldsymbol{F}_{\mathrm{susp_w}}$ 及重力 $\boldsymbol{F}_{\mathrm{g}}$ 组成，如图 2-24 所示，于是

$$\boldsymbol{F}_{\mathrm{w}}=\boldsymbol{F}_{\mathrm{L}}+\boldsymbol{F}_{\mathrm{R}}+\boldsymbol{N}_{\mathrm{L}}+\boldsymbol{N}_{\mathrm{R}}+\boldsymbol{F}_{\mathrm{susp_w}}+\boldsymbol{F}_{\mathrm{g}} \tag{2-128}$$

$\boldsymbol{M}_{\mathrm{w}}$ 为轮对外力矩矢量，由轮轨切向蠕滑和自旋蠕滑力矩($\boldsymbol{M}_{\mathrm{L}}$、$\boldsymbol{M}_{\mathrm{R}}$)、轮轨法向力矩及悬挂力矩 $\boldsymbol{M}_{\mathrm{susp_w}}$ 组成，如图 2-24 所示，于是

$$\boldsymbol{M}_{\mathrm{w}}=\boldsymbol{r}_{\mathrm{cwL}}\times(\boldsymbol{F}_{\mathrm{L}}+\boldsymbol{N}_{\mathrm{L}})+\boldsymbol{r}_{\mathrm{cwR}}\times(\boldsymbol{F}_{\mathrm{R}}+\boldsymbol{N}_{\mathrm{R}})+\boldsymbol{M}_{\mathrm{L}}+\boldsymbol{M}_{\mathrm{R}}+\boldsymbol{M}_{\mathrm{susp_w}} \tag{2-129}$$

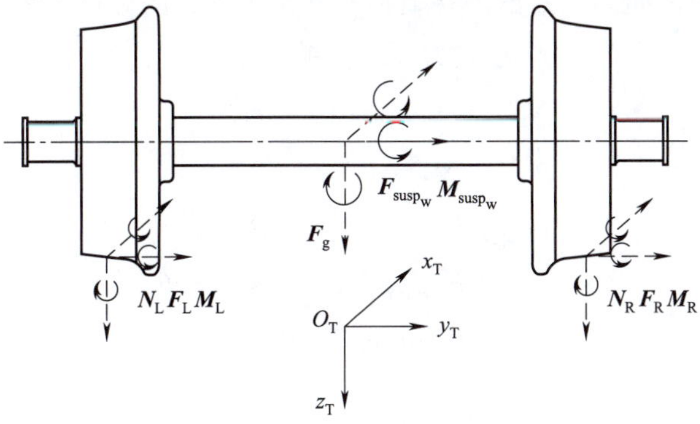

图 2-24　轮对受力示意图

$\boldsymbol{r}_{\mathrm{cwL}}$、$\boldsymbol{r}_{\mathrm{cwR}}$分别为左、右轮轨接触点至轮对质心的位置矢径，投影至轮对坐标系中有

$$\underline{\boldsymbol{r}}_{\mathrm{cwL}}=(0 \quad -a_0 \quad r_{\mathrm{L}})^{\mathrm{T}},\quad \underline{\boldsymbol{r}}_{\mathrm{cwR}}=(0 \quad a_0 \quad r_{\mathrm{R}})^{\mathrm{T}} \tag{2-130}$$

轮轨法向力、蠕滑力和力矩定义在接触斑坐标系，左侧轮轨力定义如下(右侧下标相应改变)：

$$\boldsymbol{N}_{\mathrm{L}}=\underline{\boldsymbol{N}}_{\mathrm{L}}^{\mathrm{T}}\boldsymbol{e}^{\mathrm{c}},\quad \underline{\boldsymbol{N}}_{\mathrm{L}}=(0 \quad 0 \quad N_{\mathrm{cL}})^{\mathrm{T}} \tag{2-131}$$

$$\boldsymbol{F}_{\mathrm{L}}=\underline{\boldsymbol{F}}_{\mathrm{L}}^{\mathrm{T}}\boldsymbol{e}^{\mathrm{c}},\quad \underline{\boldsymbol{F}}_{\mathrm{L}}=(F_{\mathrm{cL}x} \quad F_{\mathrm{cL}y} \quad 0)^{\mathrm{T}} \tag{2-132}$$

$$\boldsymbol{M}_{\mathrm{L}}=\underline{\boldsymbol{M}}_{\mathrm{L}}^{\mathrm{T}}\boldsymbol{e}^{\mathrm{c}},\quad \underline{\boldsymbol{M}}_{\mathrm{L}}=(0 \quad 0 \quad M_{\mathrm{cL}})^{\mathrm{T}} \tag{2-133}$$

一般来讲，轮对平移运动投影至轨道坐标系，轮对转动投影至轮对坐标系，轮轨作用力也作相应投影，如图 2-25 所示。

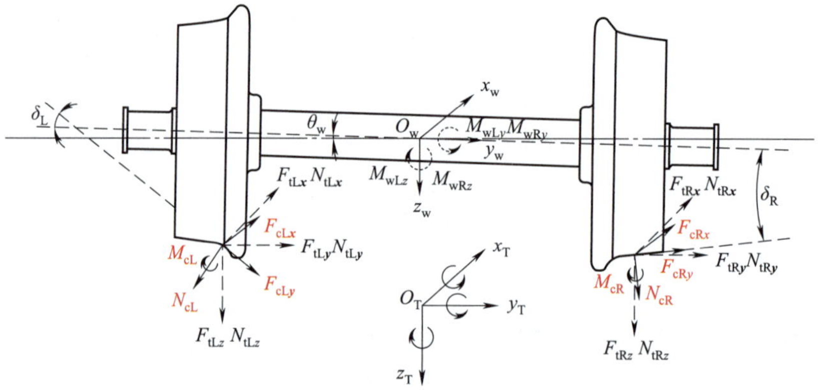

图 2-25 轮轨作用力、力矩分解至轨道、轮对坐标系示意图

轮对外力矢量 $\boldsymbol{F}_{\mathrm{w}}$ 在轨道坐标系的坐标阵为

$$\begin{aligned}\underline{\boldsymbol{F}}_{\mathrm{w}} &= \underline{\boldsymbol{G}}^{\mathrm{TcL}}(\underline{\boldsymbol{F}}_{\mathrm{L}}+\underline{\boldsymbol{N}}_{\mathrm{L}})+\underline{\boldsymbol{G}}^{\mathrm{TcR}}(\underline{\boldsymbol{F}}_{\mathrm{R}}+\underline{\boldsymbol{N}}_{\mathrm{R}})+\underline{\boldsymbol{F}}_{\mathrm{susp_w}}+\underline{\boldsymbol{F}}_{\mathrm{g}}\\ &=\begin{pmatrix} F_{\mathrm{tL}x}+F_{\mathrm{tR}x}+N_{\mathrm{tL}x}+N_{\mathrm{tR}x}+F_{\mathrm{susp}_{\mathrm{w}x}} \\ F_{\mathrm{tL}y}+F_{\mathrm{tR}y}+N_{\mathrm{tL}y}+N_{\mathrm{tR}y}+F_{\mathrm{susp}_{\mathrm{w}y}}+m_{\mathrm{w}}g\theta_{\mathrm{T}} \\ F_{\mathrm{tL}z}+F_{\mathrm{tR}z}+N_{\mathrm{tL}z}+N_{\mathrm{tR}z}+F_{\mathrm{susp}_{\mathrm{w}z}}+m_{\mathrm{w}}g \end{pmatrix}\end{aligned} \tag{2-134}$$

其中，左、右轮轨法向力和蠕滑力在轨道坐标系中各方向分量可表示为

$$\begin{cases} N_{\mathrm{tL}x}=N_{\mathrm{cL}}\sin(\delta_{\mathrm{L}}+\theta_{\mathrm{w}})\psi_{\mathrm{w}} \\ N_{\mathrm{tL}y}=-N_{\mathrm{cL}}\sin(\delta_{\mathrm{L}}+\theta_{\mathrm{w}}) \\ N_{\mathrm{tL}z}=N_{\mathrm{cL}}\cos(\delta_{\mathrm{L}}+\theta_{\mathrm{w}}) \\ F_{\mathrm{tL}x}=F_{\mathrm{cL}x}-F_{\mathrm{cL}y}\cos(\delta_{\mathrm{L}}+\theta_{\mathrm{w}})\psi_{\mathrm{w}} \\ F_{\mathrm{tL}y}=F_{\mathrm{cL}x}\psi_{\mathrm{w}}+F_{\mathrm{Lc}y}\cos(\delta_{\mathrm{L}}+\theta_{\mathrm{w}}) \\ F_{\mathrm{tL}z}=F_{\mathrm{cL}y}\sin(\delta_{\mathrm{L}}+\theta_{\mathrm{w}}) \end{cases} \tag{2-135}$$

$$\left\{\begin{array}{l}N_{tRx}=-N_{cR}\sin(\delta_R-\theta_w)\psi_w\\N_{tRy}=N_{cR}\sin(\delta_R-\theta_w)\\N_{tRz}=N_{cR}\cos(\delta_R-\theta_w)\\F_{tRx}=F_{cRx}-F_{cRx}\cos(\delta_R-\theta_w)\psi_w\\F_{tRy}=F_{cRx}\psi_w+F_{cRy}\cos(\delta_R-\theta_w)\\F_{tRz}=-F_{cRy}\sin(\delta_R-\theta_w)\end{array}\right. \tag{2-136}$$

轮对外力矩矢量 $\boldsymbol{M}_w$ 在轮对坐标系的坐标阵为

$$\underline{\boldsymbol{M}}_w=\underline{\tilde{\boldsymbol{r}}}_{cwL}\underline{\boldsymbol{G}}^{wcL}(\underline{\boldsymbol{F}}_L+\underline{\boldsymbol{N}}_L)+\underline{\tilde{\boldsymbol{r}}}_{cwR}\underline{\boldsymbol{G}}^{wcR}(\underline{\boldsymbol{F}}_R+\underline{\boldsymbol{N}}_R)+\underline{\boldsymbol{G}}^{wcL}\underline{\boldsymbol{M}}_L+\underline{\boldsymbol{G}}^{wcR}\underline{\boldsymbol{M}}_R+\underline{\boldsymbol{G}}^{wT}\underline{\boldsymbol{M}}^T_{susp_w} \tag{2-137}$$

代入轮轨法向力、蠕滑力和力矩可展开得到

$$\underline{\boldsymbol{M}}_w=\begin{pmatrix}-a_0(N_{cL}\cos\delta_L+F_{cLy}\sin\delta_L)-r_L(F_{cLy}\cos\delta_L+N_{cL}\sin\delta_L)\cdots\\\cdots+a_0(N_{cR}\cos\delta_R-F_{cRy}\sin\delta_R)-r_R(F_{cRy}\cos\delta_R-N_{cR}\sin\delta_R)\\r_LF_{cLx}+r_RF_{cRx}-M_{cL}\sin\delta_L+M_{cR}\sin\delta_R\\a_0(F_{cLx}-F_{cRx})+M_{cL}\cos\delta_L+M_{cR}\cos\delta_R\end{pmatrix}+\underline{\boldsymbol{G}}^{wT}\underline{\boldsymbol{M}}_{susp_w} \tag{2-138}$$

由式(2-114)和式(2-134)，可得轮对运动的矢量方程(2-126)在轨道坐标系的坐标式；由式(2-125)和式(2-137)，可得矢量方程(2-127)在轮对坐标系的坐标式，具体如下：

$$m_w\underline{\boldsymbol{a}}^I_w=\underline{\boldsymbol{F}}_w \tag{2-139}$$

$$\dot{\underline{\boldsymbol{L}}}^I_w=\underline{\boldsymbol{M}}_w \tag{2-140}$$

轮对实际的运动受到一定的约束，一般轮对纵向速度假定为 v，即 $\dot{x}_w=v,x_w=0$。同时轮对受左、右钢轨接触点约束。因此，上述方程不一定是独立的，约束条件的考虑及方程的求解方法决定了轮对的运动自由度。

2.4.5　轮轨作用力求解

轮轨切向力和自旋蠕滑力的确定，首先需要得到轮轨法向力和轮轨接触几何参数。因此，求解轮对运动方程的方法主要取决于轮轨法向力的求解方法，不同法向力求解方法主要区别在于轮对接触点处约束条件的刚性或弹性假定。

1. 轮轨法向力

轮轨法向力的求解通常有两类方法，即轮轨弹性接触方法和轮轨刚性约束方法。轮轨法向力的求解方法决定了轮对运动的独立自由度。

(1)轮轨弹性接触方法

轮轨弹性接触方法，通过计算轮对与钢轨在接触面上的弹性接触压缩量，再根据 Hertz 非线性弹性接触理论计算。

影响轮轨接触面法向压缩量的因素较多，如轮对垂向位移、横向位移、摇头角、侧滚角以及钢轨的振动位移和轨道不平顺等。接触点处的压缩矢量可表示为

$$\boldsymbol{r}_{\mathrm{p}}=\boldsymbol{r}_{\mathrm{cr}}-\boldsymbol{\rho}_{\mathrm{w}}-\boldsymbol{r}_{\mathrm{cw}} \tag{2-141}$$

如图 2-26 所示，$\boldsymbol{r}_{\mathrm{cr}}$ 为钢轨上轮轨接触点相对轨道坐标系原点的矢径，$\boldsymbol{\rho}_{\mathrm{w}}$ 为轮对质心相对轨道坐标系原点的矢径，$\boldsymbol{r}_{\mathrm{cw}}$ 为轮对上轮轨接触点相对轮对质心的矢径。矢径 $\boldsymbol{r}_{\mathrm{cr}}$、$\boldsymbol{\rho}_{\mathrm{w}}$ 定义在轨道坐标系有 $\boldsymbol{r}_{\mathrm{cr}}=\underline{\boldsymbol{r}}_{\mathrm{cr}}{}^{\mathrm{T}}\boldsymbol{e}^{\mathrm{T}}$、$\boldsymbol{\rho}_{\mathrm{w}}=\underline{\boldsymbol{\rho}}_{\mathrm{w}}{}^{\mathrm{T}}\boldsymbol{e}^{\mathrm{T}}$，$\boldsymbol{r}_{\mathrm{cw}}$ 定义在轮对坐标系有 $\boldsymbol{r}_{\mathrm{cw}}=\underline{\boldsymbol{r}}_{\mathrm{cw}}{}^{\mathrm{T}}\boldsymbol{e}^{\mathrm{W}}$，接触点坐标系压缩量 $\underline{\boldsymbol{r}}_{\mathrm{p}}$ 可表示为

$$\underline{\boldsymbol{r}}_{\mathrm{p}}=\underline{\boldsymbol{G}}^{\mathrm{cw}}\left[\underline{\boldsymbol{G}}^{\mathrm{wT}}(\underline{\boldsymbol{r}}_{\mathrm{cr}}-\underline{\boldsymbol{\rho}}_{\mathrm{w}})-\underline{\boldsymbol{r}}_{\mathrm{cw}}\right] \tag{2-142}$$

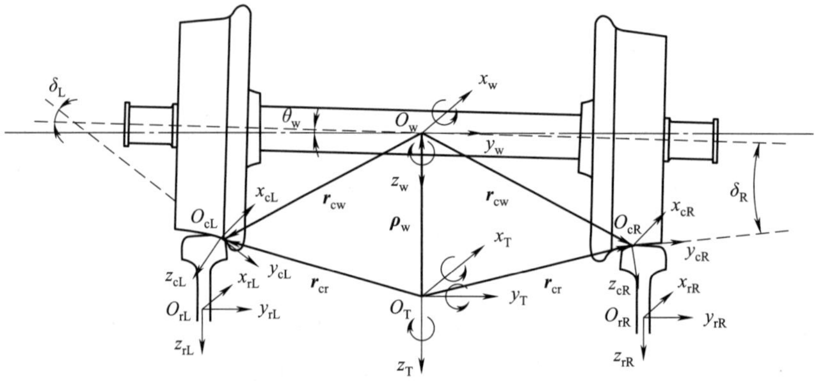

图 2-26 轮轨法向压缩量求解示意图

轮轨接触面上的法向弹性压缩量 $\delta q(t)$ 取 $\underline{\boldsymbol{r}}_{\mathrm{p}}$ 的法向分量，根据 Hertz 非线性弹性接触理论，轮对法向力为

$$N(t)=\left[\frac{1}{G}\delta q(t)\right]^{\frac{3}{2}} \tag{2-143}$$

式中，G 为轮轨接触常数，m/N$^{2/3}$，对于锥形踏面车轮有 $G=4.57r_{\mathrm{w}}{}^{-0.149}\times10^{-8}$，对于磨耗型踏面车轮有 $G=3.86r_{\mathrm{w}}{}^{-0.115}\times10^{-8}$；$r_{\mathrm{w}}$ 为车轮滚动圆半径。

当采用该方法时，钢轨对于轮对运动没有附加约束条件，轮对的垂向运动和侧滚运动均为独立自由度，轮对共有 6 个自由度。

该方法的优点是可以考虑轮轨相互压缩和脱离的情况，因此适于研究脱轨、轮缘接触等问题。但由于 Hertz 刚度较大，约 1×10^{9} N/m，因此需要较小的时间步长，对计算效率有一定影响。

(2)轮轨刚性约束方法

根据曲面论，刚体表面上的任一点可由本体系下 2 个坐标参数确定。令刚体 i 和刚体 j 接触点为 P，其在两刚体坐标系的位置坐标可分别由2 个参数表示，如图 2-27 所示，即有

$$\underline{\boldsymbol{u}}_P^i(s_1^i, s_2^i) = \begin{pmatrix} x^i(s_1^i, s_2^i) \\ y^i(s_1^i, s_2^i) \\ z^i(s_1^i, s_2^i) \end{pmatrix}, \quad \underline{\boldsymbol{u}}_P^j(s_1^j, s_2^j) = \begin{pmatrix} x^j(s_1^j, s_2^j) \\ y^j(s_1^j, s_2^j) \\ z^j(s_1^j, s_2^j) \end{pmatrix} \tag{2-144}$$

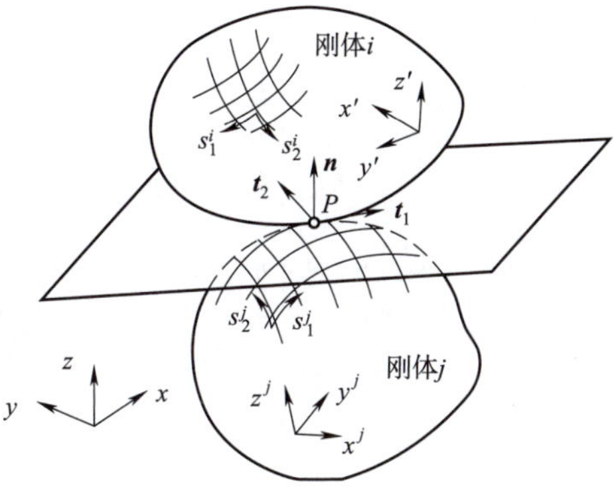

图 2-27　两刚体接触示意图

确定两刚体上接触点的 4 个参数可写为列阵 $\underline{\mathbf{s}}$，即

$$\underline{\mathbf{s}} = (s_1^i \quad s_2^i \quad s_1^j \quad s_2^j)^{\mathrm{T}} \tag{2-145}$$

刚体 i 上接触点处的相互正交的切向量和法向量可分别表示为

$$\underline{\boldsymbol{t}}_1^i = \frac{\partial \underline{\boldsymbol{u}}_P^i}{\partial s_1^i}, \quad \underline{\boldsymbol{t}}_2^i = \frac{\partial \underline{\boldsymbol{u}}_P^i}{\partial s_2^i} \tag{2-146}$$

$$\underline{\boldsymbol{n}}^i = \underline{\boldsymbol{t}}_1^i \times \underline{\boldsymbol{t}}_2^i \tag{2-147}$$

钢轨与车轮上参数坐标如图 2-28 所示。

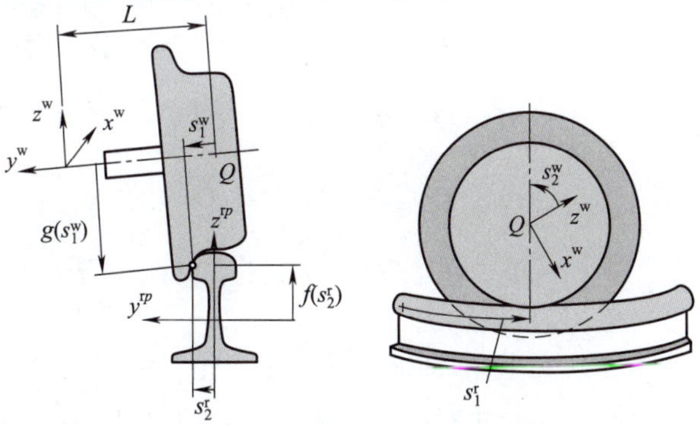

图 2-28　钢轨、车轮曲面参数

两刚体以光滑表面接触，可以证明需满足以下两个条件：①两刚体上的接触点在空间上是同一点；②两刚体上的接触点具有相同的公切面，即法向力平行。

这两个条件可写为以下约束方程：

$$\underline{\boldsymbol{\Phi}}^k(\underline{\boldsymbol{q}}^{\mathrm{w}},\underline{\boldsymbol{q}}^{\mathrm{r}},\underline{\boldsymbol{s}}^{\mathrm{w}k},\underline{\boldsymbol{s}}^{\mathrm{r}k})=\begin{pmatrix}\underline{\boldsymbol{r}}_P^{\mathrm{w}}-\underline{\boldsymbol{r}}_P^{\mathrm{r}}\\ \underline{\boldsymbol{t}}_1^{\mathrm{w}}\cdot\underline{\boldsymbol{n}}^{\mathrm{r}}\\ \underline{\boldsymbol{t}}_2^{\mathrm{w}}\cdot\underline{\boldsymbol{n}}^{\mathrm{r}}\end{pmatrix}^k=\underline{\mathbf{0}} \tag{2-148}$$

第一行矢量坐标展开，可写为

$$\underline{\boldsymbol{\Phi}}^k(\underline{\boldsymbol{q}}^{\mathrm{w}},\underline{\boldsymbol{q}}^{\mathrm{r}},\underline{\boldsymbol{s}}^{\mathrm{w}k},\underline{\boldsymbol{s}}^{\mathrm{r}k})=\begin{pmatrix}\underline{\boldsymbol{t}}_1^{\mathrm{r}}\cdot(\underline{\boldsymbol{r}}_P^{\mathrm{w}}-\underline{\boldsymbol{r}}_P^{\mathrm{r}})\\ \underline{\boldsymbol{t}}_2^{\mathrm{r}}\cdot(\underline{\boldsymbol{r}}_P^{\mathrm{w}}-\underline{\boldsymbol{r}}_P^{\mathrm{r}})\\ \underline{\boldsymbol{n}}^{\mathrm{r}}\cdot(\underline{\boldsymbol{r}}_P^{\mathrm{w}}-\underline{\boldsymbol{r}}_P^{\mathrm{r}})\\ \underline{\boldsymbol{t}}_1^{\mathrm{w}}\cdot\underline{\boldsymbol{n}}^{\mathrm{r}}\\ \underline{\boldsymbol{t}}_2^{\mathrm{w}}\cdot\underline{\boldsymbol{n}}^{\mathrm{r}}\end{pmatrix}^k=\underline{\mathbf{0}} \tag{2-149}$$

式中，上标 k 表示轮轨接触点数，一节车辆四组轮对有 8 个接触点；上标 w、r 分别表示车轮和钢轨；q^{w}、q^{r}分别表示轮轨广义坐标。

可以看出，式(2-149)有 5 个非线性代数方程，由于引入了 4 个位置变量 s，因此，一处轮轨接触将限制一个自由度。将车辆各轮轨接触约束方程写为如下形式：

$$\underline{\boldsymbol{\Phi}}(\underline{\boldsymbol{q}},\underline{\boldsymbol{s}})=\underline{\mathbf{0}} \tag{2-150}$$

对约束方程求二阶导数，得到轮轨加速度约束方程为

$$\underline{\boldsymbol{\Phi}}_q\ddot{\underline{\boldsymbol{q}}}+\underline{\boldsymbol{\Phi}}_s\ddot{\underline{\boldsymbol{s}}}=\underline{\boldsymbol{Q}}_{\mathrm{d}} \tag{2-151}$$

式中，$\underline{\boldsymbol{\Phi}}_q$、$\underline{\boldsymbol{\Phi}}_s$ 为约束方程的雅克比矩阵。

由拉格朗日乘子法可得到增广型车辆动力学方程，该方法可在线求解轮轨几何关系，详见文献[29]。

$$\begin{pmatrix}\underline{\boldsymbol{M}} & \underline{\boldsymbol{O}} & \underline{\boldsymbol{\Phi}}_q^{\mathrm{T}}\\ \underline{\boldsymbol{O}} & \underline{\boldsymbol{O}} & \underline{\boldsymbol{\Phi}}_s^{\mathrm{T}}\\ \underline{\boldsymbol{\Phi}}_q & \underline{\boldsymbol{\Phi}}_s & \underline{\boldsymbol{O}}\end{pmatrix}\begin{pmatrix}\ddot{\underline{\boldsymbol{q}}}\\ \ddot{\underline{\boldsymbol{s}}}\\ \underline{\boldsymbol{\lambda}}\end{pmatrix}=\begin{pmatrix}\underline{\boldsymbol{Q}}\\ \underline{\boldsymbol{O}}\\ \underline{\boldsymbol{Q}}_{\mathrm{d}}\end{pmatrix} \tag{2-152}$$

另一种方式是采用独立广义坐标，即缩并法。由于轮对和钢轨始终保持接触，轮对运动受到左、右钢轨的接触约束，即一个轮对的运动有两个独立约束，有 4 个独立广义坐标。一般选择轮对的垂向运动和侧滚运动作为非独立运动，轮轨法向力可由垂向运动和侧滚运动方程得到。由于轮对运动方程同时含有轮轨法向力与蠕滑力分量，因而需进行迭代求解，轮轨作用力求解流程如图 2-29 所示。

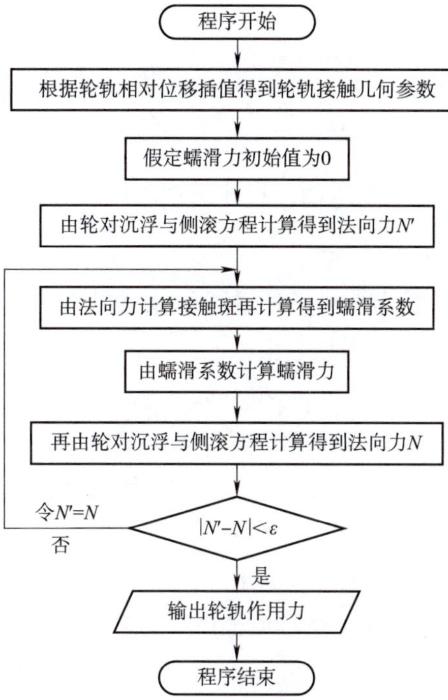

图 2-29　轮轨作用力迭代求解流程

首先，可以通过轮对沉浮和侧滚运动方程求解轮轨法向力。轮轨法向力与蠕滑力互相关联，因此需进行迭代计算。

由式(2-139)和式(2-140)，轮对沉浮与侧滚方程可写为

$$m_{\mathrm{w}}(\ddot{z}_{\mathrm{w}}-v\dot{\varphi}_{\mathrm{T}}-v\dot{\psi}_{\mathrm{T}}\theta_{\mathrm{T}}-a_0\ddot{\theta}_{\mathrm{T}})=F_{\mathrm{tL}z}+F_{\mathrm{tR}z}+N_{\mathrm{tL}z}+N_{\mathrm{tR}z}+F_{\mathrm{susp}_{\mathrm{w}z}}+m_{\mathrm{w}}g \tag{2-153}$$

$$\begin{aligned}&I_{\mathrm{w}x}(\ddot{\theta}_{\mathrm{w}}+\ddot{\theta}_{\mathrm{T}})-I_{\mathrm{w}y}(\dot{\varphi}_{\mathrm{w}}+\dot{\varphi}_{\mathrm{T}})(\dot{\psi}_{\mathrm{w}}+\dot{\psi}_{\mathrm{T}})+I_{\mathrm{w}z}(\dot{\psi}_{\mathrm{w}}+\dot{\psi}_{\mathrm{T}})\varphi_{\mathrm{T}}\\&=-a_0(N_{\mathrm{cL}}\cos\delta_{\mathrm{L}}+F_{\mathrm{cL}y}\sin\delta_{\mathrm{L}})-r_{\mathrm{L}}(F_{\mathrm{cL}y}\cos\delta_{\mathrm{L}}+N_{\mathrm{cL}}\sin\delta_{\mathrm{L}})+\\&\quad a_0(N_{\mathrm{cR}}\cos\delta_{\mathrm{R}}-F_{\mathrm{cR}y}\sin\delta_{\mathrm{R}})-r_{\mathrm{R}}(F_{\mathrm{cR}y}\cos\delta_{\mathrm{R}}-N_{\mathrm{cR}}\sin\delta_{\mathrm{R}})+M_{\mathrm{susp}_{\mathrm{w}x}}\end{aligned} \tag{2-154}$$

方程中涉及轮轨法向力的项独立出来，有

$$\begin{cases}F_{\mathrm{w}z}=N_{\mathrm{cL}}\cos(\theta_{\mathrm{w}}+\delta_{\mathrm{L}})+N_{\mathrm{cR}}\cos(\theta_{\mathrm{w}}-\delta_{\mathrm{R}})\\M_{\mathrm{w}\theta}=-N_{\mathrm{cL}}(a_0\cos\delta_{\mathrm{L}}+r_{\mathrm{L}}\sin\delta_{\mathrm{L}})+N_{\mathrm{cR}}(a_0\cos\delta_{\mathrm{R}}+r_{\mathrm{R}}\sin\delta_{\mathrm{R}})\end{cases} \tag{2-155}$$

令

$$\begin{cases}a_1=\cos(\theta_{\mathrm{w}}+\delta_{\mathrm{L}})\\a_2=\cos(\theta_{\mathrm{w}}-\delta_{\mathrm{R}})\\b_1=-(a_0\cos\delta_{\mathrm{L}}+r_{\mathrm{L}}\sin\delta_{\mathrm{L}})\\b_2=(a_0\cos\delta_{\mathrm{R}}+r_{\mathrm{R}}\sin\delta_{\mathrm{R}})\end{cases} \tag{2-156}$$

于是，可得轮轨法向力 N_{cL} 和 N_{cR} 为

$$\begin{cases} N_{cL}=\dfrac{b_2F_{wz}-a_2M_{w\theta}}{a_1b_2-a_2b_1} \\ N_{cR}=\dfrac{-b_1F_{wz}+a_1M_{w\theta}}{a_1b_2-a_2b_1} \end{cases} \tag{2-157}$$

在迭代求解中，轮对沉浮、侧滚运动位移和速度由轮轨接触几何关系确定。

2. 蠕滑率及蠕滑力

当不考虑钢轨运动时，由轮对质心的速度和角速度可得到轮对接触点处的速度和角速度为

$$\boldsymbol{v}_c^I=\boldsymbol{v}_w^I+\boldsymbol{\omega}_{wI}\times\boldsymbol{r}_{cw} \tag{2-158}$$

$$\boldsymbol{\omega}_{cI}=\underline{\boldsymbol{G}}^{cw}\boldsymbol{\omega}_{wI} \tag{2-159}$$

$\boldsymbol{r}_{cw}$ 为轮轨接触点至轮对质心的位置矢径，定义在轮对坐标系下有

$$\boldsymbol{r}_{cw}=\underline{\boldsymbol{r}}_{cw}^{T}\boldsymbol{e}^{W},\quad \underline{\boldsymbol{r}}_{cw}=(0\quad r_{cwy}\quad r_{cwz})^{T} \tag{2-160}$$

式中，左侧轮对 r_{cwy} 取负值，右侧轮对 r_{cwy} 取正值。

由式(2-110)可知，轮对绝对速度在轨道坐标系的坐标阵为

$$\underline{\boldsymbol{v}}_w^I\approx\begin{pmatrix} v+\dot{x}_w-r_{cwz}\dot{\varphi}_T \\ \dot{y}_w+r_{cwz}\dot{\theta}_T \\ \dot{z}_w-r_{cwy}\dot{\theta}_T \end{pmatrix} \tag{2-161}$$

接触斑坐标系下相对速度为

$$\underline{\boldsymbol{v}}_c^I=\underline{\boldsymbol{G}}^{cW}(\underline{\boldsymbol{G}}^{WT}\underline{\boldsymbol{v}}_w^I+\underline{\widetilde{\boldsymbol{\omega}}}_{wI}\underline{\boldsymbol{r}}_{cw}) \tag{2-162}$$

将式(2-105)、式(2-107)、式(2-121)、式(2-160)代入式(2-162)，可得接触斑坐标系下轮轨相对速度为

$$\underline{\boldsymbol{v}}_c^I\approx\underline{\boldsymbol{G}}^{cW}\begin{pmatrix} v+\dot{x}_w-r_{cwy}(\dot{\psi}_w+\dot{\psi}_T)+r_{cwz}\dot{\varphi}_w+\psi_w(\dot{y}_w+r_{cwz}\dot{\theta}_T) \\ \dot{y}_w-r_{cwz}\dot{\theta}_w-\psi_w(v+\dot{x}_w-r_{cwz}\varphi_T)+\theta_w\dot{z}_w \\ \dot{z}_w-\theta_w(\dot{y}_w+r_{cwz}\theta_T)+r_{cwy}(\theta_w+\theta_T)-a_0\dot{\theta}_T \end{pmatrix} \tag{2-163}$$

假定在接触斑坐标系下轮轨之间法向相对速度为零，即 $v_c^I|_z=0$，则轮对相对速度为

$$\underline{\boldsymbol{v}}_c^I\approx\begin{pmatrix} v+\dot{x}_w-r_{cwy}(\dot{\psi}_w+\dot{\psi}_T)+r_{cwz}\dot{\varphi}_w+\psi_w(\dot{y}_w+r_{cwz}\dot{\theta}_T) \\ [\dot{y}_w-r_{cwz}\dot{\theta}_w-\psi_w(v+\dot{x}_w-r_{cwz}\varphi_T)+\theta_w\dot{z}_w]/\cos\delta \\ 0 \end{pmatrix} \tag{2-164}$$

$$\underline{\boldsymbol{\omega}}_{cI}\approx\begin{pmatrix} \dot{\theta}_T+\dot{\theta}_w \\ (\dot{\varphi}_T+\dot{\varphi}_w)\cos\delta+(\dot{\psi}_T+\dot{\psi}_w)\sin\delta \\ (\dot{\psi}_T+\dot{\psi}_w)\cos\delta-(\dot{\varphi}_T+\dot{\varphi}_w)\sin\delta \end{pmatrix} \tag{2-165}$$

由蠕滑系数的定义式(2-87),可得左右轮轨处蠕滑系数为

$$\xi_x = v_c^I|_x/v = [v + \dot{x}_w - r_{cwy}(\dot{\psi}_w + \dot{\psi}_T) + r_{cwz}\dot{\varphi}_w + \psi_w(\dot{y}_w + r_{cwz}\dot{\theta}_T)]/v \tag{2-166}$$

$$\xi_y = v_c^I|_y/v = [(\dot{y}_w - r_{cwz}\dot{\theta}_w - \psi_w(v + \dot{x}_w - r_{cwz}\varphi_T) + \theta_w\dot{z}_w)/\cos\delta]/v \tag{2-167}$$

$$\xi_{sp} = \omega_{cI}|_z/v = [(\dot{\psi}_T + \dot{\psi}_w)\cos\delta - (\dot{\varphi}_T + \dot{\varphi}_w)\sin\delta]/v \tag{2-168}$$

令左、右轮对接触点处坐标分别为 $\underline{\boldsymbol{r}}_{cwL} = (0 \quad -a_0 \quad r_L)^T$,$\underline{\boldsymbol{r}}_{cwR} = (0 \quad a_0 \quad r_R)^T$,取 $\dot{\varphi}_w \approx \Omega = -v/r_0$,$r_0 = (r_L + r_R)/2$,忽略高次项,左、右轮轨接触斑处蠕滑力可简化为

$$\begin{cases} \xi_{xL} = 1 - \dfrac{r_L}{r_0} + \dfrac{a_0}{v}\dot{\psi}_w + \dfrac{a_0}{R_h} \\ \xi_{yL} = \dfrac{1}{v}(\dot{y}_w - r_L\dot{\theta}_w - v\psi_w) \\ \xi_{spL} = \dfrac{\delta_L}{r_0} + \dfrac{\dot{\psi}_w}{v} + \dfrac{1}{R_h} \end{cases} \tag{2-169}$$

$$\begin{cases} \xi_{xR} = 1 - \dfrac{r_R}{r_0} - \dfrac{a_0}{v}\dot{\psi}_w - \dfrac{a_0}{R_h} \\ \xi_{yR} = \dfrac{1}{v}(\dot{y}_w - r_R\dot{\theta}_w - v\psi_w) \\ \xi_{spR} = -\dfrac{\delta_R}{r_0} + \dfrac{\dot{\psi}_w}{v} + \dfrac{1}{R_h} \end{cases} \tag{2-170}$$

求得轮轨蠕滑率后,首先利用 Kalker 线性理论式(2-88),再采用式(2-93)进行非线性修正,即可得到轮轨蠕滑力。

2.5　车辆运动方程

动力学模型是动力仿真分析的基础,模型不能过于简单,以至于不能反映系统动力响应的主要方面与影响因素;也不宜过于复杂,使分析过程繁琐,计算耗时长,甚至掩盖系统主要因素的影响。因此,应针对所要分析的问题进行合理的假定,突出主要因素,忽略次要因素,建立合理、高效的模型。

2.5.1　车辆模型和自由度

建立车辆动力学模型,一般以轴箱悬挂和中央悬挂系统为分界面,将车辆质量分为三大部分:车体、构架和轮对。悬挂系统处理为无质量的弹簧-阻尼系统,车体、构架和轮对等都视作刚体。一个刚体有6 个自由度,分别为沿 3 个坐标轴的线位移和绕 3 个坐标轴的转动位移。于是各构件的空间位置完全由沉浮、横移、伸缩、摇头、点头、侧滚这 6 种基本运动形式来描述,如图 2-30 所示。

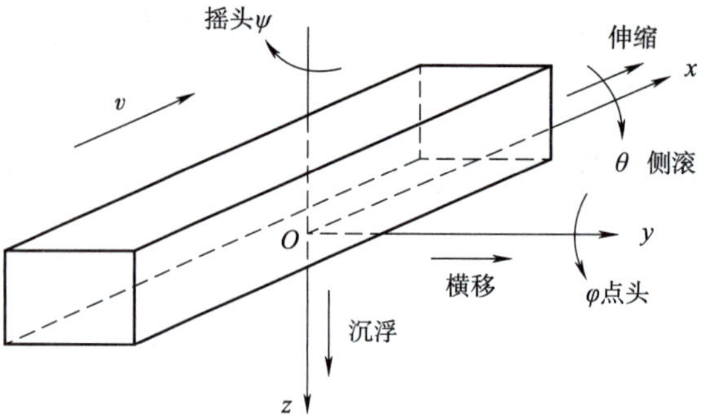

图 2-30　车辆基本运动形式

高速客车一般可简化为由车体、前后构架和四个轮对组成的多刚体系统。沿列车运行方向的伸缩运动对车辆系统的垂向与横向振动影响很小，因此在车辆模型中一般不考虑各构件沿列车运行方向的振动。于是，每一刚体有 5 个自由度，分别是浮沉、横移、侧滚、点头及摇头。轮对的浮沉和侧滚运动将根据轮轨法向力的求解方法，决定是否作为独立的自由度，见表 2-4。车辆动力学模型如图 2-31 所示。

表 2-4　车辆模型自由度

构　件	横　移	沉　浮	侧　滚	摇　头	点　头
车体	y_c	z_c	θ_c	ψ_c	φ_c
构架($i=1,2$)	y_{ti}	z_{ti}	θ_{ti}	ψ_{ti}	φ_{ti}
轮对($j=1,2,3,4$)	y_{wj}	(z_{wj})	(θ_{wj})	ψ_{wj}	φ_{wj}

注：轮对的沉浮和侧滚运动需根据轮轨法向力的求解方法确定是否为独立自由度。

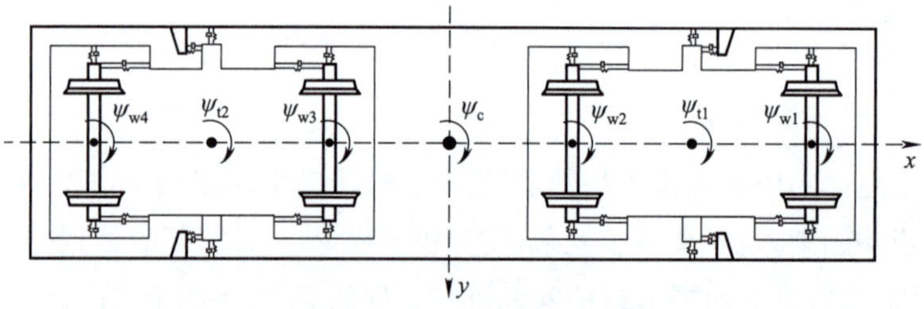

(a)车辆模型俯视图

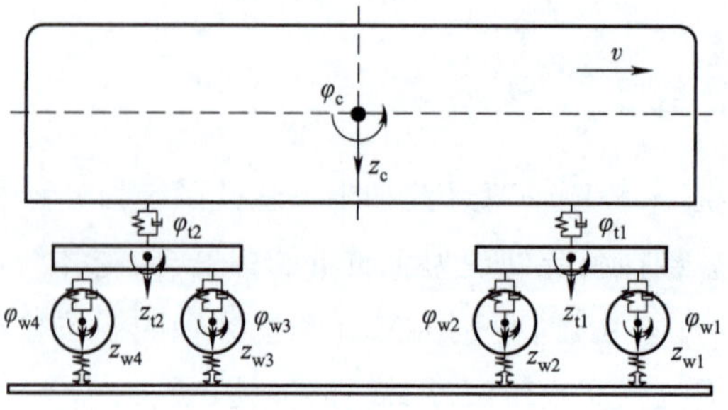

(b)车辆模型侧视图

图　2-31

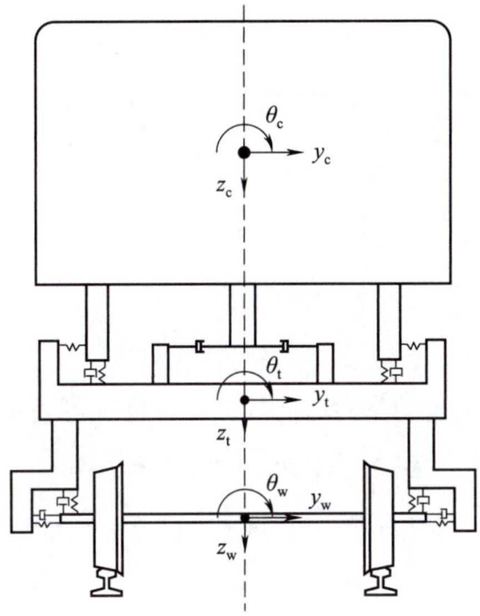

(c)车辆模型正视图

图 2-31　车辆动力学模型示意图

2.5.2　车辆运动方程

构架和车体的运动方程推导方法与轮对运动方程基本一致，主要的区别在于构架和车体不旋转，因此本体坐标系完全随构架和车体运动，即$\boldsymbol{\omega}_{t_b I}=\boldsymbol{\omega}_{tI}$，$\boldsymbol{\omega}_{c_b I}=\boldsymbol{\omega}_{cI}$。

轨道坐标系$\boldsymbol{e}^{T}$ 至本体坐标系$\boldsymbol{e}^{b}$ 的变换矩阵 $\underline{\boldsymbol{G}}^{bT}$可写为

$$\underline{\boldsymbol{G}}^{bT}=\underline{\boldsymbol{A}}_y^{\varphi}\underline{\boldsymbol{A}}_x^{\theta}\underline{\boldsymbol{A}}_z^{\psi} \tag{2-171}$$

根据式(2-94)，有

$$\underline{\boldsymbol{G}}^{bT}=\begin{pmatrix} \cos\psi\cos\varphi-\sin\psi\sin\theta\sin\varphi & \cos\varphi\sin\psi+\cos\psi\sin\theta\sin\varphi & -\cos\theta\sin\varphi \\ -\cos\theta\sin\psi & \cos\psi\cos\theta & \sin\theta \\ \cos\psi\sin\varphi+\cos\varphi\sin\psi\sin\theta & \sin\psi\sin\varphi-\cos\psi\cos\varphi\sin\theta & \cos\theta\cos\varphi \end{pmatrix} \tag{2-172}$$

(1)轮对方程

轮对方程在 2.4 节已详细推导。

(2)构架方程

构架质心的位移，在轨道坐标系可以表示为

$$\boldsymbol{\rho}_t=\underline{\boldsymbol{\rho}}_t{}^{T}\boldsymbol{e}^{T},\quad \underline{\boldsymbol{\rho}}_t=(x_t\quad y_t\quad z_t-r_0-h_3)^{T} \tag{2-173}$$

考虑小位移和小角度，忽略高次项，可以得到轨道坐标系下构架质心绝对加速度坐标阵以及本体坐标系下构架角速度坐标阵。

$$\underline{\boldsymbol{a}}_{t}^{I} \approx \begin{pmatrix} \ddot{x}_{t} + \dot{v} - (r_0 + h_3)\ddot{\varphi}_{T} \\ \ddot{y}_{t} + v\dot{\psi}_{T} - v\dot{\varphi}_{T}\theta_{T} + (r_0 + h_3)\ddot{\theta}_{T} \\ \ddot{z}_{t} - v\dot{\varphi}_{T} - v\dot{\psi}_{T}\theta_{T} - a_0\ddot{\theta}_{T} \end{pmatrix} \tag{2-174}$$

$$\underline{\boldsymbol{\omega}}_{tI} \approx \begin{pmatrix} \dot{\theta}_{T} + \dot{\theta}_{t} \\ \dot{\varphi}_{T} + \dot{\varphi}_{t} + \dot{\psi}_{T}\theta_{T} + \dot{\psi}_{t}\sin\theta_{t} \\ \dot{\psi}_{T} - \dot{\varphi}_{T}\theta_{T} + \dot{\psi}_{t}\cos\theta_{t} \end{pmatrix} \tag{2-175}$$

构架本体坐标系下，构架角动量对时间导数的坐标阵可表示为

$$\dot{\boldsymbol{L}}_{t}^{I} = \boldsymbol{I}_{t} \cdot \dot{\boldsymbol{\omega}}_{tI} + \boldsymbol{\omega}_{tI} \times \boldsymbol{I}_{t} \cdot \boldsymbol{\omega}_{tI} \tag{2-176}$$

$$\underline{\dot{\boldsymbol{L}}}_{t}^{I} \approx \begin{pmatrix} I_{tx}(\ddot{\theta}_{t} + \ddot{\theta}_{T}) - I_{ty}(\dot{\varphi}_{t} + \dot{\varphi}_{T})(\dot{\psi}_{t} + \dot{\psi}_{T}) + I_{tz}(\dot{\psi}_{t} + \dot{\psi}_{T})(\varphi_{t} + \varphi_{T}) \\ I_{ty}(\ddot{\varphi}_{t} + \ddot{\varphi}_{T}) + I_{tx}(\dot{\theta}_{t} + \dot{\theta}_{T})(\dot{\psi}_{t} + \dot{\psi}_{T}) - I_{tz}(\dot{\psi}_{t} + \dot{\psi}_{T})(\dot{\theta}_{t} + \dot{\theta}_{T}) \\ I_{tz}(\ddot{\psi}_{t} + \ddot{\psi}_{T}) - I_{tx}(\dot{\theta}_{t} + \dot{\theta}_{T})(\varphi_{t} + \varphi_{T}) + I_{ty}(\dot{\varphi}_{t} + \dot{\varphi}_{T})(\dot{\theta}_{t} + \dot{\theta}_{T}) \end{pmatrix} \tag{2-177}$$

由牛顿-欧拉方程可得到构架的运动方程为

$$m_{t}\boldsymbol{a}_{t}^{I} = \boldsymbol{F}_{t} \tag{2-178}$$

$$\dot{\boldsymbol{L}}_{t}^{I} = \boldsymbol{M}_{t} \tag{2-179}$$

$\boldsymbol{F}_t$ 为构架外力矢量，由悬挂力和重力组成，在轨道坐标系可以表示为

$$\boldsymbol{F}_{t} = \underline{\boldsymbol{F}}_{t}^{T}\boldsymbol{e}^{T}, \quad \underline{\boldsymbol{F}}_{t} = (F_{\text{susp}_{tx}}, F_{\text{susp}_{ty}} + m_{t}g\theta_{T}, F_{\text{susp}_{tz}} + m_{t}g)^{T} \tag{2-180}$$

$\boldsymbol{M}_t$ 为构架外力矩矢量，由悬挂力矩组成，在本体坐标系可以表示为

$$\boldsymbol{M}_{t} = \underline{\boldsymbol{M}}_{t}^{T}\boldsymbol{e}^{t}, \quad \underline{\boldsymbol{M}}_{t} = (M_{\text{susp}_{tx}}, M_{\text{susp}_{ty}}, M_{\text{susp}_{tz}})^{T} \tag{2-181}$$

(3)车体方程

车体质心的位移，在轨道坐标系可以表示为

$$\boldsymbol{\rho}_{c} = \underline{\boldsymbol{\rho}}_{c}^{T}\boldsymbol{e}^{T}, \quad \underline{\boldsymbol{\rho}}_{c} = (x_{c} \quad y_{c} \quad z_{c} - r_0 - h_3 - h_2 - h_1)^{T} \tag{2-182}$$

考虑小位移和小角度，忽略高次项，可以得到轨道坐标系下车体质心绝对加速度坐标阵以及本体坐标系下车体角速度坐标阵。

$$\underline{\boldsymbol{a}}_{c}^{I} \approx \begin{pmatrix} \ddot{x}_{c} + \dot{v} - (r_0 + h_3 + h_2 + h_1)\ddot{\varphi}_{T} \\ \ddot{y}_{c} + v\dot{\psi}_{T} - v\dot{\varphi}_{T}\theta_{T} + (r_0 + h_3 + h_3 + h_2 + h_1)\ddot{\theta}_{T} \\ \ddot{z}_{c} - v\dot{\varphi}_{T} - v\dot{\psi}_{T}\theta_{T} - a_0\ddot{\theta}_{T} \end{pmatrix} \tag{2-183}$$

$$\underline{\boldsymbol{\omega}}_{cI} \approx \begin{pmatrix} \dot{\theta}_{T} + \dot{\theta}_{c} \\ \dot{\varphi}_{T} + \dot{\varphi}_{c} + \dot{\psi}_{T}\theta_{T} + \dot{\psi}_{c}\sin\theta_{c} \\ \dot{\psi}_{T} - \dot{\varphi}_{T}\theta_{T} + \dot{\psi}_{c}\cos\theta_{c} \end{pmatrix} \tag{2-184}$$

车体本体坐标系下，车体角动量对时间导数的坐标阵可表示为

$$\dot{\boldsymbol{L}}_{\mathrm{c}}^{\mathrm{I}}=\boldsymbol{I}_{\mathrm{c}}\cdot\dot{\boldsymbol{\omega}}_{\mathrm{cI}}+\boldsymbol{\omega}_{\mathrm{cI}}\times\boldsymbol{I}_{\mathrm{c}}\cdot\boldsymbol{\omega}_{\mathrm{cI}} \tag{2-185}$$

$$\underline{\dot{\boldsymbol{L}}}_{\mathrm{c}}^{\mathrm{I}}\approx\begin{pmatrix} I_{cx}(\ddot{\theta}_{\mathrm{c}}+\ddot{\theta}_{\mathrm{T}})-I_{cy}(\dot{\varphi}_{\mathrm{c}}+\dot{\varphi}_{\mathrm{T}})(\dot{\psi}_{\mathrm{c}}+\dot{\psi}_{\mathrm{T}})+I_{cz}(\dot{\psi}_{\mathrm{c}}+\dot{\psi}_{\mathrm{T}})(\varphi_{\mathrm{c}}+\varphi_{\mathrm{T}}) \\ I_{cy}(\ddot{\varphi}_{\mathrm{c}}+\ddot{\varphi}_{\mathrm{T}})+I_{cx}(\dot{\theta}_{\mathrm{c}}+\dot{\theta}_{\mathrm{T}})(\dot{\psi}_{\mathrm{c}}+\dot{\psi}_{\mathrm{T}})-I_{cz}(\dot{\psi}_{\mathrm{c}}+\dot{\psi}_{\mathrm{T}})(\dot{\theta}_{\mathrm{c}}+\dot{\theta}_{\mathrm{T}}) \\ I_{cz}(\ddot{\psi}_{\mathrm{c}}+\ddot{\psi}_{\mathrm{T}})-I_{cx}(\dot{\theta}_{\mathrm{c}}+\dot{\theta}_{\mathrm{T}})(\varphi_{\mathrm{c}}+\varphi_{\mathrm{T}})+I_{cy}(\dot{\varphi}_{\mathrm{c}}+\dot{\varphi}_{\mathrm{T}})(\dot{\theta}_{\mathrm{c}}+\dot{\theta}_{\mathrm{T}}) \end{pmatrix} \tag{2-186}$$

由牛顿-欧拉方程可得到车体的运动方程为

$$m_{\mathrm{c}}\boldsymbol{a}_{\mathrm{c}}^{\mathrm{I}}=\boldsymbol{F}_{\mathrm{c}} \tag{2-187}$$

$$\dot{\boldsymbol{L}}_{\mathrm{c}}^{\mathrm{I}}=\boldsymbol{M}_{\mathrm{c}} \tag{2-188}$$

$\boldsymbol{F}_{\mathrm{c}}$ 为车体外力矢量，由悬挂力和重力组成，在轨道坐标系可以表示为

$$\boldsymbol{F}_{\mathrm{c}}=\underline{\boldsymbol{F}}_{\mathrm{c}}^{\mathrm{T}}\boldsymbol{e}^{\mathrm{T}},\quad \underline{\boldsymbol{F}}_{\mathrm{c}}=(F_{\mathrm{susp}_{cx}},F_{\mathrm{susp}_{cy}}+m_{\mathrm{c}}g\theta_{\mathrm{T}},F_{\mathrm{susp}_{cz}}+m_{\mathrm{c}}g)^{\mathrm{T}} \tag{2-189}$$

$\boldsymbol{M}_{\mathrm{c}}$ 为车体外力矩矢量，由悬挂力矩组成，在本体坐标系可以表示为

$$\boldsymbol{M}_{\mathrm{c}}=\underline{\boldsymbol{M}}_{\mathrm{c}}^{\mathrm{T}}\boldsymbol{e}^{\mathrm{c}},\quad \underline{\boldsymbol{M}}_{\mathrm{c}}=(M_{\mathrm{susp}_{cx}},M_{\mathrm{susp}_{cy}},M_{\mathrm{susp}_{cz}})^{\mathrm{T}} \tag{2-190}$$

2.5.3 悬 挂 力

悬挂力可由各刚体间的相对位移和相对速度得出。如图 2-32 所示，刚体 i 质心在相应的轨道坐标系 $\boldsymbol{e}^{\mathrm{T}i}$ 中的坐标阵为

$$\underline{\boldsymbol{r}}_{\mathrm{b}i}=(x_{\mathrm{b}i},y_{\mathrm{b}i}+y_{\mathrm{b}i0},z_{\mathrm{b}i}+z_{\mathrm{b}i0})^{\mathrm{T}} \tag{2-191}$$

式中，$(0,y_{\mathrm{b}i0},z_{\mathrm{b}i0})^{\mathrm{T}}$ 为质心的平衡位置。

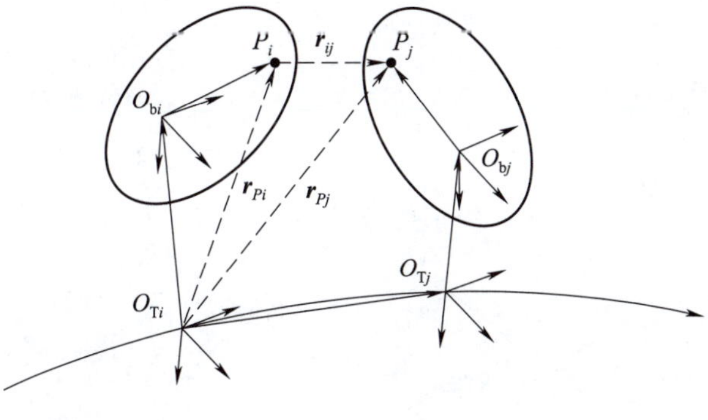

图 2-32　两刚体上点之间的相对位移

点 P_i 和 P_j 分别固定在刚体 i 和刚体 j 上，点 P_i 和 P_j 的相对位置可表示为

$$\boldsymbol{r}_{ij}=\boldsymbol{r}_{Pj}-\boldsymbol{r}_{Pi} \tag{2-192}$$

将两点坐标均转换至刚体 i 质心相应的轨道坐标系 $\boldsymbol{e}^{\mathrm{T}i}$ 中，如图 2-33 所示，有

$$\underline{\boldsymbol{r}}_{Pi}=\begin{pmatrix} x_{\mathrm{b}i} \\ y_{\mathrm{b}i}+y_{\mathrm{b}i0} \\ z_{\mathrm{b}i}+z_{\mathrm{b}i0} \end{pmatrix}+\underline{\boldsymbol{G}}_{\mathrm{T}i\mathrm{b}i}\begin{pmatrix} x_{Pi} \\ y_{Pi} \\ z_{Pi} \end{pmatrix} \tag{2-193}$$

$$\underline{\boldsymbol{r}}_{Pj}=\underline{\boldsymbol{G}}^{\mathrm{TiT}j}\left(\left(\begin{matrix}x_{\mathrm{b}j}\\ y_{\mathrm{b}j}+y_{\mathrm{b}j0}\\ z_{\mathrm{b}j}+z_{\mathrm{b}j0}\end{matrix}\right)+\underline{\boldsymbol{G}}^{\mathrm{T}j\mathrm{b}j}\left(\begin{matrix}x_{Pj}\\ y_{Pj}\\ z_{Pj}\end{matrix}\right)\right)+\left(\begin{matrix}x_{ij}\\ x_{ij}(\psi_{\mathrm{T}j}-\psi_{\mathrm{T}i})/2\\ x_{ij}(\varphi_{\mathrm{T}j}-\varphi_{\mathrm{T}i})/2\end{matrix}\right) \tag{2-194}$$

点 P_i 和 P_j 间相对位移可表示为

$$\Delta\boldsymbol{r}_{ij}=\boldsymbol{r}_{Pj}-\boldsymbol{r}_{Pi}-\boldsymbol{r}_{ij0} \tag{2-195}$$

$\underline{\boldsymbol{r}}_{ij0}$ 为平衡条件下名义位移，即

$$\underline{\boldsymbol{r}}_{ij0}=\left(\begin{matrix}x_{Pj}+x_{ij}-x_{Pi}\\ y_{\mathrm{b}0j}+y_{Pj}-y_{\mathrm{b}0i}+y_{Pi}\\ z_{\mathrm{b}0j}+z_{Pj}-z_{\mathrm{b}0i}+z_{Pi}\end{matrix}\right) \tag{2-196}$$

考虑小位移和转角，并忽略高阶量，可得

$$\Delta\underline{\boldsymbol{r}}_{ij}\approx\left(\begin{matrix}(x_{\mathrm{b}*}-\psi_{\mathrm{b}*}y_{P*}+\varphi_{\mathrm{b}*}z_{P*})_i^j-(y_{\mathrm{b}0j}+y_{Pj})(\psi_{\mathrm{T}j}-\psi_{\mathrm{T}i})+(z_{\mathrm{b}0j}+z_{Pj})(\varphi_{\mathrm{T}j}-\varphi_{\mathrm{T}i})\\ (y_{\mathrm{b}*}+\psi_{\mathrm{b}*}x_{P*}-\theta_{\mathrm{b}*}z_{P*})_i^j+x_{Pj}(\psi_{\mathrm{T}j}-\psi_{\mathrm{T}i})+x_{ij}(\psi_{\mathrm{T}j}-\psi_{\mathrm{T}i})/2\\ (z_{\mathrm{b}*}-\varphi_{\mathrm{b}*}x_{P*}+\theta_{\mathrm{b}*}y_{P*})_i^j-x_{Pj}(\varphi_{\mathrm{T}j}-\varphi_{\mathrm{T}i})-x_{ij}(\varphi_{\mathrm{T}j}-\varphi_{\mathrm{T}i})/2\end{matrix}\right) \tag{2-197}$$

式中，两转角间关系为

$$\psi_{\mathrm{T}j}-\psi_{\mathrm{T}i}=x_{ij}/R_{\mathrm{h}} \tag{2-198}$$

$$\varphi_{\mathrm{T}j}-\varphi_{\mathrm{T}i}=x_{ij}/R_{\mathrm{v}} \tag{2-199}$$

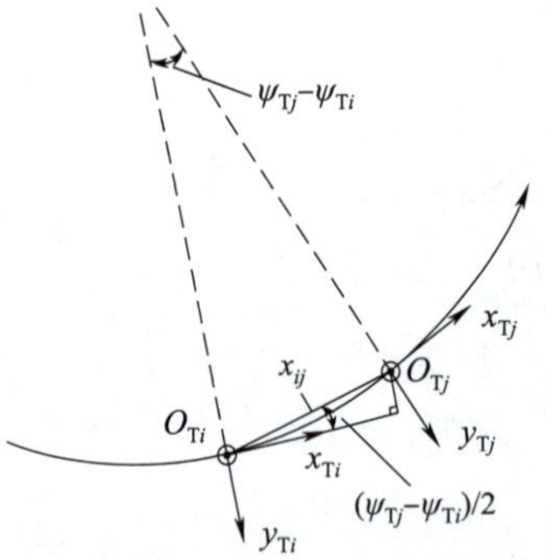

(a)平面曲线上两点相对位移

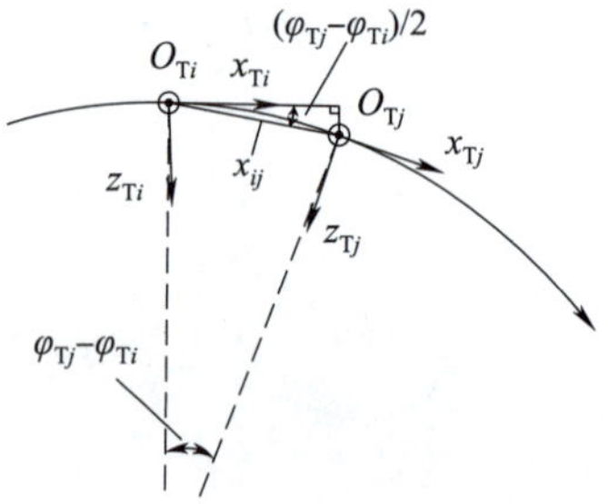

(b)竖曲线上两点相对位移

图 2-33　曲线上两点相对位移

将车体、构架和轮对的相应运动代入式(2-197)，即可得到车辆一系、二系悬挂三个方向的悬挂力。作用在轮对、构架和车体的悬挂力和力矩则可由一系、二系悬挂力合成得到，如图 2-34 所示。力和力矩为轨道坐标系下的分量，代入车辆运动方程前，悬挂力矩还需利用式(2-172)，由轨道坐标系转至本体坐标系。

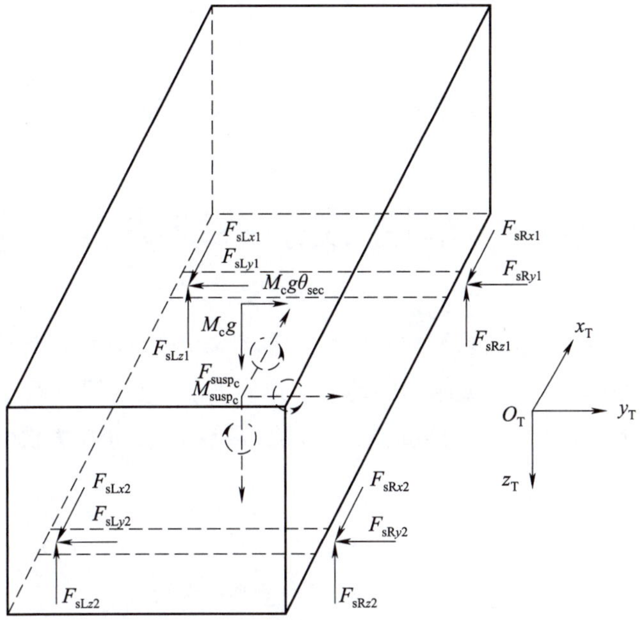

(a)车体悬挂力示意图

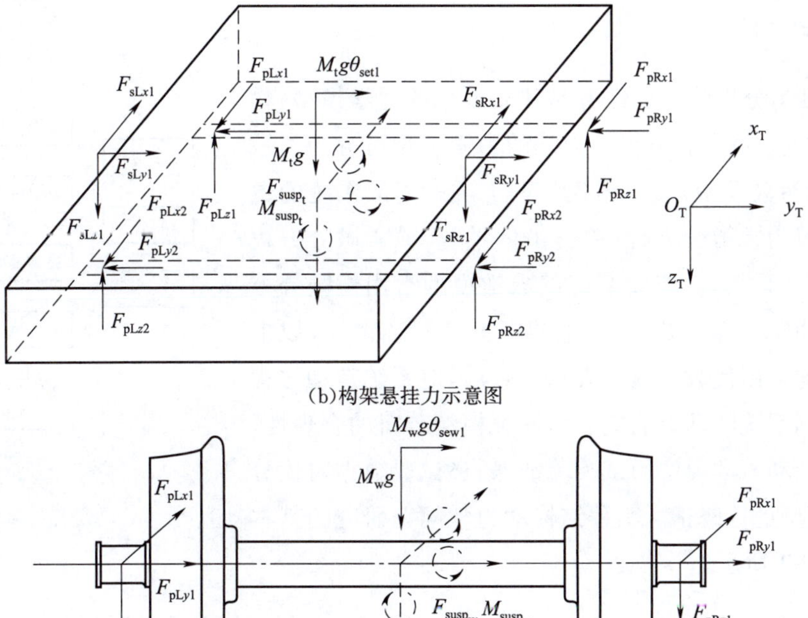

(b)构架悬挂力示意图

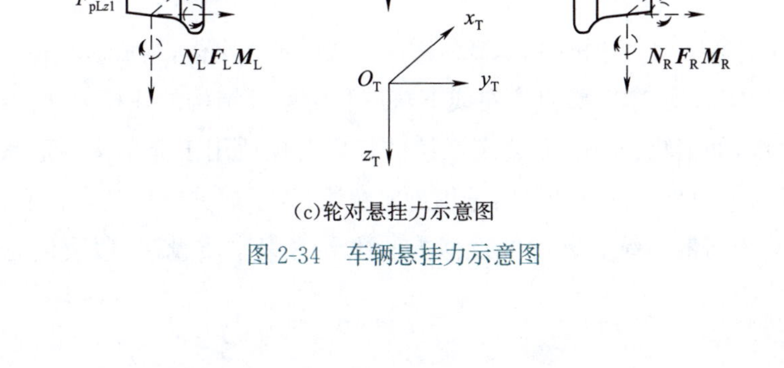

(c)轮对悬挂力示意图

图 2-34　车辆悬挂力示意图

第3章 车辆-线路系统动力学模型

系统动力学分析包括建模、求解和验证修正等基本步骤。本章首先分别介绍车辆-线路系统垂向、空间模型中轨道和桥梁结构的动力学建模方法，包括假设模态法、有限元法和综合模态法等，其次介绍系统方程的数值求解方法，最后介绍动力学软件开发和验证有关内容。

3.1 系统动力学分析方法

3.1.1 动力学分析基本步骤

结构动力分析的首要任务是建立系统的力学模型(物理模型)和数学模型。结构动力学的力学模型可分为离散模型(集中参数模型)和连续模型两大类。离散系统的数学模型一般为常微分方程(单自由度系统)或常微分方程组(多自由度系统)。连续系统的数学模型常用偏微分方程。为了便于计算机处理，一般将时间变量离散化，以上数学模型均可用代数方程来表示。之后，对系统运动方程求解可得到系统的动力响应。为保证模型分析的合理性，还需要开展动力学模型的试验验证，通过试验数据对比分析，并对模型进行修正。工程结构动力学问题研究的基本步骤如图3-1所示。

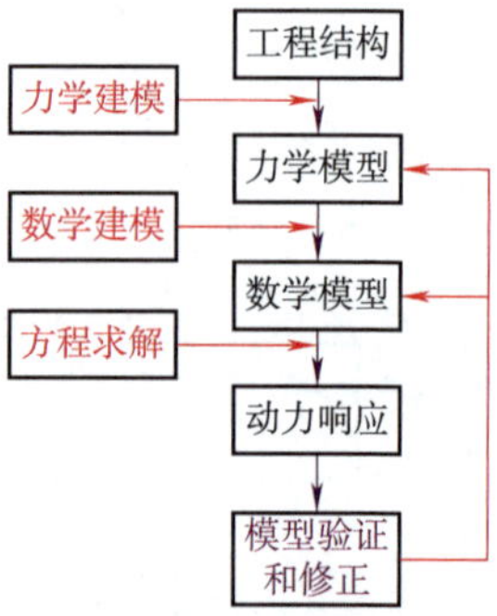

图3-1 工程结构动力学问题研究的基本步骤

3.1.2 连续系统离散化方法

在车辆-线路系统动力分析中，车辆各构件一般假定为刚体，组成多刚体系统，第2章已详细介绍相关建模方法，本章重点介绍线下轨道和桥梁等结构的建模方法。线下结构大多为连续弹性系统，如钢轨、桥梁等，连续系统的精确解仅适用于简单构件形状和边界条件。当构件形状复杂或边界条件复杂时需采用近似解法，为了研究问题的方便和便于计算机处理，一般都简化为离散系统。常用的近似方法主要有集中质量法、假设模态法(广义位移法)、有限元法和综合模态法。各种近似解法的共同特点是用有限自由度的系统对无限自由度的系统进行近似。

1. 集中质量法

集中质量法是将连续系统的质量集中到有限个点或截面上。惯性和刚性较大的部件可看作质量集中的质点和刚体,如轨枕。惯性小和弹性强的部件可抽象为无质量的弹簧,它们的质量可以不计或折合到集中质量上。物理参数分布均匀的系统,也可近似地分解为有限个集中质量。集中质量的数量取决于所要求的计算精度。连续系统离散为有限自由度系统后,可以采用多自由度系统的分析方法进行分析。

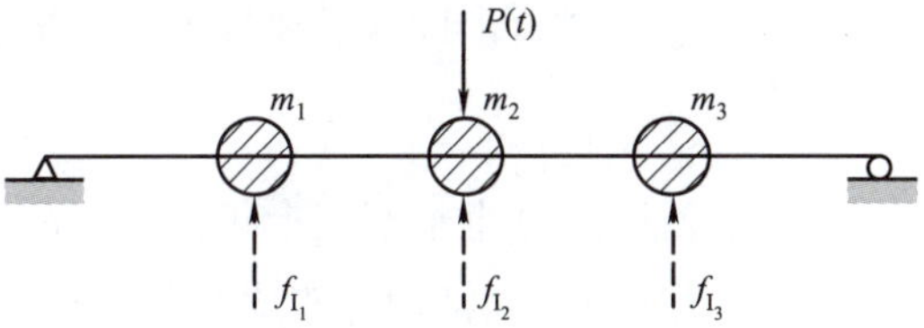

图 3-2　简支梁集中质量法示意图

图 3-2 将简支梁离散为 3 个离散的质量点或块。如果仅考虑这 3 个质点竖直方向的运动,这个体系就称为 3 个自由度体系(3DOF)。如果这些质量不是集中在点上,而是具有有限的转动惯量,则这些点的转动位移也需要考虑,这时体系将具有 6 个自由度。

2. 假设模态法(广义位移法)

假设模态法是用有限个函数的线性组合来确定系统的运动规律。假设体系的质量处处都相当均匀的分布,这时为了限制自由度,可以假定结构的挠曲线形状可用一系列规定的位移曲线的和来表示。比如,可用三角级数来表示简支梁的挠曲线,如图 3-3 所示,可表示为

$$u(x)=\sum_{i=1}^{\infty}b_i\sin\left(\frac{i\pi x}{L}\right) \tag{3-1}$$

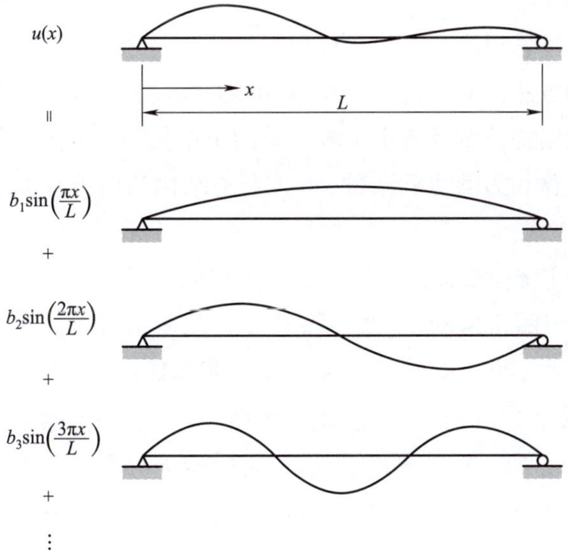

图 3-3　简支梁假设模态法示意图

这个方法的优点是实际梁的形状可用有限项正弦波分量的级数很好地近似表示。一般来说，任何与所述几何支承条件相适应且保持内部位移所需连续性的函数 $\psi(x)$ 都可采用，于是，将系统振动位移表示成前 n 阶主振动的和，即

$$u(x,t)=\sum_{i=1}^{n}\psi_i(x)q_i(t) \tag{3-2}$$

$\psi_i(x)$ 即为系统的模态函数，它所形成的结构形状依赖幅值项 $q_i(t)$，即为广义坐标。所假定的形状曲线数目 n 代表所考虑的自由度数。一般来说，假定模态法比集中质量法更为精确，但对于每个自由度将需要较多的计算量。

3. 有限元法

有限元法是 20 世纪五六十年代发展起来的方法，吸取了集中质量法与假设模态法的优点。有限元法将复杂结构分割成有限个单元，单元端点称为节点，将节点的位移作为广义坐标，并将单元的质量和刚度集中到节点上。每个单元作为弹性体，单元内各点的位移用节点位移的插值函数表示（单元的假设模态），由于是仅对单元而非整个结构取假设模态，因此模态函数可取得十分简单，并且可令各个单元的模态相同，如图 3-4 所示。最后形成以全部节点位移为待求变量的有限自由度问题。有限元方法同时利用了空间离散和假设模态的思想，适应绝大多数复杂结构，是结构力学性能分析应用最广泛的近似方法。

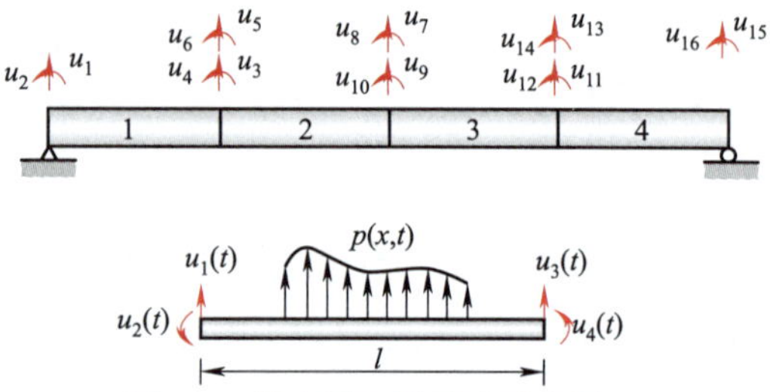

图 3-4　简支梁有限元法示意图

4. 模态综合法

模态综合法的基本思想是“化整为零、积零为整”，是随着有限元和子结构方法的发展而形成和日趋成熟的方法。对于由多个构件组成的复杂系统，很难找到适合于整个系统的假设模态。将复杂结构分解成若干个较简单的子结构，对每个子结构选定假设模态，然后根据对接面上的位移和力的协调条件，将各个子结构的假设模态综合成总体系统的模态函数。

自 20 世纪 70 年代起，模态综合法在工程中得到广泛应用。不仅用于大型复杂结构的动力分析，而且用于随机振动、非线性振动等各类复杂问题。实际工程问题中低阶模态占主要成分，因此对每个子结构只需要计算少量低阶模态，然后加以综合。子结构的划分应使得子结构易于分析，并且对接面尽量缩小，以减少子结构之间的耦合。子结构之间相互连接处称为界面。按照界面处理的方法，模态综合法分为固定界面法和自由界面法。固定界面法把界面上的自由度完全固定；自由界面法对界面上的自由度不作任何约束。

3.1.3　建立运动方程的方法

当车辆在桥梁、轨道上运行时，如果将桥梁、轨道视为刚体且仅考虑车辆垂向振动，此时可将动车组简化为单自由度系统。如图 3-5 所示，铁路车辆由悬挂系统支承，在建立单自由度系统时将车辆简化为质量块，将悬挂系统简化为弹簧阻尼元件。

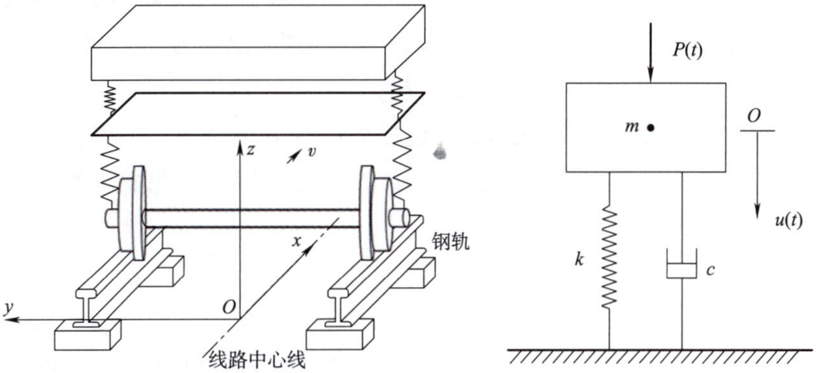

图 3-5　简化的单自由度系统

图 3-5 中，已知车辆质量为 m，悬挂系统的刚度和阻尼分别为 k 和 c。选取车辆静平衡时 O 点作为初始坐标，假设时刻 t 车辆的位移为 $u(t)$，且作用在车辆上的外荷载为 $P(t)$。将车辆质量块隔离出来进行受力分析，如图 3-6 所示。

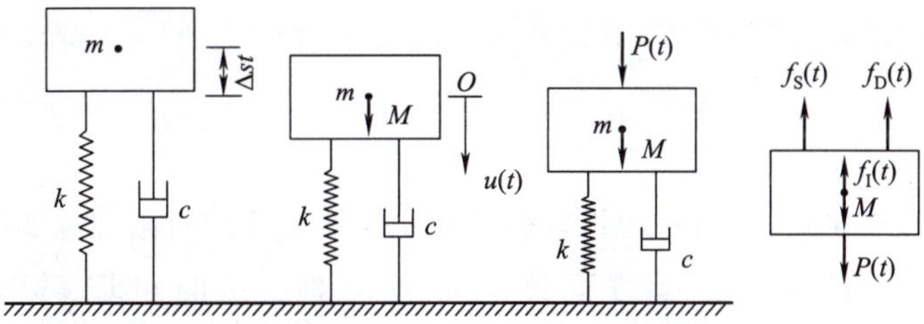

图 3-6　单自由度体系受力分析

图 3-6 中，假设时刻 t 车辆质量块 m 处于平衡状态，则作用在质量块 m 上的荷载有惯性力 $f_I=m\ddot{u}$、弹簧恢复力 $f_S=k(u+\Delta st)$、阻尼力 f_D 和外荷载 $f_D=c\dot{u}$。

系统运动方程的建立是整个动力分析过程中最重要的，有时也是最困难的。常用的建立运动方程的方法主要有三类：第一类为利用牛顿第二定律和达朗贝尔（D'Alembert）原理的直接平衡法，该方法属于矢量力学方法，具有几何直观性强的优点，但在处理受约束的体系时，由于约束力的出现显得十分繁琐；第二类是将达朗贝尔原理和虚位移原理结合得到的虚功形式的动力学普遍方程，该方法可避免求解质点或刚体间的约束力，形成的方程为标量方程，但是计算虚功的力和位移仍然是矢量；第三类为哈密顿（Hamilton）原理、第二类拉格朗日(Lagrange)方程等分析力学方法,这些方法建立的方程不再显含惯性力和弹性力等,而是基于动能和势能,具有仅处理纯标量的优点。实际应用中,应根据动力系统的特点和研究的问题选用适宜的方法。

(1)D'Alembert 原理建立运动方程

D'Alembert 原理可描述为:在运动的任何瞬时,除了实际作用于系统的总荷载外,再加上假想的惯性力,则在该瞬时系统将处于假想的平衡状态,称之为动力平衡状态。记 F、f_I 分别为质点 m 所受的总荷载和惯性力,D'Alembert 原理可描述为

$$F-f_I=0 \tag{3-3}$$

通常总荷载 F 为系统所受荷载的总和,包括外荷载 P、阻尼力 f_D、弹簧恢复力 f_S 和重力 M 等。用 D'Alembert 原理建立系统运动方程的方法称为动静法或惯性力法,这也是最直接而且方便地建立运动方程的方法。

根据 D'Alembert 原理可得质量块的平衡方程为

$$f_I+f_D+f_S=P+M \tag{3-4}$$

将 f_I,f_D,f_S 代入式(3-4),同时考虑 $\Delta st=M/k$,则得到单自由度结构体系的运动方程为

$$m\ddot{u}+c\dot{u}+ku=P \tag{3-5}$$

在研究结构的动力反应时,可以完全不考虑重力的影响建立体系的动力方程,直接求解动力荷载作用下的运动方程,即可得到结构体系的动力解。当需要考虑结构的重力影响时,其总位移(变形)等于静力解加动力解,即叠加原理成立。因此,在结构反应问题中,应用叠加原理可将静力问题(一般是重力问题)和动力问题分开计算,将其结果叠加即得到真实结构的反应。

(2)动力学普遍方程建立运动方程

当结构体系比较复杂,而且包含许多彼此联系的质量块或有限尺寸的质量块时,直接写出作用于体系上所有力的平衡方程可能比较困难。这时可以利用虚功原理结合 D'Alembert 原理建立运动方程。虚功原理是指具有理想约束的质点系运动时,在任意瞬时,其总荷载和惯性力在任意虚位移上所做的虚功之和等于零。

设体系第 i 个质点所受的总荷载为 F_i,惯性力为 f_{Ii},虚位移为 δu_i,由虚功原理写出虚功方程为

$$\sum_{i=1}^{N}(F_i-f_{Ii})\delta u_i=0 \tag{3-6}$$

因此,在用虚功原理建立运动方程时,首先要明确作用于体系质量上的所有荷载,包括惯性力。采用虚功原理的主要优点是,虚功为标量,可以按代数方式相加,而作用于结构上的力为矢量,需要按照矢量叠加。

(3)哈密顿原理、拉格朗日方程建立运动方程

当以变分形式表示系统的能量时，可以采用哈密顿原理建立运动方程，可表述为

$$\int_{t_1}^{t_2}\delta L\mathrm{d}t+\int_{t_1}^{t_2}\delta W_{\mathrm{nc}}\mathrm{d}t=0 \tag{3-7}$$

式中，L 为体系的拉格朗日函数，$L(\boldsymbol{q},\dot{\boldsymbol{q}},t)=T-V$，是系统广义坐标 $\boldsymbol{q}$ 和广义速度 $\dot{\boldsymbol{q}}$ 的函数；T 为体系的总动能；V 为体系的位能，包括应变能及任何保守力（由于受到力的作用，物体从起点移动到终点，若该力所做的功不因为路径的不同而改变，则称此力为保守力）的势能；W_{nc} 为作用于体系上非保守力（凡做功与路径有关的力称为非保守力，包括阻尼力及任意外荷载）所做的功；δ 为指定时间内的变分。

理想、完整体系的第二类拉格朗日方程为

$$\frac{\mathrm{d}}{\mathrm{d}t}\frac{\partial L}{\partial\dot{q}_\alpha}-\frac{\partial L}{\partial q_\alpha}=Q_\alpha,\quad \alpha=1,2,\cdots,s \tag{3-8}$$

式中，Q_α 为广义力，包括非保守的主动力，保守力部分已反映于拉格朗日函数 L 中。

哈密顿原理、拉格朗日方程与虚功原理的不同在于，其不明显使用惯性力和弹性力，而分别以动能和位能代替。因此这种建立方程方法的优点是，其只和纯粹的标量——能量有关，而在虚功原理中，虽然功的本身是标量，但被用来计算功的力和位移都是矢量。

3.2　车辆-线路系统垂向动力分析模型

车辆-轨道-桥梁系统垂向动力分析模型由列车、轨道、桥梁及路基等组成，主要应用于线路结构的垂向动力分析，包括轨道结构参数动力设计与优化，车桥共振分析，轨道过渡段、路桥过渡段动力分析等，如图3-7所示。

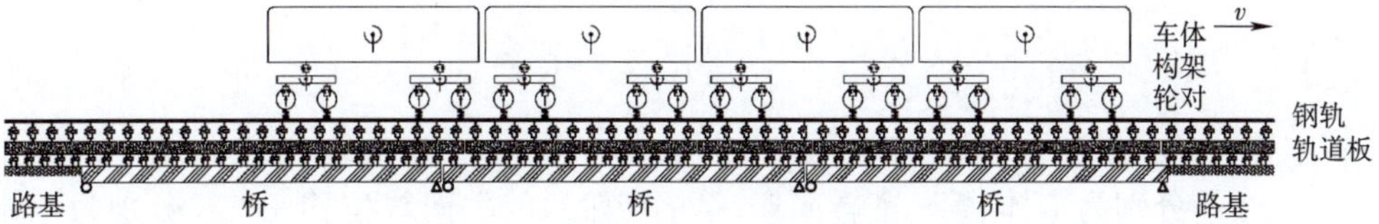

图3-7　车辆-轨道-桥梁结构动力分析模型

3.2.1　车辆模型

列车由多辆相同车辆组成。客车或动车组考虑两系悬挂，每辆车共计10个自由度，包括车体、前后转向架构架的点头和沉浮运动以及四对轮对的沉浮运动，如图3-8所示。

车辆运动方程可以由D'Alembert原理推导得到，如式(3-9)所示。

$$\boldsymbol{M}_{\mathrm{v}}\ddot{\boldsymbol{u}}_{\mathrm{v}}+\boldsymbol{C}_{\mathrm{v}}\dot{\boldsymbol{u}}_{\mathrm{v}}+\boldsymbol{K}_{\mathrm{v}}\boldsymbol{u}_{\mathrm{v}}=\boldsymbol{F}_{\mathrm{v}} \tag{3-9}$$

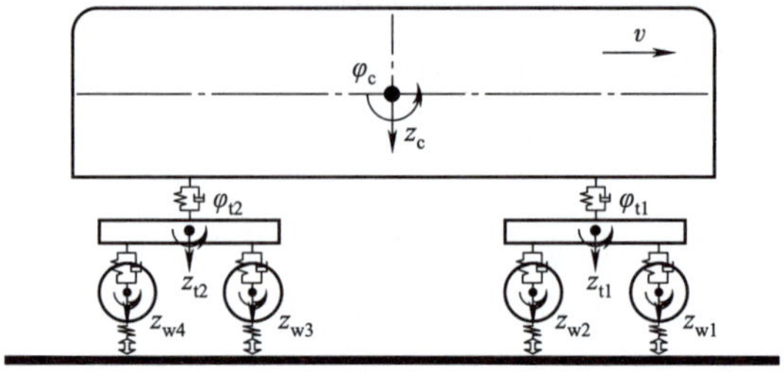

图 3-8 车辆动力分析模型

式中，位移、作用力向量 $\boldsymbol{u}_{\mathrm{v}}$、$\boldsymbol{F}_{\mathrm{v}}$ 及质量、刚度矩阵 $\boldsymbol{M}_{\mathrm{v}}$、$\boldsymbol{K}_{\mathrm{v}}$ 分别见式（3-10）～式(3-13)。阻尼矩阵 $\boldsymbol{C}_{\mathrm{v}}$可由刚度矩阵 $\boldsymbol{K}_{\mathrm{v}}$ 中的“K” 替换为“C”得到。

$$\boldsymbol{u}_{\mathrm{v}}=(z_{\mathrm{c}} \quad \varphi_{\mathrm{c}} \quad z_{\mathrm{t1}} \quad \varphi_{\mathrm{t1}} \quad z_{\mathrm{t2}} \quad \varphi_{\mathrm{t2}} \quad z_{\mathrm{w1}} \quad z_{\mathrm{w2}} \quad z_{\mathrm{w3}} \quad z_{\mathrm{w4}})^{\mathrm{T}} \tag{3-10}$$

$$\boldsymbol{F}_{\mathrm{v}}=(M_{\mathrm{c}}g \quad 0 \quad M_{\mathrm{t}}g \quad 0 \quad M_{\mathrm{t}}g \quad 0 \quad M_{\mathrm{w}}g-P_{\mathrm{w1}} \quad M_{\mathrm{w}}g-P_{\mathrm{w2}} \quad M_{\mathrm{w}}g-P_{\mathrm{w3}} \quad M_{\mathrm{w}}g-P_{\mathrm{w4}})^{\mathrm{T}} \tag{3-11}$$

$$\boldsymbol{M}_{\mathrm{v}}=\mathrm{diag}(M_{\mathrm{c}} \quad I_{\mathrm{c}} \quad M_{\mathrm{t}} \quad I_{\mathrm{t}} \quad M_{\mathrm{t}} \quad I_{\mathrm{t}} \quad M_{\mathrm{w}} \quad M_{\mathrm{w}} \quad M_{\mathrm{w}} \quad M_{\mathrm{w}}) \tag{3-12}$$

$$\boldsymbol{K}_{\mathrm{v}}=\begin{pmatrix}
2K_{2z} & 0 & -K_{2z} & 0 & -K_{2z} & 0 & 0 & 0 & 0 & 0 \\
0 & 2K_{2z}l_{\mathrm{c}}^2 & -K_{2z}l_{\mathrm{c}} & 0 & K_{2z}l_{\mathrm{c}} & 0 & 0 & 0 & 0 & 0 \\
-K_{2z} & -K_{2z}l_{\mathrm{c}} & K_{2z}+2K_{1z} & 0 & 0 & 0 & -K_{1z} & -K_{1z} & 0 & 0 \\
0 & 0 & 0 & 2K_{1z}l_{\mathrm{t}}^2 & 0 & 0 & -K_{1z}l_{\mathrm{t}} & K_{1z}l_{\mathrm{t}} & 0 & 0 \\
-K_{2z} & K_{2z}l_{\mathrm{c}} & 0 & 0 & K_{2z}+2K_{1z} & 0 & 0 & 0 & -K_{1z} & -K_{1z} \\
0 & 0 & 0 & 0 & 0 & 2K_{1z}l_{\mathrm{t}}^2 & 0 & 0 & -K_{1z}l_{\mathrm{t}} & K_{1z}l_{\mathrm{t}} \\
0 & 0 & -K_{1z} & -K_{1z}l_{\mathrm{t}} & 0 & 0 & K_{1z} & 0 & 0 & 0 \\
0 & 0 & -K_{1z} & K_{1z}l_{\mathrm{t}} & 0 & 0 & 0 & K_{1z} & 0 & 0 \\
0 & 0 & 0 & 0 & -K_{1z} & -K_{1z}l_{\mathrm{t}} & 0 & 0 & K_{1z} & 0 \\
0 & 0 & 0 & 0 & -K_{1z} & K_{1z}l_{\mathrm{t}} & 0 & 0 & 0 & K_{1z}
\end{pmatrix} \tag{3-13}$$

式中，z_{c}、$z_{\mathrm{t}i}$、$z_{\mathrm{w}j}$ 分别为车体、第 i 个转向架、第 j 个轮对的垂向线位移；φ_{c}、$\varphi_{\mathrm{t}i}$ 分别为车体、第 i 个转向架的点头角位移；M_{c}、M_{t}、M_{w} 分别为车体、转向架、轮对的质量；I_{c}、I_{t} 分别为车体和转向架的点头转动惯量；K_{1z}、K_{2z} 分别为一系、二系悬挂垂向弹簧刚度；l_{c}、l_{t} 分别为车辆定距之半和转向架轴距之半。

3.2.2 轨道模型

轨道有无砟轨道和有砟轨道两种结构形式，如图 3-9、图 3-10 所示。这里分别介绍轨道结构假设模态法和有限元法建模方法。

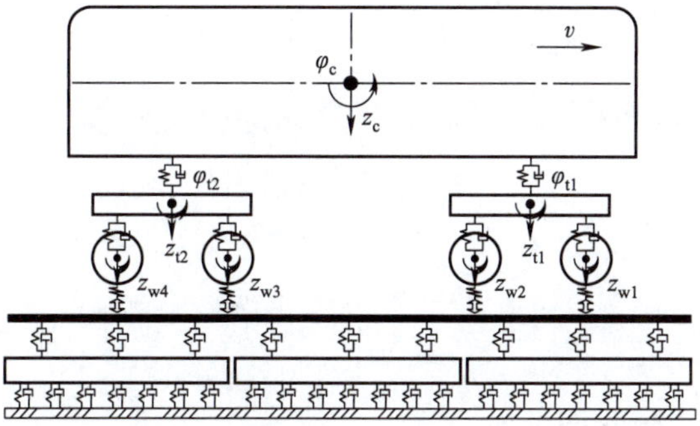

图 3-9　车辆-板式无砟轨道垂向动力分析模型

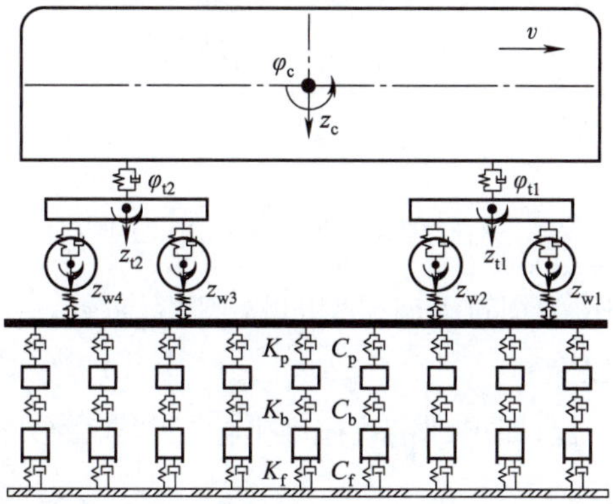

图 3-10　车辆-有砟轨道垂向动力分析模型

1. 轨道垂向模态法建模

(1)板式无砟轨道模型

板式轨道模型由钢轨、扣件和轨道板组成,钢轨可视为连续弹性离散点支承上的 Euler 或 Timoshenko 梁,支承在轨道板上;轨道板视为弹性支承上的两端自由梁,如图 3-9 所示。

①钢轨方程

$$E_r I_{ry}\frac{\partial^4 z_r(x,t)}{\partial x^4}+m_r\frac{\partial^2 z_r(x,t)}{\partial t^2}=-\sum_{i=1}^{N_s}F_{rsi}(t)\delta(x-x_{si})+\sum_{j=1}^{4}P_{wj}(t)\delta(x-x_{wj}) \tag{3-14}$$

式中,E_r 为钢轨弹性模量;I_{ry}为钢轨截面对 y 轴的惯性矩;N_s 为钢轨计算长度范围内的轨枕数;P_{wj}为第 j 个车轮作用于钢轨的垂向力;F_{rsi}为钢轨第 i 个支点的垂向反力,由式(3-15)确定。

$$F_{rsi}(t)=K_p[z_r(x_{si},t)-z_s(x_{si},t)]+C_p[\dot{z}_r(x_{si},t)-\dot{z}_s(x_{si},t)] \tag{3-15}$$

式中,$z_s(x_{si},t)$为钢轨支撑下轨道板或轨枕的位移。

x_{si}为钢轨第 i 个支点的 x 坐标,按式(3-16)计算。

$$x_{si}=il_s \tag{3-16}$$

式中,l_s 为轨枕间距。

x_{wj} 为第 j 个轮对运动坐标,依次为

$$\begin{cases}x_{w1}(t)=x_0+2(l_c+l_t)+vt\\ x_{w2}(t)=x_0+2l_c+l_t+vt\\ x_{w3}(t)=x_0+2l_t+vt\\ x_{w4}(t)=x_0+vt\end{cases} \tag{3-17}$$

式中,x_0 为起始时刻第 4 位轮的坐标。

为了进行数值分析,采用假设模态法将四阶偏微分方程转化为二阶常微分方程。引入钢轨正则振型坐标 $q_{zk}(t)$,应用钢轨垂向振型函数:

$$z_k(t)=\sqrt{\frac{2}{m_r l}}\sin\left(\frac{k\pi x}{l}\right) \tag{3-18}$$

钢轨的位移可表示为

$$z_r(x,t)=\sum_{k=1}^{\mathrm{NMR}}z_k(x)q_{zk}(x) \tag{3-19}$$

式中,l 为钢轨的长度;NMR 为钢轨垂向振型的截止模态阶数,一般要求其截止频率在所分析的钢轨有效频率的 2 倍以上。

将式 (3-19)带入式 (3-14)即得到钢轨振型坐标二阶常微分方程组的形式如下:

$$\ddot{q}_{zk}(t)+\frac{c_r}{m_r}\dot{q}_{zk}(t)+\frac{E_r I_{ry}}{m_r}\left(\frac{k\pi}{l}\right)^4 q_{zk}(t)=-\sum_{i=1}^{N_s}F_{rsi}(t)z_k(x_{Fi})+\sum_{j=1}^{4}P_{wj}(t)z_k(x_{wj})$$
$$(k=1\sim \mathrm{NMR}) \tag{3-20}$$

方程推导过程中,没有考虑梁在运动过程中剪切变形和转动惯量的影响。对于梁的挠度远小于其长度的情况,即梁的弯曲半径与梁高相比大很多时,弯曲变形是主要的,剪切变形和转动惯量的影响很小,可以忽略不计,上面的公式具有足够的精度。按照这种假定,仅考虑弯曲变形的梁称为欧拉梁(Euler beam)。

在考虑转动惯量和剪切变形的影响下,将得到更为精确的梁弯曲运动微分方程,如下:

$$\left(m\frac{\partial^2 z}{\partial t^2}+EI\frac{\partial^4 z}{\partial x^4}-P\right)-\rho I\frac{\partial^2 z}{\partial x^2\partial t^2}+\frac{EI}{k'AG}\frac{\partial^2}{\partial x^2}\left(P-m\frac{\partial^2 z}{\partial t^2}\right)-\frac{\rho I}{k'AG}\frac{\partial^2}{\partial t^2}\left(P-m\frac{\partial^2 z}{\partial t^2}\right)=0 \tag{3-21}$$

式中,k'为由截面形状决定的常数因子,称为截面的有效剪切系数;A 为横截面的面积;G 为剪切弹性模量。

这就是考虑了转动惯量和剪切变形时,梁的横向弯曲运动的偏微分方程。式(3-21)中,第一项为不考虑转动惯量和剪切变形的基本情况,第二项考虑转动惯量的影响,第三项考虑剪切变形的影响,第四项考虑转动惯量和剪切变形影响的耦合。考虑转动惯量和剪切变形时所建立的梁称为铁木辛柯梁(Timoshenko beam)。一般对于长细比比较小(如小于 10),

或者涉及高阶固有频率计算时，应考虑转动惯量和剪切变形的影响，比如轮轨高频振动问题等。

②轨道板方程

轨道板视为弹性连续支承上的两端自由 Euler 梁(图 3-11)，轨道板的运动方程为

$$E_s I_s \frac{\partial^4 z_s(x,t)}{\partial x^4}+\frac{M_s}{L_s}\frac{\partial^2 z_s(x,t)}{\partial t^2}=\sum_{i=1}^{N_s}F_{rsi}(t)\delta(x-x_{si})-\sum_{j=1}^{N_b}F_{sbj}(t)\delta(x-x_{bj}) \tag{3-22}$$

式中，E_s 为轨道板杨氏弹性模量；I_s 为轨道板转动惯量；$z_s(x,t)$为轨道板的振动位移；M_s 为轨道板质量；F_{rsi} 为钢轨与轨道板间作用力，见式 (3-15)；F_{sbj} 为路基或桥梁支承离散后第 j 个支点的垂向反力，由式(3-23)确定；N_b 为支承节点数。

$$F_{sbj}(t)=K_s[z_s(x_{bj},t)-z_b(x_{bj},t)]+C_s[\dot z_s(x_{bj},t)-\dot z_b(x_{bj},t)] \tag{3-23}$$

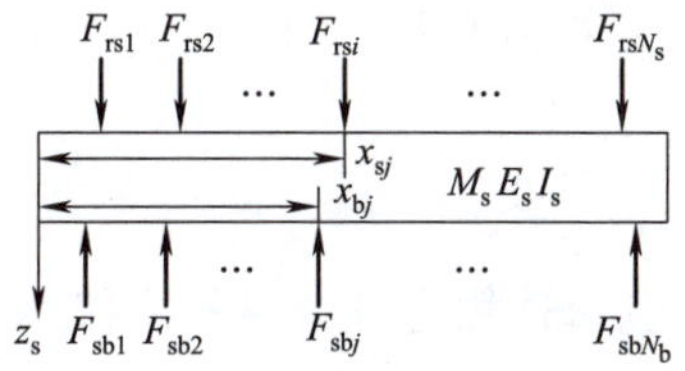

图 3-11　轨道板模型示意图

采用假设模态法将此四阶偏微分方程转换为二阶常微分方程组。选取 NMS 个广义坐标 $T_n(t)$，引入自由梁正交函数系$\{X_n\}(n=1\sim\text{NMS})$，其中

$$\begin{cases} X_1=1 \\ X_2=\sqrt{3}(1-2x/L_s) \\ X_m=\cosh(\beta_m x)+\cos(\beta_m x)-C_m[\sinh(\beta_m x)+\sin(\beta_m x)] \quad (m>2) \end{cases} \tag{3-24}$$

式中，C_m、β_m 为常数，其取值见表 3-1；L_s 为轨道板长度。

表 3-1　自由梁系数

m	1	2	3	4	5	≥6
C_m	—	—	0.982 502	1.000 777	0.999 966	1.000 000
$\beta_m L_s$	0	0	4.720 04	7.853 20	10.995 6	$(2m-3)\pi/2$

对轨道板垂向位移 $z_s(x,t)$进行分离变量，可表示为

$$z_s(x,t)=\sum_{n=1}^{\text{NMS}}X_n(x)T_n(t) \tag{3-25}$$

将式 (3-25)代入方程式 (3-22)，可得到轨道板振型坐标二阶微分方程组为

$$\ddot T_n(t)+\frac{E_s I_s L_s \beta_n^4}{M_s}T_n(t)=\sum_{i=1}^{N_s}\frac{F_{rsi}(t)}{M_s}X_n(x_{si})-\sum_{j=1}^{N_b}\frac{F_{sbj}(t)}{M_s}X_n(x_{bj}) \tag{3-26}$$

(2)有砟轨道模型

有砟轨道模型由钢轨、轨枕、道床组成,采用三层弹性离散点支承 Euler 梁模型。模型考虑了钢轨、轨枕和道床的参振以及轨下垫层、道床和路基(桥梁)结构的弹性,如图 3-10 所示。

有砟轨道钢轨运动方程与无砟轨道模型一样。

①轨枕运动方程

轨枕可视为质量块,对轨枕 i 进行受力分析,可得到其运动方程为

$$\begin{gathered}M_{si}\ddot{z}_{si}(t)+K_{pi}[z_{si}(t)-z_{r}(x_i,t)]+C_{pi}[\dot{z}_{si}(t)-\dot{z}_{r}(x_i,t)]+\\K_{bi}[z_{si}(t)-z_{di}(t)]+C_{bi}[\dot{z}_{si}(t)-\dot{z}_{di}(t)]=0\end{gathered} \tag{3-27}$$

②道床运动方程

道床离散为质量块,对道床块 i 进行受力分析,可得到其运动方程为

$$\begin{gathered}M_{di}\ddot{z}_{di}(t)+K_{bi}[z_{di}(t)-z_{s}(x_i,t)]+C_{bi}[\dot{z}_{di}(t)-\dot{z}_{s}(x_i,t)]+\\K_{fi}[z_{di}(t)-z_{bi}(t)]+C_{fi}[\dot{z}_{di}(t)-\dot{z}_{bi}(t)]=0\end{gathered} \tag{3-28}$$

2. 轨道垂向有限元法建模

(1)有限元建模总体思路

复杂结构离散为有限个单元后,选用合理的单元位移模式,该模式需满足完备性和相容性要求。空间域离散后单元内任意一点的位移可插值表示为

$$\boldsymbol{u}=\boldsymbol{N}\boldsymbol{u}^e \tag{3-29}$$

其中

$$\boldsymbol{u}=\begin{pmatrix}u(x,y,z)\\v(x,y,z)\\w(x,y,z)\end{pmatrix},\quad \boldsymbol{N}=(N_1\quad N_2\quad \cdots\quad N_n)$$

式中,$\boldsymbol{N}$ 为形函数矩阵;$\boldsymbol{u}^e$ 为单元节点位移向量。

单元应变分量可由式 (3-29)求得

$$\boldsymbol{\varepsilon}=\boldsymbol{\Delta u}=\boldsymbol{\Delta N u}^e=\boldsymbol{B u}^e \tag{3-30}$$

式中,$\boldsymbol{\Delta}$ 为计算单元应变的微分算子矩阵;$\boldsymbol{B}$ 为单元应变矩阵,$\boldsymbol{B}=\boldsymbol{\Delta N}$。

单元应力分量为

$$\boldsymbol{\sigma}=\boldsymbol{D\varepsilon}=\boldsymbol{DBu}^e=\boldsymbol{Su}^e \tag{3-31}$$

式中,$\boldsymbol{D}$ 为弹性矩阵;$\boldsymbol{S}$ 为应力矩阵。

单元应变能为

$$\boldsymbol{V}^e=\frac{1}{2}\int_v \boldsymbol{\varepsilon}^{\mathrm{T}}\boldsymbol{\sigma}\mathrm{d}v=\frac{1}{2}\int_v \boldsymbol{u}^{e\mathrm{T}}\boldsymbol{B}^{\mathrm{T}}\boldsymbol{DBu}^e\mathrm{d}v=\frac{1}{2}\boldsymbol{u}^{e\mathrm{T}}\left(\int_v \boldsymbol{B}^{\mathrm{T}}\boldsymbol{DB}\mathrm{d}v\right)\boldsymbol{u}^e=\frac{1}{2}\boldsymbol{u}^{e\mathrm{T}}\boldsymbol{K}^e\boldsymbol{u}^e \tag{3-32}$$

式中,$\boldsymbol{K}^e=\int_v \boldsymbol{B}^{\mathrm{T}}\boldsymbol{DB}\mathrm{d}v$ 为单元刚度矩阵。

单元动能为

$$\boldsymbol{T}^e=\frac{1}{2}\int_v \rho\dot{\boldsymbol{u}}^{\mathrm{T}}\dot{\boldsymbol{u}}\mathrm{d}v=\frac{1}{2}\dot{\boldsymbol{u}}^{e\mathrm{T}}\left(\int_v \rho\boldsymbol{N}^{\mathrm{T}}\boldsymbol{N}\mathrm{d}v\right)\dot{\boldsymbol{u}}^e=\frac{1}{2}\dot{\boldsymbol{u}}^{e\mathrm{T}}\boldsymbol{m}^e\dot{\boldsymbol{u}}^e \tag{3-33}$$

式中，$\boldsymbol{m}^e=\int_v \rho\boldsymbol{N}^{\mathrm{T}}\boldsymbol{N}\mathrm{d}v$ 为单元一致质量矩阵。

如果有体积力 $\boldsymbol{q}^e$，其等效节点力 $\boldsymbol{R}^e$ 可由虚功原理得到

$$\boldsymbol{R}^e=\int_v \boldsymbol{N}^{\mathrm{T}}\boldsymbol{q}^e\mathrm{d}v \tag{3-34}$$

如果有黏性阻尼力 $\boldsymbol{q}_{\mathrm{f}}^e$，可表示为

$$\boldsymbol{q}_{\mathrm{f}}^e=-\gamma\dot{\boldsymbol{u}}=-\gamma\boldsymbol{N}\dot{\boldsymbol{u}}^e \tag{3-35}$$

其等效节点力 $\boldsymbol{R}_{\mathrm{f}}^e$ 为

$$\boldsymbol{R}_{\mathrm{f}}^e=-\int_v \gamma\boldsymbol{N}^{\mathrm{T}}\boldsymbol{N}\dot{\boldsymbol{u}}^e\mathrm{d}v=-\left(\int_v \gamma\boldsymbol{N}^{\mathrm{T}}\boldsymbol{N}\mathrm{d}v\right)\dot{\boldsymbol{u}}^e=-\boldsymbol{C}\dot{\boldsymbol{u}}^e \tag{3-36}$$

式中，γ 为阻尼系数；$\boldsymbol{C}=\int_v \gamma\boldsymbol{N}^{\mathrm{T}}\boldsymbol{N}\mathrm{d}v$ 为阻尼矩阵。

局部坐标系下节点位移和节点力向量通过坐标转换矩阵转换到整体坐标系下，然后可得到总应变能 $\boldsymbol{T}$、总动能 $\boldsymbol{V}$ 和外力、阻尼力虚功总和 $\delta\boldsymbol{W}$，分别如下：

$$\boldsymbol{V}=\sum_e \boldsymbol{V}^e=\frac{1}{2}\sum_e \boldsymbol{u}^{e\mathrm{T}}\boldsymbol{K}^e\boldsymbol{u}^e=\frac{1}{2}\boldsymbol{u}^{\mathrm{T}}\left(\sum_e \boldsymbol{K}^e\right)\boldsymbol{u}=\frac{1}{2}\boldsymbol{u}^{\mathrm{T}}\boldsymbol{K}\boldsymbol{u} \tag{3-37}$$

$$\boldsymbol{T}=\sum_e \boldsymbol{T}^e=\frac{1}{2}\sum_e \dot{\boldsymbol{u}}^{e\mathrm{T}}\boldsymbol{m}^e\dot{\boldsymbol{u}}^e=\frac{1}{2}\dot{\boldsymbol{u}}^{\mathrm{T}}\left(\sum_e \boldsymbol{m}^e\right)\dot{\boldsymbol{u}}=\frac{1}{2}\dot{\boldsymbol{u}}^{\mathrm{T}}\boldsymbol{m}\dot{\boldsymbol{u}} \tag{3-38}$$

$$\delta\boldsymbol{W}=\sum_e \delta\boldsymbol{W}^e=\sum_e \delta\boldsymbol{u}^{e\mathrm{T}}(\boldsymbol{R}^e+\boldsymbol{R}_{\mathrm{f}}^e)^e=\delta\boldsymbol{u}^{\mathrm{T}}\left(\sum_e \boldsymbol{R}^e+\sum_e \boldsymbol{R}_{\mathrm{f}}^e\right)=\delta\boldsymbol{u}^{\mathrm{T}}(\boldsymbol{R}+\boldsymbol{R}_{\mathrm{f}}) \tag{3-39}$$

利用式(3-36)得

$$\boldsymbol{R}_{\mathrm{f}}=\sum \boldsymbol{R}_{\mathrm{f}}^e=-\sum_e \boldsymbol{C}\dot{\boldsymbol{u}}^e=-\left(\sum_e \boldsymbol{C}^e\right)\dot{\boldsymbol{u}}=-\boldsymbol{C}\dot{\boldsymbol{u}} \tag{3-40}$$

于是式(3-39)可变为

$$\delta\boldsymbol{W}=\delta\boldsymbol{u}^{\mathrm{T}}\boldsymbol{R}' \tag{3-41}$$

式中，$\boldsymbol{R}'=\boldsymbol{R}+\boldsymbol{R}_f=\boldsymbol{R}-\boldsymbol{C}\dot{\boldsymbol{u}}$。

将式(3-37)、式(3-38)和式(3-41)带入 Lagrange 方程得

$$\boldsymbol{M}\ddot{\boldsymbol{u}}+\boldsymbol{C}\dot{\boldsymbol{u}}+\boldsymbol{K}\boldsymbol{u}=\boldsymbol{R} \tag{3-42}$$

(2)有砟轨道有限元模型

钢轨可视为梁式单元，两相邻轨枕之间可视为一个单元，每端有 2 个自由度，即垂向位移和转动(z_{ri}，φ_{ri})，为了减少有限元组合后方程的整体刚度矩阵的规模，可采用集中梁单元模型，节点下的轨枕和道床质量块垂向位移可附加于该节点，因此每个节点具有 4 个自由度，每个单元有 8 个自由度，如图 3-12 所示。

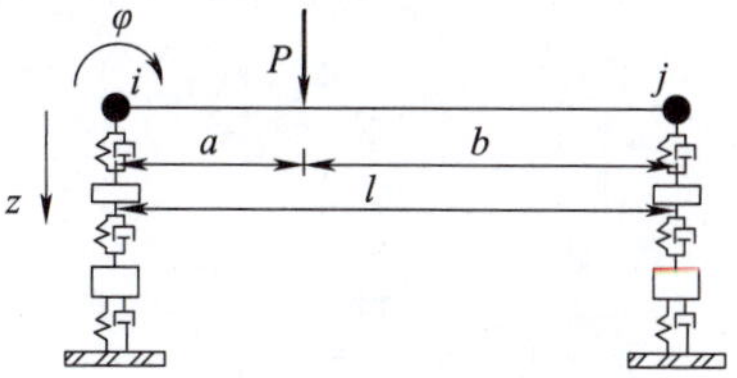

图 3-12　有砟轨道集中梁单元示意图

因此，集中梁单元位移向量可表示为

$$\boldsymbol{x}_l^e=(z_{ri}\quad \varphi_{ri}\quad z_{si}\quad z_{bi}\quad z_{rj}\quad \varphi_{rj}\quad z_{sj}\quad z_{bj})^{\mathrm{T}} \tag{3-43}$$

单元刚度矩阵为

$$\boldsymbol{K}_l^e=\boldsymbol{K}_0^e+\boldsymbol{K}_1^e=\begin{pmatrix} \frac{12EI}{l^3} & \frac{6EI}{l^2} & 0 & 0 & \frac{-12EI}{l^3} & \frac{6EI}{l^2} & 0 & 0 \\ \frac{6EI}{l^2} & \frac{4EI}{l} & 0 & 0 & -\frac{6EI}{l^2} & \frac{2EI}{l} & 0 & 0 \\ 0 & 0 & 0 & 0 & 0 & 0 & 0 & 0 \\ 0 & 0 & 0 & 0 & 0 & 0 & 0 & 0 \\ \frac{-12EI}{l^3} & \frac{-6EI}{l^2} & 0 & 0 & \frac{12EI}{l^3} & -\frac{6EI}{l^2} & 0 & 0 \\ \frac{6EI}{l^2} & \frac{2EI}{l} & 0 & 0 & \frac{-6EI}{l^2} & \frac{4EI}{l} & 0 & 0 \\ 0 & 0 & 0 & 0 & 0 & 0 & 0 & 0 \\ 0 & 0 & 0 & 0 & 0 & 0 & 0 & 0 \end{pmatrix}+$$

$$\frac{1}{2}\begin{pmatrix} K_p & 0 & -K_p & 0 & 0 & 0 & 0 & 0 \\ 0 & 0 & 0 & 0 & 0 & 0 & 0 & 0 \\ -K_p & 0 & K_p+K_b & -K_b & 0 & 0 & 0 & 0 \\ 0 & 0 & -K_b & K_b+K_f & 0 & 0 & 0 & 0 \\ 0 & 0 & 0 & 0 & K_p & 0 & -K_p & 0 \\ 0 & 0 & 0 & 0 & 0 & 0 & 0 & 0 \\ 0 & 0 & 0 & 0 & -K_p & 0 & K_p+K_b & -K_b \\ 0 & 0 & 0 & 0 & 0 & 0 & -K_b & K_b+K_f \end{pmatrix} \tag{3-44}$$

式中，$\boldsymbol{K}_0^e$、$\boldsymbol{K}_1^e$分别为梁单元刚度矩阵和弹性支承刚度矩阵；EI 为钢轨弯曲刚度；l 为轨枕间距；m 为钢轨每延米质量；K_p、K_b、K_f 分别为轨下垫层、道床及基础支承刚度。

梁单元质量矩阵可写为

$$\boldsymbol{M}_l^e=\boldsymbol{M}_0^e+\boldsymbol{M}_1^e=\frac{ml}{420}\begin{pmatrix} 156 & 22l & 0 & 0 & 54 & -13l & 0 & 0 \\ 22l & 4l^2 & 0 & 0 & 13l & -3l^2 & 0 & 0 \\ 0 & 0 & 0 & 0 & 0 & 0 & 0 & 0 \\ 0 & 0 & 0 & 0 & 0 & 0 & 0 & 0 \\ 54 & 13l & 0 & 0 & 156 & -22l & 0 & 0 \\ -13l & -3l^2 & 0 & 0 & -22l & 4l^2 & 0 & 0 \\ 0 & 0 & 0 & 0 & 0 & 0 & 0 & 0 \\ 0 & 0 & 0 & 0 & 0 & 0 & 0 & 0 \end{pmatrix}+$$

$$\frac{1}{2}\begin{pmatrix} 0 & 0 & 0 & 0 & 0 & 0 & 0 & 0 \\ 0 & 0 & 0 & 0 & 0 & 0 & 0 & 0 \\ 0 & 0 & M_s & 0 & 0 & 0 & 0 & 0 \\ 0 & 0 & 0 & M_b & 0 & 0 & 0 & 0 \\ 0 & 0 & 0 & 0 & 0 & 0 & 0 & 0 \\ 0 & 0 & 0 & 0 & 0 & 0 & 0 & 0 \\ 0 & 0 & 0 & 0 & 0 & 0 & M_s & 0 \\ 0 & 0 & 0 & 0 & 0 & 0 & 0 & M_b \end{pmatrix} \tag{3-45}$$

式中，$\boldsymbol{M}_0^e$、$\boldsymbol{M}_1^e$ 分别为梁单元质量矩阵和轨枕、道床单元质量矩阵；M_s、M_b 分别为轨枕、道床质量块质量之半。

单元阻尼矩阵可采用瑞利阻尼，它与阻尼比和系统固有频率有关，可由单元刚度和质量矩阵以及轨下垫层和道床阻尼计算得到，如下：

$$\boldsymbol{C}_l^e=\boldsymbol{C}_0^e+\boldsymbol{C}_1^e=\alpha\boldsymbol{K}_0^e+\beta\boldsymbol{M}_0^e+\boldsymbol{C}_1^e \tag{3-46}$$

式中，α、β 为阻尼系数；$\boldsymbol{C}_1^e$ 为轨下支承阻尼矩阵，可由轨下刚度矩阵 $\boldsymbol{K}_1^e$ 中"K"替换为"C"得到。

单元节点力可表示为

$$\boldsymbol{Q}_l^e=\left(\frac{b^2(l+2a)P}{l^3}\quad \frac{ab^2P}{l^2}\quad 0\quad 0\quad \frac{a^2(l+2b)}{l^3}\quad -\frac{a^2b}{l^2}\quad 0\quad 0\right)^{\mathrm{T}} \tag{3-47}$$

最终，对单元矩阵组合，可得到有砟轨道结构有限元动力方程为

$$\boldsymbol{M}_l\ddot{\boldsymbol{x}}_l+\boldsymbol{C}_l\dot{\boldsymbol{x}}_l+\boldsymbol{K}_l\boldsymbol{x}_l=\boldsymbol{Q}_l \tag{3-48}$$

式中，$\boldsymbol{M}_l=\sum\limits_e\boldsymbol{M}_l^e$；$\boldsymbol{K}_l=\sum\limits_e\boldsymbol{K}_l^e$；$\boldsymbol{C}_l=\sum\limits_e\boldsymbol{C}_l^e$；$\boldsymbol{Q}_l=\sum\limits_e\boldsymbol{Q}_l^e$。

(3)板式无砟轨道有限元模型

我国高速铁路无砟轨道主要采用板式轨道、双块式轨道等类型。板式无砟轨道主要由钢轨、扣件、轨道板、CA 砂浆(或自密实混凝土)、混凝土支承层及轨下路基或桥梁结构组成。如图 3-13 所示，钢轨、轨道板、混凝土支承层均采用两节点、四自由度梁单元模拟，采用弹簧、阻尼器模拟扣件、CA 砂浆、路基或桥梁支承；其中扣件为间隔弹簧阻尼器，CA 砂浆(或自密实混凝土)、路基或桥梁均为均匀支撑弹簧阻尼器，对于Ⅱ型板式轨道的纵连特性，可在轨道板接缝位置增加抗剪、抗弯弹簧阻尼器。

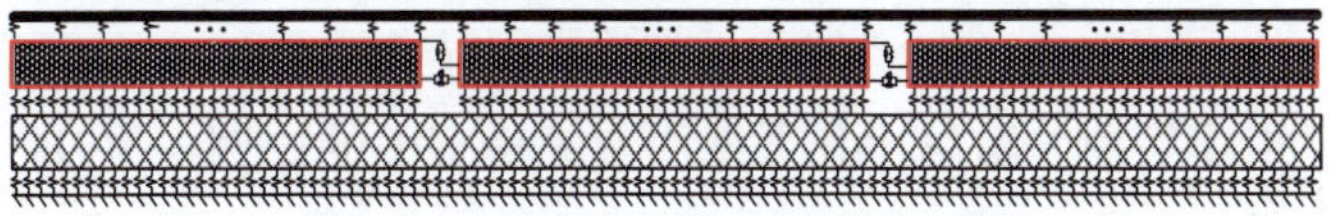

图 3-13 有限元轨道结构模型示意图

采用直接刚度法建立无砟轨道动力方程，具体如下：

$$\boldsymbol{M}_t\ddot{\boldsymbol{U}}_t+\boldsymbol{C}_t\dot{\boldsymbol{U}}_t+\boldsymbol{K}_t\boldsymbol{U}_t=\boldsymbol{F}_t \tag{3-49}$$

$$\boldsymbol{M}_t=\begin{bmatrix}\boldsymbol{M}_r & & \\ & \boldsymbol{M}_s & \\ & & \boldsymbol{M}_c\end{bmatrix} \tag{3-50}$$

$$\boldsymbol{K}_t=\begin{bmatrix}\boldsymbol{K}_r+\boldsymbol{K}_{rs} & -\boldsymbol{K}_{rs} & \\ -\boldsymbol{K}_{rs} & \boldsymbol{K}_s+\boldsymbol{K}_{rs}+\boldsymbol{K}_{sc} & -\boldsymbol{K}_{sc} \\ & -\boldsymbol{K}_{sc} & \boldsymbol{K}_c+\boldsymbol{K}_{sc}+\boldsymbol{K}_{cb}\end{bmatrix} \tag{3-51}$$

$$\boldsymbol{C}_{\mathrm{t}}=\begin{pmatrix}\boldsymbol{C}_{\mathrm{r}}+\boldsymbol{C}_{\mathrm{rs}} & -\boldsymbol{C}_{\mathrm{rs}} & \\ -\boldsymbol{C}_{\mathrm{rs}} & \boldsymbol{C}_{\mathrm{s}}+\boldsymbol{C}_{\mathrm{rs}}+\boldsymbol{C}_{\mathrm{sc}} & -\boldsymbol{C}_{\mathrm{sc}} \\ & -\boldsymbol{C}_{\mathrm{sc}} & \boldsymbol{C}_{\mathrm{c}}+\boldsymbol{C}_{\mathrm{sc}}+\boldsymbol{C}_{\mathrm{cb}}\end{pmatrix} \tag{3-52}$$

式中，$\boldsymbol{M}_{\mathrm{t}}$、$\boldsymbol{C}_{\mathrm{t}}$、$\boldsymbol{K}_{\mathrm{t}}$ 分别为无砟轨道的质量矩阵、阻尼矩阵、刚度矩阵；$\boldsymbol{F}_{\mathrm{t}}$ 为无砟轨道的外力向量；$\boldsymbol{K}_{\mathrm{rs}}$为扣件形成的刚度矩阵；$\boldsymbol{K}_{\mathrm{sc}}$为 CA 砂浆形成的刚度矩阵；$\boldsymbol{K}_{\mathrm{cb}}$为路基形成的刚度矩阵；$\boldsymbol{C}_{\mathrm{rs}}$为扣件形成的阻尼矩阵；$\boldsymbol{C}_{\mathrm{sc}}$为 CA 砂浆形成的阻尼矩阵；$\boldsymbol{C}_{\mathrm{cb}}$为路基形成的阻尼矩阵；$\boldsymbol{K}_{\mathrm{r}}$、$\boldsymbol{M}_{\mathrm{r}}$、$\boldsymbol{C}_{\mathrm{r}}$ 分别为钢轨层的整体刚度矩阵、质量矩阵、阻尼矩阵；$\boldsymbol{K}_{\mathrm{s}}$、$\boldsymbol{M}_{\mathrm{s}}$、$\boldsymbol{C}_{\mathrm{s}}$ 分别为轨道板层的整体刚度矩阵、质量矩阵、阻尼矩阵，可考虑板间不连续及剪力铰；$\boldsymbol{K}_{\mathrm{c}}$、$\boldsymbol{M}_{\mathrm{c}}$、$\boldsymbol{C}_{\mathrm{c}}$ 分别为混凝土支撑层的整体刚度矩阵、质量矩阵、阻尼矩阵。

钢轨整体矩阵由单元矩阵组装而成，具体可表达为

$$\boldsymbol{K}_{\mathrm{r}}=\sum_{i=1}^{n}\boldsymbol{k}_{\mathrm{r}} \quad \boldsymbol{M}_{\mathrm{r}}=\sum_{i=1}^{n}\boldsymbol{m}_{\mathrm{r}} \quad \boldsymbol{C}_{\mathrm{r}}=\sum_{i=1}^{n}\boldsymbol{c}_{\mathrm{r}} \tag{3-53}$$

其中，钢轨单元的单元矩阵如下：

$$\boldsymbol{k}_{\mathrm{r}}=\begin{pmatrix}12E_{\mathrm{r}}I_{\mathrm{r}}/l^3 & -6E_{\mathrm{r}}I_{\mathrm{r}}/l^2 & -12E_{\mathrm{r}}I_{\mathrm{r}}/l^3 & -6E_{\mathrm{r}}I_{\mathrm{r}}/l^2 \\ -6E_{\mathrm{r}}I_{\mathrm{r}}/l^2 & 4E_{\mathrm{r}}I_{\mathrm{r}}/l & 6E_{\mathrm{r}}I_{\mathrm{r}}/l^2 & 2E_{\mathrm{r}}I_{\mathrm{r}}/l \\ -12E_{\mathrm{r}}I_{\mathrm{r}}/l^3 & 6E_{\mathrm{r}}I_{\mathrm{r}}/l^2 & 12E_{\mathrm{r}}I_{\mathrm{r}}/l^3 & 6E_{\mathrm{r}}I_{\mathrm{r}}/l^2 \\ -6E_{\mathrm{r}}I_{\mathrm{r}}/l^2 & 2E_{\mathrm{r}}I_{\mathrm{r}}/l & 6E_{\mathrm{r}}I_{\mathrm{r}}/l^2 & 4E_{\mathrm{r}}I_{\mathrm{r}}/l\end{pmatrix} \tag{3-54}$$

$$\boldsymbol{m}_{\mathrm{r}}=\frac{m_1 l}{420}\begin{pmatrix}156 & -22l & 54 & 13l \\ -22l & 4l^2 & -13l & -3l^2 \\ 54 & -13l & 156 & 22l \\ 13l & -3l^2 & 22l & 4l^2\end{pmatrix} \tag{3-55}$$

钢轨单元阻尼矩阵采用与阻尼比和系统固有频率有关的比例阻尼，即

$$\boldsymbol{c}_{\mathrm{r}}=\alpha_{\mathrm{r}}\boldsymbol{m}_{\mathrm{r}}+\beta_{\mathrm{r}}\boldsymbol{k}_{\mathrm{r}} \tag{3-56}$$

式中，l 为单元长度；m_1 为单位长度的钢轨质量；E_{r} 为钢轨的杨氏模量；I_{r} 为钢轨的截面惯性矩；A_{r} 为钢轨的截面面积；α_{r}、β_{r} 为阻尼比例系数。

轨道板整体矩阵由单元矩阵组装而成，具体可表达为

$$\boldsymbol{K}_{\mathrm{s}}=\sum_{i=1}^{n}\boldsymbol{k}_{\mathrm{s}} \quad \boldsymbol{M}_{\mathrm{s}}=\sum_{i=1}^{n}\boldsymbol{m}_{\mathrm{s}} \quad \boldsymbol{C}_{\mathrm{s}}=\sum_{i=1}^{n}\boldsymbol{c}_{\mathrm{s}} \tag{3-57}$$

同理，混凝土支撑层整体矩阵也由单元矩阵组装而成，具体如下：

$$\boldsymbol{K}_{\mathrm{c}}=\sum_{i=1}^{n}\boldsymbol{k}_{\mathrm{c}} \quad \boldsymbol{M}_{\mathrm{c}}=\sum_{i=1}^{n}\boldsymbol{m}_{\mathrm{c}} \quad \boldsymbol{C}_{\mathrm{c}}=\sum_{i=1}^{n}\boldsymbol{c}_{\mathrm{c}} \tag{3-58}$$

由于轨道板、混凝土支撑层采用的单元矩阵与钢轨单元矩阵一致，只需要把相应的参数替换为轨道板、混凝土支撑层的参数即可，这里就不再赘述。

无砟轨道整体支撑矩阵由单元支撑矩阵组装而成，具体表达如下：

$$\boldsymbol{K}_{\mathrm{rs}}=\sum_{i=1}^{n}\boldsymbol{k}_{\mathrm{rs}},\boldsymbol{C}_{\mathrm{rs}}=\sum_{i=1}^{n}\boldsymbol{c}_{\mathrm{rs}},\boldsymbol{K}_{\mathrm{sc}}=\sum_{i=1}^{n}\boldsymbol{k}_{\mathrm{sc}},\boldsymbol{C}_{\mathrm{sc}}=\sum_{i=1}^{n}\boldsymbol{c}_{\mathrm{sc}},\boldsymbol{K}_{\mathrm{cb}}=\sum_{i=1}^{n}\boldsymbol{k}_{\mathrm{cb}},\boldsymbol{C}_{\mathrm{cb}}=\sum_{i=1}^{n}\boldsymbol{c}_{\mathrm{cb}} \tag{3-59}$$

钢轨采用离散点支撑，如图3-14所示。

支撑单元矩阵如下：

$$\boldsymbol{k}_{\mathrm{rs}}=\begin{pmatrix} k_{z1} & 0 & 0 & 0 \\ 0 & 0 & 0 & 0 \\ 0 & 0 & k_{z1} & 0 \\ 0 & 0 & 0 & 0 \end{pmatrix} \tag{3-60}$$

轨道板、混凝土板采用的是均匀支撑，如图3-15所示。

支撑单元矩阵如下：

$$\boldsymbol{k}_{\mathrm{sc}}=k_{z2}\frac{l}{420}\begin{pmatrix} 156 & -22l & 54 & 13l \\ -22l & 4l^2 & -13l & -3l^2 \\ 54 & -13l & 156 & 22l \\ 13l & -3l^2 & 22l & 4l^2 \end{pmatrix} \tag{3-61}$$

k_{z1}表示的是扣件的支撑刚度，k_{z2}表示的是等效的CA砂浆支撑刚度，由于混凝土板的支撑方式与轨道板一致，只需将轨道板支撑矩阵的CA砂浆支撑刚度替换为路基支撑刚度即可。支撑阻尼元件与支撑弹性元件布置方式一致，支撑单元阻尼矩阵只需将k替换为c即可。

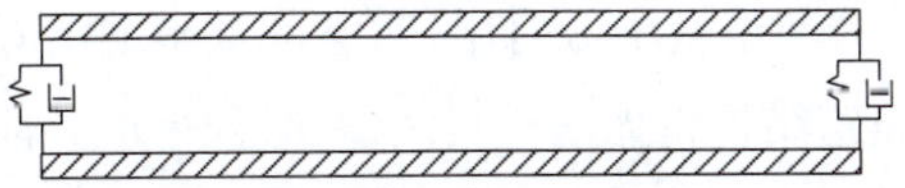

图3-14 钢轨离散点支撑示意图

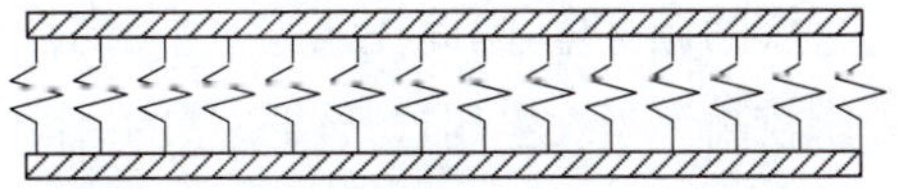

图3-15 轨道板、混凝土板均匀支撑示意图

3.2.3 桥梁模型

简支桥梁每跨可视为Euler梁。桥梁垂向运动方程为

$$E_{\mathrm{b}}I_{\mathrm{b}}\frac{\partial^4 z_{\mathrm{b}}(x,t)}{\partial x^4}+m_{\mathrm{b}}\frac{\partial^2 z_{\mathrm{b}}(x,t)}{\partial t^2}+c_{\mathrm{b}}\frac{\partial z_{\mathrm{b}}(x,t)}{\partial t}=\sum_{i=1}^{N_{\mathrm{b}}}F_{\mathrm{sb}i}(t)\delta(x-x_{\mathrm{b}i}) \tag{3-62}$$

式中，E_{b}为桥梁杨氏弹性模量；I_{b}为桥梁转动惯量；m_{b}为桥梁每延米分布质量；c_{b}为桥梁每延米分布阻尼。

与钢轨运动方程处理方式类似，可得到桥梁振型坐标$q_{\mathrm{b}k}(t)$二阶常微分方程组为

$$\ddot{q}_{\mathrm{b}k}(t)+2\xi_{\mathrm{b}k}\omega_{\mathrm{b}k}\dot{q}_{\mathrm{b}k}(t)+\omega_{\mathrm{b}k}^2 q_{\mathrm{b}k}(t)=\sum_{i=1}^{N_{\mathrm{b}}}F_{\mathrm{sb}i}(t)R_k(x_{\mathrm{b}i}) \tag{3-63}$$

其中

$$z_{\mathrm{b}}(x,t)=\sum_{k=1}^{\mathrm{NMB}}R_k(x)q_{\mathrm{b}k}(t) \tag{3-64}$$

$$R_k(x)=\sqrt{\frac{2}{m_b L_b}}\sin\left(\frac{k\pi x}{L_b}\right) \tag{3-65}$$

$$\omega_{bk}=(k^2\pi^2/L_b^2)\sqrt{E_b I_b/m_b} \tag{3-66}$$

$$c_b=2\xi_{bk}m_b\omega_{bk} \tag{3-67}$$

式中，$q_{bk}(t)$为梁正则振型坐标；$R_k(x)$为梁的垂向振型函数；L_b 为梁长；ω_{bk}为各振型频率；ξ_{bk}为各振型阻尼系数。

3.3 车辆-线路系统空间动力分析模型

3.3.1 轨道模型

1. 高速铁路轨道结构

高速铁路轨道分为有砟轨道和无砟轨道，轨道类型的选择受主要技术标准、工程地质条件等多方面的因素影响。

有砟轨道为散粒体结构，具有破坏时修复时间短、自动化及机械化维修效率高、轨道超高和几何状态调整简单等优点，当线路发生影响行车的沉降变形时，可以根据实际情况适时进行调整，以满足铁路运营要求，是通过活动断裂带等不良地质地段的首选轨道类型。

无砟轨道受本身结构的限制，不能像有砟轨道一样进行起、拨道作业，其调整能力基本为扣件系统的调整量，因此在线路水平、高低与方向上的调整量十分有限，对下部基础的沉降变形要求较高。当发生超过其调整量的沉降变形时，轨道结构将无法进行调整，必须采取其他措施，如注浆、顶梁、调坡、限速或重新施工无砟轨道等措施，以满足高速铁路安全运营的要求。

目前我国 250 km/h 及以下高速铁路以有砟轨道为主，250 km/h 以上高速铁路以无砟轨道结构形式为主。

无砟轨道主要由钢轨、弹性扣件、轨道板、混凝土底座(或支承层)等组成。与有砟轨道相比，无砟轨道具有良好的结构稳定性，轨道几何线形易于保持，刚度均匀，结构连续性好，结构高度低，维修工作量少、成本低，服务周期长。目前，我国主要采用的无砟轨道结构形式有 CRTSⅠ、Ⅱ、Ⅲ型板式和 CRTS 双块式，其主要结构组成见表 3-2。

表 3-2 不同形式无砟轨道结构组成比较表

预制板式			现浇道床式
单元结构		纵连结构	路、隧纵连；桥上单元
CRTSⅠ型板式	CRTSⅢ型板式	CRTSⅡ型板式	CRTS 双块式
预制轨道板； CA 砂浆调整层； 混凝土底座及凸形挡台	预制轨道板； 自密实混凝土调整层； 混凝土底座	预制轨道板； 砂浆调整层； 支承层或混凝土底座	预制双块式轨枕； 混凝土道床板； 支承层或混凝土底座

路基、桥梁和隧道地段 CRTS Ⅲ型板式无砟轨道横断面如图 3-16 所示。

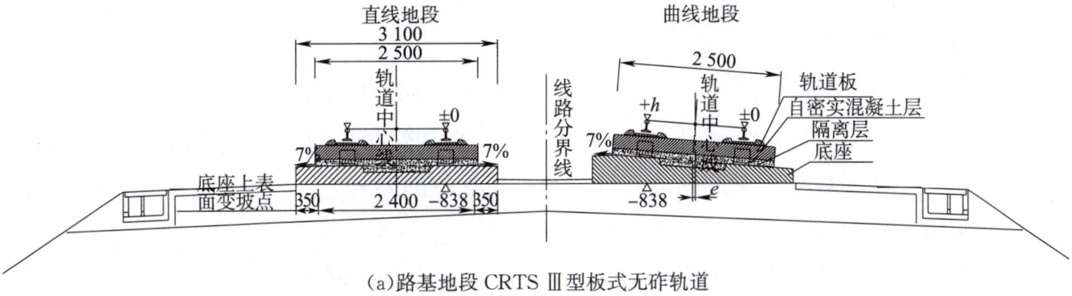

(a)路基地段 CRTS Ⅲ型板式无砟轨道

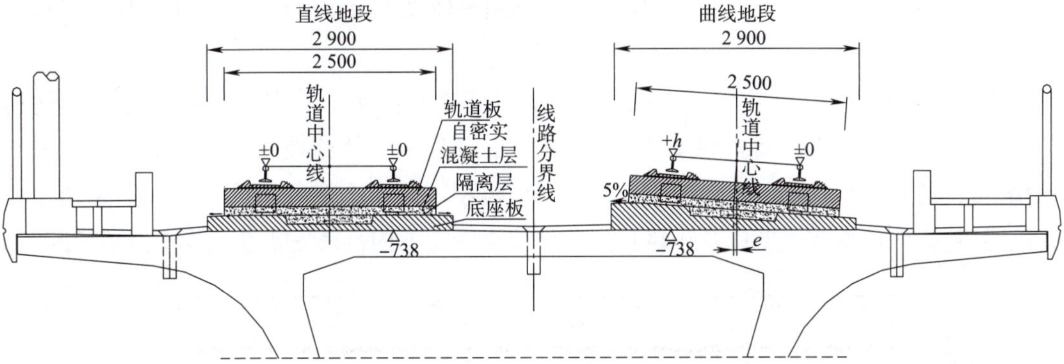

(b)桥梁地段 CRTS Ⅲ型板式无砟轨道

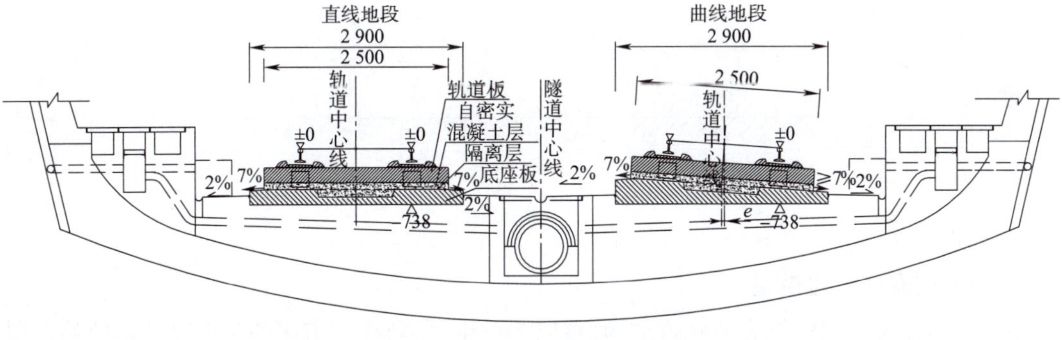

(c)隧道地段 CRTS Ⅲ型板式无砟轨道

图 3-16　CRTSⅢ型板式无砟轨道断面图(单位:mm)

2. 轨道模型类型

轨道的建模可分为集总参数轨道模型和分布参数轨道模型。集总参数轨道模型把轨道作用等效为车辆悬挂的最后一个元件。假定车轮下钢轨变形受阻于一个线形弹簧和一个与之平行的黏滞阻尼。该模型具有模型简单、计算方便的特点,但等效参数难以准确确定,应用范围也有很大的局限性,适用于定性分析轮轨系统动力学问题。

分布参数轨道模型可分为连续弹性基础梁模型和连续弹性离散点支承梁模型。前者将轨下基础作为均匀分布的整体地基;而后者则把轨下结构描述为一系列按轨枕间距相隔的离散弹性-阻尼点支承体系。前者着重反映的是轨道系统的最基本特征，总体上的效果；而后者还可以进一步描述各个轨枕支承点的局部影响，能更客观地反映轨道系统的实际结构特征。

(1)刚性轨道模型

将轨道结构视为刚性基础，即忽略轨道结构对车辆动力响应的影响。采用该模型可用于计算理想条件下，线路几何条件(包括线路几何线形和线路平顺性) 对车辆动力响应的影响分析，适用于线路设计方案的动力评价以及线路参数的研究。

(2)集总参数轨道模型

将轨道作用等效为车辆悬挂的最后一个元件。假定车轮下钢轨变形受阻于一个线形弹簧和一个与之平行的黏滞阻尼。该模型可以考虑轨道整体横垂向刚度对行车动力性能的影响。

(3)单层轨道模型

该模型将钢轨在横垂方向上均视为连续弹性离散点支承上的 Euler 梁，考虑了钢轨的振动、轨下刚度以及钢轨横向约束的影响，如图 3-17 所示。轨枕埋入式轨道结构可以采用该模型，其他轨道结构也可近似使用该模型。该模型适用于大多数条件下车线系统动力分析问题，包括轨道整体刚度以及线路几何条件综合影响下的行车安全性和乘坐舒适性问题。

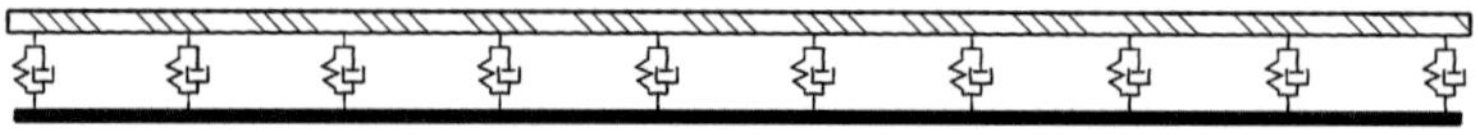

(a)单层轨道模型侧视图

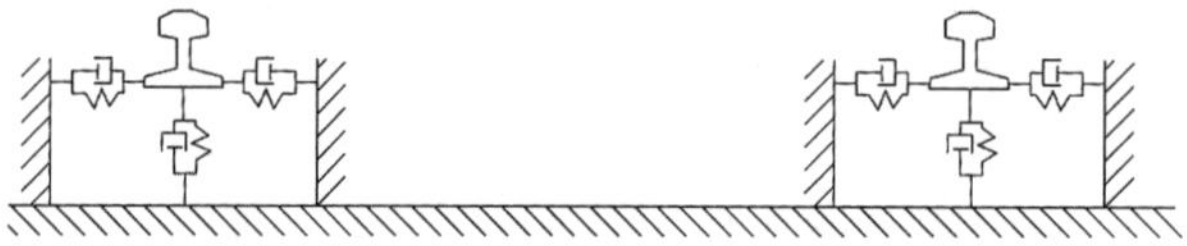

(b)单层轨道模型正视图

图 3-17 单层轨道模型

(4)三层有砟轨道模型

该模型针对采用传统有砟轨道结构，可以考虑钢轨、轨枕和道床的参振以及钢轨物理属性、轨枕质量、轨下垫层刚度、道床特性和路基刚度的影响，如图 3-18 所示。

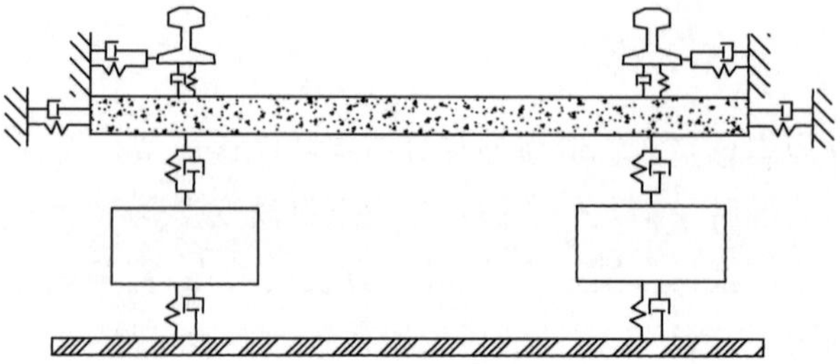

(a)三层有砟轨道模型侧视图

图 3-18

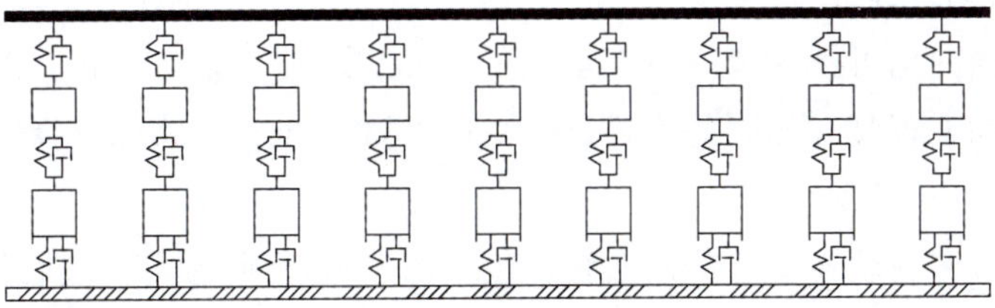

(b)三层有砟轨道模型正视图

图 3-18　三层有砟轨道模型

(5)板式无砟轨道模型

板式轨道的振动主要体现在钢轨和轨道板的振动上。该模型将左右两股钢轨均视为离散弹性点支承基础上的 Euler 梁。轨道板由于下部调整层的作用，与混凝土基础呈面接触状态，且轨道板的长宽尺寸远大于其厚度，因而在垂向将轨道板按弹性基础上的等厚矩形弹性薄板考虑；而横向上则视为刚体运动，如图 3-19 所示。

该模型自由度多，计算量大，适用于轨道结构参数与线路参数对系统动力响应的影响对比分析，或某一轨道结构形式在具体线路条件下的动力分析等。

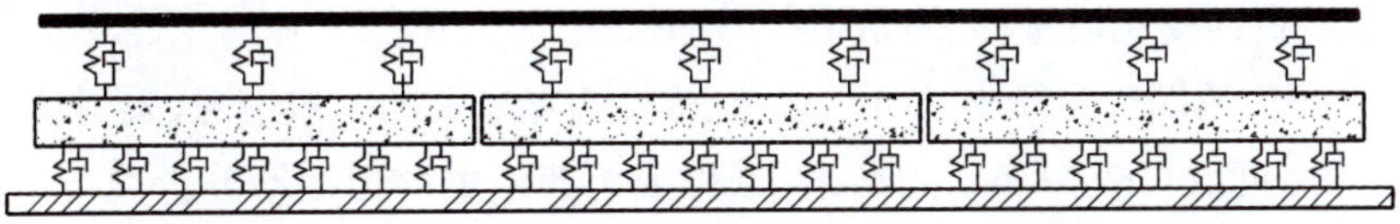

(a)板式无砟轨道模型侧视图

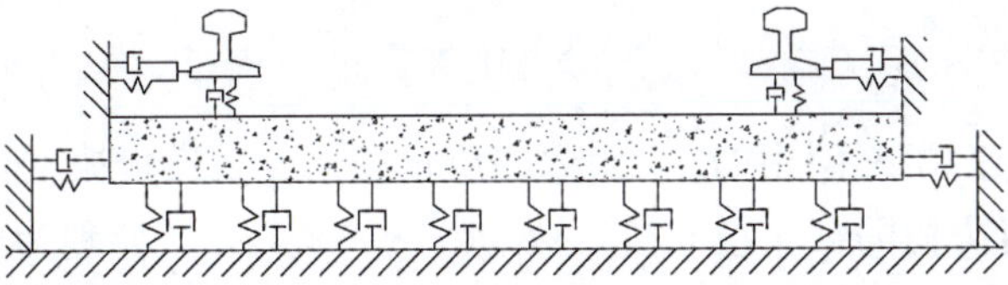

(b)板式无砟轨道模型正视图

图 3-19　板式无砟轨道模型

3. 轨道结构动力方程

(1)集总参数轨道模型钢轨的振动方程

左右钢轨横垂向方程为

$$
\begin{aligned}
& m_{\mathrm{r}}\ddot{y}_{\mathrm{rL}}+c_{\mathrm{ry}}\dot{y}_{\mathrm{rL}}+k_{\mathrm{ry}}y_{\mathrm{rL}}=-F_{\mathrm{L}y}-N_{\mathrm{L}y}\\
& m_{\mathrm{r}}\ddot{y}_{\mathrm{rR}}+c_{\mathrm{ry}}\dot{y}_{\mathrm{rR}}+k_{\mathrm{ry}}y_{\mathrm{rR}}=-F_{\mathrm{R}y}-N_{\mathrm{R}y}\\
& m_{\mathrm{r}}\ddot{z}_{\mathrm{rL}}+c_{\mathrm{rz}}\dot{z}_{\mathrm{rL}}+k_{\mathrm{rz}}z_{\mathrm{rL}}=F_{\mathrm{L}z}+N_{\mathrm{L}z}\\
& m_{\mathrm{r}}\ddot{z}_{\mathrm{rR}}+c_{\mathrm{rz}}\dot{z}_{\mathrm{rR}}+k_{\mathrm{rz}}z_{\mathrm{rR}}=F_{\mathrm{R}z}+N_{\mathrm{R}z}
\end{aligned}
\tag{3-68}
$$

当采用集总参数模型时，通常忽略钢轨惯性和轨道阻尼的影响，仅考虑轨道整体刚度即可。

(2)钢轨的振动方程

钢轨垂向和横向均可视为离散点支承上的 Euler 梁或 Timoshenko 梁,其横向、垂向左右两股钢轨的振动方程具有相同的形式,振动方程见式(3-20)、式(3-21)。

(3)轨道板的振动方程

车辆荷载通过左右轨扣节点传递给轨道板。由于轨道板的厚度比轨道板的长度和宽度小很多,轨道板在垂向可视为弹性薄板,而轨道板的横向抗弯刚度很大,可简化为刚体。

$$\frac{\partial^4 w(x,y,t)}{\partial x^4}+2\frac{\partial^4 w(x,y,t)}{\partial x^2\partial y^2}+\frac{\partial^4 w(x,y,t)}{\partial y^4}+\frac{K_s}{D_s}w(x,y,t)+$$

$$\frac{C_s}{D_s}\frac{\partial w(x,y,t)}{\partial t}+\frac{\rho_s h_s}{D_s}\frac{\partial w^2(x,y,t)}{\partial t^2}=\frac{1}{D_s}\sum_{i=1}^{N_P}P_{rzi}(t)\delta(x-x_{Pi})\delta(y-y_{Pi}) \tag{3-69}$$

式中,N_P 为轨道板上左右轨总的扣件节点数;P_{rzi} 为轨道板上第 i 个钢轨扣节点的垂向力;$w(x,y,t)$为轨道板的垂向挠度;x_{Pi}、y_{Pi} 为轨道板上第 i 个钢轨扣节点的位置;h_s 为轨道板的厚度;ρ_s 为轨道板的质量密度;C_s 为轨道板的阻尼系数;K_s 为基础的刚度系数;D_s 为轨道板的弯曲刚度,见式(3-70)。

$$D_s=\frac{E_s h_s^3}{12(1-\nu_s^2)} \tag{3-70}$$

式中,E_s 为轨道板的杨氏模量;ν_s 为轨道板的泊松比。

对于矩形薄板的四边为简支、固定、自由、弹性边界之一的一般情况,采用双向梁函数组合级数逼近方法可取得较为满意的结果,工程中大部分矩形板振动分析均可采用此方法。因此,轨道板的第(i,j)阶振型可表示为

$$W_{ij}(x,y)=\sum_{m=1}^{N_x}\sum_{n=1}^{N_y}A_{mn}^{ij}X_m(x,y)Y_n(x,y) \tag{3-71}$$

式中,A_{mn}^{ij} 为系数,用来调整不同阶次梁函数的组合以逼近轨道板振型真实解;N_x、N_y 分别为轨道板长度和宽度方向的截止模态阶数;$X_m(x,y)$、$Y_n(x,y)$分别为轨道板长度、宽度方向的梁振型函数。

轨道板长度方向的梁振型函数为

$$\begin{cases} X_1=1 \\ X_2=\sqrt{3}\left(1-\dfrac{2x}{L_s}\right) \\ X_m=\cosh(\alpha_m x)+\cos(\alpha_m x)-\beta_m[\sinh(\alpha_m x)+\sin(\alpha_m x)] \quad (m>2) \end{cases} \tag{3-72}$$

频率系数 α 为

$$\begin{cases} \alpha_1 L_s=0 \\ \alpha_2 L_s=0 \\ \alpha_3 L_s=4.730\ 02 \\ \alpha_m L_s=\dfrac{2m-3}{2}\pi \quad (m\geqslant 4) \end{cases} \tag{3-73}$$

振型系数 β 为

$$\begin{cases}\beta_3 = 0.982\ 502 \\ \beta_m = \dfrac{\cosh(\alpha_m L_s) - \cos(\alpha_m L_s)}{\sinh(\alpha_m L_s) - \sin(\alpha_m L_s)} \quad (m \geqslant 4)\end{cases} \tag{3-74}$$

轨道板宽度方向的梁振型函数形式与上述类似。

轨道板为四边自由的矩形板，其边界条件关于对角线不对称，振型以$(X_m Y_n)$项为主。因此，轨道板的振型表达式可简化为

$$W_{mn}(x,y) = X_m(x) Y_n(y) \tag{3-75}$$

式 (3-69)为关于挠曲面函数 $w(x,y,t)$的四阶偏微分方程。采用分离变量法，设轨道板挠度的解为

$$w(x,y,t) = \sum_{m=1}^{N_x}\sum_{n=1}^{N_y} X_m(x) Y_n(y) T_{mn}(t) \tag{3-76}$$

式中，$T_{mn}(t)$为轨道板的正则坐标。

将式 (3-76)代入式 (3-69)，可得

$$\begin{aligned}&\sum_{m=1}^{N_x}\sum_{n=1}^{N_y} X''''_m(x) Y_n(y) T_{mn}(t) + 2\sum_{m=1}^{N_x}\sum_{m=1}^{N_y} X''_m(x) Y''_n(y) T_{mn}(t) + \\ &\sum_{m=1}^{N_x}\sum_{n=1}^{N_y} X_m(x) Y''''_n(y) T_{mn}(t) + \frac{K_s}{D_s}\sum_{m=1}^{N_x}\sum_{n=1}^{N_y} X_m(x) Y_n(y) T_{mn}(t) + \\ &\frac{C_s}{D_s}\sum_{m=1}^{N_x}\sum_{n=1}^{N_y} X_m(x) Y_n(y) \dot{T}_{mn}(t) + \frac{\rho_s h_s}{D_s}\sum_{m=1}^{N_x}\sum_{n=1}^{N_y} X_m(x) Y_n(y) \ddot{T}_{mn}(t) \\ &= \frac{1}{D_s}\sum_{i=1}^{N_P} P_{rzi}(t)\delta(x - x_{Pi})\delta(y - y_{Pi})\end{aligned} \tag{3-77}$$

在式 (3-77)两边同乘以轨道板的振型函数，并对板面积分，利用振型函数的正交性，可得轨道板关于正则坐标的二阶常微分方程为

$$\begin{aligned}&\ddot{T}_{mn}(t) + \frac{C_s}{\rho_s h_s}\dot{T}_{mn}(t) + \left(\frac{K_s}{\rho_s h_s} + \frac{D_s}{\rho_s h_s}\frac{B_2 B_3 + 2B_4 B_5 + B_1 B_6}{B_1 B_2}\right) T_{mn}(t) \\ &= \frac{1}{\rho_s h_s B_1 B_2}\sum_{i=1}^{N_P} P_{rzi}(t) X_m(x_{Pi}) Y_n(y_{Pi})\end{aligned} \tag{3-78}$$

式中，m、n 为正整数，$m = 1,2,\cdots,N_x$；$n = 1,2,\cdots,N_y$。

$$\left\{\begin{aligned}B_1&=\int_0^{L_s}X_m^2(x)\mathrm{d}x\\B_2&=\int_0^{W_s}Y_n^2(y)\mathrm{d}y\\B_3&=\int_0^{L_s}X_m''''(x)X_m(x)\mathrm{d}x\\B_4&=\int_0^{L_s}X_m''(x)X_m(x)\mathrm{d}x\\B_5&=\int_0^{W_s}Y_n''(y)Y_n(y)\mathrm{d}y\\B_6&=\int_0^{W_s}Y_n''''(y)Y_n(y)\mathrm{d}y\end{aligned}\right. \tag{3-79}$$

式中，L_s 为轨道板的长度；W_s 为轨道板的宽度。

轨道板的横向运动方程为

$$\rho_s L_s W_s h_s \ddot{y}_s=\sum_{i=1}^{N_P}P_{ryi}-F_{sy} \tag{3-80}$$

式中，P_{ryi} 为轨道板上第 i 个钢轨扣节点的横向力；F_{sy} 为轨道板下支承面一侧的横向反力。

4. 板式无砟轨道有限元模型

板式无砟轨道由钢轨、胶垫、扣件、反力板、轨道板、CA 砂浆或自密实混凝土调整层、混凝土基础构成。钢轨由扣件等间距的定位在轨道板上，轨道板长度固定，沿线路方向连续铺设。轨道板与混凝土基础之间调整层呈面接触状态，混凝土基础与下部结构物近似刚性连接，并入下部结构物。

板式轨道的振动形态主要表现为钢轨和轨道板在垂向和横向的变形。钢轨在垂向和横向均视为离散弹性点支承梁，与垂向模型钢轨的模型一致。轨道板由于调整层的作用，与混凝土基础呈面接触状态，且轨道板的长宽尺寸远大于其厚度，因而在垂向将轨道板简化为弹性基础上的弹性薄板，其变形主要体现为垂向的位移、弯曲和翘曲。在横向上轨道板的变形主要为板的弯曲，将其视为连续支承的等截面梁。

下面分别对钢轨和轨道板进行建模分析，并建立方程。

(1)钢轨的运动方程

由于钢轨的截面关于垂直轴对称，因此钢轨在外荷载作用下，其横向、垂向变形可以视为相互独立，且都可以考虑为梁式单元。每个节点有 4 个自由度，每个单元有 8 个自由度。单元位移 $\boldsymbol{u}_r^e$ 表示为

$$\boldsymbol{u}_r^e=(Z_{ri},Y_{ri},\beta_{yi},\beta_{zi},Z_{rj},Y_{rj},\beta_{yj},\beta_{zj})^{\mathrm{T}} \tag{3-81}$$

单元节点等效荷载 $\boldsymbol{F}_r^e$ 表示为

$$\boldsymbol{F}_r^e=(F_{ri},F_{ryi},M_{ryi},M_{rzi},F_{rj},F_{ryj},M_{ryj},M_{rzj})^{\mathrm{T}} \tag{3-82}$$

式中，Z_r 为垂向位移；Y_r 为横向位移；β_y 为绕 y 轴的转角；β_z 为绕 z 轴的转角；F_r 为节点所

受垂向力；F_{ry}为节点所受横向力；M_{ry}为节点所受绕 y 轴的弯矩；M_{rz}为节点所受绕 z 轴的弯矩；i,j 为节点号；l_r 为钢轨单元长度。

以垂向单元为例，其单元位移及单元荷载如图 3-20 所示。

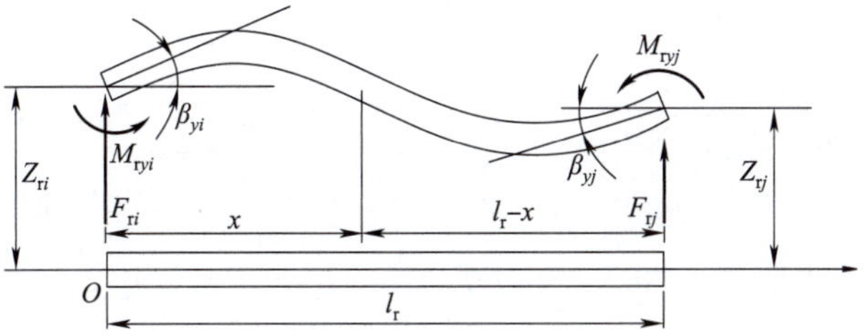

图 3-20　梁单元变形

①形函数

$N_i(i=1,2,3,4)$为形函数，在梁单元中，它表示一个两端固定的梁只产生一个单位位移时梁弯曲成的形状。

$$N_1=1-\frac{3}{l_r^2}x^2+\frac{2}{l_r^3}x^3,\quad N_2=-x+\frac{2}{l_r}x^2-\frac{1}{l_r^2}x^3,\quad N_3=\frac{3}{l_r^2}x^2-\frac{2}{l_r^3}x^3,\quad N_4=\frac{1}{l_r}x^2-\frac{1}{l_r^2}x^3 \tag{3-83}$$

梁上任意点的位移(Z_{ri},Y_{ri})为

$$\begin{pmatrix} Z_{ri} \\ Y_{ri} \end{pmatrix}=\begin{pmatrix} N_1 & 0 & N_2 & 0 & N_3 & 0 & N_4 & 0 \\ 0 & N_1 & 0 & N_2 & 0 & N_3 & 0 & N_4 \end{pmatrix}\boldsymbol{u}_r^e \tag{3-84}$$

②单元质量矩阵

$$\boldsymbol{m}_r^e=\int_0^{l_r} m_r\mathbf{N}^{\mathrm{T}}\mathbf{N}\mathrm{d}x \tag{3-85}$$

经过积分得到钢轨单元质量矩阵为

$$\boldsymbol{m}_r^e=\frac{m_r l_r}{420}\begin{bmatrix} 156 & 0 & 22l_r & 0 & 54 & 0 & -13l_r & 0 \\ 0 & 156 & 0 & 22l_r & 0 & 54 & 0 & -13l_r \\ 22l_r & 0 & 4l_r^2 & 0 & 13l_r & 0 & -3l_r^2 & 0 \\ 0 & 22l_r & 0 & 4l_r^2 & 0 & 13l_r & 0 & -3l_r^2 \\ 54 & 0 & 13l_r & 0 & 156 & 0 & 22l_r & 0 \\ 0 & 54 & 0 & 13l_r & 0 & 156 & 0 & -22l_r \\ -13l_r & 0 & -3l_r^2 & 0 & -22l_r & 0 & 4l_r^2 & 0 \\ 0 & -13l_r & 0 & -3l_r^2 & 0 & -22l_r & 0 & 4l_r^2 \end{bmatrix}_{8\times 8} \tag{3-86}$$

式中，m_r 为钢轨单位长度的质量，kg/m。

③单元刚度矩阵

$$\boldsymbol{k}_{\mathrm{r}}^{e}=\int_{0}^{l_{\mathrm{r}}}EI_{y}(\ddot{N}_1\quad 0\quad \ddot{N}_2\quad 0\quad \ddot{N}_3\quad 0\quad \ddot{N}_4\quad 0)^{\mathrm{T}}(\ddot{N}_1\quad 0\quad \ddot{N}_2\quad 0\quad \ddot{N}_3\quad 0\quad \ddot{N}_4\quad 0\ )\mathrm{d}x+\int_{0}^{l_{\mathrm{r}}}EI_{z}(0\quad \ddot{N}_1\quad 0\quad \ddot{N}_2\quad 0\quad \ddot{N}_3\quad 0\quad \ddot{N}_4)^{\mathrm{T}}(0\quad \ddot{N}_1\quad 0\quad \ddot{N}_2\quad 0\quad \ddot{N}_3\quad 0\quad \ddot{N}_4)\mathrm{d}x \tag{3-87}$$

经过积分得到钢轨单元刚度矩阵为

$$\boldsymbol{k}_{\mathrm{r}}^{e}=\frac{E}{l_{\mathrm{r}}^{3}}\begin{pmatrix} 12I_y & 0 & 6l_{\mathrm{r}}I_y & 0 & -12I_y & 0 & 6l_{\mathrm{r}}I_y & 0 \\ 0 & 12I_z & 0 & 6l_{\mathrm{r}}I_z & 0 & -12I_z & 0 & 6l_{\mathrm{r}}I_z \\ 6l_{\mathrm{r}}I_y & 0 & 4l_{\mathrm{r}}^2I_y & 0 & -6l_{\mathrm{r}}I_y & 0 & 2l_{\mathrm{r}}^2I_y & 0 \\ 0 & 6l_{\mathrm{r}}I_z & 0 & 4l_{\mathrm{r}}^2I_z & 0 & -6l_{\mathrm{r}}I_z & 0 & 2l_{\mathrm{r}}^2I_z \\ -12I_y & 0 & -6l_{\mathrm{r}}I_y & 0 & 12I_y & 0 & -6l_{\mathrm{r}}I_y & 0 \\ 0 & -12I_z & 0 & -6l_{\mathrm{r}}I_z & 0 & 12I_z & 0 & -6l_{\mathrm{r}}I_z \\ 6l_{\mathrm{r}}I_y & 0 & 2l_{\mathrm{r}}^2I_y & 0 & -6l_{\mathrm{r}}I_y & 0 & 4l_{\mathrm{r}}^2I_y & 0 \\ 0 & 6l_{\mathrm{r}}I_z & 0 & 2l_{\mathrm{r}}^2I_z & 0 & -6l_{\mathrm{r}}I_z & 0 & 4l_{\mathrm{r}}^2I_z \end{pmatrix}_{8\times 8} \tag{3-88}$$

式中，I_y、I_z 分别为钢轨截面对 y 轴及 z 轴的转动惯量。

④单元阻尼矩阵

在实际使用环境中，钢轨材质的结构阻尼会对钢轨的振动形态产生影响，应考虑其对振动的衰减作用。由于在实际工程中结构阻尼的确定是非常困难的，所以在结构动力分析中，通常采用瑞利(Rayleigh)阻尼形式，将结构阻尼表示为质量与刚度的线性组合。

所以，钢轨单元阻尼矩阵表示为

$$\boldsymbol{c}_{\mathrm{r}}^{e}=\alpha\boldsymbol{m}_{\mathrm{r}}^{e}+\beta\boldsymbol{k}_{\mathrm{r}}^{e} \tag{3-89}$$

其中系数α、β根据结构、材质等的不同而取不同值。

⑤车辆在钢轨上的定位

车辆以速度 v 在轨道上行驶，车轮对钢轨的作用力随之前移。图 3-21 中，Ox 为固结在钢轨上的坐标系，坐标原点为钢轨起点，简称为固定坐标；$O'x'$为固结在车辆上的移动坐标系，坐标原点为第四位轮对的位置。两坐标之间的变化关系为 $x=x'+x_0+vt$，t 为运行时间。各轮定位原理相同，图中以第二轮对为例，进行定位示意。

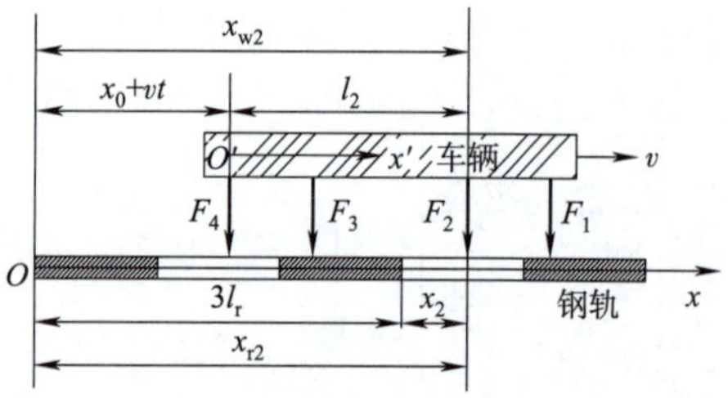

图 3-21　车辆与轨道之间坐标关系

t 时刻第 i 轮对的固定坐标为

$$x_{\mathrm{w}i}=x_0+vt+l_i \tag{3-90}$$

t 时刻钢轨上与第 i 轮对接触点的固定坐标为

$$x_{ri}=(k_i-1)l_r+x_i \tag{3-91}$$

式中，l_i 为各轮对在移动坐标系中的坐标；x_0 为第四轮对在起始时刻的固定坐标；k_i 为钢轨上与第 i 轮对的接触点所在的钢轨单元号；x_i 为接触点在第 k_i 个单元中的坐标。

由 $x_{wi}=x_{ri}$，所以可以计算出 x_i，进而根据式(3-83)求得相应的轮轨力在轨道上定位的形函数。

⑥轨道单元荷载

钢轨第 k 个单元的荷载 $\boldsymbol{F}^e_{rk}$ 包括轮轨作用力 F_k 及钢轨下部的弹簧阻尼作用力 R_k，轨道不平顺可在轮轨作用力中考虑。

$$\begin{aligned}\boldsymbol{F}^e_{rk}=F_k+R_k=\sum_{i=1}^{4}\delta(x_{wi}-x_{ri})(&N_1F_i(t),N_1F_{yi}(t),N_2F_i(t),N_2F_{yi}(t),N_3F_i(t),\\&N_3F_{yi}(t),N_4F_i(t),N_4F_{yi}(t))^{\mathrm{T}}+(R_{z(k-1)},R_{y(k-1)},0,0,R_{zk},R_{yk},0,0)\end{aligned} \tag{3-92}$$

式中，$F_i(t)$为轮轨力的垂向分量；$F_{yi}(t)$为轮轨力的横向分量；δ 为 Dirac 函数。

$$\delta(x_{wi}-x_{ri})=\begin{cases}1 & x_{wi}-x_{ri}=0\\0 & \text{其他}\end{cases} \tag{3-93}$$

当钢轨下为刚性基础时

$$\begin{aligned}&R_{z(k-1)}=k_{rz}z_{r(k-1)}+c_{rz}\dot{z}_{r(k-1)},\quad R_{zk}=k_{rz}z_{rk}+c_{rz}\dot{z}_{rk}\\&R_{y(k-1)}=k_{ry}y_{r(k-1)}+c_{ry}\dot{y}_{r(k-1)},\quad R_{yk}=k_{ry}y_{rk}+c_{ry}\dot{y}_{rk}\end{aligned} \tag{3-94}$$

当钢轨下为板式轨道时，还需要考虑扣件对应位置轨道板的位移及速度的影响。

⑦钢轨运动方程

钢轨单元的质量、刚度、阻尼及力矩阵都已经在上文求解完毕。利用变形协调条件及静力平衡条件，按照结构力学的“对号入座”法则组装成钢轨总的质量、刚度、阻尼及力矩阵，带入钢轨的运动方程得

$$\boldsymbol{M}_r\ddot{\boldsymbol{u}}_r+\boldsymbol{K}_r\boldsymbol{u}_r+\boldsymbol{C}_r\dot{\boldsymbol{u}}_r=\boldsymbol{F}_r \tag{3-95}$$

$\boldsymbol{M}_r$、$\boldsymbol{K}_r$、$\boldsymbol{C}_r$、$\boldsymbol{F}_r$ 分别代表钢轨总的质量、刚度、阻尼以及力矩阵，分别由钢轨单元质量矩阵(3-86)、刚度矩阵(3-88)、阻尼矩阵(3-89)及力矩阵(3-92)叠加得到。

(2)轨道板运动方程

轨道板在垂向简化为弹性基础上的薄板梁。首先对轨道板的垂向矩形薄板单元的振动方程进行推导。

基于板的厚度比其他两个方向的尺寸小很多，且挠度比厚度又小很多的情况，在分析弹性薄板弯曲问题时，根据有限元理论，采用如下三个假设：忽略厚度方向的运动；薄板平面内各点没有平行于中面的位移；薄板中面的法线在变形后仍保持为法线。

以扣件为节点划分轨道板为有限个矩形板单元，取任意板单元进行动力分析。如图 3-22 所示建立坐标系。薄板单元平面尺寸 $2a\times2b$，有 4 个节点(i,j,k,l)。根据薄板

的弯曲变形特性，其变形和内力完全取决于中面挠度 z，因而矩形薄板单元共有 12 个自由度，包括 4 个节点位移，8 个节点转角。

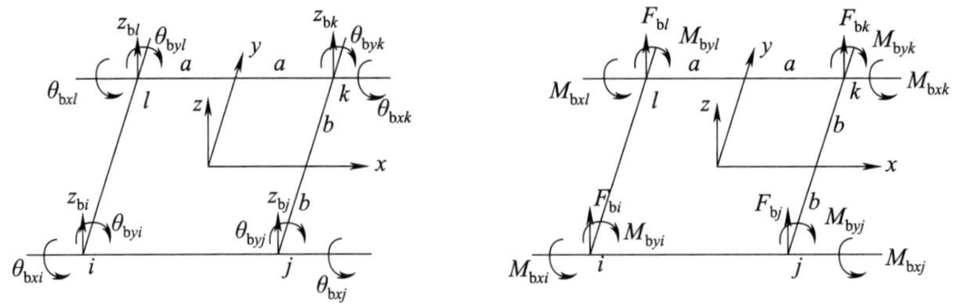

图 3-22 矩形薄板单元的节点位移和节点力

单元位移表示为

$$\boldsymbol{u}_{\mathrm{b}}^{e}=(z_{\mathrm{b}i},\theta_{\mathrm{b}xi},\theta_{\mathrm{b}yi},z_{\mathrm{b}j},\theta_{\mathrm{b}xj},\theta_{\mathrm{b}yj},z_{\mathrm{b}k},\theta_{\mathrm{b}xk},\theta_{\mathrm{b}yk},z_{\mathrm{b}l},\theta_{\mathrm{b}xl},\theta_{\mathrm{b}yl})^{\mathrm{T}} \tag{3-96}$$

单元节点等效荷载 $\boldsymbol{F}_{\mathrm{r}}^{e}$ 表示为

$$\boldsymbol{F}_{\mathrm{r}}^{e}=(F_{\mathrm{b}i},M_{\mathrm{b}xi},M_{\mathrm{b}yi},F_{\mathrm{b}j},M_{\mathrm{b}xj},M_{\mathrm{b}yj},F_{\mathrm{b}k},M_{\mathrm{b}xk},M_{\mathrm{b}yk},F_{\mathrm{b}l},M_{\mathrm{b}xl},M_{\mathrm{b}yl})^{\mathrm{T}} \tag{3-97}$$

式中，z_{b} 为垂向位移；θ_x 为绕 x 轴的转角；θ_y 为绕 y 轴的转角；F_{b} 为节点所受垂向力；$M_{\mathrm{b}x}$ 为节点所受绕 x 轴的弯矩；$M_{\mathrm{b}y}$ 为节点所受绕 y 轴的弯矩。

①形函数

根据薄板的弯曲变形特性，薄板的变形和内力完全取决于中面的挠度 $z(x,y)$，表示为

$$\begin{aligned}z(x,y)=&a_1+a_2x+a_3y+a_4x^2+a_5xy+a_6y^2+a_7x^3+\\&a_8x^2y+a_9xy^2+a_{10}y^3+a_{11}x^3y+a_{12}xy^3\end{aligned} \tag{3-98}$$

$a_i(i=1,2,\cdots,12)$ 为待定系数，单元节点的位移为

$$\boldsymbol{u}_{\mathrm{b}}^{e}=(z_{\mathrm{b}i},\theta_{\mathrm{b}xi},\theta_{\mathrm{b}yi},z_{\mathrm{b}j},\theta_{\mathrm{b}xj},\theta_{\mathrm{b}yj},z_{\mathrm{b}k},\theta_{\mathrm{b}xk},\theta_{\mathrm{b}yk},z_{\mathrm{b}l},\theta_{\mathrm{b}xl},\theta_{\mathrm{b}yl})^{\mathrm{T}} \tag{3-99}$$

将其代入式 (3-98) 中，12 个方程联立求解，并整理得到

$$\begin{aligned}z(x,y)=&N_iz_{\mathrm{b}i}+N_{xi}\theta_{\mathrm{b}xi}+N_{yi}\theta_{\mathrm{b}yi}+N_jz_{\mathrm{b}j}+N_{xj}\theta_{\mathrm{b}xj}+N_{yj}\theta_{\mathrm{b}yj}+\\&N_kz_{\mathrm{b}k}+N_{xk}\theta_{\mathrm{b}xk}+N_{yk}\theta_{\mathrm{b}yk}+N_lz_{\mathrm{b}l}+N_{xl}\theta_{\mathrm{b}xl}+N_{yl}\theta_{\mathrm{b}yl}\end{aligned} \tag{3-100}$$

进一步缩写为 $z(x,y)=\boldsymbol{N}^{\mathrm{T}}\boldsymbol{u}_{\mathrm{b}}^{e}$

$$\boldsymbol{N}=(N_i,N_{xi},N_{yi},N_j,N_{xj},N_{yj},N_k,N_{xk},N_{yk},N_l,N_{xl},N_{yl})^{\mathrm{T}} \tag{3-101}$$

其中

$$(N_i,N_{xi},N_{yi})=\frac{1}{16}X_1Y_1(X_1Y_1-X_2Y_2+2X_1X_2+2Y_1Y_2,2bY_1Y_2,-2aX_1X_2)$$

$$(N_j,N_{xj},N_{yj})=\frac{1}{16}X_2Y_1(X_2Y_1-X_1Y_2+2X_1X_2+2Y_1Y_2,2bY_1Y_2,2aX_1X_2)$$

$$(N_k,N_{xk},N_{yk})=\frac{1}{16}X_2Y_2(X_2Y_2-X_1Y_1+2X_1X_2+2Y_1Y_2,-2bY_1Y_2,2aX_1X_2)$$

$$(N_l, N_{xl}, N_{yl}) = \frac{1}{16} X_1 Y_2 (X_1 Y_2 - X_2 Y_1 + 2X_1 X_2 + 2Y_1 Y_2, -2bY_1 Y_2, -2aX_1 X_2)$$

$$X_1 = 1 - \frac{x}{a}, \quad X_2 = 1 + \frac{x}{a}, \quad Y_1 = 1 - \frac{y}{b}, \quad Y_2 = 1 + \frac{y}{b} \tag{3-102}$$

②单元质量矩阵

$$\boldsymbol{m}_{\mathrm{b}}^{e} = \iint \boldsymbol{N}^{\mathrm{T}} t\rho \boldsymbol{N} \mathrm{d}x\mathrm{d}y = t\rho \iint \boldsymbol{N}^{\mathrm{T}} \boldsymbol{N} \mathrm{d}x\mathrm{d}y \tag{3-103}$$

式中，t 为轨道板单元的厚度；ρ 为轨道板单元的密度。

经整理得到下式：

$$\boldsymbol{m}_{\mathrm{b}}^{e} = \frac{abt\rho}{3\,150} \begin{pmatrix}
1\,727 & 461b & -461a & 613 & 199b & 274a & 197 & -116b & 116a & 613 & -274b & -199a \\
461b & 160b^2 & -126ab & 199b & 80b^2 & 84ab & 116b & -60b^2 & 56ab & 274b & -120b^2 & -84ab \\
-461a & -126ab & 160a^2 & -274a & -84ab & -120a^2 & -116a & 56ab & -60a^2 & -199a & 84ab & 80a^2 \\
613 & 199b & -274a & 1\,727 & 461b & 461a & 613 & -274b & 199a & 197 & -116b & -116a \\
199b & 80b^2 & -84ab & 461b & 160b^2 & 126ab & 274b & -120b^2 & 84ab & 116b & -60b^2 & -56ab \\
274a & 84ab & -120a^2 & 461a & 126ab & 160a^2 & 199a & -84ab & 80a^2 & 116a & -56ab & -60a^2 \\
197 & 116b & -116a & 613 & 274b & 199a & 1\,727 & -461b & 461a & 613 & -199b & -274a \\
-116b & -60b^2 & 56ab & -274b & -120b^2 & -84ab & -461b & 160b^2 & -126ab & -199b & 80b^2 & 84ab \\
116a & 56ab & -60a^2 & 199a & 84ab & 80a^2 & 461a & -126ab & 160a^2 & 274a & -84ab & -120a^2 \\
613 & 274b & -199a & 197 & 116b & 116a & 613 & -199b & 274a & 1\,727 & -461b & -461a \\
-274b & -120b^2 & 84ab & -116b & -60b^2 & -56ab & -199b & 80b^2 & -84ab & -461b & 160b^2 & 126ab \\
-199a & -84ab & 80a^2 & -116a & -56ab & -60a^2 & -274a & 84ab & -120a^2 & -461a & 126ab & 160a^2
\end{pmatrix} \tag{3-104}$$

③单元刚度矩阵

弹性基础上的矩形薄板单元的应变能包括两个部分：一部分是板单元的变形能，另一部分是支承弹簧的弹性势能。相应的单元刚度矩阵也分为两项，即

$$\boldsymbol{k}_{\mathrm{b}}^{e} = \boldsymbol{k}_{\mathrm{b1}}^{e} + \boldsymbol{k}_{\mathrm{b2}}^{e} \tag{3-105}$$

式中，$\boldsymbol{k}_{\mathrm{b1}}^{e}$ 为板单元的变形能；$\boldsymbol{k}_{\mathrm{b2}}^{e}$ 为支承弹簧的弹性势能。

$$\boldsymbol{k}_{\mathrm{b1}}^{e} = \iint \boldsymbol{B}^{\mathrm{T}} \boldsymbol{D} \boldsymbol{B} \mathrm{d}x\mathrm{d}y \tag{3-106}$$

$$\boldsymbol{D} = \frac{Et^3}{12(1-\nu^2)} \begin{pmatrix} 1 & \nu & 0 \\ \nu & 1 & 0 \\ 0 & 0 & \dfrac{1-\nu}{2} \end{pmatrix} = \boldsymbol{D}_0 \begin{pmatrix} 1 & \nu & 0 \\ \nu & 1 & 0 \\ 0 & 0 & \dfrac{1-\nu}{2} \end{pmatrix} \tag{3-107}$$

式中，$\boldsymbol{D}_0 = \dfrac{Et^3}{12(1-\nu^2)}$ 为板的弯曲刚度；E 为弹性模量；ν 为材料的泊松比。

$$\boldsymbol{B}=\begin{bmatrix} \dfrac{\partial^2 N_i}{\partial x^2} & \dfrac{\partial^2 N_{xi}}{\partial x^2} & \dfrac{\partial^2 N_{yi}}{\partial x^2} & \cdots & \dfrac{\partial^2 N_{yl}}{\partial x^2} \\ \dfrac{\partial^2 N_i}{\partial y^2} & \dfrac{\partial^2 N_{xi}}{\partial y^2} & \dfrac{\partial^2 N_{yi}}{\partial y^2} & \cdots & \dfrac{\partial^2 N_{yl}}{\partial y^2} \\ 2\dfrac{\partial^2 N_i}{\partial x\partial y} & 2\dfrac{\partial^2 N_{xi}}{\partial x\partial y} & 2\dfrac{\partial^2 N_{yi}}{\partial x\partial y} & \cdots & 2\dfrac{\partial^2 N_{yl}}{\partial x\partial y} \end{bmatrix}_{3\times 12} \tag{3-108}$$

将式(3-107)、式(3-108)带入式 (3-106)得到单元刚度矩阵为

$$\boldsymbol{k}_{\mathrm{b1}}^{e}=\frac{Et^3}{360(1-\nu^2)}\begin{bmatrix} a_1 & b_1 & c_1 & a_2 & b_2 & c_2 & a_3 & b_3 & c_3 & a_4 & b_4 & c_4 \\ b_1 & d_1 & -f_1 & b_2 & d_2 & 0 & -b_3 & d_3 & 0 & -b_4 & d_4 & 0 \\ c_1 & -f_1 & e_1 & -c_2 & 0 & e_2 & -c_3 & 0 & e_3 & c_4 & 0 & e_4 \\ a_2 & b_2 & -c_2 & a_1 & b_1 & -c_1 & a_4 & b_4 & -c_4 & a_3 & b_3 & -c_3 \\ b_2 & d_2 & 0 & b_1 & d_1 & f_1 & -b_4 & d_4 & 0 & -b_3 & d_3 & 0 \\ c_2 & 0 & e_2 & -c_1 & f_1 & e_1 & -c_4 & 0 & e_4 & c_3 & 0 & e_3 \\ a_3 & -b_3 & -c_3 & a_4 & -b_4 & -c_4 & a_1 & -b_1 & -c_1 & a_2 & -b_2 & -c_2 \\ b_3 & d_3 & 0 & b_4 & d_4 & 0 & -b_1 & d_1 & -f_1 & -b_2 & d_2 & 0 \\ c_3 & 0 & e_3 & -c_4 & 0 & e_4 & -c_1 & -f_1 & e_1 & c_2 & 0 & e_2 \\ a_4 & -b_4 & c_4 & a_3 & -b_3 & c_3 & a_2 & -b_2 & c_2 & a_1 & -b_1 & c_1 \\ b_4 & d_4 & 0 & b_3 & d_3 & 0 & -b_2 & d_2 & 0 & -b_1 & d_1 & f_1 \\ c_4 & 0 & e_4 & -c_3 & 0 & e_3 & -c_2 & 0 & e_2 & c_1 & f_1 & e_1 \end{bmatrix}_{12\times 12} \tag{3-109}$$

其中

$a_1=21-6\nu+\dfrac{30(a^4+b^4)}{a^2b^2}$；$a_2=-21+6\nu+\dfrac{15(a^4-2b^4)}{a^2b^2}$；

$a_3=21-6\nu-\dfrac{15(a^4+b^4)}{a^2b^2}$；$a_4=-21+6\nu+\dfrac{15(b^4-2a^4)}{a^2b^2}$；

$b_1=3(1+4\nu)b+\dfrac{30a^2}{b}$；$b_2=-3(1+4\nu)b+\dfrac{15a^2}{b}$；

$b_3=3(1-\nu)b-\dfrac{15a^2}{b}$；$b_4=-3(1-\nu)b-\dfrac{30a^2}{b}$；

$c_1=-3(1+4\nu)a-\dfrac{30b^2}{a}$；$c_2=3(1-\nu)a+\dfrac{30b^2}{a}$；

$c_3=-3(1-\nu)a+\dfrac{15b^2}{a}$；$c_4=3(1+4\nu)a-\dfrac{15b^2}{a}$；

$d_1=8(1-\nu)b^2+40a^2$；$d_2=-8(1-\nu)b^2+20a^2$；

$d_3=2(1-\nu)b^2+10a^2$；$d_4=-2(1-\nu)b^2+20a^2$；

$e_1=8(1-\nu)a^2+40b^2$；$e_2=-2(1-\nu)a^2+20b^2$；

$e_3=2(1-\nu)a^2+10b^2$；$e_4=-8(1-\nu)a^2+20b^2$；

$f_1=30\nu ab$；

ν 为泊松比，取为 0.3。

$$\boldsymbol{k}_{b2}^{e}=k_{rz}\iint\boldsymbol{N}^{T}\boldsymbol{N}\mathrm{d}x\mathrm{d}y \tag{3-110}$$

令

$$\boldsymbol{m}_{b}^{e}=t\rho\iint\boldsymbol{N}^{T}\boldsymbol{N}\mathrm{d}x\mathrm{d}y$$

可得

$$\boldsymbol{k}_{b2}^{e}=\frac{k_{rz}}{t\rho}\boldsymbol{m}_{b}^{e}$$

至此，$\boldsymbol{k}_{b1}^{e}$、$\boldsymbol{k}_{b2}^{e}$都已经求得，从而可以获得薄板的单元刚度矩阵 $\boldsymbol{k}_{b}^{e}$。

④单元阻尼矩阵

轨道板的阻尼矩阵由两部分组成：一是薄板单元的材料黏滞阻尼 $\boldsymbol{c}_{b1}^{e}$，取结构的瑞利阻尼；二是板下的支承阻尼 $\boldsymbol{c}_{b2}^{e}$。

$$\begin{aligned}\boldsymbol{c}_{b1}^{e}&=\alpha\boldsymbol{m}_{b}^{e}+\beta\boldsymbol{k}_{b1}^{e}\\ \boldsymbol{c}_{b2}^{e}&=\frac{c_{rz}}{t\rho}\boldsymbol{m}_{b}^{e}\end{aligned} \tag{3-111}$$

式中，α、β 根据混凝土板的结构、材质而取值。

⑤轨道板荷载

a. 板单元等效荷载

当单元上作用有集中力 $\boldsymbol{Q}$ 时，单元荷载向量为

$$\boldsymbol{P}^{e}=\boldsymbol{N}^{T}\boldsymbol{Q} \tag{3-112}$$

b. 轨道板受力分析

轨道板单元的受力主要分为两个部分：钢轨扣件的作用力和轨道板下的支承力。

轨道板受力如图 3-23 所示，将各力等效到节点上，组成轨道板力矩阵。

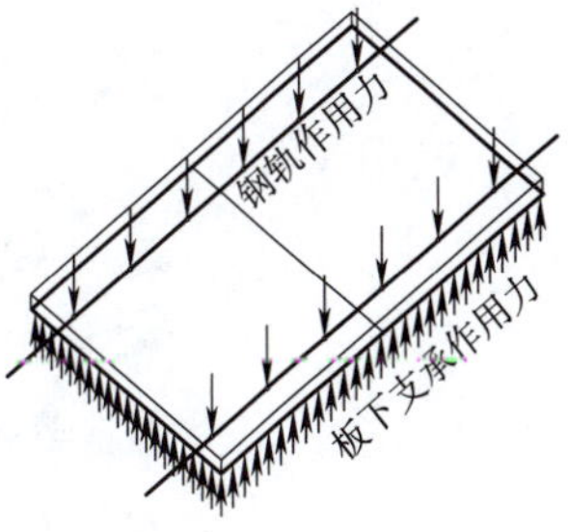

图 3-23　轨道板受力图

⑥轨道板垂向运动方程

轨道板的单元质量、刚度、阻尼及力矩阵都已经在上文求解完毕。利用变形协调条件及静力平衡条件，按照“对号入座”法则组装轨道板的总质量、总刚度、总阻尼及总的力矩阵，带入轨道板的运动方程得

$$\boldsymbol{M}_{b}\ddot{\boldsymbol{u}}_{b}+\boldsymbol{K}_{b}\boldsymbol{u}_{b}+\boldsymbol{C}_{b}\dot{\boldsymbol{u}}_{b}=\boldsymbol{F}_{b} \tag{3-113}$$

$\boldsymbol{M}_{b}$、$\boldsymbol{K}_{b}$、$\boldsymbol{C}_{b}$、$\boldsymbol{F}_{b}$ 分别代表轨道板垂向总的质量、刚度、阻尼以及力矩阵，分别由轨道板垂

向单元质量矩阵（3-104）、刚度矩阵（3-109）、阻尼矩阵（3-111）及力矩阵（3-112）叠加得到。

⑦轨道板横向运动方程

在横向上，将轨道板视为连续支承等截面梁单元。每个节点具有横移 Y_{b} 和绕 z 轴的转角 θ_{bz} 两个自由度。任意梁单元的节点位移表示为 $\boldsymbol{u}_{\mathrm{by}}^{e}=(Y_{\mathrm{b}i},\theta_{\mathrm{bz}i},Y_{\mathrm{b}j},\theta_{\mathrm{bz}j})$，节点力表示为 $\boldsymbol{F}_{\mathrm{by}}^{e}=(F_{\mathrm{by}i},M_{\mathrm{bz}i},F_{\mathrm{by}j},M_{\mathrm{bz}j})$。其中，$F_{\mathrm{by}}$ 表示节点所受横向力；M_{bz} 表示节点所受绕 z 轴的弯矩。

轨道板横向单元的单元刚度、质量及阻尼矩阵都与钢轨垂向单元的各相应矩阵形式一致，只是抗弯刚度、单位质量、瑞利阻尼系数等参数选值有所不同。同时，还要注意考虑板下支承弹簧和阻尼的作用、钢轨扣件对轨道板横向单元的作用以及板侧的约束作用。轨道板横向振动的微分方程表示为

$$\boldsymbol{M}_{\mathrm{by}}\ddot{\boldsymbol{u}}_{\mathrm{by}}+\boldsymbol{K}_{\mathrm{by}}\boldsymbol{u}_{\mathrm{by}}+\boldsymbol{C}_{\mathrm{by}}\dot{\boldsymbol{u}}_{\mathrm{by}}=\boldsymbol{F}_{\mathrm{by}} \tag{3-114}$$

式中，$\boldsymbol{M}_{\mathrm{by}}$、$\boldsymbol{K}_{\mathrm{by}}$、$\boldsymbol{C}_{\mathrm{by}}$、$\boldsymbol{F}_{\mathrm{by}}$ 分别为轨道板横向的质量、刚度、阻尼以及力矩阵。

3.3.2 桥梁模型

1. 桥梁有限元模型

空间梁采用两节点空间等参直梁单元，如图 3-24 所示，每个节点各有 3 个角位移和 3 个线位移，不考虑梁单元翘曲和畸变。

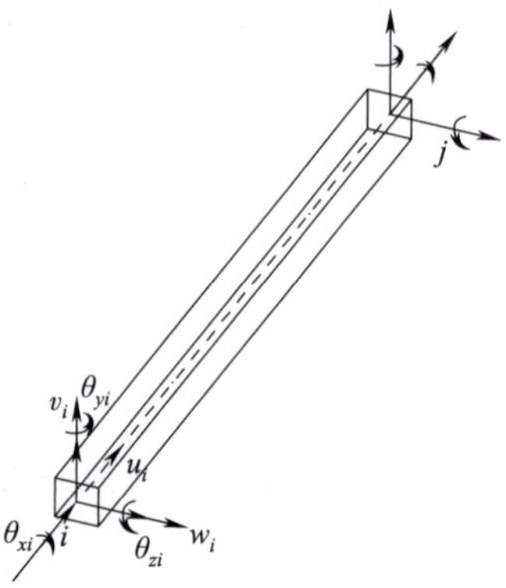

图 3-24 等参直梁单元

（1）形函数

为了进行单元分析，首先必须把梁单元任意一点挠度表示为某种函数的形式。利用形函数和节点位移可将梁轴向位移 u、垂向位移 v、横向位移 w 及扭转角位移 θ_x 表示为

$$u=\boldsymbol{N}_u\boldsymbol{u}^e \tag{3-115}$$

$$v=\boldsymbol{N}_v\boldsymbol{u}^e \tag{3-116}$$

$$w=\boldsymbol{N}_w\boldsymbol{u}^e \tag{3-117}$$

$$\theta_x=\boldsymbol{N}_\theta\boldsymbol{u}^e \tag{3-118}$$

其中

$$\boldsymbol{N}_u=(N_1\quad 0\quad 0\quad 0\quad 0\quad 0\quad N_2\quad 0\quad 0\quad 0\quad 0\quad 0)$$

$$\boldsymbol{N}_v=(0\quad N_3\quad 0\quad 0\quad 0\quad N_4\quad 0\quad N_5\quad 0\quad 0\quad 0\quad N_6)$$

$$\boldsymbol{N}_w=(0\quad 0\quad N_3\quad 0\quad -N_4\quad 0\quad 0\quad 0\quad N_5\quad 0\quad -N_6\quad 0)$$

$$\boldsymbol{N}_\theta=(0\quad 0\quad 0\quad N_1\quad 0\quad 0\quad 0\quad 0\quad 0\quad N_2\quad 0\quad 0)$$

$$\boldsymbol{u}^e=(u_i\quad v_i\quad w_i\quad \theta_{xi}\quad \theta_{yi}\quad \theta_{zi}\quad u_j\quad v_j\quad w_j\quad \theta_{xj}\quad \theta_{yj}\quad \theta_{zj})$$

式中，$N_1=1-\dfrac{x}{l}$；$N_2=\dfrac{x}{l}$；$N_3=1-\dfrac{3}{l^2}x^2+\dfrac{2}{l^3}x^3$；$N_4=-x+\dfrac{2}{l}x^2-\dfrac{1}{l^2}x^3$；$N_5=\dfrac{3}{l^2}x^2-\dfrac{2}{l^3}x^3$；$N_6=\dfrac{1}{l}x^2-\dfrac{1}{l^2}x^3$。

(2)单元刚度矩阵

单元刚度矩阵可由下式计算：

$$\boldsymbol{k}^e=\int_v \boldsymbol{B}^{\mathrm{T}}\boldsymbol{D}\boldsymbol{B}\,\mathrm{d}v \tag{3-119}$$

局部坐标下考虑剪切变形的空间梁单元刚度矩阵可表示为

$$\boldsymbol{k}^e=\begin{pmatrix}
\frac{EA}{l} & 0 & 0 & 0 & 0 & 0 & -\frac{EA}{l} & 0 & 0 & 0 & 0 & 0\\
0 & \frac{12EI_z}{l^3(1+b_z)} & 0 & 0 & 0 & \frac{6EI_z}{l^2(1+b_z)} & 0 & \frac{-12EI_z}{l^3(1+b_z)} & 0 & 0 & 0 & \frac{6EI_z}{l^2(1+b_z)}\\
0 & 0 & \frac{12EI_y}{l^3(1+b_y)} & 0 & \frac{-6EI_y}{l^2(1+b_y)} & 0 & 0 & 0 & \frac{-12EI_y}{l^3(1+b_y)} & 0 & \frac{-6EI_y}{l^2(1+b_y)} & 0\\
0 & 0 & 0 & \frac{GI_p}{l} & 0 & 0 & 0 & 0 & 0 & -\frac{GI_p}{l} & 0 & 0\\
0 & 0 & \frac{-6EI_y}{l^2(1+b_y)} & 0 & \frac{EI_y(4+b_y)}{l(1+b_y)} & 0 & 0 & 0 & \frac{6EI_y}{l^2(1+b_y)} & 0 & \frac{EI_y(2-b_y)}{l^2(1+b_y)} & 0\\
0 & \frac{6EI_z}{l^2(1+b_z)} & 0 & 0 & 0 & \frac{EI_z(4+b_z)}{l(1+b_z)} & 0 & \frac{-6EI_z}{l^2(1+b_z)} & 0 & 0 & 0 & \frac{EI_z(2-b_z)}{l^2(1+b_z)}\\
\frac{-EA}{l} & 0 & 0 & 0 & 0 & 0 & \frac{EA}{l} & 0 & 0 & 0 & 0 & 0\\
0 & \frac{-12EI_z}{l^3(1+b_z)} & 0 & 0 & 0 & \frac{-6EI_z}{l^2(1+b_z)} & 0 & \frac{12EI_z}{l^3(1+b_z)} & 0 & 0 & 0 & \frac{-6EI_z}{l^2(1+b_z)}\\
0 & 0 & \frac{-12EI_y}{l^3(1+b_y)} & 0 & \frac{6EI_y}{l^2(1+b_y)} & 0 & 0 & 0 & \frac{12EI_y}{l^3(1+b_y)} & 0 & \frac{6EI_y}{l^2(1+b_y)} & 0\\
0 & 0 & 0 & \frac{-GI_p}{l} & 0 & 0 & 0 & 0 & 0 & \frac{GI_p}{l} & 0 & 0\\
0 & 0 & \frac{-6EI_y}{l^2(1+b_y)} & 0 & \frac{EI_y(2-b_y)}{l^2(1+b_y)} & 0 & 0 & 0 & \frac{6EI_y}{l^2(1+b_y)} & 0 & \frac{EI_y(4+b_y)}{l(1+b_y)} & 0\\
0 & \frac{6EI_z}{l^2(1+b_z)} & 0 & 0 & 0 & \frac{EI_z(2-b_z)}{l^2(1+b_z)} & 0 & \frac{-6EI_z}{l^2(1+b_z)} & 0 & 0 & 0 & \frac{EI_z(4+b_z)}{l(1+b_z)}
\end{pmatrix}$$

式中，$b_y=\dfrac{12kEI_y}{GA_zl^2}-\dfrac{24(1+\mu)A}{A_z}\left(\dfrac{r_y}{l}\right)^2$；$b_z=\dfrac{12kEI_z}{GA_yl^2}-\dfrac{24(1+\mu)A}{A_y}\left(\dfrac{r_z}{l}\right)^2$；$I_y$、$I_z$ 分别为截面绕 y、z 轴的抗弯惯性矩；I_p 为截面抗扭惯性矩；r_y、r_z 为回转半径，当$\dfrac{r_y}{l}$、$\dfrac{r_z}{l}$很小时，可令 $b_y=b_z=0$，即得到忽略剪切变形的空间梁单元刚度矩阵；A_y、A_z 分别为梁在 y、z 方向上承受剪力的面积；A 为梁单元截面面积；l 为单元长度；E 为材料的弹性模量；G 为材料的剪切模量。

(3)单元质量矩阵

一致质量矩阵可由下式计算：

$$\boldsymbol{m}^e=\int_v \rho\boldsymbol{N}^{\mathrm{T}}\boldsymbol{N}\,\mathrm{d}v \tag{3-120}$$

空间梁单元质量矩阵可表示为

$$
\boldsymbol{m}^e=\frac{\rho l}{420}\begin{bmatrix}
140 & 0 & 0 & 0 & 0 & 0 & 70 & 0 & 0 & 0 & 0 & 0 \\
0 & 156 & 0 & 0 & 0 & 22l & 0 & 54 & 0 & 0 & 0 & -13l \\
0 & 0 & 156 & 0 & -22l & 0 & 0 & 0 & 54 & 0 & 13l & 0 \\
0 & 0 & 0 & \frac{140I_p}{A} & 0 & 0 & 0 & 0 & 0 & \frac{70I_p}{A} & 0 & 0 \\
0 & 0 & -22l & 0 & 4l^2 & 0 & 0 & 0 & -13l & 0 & -3l^2 & 0 \\
0 & 22l & 0 & 0 & 0 & 4l^2 & 0 & 13l & 0 & 0 & 0 & -3l^2 \\
70 & 0 & 0 & 0 & 0 & 0 & 140 & 0 & 0 & 0 & 0 & 0 \\
0 & 54 & 0 & 0 & 0 & 13l & 0 & 156 & 0 & 0 & 0 & -22l \\
0 & 0 & 54 & 0 & -13l & 0 & 0 & 0 & 156 & 0 & 22l & 0 \\
0 & 0 & \frac{70I_p}{A} & 0 & 0 & 0 & 0 & 0 & 0 & \frac{140I_p}{A} & 0 & 0 \\
0 & 0 & 13l & 0 & -3l^2 & 0 & 0 & 0 & 22l & 0 & 4l^2 & 0 \\
0 & -13l & 0 & 0 & 0 & -3l^2 & 0 & -22l & 0 & 0 & 0 & 4l^2
\end{bmatrix}
$$

(4)结构阻尼矩阵

阻尼问题较为复杂，要精确确定阻尼矩阵是相当困难的，实际分析中通常根据实测资料，由振动过程中结构整体的能量消耗来确定阻尼矩阵的近似值。通常将结构阻尼矩阵简化为质量矩阵和刚度矩阵的线性组合，即瑞利阻尼，有

$$
\boldsymbol{C}^e=\alpha\boldsymbol{M}^e+\beta\boldsymbol{K}^e \tag{3-121}
$$

α、β 可根据结构振动频率 ω_1、ω_2 及所对应阻尼比 ξ_1、ξ_2 来确定，即

$$
\alpha=\frac{2(\xi_1\omega_2-\xi_2\omega_1)}{\omega_2^2-\omega_1^2}\omega_1\omega_2,\quad \beta=\frac{2(\xi_2\omega_2-\xi_1\omega_1)}{\omega_2^2-\omega_1^2} \tag{3-122}
$$

2. 桥梁综合模态建模方法

由于桥梁建模时采用的是多自由度的有限元几何模型，计算自由度很多，工作量很大。为了减少计算自由度，在桥梁模型中引入了模态综合技术，即广义坐标离散的方法：首先求出结构自由振动的频率和振型，利用振型正交性，把互相耦联的数百个节点运动方程解耦，使其转化为互相独立的模态方程。

桥梁模型采用广义坐标离散(模态模型)时，梁体任意横截面在三个方向的运动均可由振型函数的叠加表示，即

$$
\begin{cases}
Y_b(x)=\sum\limits_{n=1}^{N_b}q_n\phi_h^n(x)\\
\theta_b(x)=\sum\limits_{n=1}^{N_b}q_n\phi_\theta^n(x)\\
Z_b(x)=\sum\limits_{n=1}^{N_b}q_n\phi_v^n(x)
\end{cases} \tag{3-123}
$$

式中，$\phi_h^n(x)$、$\phi_\theta^n(x)$、$\phi_v^n(x)$分别为梁墩第 n 阶振型的水平、扭转和竖直分量；N_b 为所采用的振型数；q_n 为广义坐标，即模态振幅。

振型分析对桥梁体系整体进行，节点之间的振型由节点振型值按 Lagrange 插值确定。

若梁墩的振型是按 $\phi_n^T m \phi_n = 1$ 规格化的，则第 n 阶桥梁模态方程为

$$\ddot{q}_n + 2\xi_n\omega_n\dot{q}_n + \omega_n^2 q_n = F_n \tag{3-124}$$

式中，ξ_n、ω_n 分别为桥梁第 n 阶振型的阻尼比和圆频率；F_n 为广义力。

3. 桥梁模态分析

时速 250 km 高速铁路 32 m 跨度双线标准简支梁（图号采用“通桥〔2009〕2229-Ⅰ～Ⅴ”系列图纸）为双线预应力混凝土简支箱梁，双线铁路桥面宽 12.2 m，梁全长32.7 m，梁高 8 m，轨底至梁底建筑高度为 3.17 m。曲线地段布置和梁横截面如图 3-25 所示。

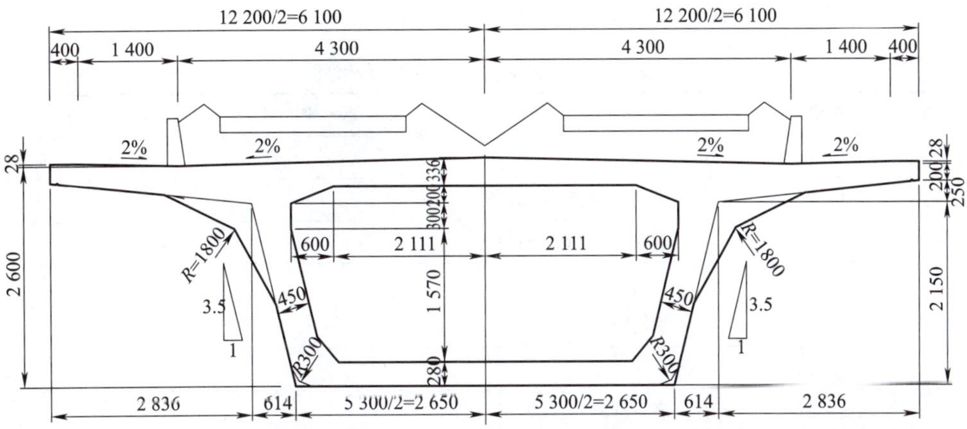

图 3-25　32 m 跨度梁截面（单位：mm）

采用有限元建立的 32 m 双线单箱单室简支梁模型如图 3-26 所示，计算参数见表 3-3。

图 3-26　桥梁有限元模型

表 3-3　32 m 简支梁桥梁参数

序　号	部　件	参　数	数　值
1	简支梁	弹性模量	3.40×10^{10} Pa
		泊松比	0.2
		密度	2 500 kg/m³
2	二期恒载	每延米质量	15 t
3	桥梁	每延米质量	20.85 t
4	支座	垂向刚度	5×10^{10} N/m
		横向刚度	5×10^{15} N/m
		纵向刚度	5×10^{10} N/m

对模型进行自振分析，得到的自振频率（部分）见表 3-4，各阶振型如图 3-27 所示，其中一阶垂向频率为 4.97 Hz，一阶横向频率为 13.1 Hz。

表 3-4　桥梁模态分析前 15 阶频率

阶　数	频率/Hz	主　振　形　式
1	4.972 85	垂向弯曲
2	13.097 3	横向弯曲、绕纵轴扭转
3	16.057 3	横向弯曲、绕纵轴扭转
4	17.102 5	垂向弯曲
5	23.514 8	垂向弯曲
7	35.208 9	垂向弯曲
8	41.919 8	横向弯曲、绕纵轴扭转
9	44.291 6	横向弯曲
12	70.446 1	垂向弯曲
13	72.621 3	横向弯曲、绕纵轴扭转
15	75.988 1	绕纵轴扭转

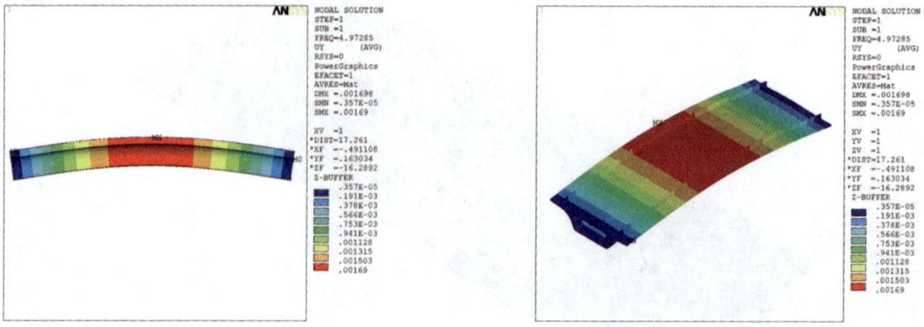

（a）桥梁第 1 阶振型

图　3-27

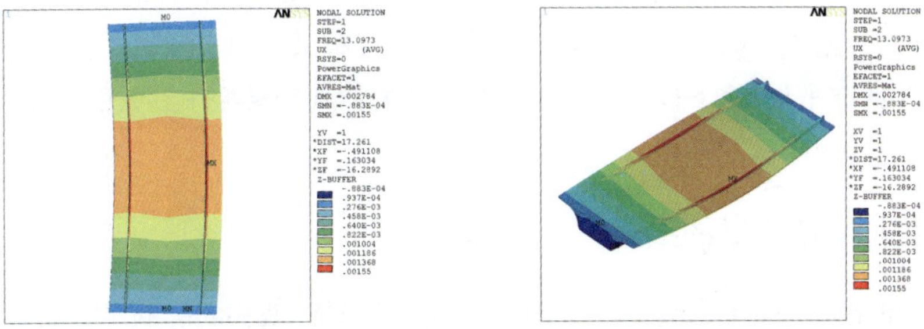

(b)桥梁第 2 阶振型

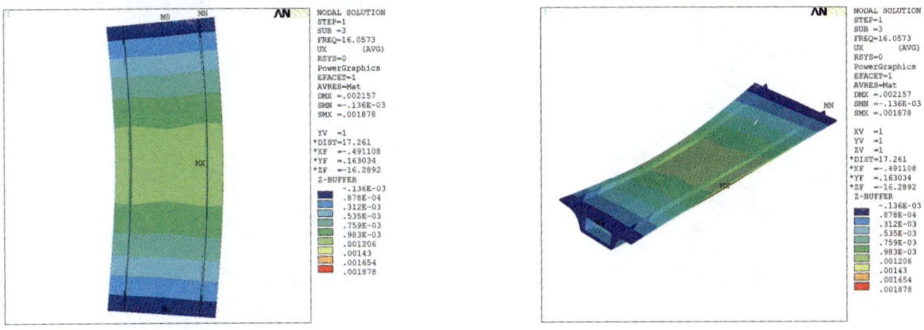

(c)桥梁第 3 阶振型

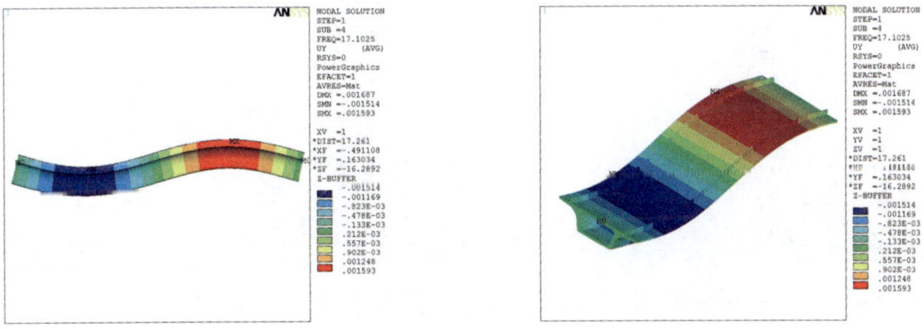

(d)桥梁第 4 阶振型

图 3-27　桥梁振型

3.4　轨道不平顺模型

轨道不平顺是车辆-线路系统主要激励源之一，是引起车辆、轨道等结构振动的主要因素。列车运行品质及轨道结构受力状态直接与轨道不平顺的类型、幅值、波长、周期等密切相关。

总体而言，轨道不平顺可以分为确定性激扰和非确定性激扰两大类。确定性激扰按照激扰的性质可以分为脉冲型、谐波型以及动力型三种主要形式。脉冲型激扰包括车轮扁疤、低接头、钢轨错牙等不平顺，通常以冲击速度的方式向轮轨系统输入；谐波型激扰包括轨道正、余弦不平顺、竖错不平顺以及车轮偏心等，体现为位移激扰和力激扰；动力型激扰包括轨下基础刚度突变、空吊板、轨下板结、扣件松脱等，主要体现为模型中参数的变化。非确定性激扰主要是轨道几何随机不平顺。

3.4.1 轨道几何不平顺的描述

轨道几何不平顺的基本参数是左、右钢轨顶部表面垂向偏移的高低不平顺，以及钢轨相对中心线横向偏移的轨向不平顺。由此可导出轨道中心线的高低、水平、轨向和轨距四种基本轨道不平顺类型，如图 3-28 所示，L 为不平顺波长，A 为轨道不平顺幅值。

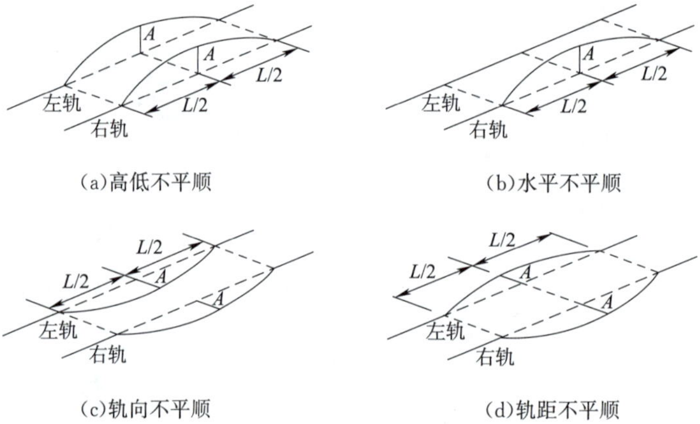

图 3-28　轨道几何不平顺基本形式

(1)高低不平顺

高低不平顺指钢轨顶面沿线路方向的竖向位置偏差，可表示为

$$z_t = \frac{1}{2}(z_l + z_r) \tag{3-125}$$

式中，z_l、z_r 分别为左、右轨的垂向坐标。

(2)水平不平顺

水平不平顺指线路左、右两股钢轨顶面的相对高差，可表示为

$$\Delta z_t = z_l - z_r \tag{3-126}$$

(3)轨向不平顺

轨向不平顺指实际轨道中心线与理论轨道中心线的偏差，可表示为

$$y_t = \frac{1}{2}(y_l + y_r) \tag{3-127}$$

式中，y_l、y_r 分别为左、右轨的横向坐标。

(4)轨距不平顺

轨距不平顺指实际轨距与理论轨距的偏差，在轨顶下 16 mm 的位置处测量，可表示为

$$g_t = y_l - y_r - g_0 \tag{3-128}$$

式中，g_0 为名义轨距。

高低、水平不平顺是垂向的不平顺，体现了线路中心线的垂向偏移；轨向、轨距不平顺是横向的不平顺，体现了左、右轨之间的横向位移差。此外，还有扭曲不平顺（三角坑）及轨道同一位置出现多种垂向和横向不平顺的复合不平顺，它们都可以由以上四种基本不平顺组合来描述。

3.4.2 轨道随机不平顺模型

1. 高速铁路轨道不平顺谱

实际线路的几何状态是受钢轨、道床和路基状态等众多因素共同影响的，所以表现出明显的随机性。通常采用功率谱密度作为轨道不平顺最常用的统计函数。

功率谱密度函数用于轨道不平顺时还需注意，轨道不平顺是距离的函数，通常用空间频率 F(cycle/m)或空间波数 Ω (rad/m)替换频率 f(1/s)或角频率 ω(rad/s)，它们的关系为

$$\begin{cases} \Omega = 2\pi F = \omega / v \\ F = f / v \end{cases} \tag{3-129}$$

英国、日本、德国、美国都根据本国铁路测量、分析提出了本国轨道谱，比如美国六级谱、德国高低干扰谱等。我国在大量高速铁路轨检数据的基础上，提出了高速铁路无砟轨道和有砟轨道不平顺谱。

(1)中国高速铁路无砟轨道不平顺谱

①适用范围

适用于线路速度 300～350 km/h 的高速铁路无砟轨道，不适用于波长小于 2 m 以下轨道短波不平顺分析。

②空间频率范围

中国高速铁路无砟轨道不平顺谱空间频率范围为 0.005～0.5 m^{-1}，对应的轨道不平顺波长范围为 2～200 m。

③拟合公式

轨道不平顺谱采用幂函数公式进行分段拟合，拟合公式为

$$S(f) = \frac{A}{f^k} \tag{3-130}$$

式中　f——空间频率；

A，k——拟合公式系数，见表 3-5。

表 3-5 高速铁路无砟轨道不平顺平均谱拟合公式系数

项　目	第 1 段		第 2 段		第 3 段		第 4 段	
	A	k	A	k	A	k	A	k
轨距不平顺	5.497 8E−02	0.828 2	5.070 1E−03	1.930 7	1.877 8E−03	4.594 8	—	—
水平不平顺	3.614 8E−03	1.727 8	4.368 5E−02	1.046 1	4.586 7E−03	2.093 9	—	—
轨向不平顺	3.951 3E−03	1.867 0	1.104 7E−02	1.535 4	7.563 3E−03	2.817 1	—	—
高低不平顺	1.054 4E−05	3.389 1	3.558 8E−03	1.927 1	1.978 4E−03	1.364 3	3.948 8E−04	3.451 6

分段点空间频率及对应波长见表 3-6。

表 3-6 高速铁路无砟轨道不平顺分段点空间频率及对应波长

项　目	第 1 段		第 2 段		第 3 段	
	空间频率/m^{-1}	空间波长/m	空间频率/m^{-1}	空间波长/m	空间频率/m^{-1}	空间波长/m
轨距不平顺	0.109 0	9.2	0.293 8	3.4	—	—
水平不平顺	0.025 8	38.8	0.116 3	8.6	—	—
轨向不平顺	0.045 0	22.2	0.123 4	8.1	—	—
高低不平顺	0.018 7	53.5	0.047 4	21.1	0.153 3	6.5

轨道不平顺谱满足自由度为 2 的 χ^2 分布，由轨道不平顺平均谱估计百分位数谱的转换系数 C，见表 3-7。

表 3-7 轨道不平顺平均谱到百分位数谱的转换系数

百分位数	10.0	20.0	25.0	30.0	50.0	60.0	63.2	70.0	75.0	80.0	90.0
转换系数 C	0.105	0.223	0.288	0.357	0.693	0.916	1.000	1.204	1.386	1.609	2.303

(2)中国高速铁路有砟轨道不平顺谱

①适用范围

适用于线路速度 200～250 km/h 的高速铁路有砟轨道，不适用于波长小于 2 m 以下轨道短波不平顺分析。

②空间频率范围

中国高速铁路有砟轨道不平顺谱空间频率范围为 0.01～0.5 m^{-1}，对应的轨道不平顺波长范围为 2～100 m。

③拟合公式

轨道不平顺谱采用幂函数公式进行分段拟合，拟合公式见式(3-130)，拟合公式系数见表 3-8。

表 3-8　高速铁路有砟轨道不平顺平均谱拟合公式系数

项　目	第 1 段		第 2 段		第 3 段		第 4 段	
	A	k	A	k	A	k	A	k
轨距不平顺	1.363 5E−01	0.690 3	2.138 4E−02	1.565 3	8.164 1E−04	4.130 5	—	—
水平不平顺	9.971 4E−03	1.610 3	5.574 3E−02	1.133 6	1.683 3E−03	3.131 5	—	—
轨向不平顺	2.593 4E−04	2.660 7	1.324 5E−01	0.804 1	7.149 8E−04	3.297 9	—	—
高低不平顺	8.198 1E−02	1.628 4	4.688 0E−05	3.419 4	3.821 5E−02	1.230 6	2.460 9E−04	4.166 3

分段点空间频率及对应波长见表 3-9。轨道不平顺平均谱到百分位数谱的转换系数见表 3-7。

表 3-9　高速铁路有砟轨道不平顺分段点空间频率及对应波长

项　目	第 1 段		第 2 段		第 3 段	
	空间频率/m^{-1}	空间波长/m	空间频率/m^{-1}	空间波长/m	空间频率/m^{-1}	空间波长/m
轨距不平顺	0.120 4	8.3	0.280 0	3.6	—	—
水平不平顺	0.027 0	37.0	0.173 5	5.8	—	—
轨向不平顺	0.034 8	28.7	0.123 2	8.1	—	—
高低不平顺	0.015 5	64.5	0.046 8	21.4	0.179 3	5.6

(3)德国轨道谱

德国轨道谱分为“低干扰”谱和“高干扰”谱，“低干扰”谱可适用于德国时速 250 km 以上的高速铁路，“高干扰”谱适用于德国普通铁路。另外，高低、轨向、轨距不平顺功率谱密度的单位为 $m^2/(rad/m)$；水平不平顺由于采用倾角度量，因而其功率谱密度的单位为 $1/(rad/m)$。

①高低不平顺

$$S_v(\Omega)=\frac{A_v\Omega_c^2}{(\Omega^2+\Omega_r^2)(\Omega^2+\Omega_c^2)} \tag{3-131}$$

②轨向不平顺

$$S_a(\Omega)=\frac{A_a\Omega_c^2}{(\Omega^2+\Omega_r^2)(\Omega^2+\Omega_c^2)} \tag{3-132}$$

③水平不平顺

$$S_c(\Omega)=\frac{a^{-2}A_v\Omega_c^2\Omega^2}{(\Omega^2+\Omega_r^2)(\Omega^2+\Omega_c^2)(\Omega^2+\Omega_s^2)} \tag{3-133}$$

④轨距不平顺

$$S_g(\Omega)=\frac{A_g\Omega_c^2\Omega^2}{(\Omega^2+\Omega_r^2)(\Omega^2+\Omega_c^2)(\Omega^2+\Omega_s^2)} \tag{3-134}$$

式中　$S_v(\Omega)$，$S_a(\Omega)$，$S_g(\Omega)$——高低、轨向、轨距不平顺功率谱密度，$m^2/(rad/m)$；

$S_c(\Omega)$——水平不平顺功率谱密度，$1/(rad/m)$；

A_v, A_a, A_g——粗糙度系数，$m^2 \cdot rad/m$；

Ω——空间频率，rad/m；

$\Omega_c, \Omega_r, \Omega_s$——截断频率，rad/m；

a——左右滚动圆距离的一半，m，一般可取 0.75 m。

粗糙度系数和截断频率见表 3-10，其中 A_g 是基于轨距不平顺在 $-3 \sim 3$ mm 内变化经试算得到的参考值。

表 3-10　德国轨道谱粗糙系数及截断频率

轨道谱类别	Ω_c/(rad·m^{-1})	Ω_r/(rad·m^{-1})	Ω_s/(rad·m^{-1})	A_a/(m^2·rad·m^{-1})	A_v/(m^2·rad·m^{-1})	A_g/(m^2·rad·m^{-1})
低干扰	0.824 6	0.020 6	0.438 0	2.119×10^{-7}	4.032×10^{-7}	5.32×10^{-8}
高干扰	0.824 6	0.020 6	0.438 0	6.125×10^{-6}	1.08×10^{-6}	1.032×10^{-7}

2. 轨道谱转换为时域样本

在动力仿真分析中，采用随机不平顺作为系统的激励能较好地反映线下结构对系统动力响应的影响。随机不平顺时域样本的来源，一种是根据线路测试数据，另一种仿真中常用的是采用通过大量测试数据统计得到的轨道谱，对轨道谱进行时频转换，从而得到随机不平顺的时域样本。

轨道随机不平顺可视为一平稳 Gauss 随机过程，有各种由给定的轨道不平顺功率谱得到不平顺时域样本的方法，如三角级数法、二次滤波法、AR 模型法或 ARMA 模型法等。

三角级数法将轨道不平顺功率谱转化为时域样本，轨道随机不平顺时域样本可由下式得到：

$$w(x) = \sum_{k=1}^{N} \sqrt{2S(\omega_k)\Delta\omega}\cos(\omega_k x + \phi_k) \tag{3-135}$$

式中，$S(\omega_k)$为不平顺的功率谱密度；$\omega_k(k=1,N)$分别为截止频率的上下限；$\Delta\omega$ 为频率间隔带宽；ϕ_k 为第 k 个频率的相位，它们相互独立并按 $0\sim2\pi$ 间均匀分布取值。

以中国高速铁路无砟轨道不平顺谱、德国低干扰线路（高速铁路）轨道不平顺功率谱为例，采用上述数值模拟方法对轨道随机不平顺样本进行数值计算，结果如图 3-29、图 3-30 所示。

图 3-29 所示为波长范围为 2～120 m 的中国高速铁路无砟轨道不平顺时域模拟样本，图 3-30 所示为波长范围为 2～120 m 的德国低干扰的轨道高低不平顺样本。由中国和德国高速轨道谱对比可以发现，波长为 2～120 m 时，中国高速铁路无砟轨道不平顺轨道方向不平顺幅值在 $-2\sim2$ mm 范围内变化，轨道高低不平顺幅值在 $-2.5\sim2.5$ mm 范围内变化；波长为 2～120 m 时，德国低干扰的轨道方向不平顺幅值在 $-6\sim5$ mm 范围内变化，轨道高低不平顺幅值在 $-7.5\sim7.5$ mm 范围内变化。中国高速铁路无砟轨道不平顺谱要优于德国低干扰轨道不平顺谱。

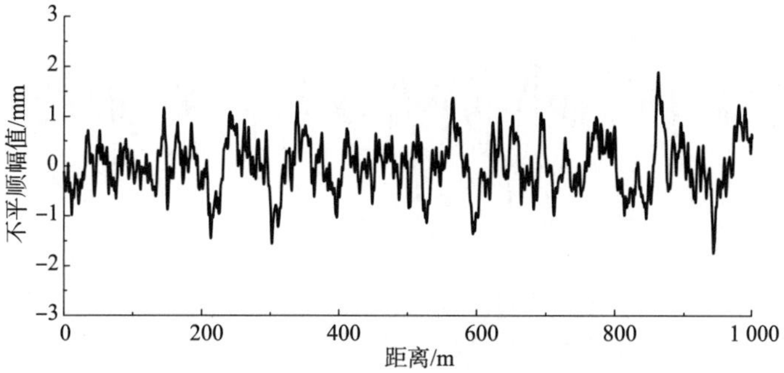

(a)左轨方向不平顺

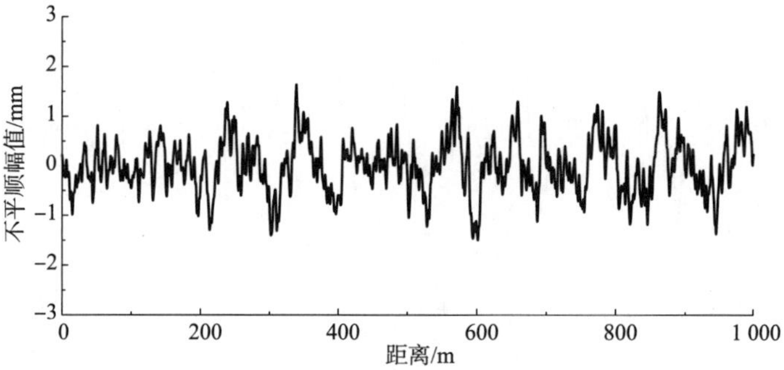

(b)右轨方向不平顺

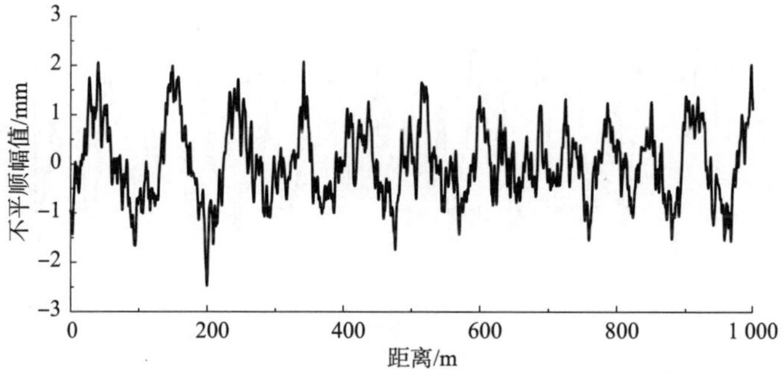

(c)左轨高低不平顺

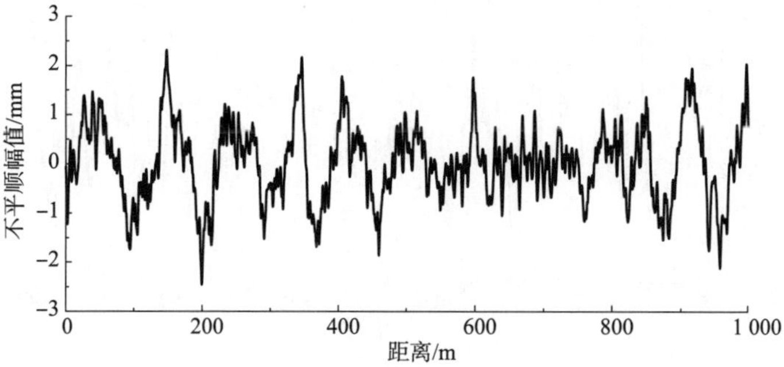

(d)右轨高低不平顺

图 3-29　中国高速铁路无砟轨道不平顺时域模拟样本

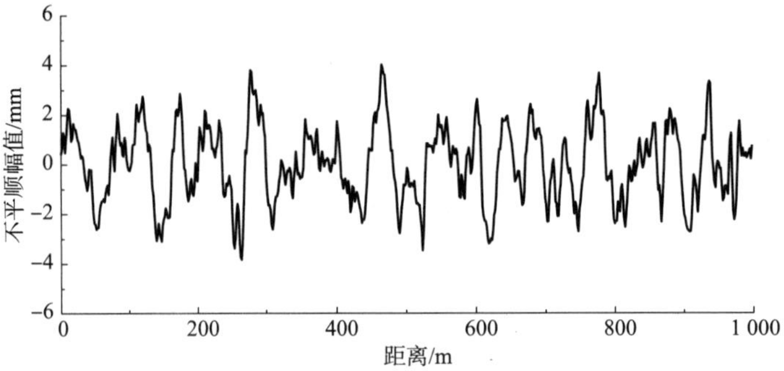

(a)左轨方向不平顺

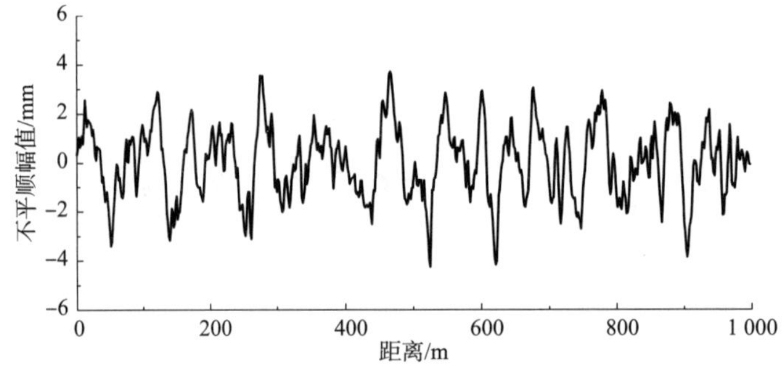

(b)右轨方向不平顺

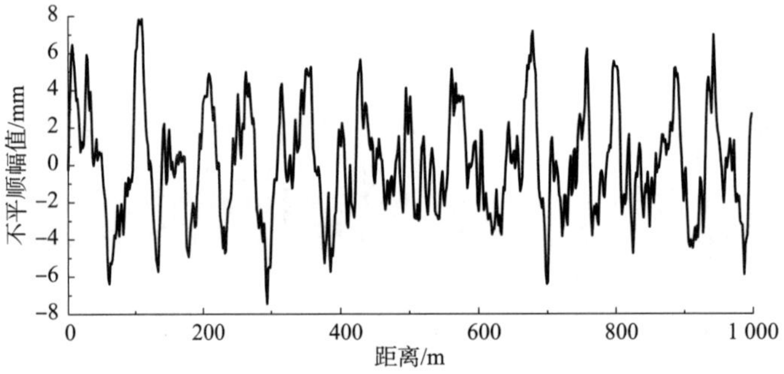

(c)左轨高低不平顺

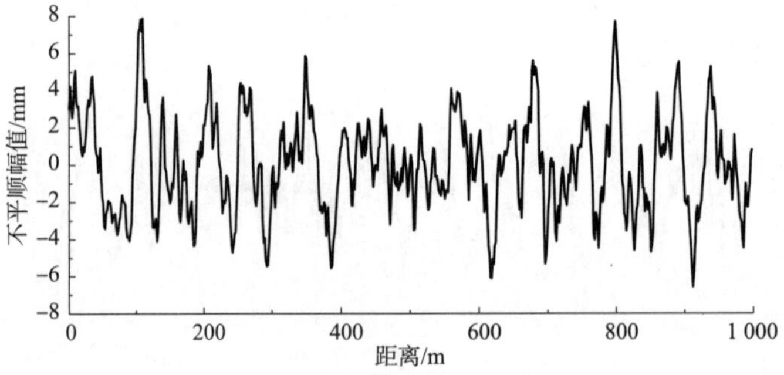

(d)右轨高低不平顺

图 3-30　德国低干扰轨道不平顺时域模拟样本

图 3-31(a)所示为时速 300 km 条件下计算得到的德国低干谱高低不平顺时域样本。图 3-31(b)所示为采用周期图法对图 3-31(a)模拟结果分析得到的功率谱密度模拟值，其与原解析值有很好的一致性。

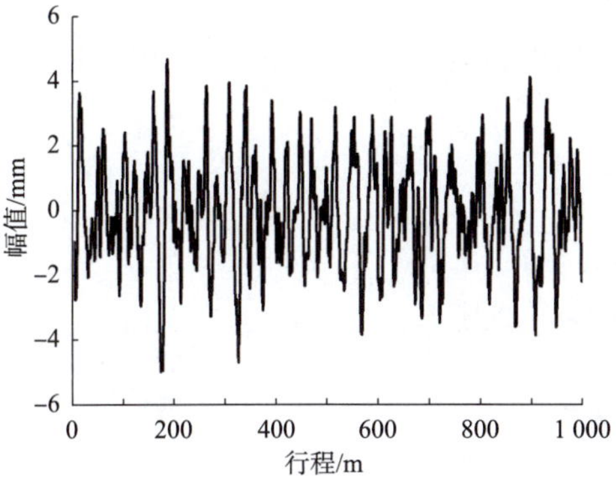

(a)轨道随机不平顺时域样本模拟结果

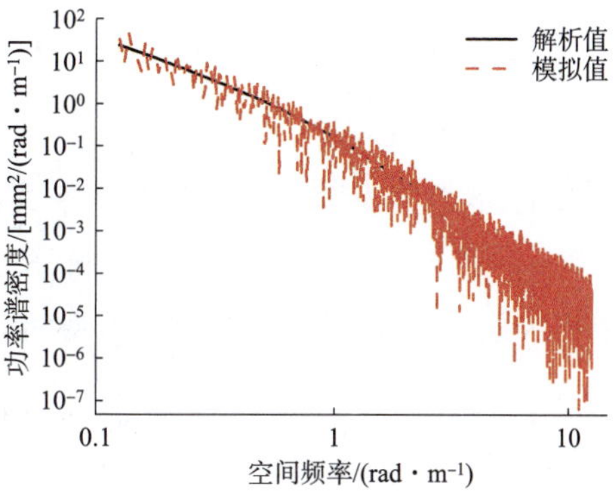

(b)轨道谱模拟值与解析值比较

图 3-31　轨道谱转换时域样本比较

3.5　系统方程的求解

3.5.1　微分方程组的数值解法

系统的运动方程最后可转化为二阶微分方程组，求解该运动方程的方法可以分为两大类：振型叠加法(mode superposition)和直接积分法(direct integration)。对于线性系统，振型叠加法求解系统的动力响应可以分为三步：首先求解广义特征值问题；然后求解 n 个互不耦合的运动方程，可以用直接积分法或杜哈美(Duhamel)积分法；最后将各振型的响应叠加，即得到系统的整体响应。对于非线性系统，振型之间不存在正交条件，因此不能采用振型叠加法。

本节重点介绍线性系统和非线性系统运动方程的直接积分法，即不对运动方程进行任何变换，直接对运动方程进行积分求解。本质上讲，直接积分法是基于两个基本概念：一是将在求解域 $0 \leqslant t \leqslant T$ 内任何时刻 t 都应该满足运动方程的要求，代之以仅在一定条件下近似地满足运动方程；二是在一定数目的 Δt 区域内，假设位移 $\boldsymbol{u}$、速度 $\dot{\boldsymbol{u}}$、加速度 $\ddot{\boldsymbol{u}}$ 的近似函数形式。

假定已知时刻 $t=0$ 的位置位移 $\boldsymbol{u}_0$、速度 $\dot{\boldsymbol{u}}_0$，将求解域分成 n 个 Δt 时间段，且已求得时刻 $0, \Delta t, 2\Delta t, \cdots, t$ 的解，现在要求 $t+\Delta t$ 时刻的解。建立了求解 $t+\Delta t$ 时刻解的算法后，即可求得所有离散时刻的解，因此该方法也称为逐步积分法。逐步积分法是一种近似的求解方法，每一步积分计算都会带来误差。解的误差来源主要有两大类：一类是在计算速度和加速度的近似表达式中略去了高阶小量，称为截断误差，这类误差是由方法本身决定的，它随

步长 Δt 的增大而增大；另一类是由于计算机的字长总是有限位，超过其位数的数必须舍入，称为舍入误差。尽管每一步中的舍入误差并不大，但这类误差在求解过程中可能会不断放大，以致计算结果完全失真，这就是直接积分法的稳定性问题。如果无论 Δt 取多大，给定任意初始条件，积分结果都不会无界增大，则称此方法是无条件稳定的。反之，如果 Δt 必须小于某个临界值 Δt_{cr} 时，积分结果才不会无界增大，则称为此方法是条件稳定的。

1. 中心差分法

系统 t 时刻的运动方程可以写为下式：

$$\boldsymbol{M}\ddot{\boldsymbol{u}}_t+\boldsymbol{C}\dot{\boldsymbol{u}}_t+\boldsymbol{K}\boldsymbol{u}_t=\boldsymbol{F}_t \tag{3-136}$$

把位移函数按泰勒级数展开，可得到前、后差分公式为

$$\boldsymbol{u}_{t+\Delta t}=\boldsymbol{u}_t+\dot{\boldsymbol{u}}_t\Delta t+\frac{1}{2}\dot{\boldsymbol{u}}_t\Delta t^2+\cdots \tag{3-137}$$

$$\boldsymbol{u}_{t-\Delta t}=\boldsymbol{u}_t-\dot{\boldsymbol{u}}_t\Delta t+\frac{1}{2}\dot{\boldsymbol{u}}_t\Delta t^2+\cdots \tag{3-138}$$

把式(3-137)、式(3-138)相减和相加，并略去高阶小量，可得到用 $t-\Delta t$、t 和 $t+\Delta t$ 的位移近似表示 t 时刻的速度和加速度为

$$\dot{\boldsymbol{u}}_t=\frac{1}{2\Delta t}(\boldsymbol{u}_{t+\Delta t}-\boldsymbol{u}_{t-\Delta t}) \tag{3-139}$$

$$\ddot{\boldsymbol{u}}_t=\frac{1}{\Delta t^2}(\boldsymbol{u}_{t+\Delta t}-2\boldsymbol{u}_t+\boldsymbol{u}_{t-\Delta t}) \tag{3-140}$$

为求解 $t+\Delta t$ 时刻的位移，将 t 时刻的速度和加速度近似式(3-138)和式(3-139)代入 t 时刻的运动方程(3-136)，整理可得

$$\hat{\boldsymbol{M}}\boldsymbol{u}_{t+\Delta t}=\hat{\boldsymbol{F}}_t \tag{3-141}$$

其中

$$\hat{\boldsymbol{M}}=\frac{1}{\Delta t^2}\boldsymbol{M}+\frac{1}{2\Delta t}\boldsymbol{C} \tag{3-142}$$

$$\hat{\boldsymbol{F}}_t=\boldsymbol{F}_t-\left(\boldsymbol{K}-\frac{2}{\Delta t^2}\boldsymbol{M}\right)\boldsymbol{u}_t-\left(\frac{1}{\Delta t^2}\boldsymbol{M}-\frac{1}{2\Delta t}\boldsymbol{C}\right)\boldsymbol{u}_{t-\Delta t} \tag{3-143}$$

可以看出，由 $t-\Delta t$ 和 t 时刻的位移 $\boldsymbol{u}_{t-\Delta t}$ 和 $\boldsymbol{u}_t$ 就可以求出 $t+\Delta t$ 时刻的位移 $\boldsymbol{u}_{t+\Delta t}$，同时可由式(3-139)和式(3-140)求出速度 $\dot{\boldsymbol{u}}_t$ 和加速度 $\ddot{\boldsymbol{u}}_t$。这种由前两步位移的已知值 $\boldsymbol{u}_{t-\Delta t}$ 和 $\boldsymbol{u}_t$ 求出 $\boldsymbol{u}_{t+\Delta t}$ 的方法称为两步法。由式可见，只给定初值 $\boldsymbol{u}_0$ 和 $\dot{\boldsymbol{u}}_0$ 无法求得 $\boldsymbol{u}_{\Delta t}$，还必须确定 $\boldsymbol{u}_{-\Delta t}$，即该方法存在如何起步的问题。在后差分公式(3-138)中取 $t=0$ 可得

$$\boldsymbol{u}_{-\Delta t}=\boldsymbol{u}_0-\dot{\boldsymbol{u}}_0\Delta t+\frac{1}{2}\ddot{\boldsymbol{u}}_0\Delta t^2 \tag{3-144}$$

中心差分法逐步求解运动方程的算法可归纳为：

(1)初始计算

①形成刚度矩阵 $\boldsymbol{K}$、质量矩阵 $\boldsymbol{M}$、阻尼矩阵 $\boldsymbol{C}$；

②给定 $\boldsymbol{u}_0$ 和 $\dot{\boldsymbol{u}}_0$，并求解 $\ddot{\boldsymbol{u}}_0$；

③选择时间步长 Δt，并计算积分常数：

$$a_0=\frac{1}{\Delta t^2},\ a_1=\frac{1}{2\Delta t},\ a_2=2a_0,\ a_3=\frac{1}{a_2}$$

④计算 $\boldsymbol{u}_{-\Delta t}$：$\boldsymbol{u}_{-\Delta t}=\boldsymbol{u}_0-\Delta t\dot{\boldsymbol{u}}_0+a_3\ddot{\boldsymbol{u}}_0$；

⑤形成有效质量矩阵：$\hat{\boldsymbol{M}}=a_0\boldsymbol{M}+a_1\boldsymbol{C}$；

⑥对 $\hat{\boldsymbol{M}}$ 进行三角分解：$\hat{\boldsymbol{M}}=\boldsymbol{LDL}^{\mathrm{T}}$。

(2)计算每个时间步的响应

①计算时刻 t 的有效荷载 $\hat{\boldsymbol{F}}_t$：$\hat{\boldsymbol{F}}_t=\boldsymbol{F}_t-(\boldsymbol{K}-a_2\boldsymbol{M})\boldsymbol{u}_t-(a_0\boldsymbol{M}-a_1\boldsymbol{C})\boldsymbol{u}_{t-\Delta t}$；

②求解时刻 $t+\Delta t$ 的位移 $\boldsymbol{u}_{t+\Delta t}$：$\boldsymbol{LDL}^{\mathrm{T}}\boldsymbol{u}_{t+\Delta t}=\hat{\boldsymbol{F}}_t$；

③计算时刻 t 的速度和加速度：

$$\dot{\boldsymbol{u}}_t=a_1(\boldsymbol{u}_{t+\Delta t}-\boldsymbol{u}_{t-\Delta t}) \tag{3-145}$$

$$\ddot{\boldsymbol{u}}_t=a_0(\boldsymbol{u}_{t+\Delta t}-2\boldsymbol{u}_t+\boldsymbol{u}_{t-\Delta t}) \tag{3-146}$$

求解 $\boldsymbol{u}_{t+\Delta t}$时用的是 t 时刻的运动方程，刚度矩阵 $\boldsymbol{K}$ 不出现在递推公式(3-141)的左端，因此，中心差分法不需要对矩阵 $\boldsymbol{K}$ 进行三角分解，这种积分格式称为显示积分(explicit integration)格式。当 $\boldsymbol{M}$ 是对角阵，且 $\boldsymbol{C}$ 可以忽略或也是对角阵时，在求解方程时不需进行矩阵求逆。此外，每步计算荷载向量 $\hat{\boldsymbol{F}}_t$ 时，非线性系统的刚度矩阵 $\boldsymbol{K}$ 是每步改变的，修改的刚度矩阵 $\boldsymbol{K}$ 只对 $\boldsymbol{u}_t$ 作乘法运算，计算量并不大。

中心差分法是有条件稳定的，其时间步长 Δt 需满足下式：

$$\Delta t\leqslant\Delta t_{\mathrm{cr}}=\frac{T_n}{\pi}(\sqrt{1+\xi^2}-\xi) \tag{3-147}$$

式中，T_n 为系统的最小固有周期。

当 T_n 很小时，Δt 也必然很小，计算步骤很多，计算时间可能很大。

2. Newmark-β 法

Newmark-β 法是根据时间增量内假定的加速度变化规律计算系统响应的方法。根据拉格朗日中值定理，把 $t+\Delta t$ 时刻的速度表示为

$$\dot{\boldsymbol{u}}_{t+\Delta t}=\dot{\boldsymbol{u}}_t+\ddot{\boldsymbol{u}}_t^*\Delta t \tag{3-148}$$

式中，$\ddot{\boldsymbol{u}}_t^*$ 为加速度 $\ddot{\boldsymbol{u}}$ 在区间$(0,\Delta t)$某点的值。

Newmark-β 法近似假定

$$\ddot{\boldsymbol{u}}_t^*=(1-\gamma)\ddot{\boldsymbol{u}}_t+\gamma\ddot{\boldsymbol{u}}_{t+\Delta t} \tag{3-149}$$

于是，$t+\Delta t$ 时刻的速度为

$$\dot{\boldsymbol{u}}_{t+\Delta t}=\dot{\boldsymbol{u}}_t+(1-\gamma)\ddot{\boldsymbol{u}}_t\Delta t+\gamma\ddot{\boldsymbol{u}}_{t+\Delta t}\Delta t \tag{3-150}$$

由泰勒级数导出位移

$$\boldsymbol{u}_{t+\Delta t}=\boldsymbol{u}_t+\dot{\boldsymbol{u}}_t\Delta t+\left(\frac{1}{2}-\beta\right)\ddot{\boldsymbol{u}}_t\Delta t^2+\beta\ddot{\boldsymbol{u}}_{t+\Delta t}\Delta t^2 \tag{3-151}$$

式(3-150)和式(3-151)中，γ 和 β 是与精度和稳定性有关的参数。当 $\gamma>1/2$ 时，将产生算法阻尼；当 $\gamma<1/2$ 时，产生负阻尼，积分计算过程中振幅逐步增长，通常取临界值 $\gamma=1/2$。在 $\gamma=1/2$ 的情况下，$\beta=0$ 为常加速度法，也就是中心差分法；$\beta=1/4$ 为平均加速度法；$\beta=1/6$ 为线性加速度法。

Newmark-β 法每步积分满足 $t+\Delta t$ 时刻的运动方程为

$$\boldsymbol{M}\ddot{\boldsymbol{u}}_{t+\Delta t}+\boldsymbol{C}\dot{\boldsymbol{u}}_{t+\Delta t}+\boldsymbol{K}\boldsymbol{u}_{t+\Delta t}=\boldsymbol{F}_{t+\Delta t} \tag{3-152}$$

由式(3-150)和式(3-151)写出 $t+\Delta t$ 时刻的速度和加速度的表达式为

$$\dot{\boldsymbol{u}}_{t+\Delta t}=\frac{\gamma}{\beta\Delta t}(\dot{\boldsymbol{u}}_{t+\Delta t}-\dot{\boldsymbol{u}}_{t})+\left(1-\frac{\gamma}{\beta}\right)\dot{\boldsymbol{u}}_{t}+\left(1-\frac{\gamma}{2\beta}\right)\Delta t\ddot{\boldsymbol{u}}_{t} \tag{3-153}$$

$$\ddot{\boldsymbol{u}}_{t+\Delta t}=\frac{1}{\beta\Delta t^{2}}(\dot{\boldsymbol{u}}_{t+\Delta t}-\dot{\boldsymbol{u}}_{t})-\frac{1}{\beta\Delta t}\dot{\boldsymbol{u}}_{t}-\left(\frac{1}{2\beta}-1\right)\ddot{\boldsymbol{u}}_{t} \tag{3-154}$$

将式(3-153)和式(3-154)代入式(3-152)，可得

$$\hat{\boldsymbol{K}}\boldsymbol{u}_{t+\Delta t}=\hat{\boldsymbol{F}}_{t+\Delta t} \tag{3-155}$$

其中

$$\hat{\boldsymbol{K}}=\boldsymbol{K}+\frac{1}{\beta\Delta t^{2}}\boldsymbol{M}+\frac{\gamma}{\beta\Delta t}\boldsymbol{C} \tag{3-156}$$

$$\begin{aligned}\hat{\boldsymbol{F}}_{t+\Delta t}=\boldsymbol{F}_{t+\Delta t}&+\boldsymbol{M}\left[\frac{1}{\beta\Delta t^{2}}\boldsymbol{u}_{t}+\frac{1}{\beta\Delta t}\dot{\boldsymbol{u}}_{t}+\left(\frac{1}{2\beta}-1\right)\ddot{\boldsymbol{u}}_{t}\right]+\\&\boldsymbol{C}\left[\frac{\gamma}{\beta\Delta t}\boldsymbol{u}_{t}+\left(\frac{\gamma}{\beta}-1\right)\dot{\boldsymbol{u}}_{t}+\left(\frac{\gamma}{2\beta}-1\right)\Delta t\ddot{\boldsymbol{u}}_{t}\right]\end{aligned} \tag{3-157}$$

Newmark-β 法逐步求解运动方程的算法可归纳为：

(1)初始计算

①形成刚度矩阵 $\boldsymbol{K}$、质量矩阵 $\boldsymbol{M}$、阻尼矩阵 $\boldsymbol{C}$；

②给定 $\boldsymbol{u}_0$ 和 $\dot{\boldsymbol{u}}_0$，并求解 $\ddot{\boldsymbol{u}}_0$；

③选择时间步长 Δt 以及参数 γ 和 β，并计算积分常数：

$$a_0=\frac{1}{\beta\Delta t^{2}},a_1=\frac{\gamma}{\beta\Delta t},a_2=\frac{1}{\beta\Delta t},a_3=\frac{1}{2\beta}-1,$$

$$a_4=\frac{\gamma}{\beta}-1,a_5=\Delta t\left(\frac{\gamma}{2\beta}-1\right),a_6=\Delta t(1-\gamma),a_7=\gamma\Delta t$$

④形成有效刚度矩阵：$\hat{\boldsymbol{K}}=\boldsymbol{K}+a_0\boldsymbol{M}+a_1\boldsymbol{C}$；

⑤对 $\hat{\boldsymbol{K}}$ 进行三角分解：$\hat{\boldsymbol{K}}=\boldsymbol{LDL}^{\mathrm{T}}$。

(2)计算每个时间步的响应

①计算时刻 $t+\Delta t$ 的有效荷载：

$$\hat{\boldsymbol{F}}_{t+\Delta t}=\boldsymbol{F}_{t+\Delta t}+\boldsymbol{M}(a_0\boldsymbol{u}_t+a_2\dot{\boldsymbol{u}}_t+a_3\ddot{\boldsymbol{u}}_t)+\boldsymbol{C}(a_1\boldsymbol{u}_t+a_4\dot{\boldsymbol{u}}_t+a_5\ddot{\boldsymbol{u}}_t)$$

②求解时刻 $t+\Delta t$ 的位移 $\boldsymbol{u}_{t+\Delta t}$：$\boldsymbol{LDL}^{\mathrm{T}}\boldsymbol{u}_{t+\Delta t}=\hat{\boldsymbol{F}}_{t+\Delta t}$；

③计算时刻 $t+\Delta t$ 的加速度和速度：

$$\ddot{\boldsymbol{u}}_{t+\Delta t}=a_0(\boldsymbol{u}_{t+\Delta t}-\boldsymbol{u}_t)-a_2\dot{\boldsymbol{u}}_t-a_3\ddot{\boldsymbol{u}}_t \tag{3-158}$$

$$\dot{\boldsymbol{u}}_{t+\Delta t}=\dot{\boldsymbol{u}}_t+a_6\ddot{\boldsymbol{u}}_t+a_7\ddot{\boldsymbol{u}}_{t+\Delta t} \tag{3-159}$$

Newmark-β 法是使用 $t+\Delta t$ 时刻的运动方程进行求解，因而是隐式积分格式。等效刚度矩阵 $\hat{\boldsymbol{K}}$ 包含了 $\boldsymbol{K}$ 矩阵，因此在求解 $\boldsymbol{u}_{t+\Delta t}$ 时必须对 $\hat{\boldsymbol{K}}$ 求逆。当 $\gamma\geqslant\frac{1}{2}$，且 $\beta\geqslant\frac{1}{4}\left(\gamma+\frac{1}{2}\right)^2$ 时，Newmark-β 法是无条件稳定的。对于非线性系统，刚度矩阵是时变的，每一步均需要对 $\hat{\boldsymbol{K}}$ 求逆。

3. Wilson-θ 法

Wilson-θ 法以线性加速度法为基础，引入参数 $\theta>1$，在时域 $t\sim t+\theta\Delta t$ 范围内，假设加速度按线性规律变化，并要求系统满足 $t+\theta\Delta t$ 时刻的运动方程，即

$$\boldsymbol{M}\ddot{\boldsymbol{u}}_{t+\theta\Delta t}+\boldsymbol{C}\dot{\boldsymbol{u}}_{t+\theta\Delta t}+\boldsymbol{K}\boldsymbol{u}_{t+\theta\Delta t}=\boldsymbol{F}_{t+\theta\Delta t} \tag{3-160}$$

在时间段 $t\sim t+\theta\Delta t$ 内任一时刻 $t+\tau(0\leqslant\tau\leqslant\theta\Delta t)$ 的加速度为

$$\ddot{\boldsymbol{u}}_{t+\tau}=\ddot{\boldsymbol{u}}_t+\frac{\tau}{\theta\Delta t}(\ddot{\boldsymbol{u}}_{t+\theta\Delta t}-\ddot{\boldsymbol{u}}_t) \tag{3-161}$$

于是，任一时刻 $t+\tau$ 的速度和位移为

$$\dot{\boldsymbol{u}}_{t+\tau}=\dot{\boldsymbol{u}}_t+\ddot{\boldsymbol{u}}_t\tau+\frac{\tau^2}{2\theta\Delta t}(\ddot{\boldsymbol{u}}_{t+\theta\Delta t}-\ddot{\boldsymbol{u}}_t) \tag{3-162}$$

$$\boldsymbol{u}_{t+\tau}=\boldsymbol{u}_t+\dot{\boldsymbol{u}}_t\tau+\frac{1}{2}\ddot{\boldsymbol{u}}_t\tau^2+\frac{\tau^3}{6\theta\Delta t}(\ddot{\boldsymbol{u}}_{t+\theta\Delta t}-\ddot{\boldsymbol{u}}_t) \tag{3-163}$$

取 $\tau=\theta\Delta t$，得到 $t+\theta\Delta t$ 时刻的加速度、速度，代入式(3-160)，并考虑在 $t\sim t+\theta\Delta t$ 中 $\boldsymbol{F}_{t+\tau}$ 也为线性变化，可得

$$\hat{\boldsymbol{K}}\boldsymbol{u}_{t+\theta\Delta t}=\hat{\boldsymbol{F}}_{t+\theta\Delta t} \tag{3-164}$$

其中

$$\hat{\boldsymbol{K}}=\boldsymbol{K}+\frac{6}{\theta^2\Delta t^2}\boldsymbol{M}+\frac{3}{\theta\Delta t}\boldsymbol{C} \tag{3-165}$$

$$\hat{\boldsymbol{F}}_{t+\theta\Delta t}=\boldsymbol{F}_t+\theta(\boldsymbol{F}_{t+\Delta t}-\boldsymbol{F}_t)+\boldsymbol{M}\left(\frac{6}{\theta^2\Delta t^2}\boldsymbol{u}_t+\frac{6}{\theta\Delta t}\dot{\boldsymbol{u}}_t+2\ddot{\boldsymbol{u}}_t\right)+\boldsymbol{C}\left(\frac{3}{\theta\Delta t}\boldsymbol{u}_t+2\dot{\boldsymbol{u}}_t+\frac{\theta\Delta t}{2}\ddot{\boldsymbol{u}}_t\right) \tag{3-166}$$

由式(3-164)求出 $t+\theta\Delta t$ 时刻的位移 $\boldsymbol{u}_{t+\theta\Delta t}$ 后，利用式(3-161)～式(3-163)，令 $\tau=\Delta t$，即可求出 $t+\Delta t$ 时刻的加速度、速度和位移。

Wilson-θ 法求解运动方程的算法可归纳为：

(1)初始计算

①形成刚度矩阵 $\boldsymbol{K}$、质量矩阵 $\boldsymbol{M}$、阻尼矩阵 $\boldsymbol{C}$；

②给定 $\boldsymbol{u}_0$ 和 $\dot{\boldsymbol{u}}_0$，并求解 $\ddot{\boldsymbol{u}}_0$；

③选择时间步长 Δt 以及参数 θ，并计算积分常数：

$$a_0=\frac{6}{\theta^2\Delta t^2},a_1=\frac{3}{\theta\Delta t},a_2=2a_1,a_3=\frac{\theta\Delta t}{2},a_4=\frac{a_0}{\theta},$$
$$a_5=-\frac{a_2}{\theta},a_6=1-\frac{3}{\theta},a_7=\frac{\Delta t}{2},a_8=\frac{\Delta t^2}{6} \tag{3-167}$$

④形成有效刚度矩阵：$\hat{\boldsymbol{K}}=\boldsymbol{K}+a_0\boldsymbol{M}+a_1\boldsymbol{C}$；

⑤对 $\hat{\boldsymbol{K}}$ 进行三角分解：$\hat{\boldsymbol{K}}=\boldsymbol{LDL}^{\mathrm{T}}$。

(2)计算每个时间步的响应

①计算时刻 $t+\theta\Delta t$ 的有效荷载：

$$\hat{\boldsymbol{F}}_{t+\Delta t}=\boldsymbol{F}_t+\theta(\boldsymbol{F}_{t+\Delta t}-\boldsymbol{F}_t)+\boldsymbol{M}(a_0\boldsymbol{u}_t+a_2\dot{\boldsymbol{u}}_t+2\ddot{\boldsymbol{u}}_t)+\boldsymbol{C}(a_1\boldsymbol{u}_t+2\dot{\boldsymbol{u}}_t+a_3\ddot{\boldsymbol{u}}_t)$$

②求解时刻 $t+\theta\Delta t$ 的位移 $\boldsymbol{u}_{t+\theta\Delta t}$：$\boldsymbol{LDL}^{\mathrm{T}}\boldsymbol{u}_{t+\theta\Delta t}=\hat{\boldsymbol{F}}_{t+\theta\Delta t}$；

③计算时刻 $t+\Delta t$ 的加速度、速度和位移：

$$\ddot{\boldsymbol{u}}_{t+\Delta t}=a_4(\boldsymbol{u}_{t+\theta\Delta t}-\boldsymbol{u}_t)+a_5\dot{\boldsymbol{u}}_t+a_6\ddot{\boldsymbol{u}}_t \tag{3-168}$$

$$\dot{\boldsymbol{u}}_{t+\Delta t}=\dot{\boldsymbol{u}}_t+a_7(\ddot{\boldsymbol{u}}_{t+\Delta t}+\ddot{\boldsymbol{u}}_t) \tag{3-169}$$

$$\boldsymbol{u}_{t+\Delta t}=\boldsymbol{u}_t+t\dot{\boldsymbol{u}}_t+a_8(\ddot{\boldsymbol{u}}_{t+\Delta t}+2\ddot{\boldsymbol{u}}_t) \tag{3-170}$$

Wilson-θ 法和 Newmark-β 法相同，都是隐式积分格式。对于非线性系统，若每步要改变矩阵 $\boldsymbol{K}$，则每步均需要求逆。另外，它们都是自起步的。当 $\theta\geqslant(1+\sqrt{3})/2$ 时，Wilson-θ 法是无条件稳定的。

4. 广义-α 方法(generalized α method)

广义-α 方法全面扩展了 Newmark 方法的设计思路，加速度的加权表示更灵活，广义-α 方法在每一时间步上通过引入非正参数，采用增量步的形式消除高阶模态响应的影响，提高计算准确性。与 Newmark-β 法相比，广义-α 方法能够采用较大的计算时间步长，计算效率更高。

$$\boldsymbol{u}_{t+1}=\boldsymbol{u}_t+h\dot{\boldsymbol{u}}_t+h^2(\varepsilon\ddot{\boldsymbol{u}}_t+\beta\ddot{\boldsymbol{u}}_{t+1}) \tag{3-171}$$

$$\dot{\boldsymbol{u}}_{t+1}=\dot{\boldsymbol{u}}_t+(\mu\ddot{\boldsymbol{u}}_t+\gamma\ddot{\boldsymbol{u}}_{t+1})h \tag{3-172}$$

平衡方程也不局限于某一时刻，使用各力在前后时刻的线性组合，具体如下：

$$(1-\alpha)\boldsymbol{M}\ddot{\boldsymbol{u}}_{t+1}+\alpha\boldsymbol{M}\ddot{\boldsymbol{u}}_t+(1-\delta)\boldsymbol{C}\dot{\boldsymbol{u}}_{t+1}+\delta\boldsymbol{C}\dot{\boldsymbol{u}}_t+(1-\eta)\boldsymbol{K}\boldsymbol{u}_{t+1}+\eta\boldsymbol{K}\boldsymbol{u}_t=(1-\eta)\boldsymbol{F}_{t+1}+\eta\boldsymbol{F}_t \tag{3-173}$$

其中，h 是时间步长，下标 t 表示第 t 时刻。算法方程里，共有 7 个设计参数，可依据算法性能需求确定。

相比传统算法，广义-α 方法可设计性更强，带来了更多可能。确定 7 个设计参数可得到不同算法，见表 3-11，表中 ρ 用于调整算法的耗散性能，即数值解较真实解产生振幅衰减，引入了“人工阻尼”，等于 1，无耗散，从 1 降到 0，耗散能力逐渐增加。同时，还可以调整算法的数值弥散性能，即周期的延长或缩短，以及超调性能，即由于步长较大，初始阶段数值解偏差过大。

表 3-11　广义-α 方法的算法参数

参数	CH-α 方法 $\rho\in[0,1]$	HHT-α 方法 $\rho\in[1/2,1]$	WBZ-α 方法 $\rho\in[0,1]$
α	$\frac{2\rho-1}{1+\rho}$	0	$\frac{\rho-1}{1+\rho}$
δ	$\frac{\rho}{1+\rho}$	$\frac{1-\rho}{1+\rho}$	0
η	$\frac{\rho}{1+\rho}$	$\frac{1-\rho}{1+\rho}$	0
ε	$\frac{\rho^2+2\rho-1}{(1+\rho)^2}$	$\frac{\rho^2+2\rho-1}{(1+\rho)^2}$	$\frac{\rho^2+2\rho-1}{(1+\rho)^2}$
β	$\frac{1}{(1+\rho)^2}$	$\frac{1}{(1+\rho)^2}$	$\frac{1}{(1+\rho)^2}$
μ	$\frac{3\rho-1}{2(1+\rho)}$	$\frac{3\rho-1}{2(1+\rho)}$	$\frac{3\rho-1}{2(1+\rho)}$
γ	$\frac{3-\rho}{2(1+\rho)}$	$\frac{3-\rho}{2(1+\rho)}$	$\frac{3-\rho}{2(1+\rho)}$

广义-α 方法解题步骤：

(1)初始值计算

①形成系统矩阵 $\boldsymbol{K}$、$\boldsymbol{M}$ 和 $\boldsymbol{C}$；

②确定初始条件 $\boldsymbol{u}_0$、$\dot{\boldsymbol{u}}_0$、$\ddot{\boldsymbol{u}}_0$，其中初始加速度的计算与中心差分法一样；

③选择时间步长 h 和算法参数 ρ，根据表 3-11 设计参数公式计算积分常数：

$$\begin{aligned}&m_1=\beta(1-\eta)h^2,m_2=\gamma(1-\delta)h,m_3=(1-\alpha),m_4=\beta\eta h^2,m_5=h(1-\alpha),\\&m_6=[\varepsilon(1-\alpha)-\alpha\beta]h^2,m_7=[\gamma(1-\delta)-\beta]h^2,m_8=(1-\delta)(\varepsilon\gamma-\beta\mu)h^3,\\&m_9=-\beta\eta h^2,m_{10}=\gamma/(\beta h),m_{11}=(\beta-\gamma)/\beta,m_{12}=(\beta\mu-\varepsilon\gamma)h/\beta,\\&m_{13}=1/(\beta h^2),m_{14}=-1/(\beta h),m_{15}=-\varepsilon/\beta\end{aligned}\tag{3-174}$$

④形成等效刚度矩阵：

$$\hat{\boldsymbol{K}}=m_1\boldsymbol{K}+m_2\boldsymbol{C}+m_3\boldsymbol{M}\tag{3-175}$$

⑤对刚度矩阵进行三角分解：

$$\hat{\boldsymbol{K}}=\boldsymbol{LDL}^{\mathrm{T}}\tag{3-176}$$

(2)对每一时间步进行循环

①计算下一时刻的等效载荷：

$$\begin{aligned}\hat{\boldsymbol{F}}_t=&m_1\boldsymbol{F}_t+m_4\boldsymbol{F}_{t-h}+\boldsymbol{M}(m_3\boldsymbol{u}_{t-h}+m_5\dot{\boldsymbol{u}}_{t-h}+m_6\ddot{\boldsymbol{u}}_{t-h})+\\&\boldsymbol{C}(m_2\boldsymbol{u}_{t-h}+m_7\dot{\boldsymbol{u}}_{t-h}+m_8\ddot{\boldsymbol{u}}_{t-h})+m_9\boldsymbol{K}\boldsymbol{u}_{t-h}\end{aligned}\tag{3-177}$$

②计算下一时刻的位移：

$$(\boldsymbol{LDL}^{\mathrm{T}})\boldsymbol{u}_t=\hat{\boldsymbol{F}}_t\tag{3-178}$$

③计算下一时刻的速度和加速度：

$$\begin{aligned}\dot{\boldsymbol{u}}_t&=m_{10}(\boldsymbol{u}_t-\boldsymbol{u}_{t-h})+m_{11}\dot{\boldsymbol{u}}_{t-h}+m_{12}\ddot{\boldsymbol{u}}_{t-h}\\\ddot{\boldsymbol{u}}_t&=m_{13}(\boldsymbol{u}_t-\boldsymbol{u}_{t-h})+m_{14}\dot{\boldsymbol{u}}_{t-h}+m_{15}\ddot{\boldsymbol{u}}_{t-h}\end{aligned}\tag{3-179}$$

④将计算结果分别赋值给前一时刻，用于下一次的递推计算：

$$\boldsymbol{u}_{t-h}=\boldsymbol{u}_t,\quad \dot{\boldsymbol{u}}_{t-h}=\dot{\boldsymbol{u}}_t,\quad \ddot{\boldsymbol{u}}_{t-h}=\ddot{\boldsymbol{u}}_t \tag{3-180}$$

⑤返回步骤①。

任何数值积分方法都与积分选取的步长和动力荷载的特性有关。直接积分法的精度主要依赖于时间步长与固有周期的比值。无条件稳定的隐式积分的时间步长取决于所求问题的精度要求，由截断误差控制。在一般的结构动力学问题中，低频分量是结构响应的主要分量，因此只需精确求解系统前 p 阶固有振型的贡献。一般在无条件稳定格式中，可取时间步长 Δt 大约等于 $T_p/20$，其中 T_p 是系统的第 p 阶固有周期。与中心差分法相比，无条件稳定格式的时间步长可以取得很大，甚至达到 1 000 倍。此外，采用较大的时间步长还可以滤除高阶虚假振型对系统响应的影响。中心差分法的临界步长小，但在每一时间步中它所需的计算量比隐式格式小得多。

3.5.2 车线系统方程求解方法

车辆线路系统动力相互作用分析模型实质上是时变微分方程组，一般来说，系统的求解根据所建立的系统方程不同，大体分为以下两种方法：第一种方法将车辆与线路结构的所有自由度集中建立统一方程组，采用直接积分法进行同步求解；第二种方法将车辆与线路结构系统以轮轨接触面为界，分为车辆与线路(轨道、桥梁)两个子系统，分别建立车辆与线路结构的运动方程，二者之间通过轮轨接触关系与相互作用力的平衡关系相联系，采用迭代法求解系统响应。

第一种方法车线系统方程的系数矩阵将随着车辆在线路上位置的不同而发生变化，导致在每一时间步长都必须重新生成和分解系统质量、刚度与阻尼矩阵，同时，随着车辆数目的增加，耦联的自由度也将越来越多，使得计算工作量大增，且对于非线性方程组，每一时间步内还需进行迭代，求解起来较为困难。

而采用分离的车辆、线路系统运动方程时，通过分别求解车辆、线路结构的运动方程，用迭代过程来满足轮轨几何相容条件和相互作用力平衡条件，计算时保持车辆和线路系统运动方程左端质量、刚度和阻尼矩阵不变，每一时间步长只需重新计算右端项，可以减少计算工作量以及方便地处理轮轨非线性关系。

分离迭代法求解系统方程将整个车线系统在轮轨接触处划分为车辆、线路两个子系统，则车辆与线路系统振动的耦合关系体现为轮轨接触处轮对位移与钢轨位移之间的几何相容条件以及轮轨相互作用力的静力平衡条件两方面。

几何相容条件在车线动力相互作用分析具体表现为：根据轮对和钢轨的位移，考虑轨道不平顺的影响，可进一步得到轮轨之间的相对位移，确定轮轨接触几何关系，从而求出作用在车辆上的轮轨力，并形成车辆运动方程的右端荷载项；而静力平衡条件则是根据作用在轮对上的轮轨力，由作用力与反作用力的互等原则，得到轮对作用在钢轨上的力，进而形成线路结构运动方程的右端荷载项。于是，整个车线系统的振动分析便可由车辆与线路两个子系统通过几何相容条件和静力平衡条件这两条纽带联系起来，构成车线系统的迭代过程。

车辆与线路运动方程最后可以写成如下形式：

$$\begin{cases}\boldsymbol{M}_{\mathrm{v}}\ddot{\boldsymbol{u}}_{\mathrm{v}}+\boldsymbol{C}_{\mathrm{v}}\dot{\boldsymbol{u}}_{\mathrm{v}}+\boldsymbol{K}_{\mathrm{v}}\boldsymbol{u}_{\mathrm{v}}=\boldsymbol{F}_{\mathrm{v}}\\ \boldsymbol{M}_{\mathrm{t}}\ddot{\boldsymbol{u}}_{\mathrm{t}}+\boldsymbol{C}_{\mathrm{t}}\dot{\boldsymbol{u}}_{\mathrm{t}}+\boldsymbol{K}_{\mathrm{t}}\boldsymbol{u}_{\mathrm{t}}=\boldsymbol{F}_{\mathrm{t}}\end{cases} \tag{3-181}$$

式中，$\boldsymbol{u}_{\mathrm{v}}$、$\boldsymbol{u}_{\mathrm{t}}$ 为车辆和线路结构自由度向量；$\boldsymbol{M}_{\mathrm{v}}$、$\boldsymbol{K}_{\mathrm{v}}$、$\boldsymbol{C}_{\mathrm{v}}$、$\boldsymbol{M}_{\mathrm{t}}$、$\boldsymbol{K}_{\mathrm{t}}$、$\boldsymbol{C}_{\mathrm{t}}$ 分别为车辆和线路结构的质量、阻尼和刚度矩阵；$\boldsymbol{F}_{\mathrm{v}}$、$\boldsymbol{F}_{\mathrm{t}}$ 为车辆与线路结构的整体外力荷载，它们与车辆、线路结构的运动以及线路几何条件有关。

对线路和车辆运动方程求解可分别采用直接积分法，求解基本流程如图 3-32 所示。

3.5.3　新型两步数值积分法

轮轨动力相互作用表现具有强非线性特征，系统运动微分方程一般采用时域数值积分方法进行求解。时域数值积分方法假设结构在微小时间步内的响应是线性的，将运动变量在离散时间点上进行离散化，系统的运动微分方程不一定在全部时间上都满足，只需在离散时间点上满足。在系统动力学响应求解时，通常只关注低阶模态的响应，高阶模态响应会干扰计算结果，在求解过程中需要被滤除。有条件稳定的数值积分方法要求计算时间步长与离散系统的最高频率成反比，导致低阶模态达到精度要求所需的计算时间步长很小。而对于无条件稳定的算法，可以基于算法稳定性来确定时间步长，由此可以极大程度地提高计算效率。良好的数值积分方法必须是收敛的，同时要有足够的精度、良好的稳定性以及较高的计算效率。

本节提出一种适用于车辆-线路系统运动微分方程分离迭代求解的新型两步数值积分方法。为了验证新型两步数值积分方法的计算准确性和计算效率，采取了两种 Newmark 家族方法进行对比，分别是 Newmark-β 法和广义-α 方法。Newmark-β 法和广义-α 方法均为无条稳定的数值积分方法，广泛应用于求解车轨耦合方程。在采用合适的轮轨力计算理论以及设置合理的时间积分步长时，Newmark-β 法和广义-α 方法具有足够的计算精度以及较高的计算效率。

1. 新型两步数值积分法程序

新型两步数值积分方法是一种求解结构动力学中线性和非线性问题的复合时间积分方法。这种方法的主要优点是在 Newmark 方法产生不稳定解时，它仍然是稳定的。新型两步数值积分法(以下简称“两步法”)分两步对车轨耦合方程进行求解。与 Newmark-β 法和广义-α 法(两者均为一步法)不同的是，两步法在求解 $i+1$ 时刻的车线动力学响应时，不是直接求解 $i+1$ 时刻动力学方程的解，而是先求解半时间步，即 $i+1/2$ 时刻的响应，再根据已知的 i 时刻和 $i+1/2$ 时刻各部分响应对 $i+1$ 时刻进行求解。

将车辆与轨道考虑为两个独立的子系统，二者之间通过轮轨力相互作用、相互影响，协调关系可以通过约束方程来表达。运动方程包含两部分：一部分是体现车轨动力响应的控制方程；另一部分是体现车轨间相互作用轮轨力的约束方程。具体如下：

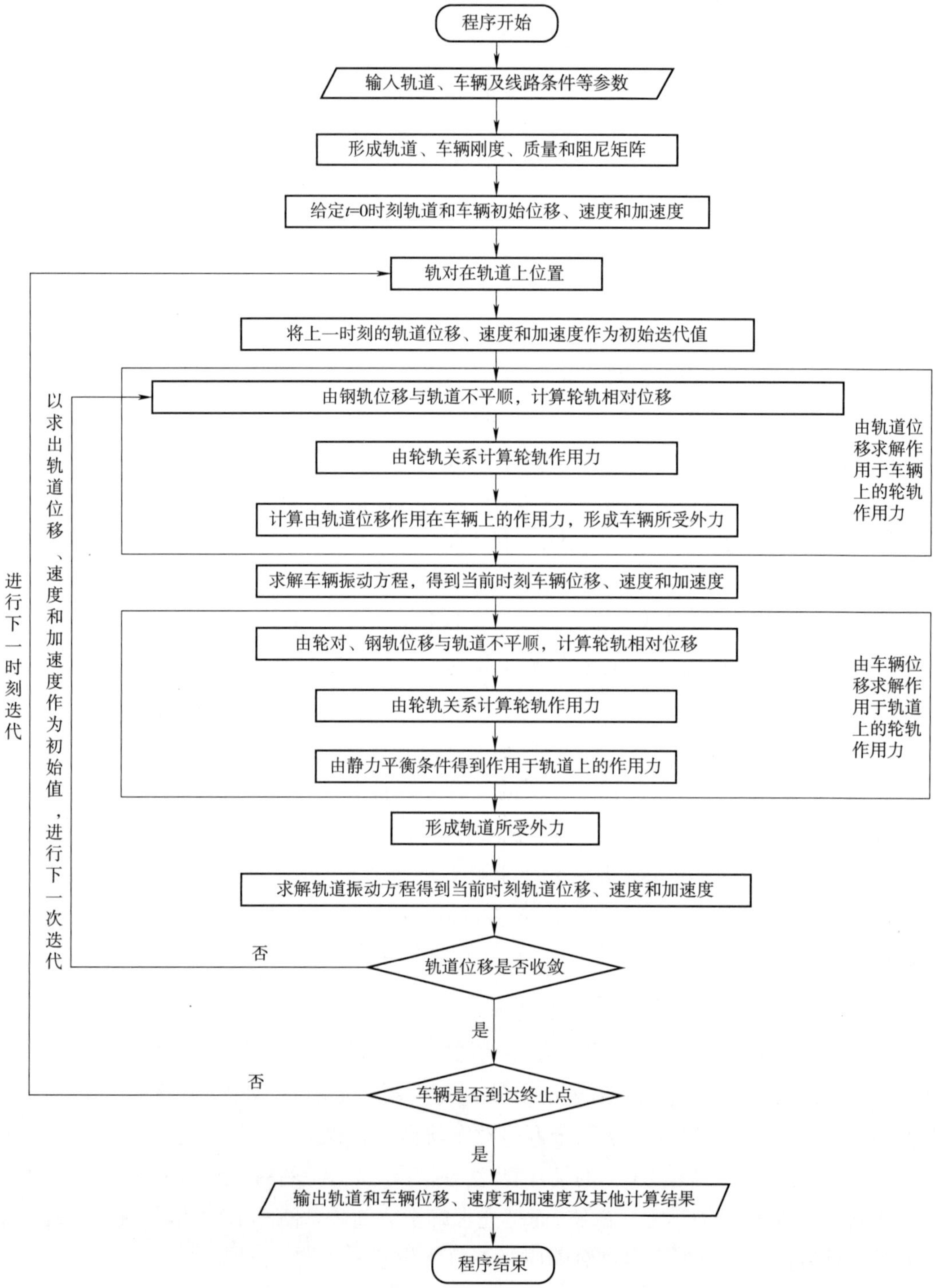

图 3-32　车线系统求解流程

$$\boldsymbol{M}^v\ddot{\boldsymbol{u}}^v+\boldsymbol{C}^v\dot{\boldsymbol{u}}^v+\boldsymbol{K}^v\boldsymbol{u}^v+\boldsymbol{L}^v\boldsymbol{\lambda}=\boldsymbol{P}_v \tag{3-182}$$

式中，$\boldsymbol{M}^v$、$\boldsymbol{C}^v$、$\boldsymbol{K}^v$分别为车辆质量、阻尼、刚度矩阵；$\boldsymbol{L}^v$ 为轮轨力对车辆的影响；$\boldsymbol{P}_v$ 为车辆外力矩阵；$\ddot{\boldsymbol{u}}^v$、$\dot{\boldsymbol{u}}^v$、$\boldsymbol{u}^v$ 分别为车辆各自由度运动加速度、速度、位移；$\boldsymbol{\lambda}$ 为轮轨力。

$$\boldsymbol{M}^t\ddot{\boldsymbol{u}}^t+\boldsymbol{C}^t\dot{\boldsymbol{u}}^t+\boldsymbol{K}^t\boldsymbol{u}^t+\boldsymbol{L}^t(t)\boldsymbol{\lambda}=\boldsymbol{P}_t \tag{3-183}$$

式中，$\boldsymbol{M}^t$、$\boldsymbol{C}^t$、$\boldsymbol{K}^t$分别为轨道质量、阻尼、刚度矩阵；$\boldsymbol{L}^t(t)$为轨道形函数矩阵；$\boldsymbol{P}_t$ 为轨道外力矩阵；$\ddot{\boldsymbol{u}}^t$、$\dot{\boldsymbol{u}}^t$、$\boldsymbol{u}^t$ 分别为轨道各节点运动加速度、速度、位移。

为了更加精确地求解车线系统动力响应，将轮轨间的弹性变形考虑到轮轨约束方程中，根据 Hertz 理论，轮轨之间考虑线性接触关系，则约束方程可以表达为

$$\boldsymbol{L}^v\boldsymbol{u}^v+(\boldsymbol{L}^t(t))^{\mathrm{T}}\boldsymbol{u}^t+\boldsymbol{\rho}(t)=\boldsymbol{\lambda}/\boldsymbol{k}_t \tag{3-184}$$

式中，$\boldsymbol{\rho}(t)$为轮轨接触点处轨道不平顺。

根据两步法，在 $i+1/2$ 时刻的计算中采用梯形法则假设，即

$$\dot{\boldsymbol{u}}_{n+\frac{1}{2}}=\dot{\boldsymbol{u}}_n+\frac{\Delta t}{4}\left(\ddot{\boldsymbol{u}}_n+\ddot{\boldsymbol{u}}_{n+\frac{1}{2}}\right) \tag{3-185}$$

$$\boldsymbol{u}_{n+\frac{1}{2}}=\boldsymbol{u}_n+\frac{\Delta t}{4}\left(\dot{\boldsymbol{u}}_n+\dot{\boldsymbol{u}}_{n+\frac{1}{2}}\right) \tag{3-186}$$

式中，Δt 为计算时间步长。

将式 (3-185)和式(3-186)分别代入式(3-182)～式(3-184)，化简后得到 $n+1/2$ 时间步的车轨运动方程为

$$\overline{\boldsymbol{M}}^v_{n+\frac{1}{2}}\tilde{\boldsymbol{u}}^v_{n+\frac{1}{2}}=\boldsymbol{a}^v_{n+\frac{1}{2}} \tag{3-187}$$

$$\overline{\boldsymbol{M}}^t_{n+\frac{1}{2}}\tilde{\boldsymbol{u}}^t_{n+\frac{1}{2}}=\boldsymbol{a}^t_{n+\frac{1}{2}} \tag{3-188}$$

$$\left(\frac{1}{\boldsymbol{k}_t}+\boldsymbol{MM}^v_{n+\frac{1}{2}}+\boldsymbol{MM}^t_{n+\frac{1}{2}}\right)\boldsymbol{\lambda}_{n+\frac{1}{2}}=\bar{\boldsymbol{\rho}}_{n+\frac{1}{2}} \tag{3-189}$$

其中，$\overline{\boldsymbol{M}}_{n+\frac{1}{2}}=\frac{9}{\Delta t^2}\boldsymbol{M}+\frac{3}{\Delta t}\boldsymbol{C}+\boldsymbol{K}$；$\tilde{\boldsymbol{u}}^v_{n+\frac{1}{2}}=\boldsymbol{u}^v_{n+\frac{1}{2}}+(\overline{\boldsymbol{M}}^v_{n+\frac{1}{2}})^{-1}(\boldsymbol{L}^v)^{\mathrm{T}}\boldsymbol{\lambda}_{n+\frac{1}{2}}$；

$\tilde{\boldsymbol{u}}^t_{n+\frac{1}{2}}=\boldsymbol{u}^t_{n+\frac{1}{2}}+\left(\overline{\boldsymbol{M}}^t_{n+\frac{1}{2}}\right)^{-1}\left(\boldsymbol{L}^t\left(t_{n+\frac{1}{2}}\right)\right)^{\mathrm{T}}\boldsymbol{\lambda}_{n+\frac{1}{2}}$；$\boldsymbol{MM}^v_{n+\frac{1}{2}}=\boldsymbol{L}^v\left(\overline{\boldsymbol{M}}_{n+\frac{1}{2}}\right)^{-1}(\boldsymbol{L}^v)^{\mathrm{T}}$；

$\boldsymbol{MM}^t_{n+\frac{1}{2}}=\boldsymbol{L}^t\left(t_{n+\frac{1}{2}}\right)\left(\overline{\boldsymbol{M}}_{n+\frac{1}{2}}\right)^{-1}\left(\boldsymbol{L}^t\left(t_{n+\frac{1}{2}}\right)\right)^{\mathrm{T}}$；$\bar{\boldsymbol{\rho}}_{n+\frac{1}{2}}=\boldsymbol{L}^v\tilde{\boldsymbol{u}}^v_{n+\frac{1}{2}}+\boldsymbol{L}^t\left(t_{n+\frac{1}{2}}\right)\tilde{\boldsymbol{u}}^t_{n+\frac{1}{2}}+\boldsymbol{\rho}\left(t_{n+\frac{1}{2}}\right)$；

$\boldsymbol{a}_{n+\frac{1}{2}}=\boldsymbol{P}_{n+\frac{1}{3}}+\boldsymbol{C}\left(\frac{4}{\Delta t}\boldsymbol{u}_n+\dot{\boldsymbol{u}}_n\right)+\boldsymbol{M}\left(\frac{16}{\Delta t^2}\boldsymbol{u}_n+\frac{8}{\Delta t}\dot{\boldsymbol{u}}_n+\ddot{\boldsymbol{u}}_n\right)$。

在 $n+1$ 时间步的计算中采用 3 点数值微分后差法进行假设，即

$$\dot{\boldsymbol{u}}_{n+1}=\frac{1}{\Delta t}\boldsymbol{u}_n-\frac{4}{\Delta t}\boldsymbol{u}_{n+\frac{1}{2}}+\frac{3}{\Delta t}\boldsymbol{u}_{n+1} \tag{3-190}$$

$$\ddot{\boldsymbol{u}}_{n+1}=\frac{1}{\Delta t}\dot{\boldsymbol{u}}_n-\frac{4}{\Delta t}\dot{\boldsymbol{u}}_{n+\frac{1}{2}}+\frac{3}{\Delta t}\dot{\boldsymbol{u}}_{n+1} \tag{3-191}$$

将式(3-190)和式(3-191)分别代入式(3-182)～式(3-184)，化简后得到 $n+1$ 时间步的车轨运动方程为

$$\overline{\boldsymbol{M}}^v_{n+1}\tilde{\boldsymbol{u}}^v_{n+1}=\boldsymbol{a}^v_{n+1} \tag{3-192}$$

$$\overline{\boldsymbol{M}}^t_{n+1}\tilde{\boldsymbol{u}}^t_{n+1}=\boldsymbol{a}^t_{n+1} \tag{3-193}$$

$$\left(\frac{1}{\boldsymbol{k}_t}+\boldsymbol{MM}^v_{n+1}+\boldsymbol{MM}^t_{n+1}\right)\boldsymbol{\lambda}_{n+1}=\bar{\boldsymbol{\rho}}_{n+1} \tag{3-194}$$

其中，$\overline{\boldsymbol{M}}_{n+1}=\frac{9}{\Delta t^2}\boldsymbol{M}+\frac{3}{\Delta t}\boldsymbol{C}+\boldsymbol{K}$；$\tilde{\boldsymbol{u}}^v_{n+1}=\boldsymbol{u}^v_{n+1}+(\overline{\boldsymbol{M}}^v_{n+1})^{-1}(\boldsymbol{L}^v)^{\mathrm{T}}\boldsymbol{\lambda}_{n+1}$；

$\tilde{\boldsymbol{u}}^t_{n+1}=\boldsymbol{u}^t_{n+1}+(\overline{\boldsymbol{M}}^t_{n+1})^{-1}(\boldsymbol{L}^t(t_{n+1}))^{\mathrm{T}}\boldsymbol{\lambda}_{n+1}$；$\boldsymbol{MM}^v_{n+1}=\boldsymbol{L}^v(\overline{\boldsymbol{M}}_{n+1})^{-1}(\boldsymbol{L}^v)^{\mathrm{T}}$；

$\boldsymbol{MM}^t_{n+1}=\boldsymbol{L}^t(t_{n+1})(\overline{\boldsymbol{M}}_{n+1})^{-1}(\boldsymbol{L}^t(t_{n+1}))^{\mathrm{T}}$；$\bar{\boldsymbol{\rho}}_{n+1}=\boldsymbol{L}^v\tilde{\boldsymbol{u}}^v_{n+1}+\boldsymbol{L}^t(t_{n+1})\tilde{\boldsymbol{u}}^t_{n+1}\boldsymbol{\rho}(t_{n+1})$；

$\boldsymbol{a}_{n+1}=\boldsymbol{P}_{n+1}+\boldsymbol{C}\left(\frac{4}{\Delta t}\boldsymbol{u}_{n+\frac{1}{2}}-\frac{1}{\Delta t}\boldsymbol{u}_n\right)+\boldsymbol{M}\left(\frac{12}{\Delta t^2}\boldsymbol{u}_{n+\frac{1}{2}}-\frac{3}{\Delta t^2}\boldsymbol{u}_n+\frac{4}{\Delta t}\dot{\boldsymbol{u}}_{n+\frac{1}{2}}-\frac{1}{\Delta t}\dot{\boldsymbol{u}}_n\right)$。

由此，新型两步数值积分法的求解步骤总结见表 3-12。

表 3-12　新型两步数值积分方法计算步骤

步骤 1	(1)组装$\boldsymbol{M}_{n+\frac{1}{2}}$、$\boldsymbol{M}_{n+1}$矩阵； (2)确定计算时间步长 Δt，外力矩$\boldsymbol{P}_v$、$\boldsymbol{P}_t$，以及轨道不平顺 $\boldsymbol{\rho}(t)$； (3)计算车辆走行距离 $x\left(t_{n+\frac{1}{2}}\right)=vt_{n+\frac{1}{2}}$ 和 $x(t_{n+1})=vt_{n+1}$，其中 v 为车辆运行速度，确定轨道形函数矩阵$\boldsymbol{L}^v\left(t_{n+\frac{1}{2}}\right)$、$\boldsymbol{L}^t\left(t_{n+\frac{1}{2}}\right)$； (4)确定车辆、轨道初始位移、速度$\boldsymbol{u}^v_0$、$\boldsymbol{u}^t_0$、$\dot{\boldsymbol{u}}^v_0$、$\dot{\boldsymbol{u}}^t_0$； (5)根据式(3-187)和式(3-188)，求解$\tilde{\boldsymbol{u}}^v_{n+\frac{1}{2}}$、$\tilde{\boldsymbol{u}}^t_{n+\frac{1}{2}}$； (6)根据式(3-189)，计算 $n+1/2$ 时间步的轮轨力$\boldsymbol{\lambda}_{n+\frac{1}{2}}$； (7)令 $\boldsymbol{u}^v_{n+\frac{1}{2}}=\tilde{\boldsymbol{u}}^v_{n+\frac{1}{2}}-\left(\overline{\boldsymbol{M}}^v_{n+\frac{1}{2}}\right)^{-1}(\boldsymbol{L}^v)^{\mathrm{T}}\boldsymbol{\lambda}_{n+\frac{1}{2}}$、$\dot{\boldsymbol{u}}^v_{n+\frac{1}{2}}=\frac{4}{\Delta t}\left(\boldsymbol{u}^v_{n+\frac{1}{2}}-\boldsymbol{u}^v_n\right)-\dot{\boldsymbol{u}}^v_n$、$\ddot{\boldsymbol{u}}^v_{n+\frac{1}{2}}=\frac{4}{\Delta t}\left(\dot{\boldsymbol{u}}^v_{n+\frac{1}{2}}-\dot{\boldsymbol{u}}^v_n\right)-\dot{\boldsymbol{u}}^v_n$，计算得到 $n+1/2$ 时刻车辆位移、速度、加速度响应； (8)根据等式$\boldsymbol{u}^t_{n+\frac{1}{2}}=\tilde{\boldsymbol{u}}^t_{n+\frac{1}{2}}+\left(\overline{\boldsymbol{M}}^t_{n+\frac{1}{2}}\right)^{-1}\left(\boldsymbol{L}^t\left(t_{n+\frac{1}{2}}\right)\right)^{\mathrm{T}}\boldsymbol{\lambda}_{n+\frac{1}{2}}$、$\dot{\boldsymbol{u}}^t_{n+\frac{1}{2}}=\frac{4}{\Delta t}\left(\boldsymbol{u}^t_{n+\frac{1}{2}}-\boldsymbol{u}^t_n\right)-\dot{\boldsymbol{u}}^t_n$、$\ddot{\boldsymbol{u}}^t_{n+\frac{1}{2}}=\frac{4}{\Delta t}\left(\dot{\boldsymbol{u}}^t_{n+\frac{1}{2}}-\dot{\boldsymbol{u}}^t_n\right)-\dot{\boldsymbol{u}}^t_n$，计算得到 $n+1/2$ 时刻轨道位移、速度、加速度响应
步骤 2	(9)根据式(3-192)和式(3-193)，求解$\tilde{\boldsymbol{u}}^v_{n+1}$、$\tilde{\boldsymbol{u}}^t_{n+1}$； (10)根据式(3-194)，计算 $n+1$ 时间步的轮轨力$\boldsymbol{\lambda}_{n+1}$； (11)再根据等式$\boldsymbol{u}^v_{n+1}=\tilde{\boldsymbol{u}}^v_{n+1}-(\overline{\boldsymbol{M}}^v_{n+1})^{-1}(\boldsymbol{L}^v)^{\mathrm{T}}\boldsymbol{\lambda}_{n+1}$、$\dot{\boldsymbol{u}}^v_{n+1}=\frac{1}{\Delta t}\boldsymbol{u}^v_n-\frac{4}{\Delta t}\boldsymbol{u}^v_{n+\frac{1}{2}}+\frac{3}{\Delta t}\boldsymbol{u}^v_{n+1}$、$\ddot{\boldsymbol{u}}^v_{n+1}=\frac{1}{\Delta t}\dot{\boldsymbol{u}}^v_n-\frac{4}{\Delta t}\dot{\boldsymbol{u}}^v_{n+\frac{1}{2}}+\frac{3}{\Delta t}\dot{\boldsymbol{u}}^v_{n+1}$，计算得到 $n+1$ 时刻车辆位移、速度、加速度响应； (12)令$\boldsymbol{u}^t_{n+1}=\tilde{\boldsymbol{u}}^t_{n+1}-(\overline{\boldsymbol{M}}^t_{n+1})^{-1}(\boldsymbol{L}^t(t_{n+1}))^{\mathrm{T}}\boldsymbol{\lambda}_{n+1}$、$\dot{\boldsymbol{u}}^t_{n+1}=\frac{1}{\Delta t}\boldsymbol{u}^t_n-\frac{4}{\Delta t}\boldsymbol{u}^t_{n+\frac{1}{2}}+\frac{3}{\Delta t}\boldsymbol{u}^t_{n+1}$、$\ddot{\boldsymbol{u}}^t_{n+1}=\frac{1}{\Delta t}\dot{\boldsymbol{u}}^t_n-\frac{4}{\Delta t}\dot{\boldsymbol{u}}^t_{n+\frac{1}{2}}+\frac{3}{\Delta t}\dot{\boldsymbol{u}}^t_{n+1}$，计算得到 $n+1$ 时刻轨道位移、速度、加速度响应

由此可见，新型两步数值积分法中采用了轮轨线性近似接触模型，同时通过建立约束方程式(3-189)和式(3-194)体现车辆-轨道的相互作用引起的时变耦合关系，能够保证在求解过程中等效矩阵不发生变化，无需迭代计算。进而在求解耦合方程时模型信息不发生变化，算法高度模块化。

2. 数值积分方法求解效果分析

轮轨模型采用线性近似接触条件，轮轨间的法向力能够作为附加矩阵与等效刚度矩阵和等效附加荷载分别进行合并，形成总体运动方程，此时车辆和轨道子系统能够集成为一个整体直接进行求解，这种求解方法为直接耦合法。轮轨采用非线性近似接触条件，通过轮轨接触点附加约束实现两个子系统之间的相互作用。由于法向力计算模型中存在高次项，每一时间步都需要迭代计算，直至满足平衡条件（位移协调条件或轮轨力协调条件），这种方法为迭代法。

一般来说，直接耦合法计算效率高，但耦合矩阵是时变的，不利于获得子结构的数据。此外，在大不平顺或轮轨长时脱离情况下，对系统响应的求解不够精确。而迭代法可以较好地求解轮轨非线性接触关系下车辆与轨道的运动方程，但由于求解时需要进行多次迭代，导致计算效率降低。本节将通过不同轮轨接触条件下 Newmark-β 法和广义-α 法的计算结果验证新型两步数值积分方法求解车轨耦合方程的优势。

（1）无轨道不平顺条件

动力学模型如图 3-33 所示。车辆包含三个自由度：车体垂向位移u_1、转向架垂向位移 u_2 和轮对垂向位移u_3，钢轨简化为 Euler 梁。车体和转向架由刚度为 k_2、阻尼为 c_2 的弹簧减振器连接，转向架与轮对之间由刚度为 k_1、阻尼为 c_1 的弹簧减振器连接。车辆以速度v=117 km/h 沿轨道匀速行驶。假设车辆-轨道耦合模型沿线路左右对称，因此只考虑半车模型。车辆-轨道模型的参数见表 3-13。

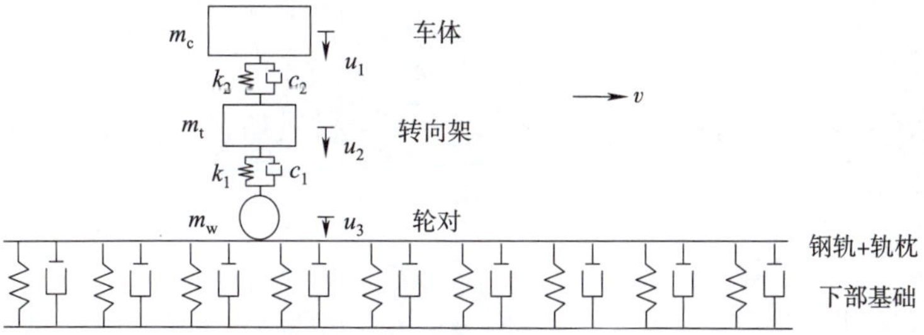

图 3-33　二维车轨耦合模型

表 3-13　二维车轨耦合模型参数

参　数	取　值
静轮重/N	82 000
轮对质量/kg	500
钢轨弹性模量 EI/(N·m^2)	4 864 500
钢轨质量/(kg·m^{-1})	119
轨道刚度/(N·m^{-2})	200
轨道阻尼/(N·s·m^{-2})	30
Hertz 接触常数 G/(N·m$^{-3/2}$)	1×10^{11}

在轨道光滑条件下，轮轨之间考虑线性接触关系时，采用 Newmark-β 法（NML）和广义-α 法（APL）分别对车轨耦合系统的动力学响应进行求解，并与新型两步数值积分方法（Two-step）的计算结果进行对比。

如图 3-34 所示，在光滑条件下，NML、APL 和两步法计算得到的车轨系统动力响应基本一致。其中，图 3-34（c）中的最大误差计算方式如下：

$$T_r=[(u-T_s)/T_s]_{max} \tag{3-195}$$

式中，u 为系统响应；T_s 为对应的系统静态响应。

如果 u 是位移，T_s 定义为

$$T_s=(m_c+m_t+m_w)g/K^t \tag{3-196}$$

式中，K^t 为轨道刚度。

如果 u 是加速度，T_s 定义为

$$T_s=g \tag{3-197}$$

如果 u 是轮轨力，T_s 定义为

$$T_s=(m_c+m_t+m_w)g \tag{3-198}$$

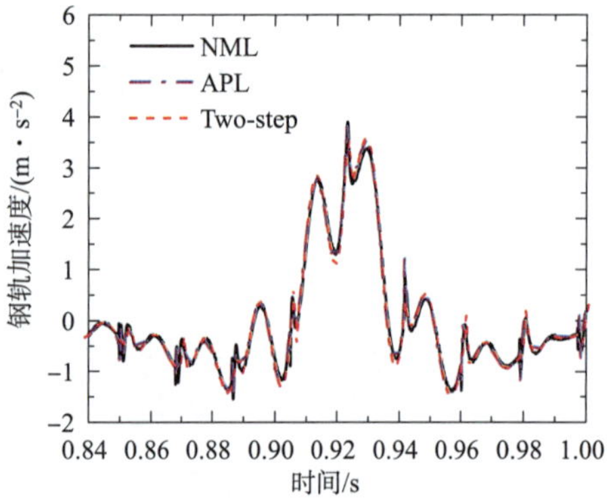

（a）钢轨中点处加速度

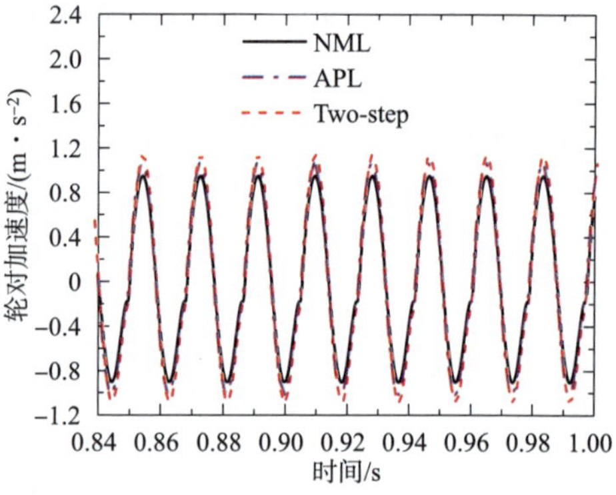

（b）轮对加速度

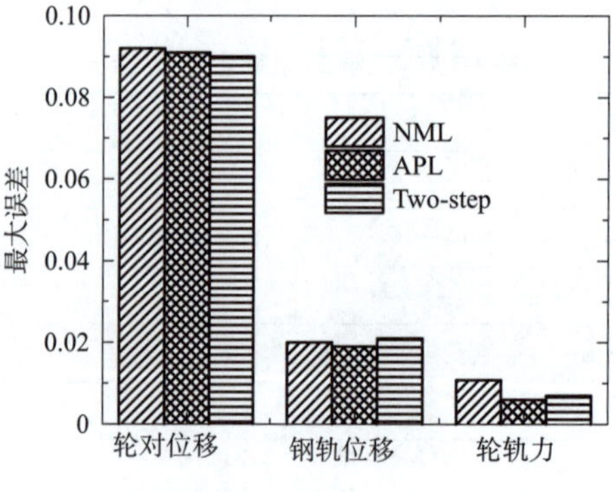

（c）轮对位移、钢轨位移和轮轨力的最大误差

图 3-34　无轨道不平顺条件下车轨系统动力学响应

然而，三种方法所需的计算时间不同，如图 3-35 所示。两步法所需的计算时间明显小于 APL，远小于 NML，两步法的计算时间分别是 NML 和 APL 的 5.6%和 61.8%。需要指出的是，Newmark-β 法的积分步长为 10^{-5} s，广义-α 法的积分步长为 10^{-4} s，而两步法的积分步长为 10^{-3} s。图 3-36 所示为积分步长为 10^{-3} s 时钢轨加速度的计算结果。由图 3-36 可知，NML 和 APL 计算的钢轨响应均出现异常高频振荡。这是由于积分步长为 10^{-3} s 时，Newmark-β 法和广义-α 法得到的解不能满足系统方程动态平衡，各时间步的计算误差逐渐累积，从而导致计算结果整体精度下降。而获得稳定解所需的积分步长越小，计算时间越长，计算成本越高。与 Newmark-β 法和广义-α 法相比，两步法能够采用较大的积分步长，显著减少了计算时间。

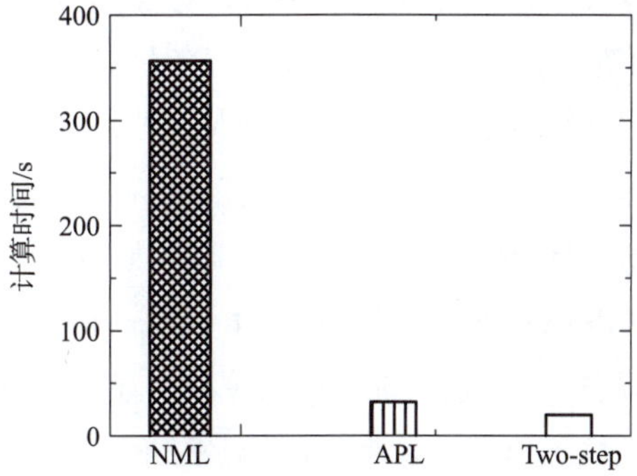

图 3-35　无轨道不平顺条件下 NML、APL 和两步法的计算时间

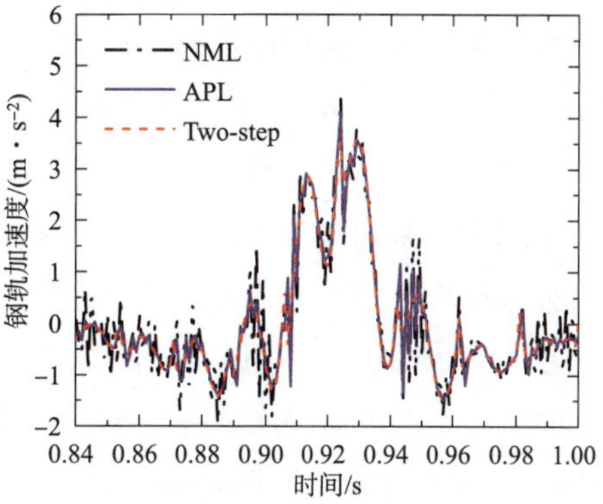

图 3-36　光滑条件下积分步长为 10^{-3} s 时钢轨中点处加速度

(2)车轮扁疤不平顺条件

轨道存在不平顺时会直接影响轮轨间的动力相互作用，当轨道不平顺较大或作用时间较长时轮轨间会出现瞬时脱离的情况，车轮回落对轨道产生冲击，影响运行安全性，加快轨道伤损，因此准确计算轮轨脱离时间和轮轨力大小具有重要意义。本节通过施加车轮扁疤不平顺，验证数值积分方法在轮轨脱离条件下求解的准确性。

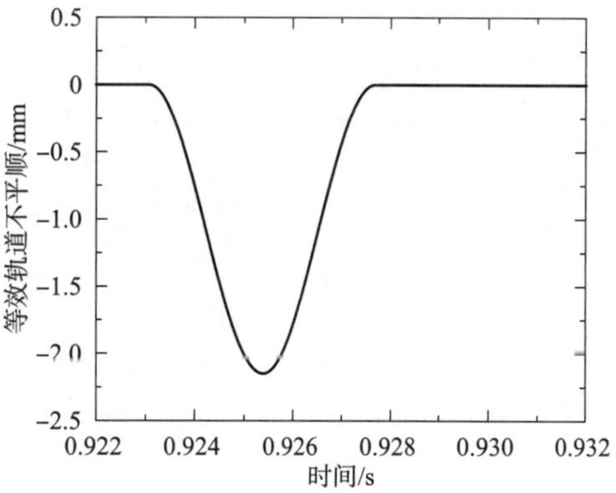

图 3-37　等效轨道不平顺

由于车辆运行时扁疤作用在轨道上的位置难以确定，对轨道的影响难以计算。为模拟车轮存在扁疤时的运行情况，构造了一种等效轨道不平顺，如图 3-37 所示。不平顺的形状通过大量测试结果确定，根据车轮半径决定轨道等效不平顺的深度，以适用于各种车辆类型。等效不平顺计算公式如下：

$$p(x_p)=\frac{D}{2}\left[1-\cos\left(\frac{2\pi}{l}x_p\right)\right],\quad D=\frac{l^2}{16r} \tag{3-199}$$

式中，x_p 为接触点纵向位置；D 为等效不平顺的最大深度，取 2.15 mm；l 为等效不平顺的长度，取 150 mm；r 为车轮直径，通过调整车轮直径该等效不平顺能够适应各种车型。

为进一步验证两步法计算结果的稳定性，采用 Newmark-β 法，分别考虑轮轨间线性接触关系（以下简称 NML）和非线性接触关系（以下简称 NMN），对图 3-33 中的车轨模型进行求解。值得一提的是，该等效轨道不平顺对图 3-33 中车轨耦合模型的影响已经由 Newton 和 Clark（以下简称 NCM）进行了研究及验证，并通过现场测试数据对结果进行了校准[78]。由此，NCM 的结果作为精确解用于验证数值积分方法计算结果的准确性。

图 3-38 所示为施加车轮扁疤等效不平顺时的车轨系统动力学响应。由图 3-38(a)可知，车辆通过等效扁疤不平顺时，车轮与轨道存在脱离和回落现象，车轮回落时，轮轨力瞬时增加。通过两步法、NMN 和 NML 计算得到的轮轨力响应与 NCM 结果的对比可知，除 NML 外，两步法和 NMN 的计算结果均与 NCM 非常一致。需要指出的是，NCM 给出的结果已经滤除了高频模态响应。因此，与两步法和 NMN 的轮轨力计算结果相比，NCM 的结果在 0.929 s 后没有出现振荡现象。

为了更清晰地验证两步法的计算精度，图 3-38(b)和图 3-38(c)进一步给出了钢轨和轮对的加速度响应，由图可知，车轮回落时轮轨加速度大幅增加，对车轨系统的冲击现象明显。同时两步法和 NMN 的计算结果非常一致，而 NML 计算的轮轨加速度响应则产生了异常振荡。

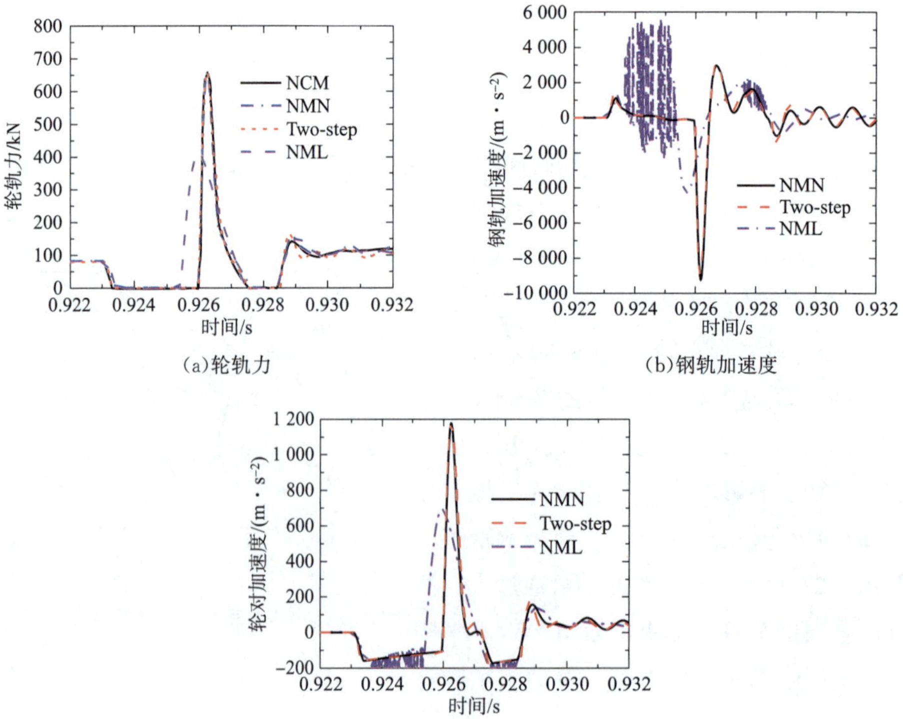

(a)轮轨力

(b)钢轨加速度

(c)轮对加速度

图 3-38 施加车轮扁疤不平顺时车轨系统动力响应

由此可知，当存在大变形和长时间轮轨接触分离时，考虑线性接触关系的 Newmark-β 法计算结果会变得不稳定。而两步法在满足计算精度的基础上，只要选择恰当的积分步长，此时依然可以保持稳定。其中，NML 和 NMN 的积分步长均为 10^{-5} s，两步法的积分步长为10^{-4} s。由图 3-39 可知，与 NML 和 NMN 相比，由于两步法采用的积分步长较长，且考虑的轮轨间接触关系为线性，无需迭代计算，显著减少了计算时间，有效地提高了计算效率。

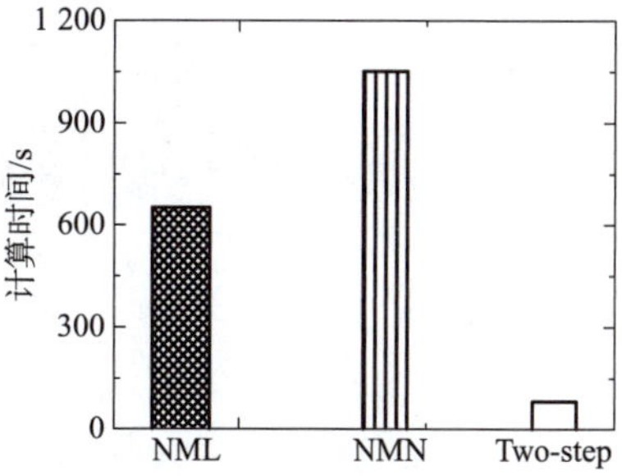

图 3-39　考虑车轮扁疤条件下 NML、NMN、两步法计算时间

3.5.4　长距离线路仿真计算方法

线路系统动力学中激励的输入通常是通过移动车辆位置，而固定轨道位置不变。但移动车辆往往需要考虑足够长的轨道，此时轨道的自由度会随着轨道长度的增加而显著增大，导致计算量剧增。为了解决这些问题，有学者提出了滑动窗口法，即通过考虑一个沿轨道移动的窗口，来体现移动的车辆和受车辆运行影响的轨道结构。这种方法大大减少了车辆线路模型的计算区域。

滑动窗口法的基本思想是通过一个固定长度的窗口来反映线下结构，由窗口的滑动代替车辆的移动，窗口滑动的距离与车辆移动距离相同，这样能够保证窗口内的计算量不变。滑动窗口法具有以下两个特点：(1)求解时只考虑窗口内部的振动，窗口外的轨道结构振动假设为零；(2)窗口滑动后窗口内部线下结构状态与滑动前相同。

对于板式轨道，选择的滑动窗窗口长度要为轨道板长度的整数倍，窗口左右两侧边界位于两块轨道板接缝处，如图 3-40 所示。车辆在每个子窗口内部运行时，均被视作简单的移动车辆模型。从第 m 个窗口起始，每当车辆运行距离达到一个轨道板长度时，滑动窗即沿车辆运行方向滑动一个轨道板长度的距离，计算区间由第 m 个窗口转换至第 $m+1$ 个窗口。窗口滑动时，第 m 个窗口和第 $m+1$ 个窗口重叠部分(即图 3-40 中红色部分)轨道结构振动相同，不重叠部分(即图 3-40 中蓝色部分)轨道结构振动为零。

下面以钢轨垂向位移为例，说明第 m 个子窗口转换至第 $m+1$ 个子窗口时轨道结构的振动状态。由于钢轨模型采用模态法建立，在第 m 个子窗口内垂向位移满足下式：

$$z_{\mathrm{r}}(x,t)=\sum_{k=1}^{N_z} z_k(x) q_{\mathrm{V}k}(t),\quad x\in[x_{\mathrm{a}},x_{\mathrm{b}}] \tag{3-200}$$

即

$$\begin{Bmatrix} z_{\mathrm{r}}(x_{\mathrm{a}},t) \\ z_{\mathrm{r}}(x_{\mathrm{a}+1},t) \\ \vdots \\ z_{\mathrm{r}}(x_{\mathrm{b}},t) \end{Bmatrix}=\begin{bmatrix} z_1(x_{\mathrm{a}}) & z_2(x_{\mathrm{a}}) & \cdots & z_{N_z}(x_{\mathrm{a}}) \\ z_1(x_{\mathrm{a}+1}) & z_2(x_{\mathrm{a}+1}) & \cdots & z_{N_z}(x_{\mathrm{a}+1}) \\ \vdots & \vdots & & \vdots \\ z_1(x_{\mathrm{b}}) & z_2(x_{\mathrm{b}}) & \cdots & z_{N_z}(x_{\mathrm{b}}) \end{bmatrix}\begin{Bmatrix} q_{\mathrm{V1}}(t) \\ q_{\mathrm{V2}}(t) \\ \vdots \\ q_{\mathrm{V}N_z}(t) \end{Bmatrix} \tag{3-201}$$

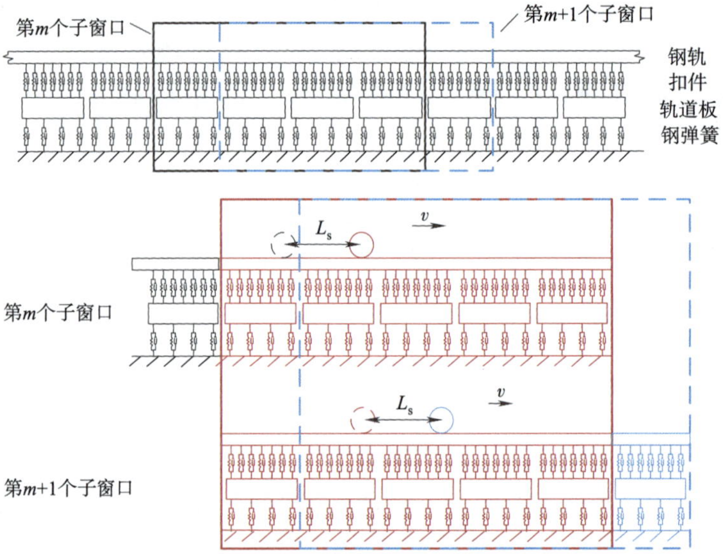

图 3-40 滑动窗口法示意图

当窗口滑动时，在第 $m+1$ 个子窗口式(3-201)转换为

$$\begin{pmatrix} z_r(x_{a+m},t) \\ z_r(x_{a+m+1},t) \\ \vdots \\ z_r(x_{b+m},t) \end{pmatrix} = \begin{pmatrix} z_1(x_{a+m}) & z_2(x_{a+m}) & \cdots & z_{N_z}(x_{a+m}) \\ z_1(x_{a+m+1}) & z_2(x_{a+m+1}) & \cdots & z_{N_z}(x_{a+m+1}) \\ \vdots & \vdots & & \vdots \\ z_1(x_{b+m}) & z_2(x_{b+m}) & \cdots & z_{N_z}(x_{b+m}) \end{pmatrix} \begin{pmatrix} p_{V1}(t) \\ p_{V2}(t) \\ \vdots \\ p_{VN_z}(t) \end{pmatrix} \tag{3-202}$$

根据梁的模态函数特性，如果端部支撑条件不变，则模态函数始终相同，即

$$\begin{pmatrix} z_1(x_a) & z_2(x_a) & \cdots & z_{N_z}(x_a) \\ z_1(x_{a+1}) & z_2(x_{a+1}) & \cdots & z_{N_z}(x_{a+1}) \\ \vdots & \vdots & & \vdots \\ z_1(x_b) & z_2(x_b) & \cdots & z_{N_z}(x_b) \end{pmatrix} = \begin{pmatrix} z_1(x_{a+m}) & z_2(x_{a+m}) & \cdots & z_{N_z}(x_{a+m}) \\ z_1(x_{a+m+1}) & z_2(x_{a+m+1}) & \cdots & z_{N_z}(x_{a+m+1}) \\ \vdots & \vdots & & \vdots \\ z_1(x_{b+m}) & z_2(x_{b+m}) & \cdots & z_{N_z}(x_{b+m}) \end{pmatrix} \tag{3-203}$$

根据滑动窗口法特性，不考虑相邻窗口间不重叠部分的轨道结构振动，则

$$z_r(x_{b+1},t)=z_r(x_{b+2},t)=\cdots=z_r(x_{b+m},t)=0 \tag{3-204}$$

确定窗口滑动后钢轨位移后，采用模态函数的逆矩阵来求解钢轨新的广义坐标，即

$$\begin{pmatrix} p_{V1}(t) \\ p_{V2}(t) \\ \vdots \\ p_{VN_z}(t) \end{pmatrix} = \begin{pmatrix} z_1(x_{a+m}) & z_2(x_{a+m}) & \cdots & z_{N_z}(x_{a+m}) \\ z_1(x_{a+m+1}) & z_2(x_{a+m+1}) & \cdots & z_{N_z}(x_{a+m+1}) \\ \vdots & \vdots & & \vdots \\ z_1(x_{b+m}) & z_2(x_{b+m}) & \cdots & z_{N_z}(x_{b+m}) \end{pmatrix}^{-1} \begin{pmatrix} z_r(x_{a+m},t) \\ z_r(x_{a+m+1},t) \\ \vdots \\ z_r(x_{b+m},t) \end{pmatrix} \tag{3-205}$$

对于轨道板结构，由于在窗口滑动过程中恰好移动了一个轨道板长度，等效于滑动前窗口最左侧轨道板的振动不再考虑，滑动后窗口最右侧的轨道板自由度被“激活”，但是初始振动为零。

3.6　系统动力学分析软件开发与验证

3.6.1　软件开发

1. 软件开发一般内容和要求

(1)软件开发流程与内容

图3-41所示为仿真软件开发的几个主要阶段，它实际也是一个循环的过程，技术支持阶段发现的问题，即是概念开发的输入，软件开发是一个不断完善的过程。

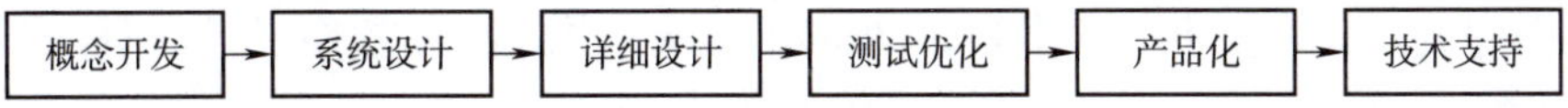

图3-41　仿真软件开发流程

铁路车辆-线路系统动力学分析软件一般的工作流程包括图3-42所示的几个主要步骤。

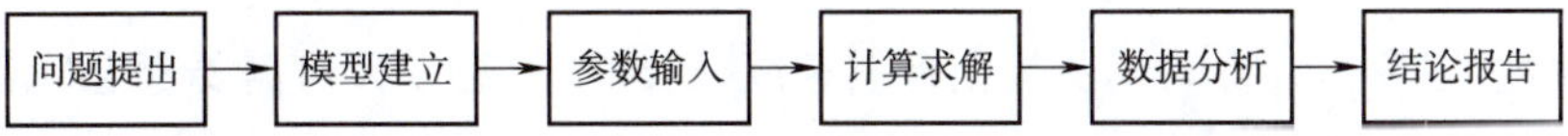

图3-42　动力仿真分析主要步骤

①问题提出

这个阶段主要是明确需要解决的问题、边界条件以及实现功能等。

②模型建立

建模是动力学分析软件的核心，作为铁路车辆-线路系统动力学分析专用程序，模型应该有较广的适用性和较好的灵活性，比如，包括车辆、线路线形、轨道不平顺、轨道和桥梁等的模块，并可以灵活组合。

③计算求解

通过建模，形成系统动力学方程，从特定初始条件的运动方程得到各状态量的时间历程是铁路线路系统动力学主要问题之一。对于多体系统动力学方程的求解，不同数值积分方法有不同的适用条件，因而恰当的数值积分方法是动力学仿真的一个重要因素。应针对不同的分析问题，提供不同的数值算法，增强软件适用性。

④数据分析

完成仿真计算后，数据分析及处理可进一步提供直观的结果，一般包括数据统计分析，行车安全性、乘坐舒适性分析，轨道、桥梁结构的动力特性各指标计算分析等，并能以数表及数据图形式给出。

⑤结论报告

完成计算分析后，给出各种形式的成果数据输出和结论报告。

仿真软件良好的设计可提高软件的使用效率，需提供友好的面向用户的前处理和后处理界面。前处理程序可以减轻数据输入的工作量，包括车辆、轨道和桥梁结构参数、线路几何线形、轨道不平顺等数据输入；各种轮轨型面的接触几何关系也可预先计算出来，并表达为横移量和摇头角的函数。后处理程序主要包括数据报表、绘图以及生成报告等功能，包括通过数表、二维图、三维图及给出车辆、线路结构动力特性和性能的分析报告。

仿真软件的验证及优化具有重要意义，一般验证方式有理论分析、实测数据检验以及同类软件对比验证等。

(2)软件一般要求

一个软件成为有效且可靠的工具，一般需要满足可靠性、高效性、易操作性、可移植性、完整性、兼容性，以及丰富的帮助文档、良好的技术支持等方面要求。

• 可靠性：软件需通过充分验证，并且具有稳定的计算能力，这样才能从具有物理意义的输入数据获得正确的计算结果。

• 完整性：软件应包括铁路车辆-线路系统动力分析的主要内容，具有较广的适用范围和适应能力，减少对其他计算机软件的依赖。

• 高效性：主要指计算时间及数据存取速度，建模及算法设计时需要考虑计算效率。

• 易操作性：软件应界面友好，尽量减少对输入数据的要求，尽可能采用帮助输入的对话框，且能对逻辑错误的输入进行检查。

• 可移植性：降低对平台操作系统和硬件的要求，为便于移植，程序应以常用高级语言编写，减少涉及操作系统的直接操作。

• 兼容性：能与其他主要的应用软件(如有限元或已有的仿真程序)相兼容是很有用的，兼容性不仅涉及程序数据管理问题，还涉及数据转换问题，如相对、绝对坐标变换，不同图形和拓扑结构的转换等。

• 帮助文档：软件要配有完整的说明文件、背景文件和用户手册。文件内容包含有关建模、近似和假设条件和适用范围等信息。

• 技术支持：软件需提供不断升级和修正等有关技术支持服务。

2. 动力学软件的开发及主要功能

随着多体系统动力学理论和计算机软件的发展，多体动力学仿真软件发展迅速。铁路车辆系统动力学分析中，比较流行的多体分析软件有：MSC. ADAMS、SIMPACK、NUCARS、VAMPIRE 等，这些软件各有其特点、适用范围和功能，主要侧重于解决车辆动力性能的分析，对于线路结构动力特性及二者之间的影响则考虑较少，或建模难度较大。

作者在前面介绍的线路系统动力学理论基础上，开发了铁路线路系统动力学分析与评估软件（train-structure dynamic interaction analysis system，简称 TSDIANS）。该软件可用于铁路线路线形参数合理取值分析、线路方案动力评估及优化、困难地段线路与线下结构匹配和轨道、桥梁结构振动分析及参数设计等领域。

该软件可根据研究对象和问题不同，选用不同的轨道、桥梁模型，车辆与线下结构系统采用分离迭代求解方法，通过轮轨关系耦合，极大地提高了计算效率。软件通过采用线下结构质量、刚度、阻尼矩阵逐步释放、归零、重复利用的方法，解决了长距离条件下线路方案动力仿真考虑线下结构的问题。

软件由数据输入与预处理、仿真计算模块和数据分析及绘图两个后处理模块组成。

（1）数据输入与预处理模块

数据输入与预处理模块定义车辆、轨道和桥梁等结构以及线路参数的输入格式，给出输入界面或批处理输入方式，并对数据组织预处理。

（2）仿真计算模块

仿真计算模块由车辆、线路线形、轨道不平顺、轨道和桥梁结构五个基本模块组成，可根据所分析的问题进行几个模块的组合，具有车-线动力分析、车-线-桥动力分析、车-轨动力分析、车-轨-桥动力分析四类典型问题的动力仿真分析功能。

（3）后处理模块

后处理模块包括数据分析和数据输出功能。数据分析模块包括数据统计分析、乘坐舒适度分析、行车安全性分析、轨道不平顺分析、结构振动分析和数字信号处理等功能。数据输出模块包括各种形式的数表、数据图等成果的输出功能。

程序功能模块如图 3-43 所示。

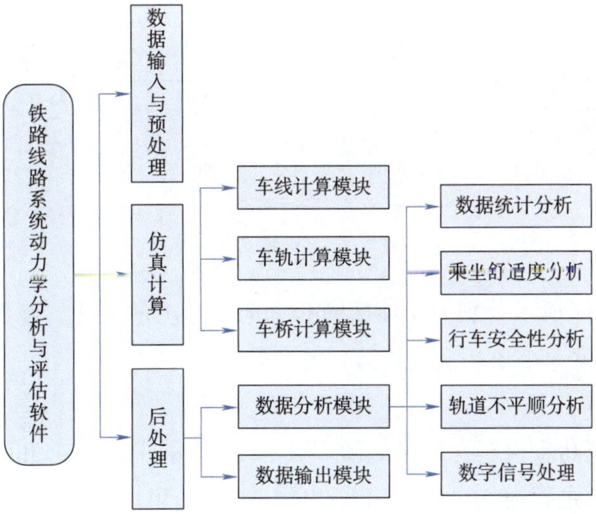

图 3-43　软件功能模块

软件绘图示意如图 3-44 所示。

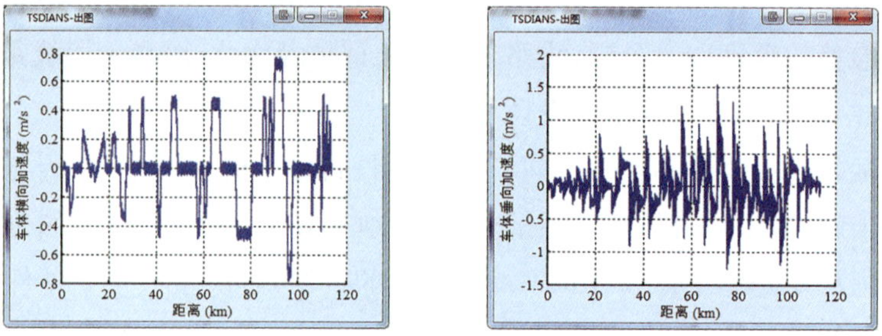

图 3-44　软件绘图示意

3.6.2　软件验证

1. 与京津城际测试数据对比

与京津城际测试数据的对比，采用的是 2010 年 4 月 28 日对京津城际下行线运营的 CRH3 型车实测数据。

(1)时域对比

选取京津城际铁路 JJK59～JJK62 段进行对比分析。该路段包括一条圆曲线和一条竖曲线，行车速度为 243 km/h，具体线路条件如图 3-45 所示。

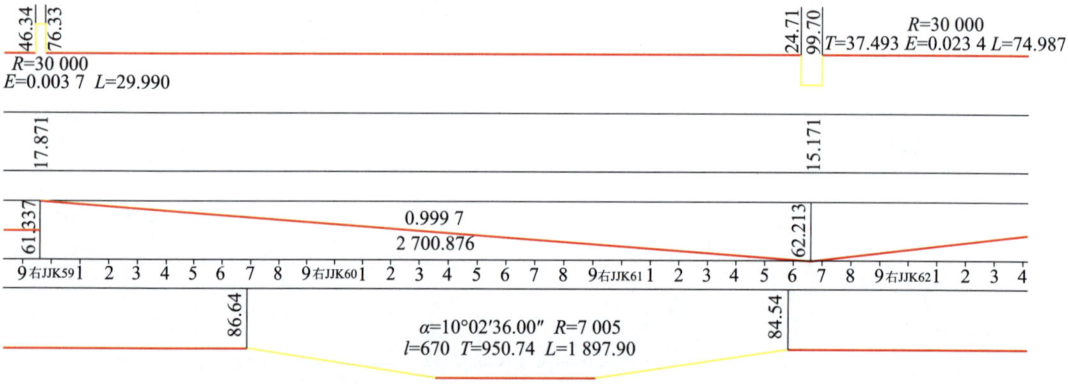

图 3-45　京津城际铁路局部线路平纵断面示意图

图 3-46 和图 3-47 所示分别为车体横向和垂向加速度的对比。从图 3-46、图 3-47 中可以看出，无论是加速度大小还是变化趋势，均有很好的一致性。

(2)频域对比

车体横向加速度功率谱对比结果如图 3-48 所示。由图 3-48(a)和图 3-48(b)可以看出，实测的车体横向振动主频为 0.4～0.7 Hz；由图 3-48(c)可以看出，仿真计算结果中车体横向振动主频为 0.52 Hz。

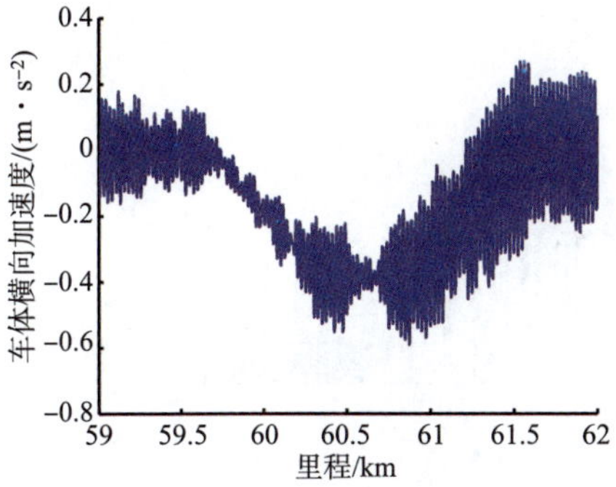

(a)TSDIANS 计算结果　　　　(b)实测数据

图 3-46　车体横向加速度对比

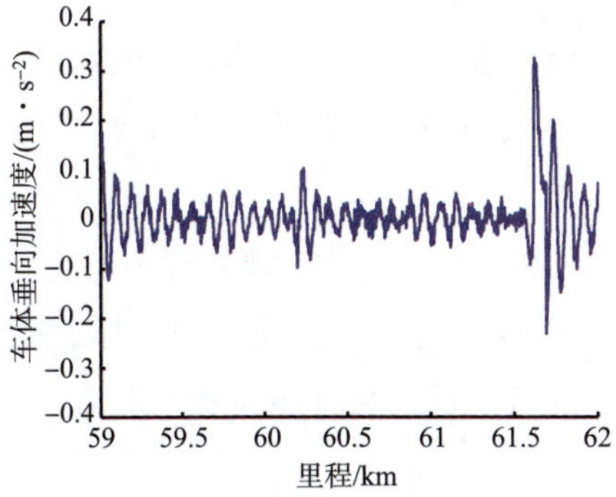

(a)TSDIANS 计算结果　　　　(b)实测数据

图 3-47　车体垂向加速度对比

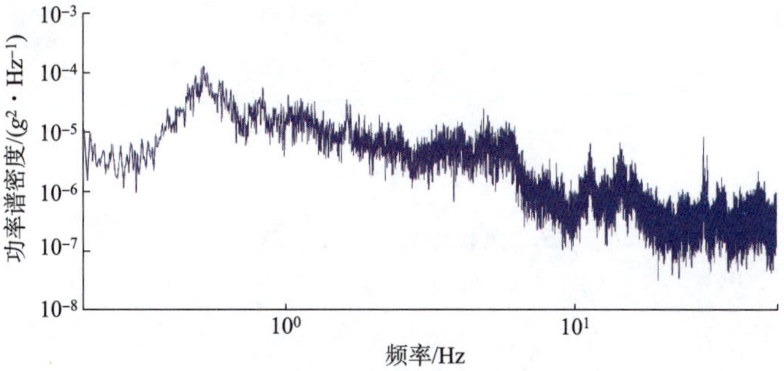

(a)实测数据(2010 年 4 月 28 日)

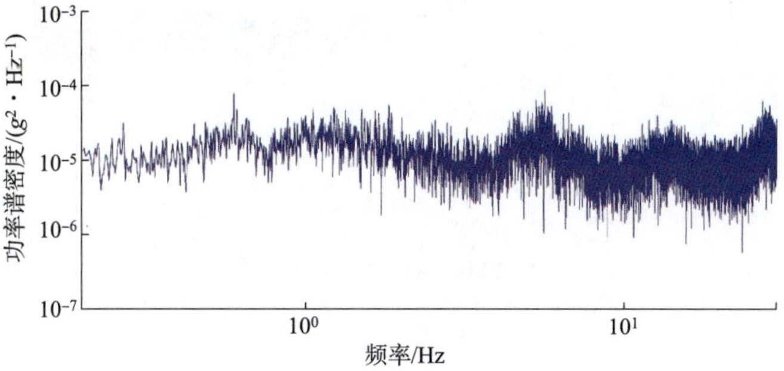

(b)实测数据(2010 年 5 月 31 日)

图　3-48

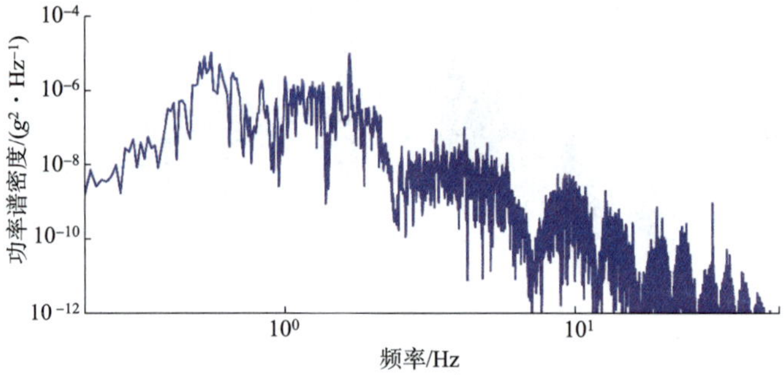

(c)TSDIANS 计算结果

图 3-48　车体横向加速度功率谱对比

车体垂向加速度功率谱对比结果如图 3-49 所示。由图 3-49(a)和图 3-49(b)可以看出，实测的车体垂向振动主频为 0.6～0.8 Hz；由图 3-49(c)可以看出，仿真计算结果中车体垂向振动主频为 0.72 Hz。

实际运营中，由于车辆载客量等因素的影响，车体横垂向振动主频会有一定的变化。从仿真计算结果和实测数据的对比可以看出，仿真计算得到的车体振动主频及加速度功率谱频率分布与实测结果基本吻合，表明仿真计算结果能够反映实际车辆的振动特性。

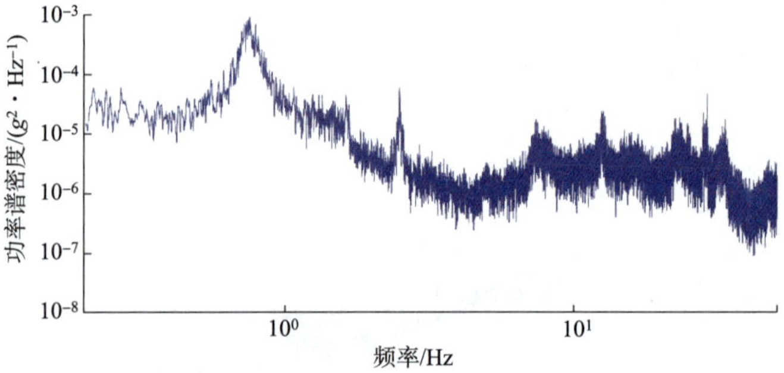

(a)实测数据(2010 年 4 月 28 日)

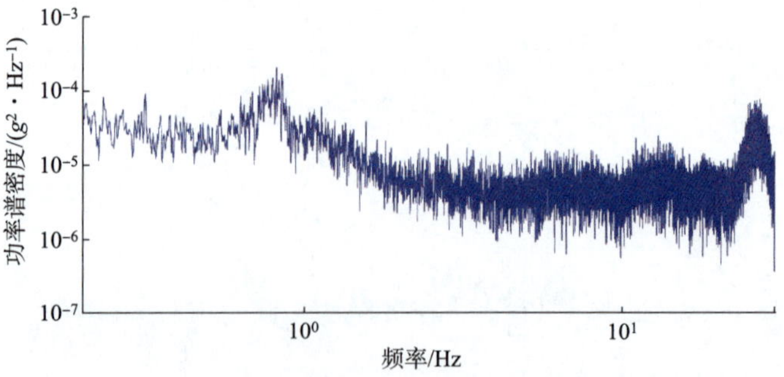

(b)实测数据(2010 年 5 月 31 日)

图　3-49

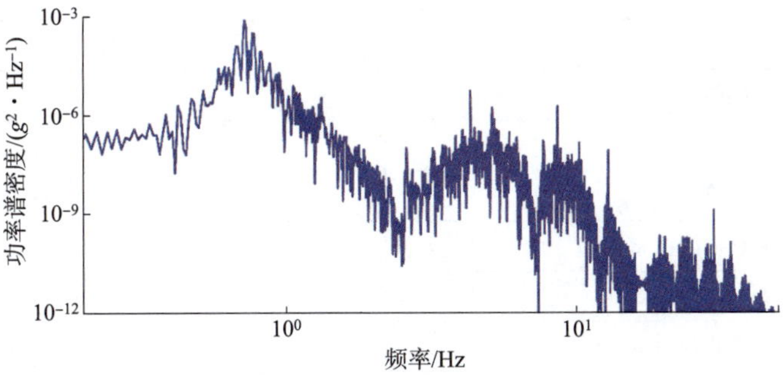

(c)TSDIANS 计算结果

图 3-49　车体垂向加速度功率谱对比

2. 与通用动力学软件对比

多体系统仿真软件包 SIMPACK 是一款市场上主流的通用多体系统动力学分析软件,可应用于汽车、铁路、发动机以及各种机械工程领域,其铁路模块 SIMPACK/Rail 已广泛应用于铁路车辆设计及动力性能预测。本节通过与 SIMPACK 软件计算结果的对比分析,进行软件验证。

本节计算采用的车辆参数见表 3-14。模型验证中第一种工况用于考察车辆曲线通过计算可靠性,具体设置工况为:曲线半径为 7 000 m,运行速度取 250 km/h,超高取 65 mm。模型验证中第二种工况用于考察车辆横向动力响应可靠性,工况具体为:在一段 50 m 直线段后连续设置 5 个横向正弦不平顺,峰峰之间幅值 6.35 mm,波长 11.88 mm,列车运行速度 22.5 m/s,具体设置情况如图 3-50 所示。

表 3-14　车辆主要动力学参数

参　数	数　值
车体质量 m_c	4.17×10^4 kg
转向架质量 m_t	3 049 kg
轮对质量 m_w	1 780 kg
车体点头转动惯量 I_{cy}	2.1×10^6 kg·m²
车体侧滚转动惯量 I_{cx}	2.32×10^4 kg·m²
车体摇头转动惯量 I_{cz}	2.08×10^6 kg·m²
转向架点头转动惯量 I_{ty}	2 340 kg·m²
转向架侧滚转动惯量 I_{tx}	1 580 kg·m²
转向架摇头转动惯量 I_{tz}	3 930 kg·m²
轮对点头转动惯量 I_{wy}	112 kg·m²
轮对侧滚转动惯量 I_{wx}	1 140 kg·m²
轮对摇头转动惯量 I_{wz}	1 120 kg·m²
车辆定距之半 l_c	8.75 m

续上表

参　数	数　值
轴距之半 l_t	1.25 m
二系垂向刚度 k_{pz}	2.65×10^5 N/m
二系垂向阻尼 c_{pz}	4.51×10^4 N·s/m
二系横向刚度 k_{py}	1.76×10^5 N/m
二系横向阻尼 c_{py}	3.92×10^4 N·s/m
一系垂向刚度 k_{tz}	5.8×10^5 N/m
一系垂向阻尼 c_{tz}	1.96×10^4 N·s/m
一系横向刚度 k_{ty}	2.35×10^6 N/m

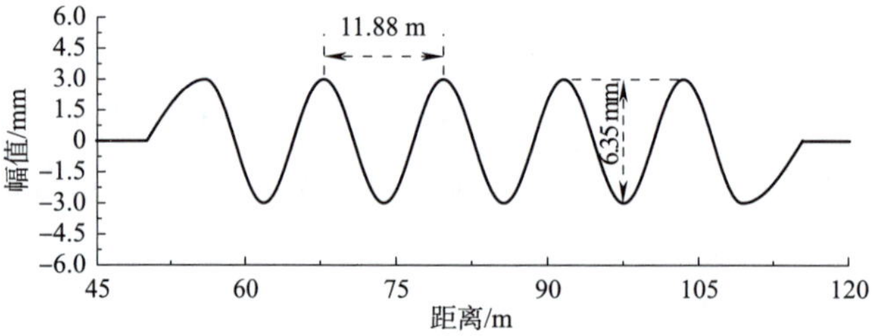

图 3-50　工况二示意图

图 3-51 所示为第一种工况条件下采用 TSDIANS 和 SIMPACK 软件计算得到的列车通过曲线时轮对摇头角、脱轨系数、轮重减载率时程曲线，由图可见，各轮对摇头角、轮对左右侧脱轨系数和减载率幅值与波形变化规律均相同。可以看出，曲线通过条件下基于本章理论建立模型的开发软件和通用动力学软件计算结果吻合良好。

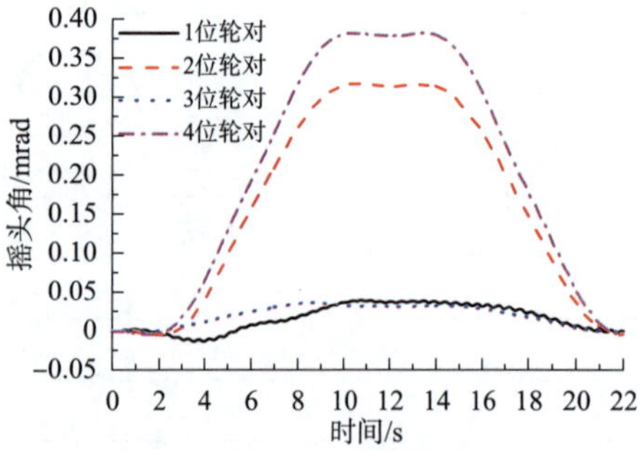

(a) TSDIANS 计算摇头角

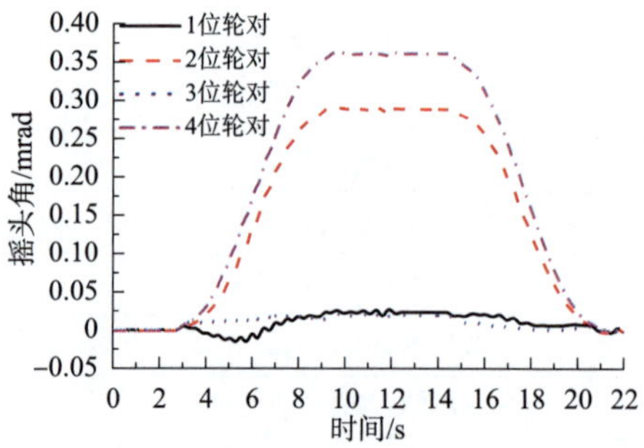

(b) SIMPACK 计算摇头角

图　3-51

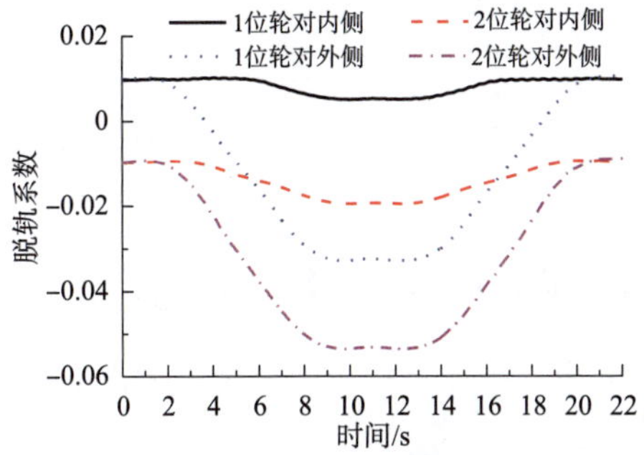

(c) TSDIANS 计算脱轨系数

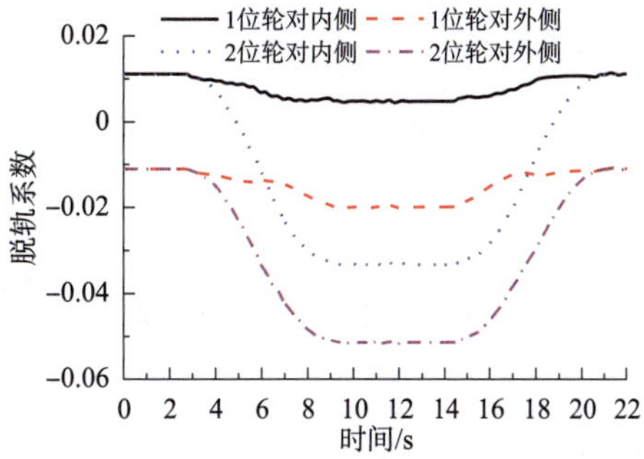

(d) SIMPACK 计算脱轨系数

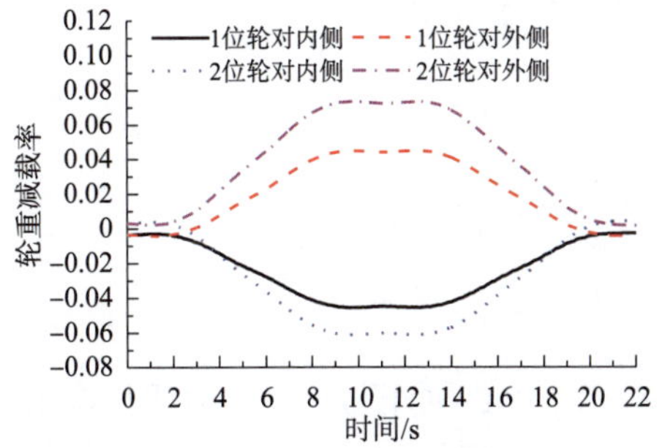

(e) TSDIANS 计算减载率

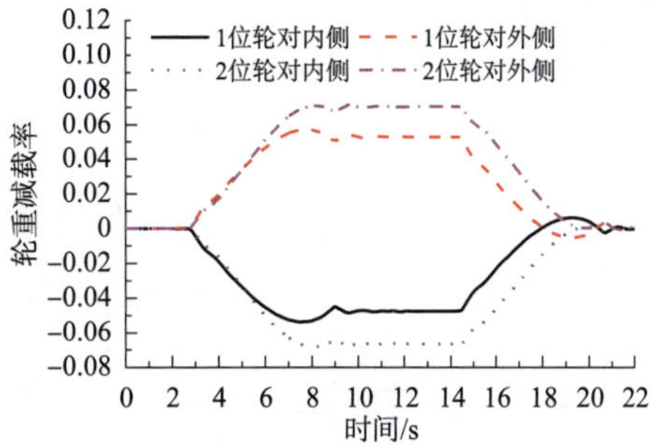

(f) SIMPACK 计算减载率

图 3-51　曲线地段动力学指标对比

图 3-52 所示为第二种工况条件下 TSDIANS 和 SIMPACK 软件计算得到的车体和轮对横移时程曲线，由图可见，两种方法计算结果吻合。

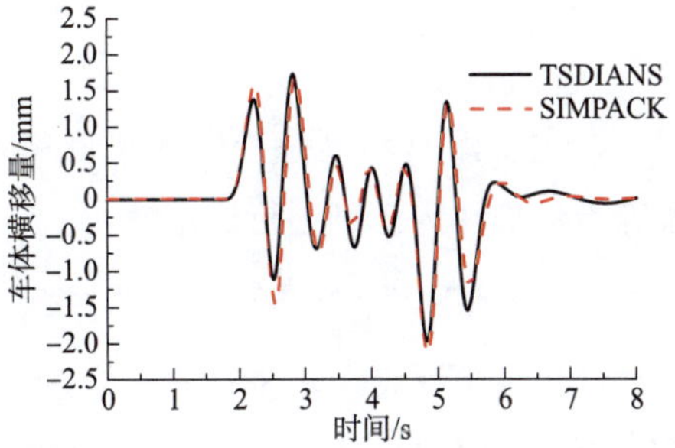

(a) 车体横移量

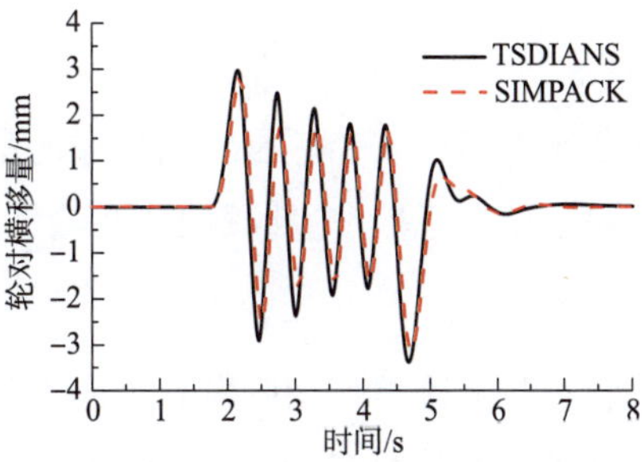

(b) 轮对横移量

图 3-52　动力响应对比

第4章 动力学性能评价标准与方法

车辆与线下结构的动力学性能评价标准与方法是动力学仿真分析的基础。本章首先介绍我国和国际上所采用的主要车辆动力学以及轨道、桥梁等线下结构动力学评价指标和标准;其次针对高速铁路线路动力学研究需求,分析乘坐舒适性指标的适用性,并针对线路动力学不同研究对象和目的,提出相应的评价方法。

4.1 车辆动力学评价指标与方法

车辆动力学性能是衡量车辆运行性能的重要技术指标。列车与线路动力相互作用系统中,车辆动力学性能也是衡量基础结构能否满足运营要求的重要指标。

本节以我国《机车车辆动力学性能评定及试验鉴定规范》(GB/T 5599—2019)、《高速铁路设计规范》(TB 10621—2014)、《高速铁路工程动态验收技术规范》(TB 10761—2013)、《高速动车组整车试验规范》(铁运〔2008〕28号)以及国际标准组织(ISO)、国际铁路联盟(UIC)、欧洲标准(EN)等国内外标准为基础,介绍铁道车辆动力学评价指标和标准。

4.1.1 行车安全性评价指标

铁道车辆运行安全性是铁路运输的最基本要求,主要涉及车辆是否出现脱轨和倾覆问题。一般以脱轨系数、轮轨减载率和轮轴横向力等指标来评定车辆运行稳定性。

1. 脱轨系数

脱轨系数是瞬时作用的轮轨横向力和垂向力之比,用于评定车轮脱轨的可能性。目前,各国广泛采用的是由1908年法国学者Nadal定义的脱轨系数。Nadal根据爬轨侧车轮在脱轨临界状态时轮轨接触点的平衡条件,推导了脱轨系数的表达式。设车轮轮缘与钢轨间的摩擦因数为μ,车轮轮缘角为δ,脱轨系数的临界值为

$$\frac{Q}{P}=\frac{\tan\delta-\mu}{1+\mu\tan\delta} \tag{4-1}$$

由式(4-1)可见,脱轨系数临界值大小取决于轮缘角和轮轨间的摩擦因数,轮缘角越大,脱轨系数临界值越大;摩擦因数越大,脱轨系数临界值越小。

轮轨接触点上的受力关系如图4-1所示。

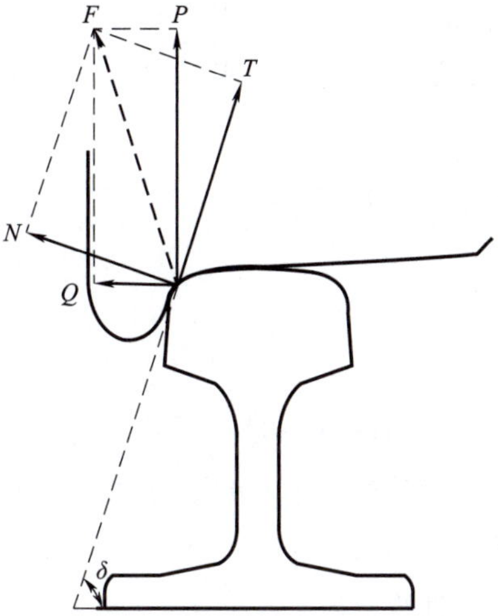

图4-1　轮轨接触点上的受力关系

《机车车辆动力学性能评定及试验鉴定规范》(GB/T 5599—2019)规定的脱轨系数评定限值见表4-1。

表4-1　脱轨系数评定限值

车　　种	脱轨系数 Q/P	
	曲线半径 250 m≤R≤400 m; 侧向通过9号、12号道岔	其他线路(曲线半径 R>400 m)
客车、动车组	≤1.0	≤0.8
机车	≤0.9	≤0.8
货车	≤1.2	≤1.0

近年来国内外均有研究表明,经典的Nadal公式并不完善,只适用于行车速度较低的情况。对于高速客车的行车安全性评定指标,需要根据国内外高速列车的运行经验及研究成果重新确定。

国外高速铁路关于脱轨系数的有关规定包括:国际铁路联盟UIC规定 $Q/P\leq1.2$;欧洲铁路联盟的"EUROCODE"采用 $Q/P\leq0.8$;德国ICE高速列车在高速试验中采用 $Q/P\leq0.8$;日本《铁道结构设计标准》同样也采用了 $Q/P\leq0.8$。

我国《高速铁路工程动态验收技术规范》(TB 10761—2013)、《高速铁路设计规范》(TB 10621—2014)、《铁路桥涵设计规范》(TB 10002—2017)中规定高速铁路、城际铁路及客货共线铁路脱轨系数采用0.8作为限值;重载铁路机车脱轨系数采用0.8,货车采用1.0。

2. 轮重减载率

轮重减载率为评定车辆在轮对横向力为零或接近于零的条件下,因一侧车轮严重减载而脱轨的安全性指标，与脱轨系数并用来对铁道车辆脱轨安全性进行判定。轮重减载率定义为减载侧车轮的轮重减载量 ΔP 与轮对的平均静轮重 $\bar{P}$ 之比，记作 $\Delta P/\bar{P}$。

《机车车辆动力学性能评定及试验鉴定规范》(GB/T 5599—2019)规定轮重减载率评定按速度分类如下：

(1)当试验速度 $v\leqslant 160$ km/h，$\dfrac{\Delta P}{\bar{P}}\leqslant 0.65$；

(2)当试验速度 $v>160$ km/h，$\dfrac{\Delta P}{\bar{P}}\leqslant 0.80$。

需要指出的是，脱轨系数和轮重减载率是主要针对轮对横向力 $H>0$ 和 $H=0$ 两种不同情况下评价车轮脱轨的指标，都是根据车轮的受力平衡条件得出的。一般情况下，应以脱轨系数作为行车安全性的评价指标，而上述轮重减载率的限值可视为静态或准静态条件下的评价指标，不适合于动态减载时的评定。

动态减载是指机车车辆以较高速度运行时，由于车辆通过钢轨接头、轨面局部凹凸不平或道岔等地段可能产生冲击振动而引起较大的瞬态轮重减载现象。德国在高速列车试验中，动态轮重减载率限值为 0.9；美国采用的限值也为 0.9；日本在新干线铁路提速时，动态轮重减载率限值为 0.8；我国在提速和高速行车试验中，采用动态轮重减载率限值，一般为 0.8。

我国《高速铁路工程动态验收技术规范》(TB 10761—2013)规定，当采用间断式测力轮对时限值 0.8，采用连续式测力轮对时限值 0.65。《高速铁路设计规范》(TB 10621—2014)中规定在车桥动力分析时限值 0.6，时速 350 km 以上时可采用限值 0.8。《高速动车组整车试验规范》(铁运〔2008〕28 号)规定轮重减载率准静态限值 0.65，动态限值 0.8。

在采用轮重减载率评价标准时，需考虑试验测试或仿真计算时是否包括高频动态成分。

3. 轮轴横向力

对无缝线路稳定性问题的研究表明，过大的轮轴横向力 H(一个轮对上左右两侧车辆横向力 Q_1 和 Q_2 之和)是导致轨排横移、无缝线路动力失稳产生胀轨跑道现象的主要原因。轮轴横向力 H 用于评定车辆在运行过程中是否会因为过大的横向力而导致轨距扩宽或线路产生严重变形。

国际铁路联盟(UIC)所采用的轮轴横向力限值计算公式为

$$H\leqslant\beta(10+P_0/3) \tag{4-2}$$

式中，P_0 为静轴重，kN；β 取值：客车为 1，货车空车 0.75，重车 0.8。

《高速铁路工程动态验收技术规范》(TB 10761—2013)和《高速铁路设计规范》(TB 10621—2014)规定轮轴横向力限值为

$$H\leqslant 10+P_0/3 \tag{4-3}$$

《机车车辆动力学性能评定及试验鉴定规范》(GB/T 5599—2019)规定轮轴横向力评定按式(4-4)计算：

$$H \leqslant 15 + P_0/3 \tag{4-4}$$

4. 轮轨作用力

(1)轮轨横向力

轮轨间横向力过大将引起轨距扩大、线路严重变形，目前我国铁路很少直接采用轮轨横向力进行评定。欧美铁路根据试验，一般取 0.4 倍轴重作为横向力的允许限度，如式(4-5)。

$$Q = 0.4P_0 \tag{4-5}$$

式中，P_0 为静轴重，kN。

UIC 518 中规定曲线上轮轨横向力限值 60 kN。

(2)轮轨垂向力

日本在既有线提速试验规范中对轮重最大值有明确规定，要求其小于轨道部件(PC 轨枕、轨道板)的设计荷载。所谓设计荷载，是考虑了因车轮扁疤引起的轮轨动力冲击作用而采用的荷载。经过调查分析，车轮扁疤引起的轮载动静比约为 1.7，考虑一定的安全系数后取为 2.0，因此最大扁疤轮重可取为静轮重的 3 倍，并将其作为设计荷载。新干线采用轴重 170 kN 的 P 标准活载，设计荷载为 270 kN；而既有线采用轴重 160 kN 的 K 活载，设计荷载为 255 kN。

德国铁路(DB)规定，非冲击性的中低频轮轨垂向力不允许超过极限值 170 kN。英国铁路(BR)规定，车辆通过钢轨接头等瞬态冲击作用时的轮轨垂向力的限制标准为 250 kN。

UIC 518 中给出的轮轨垂向力限值计算式为

$$P = 90 + P_0 \tag{4-6}$$

式中，P_0 为轮对静载，kN。

同时，还给出了不同设计速度条件下的限值，设计速度大于 300 km/h 时，轮轨垂向力限值为 160 kN。曲线上轮轨垂向力限值为 145 kN。

《高速动车组整车试验规范》(铁运〔2008〕28 号)给出了我国高速动车组轮轨垂向力的限值，为 170 kN。

5. 构架加速度

通常采用构架加速度来评定横向稳定性。《机车车辆动力学性能评定及试验鉴定规范》(GB/T 5599—2019)、《高速铁路工程动态验收技术规范》(TB 10761—2013)规定，构架振动加速度峰值有连续 6 次以上达到或超过 8 m/s^2 时(用 0.5～10 Hz 进行带通滤波)，判定转向架横向失稳。

4.1.2 乘坐舒适性评价指标

1. 舒适度的含义

旅客舒适度作为一个综合性生理指标，反映的是乘客在旅途中的疲劳程度，是一个统计意义上的标准。广义来讲，铁路列车舒适度是旅客乘坐列车旅行时感受到的乘车品质的综合心理反应的评价。车内的振动、噪声、湿度、温度、座席的质感、空间的设计、旅客姿势、心理状态等都会影响旅客的舒适度。舒适度的感知还存在个体差异，不同人的健康期望值、对乘坐环境的敏感度不同，也会影响到个体对舒适度的不同反应。广义舒适度具有较大的内涵，包括了满足舒适度要求及身心愉快、无痛苦及苦恼状等几种状态。

旅客舒适度受到各方面因素的影响，而其中被认为是最大影响因素的是车辆的振动。在车辆的运行过程中，振动始终存在且持续影响列车的运行品质及乘客的感知舒适度，本书所讨论的狭义上的舒适度是指列车运行产生的振动使旅客列车乘客产生的不适性，即振动舒适度。振动对人体的影响是其频率、振动强度、方向以及持续时间等多种因素共同决定的，振动舒适度的评价是舒适度评价中最主要组成部分之一。

2. 舒适度评价指标分类

乘坐舒适度一般通过振动加速度和加速度变化率来评价。从评价指标性质来说，影响舒适度的指标有振动加速度、准静态加速度以及加速度时变率等。从影响振动因素来说，一般可以分为振动舒适度、曲线通过舒适度和加减速舒适度 3 类，如图 4-2 所示。

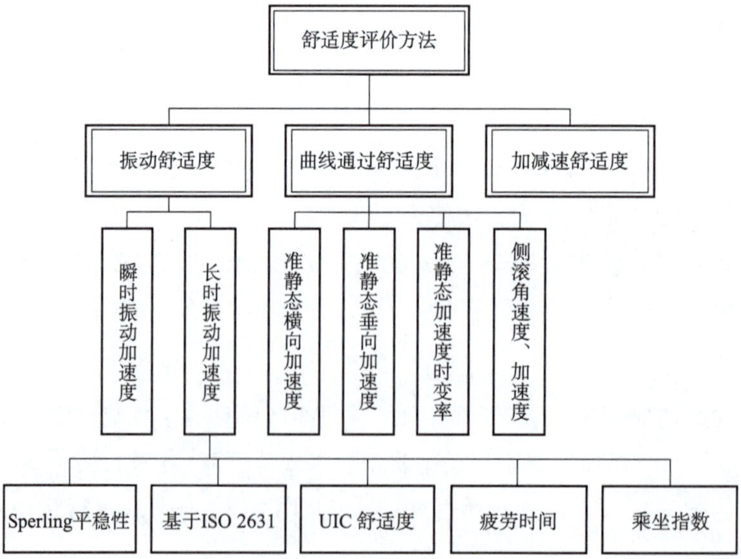

图 4-2　舒适度评价方法分类

3. 振动舒适度

振动舒适度是指车辆运行平稳性对乘坐舒适性的影响。评价振动舒适度最直接的指标就是车体振动加速度。对于短时间内的舒适度评价，一般直接采用振动加速度的大小进行评价。对于长时间内的舒适度评价，则不仅需要考虑振动的幅值，还需要考虑振动频率和持续时间等。ISO 2631 标准以 0.5～80 Hz 的振动为对象。Sperling 指标以 0.5～30 Hz 的振动为对象。UIC 513 标准以 0.4～80 Hz 的振动为对象。

(1)瞬时振动加速度评价

车体振动加速度是衡量运行舒适性的一项重要技术指标。目前在国际上对车体振动加速度的规定各有所异，欧洲规范 EUROCODE 对客车车体的垂向振动加速度进行了规定，其标准见表 4-2。

表 4-2　EUROCODE 规定的客车车体垂向振动加速度标准

舒适度等级	优秀	良好	合格
垂向加速度/g	0.1	0.13	0.2

在日本新干线慢行管理目标值中，车体的垂向加速度限值为 0.45g。

横向加速度主要用来评价车辆通过曲线时的乘坐舒适度。1963 年，日本的 Train Speed Survey Committee 根据车辆舒适度的测试结果，制定了横向加速度标准，最大值为 0.08g，现在仍然是列车通过曲线时乘坐舒适度的评价标准，但是在新干线上允许最大横向加速度达到 0.09g，其最高运行速度为 270 km/h。在评价过曲线时的乘坐舒适度时，除了横向加速度的限值外，还要考虑加速度的时变率。在横向加速度没有超限的情况下，若横向加速度变化较快，乘客仍能感受到不舒适。所以，要限制横向加速度的变化率，一般情况下加速度时变率应低于 0.3 m/s^3，特殊情况不超过 0.4 m/s^3。

《高速铁路设计规范》(TB 10621—2014)中规定车体垂向振动加速度 1.3 m/s^2(半峰值)，横向振动加速度 1.0 m/s^2(半峰值)。

《机车车辆动力学性能评定及试验鉴定规范》(GB/T 5599—2019)、《高速动车组整车试验规范》(铁运〔2008〕28 号)和 UIC 518 中规定车体横向和垂向加速度限值为 2.5 m/s^2。

《高速铁路无砟轨道线路维修规则(试行)》(铁运〔2012〕83 号)、《高速铁路有砟轨道线路维修规则(试行)》(铁运〔2013〕29 号)对线路轨道动态质量容许偏差管理值分为经常保养、舒适度、临时补修、限速(160 km/h)四级，相应的车体垂向和横向加速度标准见表 4-3。

表 4-3　轨道管理对应车体振动加速度评价标准

项　目	经常保养	舒适度	临时补修	限速(160 km/h)
偏差等级	Ⅰ级	Ⅱ级	Ⅲ级	Ⅳ级
车体垂向加速度/($m\cdot s^{-2}$)	1.0	1.5	2.0	2.5
车体横向加速度/($m\cdot s^{-2}$)	0.6	0.9	1.5	2.0

注：车体垂向加速度采用 20 Hz 低通滤波；车体横向加速度Ⅰ、Ⅱ级标准采用 0.5～10 Hz 带通滤波处理的值进行评判，Ⅲ、Ⅳ级标准采用 10 Hz 低通滤波处理的值进行评判。

(2)长时间振动加速度评价

铁路旅客列车振动舒适度的评定标准在世界范围内有着很大的差异,关于评定方法的研究主要包括舒适度指标评价尺度和频率计权两个方面。振动在频率以及振动强度上的差别是导致人体对振动的感觉不同的主要原因。为了体现出这二者的决定性作用,各种评价方法中均使用了对振动信号的频率计权,通过频率计权将振动的物理量转化为人体对不同频段振动量的感觉。目前,各国铁路的评定结果差别主要体现在舒适度评价指标尺度上,在频率计权方面体现出来的差异较小。目前各国振动舒适度评价指标的频率计权曲线基本是参考国际标准 ISO 2631 来制定的,仅在评价的频率范围上有所差别。但在评价指标的划分标准上有着一定差异,这也是导致最终评价结果不同的主要原因。

铁路旅客列车的乘坐舒适度评价的基本方法一般采用的是基于均方根值的评价方法和统计性的评价方法,不同评价方法的评价过程有着一定差异。目前国际上对铁路列车旅客振动舒适度的评价标准并不统一,主要标准有 Sperling 运行平稳性评价指标、ISO 2631 人体全身振动评价标准、UIC 513 舒适度评价标准、英国 BS 6841 人体全身振动评价标准、欧洲 EN 12299 铁路车辆振动评价标准等。我国目前采用的是 Sperling 指标及 UIC 513 规定的舒适度指标等。

①Sperling 平稳性指标

20 世纪 40 年代,德国的 Sperling 为了获得铁道车辆的舒适度标准,进行了振动台试验。试验选取了 25 名受试人员,并对他们进行了 2～10 min 的振动台试验。Sperling 根据试验结果总结出了平稳性指标的公式,并通过其后的一系列研究完善了该公式,在原有基础上提高了精度,引进了频率修正项 $F(f)$,见表 4-4;同时将垂向振动和横向振动分开。这即是后来在很长一段时间内被国际上广泛使用的 Sperling 公式,目前包括我国在内的许多国家仍在使用。

表 4-4　频率修正系数

垂直振动		横向振动	
f/Hz	$F(f)$	f/Hz	$F(f)$
$0.5 \leqslant f < 5.9$	$0.325f^2$	$0.5 \leqslant f < 5.4$	$0.8f^2$
$5.9 \leqslant f < 20.0$	$400/f^2$	$5.4 \leqslant f < 26.0$	$650/f^2$
$f > 20.0$	1	$f > 26.0$	1

《机车车辆动力学性能评定及试验鉴定规范》(GB/T 5599—2019)中,Sperling 舒适度指标计算公式为

$$W = 3.57\sqrt[10]{\frac{A^3}{f}F(f)} \tag{4-7}$$

式中,A 为车体振动加速度,m/s²;f 为振动频率,Hz;$F(f)$为频率修正系数,见表 4-4。

频率修正项 $F(f)$的引入,主要考虑人体对不同频率的振动敏感度不同,且垂向和横向

的频率修正项不同。通过国内外的研究表明，对于横向振动，人体对 2 Hz 以下的振动比较敏感；对于垂向振动，人体对 4～8 Hz 的振动比较敏感。

根据表 4-4 绘制出垂向和横向的加权函数曲线 $F(f)/f$，如图 4-3 所示。由图 4-3、表 4-4 可以看出：影响横向和垂向平稳性指标的最大权重频率分别为 5.4 Hz 和 5.9 Hz；在垂向振动加速度中，频率成分在 26 Hz 以上的对垂向平稳性指标基本没有影响；在横向振动加速度中，频率成分在 20 Hz 以上的对横向平稳性指标的影响也微乎其微。

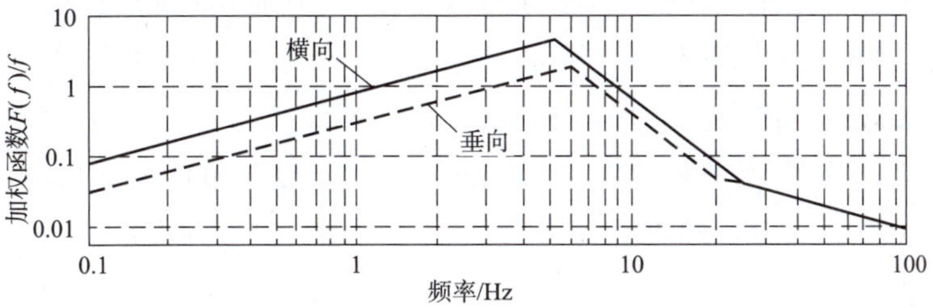

图 4-3 Sperling 指标加权曲线

由于车辆的振动是随机振动，其加速度和频率随时都在变化。实际评定时是将所要分析的加速度波形按频率分组，根据每一组的加速度和频率计算该组的平稳性指标 W_i，整个波形的平稳性指标按下式计算：

$$W=\sqrt{(W_1^{10}+W_2^{10}+\cdots+W_N^{10})} \tag{4-8}$$

《机车车辆动力学性能评定及试验鉴定规范》(GB/T 5599—2019)、《高速铁路工程动态验收技术规范》(TB 10761—2013)中，评定等级见表 4-5。Sperling 平稳性指标应达到“良好”及以上标准。

表 4-5 客车和动车组平稳性指标等级评定表

平稳性等级	平稳性指标 W	评　定
1 级	$W\leqslant 2.50$	优
2 级	$2.50<W\leqslant 2.75$	良好
3 级	$2.75<W\leqslant 3.00$	合格

该评价方法存在以下主要问题：

a. 该评价方法将车辆的垂向振动和横向振动分开考虑，没有说明两者共同作用时对人体产生的影响。当垂向振动和横向振动的平稳性等级存在较大差异时，如果再仅仅按照某一方向的平稳性等级来评定车辆的舒适度，显然是片面的。

b. 该评价方法的敏感性较差。若某一频率范围内的平稳性指标很大，超出人体的承受极限，但是在其他频率范围内的平稳性指标很小，由公式求出的该方向总的平稳性指标之和可能会很小，以此为判定依据判定舒适度符合要求显然是不正确的。

c. Sperling 评价方法中，没有体现人在振动环境中的暴露时间。当振动时间很短时，不舒服的振动不一定会对人体产生较大影响，所以该方法不能定量地评定暴露时间的长短对人体的危害程度。

d. Sperling 评价方法没有考虑车辆的运行速度，车辆的平稳性和运行速度有着直接的关系。车辆在不同的车速范围内其平稳性是不同的，按照某一车速范围来评定该车辆的运行平稳性能不够准确。

②ISO 2631 振动评价标准

ISO 2631 是有关人体承受振动评价的国际标准，它是由 ISO/TC 108，即国际标准化组织/机械振动与冲击标准化技术委员会的 SC4——人体承受的机械振动与冲击技术委员会指定的权威性标准，得到世界的公认。ISO 2631-1 规定了全身振动周期、随机和瞬态的测量方法，与此同时指出了决定振动暴露能被接受程度的主要影响因素。该标准将振动对人体的影响分为对健康的影响、对感知的影响、对舒适度的影响、运动病四个部分。而对于铁路车辆低频振动的评价，ISO 2631-4 给出了可能引起运动病的低频振动评价指南。

ISO 2631 给出了 W_c、W_e、W_j、W_k、W_d、W_f 以及针对轨道车辆的 W_b 七种频率计权曲线来评价不同方向及姿势下的健康、舒适、感知和运动病影响。各计权曲线的选用见表 4-6 和表 4-7，相应的频率计权曲线分别如图 4-4 和图 4-5 所示。其中，在铁路车辆的垂向振动舒适度评估中，指定的加权曲线 W_b 可作为一般曲线 W_k 的可接受近似值。

表 4-6　基本计权频率计权曲线的应用指南

频率计权	健　康	舒　适	感　知	运动病
W_k	z 轴，座椅表面	z 轴，座椅表面； z 轴，立姿； x、y、z 轴，坐姿脚部； 垂直，卧姿（头部除外）	z 轴，座椅表面； 垂直，卧姿； z 轴，立姿	—
W_d	x 轴，座椅表面； y 轴，座椅表面	x 轴，座椅表面； y 轴，座椅表面； x、y 轴，立姿； 水平，卧姿； y、z 轴，座椅-靠背	x 轴，座椅表面； x、y 轴，立姿； 水平，卧姿； y 轴，座椅表面	—
W_f	—	—	—	垂直方向

注：本表引自 GB/T 13441.1—2007。

表 4-7　附加计权频率计权曲线的应用指南

频率计权	健　康	舒　适	感　知	运动病
W_c	x 轴，座椅-靠背	x 轴，座椅-靠背	x 轴，座椅-靠背	—
W_e	—	r_x，r_y，y_z 轴，座椅表面	r_x，r_y，r_z 轴，座椅表面	—
W_j	—	垂直、卧姿（头部）	垂直、卧姿（头部）	—

注：本表引自 GB/T 13441.1—2007。

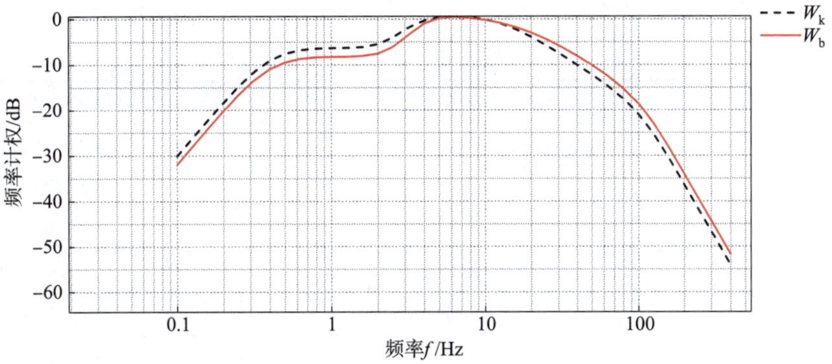

图 4-4 基本计权值的频率计权曲线

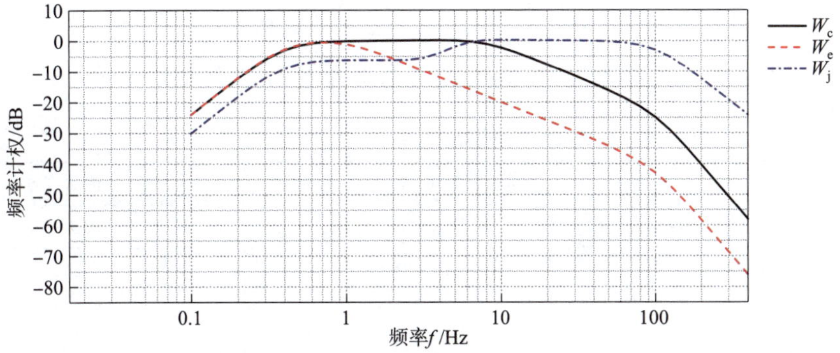

图 4-5 附加计权值的频率计权曲线

从各频率计权曲线上可以看出：针对运动病的评价，低频垂向振动加速度的 W_f 计权曲线主要评价的是 4 Hz 以下的振动加速度，其中对运动病较为敏感的频率段在 0.09～0.4 Hz 之间；主要针对横向及纵向振动加速度舒适度评价的 W_d、W_c 以及 W_e 计权曲线的舒适性敏感频段在 0.4～7 Hz 之间；针对垂向振动加速度舒适度评价的 W_k、W_j 频率计权曲线的敏感频段分布较宽，其中 1～40 Hz 频率成分的影响最为明显。

依据 ISO 2631-1 的规定，振动评价应包括其定义的计权均方根加速度的测量，对记录的加速度时间历程 $a(t)$，通过相应频率加权函数 $w(f)$ 的滤波网络得到加权加速度时间历程 $a_w(t)$。计权均方根加速度对平移振动用 m/s^2 表示，对旋转振动用 rad/s^2 表示。计权均方根加速度的定义式为

$$a_{rms}=\sqrt{\frac{1}{T}\int a_w^2(t)\,dt} \tag{4-9}$$

式中，$a_w(t)$ 为时间函数(时间历程)的计权加速度(平移振动或者旋转振动)；T 为测量时间长度，s。

根据 ISO 2631-4 的相关规定，在铁路车辆的舒适度评估中，垂向振动加速度信号一般采用修正的频率计权曲线 W_b 所对应的计权因子来进行计权。ISO 2631-1 还给出了数值来

近似描述在公共交通中综合振动总值的不同量值对应的可能反应，见表 4-8。

表 4-8 各方向 ISO 2631 舒适度值

舒适度等级	计权均方根加速度/($m \cdot s^{-2}$)	评　定
1	≤0.315	感觉不到不舒适
2	0.315～0.63	有点不舒适
3	0.5～0.1	相当不舒适
4	0.8～1.6	不舒适
5	1.25～2.5	非常不舒适
6	≥2	极不舒适

韩国和日本使用的舒适度水平(RCL)定义式为

$$RCL=20\lg(a_{rms}/a_{ref})\quad (dB) \tag{4-10}$$

韩国 a_{ref}取为 10^{-6}，日本则为 10^{-5}，舒适度水平评价标准详见表 4-9。

表 4-9 舒适度水平 RCL 评价标准

韩国 RCL/dB	日本 RCL/dB	评　定
≤103	≤83	非常舒适
103～108	83～88	舒适
108～113	88～93	还算舒适
113～118	93～98	不舒适
≥118	≥98	非常不舒适

③UIC 513 舒适度评价标准

为了研究国际标准 ISO 2631:1978 在铁道车辆上的应用，欧洲铁道研究会(ERRI)在 1979 年设立了 B153 专题，研究得出了将全身振动评价方法应用到铁路车辆振动评价上的具体指标。

经过长达 10 年的研究，1988 年 ERRI B153 提出了 UIC 标准草案《铁道车辆振动舒适度评定指南》。经过审议，1994 年，国际铁路联盟(UIC)以 UIC 513 编号正式颁布实行了《铁道车辆振动舒适度评定指南》。该评价指标在评价铁道车辆的振动时遵守了 ISO 2631 的基本评价参数，即以振动加速度信号的计权均方根值来作为评价的基本量。为了充分考虑铁路上振动的波动性，建立更准确、贴近实际的评价方法，UIC 513 在舒适度等级评定时使用的是统计分析方法，按置信率 95%的概率方法得出最后结果。针对不同的姿势与测量点，UIC 513 给出了地板面舒适度测量简化方法公式、地板面测量站姿舒适度完整方法公式、座椅和地板面同时测量坐姿舒适度完整方法公式，具体如下：

地板面舒适度测量简化公式(simplified method)：

$$N_{MV}=6\sqrt{(a_{xP95}^{W_d})^2+(a_{yP95}^{W_d})^2+(a_{zP95}^{W_b})^2} \tag{4-11}$$

站姿地板面测量完整舒适度公式(full method in standing position)：

$$N_{VA}=4a_{zP95}^{W_b}+2\sqrt{(a_{yA95}^{W_d})^2+(a_{zA95}^{W_b})^2}+4a_{xD95}^{W_d} \tag{4-12}$$

坐姿地板面及座椅测量完整舒适度公式(full method in seated position)：

$$N_{VD}=3\sqrt{16\,(a_{xP50}^{W_d})^2+(a_{yP50}^{W_d})^2+(a_{zP50}^{W_b})^2}+5a_{yP95}^{W_d} \tag{4-13}$$

式中，N_{MV}、N_{VA}、N_{VD}为舒适度指标，舒适度等级见表 4-10；a 为加速度的均方根值；上标 W_d、W_b 分别与按加权曲线 W_d、W_b 的频率加权值有关；下标 x、y、z 分别表示纵向、横向、垂向加速度方向；P 表示地板地面；A 表示座垫与人体接触点；D 表示靠背处与人体接触点；数字 95 和 50 分别表示概率分位点 95%和 50%。

以上公式是一次 5 min 测量数据的统计处理结果。在这 5 min 内，由 60 个以 5 s 作为一个数据采集时段组成，计算方法见式(4-14)。各组数据按 ISO 2631 中规定的滤波曲线(即 W_b、W_c、W_d)计权滤波(图 4-6)，并按置信度 95%或 50%进行概率处理后，求出参与统计的有效值峰值(RMS)，最终按均方根方法求出振动舒适度。

$$a_{X_j}^{W_i}(t)=\sqrt{\frac{1}{T}\int_{t-T}^{t}\ddot{x}_{W_i}^2(\tau)\,\mathrm{d}\tau} \tag{4-14}$$

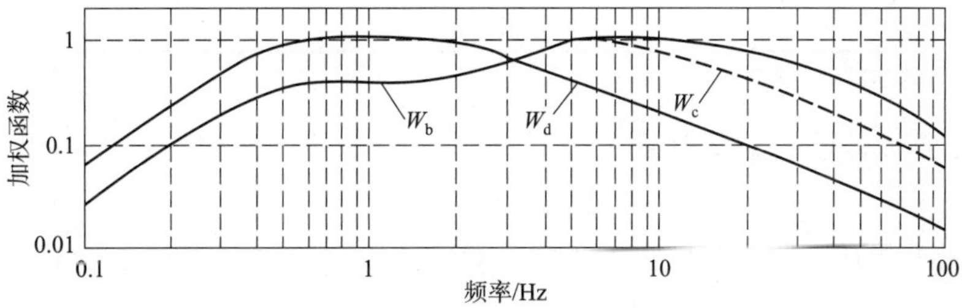

图 4-6　UIC 513 指标的加权曲线

当仅对某一方向乘坐舒适度进行单独评估时，由式(4-15)可得到各方向的简化舒适度公式为

$$\begin{cases}N_{MVx}=6a_{xP95}^{W_d}\\N_{MVy}=6a_{yP95}^{W_d}\\N_{MVz}=6a_{zP95}^{W_b}\end{cases} \tag{4-15}$$

单方向舒适度评价标准与三方向综合舒适度标准之间关系式如下：

$$N_{MVx,y,z_{\lim}}=\sqrt{\frac{N_{MV_{\lim}}^2}{3}} \tag{4-16}$$

表 4-10 为 UIC 513 评价方法规定的舒适度等级。

表 4-10　舒适度等级表(UIC 513)

舒适度等级	舒适度指标		评　定
1 级	$N<1$	$N_{x,y,z}<0.6$	非常舒适
2 级	$1\leqslant N<2$	$0.6\leqslant N_{x,y,z}<1.2$	舒适
3 级	$2\leqslant N<4$	$1.2\leqslant N_{x,y,z}<2.3$	一般
4 级	$4\leqslant N<5$	$2.3\leqslant N_{x,y,z}<2.9$	不舒适
5 级	$N\geqslant 5$	$N_{x,y,z}\geqslant 2.9$	非常不舒适

《机车车辆动力学性能评定及试验鉴定规范》(GB/T 5599—2019)中舒适度指标等级见表 4-11。

表 4-11　客车和动车组舒适度等级表(GB/T 5599—2019)

舒适度等级	舒适度指标	评　定
1 级	$N_{\mathrm{MV}}<1.5$	非常舒适
2 级	$1.5\leqslant N_{\mathrm{MV}}<2.5$	舒适
3 级	$2.5\leqslant N_{\mathrm{MV}}<3.5$	一般
4 级	$3.5\leqslant N_{\mathrm{MV}}<4.5$	不舒适
5 级	$N_{\mathrm{MV}}\geqslant 4.5$	非常不舒适

注:动力集中动车组的动力车除外。

我国《高速动车组整车试验规范》(铁运〔2008〕28 号)规定高速动车组舒适度指标 $N_{\mathrm{MV}}\leqslant 2.0$。

欧洲标准 EN 12299 以加速度均方根值为基础,不仅采用了 UIC 定义的平均舒适度指标 N,还定义持续性舒适度指标 C_{C},即

$$\begin{cases} C_{\mathrm{C}x}(t)=a_{x\mathrm{P}}^{W_{\mathrm{d}}}(t) \\ C_{\mathrm{C}y}(t)=a_{y\mathrm{P}}^{W_{\mathrm{d}}}(t) \\ C_{\mathrm{C}z}(t)=a_{z\mathrm{P}}^{W_{\mathrm{d}}}(t) \end{cases} \tag{4-17}$$

持续性舒适度指标 C_{C} 评价标准见表 4-12。

表 4-12　持续性舒适度指标评价标准(EN 12299)

舒适度等级	舒适度指标/(m·s^{-2})	评　定
1 级	$C_{\mathrm{C}y},C_{\mathrm{C}z}<0.20$	非常舒适
2 级	$0.20\leqslant C_{\mathrm{C}y},C_{\mathrm{C}z}<0.30$	舒适
3 级	$0.30\leqslant C_{\mathrm{C}y},C_{\mathrm{C}z}<0.40$	还算舒适
4 级	$C_{\mathrm{C}y},C_{\mathrm{C}z}\geqslant 0.40$	不舒适

④舒适度指标 P_{CT} 和 P_{DE}

欧洲标准 EN 12299 提出了缓和曲线舒适度指标 P_{CT} 对乘客舒适度进行评价,意大利和

瑞士通过大量试验验证了方法的合理性和适用性。缓和曲线舒适度方法主要针对缓和曲线对乘客舒适性的影响，其计算主要考虑了车辆稳态时的横向加速度、横向冲击和侧滚角速度。其表达式为

$$P_{CT}=100\cdot[\max\{(A\ddot{y}+B\dddot{y}-C),0\}+(D\dot{\vartheta})^{E}] \tag{4-18}$$

式中，$\ddot{y}$ 为车体横向加速度每秒平均最大值，具体为车体中心在缓和曲线起点至缓和曲线终点及其后 1.6 s 内的最大值；$\dddot{y}$ 为车体横向加速度的时变率每秒平均最大值，具体为车体中心在包括缓和曲线起点前 1 s 至缓和曲线终点范围内的最大值；$\dot{\vartheta}$ 为车体中心在缓和曲线范围内时的车体侧滚角速度每秒平均最大值；$A\sim E$ 为系数，根据站姿或坐姿取值，站姿取值分别为 0.285 4 s^2/m、0.206 9 s^3/m、0.111、3.64 s/rad、2.283，坐姿取值分别为 0.089 7 s^2/m、0.096 8 s^3/m、0.059、0.916 s/rad、1.626。

P_{CT}指标单位为百分数(%)，该值越大，舒适性越低。该评价指标适用于驶入缓和曲线及反向曲线，不适用于驶出缓和曲线。

P_{CT}中振动量的定义如图 4-7 所示。

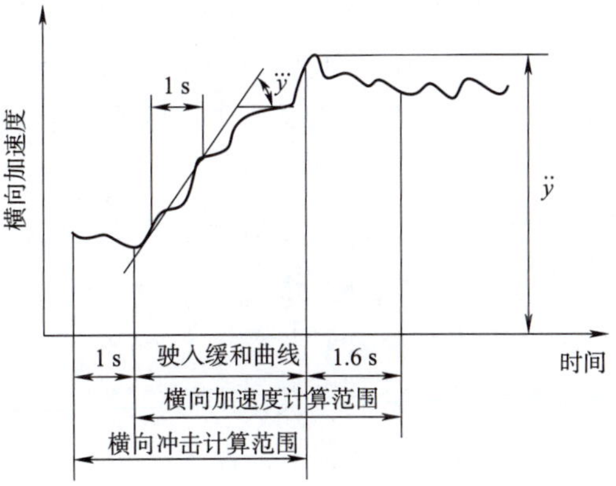

(a)P_{CT}中车体横向加速度 $\ddot{y}$ 和车体横向加速度时变率 $\dddot{y}$ 的定义

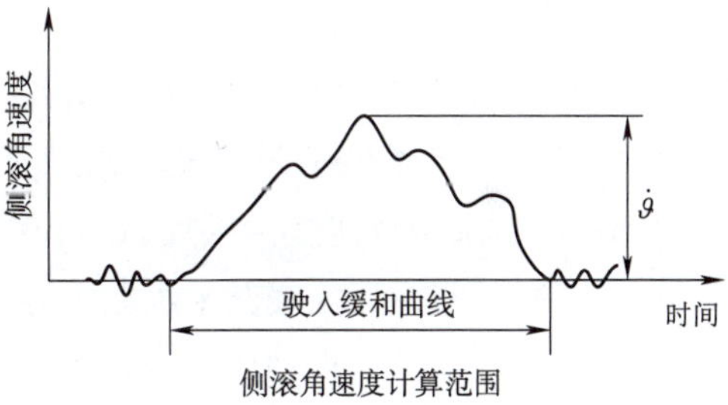

(b)P_{CT}中侧滚角速度最大值 $\dot{\vartheta}$ 的定义

图 4-7　P_{CT}中振动量的定义

欧洲标准 EN 12299:2009 还提出了舒适度指标 P_{DE}，它可以用来评估独立段落上受横向加速度的舒适度，而不考虑前后的累积效应。根据在曲率变化处的横向加速度最大峰峰值和平均值，经换算可得到舒适度指标 P_{DE}为

$$P_{DE}=100\cdot[\max\{(a\ddot{y}_{pp}+b\ddot{y}_{2s}-c),0\}] \tag{4-19}$$

式中，$\ddot{y}_{pp}$为 2 s 内车体横向加速度峰峰值；$\ddot{y}_{2s}$为 2 s 内车体横向加速度的平均值；$a\sim c$ 为系数，根据站姿或坐姿取值，站姿取值分别为 0.166 2 s^2/m、0.270 1 s^2/m、0.37，坐姿取值分别为 0.084 6 s^2/m、0.130 5 s^2/m、0.217。

P_{DE}中振动量的定义如图 4-8 所示。P_{DE}指标和 P_{CT}指标一样，给出的是旅客感到不舒

适的百分率,数值越大表示舒适性越差。它是一个相对性的指标,可以用来比较不同条件下相应的舒适性水平。

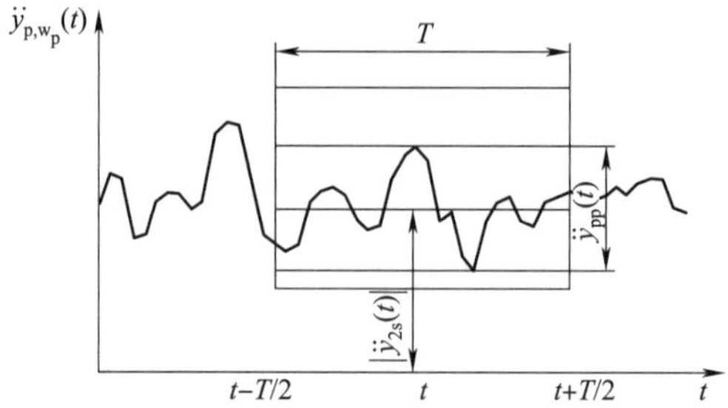

图 4-8 P_{DE}中振动量的定义

⑤乘坐舒适度评价指标的选用

我国长期以来以 Sperling 平稳性指标作为车辆运行平稳性和乘坐舒适度的主要评价标准,而以 UIC 513R 舒适度标准作为乘坐舒适度的辅助评价指标。目前,国际上的评价标准一般倾向 ISO 2631 靠拢。德国、法国等欧洲国家采用的乘坐舒适度评价标准 EN 12299 与 UIR 513R 一样是基于 ISO 2631-1 的一种统计评估方法,二者计算方法一样,加权曲线和评价指标标准有一些差别。日本则采用基于 ISO 2631-1 的乘坐舒适度水平作为旅客乘坐舒适度的主要评价指标。

Sperling 平稳性指标和乘坐舒适度水平对横向和垂向的乘坐舒适度分开评价,而 UIC 513R 乘坐舒适度则是首先分别计算各方向的乘坐舒适度指标,然后再综合各方向指标得到最后的乘坐舒适度。因此,UIC 513R 乘坐舒适度可以考虑平纵横三个方向的综合影响。一般来说,在研究线路平纵断面参数标准对乘坐舒适度影响时宜分别对各方向乘坐舒适度进行评价,从而得到线路参数对乘坐舒适度的影响规律。而在对线路方案进行乘坐舒适度评价及优化时,则需要综合三个方向的影响。车辆线路动力仿真中,通常仅考虑车体横向和垂向的振动,此时可以由实测的车体纵向振动加速度计算得到纵向乘坐舒适度,再将仿真得到的横向和垂向乘坐舒适度综合分析,从而得到 UIC 513R 乘坐舒适度指标值。

上述乘坐舒适度评价指标均只考虑了横向、垂向或纵向振动加速度对旅客乘坐舒适性的影响。实际上,列车通过曲线时,车辆的侧滚、摇头等旋转速度和加速度均会对旅客乘坐舒适性产生一定影响。因此,针对线路线形参数或线路方案的乘坐舒适度评价及分析,除了采用上述的乘坐舒适度评价指标外,还需要结合曲线通过舒适度指标来进行分析。

(3)晕动评价指标(motion sickness)

线路线形可以激起车体的低频振动,频率低于 0.5 Hz 的振动可引起晕动感,即出现晕车。ISO 2631 中给出了晕动感评价指标和计算方法。虽然有研究表明侧滚和点头运动也可能导致晕动感,但导致晕动感的主要运动为垂向运动。晕动评价指标以车体地板面垂直方向 0.1～0.5 Hz 的振动为基础。

出现晕动症状的可能性与受到的低频振动持续时间有很大的关系。晕动度值$MSDV_z$的计算式为

$$MSDV_z = \left[\int_0^T a_w^2(t)\,dt\right]^{\frac{1}{2}} \tag{4-20}$$

式中，$a_w(t)$为频率加权垂向加速度；T 为振动持续总时间。

$MSDV_z$ 值的单位为 $m/s^{1.5}$，可以看出，它是加权的加速度均方根值和 $T^{1/2}$ 的乘积。

根据 ISO 2631-4 的相关规定，评估乘坐舒适度时，垂向振动加速度信号一般采用修正的频率计权曲线 W_b 所对应的计权因子来进行计权；在晕动评估中，垂向振动加速度信号一般采用频率计权曲线 W_f 所对应的计权因子来进行计权，如图 4-9 所示。低频振动对不同的人的影响差别很大。晕动度值$MSDV_z$ 越高表示越容易出现晕动症状。

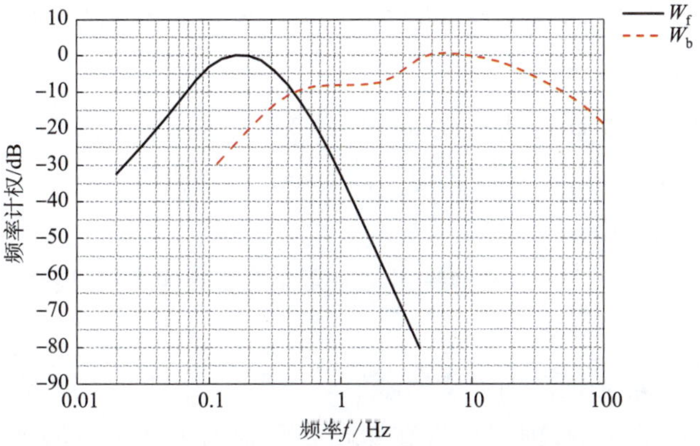

图 4-9　垂向加速度频率计权曲线

4. 曲线通过舒适度

车辆通过曲线时，曲线曲率半径、超高和行车速度的共同作用使车辆产生未平衡的加速度。对舒适性影响较大的指标主要包括：未平衡离心加速度（欠超高）、未平衡加速度时变率（欠超高时变率）、超高顺坡率、超高时变率（侧滚角速度）和竖曲线上准静态垂向加速度等。

（1）未平衡离心加速度（欠超高）

未平衡离心加速度的实质就是欠超高。未平衡离心加速度 a_y（m/s^2）与欠超高 h_q（mm/s）之间的换算关系为

$$a_y = \frac{h_q}{s} g \tag{4-21}$$

式中，s 为两股钢轨中心线间距离，取 1 500 mm。

20 世纪 50 年代，美国铁道协会（AAR）对所属各铁路有代表性的车辆进行试验，研究曲线通过时的舒适度问题。试验得出以下结论：①横向稳态加速度的许用极限为 1.0 m/s^2

(欠超高 150 mm);②考虑车体倾斜时许用欠超高 76 mm(未平衡离心加速度 0.5 m/s²),但是车体倾斜小的车辆可允许到 102 mm(未平衡离心加速度 0.7 m/s²);③欠超高变化率的许用极限为 0.3 m/s³。

日本的铁道技术研究所在 20 世纪 60 年代初进行了两次列车通过曲线和道岔时的舒适度试验,采用受试乘客评分的方法建立横向加速度和曲线舒适度的关系。经过概率统计分析,得到 5% 站席旅客不能容许的曲线通过横向加速度临界值为 0.8 m/s²(欠超高 122 mm)。后来在东海道新干线上采用了"希望号"动车组,由于全部是座席,未平衡离心加速度限值容许到 0.9 m/s²(欠超高 138 mm)。

法国的客运型高速铁路 TGV 允许的欠超高限值,一般地段为 76～90 mm,困难地段为 90～130 mm(TGV 东南线 270 km/h,用到了 130 mm)。换算为未平衡加速度,一般地段为 0.5～0.6 m/s²,困难地段为 0.6～0.85 m/s²。

德国客货混运高速铁路欠超高允许值为 130 mm,客运专线线路且曲线半径大于 1 000 m 时,允许值为 150 mm。

泛欧高速铁路系统互通性技术规范中时速 250～300 km 线路欠超高一般极限值为 100 m,最大极限值为 130 mm(有砟轨道)、150 mm(无砟轨道)。对于时速大于 350 km 的线路,欠超高极限值为 80 mm。

我国设计行车速度 350 km/h 高速铁路欠超高允许值分为三档:良好 40 mm,一般 60 mm,较差 90 mm。

综合上述标准,准静态横向加速度的限值一般在 0.4～1.0 m/s² 之间。考虑车辆悬挂对准静态横向加速度的影响,则车内旅客实际感受到的未平衡离心加速度大概在 0.5～1.25 m/s² 之间。

(2)未平衡离心加速度时变率(欠超高时变率)

未平衡离心加速度时变率 β(m/s³)和欠超高时变率 b(mm/s)是两个实质相同、表现形式不同的衡量旅客乘坐舒适度的标准,二者的换算关系式如下:

$$\beta=\frac{b}{s}g \tag{4-22}$$

英国的实测资料认为,未平衡离心加速度时变率为 0.4 m/s³ 时,乘客舒适度指标接近感觉到的边缘。英国铁路的推荐值为 0.25 m/s³。

日本对未平衡横向加速度变化率一般要求小于 0.3 m/s³,最大限值为 0.4 m/s³。

美国铁道协会(AAR)的试验结果显示,未平衡离心加速度时变率的许用极限为 0.3 m/s³。

法国时速为 250～300 km 的高速新线,一般情况下,欠超高时变率为 30 mm/s(0.2 m/s³),最大采用 75 mm/s(0.5 m/s³)。

欧洲标准 EN 13803-1:2010 中,设计速度 200～300 km/h 的高速铁路线路,欠超高时变率一般极限值为 55 mm/s(0.36 m/s³)，个别极限值为 75 mm/s(0.49 m/s³)。

国际铁路联盟(UIC)针对不同的缓和曲线线形，未平衡离心加速度时变率建议在 0.17～0.60 m/s³之间。

我国高速铁路欠超高时变率限值，良好条件下取 23 mm/s(0.15 m/s³)，困难条件下取 38 mm/s (0.25 m/s³)。

综合各国采用的标准，线路未平衡离心加速度时变率的限值一般在 0.2～0.5 m/s³之间。

(3)超高时变率(侧滚角速度)

超高时变率是超高相对于时间的变化率 f(mm/s)，超高顺坡率 i(‰)是超高相对于线路长度的变化率，两者在本质上是一样的。两者之间的换算关系为

$$i=\frac{3.6f}{v_{\max}} \tag{4-23}$$

超高时变率既能反映车轮在外轨的升高速率，又能反映车辆的侧滚角速度。在速度一定的情况下，还能反映欠超高顺坡率，是确定缓和曲线长度的重要参数。

日本东海道新干线超高时变率：一般 38 mm/s，困难 53 mm/s；日本山阳线及以后修建的新干线超高时变率：一般 28 mm/s，困难 45 mm/s。

欧洲标准 EN 13803-1:2010 中，设计速度 200～300 km/h 的高速铁路线路，超高顺坡率一般极限值为 2.25‰，最大极限值为 2.5‰；超高时变率一般极限值为 50 mm/s，个别极限值为 60 mm/s。

综上所述，国外高速铁路的超高时变率大致在 20～60 mm/s 之间。如果忽略车辆悬挂系统的影响，其对应的车辆侧滚角速度在 0.8～2.3°/s 之间。国外舒适度允许的车体最大侧滚角速度和角加速度分别为 5°/s 和 15°/s²。

我国高速铁路采用的是直线型超高顺坡，为了保证乘坐舒适度，对超高顺坡率和超高时变率要求较高。超高顺坡率规定不小于 0.25‰。超高时变率采用 25 mm/s、28 mm/s、31 mm/s 三档。

(4)竖曲线上准静态垂向加速度

欧洲标准 EN 13803-1:2010 中，准静态垂向加速度一般极限值为 0.22 m/s²，个别极限值为 0.44 m/s²，凸形竖曲线允许提高 10%，凹形竖曲线允许提高 30%。对于站席乘客多的线路，建议不超过 0.1 m/s²。日本新干线准静态垂向加速度限值为 0.33 m/s²。我国高速铁路准静态垂向加速度允许值一般为 0.4 m/s²，困难为 0.5 m/s²。

总的来看，高速铁路允许的垂向加速度取值差别较大，对于凸曲线，范围大致在 0.2～0.5 m/s²之间；对于凹曲线，范围大致在 0.2～0.6 m/s²之间。

5. 加、减速舒适度

加、减速舒适度以列车在加速、减速时纵向加速度的大小及变化率为研究对象。这方面要求主要是在列车牵引、制动系统设计时予以考虑，对乘坐舒适度也有一定的影响。

(1)美国GM公司的试验

美国的Wilson在General Motors公司的试验场进行了汽车制动时的舒适度试验，获得以下结果：

0.27g:感觉良好的停车；

0.34g:不舒适的停车；

0.43g:非常不舒适的停车，相当于自由放置的物体被从地面抛出，旅客有危险的感觉。

(2)日本国铁的试验

20世纪60年代初，日本铁道技术研究所以调查制动时的舒适度为目的进行了两次试验。对于要求受试乘客给出允许或不允许的两级判定试验，以5%乘客不允许的减速度为标准，站席为0.10g、座席为0.08g;减速度变化率为0.07g/s。

4.2 结构动力性能评价标准

本节以《铁路桥涵设计规范》(TB 10002—2017)、《高速铁路工程动态验收技术规范》(TB 10761—2013)、《高速铁路设计规范》(TB 10621—2014)、《城际铁路设计规范》(TB 10623—2014)等标准和国内外相关研究成果为基础，介绍轨道、桥梁和路基等结构动力学评价指标和标准。

4.2.1 轨道动力性能评价指标

轨道结构由钢轨、轨枕、连接零件、道床、防爬设备和道岔等主要部件组成。轨道结构直接承受车辆荷载，把它传递给下部路基或桥隧建筑物，并起着动车组运行的导向作用。轨道结构分为有砟轨道和无砟轨道两种类型，其中无砟轨道在我国高速铁路上被广泛应用。根据《高速铁路工程动态验收技术规范》(TB 10761—2013)的规定，轨道结构动态检测项目包括运行安全性指标，钢轨轨头横向位移、钢轨垂向位移、轨枕垂向位移，以及轨枕横向位移、轨道板横向位移、轨道板与底座间垂向相对位移、钢轨振动加速度、轨枕振动加速度、轨道板振动加速度等。

运行安全性指标评价标准已在4.1.1节说明，在此不再赘述。轨道结构稳定性指标是通过测试钢轨轨头横向位移等参数，计算钢轨动态轨距变化量，评价扣件系统轨距保持能力及轨道结构稳定性。轨道结构刚度指标是通过测试钢轨垂向位移等参数，评价扣件系统弹性是否满足设计要求以及轨道刚度的合理性和均匀性。轨道结构部件与基础振动测试是通过测试钢轨、轨枕、轨道板垂向振动加速度，分析列车动载作用下钢轨、轨枕、轨道板的振动传递关系和特性。各项轨道结构动力性能评价标准见表4-13。

表 4-13　轨道结构动力性能评判标准

测试项目	无砟轨道		有砟轨道	
	最大允许值	基准值	最大允许值	基准值
轮轨垂直力/kN	170	120	170	120
钢轨横向位移/mm	2.0	1.5	2.0	1.5
轨枕横向位移/mm	—	—	2.0	1.0
轨道板横向位移/mm	1.0	0.5	—	—
钢轨垂向位移/mm	2.0	1.5	2.5	2.0
轨道板垂向位移(板中/板端)/mm	0.3/0.5	0.2/0.4	—	—
轨枕垂向位移/mm	—	—	2.0	1.5
钢轨振动加速度/($m \cdot s^{-2}$)	5 000		3 000	
轨枕振动加速度/($m \cdot s^{-2}$)	—		500	
轨道板振动加速度/($m \cdot s^{-2}$)	300		—	

道岔是一种使机车车辆由一股道转入另一股道的线路连接设备，其功能是承受、传递由机车车辆运行引起的各种荷载及引导车轮沿既定方向在轨道上行驶，在车站大量铺设。作为线路的重要设备，相比于区间正线具有更大的几何不平顺、轨下基础非均匀弹性不平顺等，使得它与机车车辆之间的动态相互作用更为复杂，且在高速状态下这种动态相互作用尤为激烈，导致其部件使用寿命短、维修工作量大。因此，道岔既是轨道中的薄弱环节，又是保证安全和控制列车过站速度的关键设备。根据《高速铁路工程动态验收技术规范》(TB 10761—2013)的规定，轨道结构动态检测项目包括运行安全性指标、道岔横向稳定性指标、轮轨垂直力过渡和量值、转换设备性能指标等。

道岔横向稳定性指标是通过测试钢轨轨头横向位移、尖轨开口量、翼轨横向位移等参数，评价道岔横向稳定性。轮轨垂直力过渡和量值，是指在直尖轨顶面宽 10 mm、20 mm、30 mm、40 mm、50 mm 处，连续布置测点测试作用在其上的垂直力变化，从而得到轮轨垂直力的过渡范围和量值。转换设备性能指标是通过测试尖轨牵引杆件动态力，尖轨、心轨部分密贴检查器位置尖轨(心轨)与基本轨(翼轨)动态位移，见证道岔在多机多点方式下的牵引杆件所受动态力；通过测试尖轨转换阻力、心轨转换阻力、夹杂异物试验，验证道岔实际转换阻力是否符合设计要求。各项道岔动力性能标准见表 4-14。

表 4-14　道岔动力性能标准

项　目	标　准
钢轨件横向弹性位移(直向/侧向通过道岔)/mm	≤1.5/3.0
钢轨垂向位移/mm	≤3.0
尖轨、心轨开口量/mm	≤3.0
道岔转换阻力	小于各牵引点转辙机输出力的 1.3～1.5 倍，最大不超过 6 kN

续上表

项　　目	标　　准
转换密贴检查	密贴段牵引点位置有 4 mm 间隙不锁闭，密检器位置 5 mm 间隙无表示
道岔区关键部件应力	分别小于材料许用应力
道岔区尖轨相对于基本轨垂向位移、心轨相对于翼轨垂向位移/mm	≤1.5
道岔区轮轨力过渡	符合设计要求
牵引点、密检器处尖轨相对于基本轨水平位移/mm	≤1.5

4.2.2　桥梁动力性能评价指标

桥梁主体工程由桥跨结构、桥墩、桥台和基础构成。桥跨结构通常又称梁部，其功能主要是承载桥上线路、连接两端桥台。桥台主要功能为支承台后压力和梁部传来的各种力，限制梁部位移，连接梁部与桥头路堤并承载台上线路。桥墩的主要功能为支承梁部传来的各种力并限制位移。基础的主要功能是将桥梁墩台传来的各种力分散传至地基，保证桥梁墩台的稳定。列车与线路动力相互作用体系中，过大的桥梁振动可导致线路状态保持困难、结构疲劳强度降低、道砟啮合状态改变，影响行车安全性，因此桥梁动力性能评价至关重要。

《铁路桥涵设计规范》(TB 10002—2017)、《高速铁路设计规范》(TB 10621—2014)、《城际铁路设计规范》(TB 10623—2014)等标准对桥梁动力性能评价作出了相关要求。

1. 桥梁变形

列车静活载作用下的竖向挠度(扣除支座竖向位移)应符合表 4-15 的规定和设计要求。

表 4-15　桥梁竖向挠度限值

铁路设计标准	设计速度/($km \cdot h^{-1}$)	$L \leqslant 40$ m	40 m$<L\leqslant$80 m	$L>80$ m
高速铁路	250	$\leqslant L/1\ 400$	$\leqslant L/1\ 400$	$\leqslant L/1\ 000$
	300	$\leqslant L/1\ 500$	$\leqslant L/1\ 600$	$\leqslant L/1\ 100$
	350	$\leqslant L/1\ 600$	$\leqslant L/1\ 900$	$\leqslant L/1\ 500$
城际铁路	200	$\leqslant L/1\ 750$	$\leqslant L/1\ 600$	$\leqslant L/1\ 200$
	160	$\leqslant L/1\ 600$	$\leqslant L/1\ 350$	$\leqslant L/1\ 100$
	120	$\leqslant L/1\ 350$	$\leqslant L/1\ 100$	$\leqslant L/1\ 100$
客货共线铁路	200	$\leqslant L/1\ 200$	$\leqslant L/1\ 000$	$\leqslant L/900$
	160	$\leqslant L/1\ 000$	$\leqslant L/900$	$\leqslant L/800$
重载铁路	120 及以下	$\leqslant L/900$	$\leqslant L/800$	$\leqslant L/700$

注：1. 表中限值适用于 3 跨及以上的双线简支梁；对于 3 跨及以上一联的连续梁，梁体竖向挠度限值按表中数值的 1.1 倍取用；对于 2 跨一联的连续梁、2 跨及以下的双线简支梁，梁体竖向挠度限值按表中数值的 1.4 倍取用。
2. 单线简支或连续梁，梁体竖向挠度限值按相应双线桥限值的 60%取用。
3. 表中 L 为简支梁或连续梁检算跨的跨度。

在列车横向摇摆力、离心力、风力和温度的作用下，梁体的水平挠度应小于或等于梁体计算跨度的 1/4 000。在列车横向摇摆力、离心力和温度的作用下，高速铁路、城际铁路无砟轨道桥梁相邻端两侧的钢轨支点横向相对位移不应大于 1 mm。

在列车竖向静活载作用下，桥梁梁端竖向转角(图 4-10)限值应满足表 4-16 的要求。无砟轨道桥梁，当梁端转角不满足表 4-16 的限值要求时，应对梁端轨道结构和扣件系统受力进行检算。

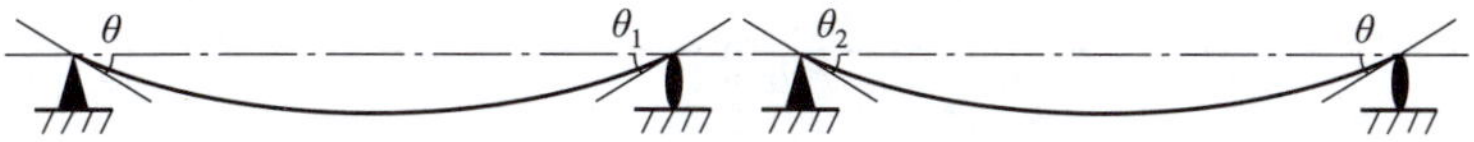

图 4-10　梁端转角示意图

表 4-16　铁路梁端转角限值

铁路设计标准	轨道类型	位　置	限值/rad	备　注
时速 200 km 客货共线铁路	有砟轨道	桥台与桥梁之间	$\theta \leqslant 3.0‰$	—
		相邻两孔梁之间	$\theta_1+\theta_2 \leqslant 3.0‰$	—
高速铁路	有砟轨道	桥台与桥梁之间	$\theta \leqslant 2.0‰$	—
		相邻两孔梁之间	$\theta_1+\theta_2 \leqslant 4.0‰$	—
	无砟轨道	桥台与桥梁之间	$\theta \leqslant 1.5‰$	梁端悬出长度≤0.55 m
			$\theta \leqslant 1.0‰$	0.55 m<梁端悬出长度≤0.75 m
		相邻两孔梁之间	$\theta_1+\theta_2 \leqslant 3.0‰$	梁端悬出长度≤0.55 m
			$\theta_1+\theta_2 \leqslant 2.0‰$	0.55 m<梁端悬出长度≤0.75 m
城际铁路	有砟轨道	桥台与桥梁之间	$\theta \leqslant 3.0‰$	—
		相邻两孔梁之间	$\theta_1+\theta_2 \leqslant 6.0‰$	—
	无砟轨道	桥台与桥梁之间	$\theta \leqslant 2.1‰$	梁端悬出长度≤0.30 m
			$\theta \leqslant 1.5‰$	0.30 m<梁端悬出长度≤0.55 m
			$\theta \leqslant 1.0‰$	0.55 m<梁端悬出长度≤0.75 m
		相邻两孔梁之间	$\theta_1+\theta_2 \leqslant 4.2‰$	梁端悬出长度≤0.30 m
			$\theta_1+\theta_2 \leqslant 3.0‰$	0.30 m<梁端悬出长度≤0.55 m
			$\theta_1+\theta_2 \leqslant 2.0‰$	0.55 m<梁端悬出长度≤0.75 m

注：相邻两孔梁的转角之和($\theta_1+\theta_2$)除应满足规定的限值外，每孔梁的转角尚应满足“桥台与桥梁间转角限值”的规定。

2. 桥梁自振频率

设计时速 200 km 及以上时，简支梁竖向自振频率的限值为

$$f_v \geqslant \begin{cases} 80/L & (4\ \text{m} \leqslant L \leqslant 20\ \text{m}) \\ 23.58L^{-0.592} & (20\ \text{m} \leqslant L \leqslant 96\ \text{m}) \end{cases} \tag{4-24}$$

式中，f_v 为简支梁竖向自振频率限值，Hz；L 为简支梁跨度，m。

高速铁路运行车长 24～26 m 动车组、跨度不大于 32 m 的混凝土双线简支箱梁，当梁体自振频率不低于桥梁竖向自振频率限值要求时，梁部结构设计可不再进行车桥耦合动力

响应分析。跨度 16 m 简支梁竖向自振频率不应低于 6.25 Hz。

常用跨度双线简支箱梁不需进行动力检算的竖向自振频率限值见表 4-17。

表 4-17 常用跨度双线简支箱梁不需进行动力检算的竖向自振频率限值(Hz)

跨度/m	设计速度		
	250 km/h	300 km/h	350 km/h
20	100/L	100/L	120/L
24	100/L	120/L	140/L
32	120/L	130/L	150/L

3. 桥梁振动加速度

限制桥梁竖向振动加速度的目的是避免出现过大轮轨力，使得道床不容易失稳，以保证列车运行安全。根据我国铁路规范，参考国外对桥梁动力响应参数限制，提出桥梁跨中的最大竖向振动加速度限值为 0.35g。

欧洲规范 EUROCODE 规定，计算桥梁振动加速度时至少考虑结构的三阶振型，频率考虑至 $f_{\lim}=\max\{30,\lambda f_0\}$，$f_0$ 是结构的一阶自振频率(Hz)，$\lambda=1\sim2$。桥梁竖向振动加速度的限值为

$$[a]_{\max}\geqslant\begin{cases}350\ \text{cm/s}^2 & (\text{有砟道床桥梁})\\500\ \text{cm/s}^2 & (\text{明桥面桥梁})\end{cases}\tag{4-25}$$

我国《铁路桥梁检定规范》(铁路函〔2004〕120 号)规定，当列车通过时桥梁横向振动加速度不得超过 1.4 m/s^2。日本铁道技术研究所对列车在线路上的脱轨试验结果表明，当桥梁横向振动加速度达到 0.1g～0.2g 时，列车容易脱轨。

4.2.3 路基动力性能评价指标

铁路路基是轨道的基础，是经过开挖或者填筑而形成的土工建筑物，其主要作用是满足轨道的铺设、承受轨道和列车产生的荷载、提供列车运营的必要条件，常见的两种基本形式是路堤和路堑。路基结构采用优质填料分层压实，具有足够的强度、刚度，能够保持路基平顺，能够经受住天寒地冻和雨水冲刷等恶劣气候的考验，保持铁路基础长期稳定安全。铁路线路由桥梁、隧道、路基共同组成，它们之间连接处结构不同，下沉规律也不同，为避免出现类似高速公路的跳车现象，连接处设置了过渡段，使下沉的差异控制在限值以内。根据《高速铁路工程动态验收技术规范》(TB 10761—2013)的规定，路基动态检测项目包括道床厚度(有砟轨道)、基床表层厚度和基床含水量状况、路基动荷载、路基动变形、路基振动加速度等。各项路基动力性能标准见表 4-18。

表 4-18　路基动力性能标准

性能指标	有砟轨道	无砟轨道
道床厚度/m	≥0.35	—
基床表层厚度/m	≥0.7	≥0.4
动荷载/kPa	≤0.4P_j	≤32.4
动变形/mm	≤1.0	≤0.22
振动加速度/(m·s^{-2})	≤10.0	

注：P_j为静轴重，kN。

4.3　线路线形对系统动力性能影响评价方法

高速铁路运营速度大幅提高，列车与线路之间的动力相互作用显著增强。运营实践表明，高速列车振动对舒适性的影响显著，高平顺条件下线形变化引起的低频振动成为影响旅客乘坐舒适性的主要因素之一。高速铁路线路线形参数的合理取值以及线形方案评价与优化已成为亟待解决的重要课题。

长期以来，我国铁路线路设计参数的确定采用准静态方法。该方法将列车简化为一质点或刚体沿刚性轨道运动，进行受力分析、计算，再对曲线上的未平衡加速度及其时变率等舒适度评价指标进行评价，从而确定线路平纵断面参数的标准。该方法忽略了车辆、线路结构及其动力相互作用；不能准确分析线路参数对列车高速行车条件下的行车安全性和乘坐舒适性的影响；不能评价线路纵向线形之间的影响，无法评价整体的线路线形方案。因此，该方法有很大的局限性。

铁道车辆-轨道/桥梁系统动力学一直是国内外铁道工程领域的研究热点问题，取得了很大发展，在高速铁路轨道、桥梁、路基等线路结构的设计和检测中得到了广泛应用和发展，取得了良好的经济社会效益。近年来，国内学者开始逐步将车辆-线路系统动力学理论与方法应用于线路线形的研究中，取得了一些成果。

现有的基于车辆-线路系统动力学线路线形研究大多集中于动力学模型的建立和优化，对适用于线形动力分析的乘坐舒适性评价方法及指标研究较少，一般与轨道、桥梁等结构动力分析采用同样的评价指标和方法。然而，线路线形引起的系统动力响应问题与线下结构引起的有很大的不同，一是产生的振动主要在低频范围内，高速行车条件下，相邻线形产生的振动类似于长波不平顺的激励；二是对振动的分析，从单纯的幅值等考虑，难以区分线形的影响。因此，研究提出适用于线路线形动力学分析的舒适度评价指标和方法具有重要的理论意义和工程实用价值。

4.3.1　线路条件对乘坐舒适度的主要影响因素

行车安全性的评价通常采用脱轨系数、轮重减载率和轮轨横向力等指标，和研究线路结构对系统动力性能影响一样，因此在研究线路线形时，关键是分析其对乘坐舒适度的影响。针对线路线形对行车动力性能影响的评估，还需区分轨道不平顺和线下结构刚度引起的系统响应。

图 4-11 描述了线路条件与乘坐舒适度之间的内在联系。线路几何条件由线路线形和线路平顺性组成。一般来说，线路线形主要影响车体的准静态加速度和加速度时变率变化，并且在线形突变处，如直缓点、缓圆点等，会对车辆产生冲击，引起车体固有频率振动。

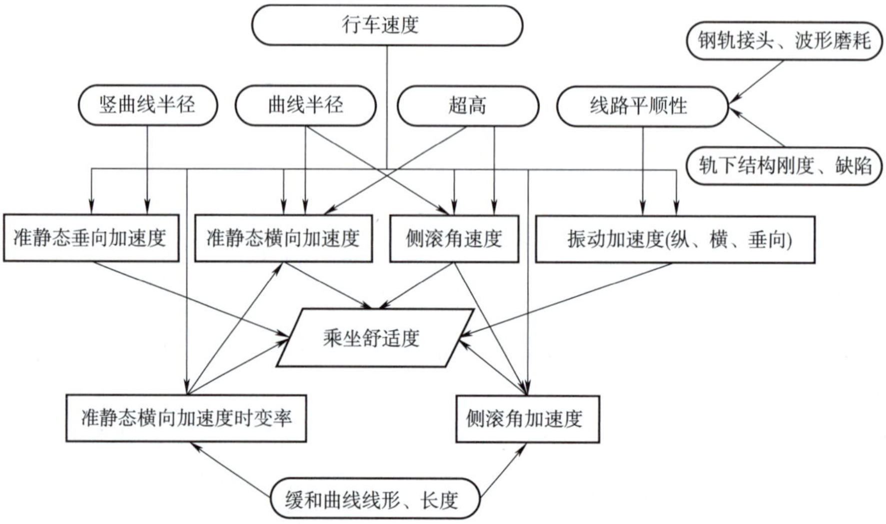

图 4-11　线路条件对乘坐舒适度的主要影响因素

4.3.2　乘坐舒适度指标线路线形评价中的主要问题

线路线形对乘坐舒适度的影响需重点考虑以下几方面：

1. 垂向、横向振动组合影响

Sperling 平稳性指标和 ISO 2631-1 舒适度评价方法将横向和垂向舒适度单独评价，不能同时考虑垂向与横向振动对人体的生理及心理的相互影响，因而会出现在同一线路条件下根据横向和垂向振动确定的舒适度等级存在差异的情况。UIC 513R 中的舒适度评价方法反映了各方向振动加速度的综合影响，因而应采用几种舒适度评价方法结合起来综合评价。特别是，当在某窄带范围内加速度均方根值分量较大时，更应该在采用多种的方法同时进行评估。

2. 振动加速度和准静态加速度共同影响

曲线通过时的舒适度评价中，目前我国的评价标准没有把车体振动加速度和横向稳态加速度结合起来，未考虑两者之间的相互影响。关于这个问题，英国铁路认识了两者的相互影响，已经采用了车体振动加速度与横向稳态加速度组合而确定了舒适度基准。

日本进行的乘坐舒适度试验结果表明，利用两者结合比单独使用可以更好地评价乘坐舒适度，当横向稳态加速度高时，容许的振动加速度的值则相对降低，反之亦然。这种关系如图 4-12 所示，其中粗线部分为试验运行时实际取得的数据范围，细线为扩展部分。

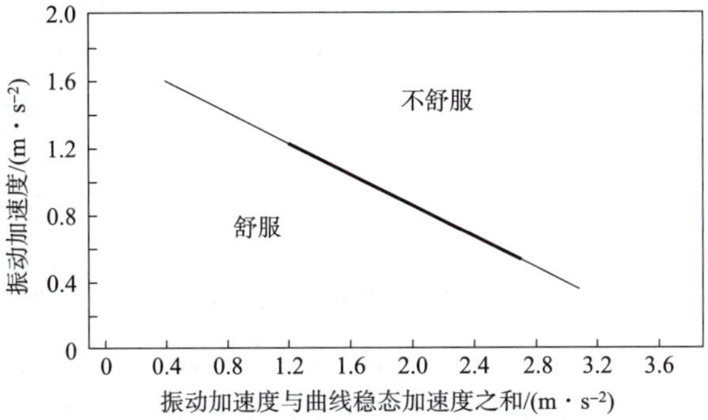

图 4-12　舒适度试验结果取得的舒适度临界线

因此，曲线上乘坐舒适度不仅要考虑曲线横向稳态加速度，还应把振动成分合并起来考虑。横向稳态加速度主要由曲线半径和外轨超高值、行车速度以及车辆悬挂系统特性等因素决定，而振动成分在高速行车条件下主要受轨道不平顺和结构刚度变化的影响。

3. 线路平顺性与线路线形的影响

当采用车体加速度来评价线路状态时，不管是通过轨检车还是直接在列车上测试，得到的车体加速度包含了未被平衡横向和垂向加速度。未被平衡加速度主要是线路线形引起的，其幅值甚至会超过轨道不平顺引起的振动加速度。因此，如果在线路直线和曲线地段也采用同一加速度幅值标准来评价线路状态，存在很大的局限性。

日本采用峰峰值评价实际就是忽略低频未被平衡加速度的影响。随着行车速度不断提高，欠超量还会增大，欠超量引起的未被平衡加速度本身就会超出加速度管理值。因此，目前单纯的加速度评价线路质量的方法缺乏合理性。在评价线路平顺性状态时，应过滤掉线形引起的低频成分，而评价线形时应尽量避免轨道不平顺的影响。

4.3.3　线路线形乘坐舒适度评价指标选用

根据线路线形引起系统响应的特点，在进行综合分析时需要采用多个指标综合分析，并且需要根据不同的研究对象和目的采用相应的指标。

1. 线路设计参数研究

线路平纵断面设计参数合理取值分析时，应对其行车安全性和乘坐舒适性影响进行分析。舒适性评价可以采用曲线上准静态指标、缓和曲线 P_{CT} 指标、曲线上 P_{DE} 指标以及车体振动衰减与叠加规律等。

2. 线路方案动力学性能评估

线路方案动力学性能评估应进行整体安全性和舒适性的评估。舒适度评价方法有

Sperling 平稳性指标、UIC 513R 和 ISO 2631-1 等。但是,从这些乘坐舒适度指标的加权曲线可以看出,其主要影响频率在 0.4～80 Hz 之间。而线形引起的准静态加速度频率接近 0 Hz,还需要进一步引入晕动度值评价,它可重点分析 0.5 Hz 以下的振动对舒适性的影响。在对振动加速度峰值进行分析时,可进一步采用加速度有效值以及加速度幅值频数和累积分布特性等进行综合评价。

3. 线路参数与线下结构匹配分析

在线路参数和线下结构匹配分析时,比如路桥过渡段、长大桥梁地段等与线路线形结合时,除了结构动力性能指标外,需要将上述线路参数和线路方案的评价指标综合考虑。

对于不同的研究对象采用合适的舒适度评价方案,如图 4-13 所示。

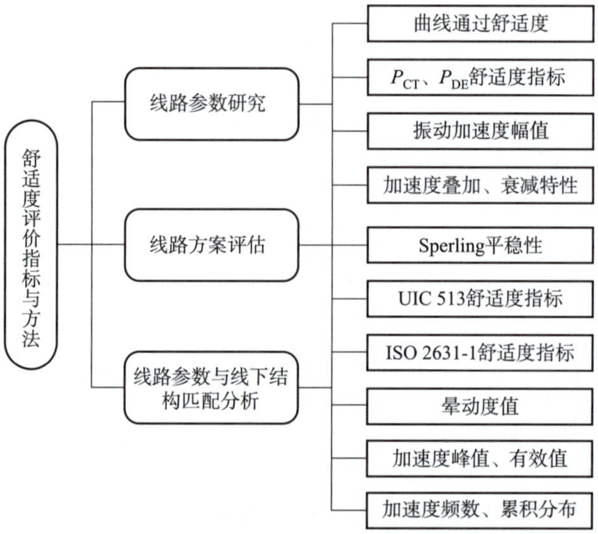

图 4-13　不同研究对象的舒适度评价指标

4.3.4　线路线形乘坐舒适度评价方法

针对现有铁路线路线形研究中存在的问题,提出一种基于车辆与线路动力相互作用的线形动力学设计与评估方法,具体包括如下步骤:

1)针对高速列车及线路特点,建立车辆-线路系统动力分析模型。

模型分为车辆与线路结构两个子系统(根据所研究的问题,选用合适的线路结构模型),二者之间以轮轨动态相互关系为联系纽带。模型主要考虑:(1)车体、转向架、轮对及悬挂系统振动特征;(2)轨道、桥梁等线下结构的影响;(3)车辆与线路之间轮轨动态关系;(4)线路线形几何条件以及线路平顺性条件。系统运动方程采用数值积分方法进行求解。

2)以系统动力分析计算结果为基础,结合相应的动力学评价指标和方法,研究确定线路线形参数标准和对线路线形方案进行评价及优化。具体步骤为:

(1)通过车辆-线路系统动力分析,得到系统动力响应。

(2)针对线路线形方案和线路线形参数不同分析对象选取相应的评价方法和指标。

①线路线形方案舒适度评价

线路线形方案的乘坐舒适度评价宜从综合整体、各方向、局部困难地段依次进行评价,找出对舒适度最为敏感的因素,进行优化。对振动加速度数据根据国际标准 ISO 2631-1 分频段加权计算均方根,进行晕动(motion sickness、运动病)、舒适度(comfort)评价。具体评价方法和指标为:

综合整体:加速度均方根值频数分布图、累积频数分布图、平均舒适度指标 N_{MV}。

各方向:连续舒适度指标 C_C。

局部困难地段:缓和曲线上舒适度指标 P_{CT}、瞬时舒适度指标 P_{DE}。

②线路线形参数舒适度评价

根据国际标准 ISO 2631-1 和欧洲标准 EN 12299,引入平均舒适度指标 N_{MV}、连续舒适度指标 C_C、缓和曲线上舒适度指标 P_{CT}、瞬时舒适度指标 P_{DE} 等进行综合评价;并辅以车体振动加速度、横向冲击、侧滚角速度衰减与叠加规律等;结合加速度均方根值频数分布图、累积频数分布图等分析线路线形参数。

具体评价方法和指标为:

a. 单一线路线形参数工况下动力仿真分析数据评价。

舒适度评价方法:引起的瞬时振动加速度及衰减与叠加规律、缓和曲线上舒适度指标 P_{CT}、瞬时舒适度指标 P_{DE}。

b. 扩展该代表性参数组成的线路方案进行综合评价,分析线路方案整体舒适性对该参数的敏感性,从而确定参数取值。

舒适度评价方法:加速度均方根值频数分布图、累积频数分布图、平均舒适度指标 N_{MV}、连续舒适度指标 C_C。

c. 根据系统动力学分析结果,确定合理的线路参数与优化线路线形方案,从系统动力性能角度优化线路设计。

与常用的线路线形准静态分析方法,本方法具有如下优点:

第一,本方法可弥补传统线路线形评价与分析方法的不足,可实现在不同线形组合条件下行车动力性能的预测,为高速铁路线路动力学设计提供重要的分析手段,研究成果具有重要的科学价值,对实际工程设计具有很强的指导意义。

第二,本方法采用的舒适度评价方法可有效评价线形引起的低频成分,有效区分线形引起的舒适度问题,与线路平顺性和线下结构刚度变化等影响。在线路设计参数比选以及线路方案动力性能比选中,增加辨识度,为参数确定和方案比较提供科学依据。

第5章 线路系统动力学现场测试与分析

系统动力学测试与分析是动力学模型验证和仿真分析的基础。本章首先简要介绍系统动力学测试方法，其次介绍在京津城际铁路和济青高铁开展的乘坐舒适性、车线系统动力学测试与分析等内容。

5.1 系统动力学测试方法

5.1.1 动力学测试系统搭建

铁路线路系统动力学测试系统由测振传感器、数据采集系统、数据分析处理系统几部分组成，如图5-1所示。

图5-1 动力学测试系统

1. 测振传感器

测振传感器位于动力学测试系统的最前端，它的作用是将振动待测量转变为可识别的测试信号。根据测试对象的不同(如位移、速度、加速度等)将测振传感器分为位移传感器、速度传感器和加速度传感器三类。根据传感器敏感元件的性质，测振传感器又可分为电感型、涡流型、压电型、压阻型等。

2. 数据采集系统

在振动测量中，为了消除零漂或高频噪声干扰，同时抑制低频或高频信号，往往需要对测试信号进行高通或低通滤波。随后将得到的模拟信号转变为易分析处理的数字信号，并存储到相应介质中。随着电子技术的发展，以上信号处理环节都可以利用合适的数据采集系统并搭配采集软件实现。

3. 数据分析处理系统

数据分析处理系统的本质是利用计算机的数据分析软件(如Matlab、Origin、SPSS等)对所采集的数据进行统计分析等，包括信号的时域分析、频域分析和幅值分析等，同时对测试结果以图形、视频等形式进行实时显示、存储。

5.1.2　线路结构动力学测试方法

根据轨道状态检测、轨道动力性能测试等试验数据，可以指导轨道服役状态调整及优化，同时验证列车运行的安全性、稳定性等要求。现场试验可以通过测试列车以不同速度通过轨道结构动力测点时的轮轨垂向力和横向力，据此计算脱轨系数、轮重减载率及轮轴横向力等指标。其中轮轨垂向力采用垂向力标定架现场标定，亦可在综合检测列车以 5 km/h 通过测点时进行准静态标定和校核；轮轨横向力可采用横向力标定架进行现场标定，具体内容可参考《轮轨横向力和垂向力地面测试方法》(TB/T 2489—2016)。轨道振动加速度及位移可以采用在合适位置布置加速度计、位移计来测试钢轨、轨枕、轨道板、底座板等的动力响应。

通过测试桥梁自振特性和试验列车以各种速度通过桥梁时的动力响应，用以判断桥梁结构在服役过程中的工作状态，验证桥梁是否具有合理的竖向和横向刚度，分析评价过车时桥梁的稳定性及其动力性能，测试列车通过桥梁时梁体的竖向和横向振动情况，用以分析竖向和横向激励特征以及梁体是否产生竖向、横向共振现象。同时，采用环境微振动法或余振法可以测试梁体竖向和横向固有频率和阻尼比等。通过测试列车通过桥梁时桥面竖向振动加速度来评定桥上道床能否保持良好状态。

5.1.3　铁路车辆动力学测试方法

结合现场测试目的，参考《机车车辆动力学性能评定及试验鉴定规范》(GB/T 5599—2019)可对车辆运行过程中车体、转向架构架、轮对等部件的加速度进行测试。比如可在轴箱上方的构架上安装横向加速度计。测量构架的横向振动，用来判断转向架的横向稳定性；在转向架中心横向偏移 1 m 位置车厢的地板面上安装横向和垂向加速度计，测量车体的振动情况，用以计算车辆的运行平稳性指标。

一般而言，车辆动力学测试的坐标系为右手坐标系，列车前进方向为 x 轴正方向，车辆向上为 z 轴正方向，其坐标系如图 5-2 所示。

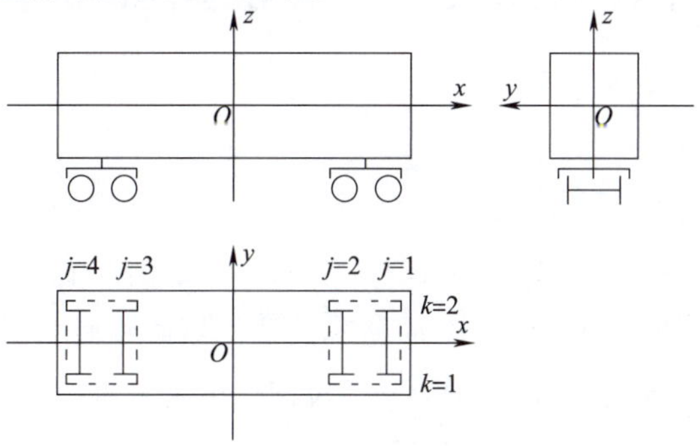

图 5-2　车辆动力学测试坐标系

在现场测试中，最高试验速度取最大设计速度的 1.1 倍和最大设计速度加 10 km/h 中的大值。在对动车组车体进行测试时，可将垂向、横向振动加速度测点对角布置在 1、2 位转向架中心偏向车体一侧 1 000 mm 的车内地板上，如图 5-3 所示。而对于动车组司机室，一般在司机座椅下方地板上布置垂向、横向加速度测点。

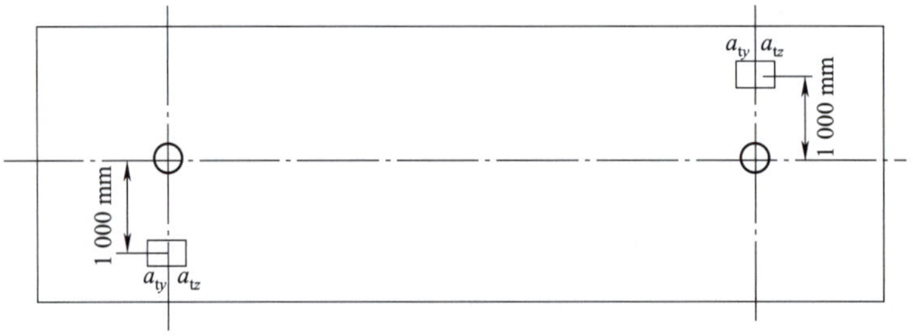

图 5-3 动车组车体振动加速度测点布置

车辆振动加速度测试所采用的加速度传感器要满足表 5-1 的技术要求。

表 5-1 振动加速度传感器技术要求

传感器	量程/($m \cdot s^{-2}$)	工作频率范围/Hz	幅值非线性	横向灵敏度
车体振动加速度[1]	20～50	0～100	≤1%	≤3%
车体振动加速度[2]	10～30	0～100	≤0.2%	≤1%
转向架/构架振动加速度	100～500	0～100	≤1%	≤3%

注：[1] 用于评价平稳性指标 W 和加速度 a。
[2] 用于评价舒适度指标 N_{MV}。

一般而言，通过测试车体垂向和横向加速度数据来评价车辆运行品质，采用平稳性指标 W 或乘坐舒适度 N_{MV} 来评价车辆运行平稳性，具体测试数据处理方法可参考《机车车辆动力学性能评定及试验鉴定规范》(GB/T 5599—2019)。

5.2 京津城际铁路乘坐舒适性测试与分析

5.2.1 测试工况

京津城际铁路自北京南至天津，正线长度 118.3 km；北京南站中心至天津站中心线路长度 116.9 km，其中曲线长度约 57.2 km，约占全线线路长度的 49%；直线长度约 59.7 km，占全线线路长度的 51%，线路平面示意如图 5-4 所示。京津城际铁路自 2005 年 7 月 4 日正式开工，于 2008 年 8 月 1 日开通运营，是中国第一条设计行车速度 350 km/h 的高速铁路。

京津城际铁路线路平、纵断面设计采用了较大的曲线半径、较长的坡段长度和较大的竖曲线半径，正线主要采用 CRTS Ⅱ 型板式无砟轨道。线路主要设计标准：平面最小曲线半径一般

7 000 m，困难 5 500 m，夹直线和圆曲线最小长度一般不小于 280 m，困难条件下不小于 210 m；线路最大坡度 20‰，最小坡段长度一般不小于 900 m，困难条件下不小于 600 m，不连续采用。

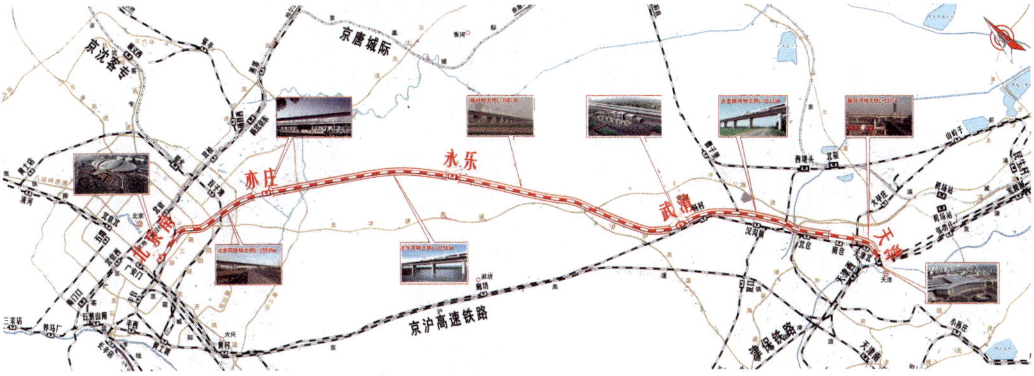

图 5-4 京津城际铁路线路平面示意图

5.2.2 乘坐舒适性分析与评估

为评估京津城际铁路乘坐舒适性水平，分析线路线形与乘坐舒适度之间的关系，在运营动车组上开展了实车测试。2010 年 4 月，在京津城际铁路上行线运营的 CRH3 型动车组上安装加速度等传感器进行测试。图 5-5 和图 5-6 所示分别为实测的行车速度曲线和车体纵横垂三个方向的加速度曲线。

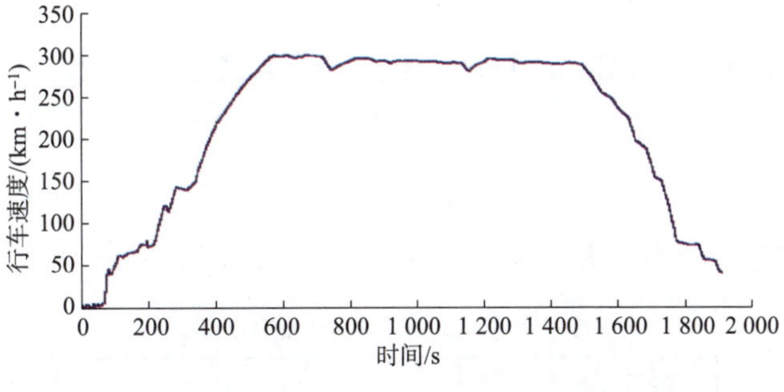

图 5-5 京津城际 CRH3 型车实测行车速度曲线

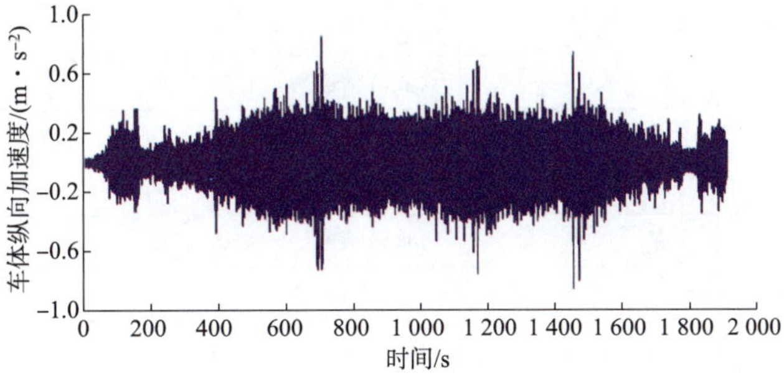

(a)车体纵向加速度

图 5-6

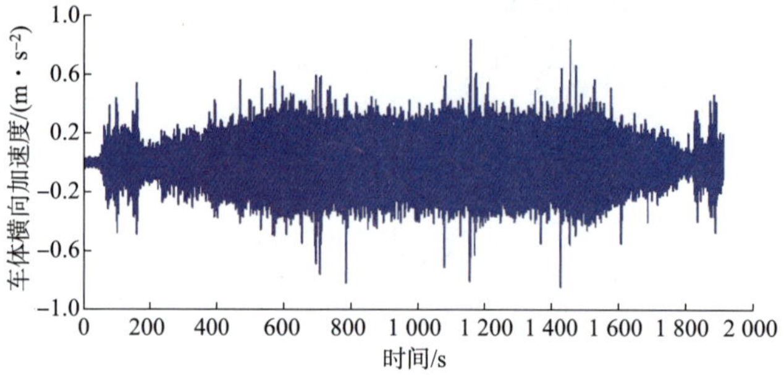

(b)车体横向加速度

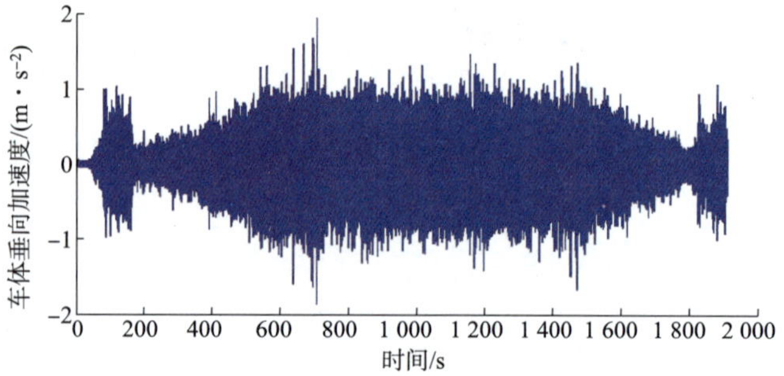

(c)车体垂向加速度

图 5-6　京津城际 CRH3 型车实测车体加速度曲线

1. 加速度幅值分析

通过对实测车体加速度数据分析可知，车体横向加速度均小于 1.0 m/s^2，均未超出Ⅱ级舒适度管理值；并且绝大多数时均小于Ⅰ级舒适度管理值 0.6 m/s^2。表 5-2 列出了车体横向加速度超过 0.6 m/s^2 的位置及线路条件。可以看出，车体横向加速度超限点主要出现在车站道岔区和平纵断面线形条件较差处，尤其是平竖曲线重叠处或平竖曲线相隔较近处。

表 5-2　京津城际车体横向加速度超限点

序　号	里　程	峰值/($m\cdot s^{-2}$)	说　明
1	K95+394	0.62	凹形竖曲线上，Δi=4.5‰
2	K85+080	0.68	武清站道岔区
3	K84+180	0.75	武清站道岔区
4	K77+876	0.81	圆曲线上，竖曲线附近，R=7 005 m，Δi=1‰
5	K53+804	0.70	直线上，原因未明
6	K47+500	0.84	永乐站道岔区
7	K46+516	0.68	永乐站道岔区
8	K25+610	0.84	缓和曲线上，竖曲线附近，R=7 995 m，L_h=570 m，Δi=3.5‰

续上表

序　号	里　程	峰值/(m·s^{-2})	说　明
9	K23+293	0.84	直缓点，竖曲线附近，R=7 995 m，L_h=570 m，Δi=4‰
10	K21+993	0.67	亦庄站道岔区

图 5-7 所示为一段典型的平纵断面线形匹配较差的线路。该段线路，首先缓和曲线长度较短，其次竖曲线与直缓点很接近，并且竖曲线与圆缓点相隔很近。实测数据显示在该曲线两端附近车体横向加速度峰值均达到 0.84 m/s^2，超过了车站道岔区引起的车体振动。因此，线路平纵断面线形的匹配对车体横向振动具有重要影响。当平面线形条件较差时，应尽量避免竖曲线与圆曲线的重合，或使竖曲线与缓和曲线起终点之间保持一定的距离。

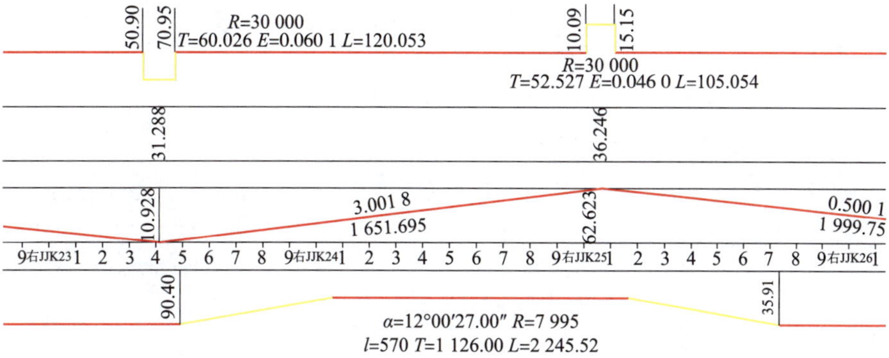

图 5-7　京津城际平纵断面局部图(一)

由实测数据可知，车体垂向加速度均小于 2.0 m/s^2，均未超出Ⅲ级管理值，最大值为 1.95 m/s^2；并且绝大多数时均小于Ⅱ级舒适度管理值 1.5 m/s^2。表 5-3 列出了车体垂向加速度超过 1.5 m/s^{2}的位置及线路条件。可以看出，车体垂向加速度超限点主要出现在车站道岔区和坡度代数差较大的竖曲线上。整体来看，车体垂向振动幅值大于横向振动。

表 5-3　京津城际车体垂向加速度超限点

序　号	里　程	峰值/(m·s^{-2})	说　明
1	K89+900	1.58	凸形竖曲线上，Δi=7.5‰
2	K87+407	1.61	凹形竖曲线上，Δi=3.5‰
3	K85+350	1.68	武清站道岔区
4	K85+224	1.81	武清站道岔区
5	K84+961	1.60	武清站道岔区
6	K84+218	1.95	武清站道岔区
7	K21+933	1.66	亦庄站道岔区

图 5-8 所示为京津城际坡度代数差较大的一段。纵断面坡度代数差达到 $\Delta i=7.5‰$，并且竖曲线两端距离缓和曲线也很近，整体线形条件较差。车体垂向加速度峰值出现在变坡点处，达到 1.58 m/s^2。当坡度代数差较大时，竖曲线长度也较长，乘客在竖曲线上承受离（向）心加速度作用，以及线形与轨道不平顺等引起的车体振动共同作用的时间也越长。因此，为保证乘坐舒适度水平，坡度代数差较大的地段应尽量提高平面线形标准，最好是平面线形为直线，且夹直线长度较长。图 5-8 所示的平面线形夹直线过短，竖曲线与两端缓和曲线距离较短。当车体在竖曲线上垂向振动未能有效衰减又将受缓和曲线影响产生横向振动，因而会严重恶化乘坐舒适性。

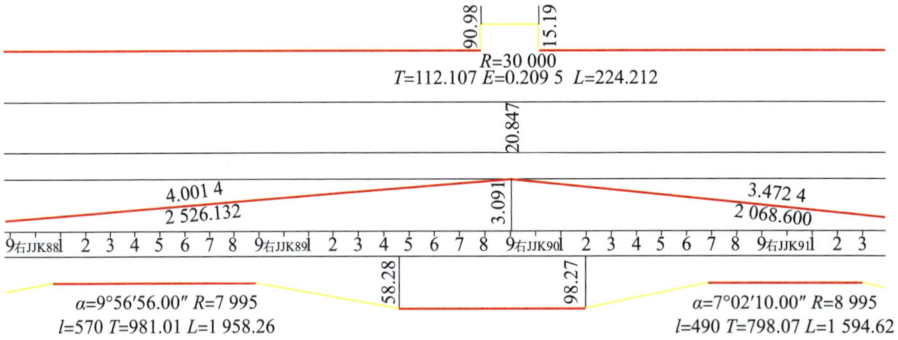

图 5-8　京津城际平纵断面局部图（二）

2. 行车平稳性和乘坐舒适度分析

对图 5-6 中的数据进行滤波、傅里叶变换等处理分析可得到车体横、垂向 Sperling 平稳性指标 W 分别为 1.57 和 1.54，均小于平稳性 1 级标准“优”（$W\leqslant2.5$）。

根据 ISO 2361-1 标准中的加权曲线，对车体横、垂向振动加速度进行有效值计算分析，得到横、垂向舒适度水平 RCL 分别为 78.7 和 82.6。该值均低于舒适度等级 1 级标准“非常舒适”（RCL≤83）。

根据 UIC 513R 标准，乘坐舒适度指标 N_{MV} 为 1.66，舒适度等级为 2 级“舒适”（$1\leqslant N_{MV}<2$）。

在测试试验时，由于受大风影响，运营的 CRH3 型动车组最高行车速度为 300 km/h。可见在该条件下，京津城际铁路具有良好的乘坐舒适性。

5.2.3　线路线形与平顺性对乘坐舒适度影响对比分析

根据 CIT-0 号综合检测车得到的轨道不平顺和车体振动加速度，将线路线形与轨道不平顺性对乘坐舒适度影响进行对比分析。

图 5-9 所示为综合检测车的行车速度曲线，检测车最高行车速度为 250 km/h。图 5-10 所示为综合检测车车体加速度变化曲线，该检测车的车体加速度频率接近 0 Hz，可以充分

反映平纵断面曲线上未平衡加速度的影响。从图 5-10 中可以看出，车体横向加速度幅值均小于 1.2 m/s²，绝大部分在 1.0 m/s² 以下。在个别圆曲线上，横向准静态加速度和振动加速度叠加超过 1.0 m/s²。车体垂向加速度幅值均小于 0.8 m/s²。

通过对车体横、垂向加速度数据的处理分析，车体横、垂向 Sperling 平稳性指标分别为 1.89 和 1.58，均小于平稳性 1 级标准“优”($W \leqslant 2.5$)；根据 UIC 513R 标准，乘坐舒适度指标 N_{MV} 为 1.31，舒适度等级为 2 级“舒适”。

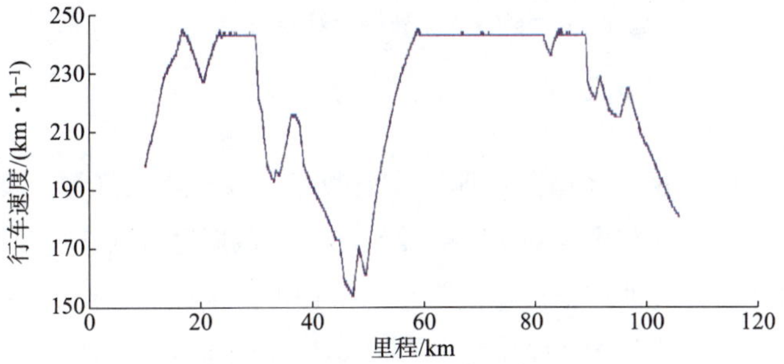

图 5-9　京津城际 CIT-0 号综合检测车行车速度曲线

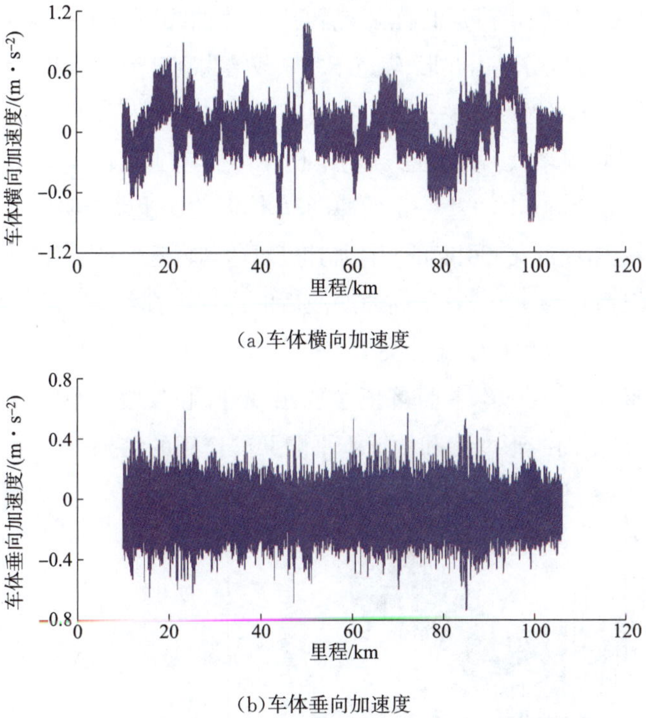

图 5-10　京津城际 CIT-0 号综合检测车车体加速度曲线

选取京津城际 K59＋000～K62＋000 段进行线路线形与轨道不平顺对乘坐舒适度影响对比分析，该段线路参数如图 5-11 所示。该段线路包括一段完整的圆曲线和竖曲线，列车通过速度为 243 km/h。

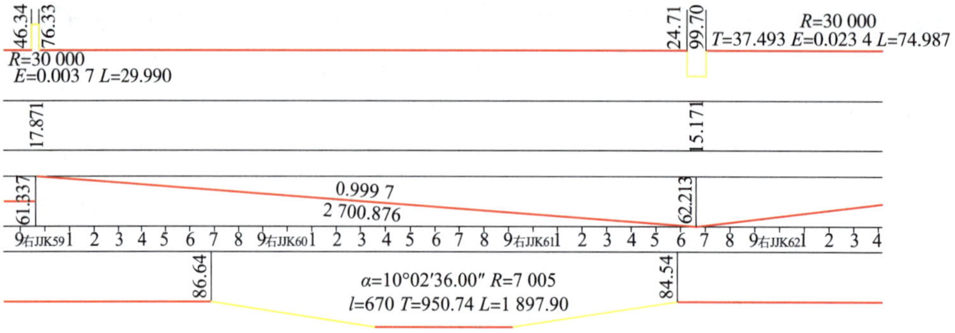

图 5-11 京津城际平纵断面局部图(三)

图 5-12 所示为该段线路车体横向加速度实测数据以及在不同频率下滤波后的数据对比。在理想线形条件下，未平衡加速度频率一般接近 0 Hz。当数据通过截止频率为 0.3 Hz 的低通滤波后，其主要成分即为车体在曲线上产生的未平衡加速度。由图 5-12(b)可知，车体横向未平衡加速度在 0.38 m/s^2 左右。由于车体横向振动固有频率一般在 0.5～1.5 Hz 之间，因此 0.3 Hz 以下的成分主要为线形引起的准静态加速度，而由线形变化引起的车体固有频率的振动则被滤掉了。

图 5-12(c)为以截止频率 1.5 Hz 低通滤波后的加速度曲线，该数据包含了车体固有频率振动成分。车体固有频率振动成分是由线形、轨道不平顺或结构刚度等因素共同作用组成。因此，很难完全分离线形和轨道不平顺引起的车体固有频率振动。从图中可见，在直缓、缓圆、圆缓和缓直点等处，车体加速度明显增大。尤其是缓直点处，车体加速度明显增大，并呈周期衰减。这些均表明线路线形突变处会对车体产生一定的冲击，车体振动加速度会明显增大。与其他位置车体加速度对比可以看出，线形突变引起的车体加速度可达到轨道不平顺引起加速度的 2 倍左右。

图 5-12(d)为以截止频率 0.3 Hz 高通滤波后的加速度曲线，该数据主要为轨道不平顺引起的车体加速度，但是也包括了线形突变引起的车体固有频率振动成分。从图中可以看出，加速度峰值未超过 0.4 m/s^2，并且峰值主要出现在圆缓、缓圆点等线形突变处，可见车体横向加速度峰值是平面线形变化和轨道不平顺共同作用的结果。

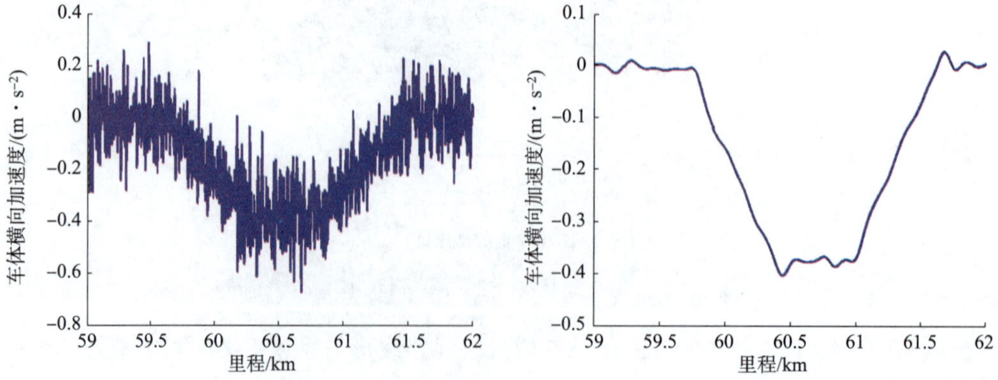

(a)实测数据　　(b)0.3 Hz 低通滤波

图 5-12

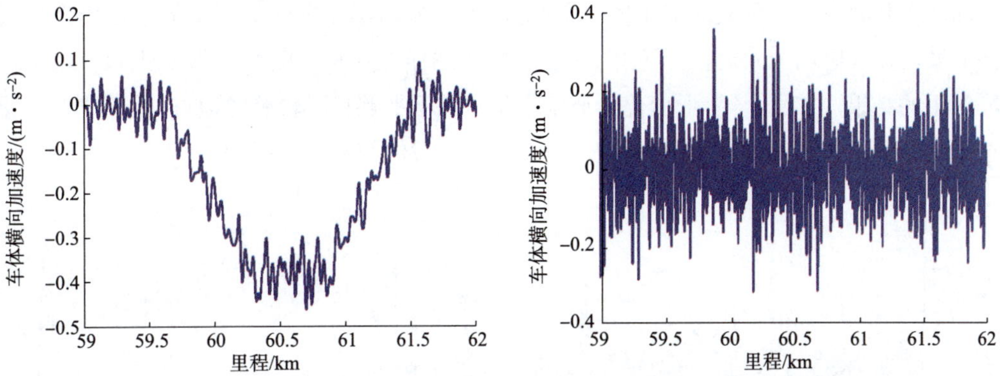

(c)1.5 Hz 低通滤波　　(d)0.3 Hz 高通滤波

图 5-12　实测车体横向加速度数据滤波对比分析

图 5-13 所示为线路线形与轨道不平顺对车体横向加速度影响的对比。高速铁路线路欠超高允许值一般为 90 mm，即未平衡离心加速度约为 0.6 m/s^2。实测数据表明，轨道不平顺引起的加速度峰值与线形引起的准静态加速度在同一数量级上，相差不大。车体横向加速度超限点一般出现在平面曲线上，实际是未平衡加速度与振动加速度的叠加值。因此，应特别注意曲线地段轨道不平顺的养护维修，特别是在缓圆、圆缓等线形突变点附近的轨道不平顺。

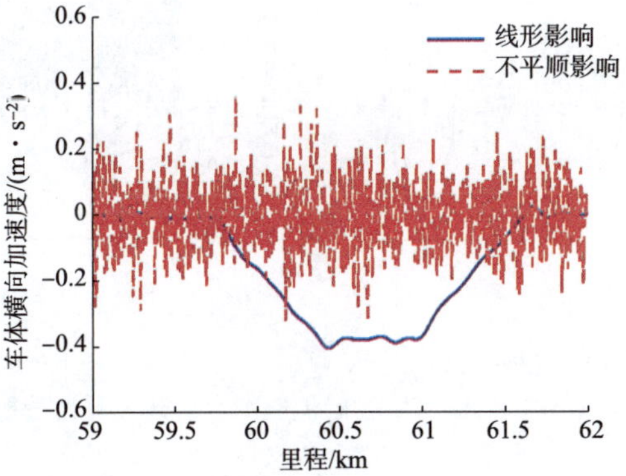

图 5-13　线形与轨道不平顺对车体横向加速度影响对比

图 5-14 所示为该段线路车体垂向加速度实测数据以及在不同频率下滤波后的数据对比。由图 5-14(b)可以看出，线路线形对车体垂向加速度的影响主要位于超高顺坡突变处和竖曲线上。

图 5-14(c)包含了线形引起的车体固有频率振动成分。由图 5-14(c)可见，超高顺坡转角和竖曲线起终点处均对车辆产生了很大的冲击。竖曲线由于没有缓和曲线过渡，在起终点处产生很大冲击，而平面圆曲线由于设有缓和曲线，缓圆点和圆缓点处产生的车体横向冲击相对小很多。图 5-14(d)为滤掉线形引起的未平衡加速度后的车体垂向加速度成分，主要包括线形

引起的冲击和轨道不平顺引起的车体振动成分，图中显示车体垂向加速度的峰值仍然出现在超高顺坡转角和竖曲线附近，可见垂向加速度峰值同样主要是纵断面线形变化和轨道不平顺共同作用的结果。实际上，线形变化处通常也是轨道不平顺状况较差的地方，因而线形变化和轨道不平顺共同作用导致轮轨动力相互作用加剧，使车体产生较大振动。

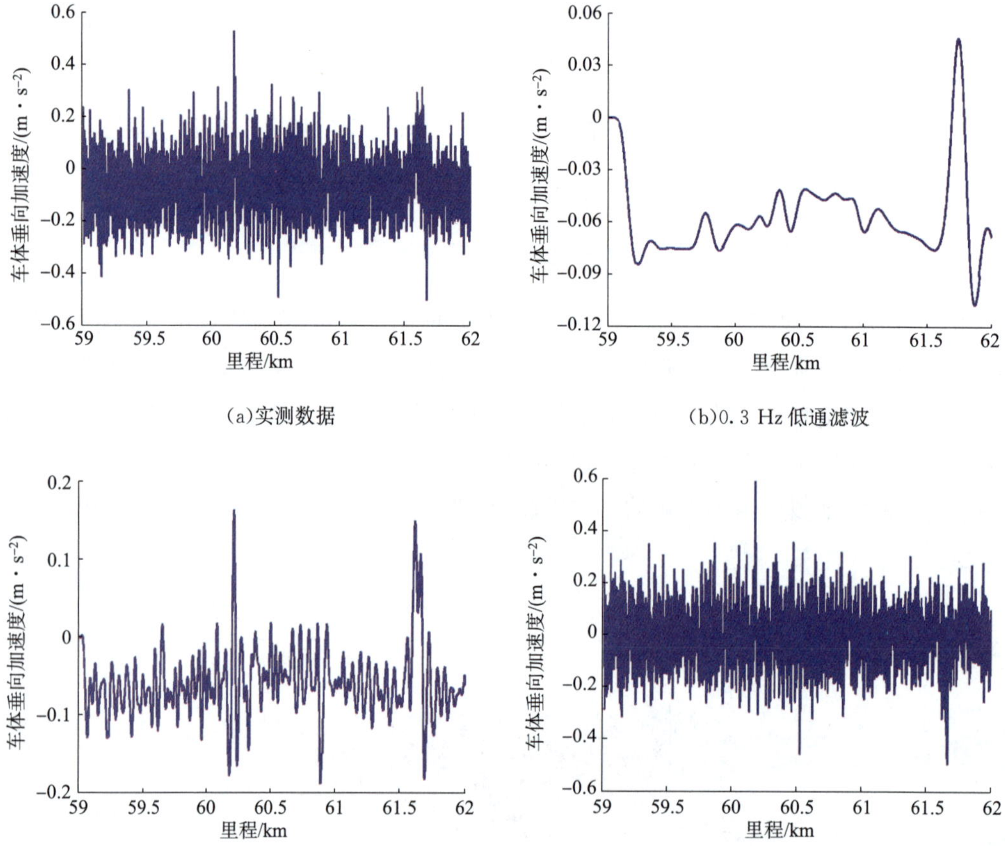

(a)实测数据　(b)0.3 Hz 低通滤波　(c)1.5 Hz 低通滤波　(d)0.3 Hz 高通滤波

图 5-14　实测车体垂向加速度数据滤波对比分析

图 5-15 所示为线路线形与轨道不平顺对车体垂向加速度影响的对比。该段线路纵断面竖曲线半径为 30 000 m，实测行车速度为 243 km/h，理论未平衡垂向加速度为 0.15 m/s^2，实测的未平衡垂向加速度约为 0.13 m/s^2，若再加竖曲线起终点处的冲击，其绝对值可达到 0.25 m/s^2，约为未平衡加速度的 2 倍[图 5-14(b)和图 5-14(c)]。当行车速度达到 350 km/h 时，理论未平衡垂向加速度将为 0.32 m/s^2，如果再考虑竖曲线起终点处的冲击和轨道不平顺的影响，车体垂向加速度在竖曲线上很容易超出管理值。

从前面实际运营的 CRH3 型动车组实测的车体加速度幅值分析可知，车体垂向振动水平明显大于车体横向振动水平。车体横向加速度绝大多数小于 0.6 m/s^2，而车体垂向加速度则绝大多数小于 1.5 m/s^2(均包括未平衡加速度)。车体垂向加速度超限位置，除了车站

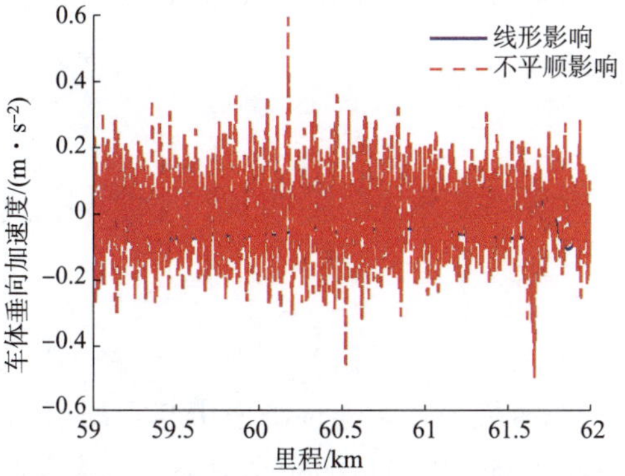

图 5-15 线形与轨道不平顺对车体垂向加速度影响对比

前后的道岔区，主要出现在坡度代数差大于4‰的竖曲线附近。坡度代数差越大，竖曲线越长，意味着车体在竖曲线上受到未平衡加速度、竖曲线起终点冲击影响后再与较大轨道不平顺引起振动叠加的概率越高。因此，高速铁路纵断面线形的优化设计是目前值得重视的一个课题，包括坡度代数差与竖曲线半径关系、夹坡段长度、竖缓和曲线间距等问题。

综上所述，线路线形和轨道不平顺对车体加速度的影响区别主要在于振动频率不同。线形引起的车体加速度主要是接近0 Hz的未平衡加速度和线形突变引起的车体固有频率振动。而轨道不平顺引起的车体振动加速度频率一般在0.3 Hz以上。

振动对乘坐舒适度的影响取决于振动的幅值、频率和作用时间等。线路线形和轨道不平顺引起的车体振动性质在频率和作用时间方面差别很大。因此，应针对所研究的问题，选择是否需要忽略对方的影响或者考虑综合影响。当在研究某一线形参数标准，进行对比分析时，应忽略轨道不平顺的影响。而以轨道养护维修目的，评估轨道不平顺状况时，则应消除车体未平衡加速度的影响。在目前的轨道不平顺管理标准中，车体加速度标准未区分线路的直线段和曲线段，都采用同样标准。实际上，曲线上未平衡加速度和线形变化引起的加速度就可能超出加速度的管理值。因此，单纯采用车体加速度幅值不能准确评价轨道不平顺状况。

当评价线路方案的乘坐舒适性时，则需要考虑线路线形和轨道不平顺等的综合影响。此时，乘坐舒适度评价方法和标准选择尤为重要。通常的乘坐舒适度指标，比如Sperling平稳性指标、ISO 2631和UIC 513R中的舒适度评价指标，主要考虑频率在0.4～30 Hz之间的车体振动加速度，忽略了未平衡加速度的影响。而加速度振动的幅值评价中，仅以单一的车体加速度最大值或最小值作为评价指标，未能考虑振动作用时间的影响。因此，Sperling平稳性、UIC 513R乘坐舒适度和车体加速度幅值虽然能从某一角度评价线路方案的乘坐舒适度，但未能综合反映线路方案对乘坐舒适度的影响。特别是针对不同线路方案对乘坐舒适度影响进行对比分析时，仅采用这些评价指标很难有效区别不同线路方案对乘坐舒适度的影响大小。因此，在线路方案动力仿真分析中，应在以上评价标准基础上，再采用加速度有效值、加速度幅值频数和累积分布特性等指标，就不同线路方案对乘坐舒适度的影响进行进一步对比分析。

5.3 济青高铁车线系统动力学测试与分析

5.3.1 测试工况

济青高速铁路是中国山东省境内一条连接济南市与青岛市的高速铁路，线路呈东西走向，为中国“八纵八横”高速铁路网青银通道的东端部分。济青高速铁路西起济南东站、东至红岛站，如图 5-16 所示，线路全长 307.9 km，共有 11 座车站；设计速度 350 km/h，列车初期运营速度 300 km/h。

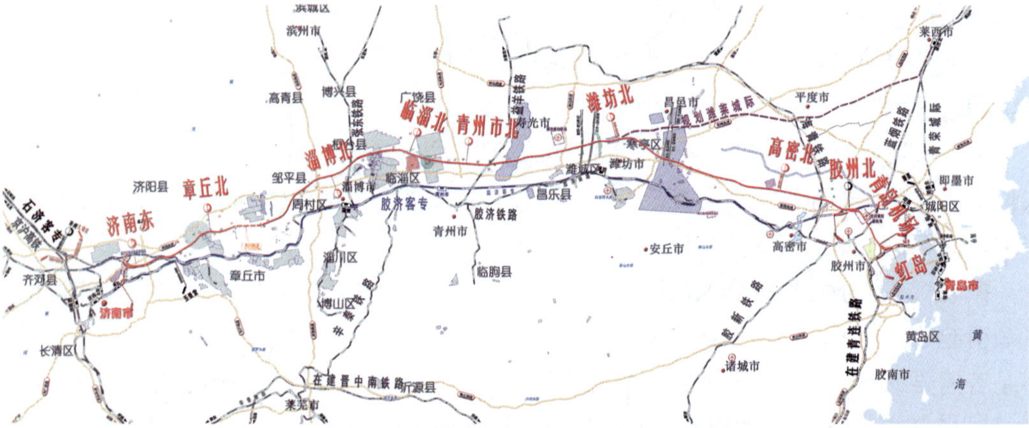

图 5-16 济青高速铁路线路平面示意图

本次测试主要分为列车运行条件下桥梁动力学测试以及车体振动测试两大部分内容，其中桥梁动力学测试主要在直线段和曲线段（半径 8 000 m 圆曲线）上选择一 32 m 标准跨度箱梁进行，车体振动测试选择在青岛北至潍坊北间联调联试动车组上两节车厢展开。通过现场测试，得到直线段和曲线段的桥梁结构动力学响应以及不同速度下的车体振动响应，进一步分析高速铁路线路平纵断面与线路桥梁动力响应间的关系、线形参数对高速铁路行车动力性能的影响。

1. 桥梁测试工况

分别在直线段（里程 DK99＋636.060）和半径为 8 000 m 的曲线段（里程 DK94＋872.960）处各选取一 32 m 标准跨度箱梁进行现场测试，具体测试工点信息见表 5-4。

表 5-4　桥梁测试工点信息

测试工点	小里程桩号	大里程桩号	小里程墩号	大里程墩号	墩跨距/m	备　注
直线段	DK99+636.060	DK99+668.800	486 号	487 号	32.74	
曲线段	DK94+872.960	DK95+905.700	339 号	340 号	32.74	R=8 000 m

现场测试直线段和曲线段照片如图 5-17 所示。

(a)直线段

(b)曲线段

图 5-17　测点现场

针对直线段和曲线段桥梁加速度测点，选取箱梁底部布设 8 个加速度计，具体如下：

V1：桥梁底部沿纵向中心线大里程端部垂向加速度；

V2：桥梁底部沿纵向中心线 1/4 点处垂向加速度；

V3：桥梁底部沿纵向中心线跨中垂向加速度；

V4：桥梁底部沿纵向中心线 3/4 点处垂向加速度；

V5：桥梁底部沿纵向中心线小里程端部垂向加速度；

V6：桥梁底部跨中上行侧边缘垂向加速度；

L7：桥梁底部沿纵向中心线大里程端部横向加速度；

L8：桥梁底部沿纵向中心线跨中横向加速度。

测点加速度计布置位置如图 5-18 所示。

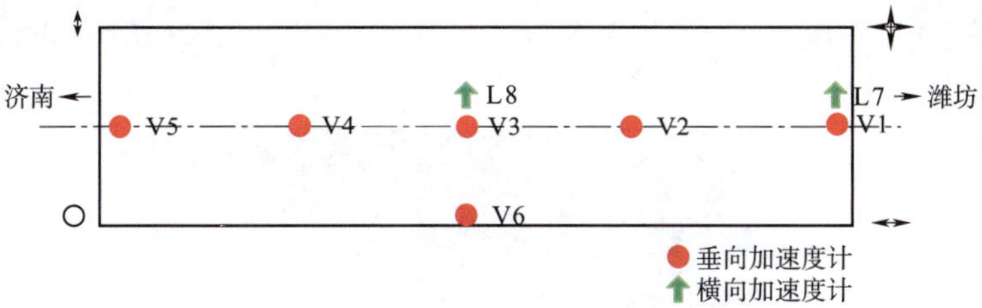

图 5-18　测点加速度计布置图

部分加速度计布置情况如图 5-19、图 5-20 所示。

针对直线段和曲线段桥梁位移测点，选取箱梁底部布设 3 个位移计，具体如下：

DV1：梁底部沿纵向中心线跨中垂向位移；

DV2:梁底部沿纵向中心线小里程端部垂向位移;

DL3:梁底部沿纵向中心线小里程端部横向位移。

图 5-19　端部垂向、横向加速度

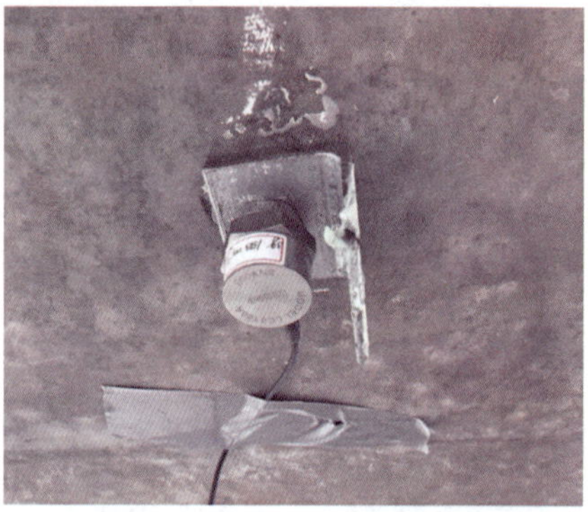

图 5-20　1/4 点垂向加速度

测点位移计布置位置如图 5-21 所示。部分位移计具体布置情况如图 5-22 所示。

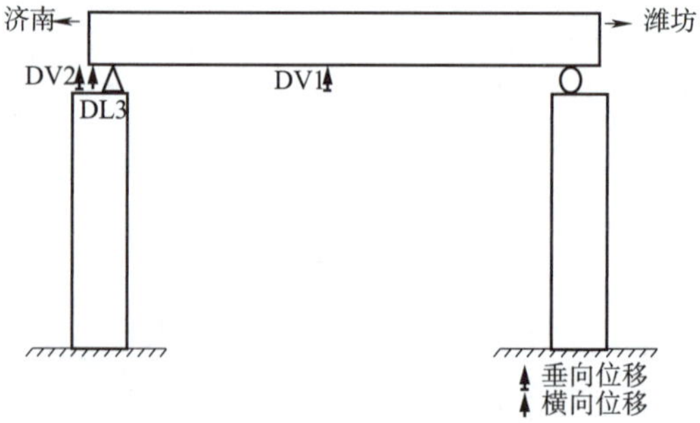

图 5-21　测点位移计布置图

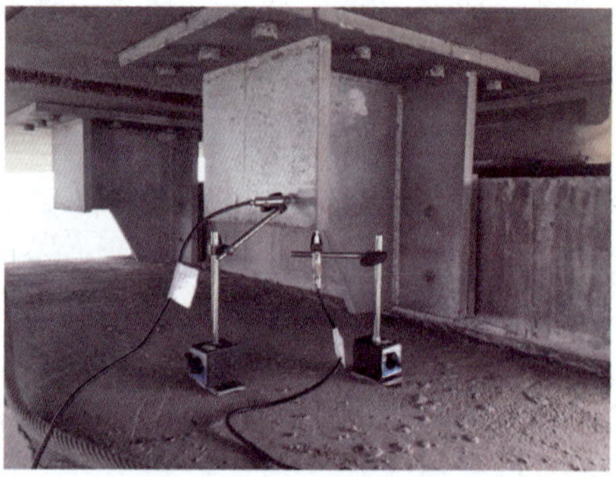

图 5-22　位移计安装

2. 车辆测试工况

结合济青高铁动车组运行计划,现场测试车型为 CRH380B 动车组(重联 16 节车厢),如图 5-23 所示。

图 5-23　CRH380B 重联动车组

车体加速度测试分别选用惯导系统和加速度计两套测试系统。选取 9 号车厢布设惯导测试系统，选取 11 号车厢布设加速度计采集列车运行过程中的车体振动情况。

(1)惯导测试系统

在 9 号车厢布设惯导测试仪器，惯导测试系统主机及天线布置如图 5-24 所示。

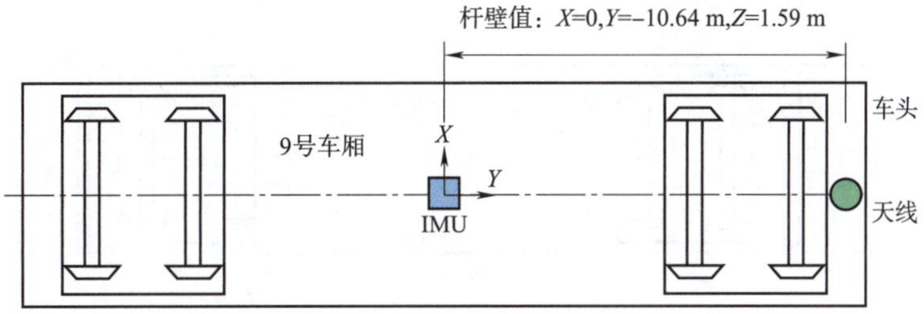

图 5-24　惯导测试系统布置图

惯导测试采用由北斗星通提供的高精度天线和 SPAN-CPT 一体式闭环光纤组合导航系统，现场具体布置如图 5-25 和图 5-26 所示。

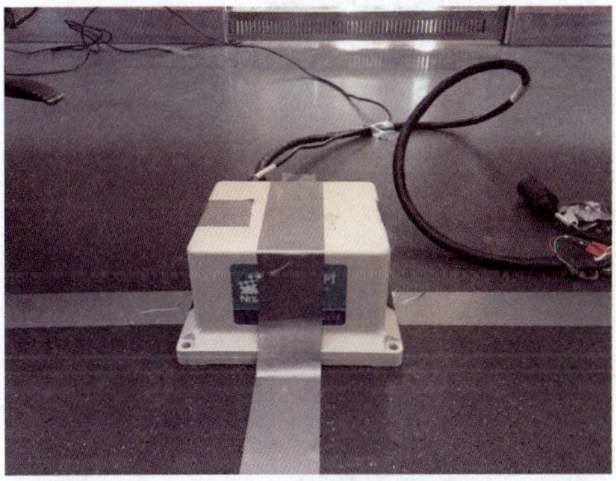

图 5-25　SPAN-CPT 导航系统

图 5-26　高精度天线

惯导测试内容包括：车厢地板中点处的经纬度、高程、车速、横滚角、俯仰角、航向角 Azimuth(degrees)、垂向加速度、纵向加速度、横向加速度、摇头角速度、侧滚角速度、点头角速度等。

(2)加速度计测试系统

在 11 号车厢布设 8 个加速度测点，具体如下：

V1：车厢地板沿纵向中心线尾部垂向加速度；

V2：车厢地板沿纵向中心线 1/4 点垂向加速度；

V3：车厢地板沿纵向中心线中部垂向加速度；

V4：车厢地板沿纵向中心线 3/4 点垂向加速度；

V5:车厢地板沿纵向中心线头部垂向加速度;

V6:车厢地板中部边缘垂向加速度;

L7:车厢地板沿纵向中心线尾部横向加速度;

L8:车厢地板沿纵向中心线头部横向加速度。

11 号车厢加速度计位置布置如图 5-27 所示。

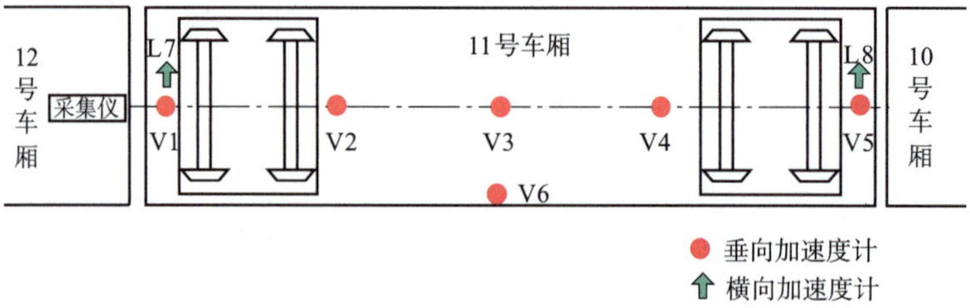

图 5-27　车厢地板加速度计布置图

车厢地板振动加速度计如图 5-28 所示。

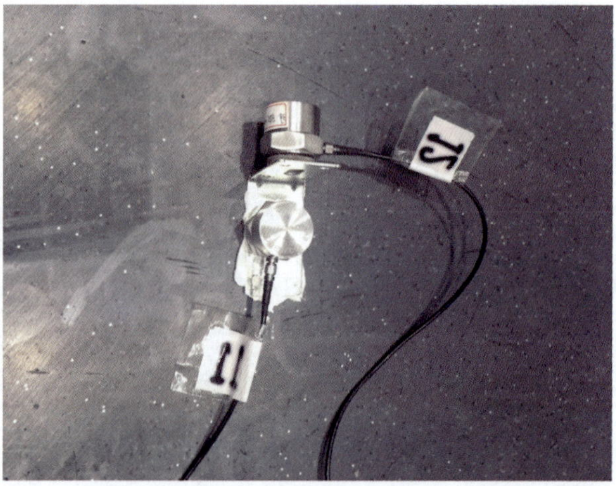

图 5-28　加速度计布置

5.3.2　桥梁动力学测试结果分析

1. 桥梁振动加速度

结合动车组开行计划,选取 CR400AF 动车组以 300 km/h 速度通过直线段和曲线段桥梁测点时进行了桥梁加速度振动测试。

(1)直线段

当试验列车 CR400AF 动车组以 300 km/h 运行速度通过直线段 32 m 标准跨度桥梁时,其箱梁底部各位置加速度响应如图 5-29～图 5-36 所示。

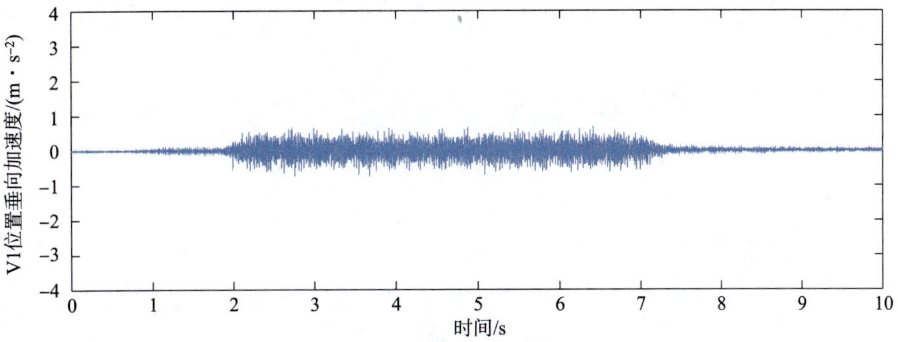

图 5-29　直线段桥梁大里程端部垂向加速度时程曲线(V1)

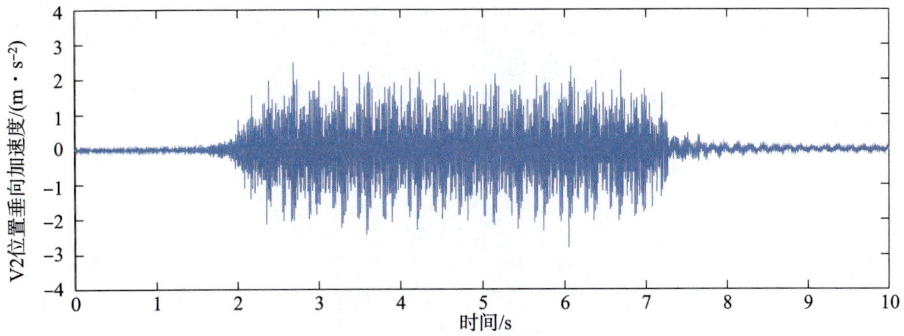

图 5-30　直线段桥梁 1/4 点垂向加速度时程曲线(V2)

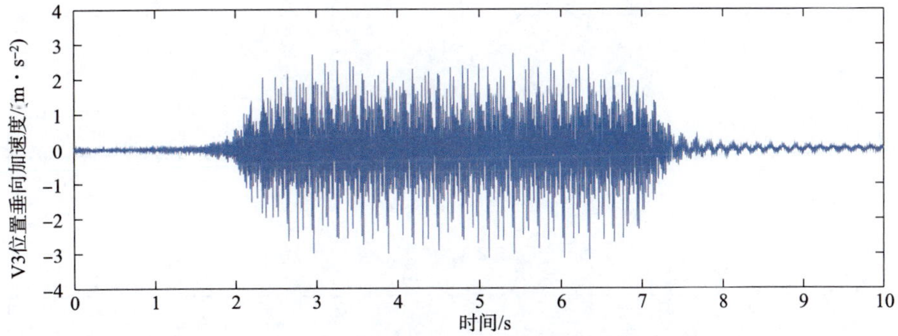

图 5-31　直线段桥梁跨中垂向加速度时程曲线(V3)

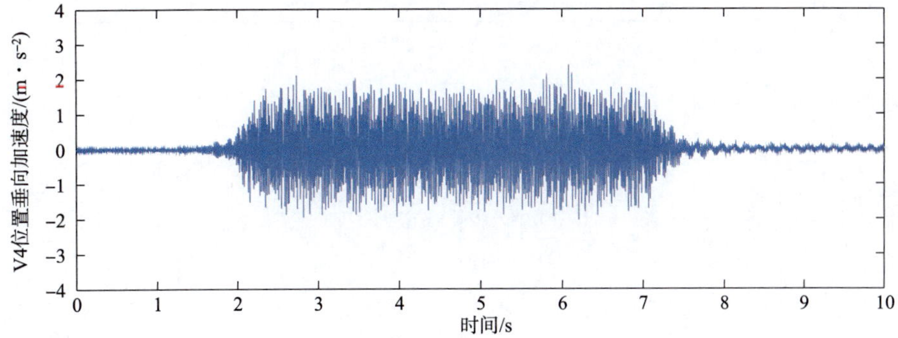

图 5-32　直线段桥梁 3/4 点垂向加速度时程曲线(V4)

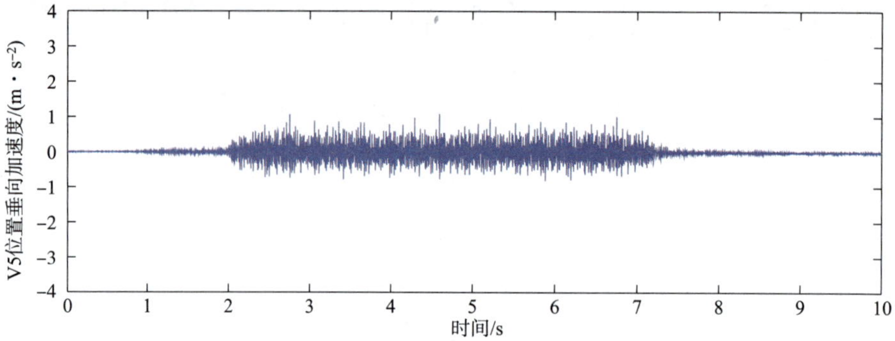

图 5-33 直线段桥梁小里程端部垂向加速度时程曲线(V5)

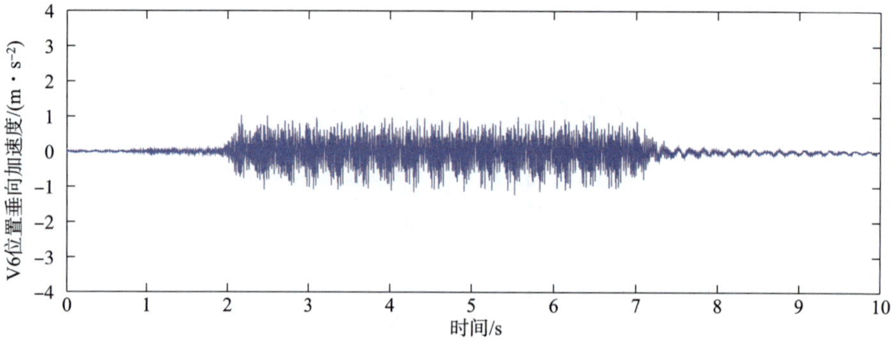

图 5-34 直线段桥梁跨中边缘垂向加速度时程曲线(V6)

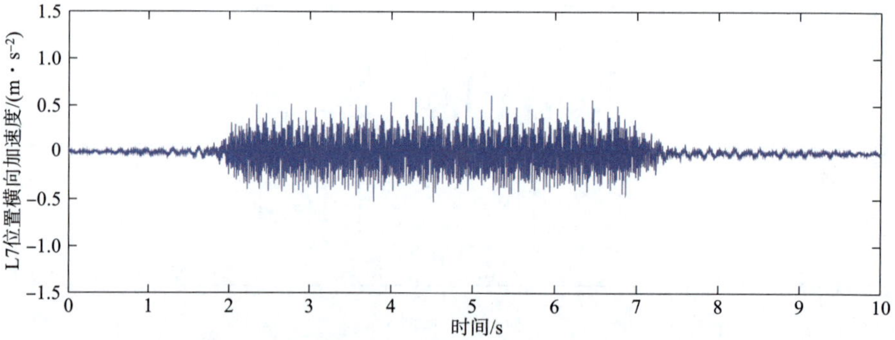

图 5-35 直线段桥梁大里程端部横向加速度时程曲线(L7)

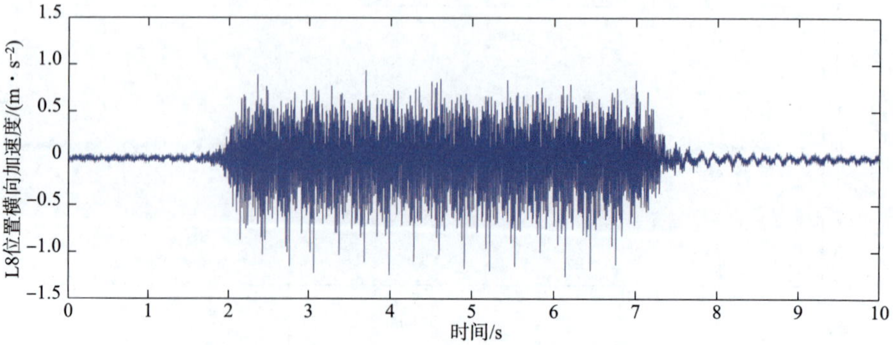

图 5-36 直线段桥梁跨中横向加速度时程曲线(L8)

由图 5-29～图 5-36 可知，试验列车 CR400AF 动车组以 300 km/h 运行速度通过直线段 32 m 标准跨度桥梁时各测点加速度最大值分别如下：

桥梁大里程端部垂向(V1)加速度最大值为 0.743 4 m/s^2；

桥梁 1/4 点垂向(V2)加速度最大值为 2.809 2 m/s^2；

桥梁跨中垂向(V3)加速度最大值为 3.178 4 m/s^2；

桥梁 3/4 点垂向(V4)加速度最大值为 2.404 9 m/s^2；

桥梁小里程端部垂向(V5)加速度最大值为 1.092 7 m/s^2；

桥梁跨中边缘垂向(V6)加速度最大值为 1.221 2 m/s^2；

桥梁大里程端部横向(L7)加速度最大值为 0.610 7 m/s^2；

桥梁跨中横向(L8)加速度最大值为 1.261 8 m/s^2。

(2)曲线段

当试验列车 CR400AF 动车组以 300 km/h 运行速度通过曲线段(R=8 000 m)32 m 标准跨度桥梁时，其箱梁底部各位置加速度响应如图 5-37～图 5-44 所示。

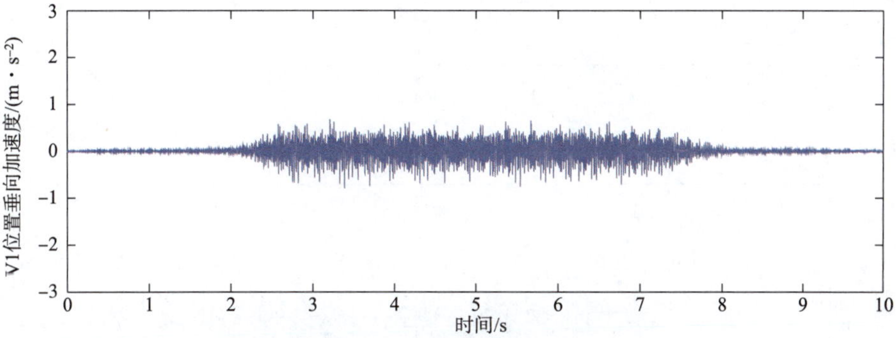

图 5-37　曲线段桥梁大里程端部垂向加速度时程曲线(V1)

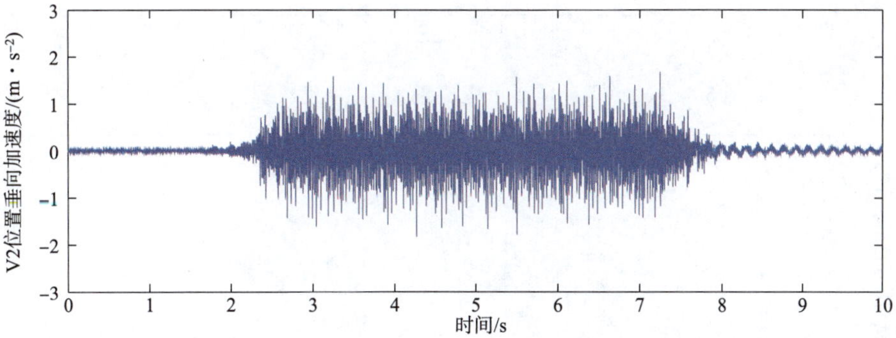

图 5-38　曲线段桥梁 1/4 点垂向加速度时程曲线(V2)

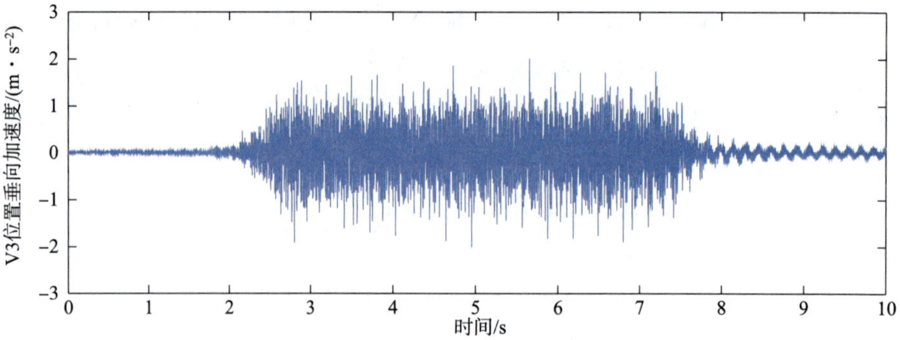

图 5-39　曲线段桥梁跨中垂向加速度时程曲线(V3)

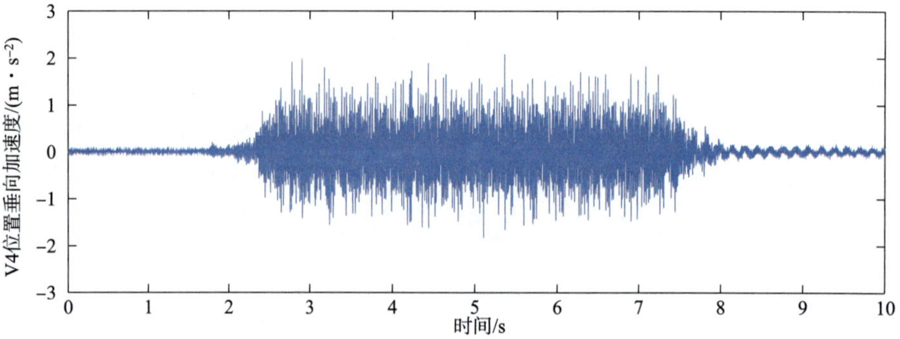

图 5-40　曲线段桥梁 3/4 点垂向加速度时程曲线(V4)

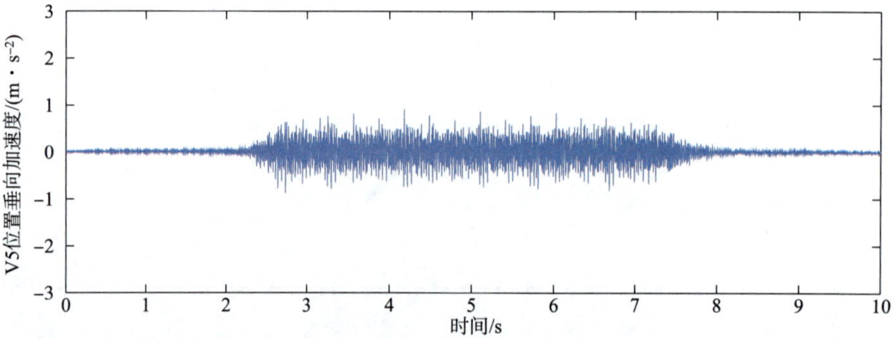

图 5-41　曲线段桥梁小里程端部垂向加速度时程曲线(V5)

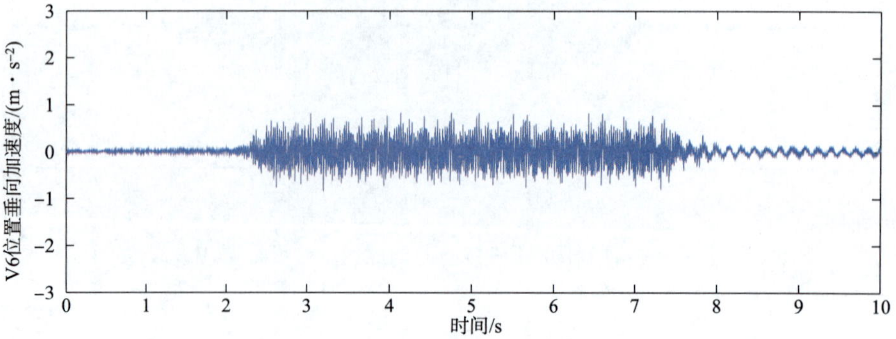

图 5-42　曲线段桥梁跨中边缘垂向加速度时程曲线(V6)

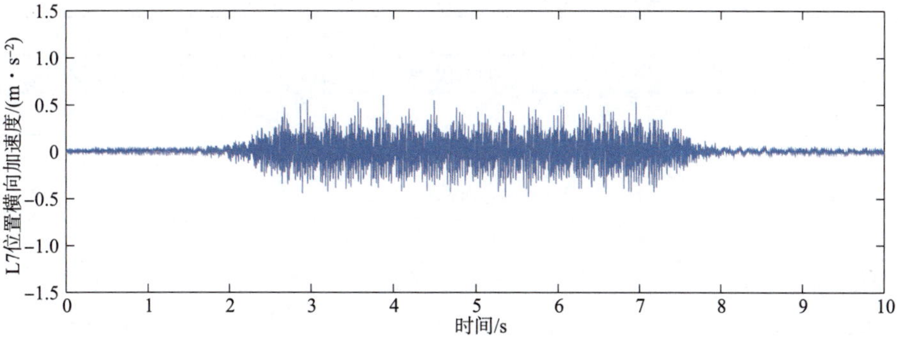

图 5-43　曲线段桥梁大里程端部横向加速度时程曲线(L7)

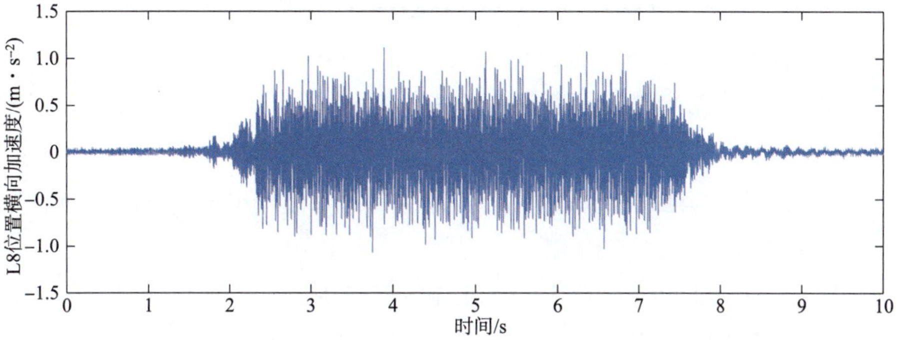

图 5-44　曲线段桥梁跨中横向加速度时程曲线(L8)

由图 5-37～图 5-44 可知,试验列车 CR400AF 动车组以 300 km/h 运行速度通过曲线段 32 m 跨度标准桥梁时各测点加速度最大值分别如下:

桥梁大里程端部垂向(V1)加速度最大值为 0.790 8 m/s^2;

桥梁 1/4 点垂向(V2)加速度最大值为 1.830 4 m/s^2;

桥梁跨中垂向(V3)加速度最大值为 2.076 4 m/s^2;

桥梁 3/4 点垂向(V4)加速度最大值为 2.014 4 m/s^2;

桥梁小里程端部垂向(V5)加速度最大值为 0.845 5 m/s^2;

桥梁跨中边缘垂向(V6)加速度最大值为 0.914 8 m/s^2;

桥梁大里程端部横向(L7)加速度最大值为 0.599 4 m/s^2;

桥梁跨中横向(L8)加速度最大值为 1.113 8 m/s^2。

(3)结果分析

试验列车 CR400AF 动车组通过直线段和曲线段 32 m 跨度标准桥梁时,各测点的加速度最大值统计结果见表 5-5。

表 5-5 直线段与曲线段桥梁加速度最大值

测试位置	加速度最大值/(m·s^{-2})	
	直线段	曲线段
大里程端部垂向(V1)	0.743 4	0.790 8
1/4 点垂向(V2)	2.809 2	1.830 4
跨中垂向(V3)	3.178 4	2.076 4
3/4 点垂向(V4)	2.404 9	2.014 4
小里程端部垂向(V5)	1.092 7	0.845 5
跨中边缘垂向(V6)	1.221 2	0.914 8
大里程端部横向(L7)	0.610 7	0.599 4
跨中横向(L8)	1.261 8	1.113 8

由表 5-5 统计数据可得：

①试验列车 CR400AF 动车组运行时直线段和曲线段(R=8 000 m)32 m 跨度标准桥梁垂向振动加速度最大值均发生在跨中位置附近，其垂向加速度最大值分别为 3.178 4 m/s^2 和 2.076 4 m/s^2，均满足《高速铁路设计规范》(TB 10621—2014)规定的垂向振动加速度不应大于 5.0 m/s^2 的要求。

②试验列车 CR400AF 动车组运行时直线段和曲线段(R=8 000 m)32 m 跨度标准桥梁跨中横向振动加速度均大于端部，其横向振动加速度最大值分别为 1.261 8 m/s^2 和 1.113 8 m/s^2，均满足《铁路桥梁检定规范》(铁运函〔2004〕120 号)不应大于 1.4 m/s^2 的要求。

③对比试验列车 CR400AF 动车组通过直线段和曲线段(R=8 000 m)32 m 跨度标准桥梁振动加速度发现，梁体各测点振动加速度直线段略大于曲线段，但无明显差异。这表明当曲线半径取 8 000 m 时，桥梁振动加速度与曲线设计参数相关性不大，曲线半径已不是影响桥梁振动加速度的关键因素。

2. 桥梁振动位移

(1)直线段

当试验列车 CR400AF 动车组以 300 km/h 运行速度通过直线段 32 m 标准跨度桥梁时，桥梁底部各测点位移响应如图 5-45～图 5-47 所示。

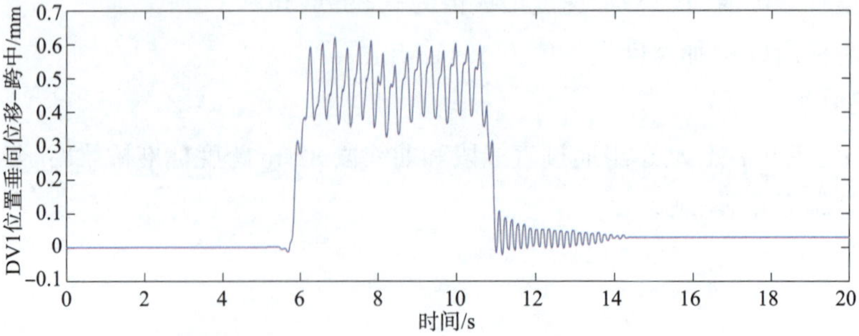

图 5-45 直线段桥梁跨中垂向位移时程曲线(DV1)

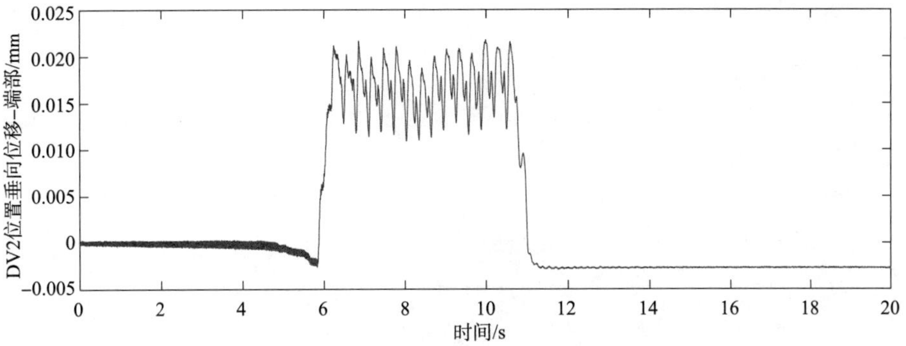

图 5-46　直线段桥梁小里程端部垂向位移时程曲线(DV2)

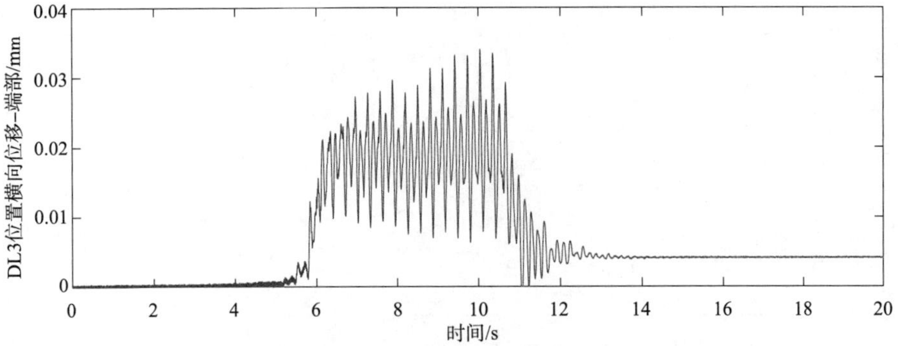

图 5-47　直线段桥梁小里程端部横向位移时程曲线(DL3)

由图 5-45～图 5-47 可知，当 CR400AF 动车组以 300 km/h 通过直线段 32 m 跨度标准桥梁时，各测点位移最大值分别如下：

跨中垂向位移(DV1)最大值为 0.618 9 mm；

端部垂向位移(DV2)最大值为 0.021 45 mm；

端部横向位移(DL3)最大值为 0.033 19 mm。

(2)曲线段

当试验列车 CR400AF 动车组以 300 km/h 运行速度通过曲线段(R=8 000 m)32 m 标准跨度桥梁时，桥梁底部各测点位移响应如图 5-48～图 5-50 所示。

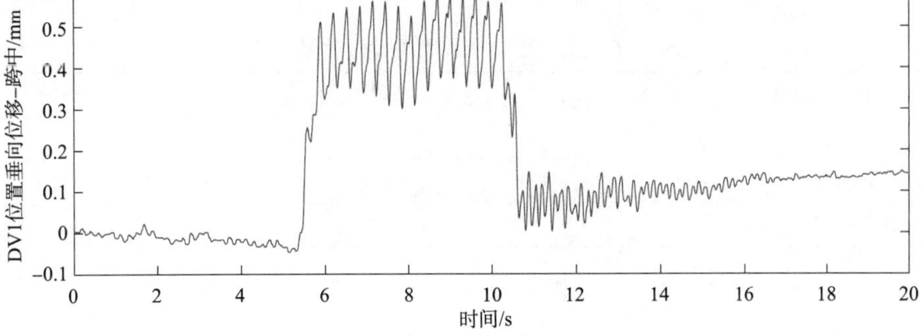

图 5-48　曲线段桥梁跨中垂向位移时程曲线(DV1)

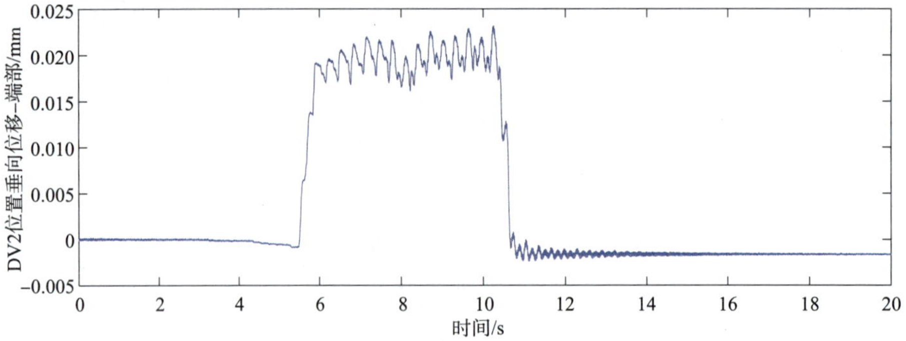

图 5-49　曲线段桥梁小里程端部垂向位移时程曲线(DV2)

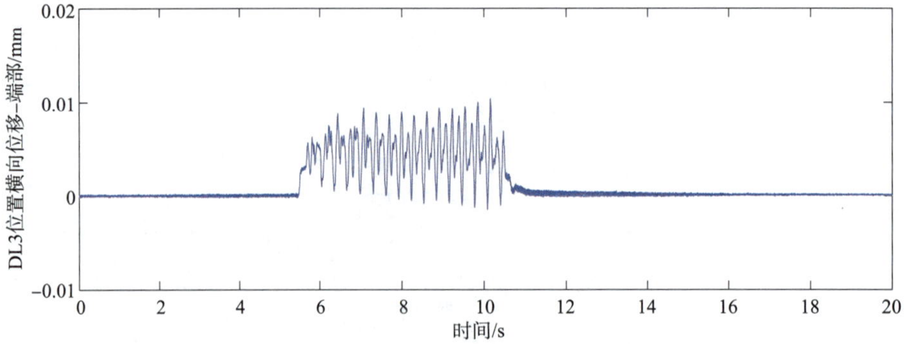

图 5-50　曲线段桥梁小里程端部横向位移时程曲线(DL3)

由图 5-48～图 5-50 可知,当 CR400AF 动车组以 300 km/h 通过曲线段 32 m 跨度标准桥梁时,各测点位移最大值分别如下:

跨中垂向位移(DV1)最大值为 0.577 3 mm;

端部垂向位移(DV2)最大值为 0.023 2 mm;

端部横向位移(DL3)最大值为 0.010 4 mm。

(3)结果分析

试验列车 CR400AF 动车组通过直线段和曲线段(R=8 000 m)32 m 跨度标准桥梁时,各测点的位移最大值统计结果见表 5-6。

表 5-6　直线段和曲线段桥梁位移最大值

测点位置	直线段	曲线段
跨中垂向位移(DV1)/mm	0.618 9	0.577 3
端部垂向位移(DV2)/mm	0.021 5	0.023 2
端部横向位移(DL3)/mm	0.033 2	0.010 4

由表 5-6 统计数据可得:

①试验列车 CR400AF 动车组通过直线段和曲线段(R=8 000 m)32 m 跨度标准桥梁

时，其垂向位移最大值分别为 0.618 9 mm 和 0.577 3 mm，均较小于《高速铁路设计规范》(TB 10621—2014)限值要求。

②试验列车 CR400AF 动车组通过直线段和曲线段(R=8 000 m)32 m 跨度标准桥梁时，其横向位移最大值分别为 0.033 2 mm 和 0.010 4 mm，均远小于《铁路桥梁检定规范》(铁运函〔2004〕120 号)规定的安全限值。

③对比试验列车 CR400AF 动车组通过直线段和曲线段(R=8 000 m)32 m 跨度标准桥梁振动位移发现，梁体各测点位移直线段略大于曲线段，但无明显区别。这表明当曲线半径取 8 000 m 时，桥梁振动位移与曲线设计参数相关性不大，曲线半径已不是影响桥梁振动位移的关键因素。

3. 桥梁竖向自振频率

自振频率是桥梁重要的动力特性参数，同时也反映了结构的刚度。研究表明：梁体自振频率过低，列车通过时容易与桥梁产生较大的动力响应，甚至发生共振。桥梁自振特性可以通过自由振动衰减法(采用列车激励)进行测试，对直线段和曲线段(R=8 000 m)32 m 跨度标准桥梁加速度测试结果进行处理，得到桥梁加速度频谱图，如图 5-51 和图 5-52 所示。

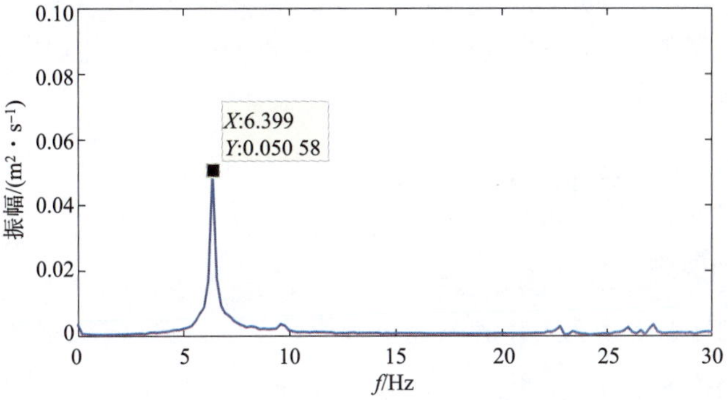

图 5-51　直线段桥梁加速度频谱

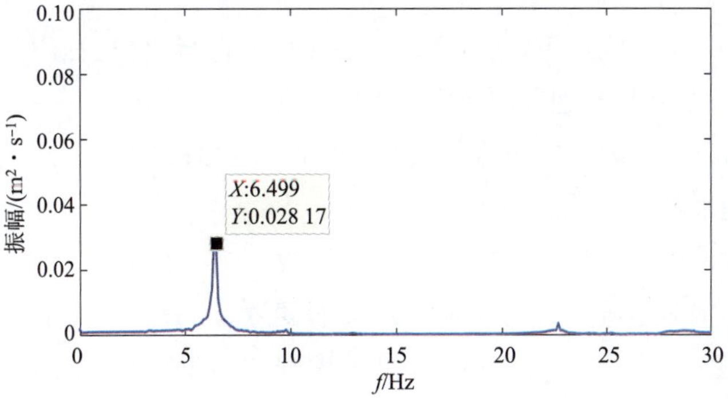

图 5-52　曲线段桥梁加速度频谱

由图 5-51 和图 5-52 可知，直线段和曲线段（R=8 000 m）桥梁基频分别为 6.399 Hz 和 6.499 Hz，均高于《高速铁路设计规范》（TB 10621—2014）的规定限值和不需动力检算的频率限值，且有一定余量。

4. 小结

通过对桥梁振动加速度及位移响应进行分析，得到以下结论：

(1)济青高铁所采用的 32 m 标准跨度箱梁在试验列车 CR400AF 动车组荷载作用下，桥梁垂向加速度和位移最大值分别为 3.178 4 m/s^2 和 0.618 9 mm，均满足《高速铁路设计规范》（TB 10621—2014）的要求；桥梁横向加速度和位移最大值分别为 1.261 8 m/s^2 和 0.033 2 mm，均满足《铁路桥梁检定规范》（铁运函〔2004〕120 号）的要求，表明所测试的 32 m 标准跨度桥梁具有足够的竖、横向刚度，满足动车组高速行车需要。

(2)通过对比试验列车 CR400AF 动车组作用下直线段和曲线段（R=8 000 m）32 m 跨度标准桥梁振动响应，发现梁体振动加速度和位移较为接近，无明显区别。这表明当曲线半径取 8 000 m 时，桥梁振动响应与曲线设计参数相关性不大，曲线半径已不是影响桥梁振动响应的关键因素。

(3)不论在直线段还是曲线段，济青高铁采用的 32 m 标准跨度箱梁实测竖向自振频率均在 6.4 Hz 左右，高于《高速铁路设计规范》（TB 10621—2014）的规定限值和不需动力检算的频率限值，且有一定余量。

5.3.3 车体振动测试结果分析

1. 车体振动加速度

选取 CRH380B 重联动车组在胶州北至潍坊北区间一典型区段进行测试。按照《高速铁路无砟轨道线路维修规则（试行）》（铁运〔2012〕83 号）的规定，车体垂向振动加速度按 20 Hz 进行低通滤波，横向振动加速度按 0.5～10 Hz 进行带通滤波处理。

(1)胶州北至潍坊北方向（上行）

CRH380B 重联动车组在胶州北至潍坊北方向（上行）运行过程中，车厢地板各测点振动加速度及线路情况、运行车速如图 5-53 所示。

由图 5-53 可知，CRH380B 重联动车组在胶州北至潍坊北方向（上行）运行过程中第 11 号车厢内各测点加速度最大值分别如下：

车厢地板沿纵向中心线尾部垂向（V1）加速度为 0.599 4 m/s^2；

车厢地板沿纵向中心线 1/4 点垂向（V2）加速度为 0.737 4 m/s^2；

车厢地板沿纵向中心线中部垂向（V3）加速度为 0.975 0 m/s^2；

车厢地板沿纵向中心线 3/4 点垂向（V4）加速度为 0.799 5 m/s^2；

车厢地板沿纵向中心线头部垂向（V5）加速度为 0.636 4 m/s^2；

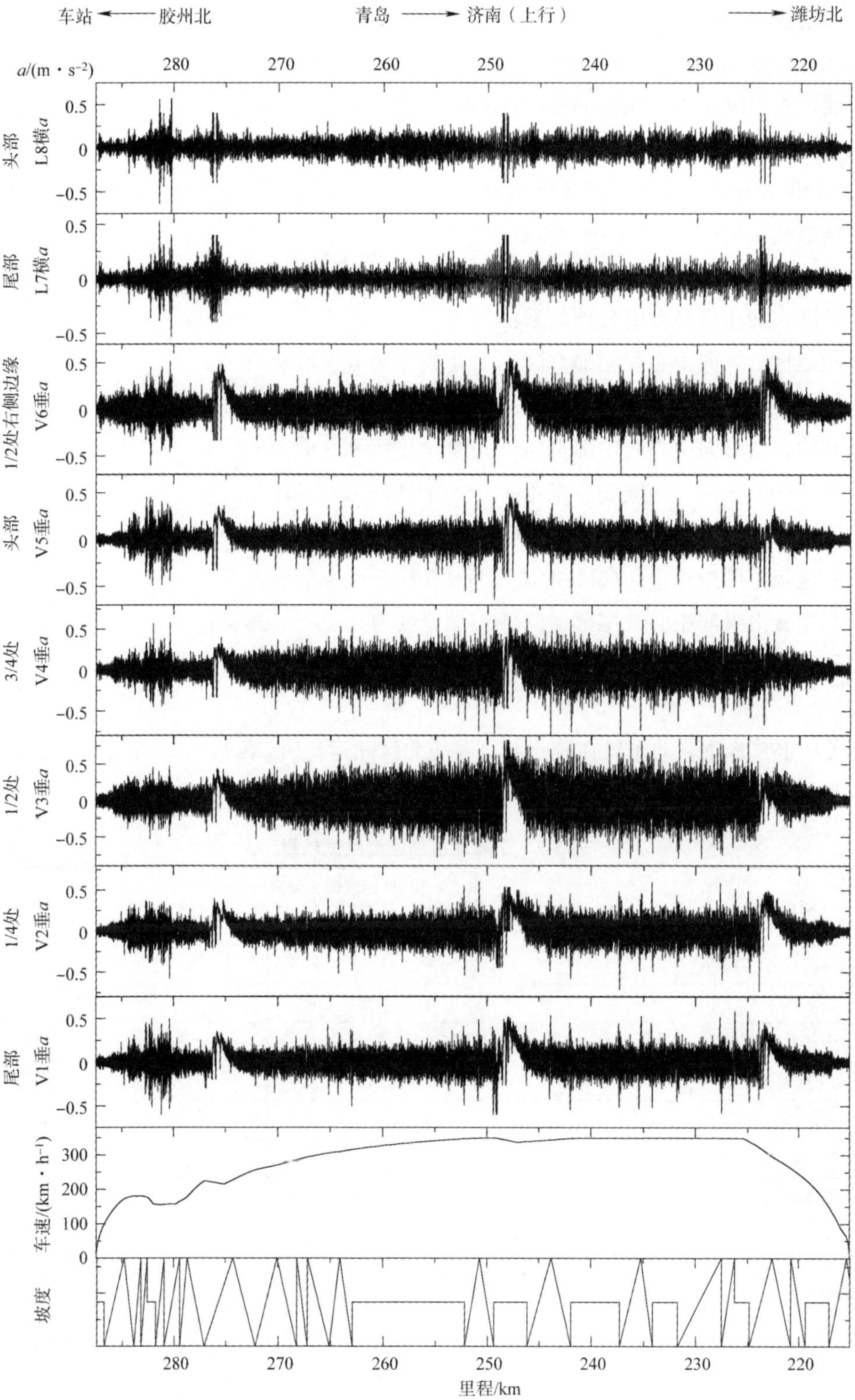

图 5-53　车体振动加速度与区间信息图(上行)

车厢地板中部边缘垂向(V6)加速度为 0.720 8 m/s²；

车厢地板沿纵向中心线尾部横向(L7)加速度为 0.532 5 m/s²；

车厢地板沿纵向中心线头部横向(L8)加速度为 0.793 9 m/s²。

(2)潍坊北至胶州北方向(下行)

CRH380B 重联动车组在潍坊北至胶州北方向(下行)运行过程中，车厢地板各测点振动加速度及线路情况、运行车速如图 5-54 所示。

由图 5-54 可知，CRH380B 重联动车组在潍坊北至胶州北方向(下行)运行过程中第 11 号车厢内各测点加速度最大值分别如下：

车厢地板沿纵向中心线尾部垂向(V1)加速度为 0.799 9 m/s²；

车厢地板沿纵向中心线 1/4 点垂向(V2)加速度为 0.658 2 m/s²；

车厢地板沿纵向中心线中部垂向(V3)加速度为 0.798 2 m/s²；

车厢地板沿纵向中心线 3/4 点垂向(V4)加速度为 0.781 3 m/s²；

车厢地板沿纵向中心线头部垂向(V5)加速度为 0.696 3 m/s²；

车厢地板中部边缘垂向(V6)加速度为 0.701 2 m/s²；

车厢地板沿纵向中心线尾部横向(L7)加速度为 0.450 0 m/s²；

车厢地板沿纵向中心线头部横向(L8)加速度为 0.499 1 m/s²。

(3)结果分析

当 CRH380B 重联动车组在胶州北至潍坊北区间运行时，第 11 号车厢各测点加速度最大值统计结果见表 5-7。

表 5-7　车厢地板加速度测试结果

测点位置	加速度最大值/($m \cdot s^{-2}$)	
	胶州北至潍坊北方向(上行)	潍坊北至胶州北方向(下行)
尾部垂向(V1)	0.599 4	0.799 9
1/4 点垂向(V2)	0.737 4	0.658 2
中部垂向(V3)	0.975 0	0.798 2
3/4 点垂向(V4)	0.799 5	0.781 3
头部垂向(V5)	0.636 4	0.696 3
中部边缘垂向(V6)	0.720 8	0.701 2
尾部横向(L7)	0.532 5	0.450 0
头部横向(L8)	0.793 9	0.499 1

由表 5-7 统计数据可得：

①CRH380B 重联动车组在胶州北至潍坊北区间运行时，车厢垂向加速度最大值为 0.975 0 m/s²，满足《高速铁路无砟轨道线路维修规则(试行)》(铁运〔2012〕83 号)车体垂向加速度Ⅰ级标准要求，为最优等级。

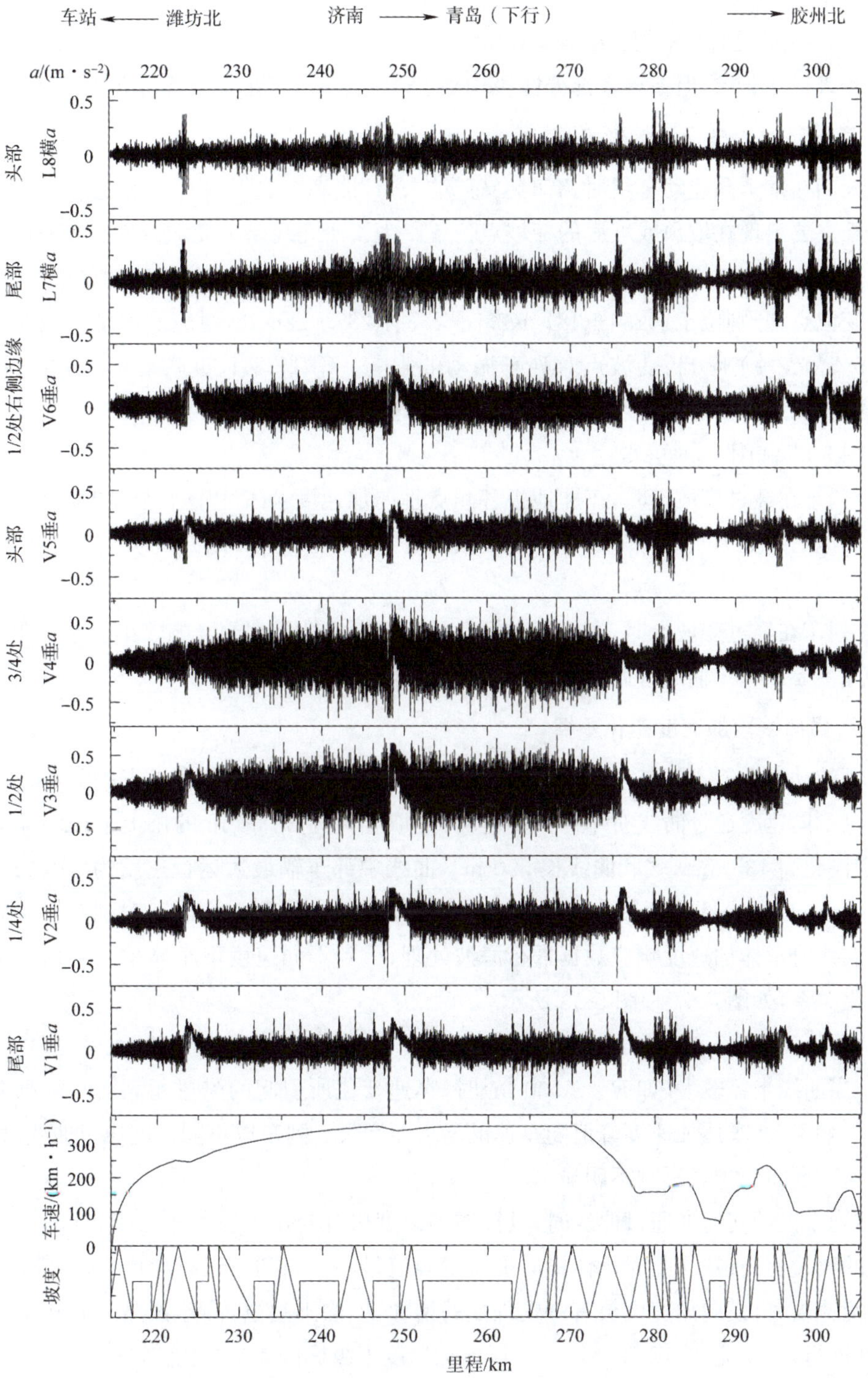

图 5-54　车体振动加速度与区间信息图(下行)

②CRH380B 重联动车组在胶州北至潍坊北区间运行时，车厢横向加速度最大值为 0.793 9 m/s^2，满足《高速铁路无砟轨道线路维修规则（试行）》（铁运〔2012〕83 号）车体横向加速度Ⅱ级标准要求，但在绝大部分区段均小于 0.6 m/s^2，满足Ⅰ级标准要求。

2. 变坡点对列车振动的影响

当人们在乘坐高速动车组时，有时会感觉“失重”或者“超重”，以及“忽上忽下”，调查表明该现象主要出现在坡顶或坡底的变坡点位置。为了研究线路上变坡点对 CRH380B 重联动车组运行过程中车体振动的影响，选取里程为 K233＋500～K238＋000 的区段（该区段包含 3 个变坡点，分别位于 K234＋487、K235＋286、K237＋286 处，对应的坡度代数差分别为 3.5‰、5.5‰、2‰）来分析变坡点对列车振动的影响。CRH380B 重联动车组运行过程中，车厢地板各测点振动加速度及线路情况、运行车速如图 5-55 和图 5-56 所示。

由图 5-55 和图 5-56 可得：

（1）列车在经过变坡点时，车厢地板各测点垂向加速度会发生一个明显的波动，且车厢中部较其他测点更为明显。随着时间的衰减，该波动大约在列车通过变坡点后 500 m 内消减完成。

（2）列车在经过变坡点时，车体横向振动相比垂向振动受到的影响较小。这说明纵断面上变坡点主要影响车辆的垂向振动，从而对舒适性产生一定影响。

3. 平面曲线段加速度变化规律

车辆的动力性能不仅与车辆的自身参数有关，也和线路条件存在极大的关系。为了研究列车以不同速度通过曲线时车体振动情况，选取半径为 8 000 m 的桥上平面曲线进行分析，其实设超高 135 mm，缓和曲线长 590 m。曲线中部车辆最大运行速度为 342 km/h，欠超高 38 mm；曲线中部车辆最小运行车速为 235 km/h，过超高 56 mm。对列车以不同车速通过该曲线时车体加速度响应数据进行滤波处理，得到不同速度下车体垂向和横向加速度峰值变化关系，如图 5-57 和图 5-58 所示。

由图 5-57 和图 5-58 可得：

（1）当曲线半径较大（如 R＝8 000 m）时，车速变化所引起的欠过超高对车体垂向加速度峰值影响不大，车体加速度峰值随车速的增大而增大。列车以不同速度通过曲线时，车体垂向加速度受曲线半径影响不明显。

（2）列车以不同速度通过曲线时，其横向加速度略有变化。当车速在 302 km/h 附近时所对应的欠过超高最小，此时车体横向加速度峰值最小。当列车运行速度偏离实设超高对应的均衡速度时，横向加速度会有一定程度的增加，但均不超过《高速铁路无砟轨道线路维修规则（试行）》（铁运〔2012〕83 号）车体横向加速度Ⅰ级标准要求，且有很大的余量。

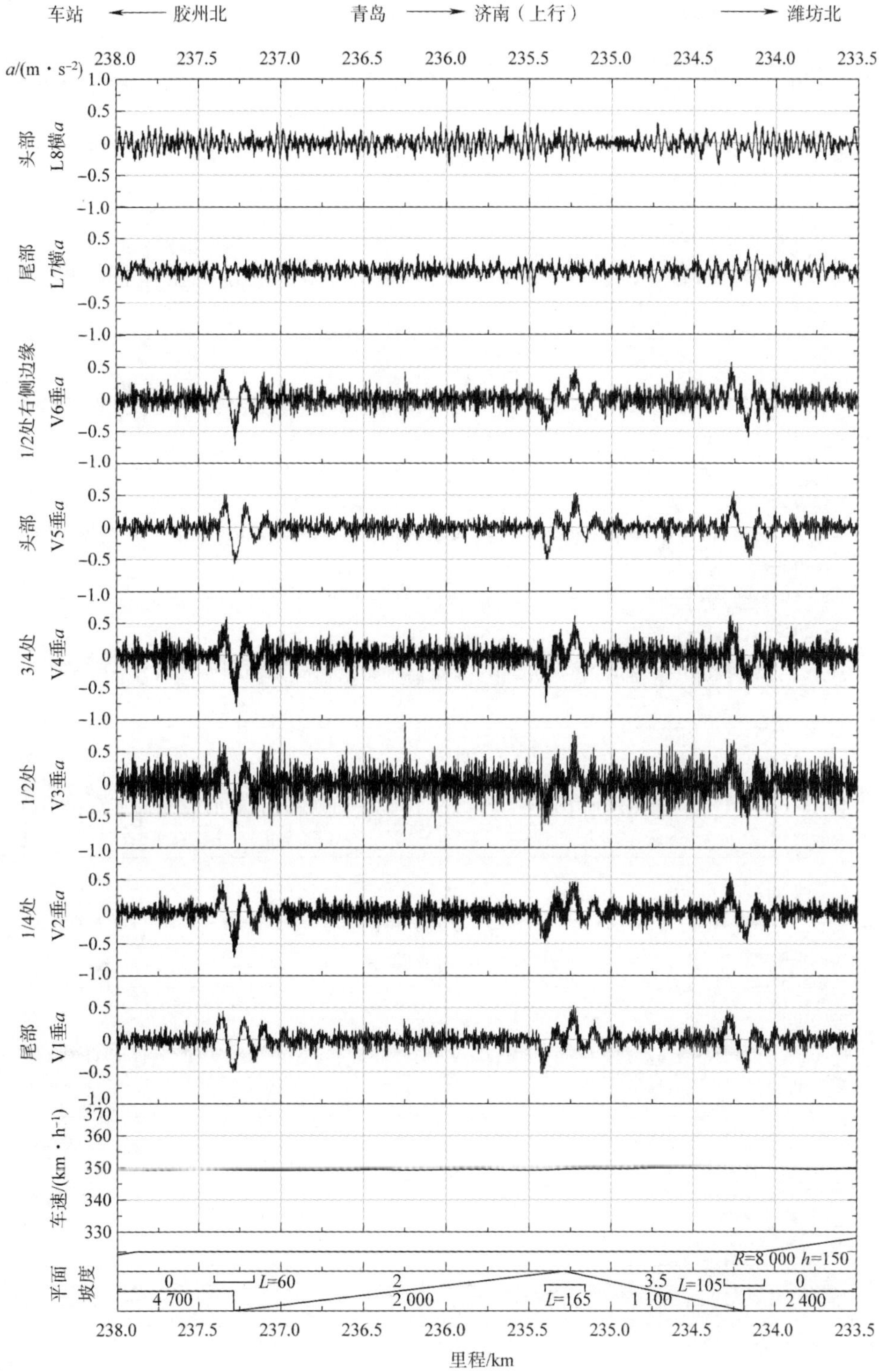

图 5-55　变坡点对车体振动加速度影响(上行)

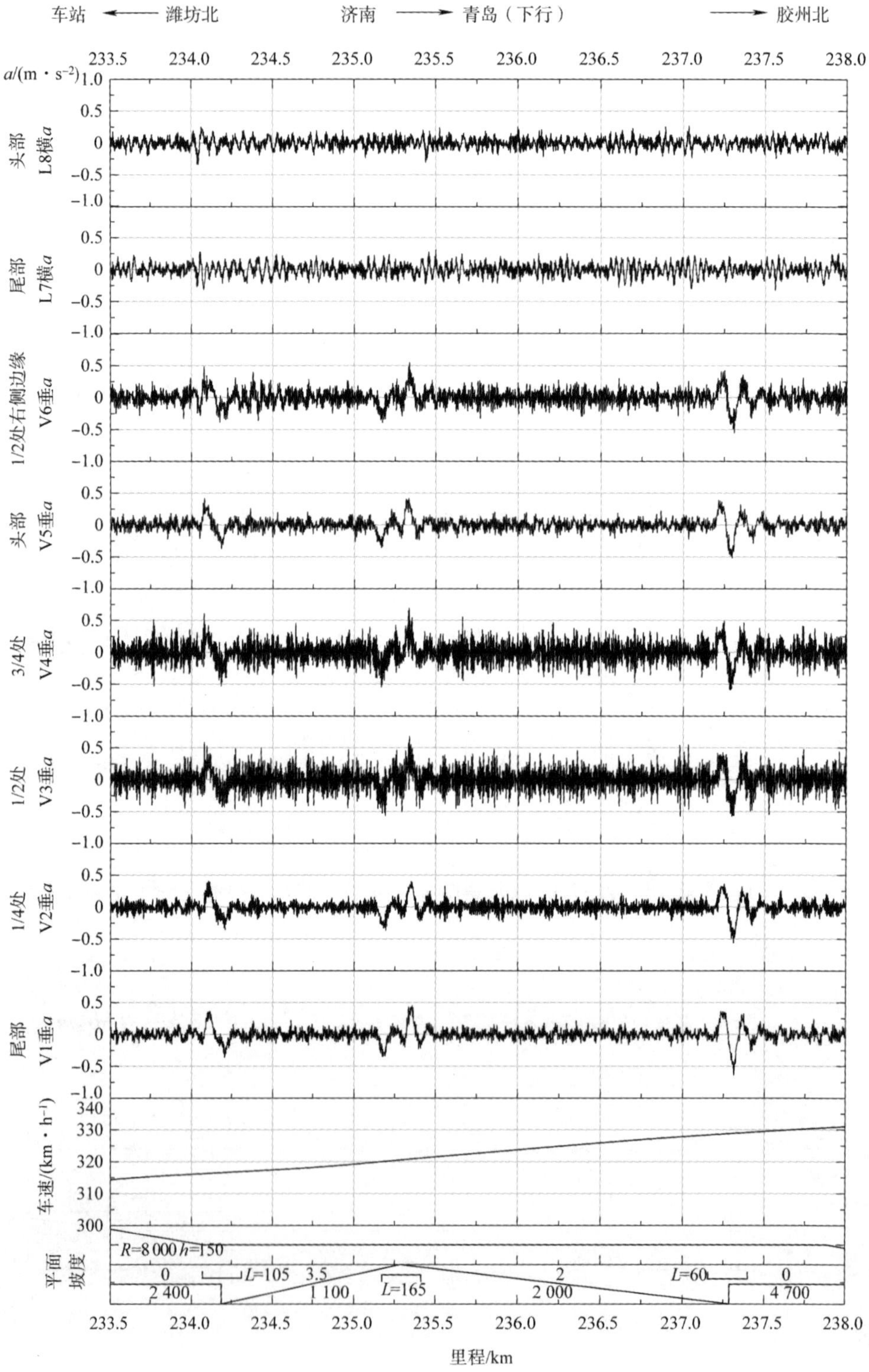

图 5-56　变坡点对车体振动加速度影响(下行)

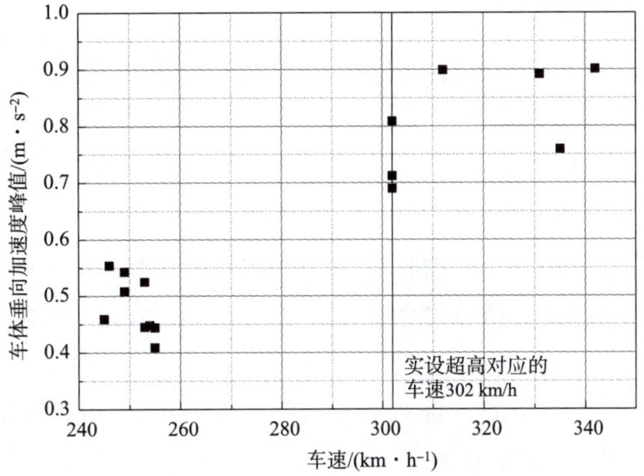

图 5-57　不同速度下列车通过 8 000 m 半径曲线垂向加速度对比

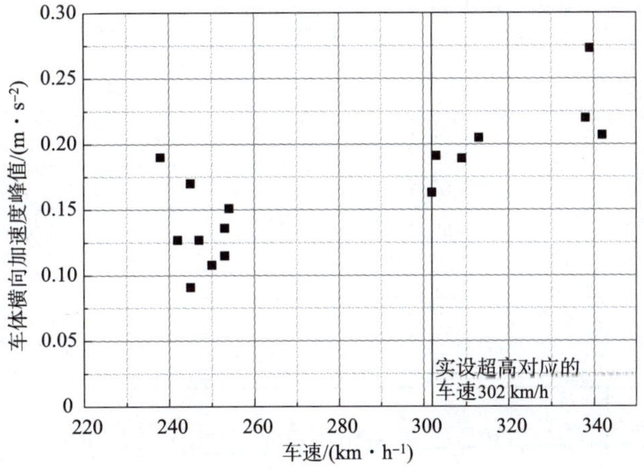

图 5-58　不同速度下列车通过 8 000 m 半径曲线横向加速度对比

4. 列车运行平稳性和舒适性评价

选取线路典型路段，分别采用 Sperling 平稳性评价方法和 ISO 2631 舒适度评价方法对 CRH380B 重联动车组进行乘坐舒适性评价。通过对列车测试数据进行处理，得到 CRH380B 重联动车组车厢各测点 Sperling 平稳性指标，见表 5-8。

表 5-8　列车 Sperling 平稳性指标

测点位置	胶州北至潍坊北方向(上行)	潍坊北至胶州北方向(下行)
尾部垂向(V1)	1.363 8	1.318 6
1/4 点垂向(V2)	1.372 6	1.325 9
中部垂向(V3)	1.342 1	1.284 9
3/4 点垂向(V4)	1.446 7	1.215 1
头部垂向(V5)	1.518 3	1.357 9

续上表

测点位置	胶州北至潍坊北方向(上行)	潍坊北至胶州北方向(下行)
中部边缘垂向(V6)	1.736 8	1.688 1
尾部横向(L7)	1.839 6	1.806
头部横向(L8)	1.705 6	1.674 7

从表 5-8 可以看出,CRH380B 重联动车组在胶州北至潍坊北区间运行时,车厢垂向和横向 Sperling 平稳性指标最大值分别为 1.736 8 和 1.839 6,均小于平稳性等级Ⅰ级限值 2.5,评定等级为优。

通过对列车测试数据运用 ISO 2631 评价方法进行处理,得到 CRH380B 重联动车组车厢各测点的 ISO 2631 舒适度指标,见表 5-9。

表 5-9　ISO 2631 舒适度指标

测点位置	胶州北至潍坊北方向(上行)	潍坊北至胶州北方向(下行)
尾部垂向(V1)	0.097 9	0.082 3
1/4 点垂向(V2)	0.115 7	0.090 7
中部垂向(V3)	0.138 2	0.111 3
3/4 点垂向(V4)	0.124 7	0.104 8
头部垂向(V5)	0.119 9	0.104 9
中部边缘垂向(V6)	0.145 6	0.139 4
尾部横向(L7)	0.177 5	0.183 5
头部横向(L8)	0.107 3	0.106 7

从表 5-9 可以看出,CRH380B 重联动车组在胶州北至潍坊北区间运行时,车厢垂向和横向 ISO 2631 舒适度指标最大值分别为 0.145 6 和 0.183 5,均小于 ISO 2631 舒适度等级Ⅰ级限值 0.315,评定等级为舒适。

5. 小结

通过对 CRH380B 重联动车组 9 号和 11 号车厢开展振动测试分析,得到以下结论:

(1)CRH380B 重联动车组在胶州北至潍坊北区间运行时,车厢垂向加速度最大值为 0.975 0 m/s^2,满足《高速铁路无砟轨道线路维修规则(试行)》(铁运〔2012〕83 号)车体垂向加速度Ⅰ级标准要求,为最优等级;车厢横向加速度最大值为 0.793 9 m/s^2,满足《高速铁路无砟轨道线路维修规则(试行)》(铁运〔2012〕83 号)车体横向加速度Ⅱ级标准要求,但在绝大部分区段均小于 0.6 m/s^2,满足Ⅰ级标准要求。

(2)列车以不同速度通过半径 8 000 m 曲线时,车体垂向加速度受曲线半径影响不明显;而车体横向加速度在 302 km/h 附近时,由于欠过超高最小,导致车体横向加速度出现极小值,当列车运行速度偏离实设超高所对应的均衡速度时,横向振动加速度会有一定程度的增加,但均不超过《高速铁路无砟轨道线路维修规则(试行)》(铁运〔2012〕83 号)车体横向加速度Ⅰ级标准要求，且有很大的余量。

(3)列车在经过变坡点时，车厢地板各测点垂向加速度会发生一个明显的波动；与垂向振动相比，车体横向振动受变坡点影响较小。这说明纵断面变坡点主要影响车辆的垂向振动，从而对舒适性产生一定影响。

(4)CRH380B 重联动车组在胶州北至潍坊北区间运行时，车厢垂向和横向 Sperling 平稳性指标均小于平稳性等级Ⅰ级限值 2.5，评定等级为优；车厢垂向和横向 ISO 2631 舒适度指标均小于 ISO 2631 舒适度等级Ⅰ级限值 0.315，评定等级为舒适。

第6章 线路平纵断面参数动力学分析

传统铁路线路参数研究以运动学为依据，忽略车辆、线路结构及其动力相互作用的影响。随着高速铁路行车速度的提高，线路几何线形引起的系统响应显著增强，线路几何条件与旅客乘坐舒适度之间的关系更加密切。传统线路研究方法局限性更为明显，主要表现为：(1)不能分析列车通过曲线时轮轨动态安全性指标和乘车舒适性；(2)不能分析及评估平、纵断面线形匹配以及前后线形间的相互影响；(3)不能区分考虑不同线下结构的影响。因此，应用铁路线路系统动力学理论研究线路线形参数的合理取值以及线路方案的评估与优化成为更加科学的手段。本章介绍线路系统动力学理论在高速铁路线路平面和纵断面关键参数、平纵断面参数匹配以及高速铁路提速线路参数适用性等方面的应用。

6.1 线路平面参数分析

6.1.1 圆曲线最小半径分析

1. 圆曲线最小半径影响因素

平面圆曲线最小曲线半径是高速铁路最主要设计标准之一，它主要取决于运输模式、速度目标值、旅客乘坐舒适度等因素。

单一速度高速列车运行的线路最小曲线半径主要由列车最高运行速度、最大超高与欠超高之和允许值等因素确定，按式(6-1)计算。

$$R_{\min}=\frac{11.8v_{\max}^2}{[h+h_q]} \tag{6-1}$$

高中速共线运输的主要特点是在同一线路上存在不同速度的列车运行，最小曲线半径主要由通过列车的最高速度、最低速度、欠超高与过超高之和允许值等因素确定，按式(6-2)计算。

$$R_{\min}=11.8\frac{v_{\max}^2-v_{\min}^2}{[h_q+h_g]} \tag{6-2}$$

由以上公式可以看出，最小曲线半径与最大超高、欠超高和过超高允许值密切相关。表6-1给出了国内外高速铁路相应标准。

表 6-1　最大超高、欠超高和过超高允许值

类　别	最大超高允许值	欠超高允许值	过超高允许值
欧洲标准 EN 13803-1:2010	自主确定极限值:160 mm 需批准容许值:180 mm 200 mm(无货物运输高速铁路)	自主确定极限值: 200 km/h<v≤250 km/h:100 mm 250 km/h<v≤300 km/h:80 mm 需批准容许值: 200 km/h<v≤250 km/h:150 mm 250 km/h<v≤300 km/h:130 mm	自主确定极限值:110 mm 需批准容许值:130 mm
德国标准	自主确定极限值: 160 mm(有砟) 170 mm(无砟) 需批准容许值:180 mm	自主确定极限值: 130～150 mm	
法国标准	180 mm	v≤300 km/h:153 mm v>300 km/h:100 mm	110 mm
日本标准	180 mm,仅东海道 新干线 200 mm	60～110 mm(东海道新干线 110 mm,山阳新干线 90 mm, 300 系车 110 mm)	
中国高速铁路标准	170 mm(有砟) 175 mm(无砟)	40 mm(优秀) 60 mm(良好) 90 mm(一般)	40 mm(优秀) 60 mm(良好) 90 mm(一般)
中国城际铁路标准	150 mm	40 mm(优秀) 80 mm(良好) 110 mm(一般)	40 mm(优秀) 80 mm(良好) 110 mm(一般)

表 6-2 根据我国高速铁路最大超高、欠超高、过超高标准,给出不同速度条件下曲线半径计算值及相应限值。

表 6-2　最小曲线半径的计算

项　目		速　度			
		350 km/h	300 km/h	250 km/h	200 km/h
H_{max}/mm		175	175	175	175
$[h+h_q]$/mm	一般	210	210	210	210
	困难	265	265	265	265
最小曲线半径/mm	一般	6 883.3	5 057.1	3 511.9	2 247.6
	困难	5 454.7	4 007.5	2 783.0	1 781.1
规范中推荐值/mm	一般	7 000	5 000	3 200	2 200
	困难	5 500	4 000	2 800	2 000

2. 圆曲线最小半径对行车动力性能影响分析

圆曲线半径是线路平面的核心参数,对乘坐舒适度有很大影响。本小节仿真计算一段约 30 km 的线路,主要技术参数:行车速度为 350 km/h,线路平面由 14 段参数一致的曲线组成,夹直线长度为 500 m,缓和曲线长度为 590 m;纵断面为平坡,采用德国高速铁路低干

扰谱作为线路激扰源，包括轨道高低、轨向、水平不平顺等。圆曲线半径和超高分别取为：7 000 m及以下，175 mm；8 000 m，150 mm；9 000 m，135 mm；10 000 m，120 mm；11 000 m，105 mm；12 000 m，95 mm。

表6-3给出了采用不同圆曲线半径时乘坐舒适度指标。图6-1所示为相应的各指标随圆曲线半径的变化曲线。整体上看，圆曲线半径小于7 000 m时，随圆曲线半径的增加，横向乘坐舒适度指标不断减小；当圆曲线半径在7 000 m以上时，各横向乘坐舒适度变化不大，且圆曲线半径对垂向乘坐舒适度指标影响较小。此外，当圆曲线半径为4 500 m时，车体横向加速度最大值达1.1 m/s²，当圆曲线半径为4 000 m时，横向舒适水平指标RCL_y大于83，超过一级标准"非常舒适"限值。

表6-3 圆曲线半径对线路方案乘坐舒适度指标的影响

L_y/m	$a_{y\max}$/(m·s^{-2})	$a_{z\max}$/(m·s^{-2})	$a_{y\text{rms}}$/(m·s^{-2})	$a_{z\text{rms}}$/(m·s^{-2})	W_y	W_z	$N_{\text{mv}y}$	$N_{\text{mv}z}$	RCL_y	RCL_z
4 000	1.414	0.091	0.845	0.027	1.269	1.202	0.283	0.16	83.23	71.58
4 500	1.118	0.09	0.662	0.027	1.246	1.202	0.256	0.159	81.26	71.57
5 000	0.883	0.089	0.398	0.027	1.226	1.201	0.225	0.158	77.37	71.55
5 500	0.69	0.088	0.398	0.027	1.226	1.201	0.225	0.158	77.37	71.55
6 000	0.529	0.087	0.298	0.027	1.222	1.201	0.217	0.158	75.41	71.54
7 000	0.277	0.086	0.143	0.027	1.219	1.201	0.21	0.157	71.51	71.53
8 000	0.271	0.085	0.14	0.027	1.218	1.201	0.21	0.157	71.42	71.52
9 000	0.234	0.084	0.117	0.027	1.218	1.201	0.21	0.156	70.79	71.52
10 000	0.226	0.083	0.112	0.027	1.218	1.201	0.21	0.156	70.66	71.51
11 000	0.24	0.083	0.121	0.027	1.218	1.201	0.21	0.156	70.89	71.51
12 000	0.233	0.082	0.117	0.027	1.218	1.201	0.21	0.156	70.77	71.51

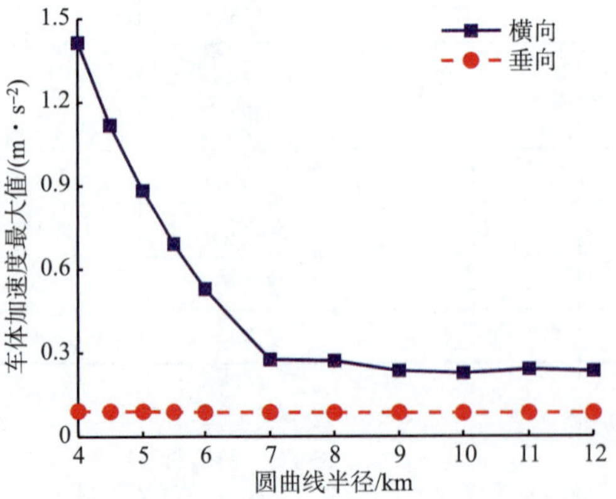

(a)车体加速度最大值

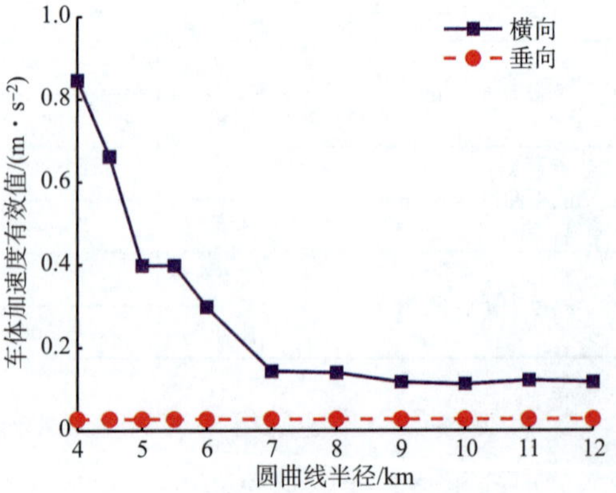

(b)车体加速度有效值

图 6-1

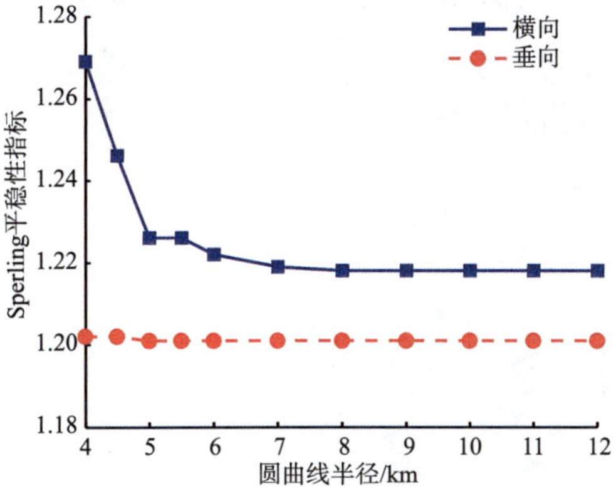

(c)Sperling 平稳性指标

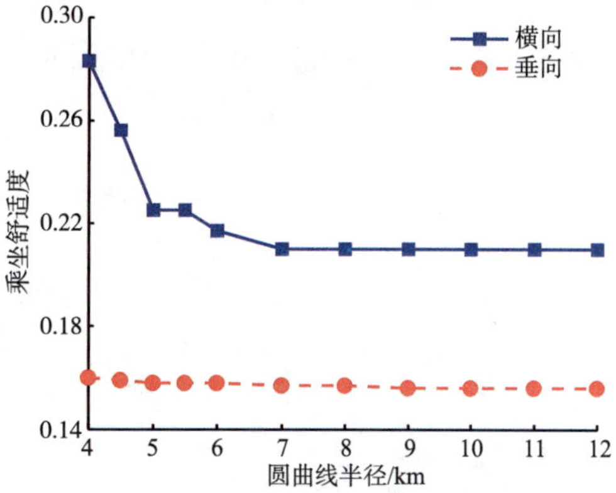

(d)UIC 513 乘坐舒适度

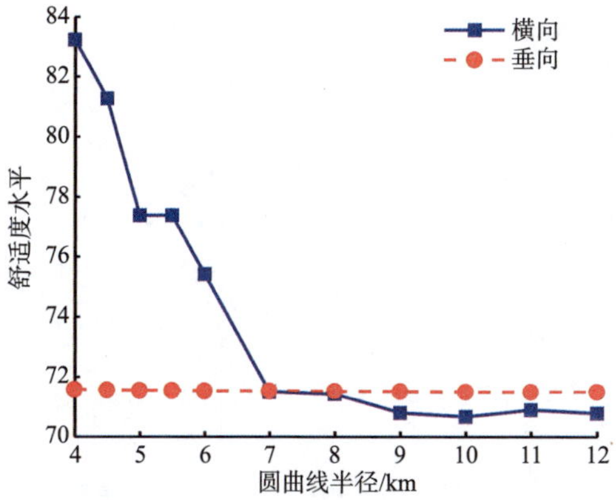

(e)舒适度水平

图 6-1　圆曲线半径对线路方案乘坐舒适度指标的影响

图 6-2 和图 6-3 分别给出了不同圆曲线半径时，车体横向加速度的频数分布和累积分布。由图 6-2 可以看出，当曲线半径为 6 000 m 时，车体横向振动加速度在 0.4～0.5 m/s^2 之间的成分占到近 30%；曲线半径大于 7 000 m 时，加速度没有大于 0.3 m/s^2 的成分。通过对比曲线半径为 7 000 m、8 000 m 和 10 000 m 时的结果可以看出，曲线半径越大，加速度分布更向较小值区域集中；曲线半径为 7 000 m 和 8 000 m 时，0.2～0.3 m/s^2 之间成分占到 20%以上，而曲线半径为 10 000 m 时，其成分仅占 5%以下，明显优于曲线半径较小时的加速度分布。而当仅采用表 6-3 中的指标时，未能明显看出曲线半径为 7 000 m、8 000 m 和 10 000 m 时的差别。由图 6-3 可以看出，当曲线半径为 6 000 m 时，车体横向振动加速度在 0.3 m/s^2 以下成分仅占 60%，而曲线半径为 7 000 m 以上时，已占到 100%。从频数分布和累积分布图可进一步看出，圆曲线半径宜大于 7 000 m。

综上所述，圆曲线半径对车体横向加速度及横向乘坐舒适度影响较大。计算结果表明，当圆曲线半径在 5 000 m 以上时，乘坐舒适度指标均能满足相应要求，当圆曲线半径增大到 7 000 m 及以上，圆曲线半径变化对乘坐舒适度指标影响不大。因此，设计行车速度 350 km/h 的线路，圆曲线半径最小值应大于 5 000 m，一般条件下宜大于 7 000 m。

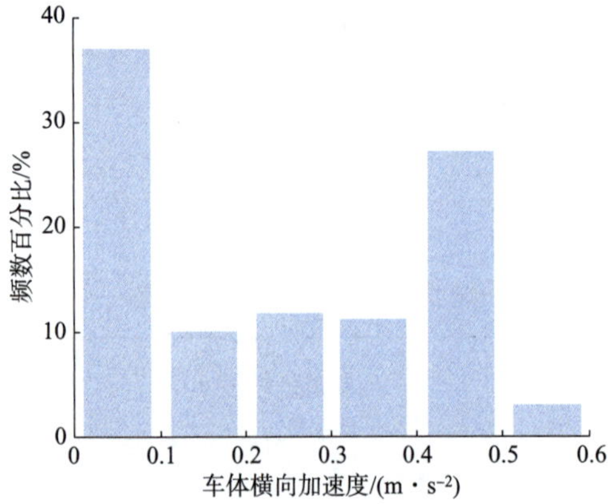

(a) R=6 000 m

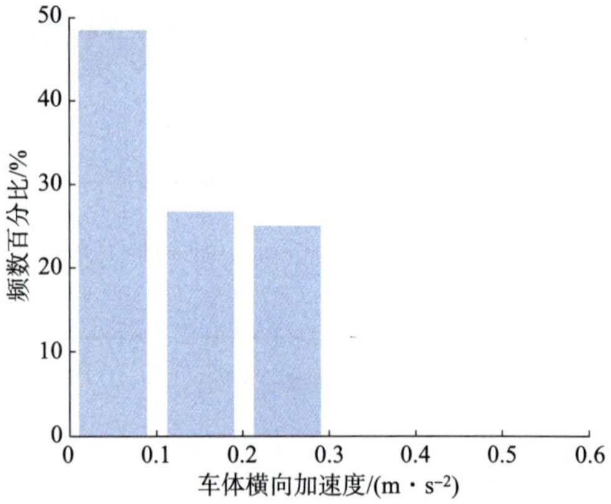

(b) R=7 000 m

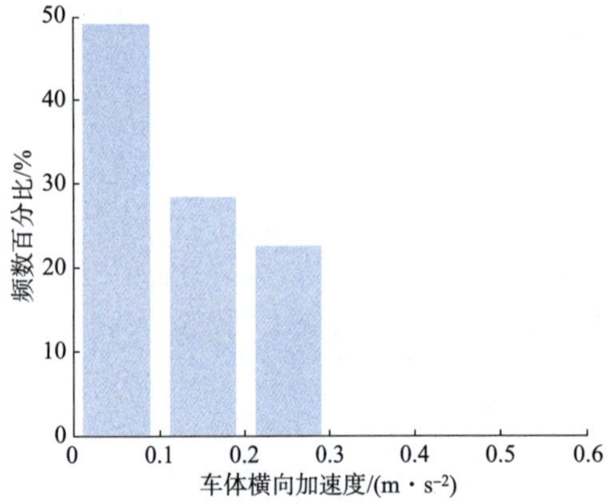

(c) R=8 000 m

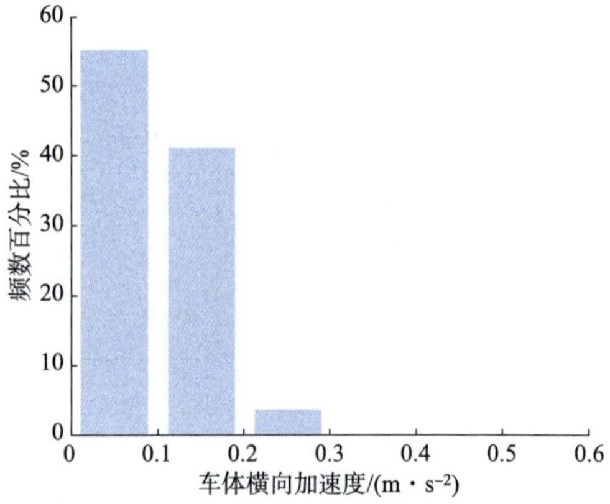

(d) R=10 000 m

图 6-2　车体横向加速度频数分布

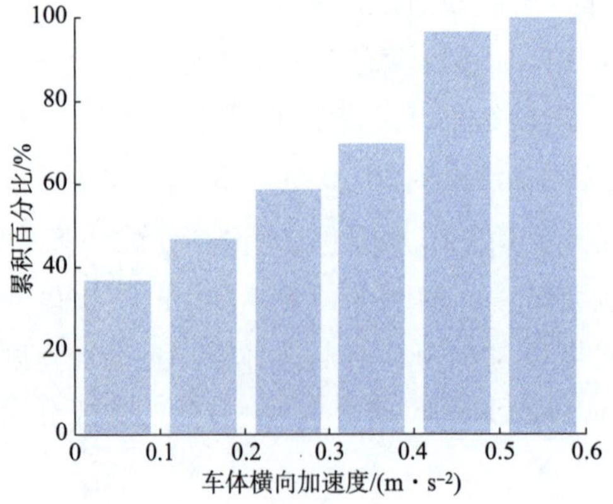

(a) R=6 000 m

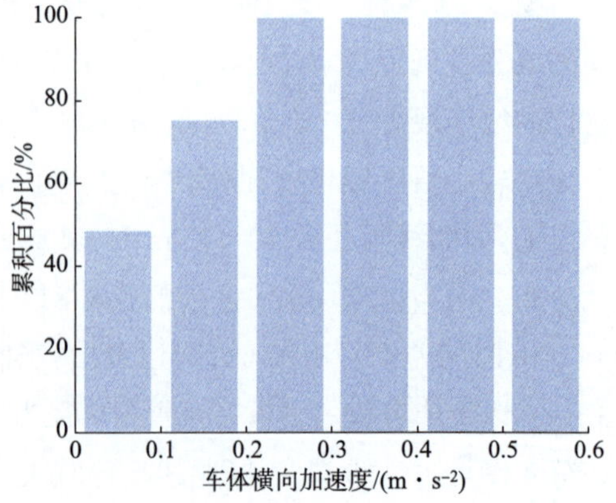

(b) R=7 000 m

图　6-3

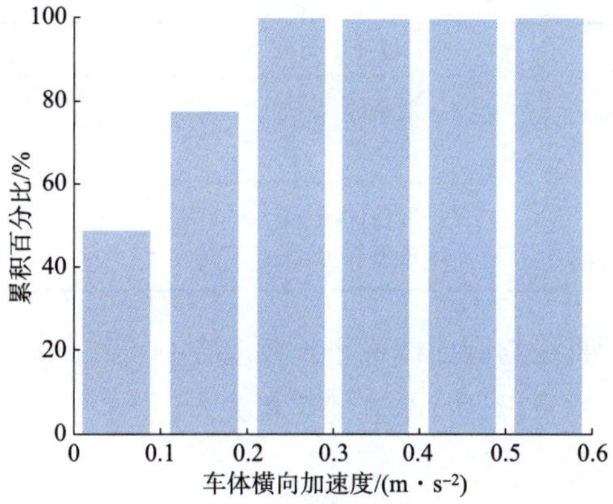

(c)R=8 000 m

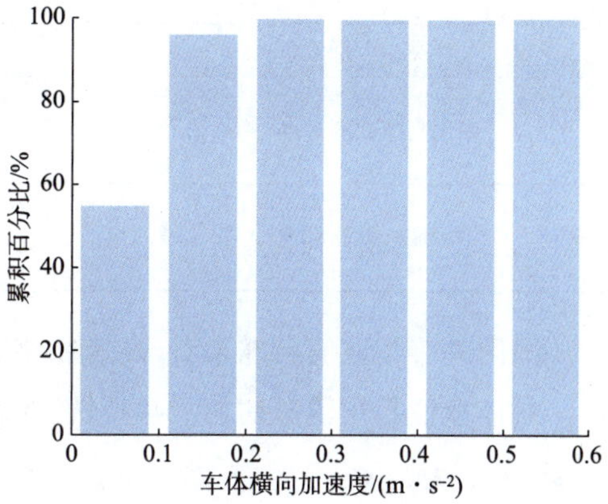

(d)R=10 000 m

图 6-3　车体横向加速度累积分布

6.1.2　夹直线最小长度分析

1. 夹直线最小长度影响因素

高速铁路线路设计应尽可能顺直以缩短线路长度并改善行车条件。但为了适应地形，绕避障碍物以减少工程投资，需设置圆曲线和缓和曲线。缓和曲线间夹直线和圆曲线的最小长度主要受列车运行平稳性和旅客乘坐舒适性条件的控制，也受到轨道检测、机械化养路作业要求等影响。

埋论上，列车运行平稳、旅客乘坐舒适所要求的夹直线或圆曲线的最小长度通常根据列车在缓和曲线出入口(即夹直线或圆曲线的起终点)产生的振动不叠加确定，它与列车振动、衰减特性及列车运行速度有关。使车辆通过夹直线或圆曲线的时间 t 不小于振动有效衰减的时间 t_z，即

$$t=\frac{L_j}{v_{max}/3.6}\geqslant t_z \tag{6-3}$$

国内外高速铁路夹直线最小长度要求见表 6-4。

表 6-4　高速铁路夹直线最小长度限值

类　别	夹直线最小长度
欧洲标准 EN 13803-1:2010	一般值:0.67v 例外值:0.4v 最小值:20 m
德国标准	≥200 km/h,一般 0.5v,困难 0.3v
法国标准	一般条件:0.67v 困难条件:0.5v
日本标准	0.42v

续上表

类　别	夹直线最小长度
中国高速铁路标准	一般条件：0.8v 困难条件：0.6v
中国城际铁路标准	一般条件：0.6v 困难条件：0.4v

从国内外有关取值标准来看，高速铁路的夹直线与圆曲线最小长度应在 0.4v～0.8v 范围内。具体取值与车辆振动与衰减特性、线路结构及设计行车速度等相关。

2. 夹直线最小长度对行车动力性能影响分析

(1)反向曲线间夹直线

表 6-5 给出了仿真分析中不同设计速度的线路匹配参数，反向曲线间夹直线长度分别为 0 m、100 m、0.4v、0.6v，不考虑轨道不平顺影响。

表 6-5　线路参数匹配

速度/(km·h^{-1})	曲线半径/m	超高/mm	缓和曲线长/m
350	5 500	175	610
250	2 800	175	440

图 6-4、图 6-5 和表 6-6 为不同行车速度条件下，夹直线上振动衰减情况。由图可见，由 HZ 点冲击引起的横向振动量级很小，横向加速度在 1/4 个侧滚运动周期(0.81 s)后达到峰值，一个周期后衰减 50%；HZ 点冲击引起的垂向加速度在 1/4 个沉浮振动周期(1.45 s)后达到峰值，一个周期后衰减 98%；可见 HZ 点引起的振动在 1.25 个振动周期内基本能衰减完成，对于横向振动，衰减长度为 112.5 m(1.01 s)，对于垂向振动，衰减长度为 200 m(1.81 s)。

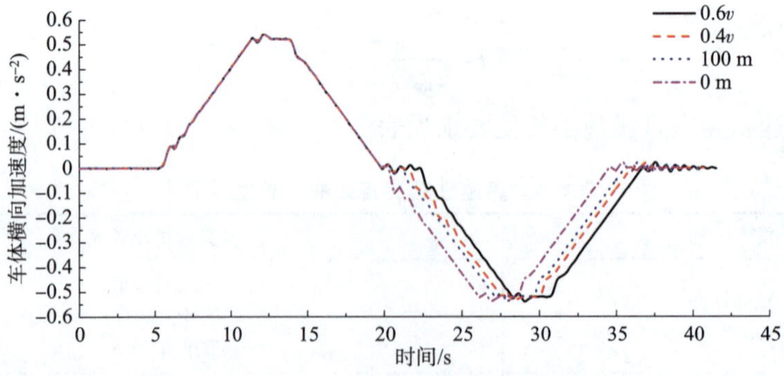

(a)车体横向加速度

图　6-4

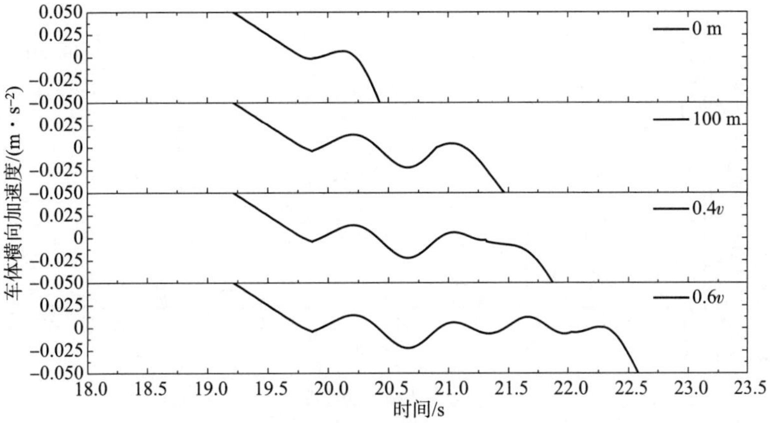

(b)夹直线横向加速度衰减情况

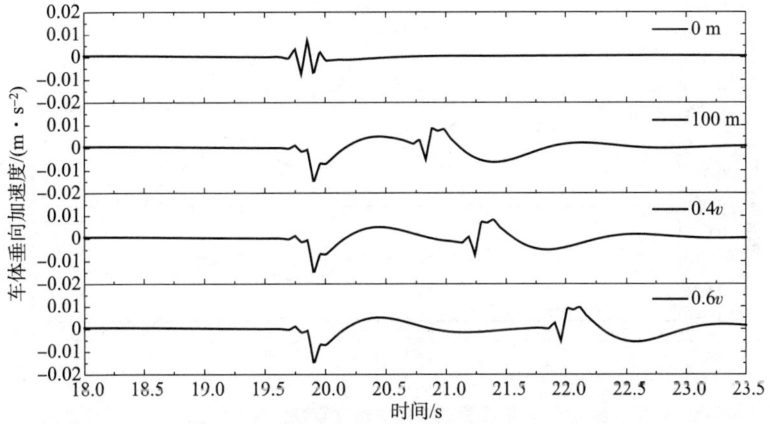

(c)夹直线垂向加速度衰减情况

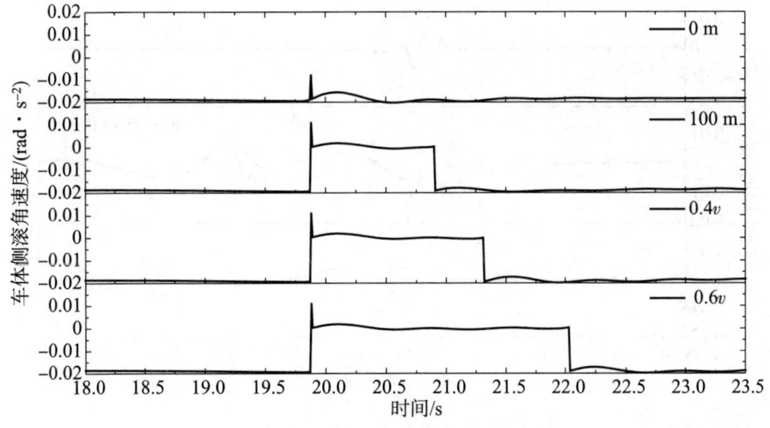

(d)夹直线车体侧滚角速度衰减情况

图 6-4　车辆 350 km/h 运行速度下反向曲线间夹直线动力响应情况

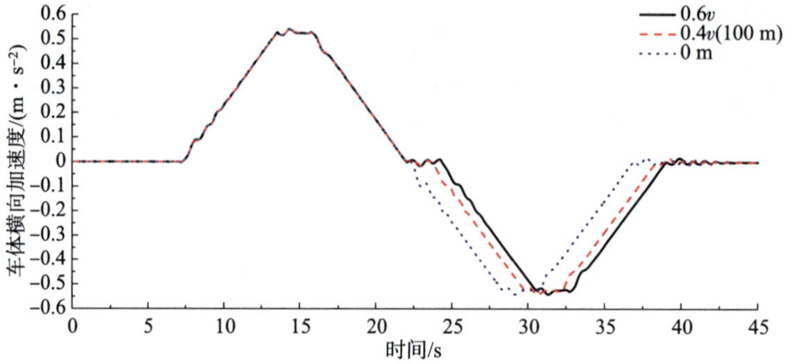

(a)车体横向加速度

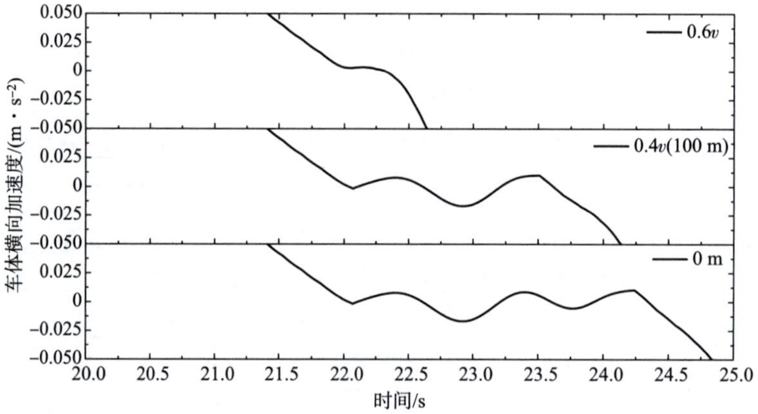

(b)夹直线横向加速度衰减情况

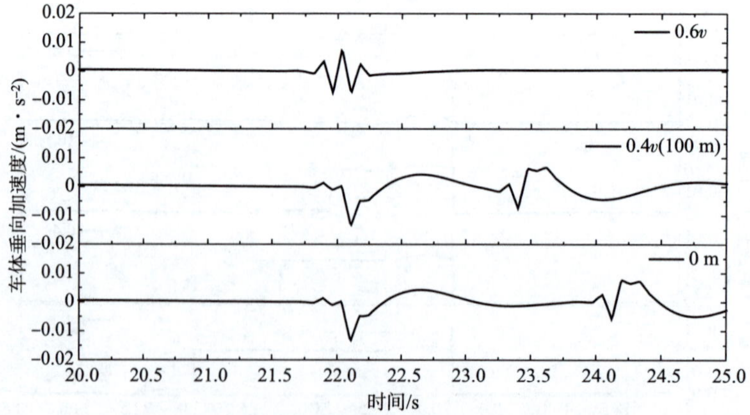

(c)夹直线垂向加速度衰减情况

图 6-5

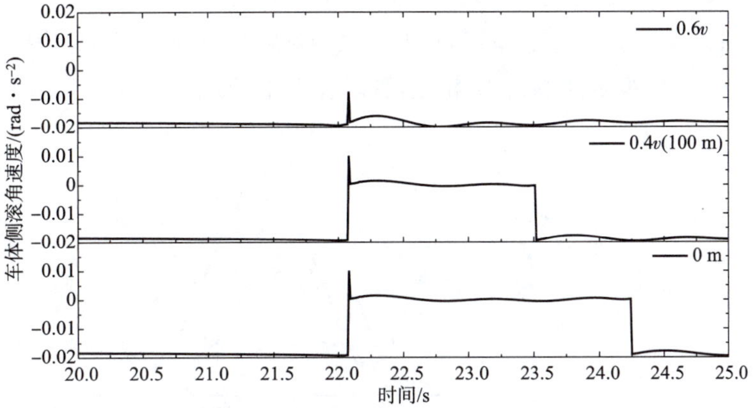

(d)夹直线车体侧滚角速度衰减情况

图 6-5　车辆 250 km/h 运行速度下反向曲线间夹直线动力响应情况

表 6-6　夹直线振动衰减情况(350 km/h)

项　　目	车体横向加速度	车体垂向加速度
主频/Hz	1.24	0.69
周期/s	0.81	1.45
HZ 点峰值/($m\cdot s^{-2}$)	0.005 4	0.017 99
1/4 周期后峰值/($m\cdot s^{-2}$)	0.001 792	0.006 17
一个周期后衰减大小/%	53	98
二个周期后衰减大小/%	59	100
三个周期后衰减大小/%	67	

HZ 点处超高和曲率突变易于造成车体侧滚角速度和垂向加速度过大，取消夹直线，缓和曲线直接相连反而能取得更好的圆顺效果，因而取消夹直线后车体侧滚角速度和垂向加速度响应变小，从该角度考虑可以取消反向曲线间夹直线。

实际列车运营中曲线间设置一段夹直线有利于提高反向曲线横向阻力，减少轨道病害，设置夹直线后，为避免侧滚角速度变化过于频繁，夹直线长度宜满足一定要求。从振动衰减角度分析，夹直线长度达到 0.4v 能达到有效衰减。

综合动力学仿真结果与轨道实际条件，建议困难条件下反向曲线间可不设夹直线，一般条件下夹直线长度不宜小于 0.4v。

(2)同向曲线间夹直线

同向曲线间夹直线长度动力仿真分析采用表 6-5 中的线路参数，夹直线长度分别取 0 m、100 m、0.4v、0.6v，不考虑轨道不平顺影响。图 6-6 和图 6-7 为不同速度条件下夹直线上振动衰减情况。由图可见，由 HZ 点冲击引起的横向振动量级很小，衰减特性与反向曲线类似；同向曲线间夹直线前后缓和曲线上车体侧滚角速度方向相反，车体侧滚角速度对乘客舒适性影响较大,设置一定长度夹直线对提高舒适性有利。

建议同向曲线间最小夹直线长度可按有效衰减长度 $0.4v$ 控制,与高速铁路规范中要求的一般条件下 $0.8v$、困难条件下 $0.6v$ 相比,可以有所放宽。

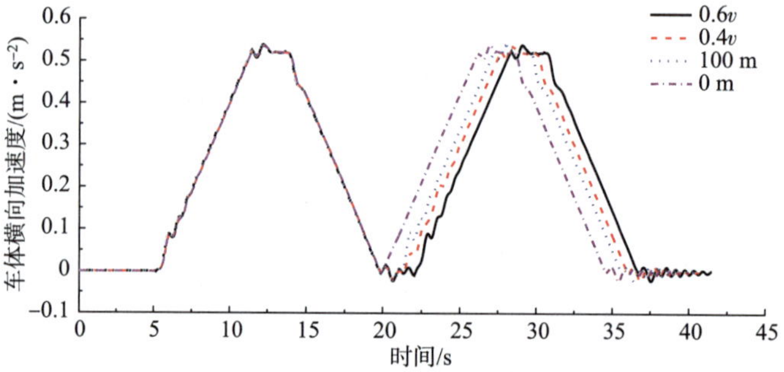

(a)350 km/h 通过同向曲线车体横向加速度

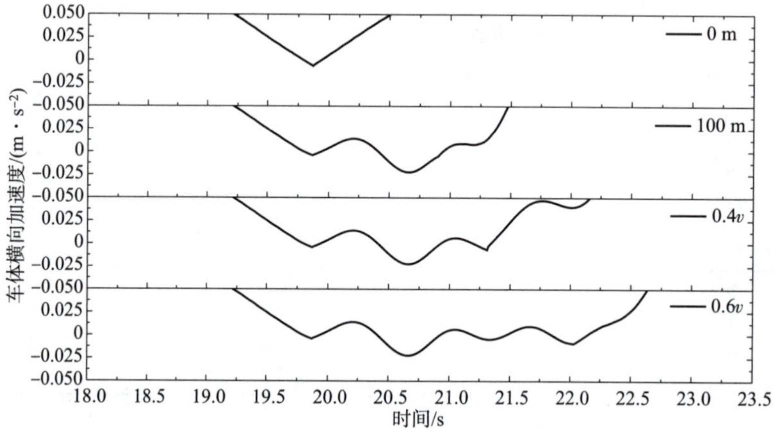

(b)夹直线横向加速度衰减情况

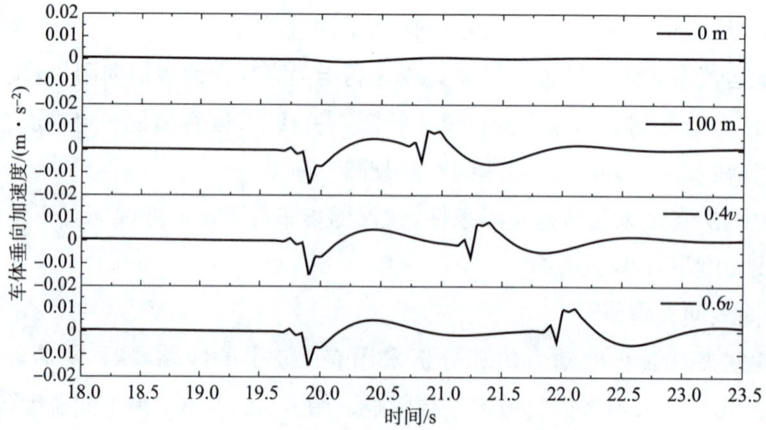

(c)夹直线垂向加速度衰减情况

图 6-6

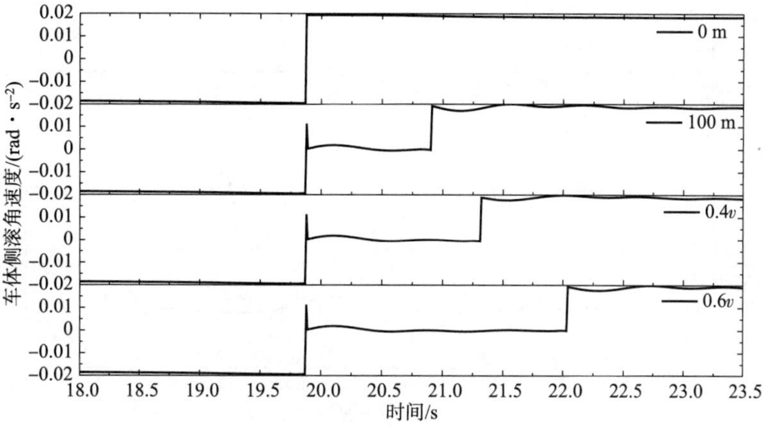

(d)夹直线车体侧滚角速度衰减情况

图 6-6 车辆 350 km/h 运行速度下同向曲线间夹直线动力响应情况

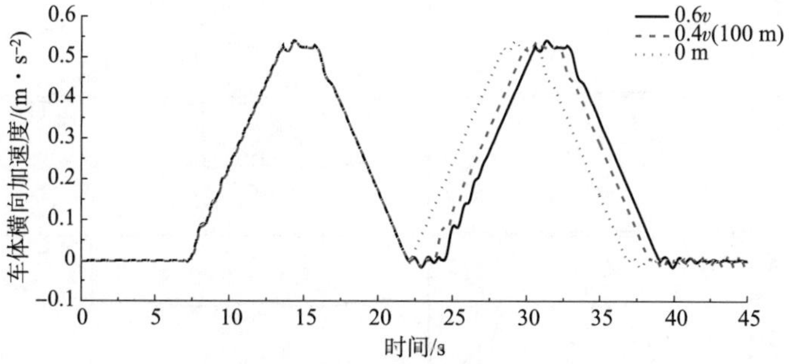

(a)250 km/h 同向曲线车体横向加速度

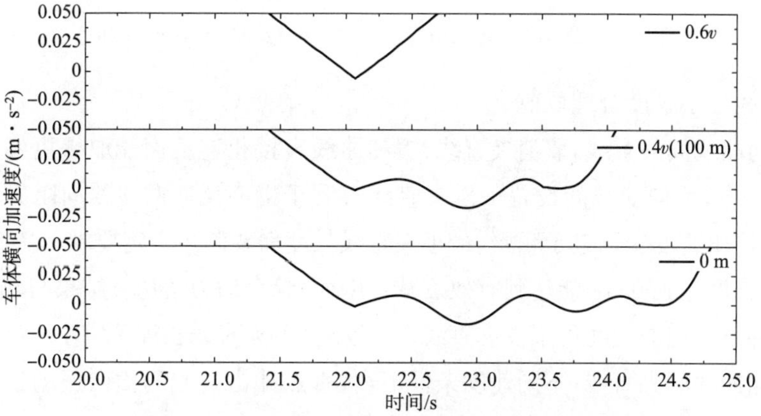

(b)夹直线横向加速度衰减情况

图 6-7

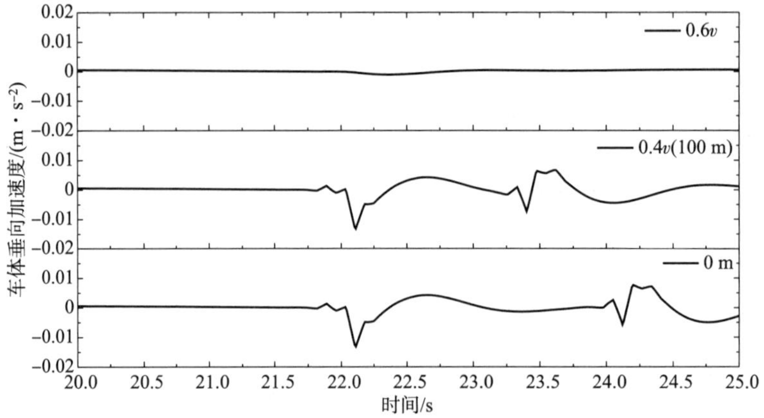

(c)夹直线垂向加速度衰减情况

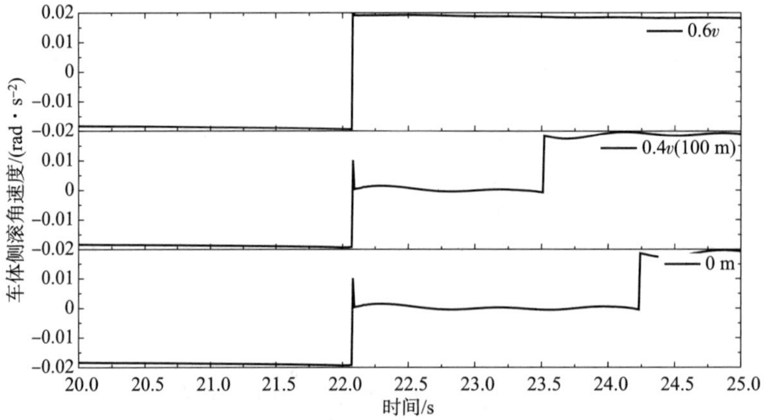

(d)夹直线车体侧滚角速度衰减情况

图 6-7　车辆 250 km/h 运行速度下同向曲线间夹直线动力响应情况

(3)夹直线最小长度合理取值

对于反向曲线间夹直线,取消夹直线,缓和曲线直接相连反而能取得更好的圆顺效果。实际列车运营中,反向曲线间设置一段夹直线有利于提高反向曲线横向阻力,减少轨道病害,为避免侧滚角速度变化过于频繁,最小夹直线长度需要满足一定要求。从振动衰减角度分析,夹直线长度达到 $0.4v$ 能达到有效衰减。因而,综合动力学仿真结果与轨道实际条件,建议困难条件下反向曲线间可不设夹直线,一般条件下夹直线长度不宜小于 $0.4v$。

对于同向曲线间夹直线,不同速度条件下,缓直点冲击引起的横向振动量级很小,衰减特性与反向曲线情况相似;但同向曲线间夹直线前后缓和曲线上车体侧滚角速度方向相反,车体侧滚角速度对乘客舒适性不利,设置一定长度夹直线可改善乘坐舒适性。因而,建议同向曲线间夹直线最小长度可按 $0.4v$ 控制。

6.1.3 缓和曲线线形与长度分析

1. 缓和曲线线形要求与种类

为使列车安全、平稳地完成直线与圆曲线之间曲率和超高的过渡，在直线与圆曲线间需设置一定长度的缓和曲线，如图 6-8 所示。

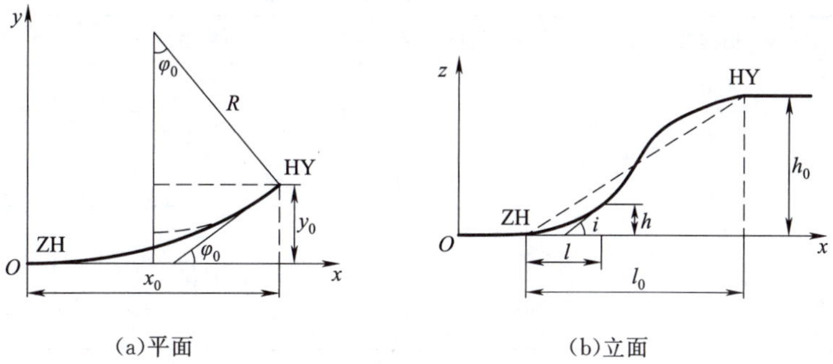

图 6-8　缓和曲线平、立面示意图

列车在缓和曲线上运行时，由于平面曲率和立面坡度的变化，导致列车相应的行车动力性能指标发生变化，从而影响旅客舒适性。主要指标包括平面内的横向加速度、横向冲击、回转角速度、回转角加速度、回转角冲击，立面内的垂向加速度、垂向冲击，以及侧滚角速度、侧滚角加速度和侧滚角冲击。

在确定缓和曲线线形时，应满足下列几何条件和力学条件：

(1)坐标要求

在缓和曲线起点(ZH)处，横坐标 $x=0$，纵坐标 $y=0$；在缓和曲线终点(HY)处，$x=x_0$，$y=y_0$，两者之间连续变化。

(2)偏角要求

在 ZH 处，偏角 $\varphi=0$；在 HY 处，偏角 $\varphi=\varphi_0$，两者之间连续变化。

(3)曲率要求

在 ZH 处，曲率 $k=0$；在 HY 处，$k=1/R$，两者之间连续变化。

以上三个条件是缓和曲线必须满足的基本条件。由于超高顺坡的变化规律与曲率相同，因此仅满足以上三个条件的缓和曲线称为直线型顺坡变化的缓和曲线，如广泛采用的三次抛物线缓和曲线。由于列车速度的提高，为了提高行车动力性能，缓和曲线除了必须符合以上三个条件外，一般还需符合以下条件：

(4)在缓和曲线起终点 $\mathrm{d}k/\mathrm{d}l=0$，在起终点之间连续变化

该条件可保证列车在运行过程中，其车辆横向冲击(横向加速度时变率)、超高时变率、车辆侧滚角速度及回转角加速度不出现突变。

(5)在缓和曲线起终点 $\mathrm{d}^2k/\mathrm{d}l^2=0$，在起终点之间连续变化

该条件可保证列车在运行过程中，车辆垂向加速度、侧滚角加速度和回转角冲击不出现突变。

(6)在缓和曲线起终点 $d^3k/dl^3=0$，在起终点之间连续变化

该条件可保证列车在运行过程中，车辆垂向冲击、侧滚角冲击不出现突变。

综上所述，缓和曲线线形一般应满足表 6-7 中所列的几何要求和力学要求。

表 6-7　缓和曲线应满足条件

序　号	曲线要素	起　点	当中各点	终　点
1	纵坐标 y	0	连续渐增	y_0
2	倾角 $\varphi=y'$	0		φ_0
3	曲率 $k=y''$	0		$1/R$
4	$k'=y'''$	0	连续渐变	0
5	$k'=y^{(4)}$	0		0
6	$k'=y^{(5)}$	0		0

满足表 6-7 中曲线端点(起、终点)的变化条件是缓和曲线线形问题，而满足曲线当中的变化条件则是缓和曲线长度问题。

从表 6-7 中可知，缓和曲线的六要素 y、φ、k、dk/dl、d^2k/dl^2 和 d^3k/dl^3 之间是相互依赖的，各要素之间均是对缓和曲线长度求导或积分的关系。

三次抛物线缓和曲线，其超高顺坡和曲率均为线性变化，由于线形简单，计算、测设和养护维修都比较简单，同时还有有效长度长等优点，得到广泛应用。随着行车速度进一步提高，三次抛物线型缓和曲线的起终点的立面上存在折角，车辆通过时会导致竖向加速度的突然变化，造成很大的竖向冲击。为了克服这一弊端，满足高速行车安全、平稳、旅客舒适的要求，需采用超高顺坡和曲率为非线性变化的缓和曲线，线形可分为以下三类：

第一类，缓和曲线的曲率对缓和曲线长度的一阶导数，在其始终点为 0，即 $dk/dl=0$，而 $d^2k/dl^2\neq0$，常见的有五次抛物线、半波正弦和 S 型曲线等。

第二类，缓和曲线始终点 $dk/dl=0$，$d^2k/dl^2=0$，而 $d^3k/dl^3\neq0$，常见的有七次抛物线、一波正弦等。

第三类，缓和曲线始终点 $dk/dl=0$，$d^2k/dl^2=0$，$d^3k/dl^3=0$，比如：九次抛物线等。

常见的几种缓和曲线线形见表 6-8。

表 6-8　缓和曲线线形

模　式	组　合	缓和曲线线形	曲率函数	满足条件
代数式	一段	三次抛物线	$k=k_0\cdot\frac{l}{l_0}$	前 3 项
代数式	一段	五次抛物线	$k=k_0\cdot\left[3\left(\frac{l}{l_0}\right)^2-2\left(\frac{l}{l_0}\right)^3\right]$	前 4 项

续上表

模　式	组　合	缓和曲线线形	曲率函数	满足条件
代数式	一段	七次抛物线	$k=k_0\cdot\left[10\left(\frac{l}{l_0}\right)^3-15\left(\frac{l}{l_0}\right)^4+6\left(\frac{l}{l_0}\right)^5\right]$	前 5 项
代数式	一段	九次抛物线	$k=k_0\cdot\left[35\left(\frac{l}{l_0}\right)^4-84\left(\frac{l}{l_0}\right)^5+70\left(\frac{l}{l_0}\right)^6-20\left(\frac{l}{l_0}\right)^7\right]$	前 6 项
三角式	一段	半波正弦	$k=k_0\cdot\left[\frac{1}{2}-\frac{1}{2}\cos\left(\frac{\pi l}{l_0}\right)\right]$	前 4 项
三角式	一段	一波正弦	$k=k_0\cdot\left[\frac{l}{l_0}-\frac{1}{2\pi}\sin\left(\frac{2\pi l}{l_0}\right)\right]$	前 5 项
代数式	二段	S 型曲线	前半段：$k=2k_0\cdot\left(\frac{l}{l_0}\right)^2$ 后半段：$k=k_0\cdot\left[1-2\left(1-\frac{l}{l_0}\right)^2\right]$	前 4 项

注：l 为缓和曲线上任意点距直缓点长度，m；l_0 为缓和曲线全长，m；k_0 为圆曲线曲率，1/m。

这些缓和曲线的曲率变化曲线如图 6-9 所示。显然，缓和曲线起终点导数等于零的阶数越高，在起终点缓和曲线的曲率和超高变化越平缓，行车平稳性越好，旅客舒适度越高。同时，在缓和曲线长度相同的情况下，对于曲率和超高呈曲线变化的缓和曲线，其曲率和超高在缓和曲线中点变化较大，且缓和曲线起终点导数等于零的阶数越高，变化越大。

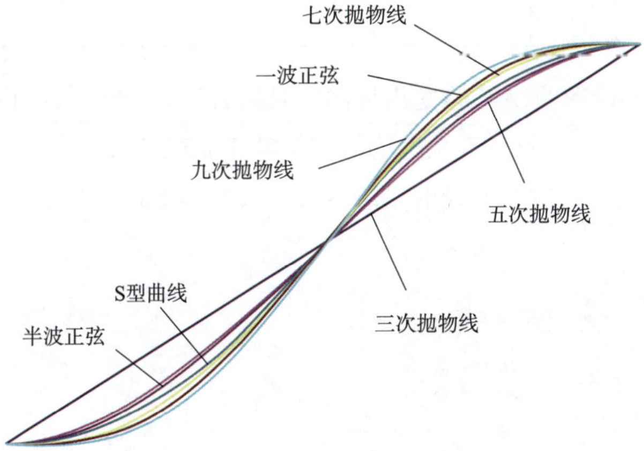

图 6-9　常见缓和曲线的曲率变化示意图

图 6-10 所示为各线形曲线 k' 的变化规律。可以看出，曲率和超高呈曲线变化的缓和曲线，其变化率最大值均出现在缓和曲线中点处，其中以九次抛物线最大，其余依次为一波正弦、S 型曲线、七次抛物线、半波正弦、五次抛物线和三次抛物线。就最大值而言，三次抛物线明显小于其他曲线，五次抛物线和半波正弦比较接近，S 型曲线与一波正弦相等。以三次抛物线为基准，各缓和曲线曲率(超高)变化率的最大值与三次抛物线的相对比值见表 6-9。

显然，在保证缓和曲线曲率和超高变化率不超限的情况下，变化率最大值越大，所需的缓和曲线长度越长。以三次抛物线为基准，满足最大变化率相同的缓和曲线长度之比见表 6-9。

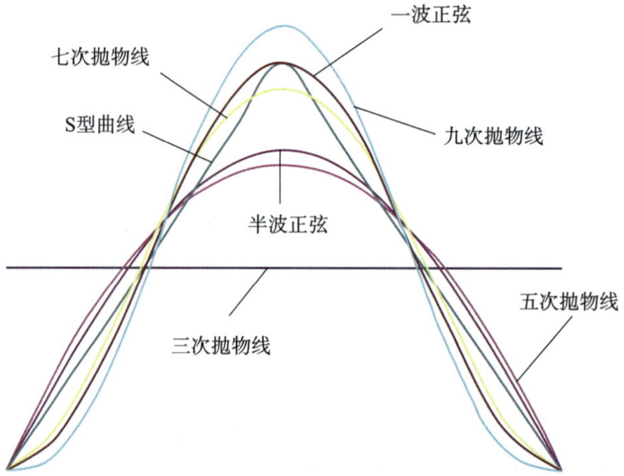

图 6-10　缓和曲线 k' 变化规律示意图

表 6-9　各缓和曲线的曲率变化率

线　形	三次抛物线	五次抛物线	半波正弦	S 型曲线	七次抛物线	一波正弦	九次抛物线
曲率变化率最大值之比	1	1.5	1.57	2	1.875	2	2.187 5
曲率变化率最大值相同时缓和曲线长度之比	1	1.5	1.57	2	1.875	2	2.187 5

图 6-11 所示为各线形曲线 k'' 的变化规律。可以看出，S 型曲线的两阶导数在缓和曲线中点和端点出现突变，为间断点，五次抛物线和半波正弦则在缓和曲线端点出现突变。只有一波正弦、七次抛物线和九次抛物线的二阶导数不仅在缓和曲线内保持连续，而且在缓和曲线端点保持连续。

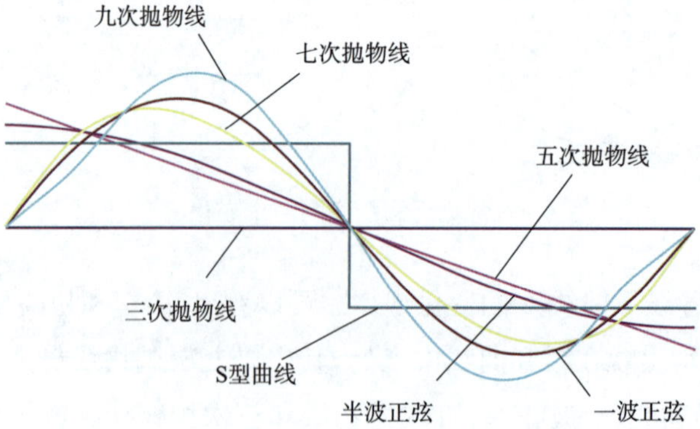

图 6-11　缓和曲线 k'' 变化规律示意图

图 6-12 所示为各线形曲线 k'''的变化规律。可以看出，只有半波正弦和九次抛物线的三阶导数不仅在缓和曲线内保持连续，而且在缓和曲线端点保持连续，但半波正弦曲线曲率的二阶导数在缓和曲线端点已出现突变。

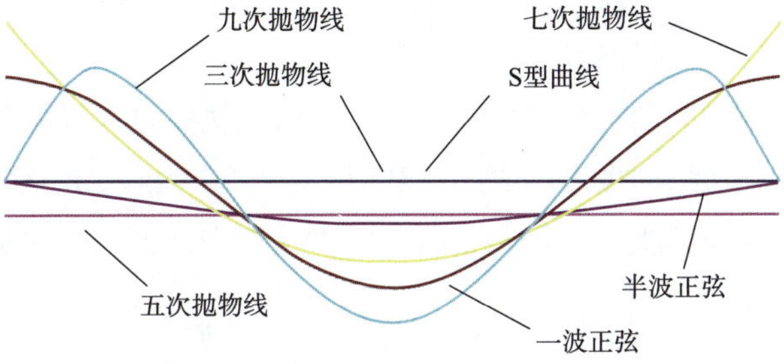

图 6-12　缓和曲线 k'''变化规律示意图

当行车速度不高时，一般只需符合前三项条件即可。随着行车速度的提高，其在缓和曲线起终点的各种冲击急剧增大。直线型超高的缓和曲线两端的超高顺坡不连续，高速列车通过时，不仅会降低旅客的舒适度，而且成为线路不平顺的隐患。故国外高速铁路多改用曲线型超高顺坡的缓和曲线，如日本采用半波正弦型；欧洲铁路联盟建议采用正弦型，或将传统的直线型超高顺坡的缓和曲线两端改善，使两端超高顺坡为曲线型，呈连续状态，如法国将直线型超高顺坡的两端改为余弦型，中间仍保持直线型，英国则将直线型超高顺坡的两端用圆曲线加以改善，中间仍保持直线型。国外高速轨道交通采用的缓和曲线线形见表 6-10。

表 6-10　国外高速轨道交通的缓和曲线线形

线　　别	制　　式	缓和曲线线形
日本新干线	轮轨	半波正弦
德国 ICE	轮轨	三次抛物线、S 型曲线等
法国 TGV	轮轨	平面：三次抛物线 立面：余弦＋直线＋余弦
英国高铁	轮轨	平面：三次抛物线 立面：圆曲线＋直线＋圆曲线
德国磁浮	常导磁浮	一波正弦

2. 缓和曲线线形对行车动力性能影响分析

（1）缓和曲线线形时程曲线分析

动力仿真中，选择三次抛物线、五次抛物线、七次抛物线、九次抛物线、半波正弦和一波正弦六种代表性缓和曲线线形，主要计算参数：行车速度 350 km/h，圆曲线半径 8 000 m，圆曲线长 280 m，缓和曲线长 590 m，超高 150 mm。

图 6-13 所示为车辆通过这六种代表性缓和曲线线形时动力响应的时程曲线。由图 6-13(a)

与图 6-13(b)可以看出:三次抛物线型缓和曲线其超高顺坡与曲率变化均为直线型,在起终点有突变,因此车体加速度出现明显的尖峰;五次抛物线和半波正弦在起终点其一阶导数为零,而二阶导数非零,车辆垂向加速度正比于曲率的二阶导数,因此其对车体加速度产生了较大的冲击;七次抛物线、九次抛物线及一波正弦由于二阶导数在起终点为零,因此车体振动加速度曲线没有出现尖峰,加速度变化缓和。

从图 6-13(c)~(f)中可以看出,各种缓和曲线条件下,轮轨横向力和脱轨系数在缓和曲线起终点处变化较为缓和。而五次抛物线和半波正弦线形下,轮轨垂向力和轮重减载率在缓和曲线起终点出现较大峰值。主要原因是其曲率二阶导数在起终点处有突变,从而产生一定垂向冲击力。

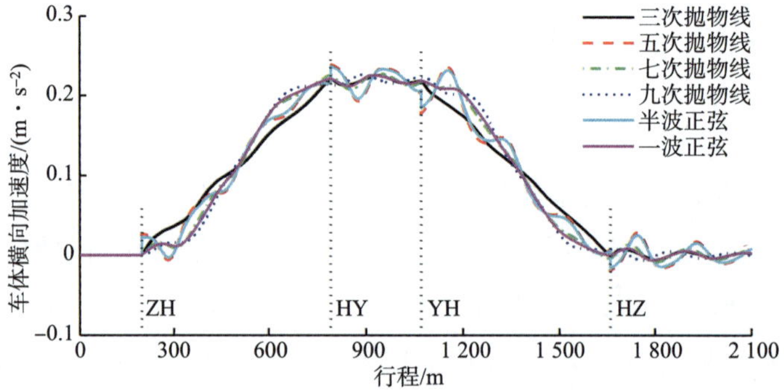

(a)车体横向加速度

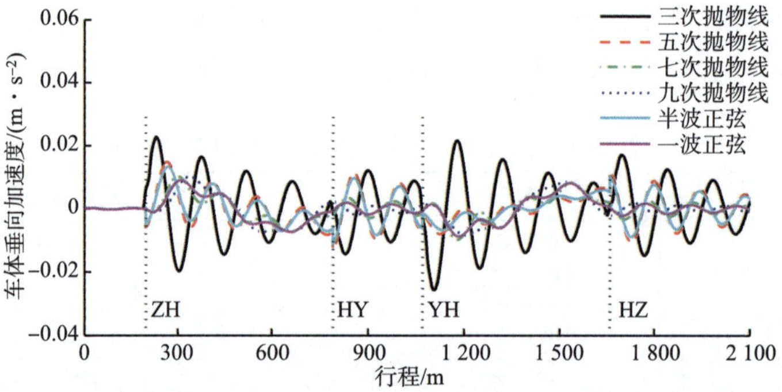

(b)车体垂向加速度

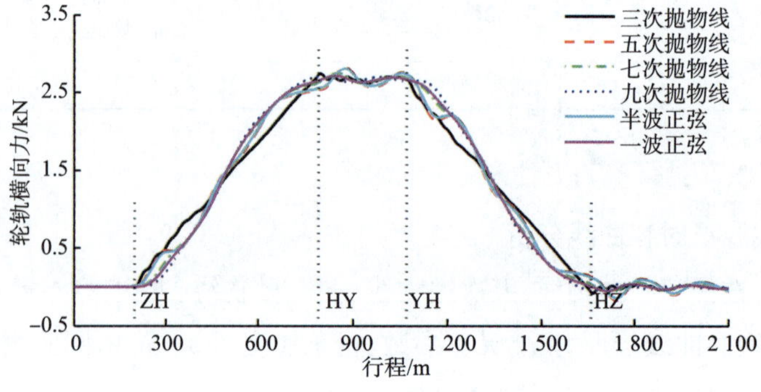

(c)轮轨横向力

图 6-13

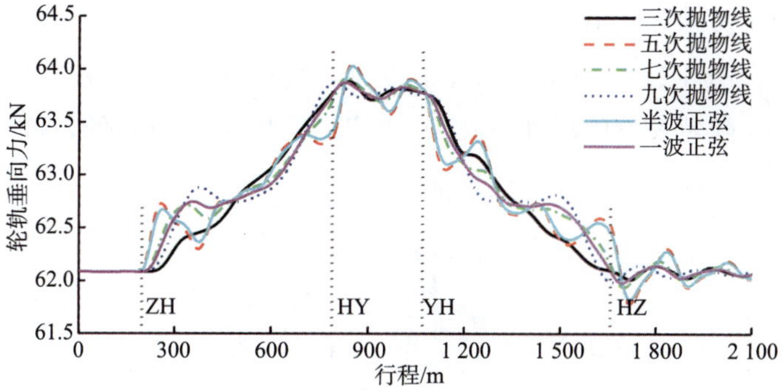

(d)轮轨垂向力

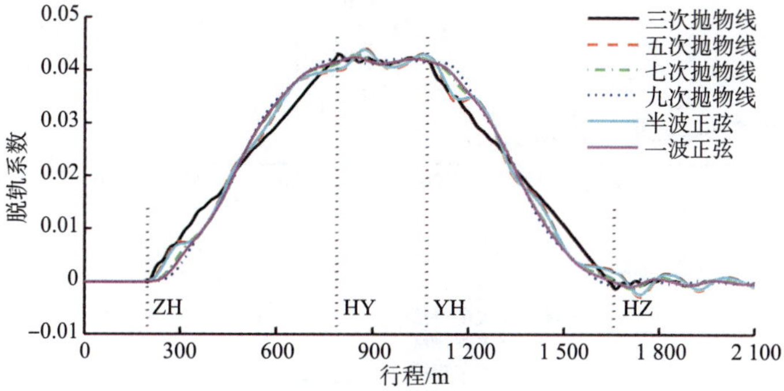

(e)脱轨系数

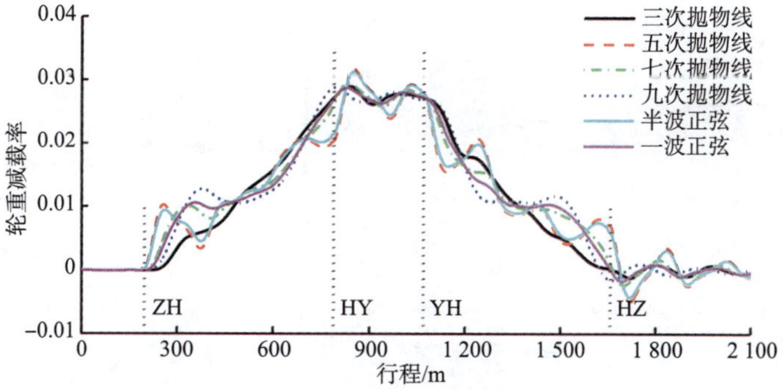

(f)轮重减载率

图 6-13　缓和曲线线形对主要行车动力性能指标时程曲线影响

此外,由各响应曲线均可以看出,缓和曲线线形对系统动力响应的影响取决于线形曲率导数在起终点为零的阶数,而线形模式(比如代数式或三角式)影响不大。比如,五次抛物线与半波正弦、七次抛物线与一波正弦对系统动力响应影响,无论是变化趋势还是数值大小均相似。

(2)不同缓和曲线长度对线形的影响

图 6-14 所示为不同缓和曲线线形条件下,动力响应指标随缓和曲线长度的变化曲线。

主要计算参数：行车速度 350 km/h，圆曲线半径 8 000 m，圆曲线长 280 m，超高 150 mm。

由图 6-14(a)和图 6-14(b)可以看出，在缓和曲线长度较短时，三次抛物线型缓和曲线的动力特性最优，但随着长度的增加，高次抛物线的响应值迅速降低，且高次抛物线的变化速率更大，而三次抛物线的减小速率逐渐变小。

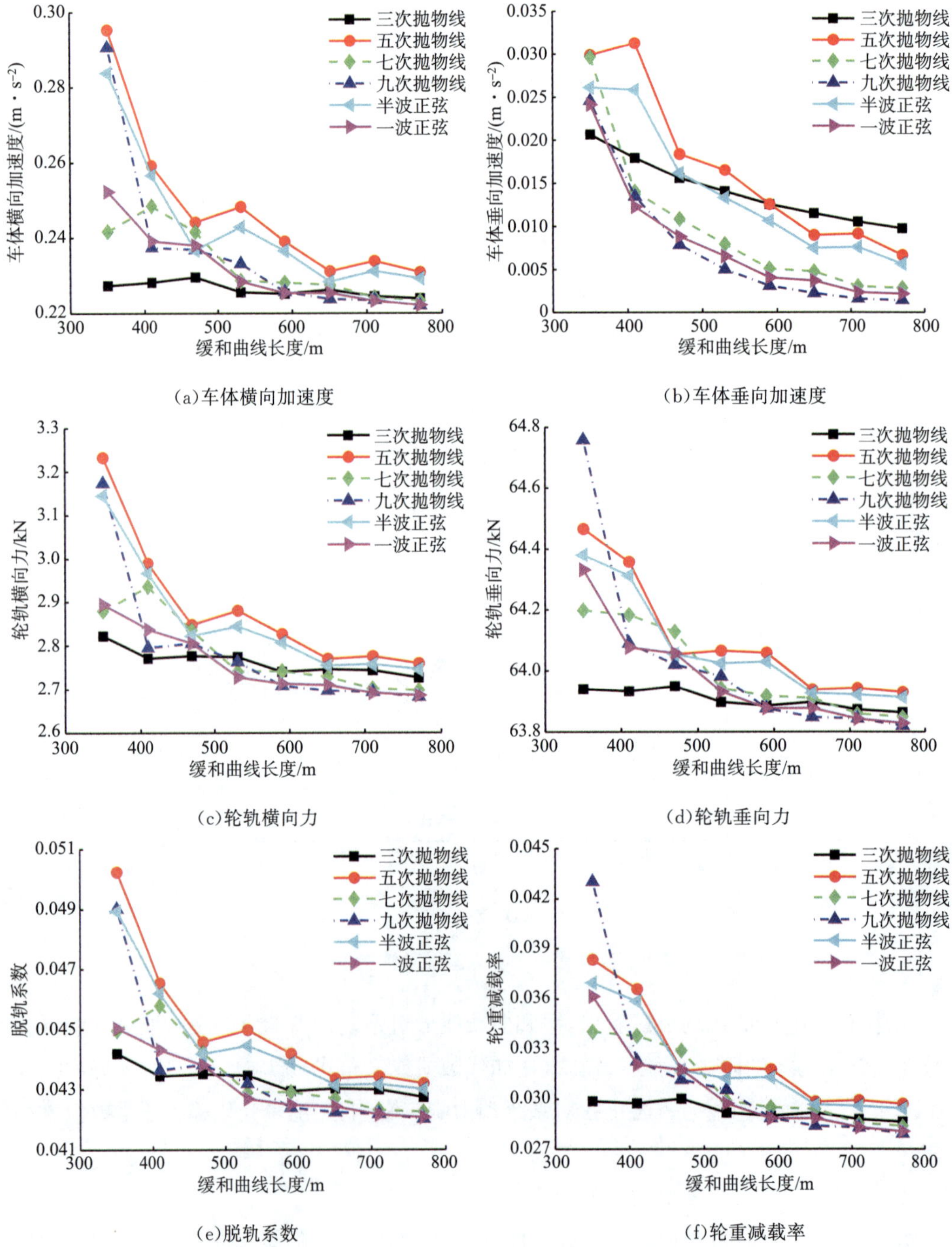

(a)车体横向加速度

(b)车体垂向加速度

(c)轮轨横向力

(d)轮轨垂向力

(e)脱轨系数

(f)轮重减载率

图 6-14　不同缓和曲线长度条件下线形的影响(v=350 km/h)

在三次抛物线线形条件下，车体横向加速度变化较为平缓。而高次抛物线在缓和曲线较短时，由于其在缓和曲线中点处曲率变化较大，因而导致较大的横向加速度。当长度增加到约 700 m 时，七次抛物线、九次抛物线和一波正弦曲线开始小于三次抛物线的值，而五次抛物线和半波正弦曲线始终高于三次抛物线值。因此，从平面来看，三次抛物线能充分发挥有效长度长的优势，能较好地控制车体横向振动。

对于车体垂向振动，在缓和曲线长度较短时，三次抛物线线形的垂向加速度均小于其他高次抛物线线形。但随着长度的增加，高次抛物线的垂向加速度迅速降低，而三次抛物线垂向加速度的减小速率逐渐变小。当长度超过 600 m 时，所有高次抛物线线形下响应均小于三次抛物线线形垂向加速度。因此，从立面来看，三次抛物线线形条件下，通过延长缓和曲线线形改善车体垂向振动效率较低，且受到一定的限制。当对垂向舒适度要求较高时，选择合适的缓和曲线长度，高次抛物线型缓和曲线能有效减小车体垂向振动，从而提高乘坐舒适度。而直线型缓和曲线随长度的增加，响应减小的幅度变化并不大，在较高行车速度条件下，即使增大长度也不一定能满足舒适性要求。

实际上，法国和英国高速铁路中线路平面采用三次抛物线，而在立面则采用余弦曲线或圆曲线改善缓和曲线起终点处的超高折角进行平缓。这符合上面的分析结果，即立面线形相比平面线形对缓和曲线起终点平顺性要求更高。

图 6-15 所示为行车速度为 400 km/h 时，不同缓和曲线线形条件下，动力响应指标随缓和曲线长度的变化曲线。主要计算参数：行车速度 400 km/h，圆曲线半径 8 000 m，圆曲线长度 320 m，超高 150 mm。

从图 6-14、图 6-15 中可以看出，在行车速度 350 km/h 条件下和 400 km/h 条件下，行车动力性能指标变化趋势相似。但是，随着行车速度的提高，高次抛物线的优势更为明显。在行车速度 400 km/h 条件下，直线型超高顺坡对列车产生更大的冲击，在缓和曲线长度 500 m 以上时，所有高次抛物线线形条件下的动力性能指标均优于三次抛物线型缓和曲线。当采用曲率二次导数在起终点为零的缓和曲线线形，能显著改善车辆的垂向振动峰值，从而提高乘坐舒适度，如图 6-15(b)所示。

国内外高速铁路的缓和曲线设计通常采用以下三种方式：一是，采用三次抛物线型缓和曲线，增加缓和曲线长度，如我国高速铁路，但随着长度的增加，改善效果受到一定的限制，并且缓和曲线过长会影响线路的灵活性，增加工程量；二是，平面采用三次抛物线，立面在缓和曲线起终点处采用余弦或圆曲线进行圆滑，该方法可以使缓和曲线长度不至于太长，同时能保证立面有较好的行车动力性能，如法国、英国；三是，采用高次缓和曲线线形，如日本、德国，该方式能获得最佳的行车动力性能，但是会增加施工和养护维修等的难度。

由以上分析可知，行车速度为 350 km/h 时，三次抛物线型缓和曲线由于超高顺坡折角引起的横垂向振动并不大，能发挥有效长度长的优势。已投入运营的设计速度 350 km/h 的高速铁路也表明，采用的三次抛物线型缓和曲线能保证良好的行车动力性能和乘坐舒适度，目前的缓和曲线长度标准能有效减缓缓和曲线起终点处车体的横垂向冲击。因此，设计行车速度 350 km/h 的线路，缓和曲线线形可采用三次抛物线；考虑目前的高速铁路轨道结构、施工测设及养护维修手段，为进一步提高旅客舒适性，同时提高线路设计的灵活性，应允许采用高次抛物线超高线形。

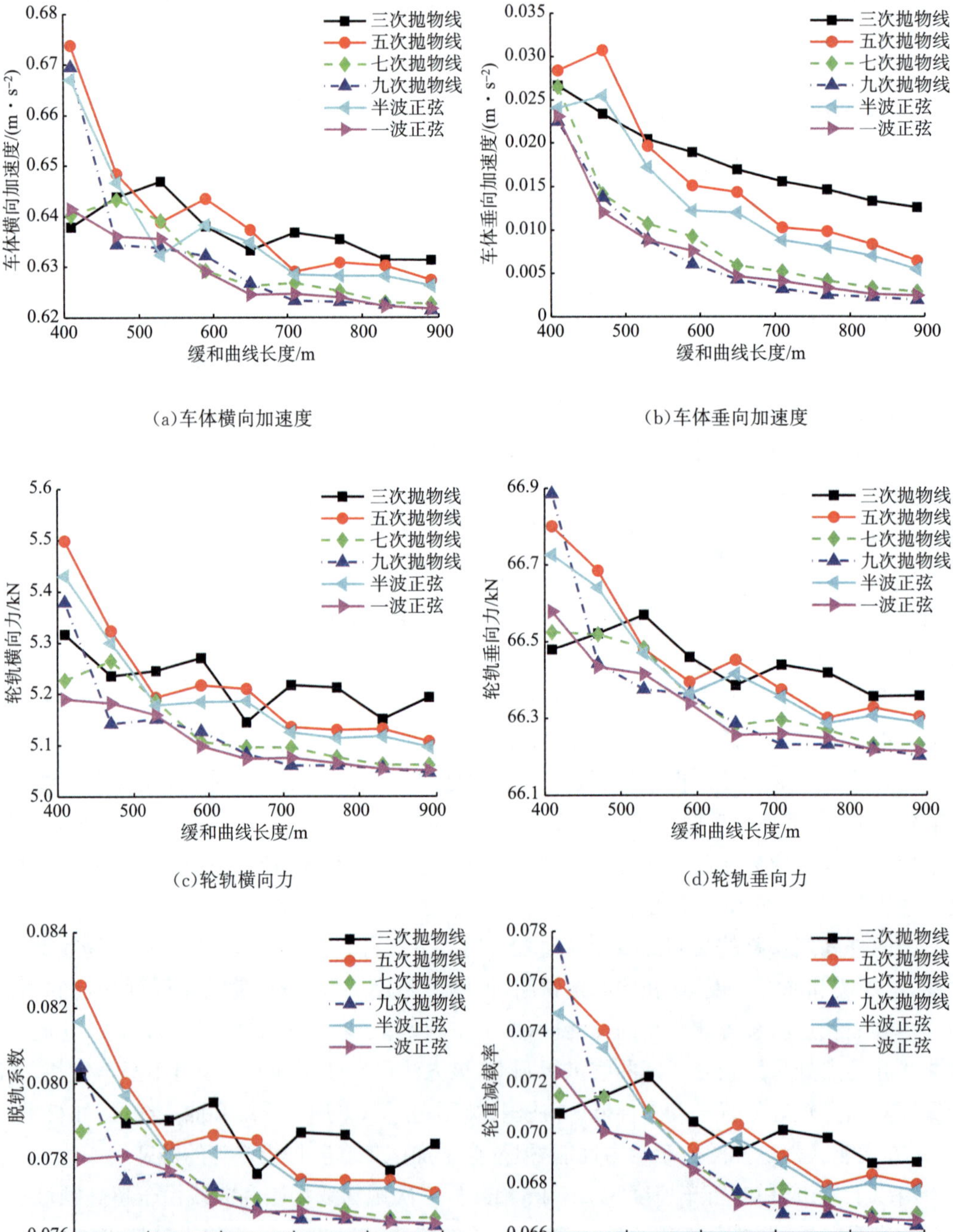

(a)车体横向加速度　(b)车体垂向加速度

(c)轮轨横向力　(d)轮轨垂向力

(e)脱轨系数　(f)轮重减载率

图 6-15　不同缓和曲线长度条件下线形的影响(v=400 km/h)

当行车速度达到 400 km/h 时，高次缓和曲线行车动力性能指标明显优于三次抛物线，尤其是车体垂向加速度。因此，设计行车速度 400 km/h 及更高速度的线路宜允许采用曲线型超高顺坡的缓和曲线。从图 6-15 还可以看出，应采用曲率二阶导数在缓和曲线起终点连续的线形。考虑线形的复杂性，一波正弦曲线或七次抛物线是理想的缓和曲线线形。

3. 缓和曲线最小长度

铁路缓和曲线最小长度主要受超高时变率、欠超高时变率和超高顺坡率等要求控制，高速铁路缓和曲线长度一般由超高时变率控制。国内外高速铁路缓和曲线长度控制指标见表 6-11。

表 6-11　高速铁路缓和曲线长度控制指标

类　别	超高时变率	欠超高时变率	超高顺坡率
欧洲标准 EN 13803-1:2010	一般值:50 mm/s 例外值:60 mm/s	一般值:55 mm/s 例外值:75 mm/s	一般值:2.25 mm/m 例外值:2.5 mm/m
德国标准	标准:50 mm/s 最大:60 mm/s		
法国标准	标准:50 mm/s 限制:60 mm/s	标准:30 mm/s 限制:75 mm/s	
日本标准	45 mm/s	37 mm/s	
中国高速铁路标准	优秀:25 mm/s 良好:28 mm/s 一般:31 mm/s	良好:23 mm/s 困难:38 mm/s	0.25‰～2‰
中国城际铁路标准	一般:28 mm/s 困难:35 mm/s	一般:23 mm/s 困难:38 mm/s	

仿真分析中，采用适于缓和曲线上乘客舒适性评价的 P_{CT} 指标进行缓和曲线长度分析，计算参数：运行速度 350 km/h，圆曲线半径 7 000 m，超高 175 mm。

图 6-16 所示为 P_{CT} 舒适性指标随缓和曲线长度的变化曲线。由图 6-16 可见，当缓和曲线长度超过 550 m(相当于超高时变率 31 mm/s)后，缓和曲线长度对乘客舒适性的影响趋于稳定。由此可见，现有高速铁路缓和曲线长度标准可适当放宽，建议超高时变率指标限值一般条件下放宽至 28 mm/s、31 mm/s，困难条件下采用 35 mm/s。

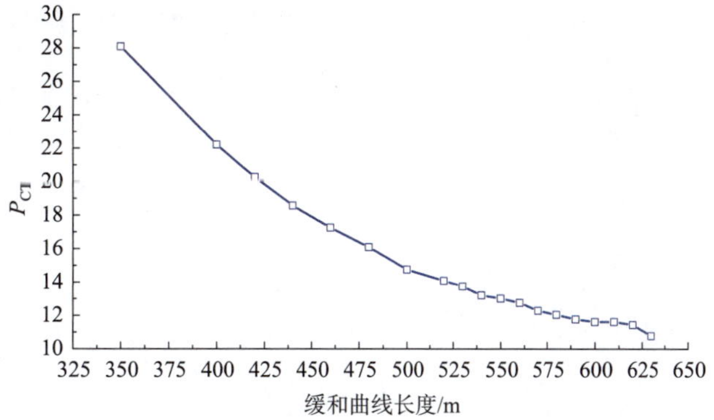

图 6-16　缓和曲线长度与 P_{CT} 关系

6.1.4 超高方式影响分析

铁路超高设置方式一般有两种：一种是将超高量的一半在内轨向下降低，而将另一半在外轨向上抬高(以下简称“内降外升”)，日本(新干线)、瑞士及美国等国采用该方式，我国地铁设计中，在限界受到限制的地段也通常采用该方式；另一种是将超高全量都放在外轨上(以下简称“外升”)，欧洲其他国家与我国铁路中则采用该超高方式。

图6-17～图6-19所示为三次、五次、七次抛物线条件下，两种超高方式对系统动力响应影响的对比，其他线路条件为：行车速度120 km/h，圆曲线半径800 m，圆曲线长120 m，缓和曲线长80 m，超高150 mm，无轨道不平顺。

从图6-17可以看出：对于车体垂向加速度，内降外升式超高方式明显优于外升式；对于轮轨垂向力，内降外升式超高方式也优于外升式。内降外升式超高方式在缓和曲线起终点，车辆的重心高度几乎不变，因此有效地减轻了三次抛物线超高顺坡突变引起的冲击。

从图6-18和图6-19也可以看出，对于车体垂向加速度及轮轨垂向力，内降外升式超高方式也均优于外升式，但差别并不大。这是由于高次线形缓和曲线在起终点冲击已得到很大改善，对系统动力响应的影响降低了很多。

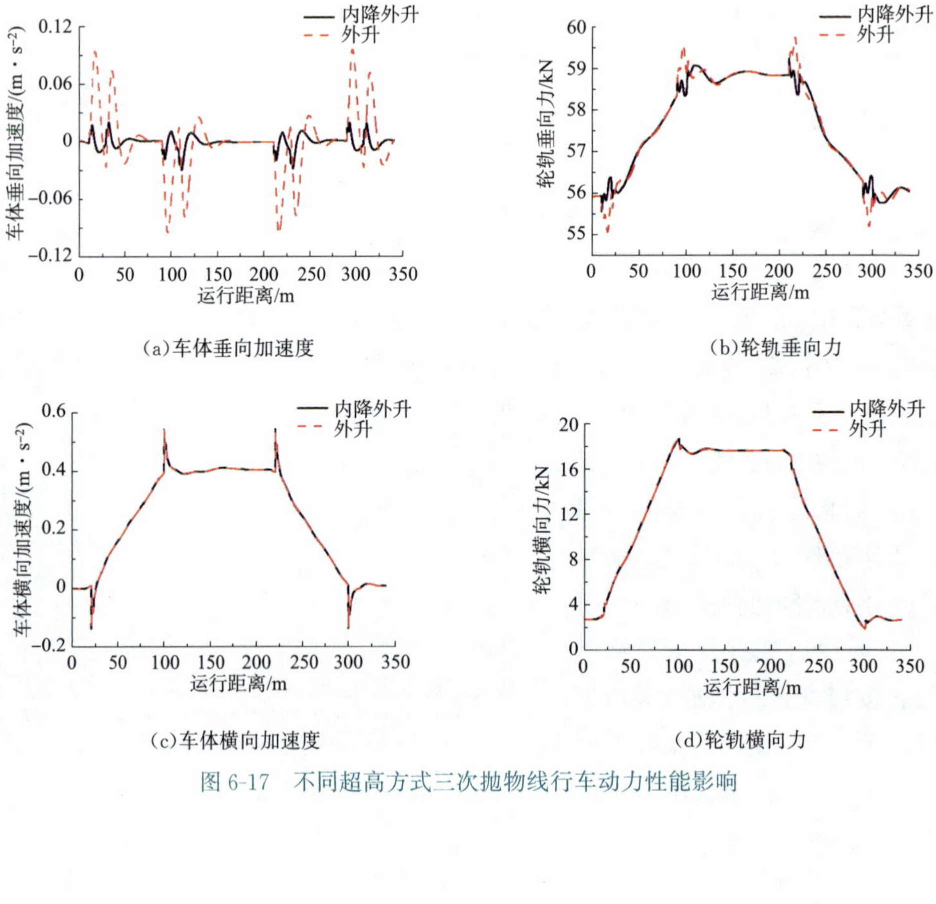

(a)车体垂向加速度

(b)轮轨垂向力

(c)车体横向加速度

(d)轮轨横向力

图6-17 不同超高方式三次抛物线行车动力性能影响

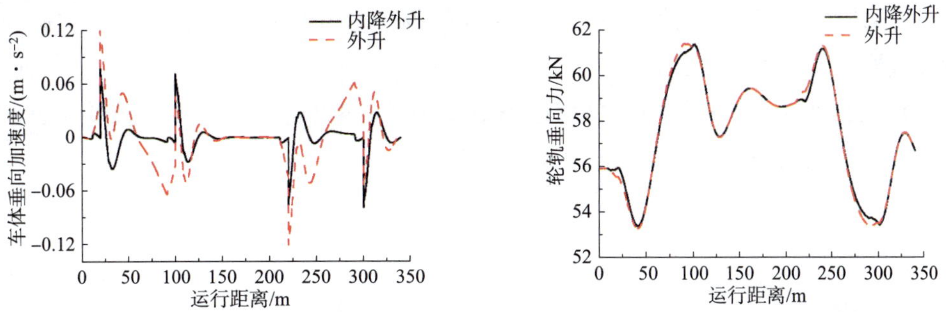

(a)车体垂向加速度　　　　(b)轮轨垂向力

图 6-18　不同超高方式五次抛物线行车动力性能影响

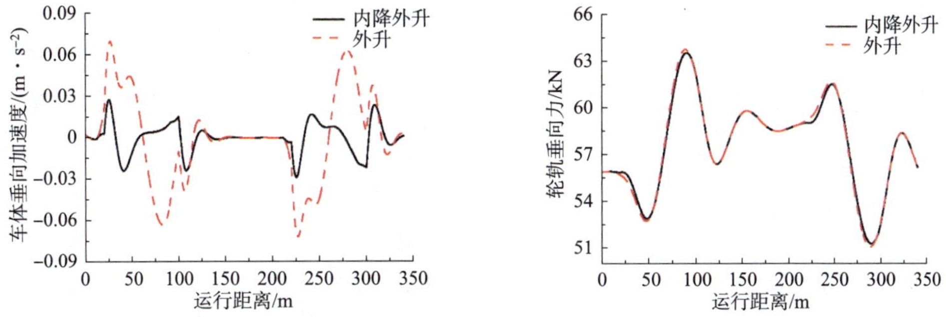

(a)车体垂向加速度　　　　(b)轮轨垂向力

图 6-19　不同超高方式七次抛物线行车动力性能影响

可以看出，超高方式对车体横向加速度与轮轨横向力影响很小。实际上，超高设置方式的不同只在立面上有差别，而平面线形仍一样，因此两者几乎没差别。

总之，内降外升式超高方式在垂向动力性能方面优于外升式超高方式，但如果采用高次缓和曲线或增加缓和曲线长度改善缓和曲线起终点的冲击，则内降外升式的优势将不再明显。此外，外升式超高方式可以避免在路基和道床方面的复杂处理，在维修作业上也较简单。

6.2　线路纵断面参数分析

6.2.1　最小坡段长度分析

较短的坡段能够较好地适应地形，减少工程数量，降低工程投资。但从列车运行平稳性的角度考虑，最小坡段长度除应满足两竖曲线不重叠的要求外，还应考虑两竖曲线间有一定的夹坡段长度，尽可能避免前一个竖曲线上产生的振动与下一个竖曲线上产生的振动叠加。

本小节仿真分析了行车速度 350 km/h 条件下，坡段长度对车线系统动力响应的影响。图 6-20 所示为不同坡度代数差、不同坡段长度条件下车体垂向加速度时程曲线，图 6-21 所示为相应车体垂向加速度峰值随夹坡段长度的变化曲线。由图 6-21 可知，车体垂向加速度峰值随夹坡段长度的增加逐渐变小，但是变化速率也逐渐变缓。当夹坡段长度在 600 m 以内时，夹坡段长度的增加对加速度峰值的消减作用非常明显；而当夹坡段长度超过 900 m 后，夹坡段长度的增加对加速度峰值几乎没有影响。

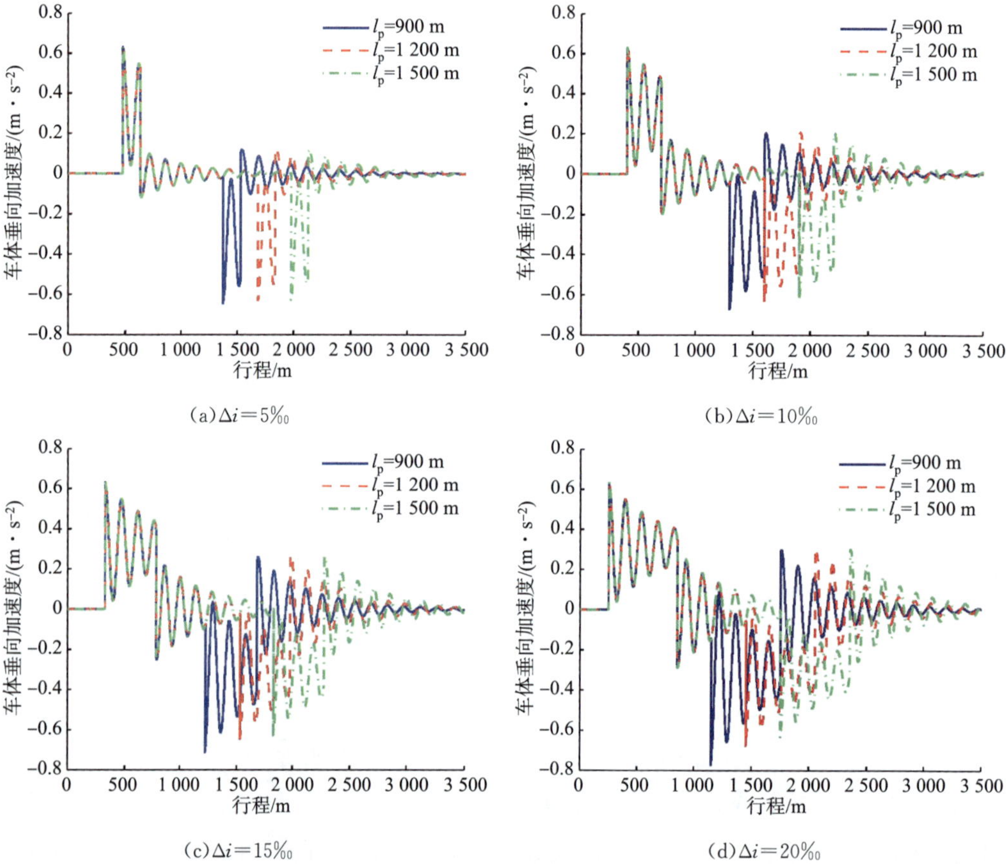

(a) Δi = 5‰　　(b) Δi = 10‰

(c) Δi = 15‰　　(d) Δi = 20‰

图 6-20　坡段长度对车体垂向加速度影响

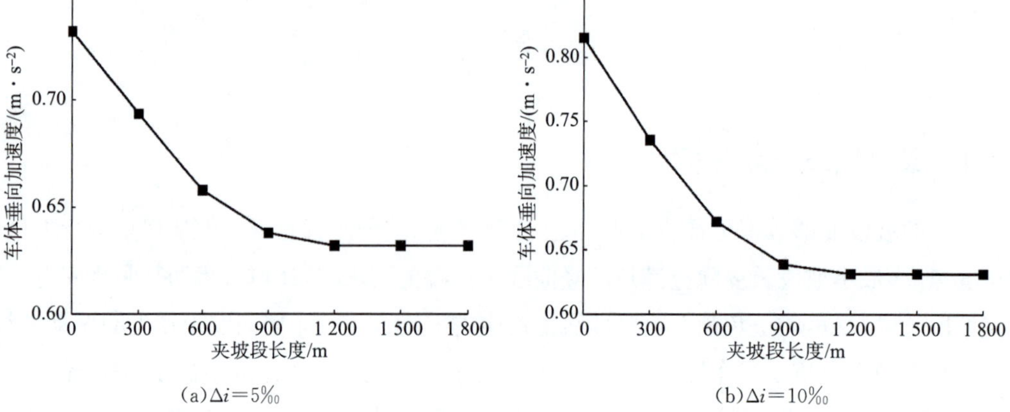

(a) Δi = 5‰　　(b) Δi = 10‰

图　6-21

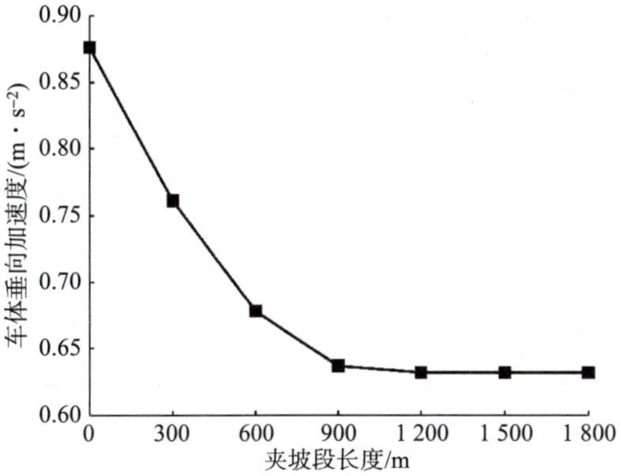

(c)$\Delta i=15‰$

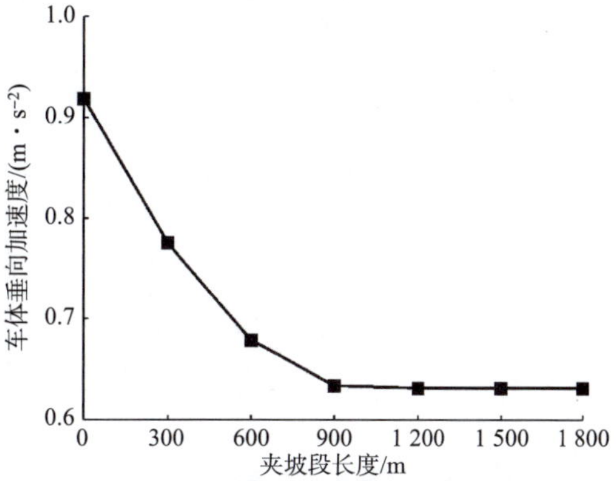

(d)$\Delta i=20‰$

图 6-21　夹坡段长度对车体垂向加速度峰值影响

表 6-12 和表 6-13 给出了 CRH3 型动车组在不同行车速度和竖曲线半径及坡度代数差条件下，车体垂向加速度峰值随夹坡段长度的变化情况。由表 6-12、表 6-13 可知：(1)不同坡度代数差条件下，夹坡段长度对车体垂向加速度峰值影响规律类似，夹坡段长度增加有利于减缓前竖曲线引起的振动与后竖曲线上振动的叠加，从而减小后竖曲线上振动的峰值，但随着夹坡段长度的增加，加速度峰值衰减效果降低；(2)总体上看，同一夹坡段长度条件下，坡度代数差越小，车体垂向加速度峰值越小，坡度代数差越大，夹坡段长度增加对减缓加速度峰值的效果越明显；(3)在本计算条件下，即使夹坡段长度为 0 m 时，车体垂向加速度峰值也小于 1.0 m/s^2，均能满足相应标准；(4)夹坡段长度为 0.4v 和 0.8v 时，对垂向加速度峰值影响差值在 10%以内，当夹坡段长度达到 1.0v 时，能有较大改善，峰值能减低约 40%。

综上所述，当线路条件不受控制时，夹坡段长度宜在 1.0v 以上；在困难条件下，夹坡段长度大于 0.4v 即可，甚至可以不作限制，坡段长度仅需避免竖曲线重叠。

表 6-12　夹坡段长度对车体垂向加速度峰值的影响($\Delta i=20‰$)

夹坡段长度/m	车体垂向加速度峰值/(m·s^{-2})			
	行车速度/(km·h^{-1})/竖曲线半径/m			
	200/15 000	250/20 000	300/25 000	350/30 000
0	0.650	0.663	0.765	0.918
0.4v	0.594	0.621	0.708	0.835
0.8v	0.548	0.585	0.662	0.772
1.0v	0.296	0.396	0.469	0.517

表 6-13　夹坡段长度对车体垂向加速度峰值的影响（$\Delta i=40‰$）

夹坡段长度/m	车体垂向加速度峰值/(m·s⁻²) 行车速度/(km·h⁻¹)/竖曲线半径/m			
	200/15 000	250/20 000	300/25 000	350/30 000
0	0.629	0.716	0.822	0.965
0.4v	0.570	0.657	0.751	0.876
0.8v	0.524	0.610	0.695	0.806
1.0v	0.319	0.376	0.441	0.486

6.2.2　竖曲线最小半径分析

我国高速铁路准静态垂向加速度允许值 a_v 一般为 0.4 m/s²，困难为 0.5 m/s²。采用一般值 0.4 m/s²时，竖曲线半径的近似计算式为

$$R_v \geqslant 0.193v^2 \tag{6-4}$$

根据式(6-4)得出不同速度条件下最小竖曲线半径取值，见表 6-14。

表 6-14　最小竖曲线半径计算表

v/(km·h⁻¹)	350	300	250	200
$[a_v]$/(m·s⁻²)	0.4	0.4	0.4	0.4
计算值/m	23 643	17 361	12 056	7 720
规范限值/m	25 000	25 000	20 000	10 000

图 6-22 所示为不同竖曲线半径条件下行车动力性能时程曲线。主要计算参数为：行车速度 350 km/h，坡度代数差 15‰。

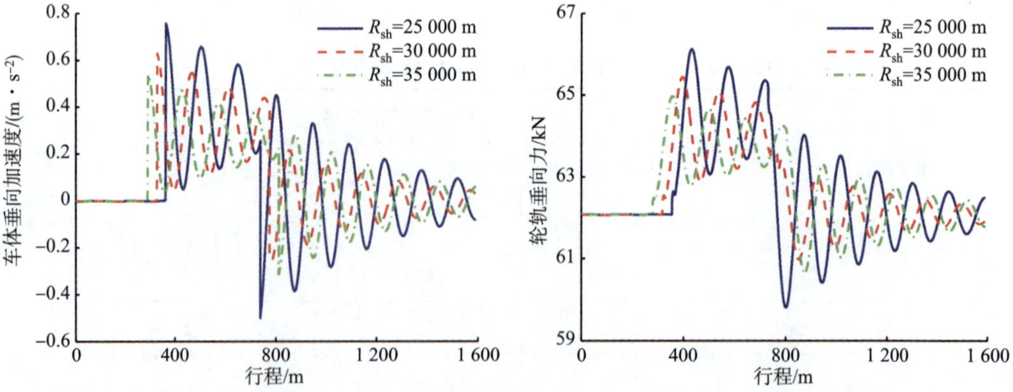

(a)车体垂向加速度　　(b)轮轨垂向力

图　6-22

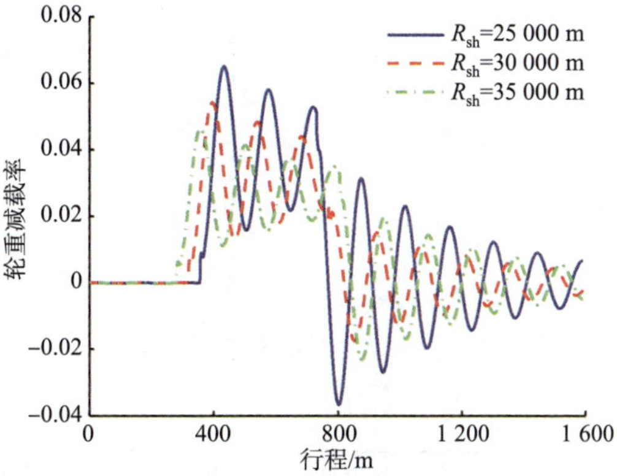

(c)轮重减载率

图 6-22　竖曲线半径对行车动力性能的影响

竖曲线半径主要对车体垂向加速度、轮轨垂向力和轮重减载率等行车动力性能具有很大影响。从时程曲线可以看出，由于没有缓和曲线的过渡，在竖曲线起终点处会对车辆产生较大的垂向冲击。在竖曲线起点处，竖曲线半径越小，产生的冲击越大。在竖曲线终点处，半径 25 000 m 时，振动的峰值最大，半径 35 000 m 时的振动峰值大于半径 30 000 m 时的振动峰值。在竖曲线终点处的振动受到起点处引起的振动叠加影响，竖曲线的半径影响竖曲线的长度，而竖曲线长度影响起点处产生的振动衰减后的值，该值和终点处产生振动叠加后决定终点处振动峰值的大小。

图 6-23 所示为行车速度 350 km/h、不同坡度代数差条件下，车体垂向加速度峰值随竖曲线半径的变化曲线。从图 6-23 中可以看出，在竖曲线起点处，坡度代数差大小影响不大，车体垂向加速度峰值随着竖曲线半径的增大不断变小。在竖曲线半径较小时，增大竖曲线半径对加速度峰值的减小效果明显，而当半径增大到一定程度后，加速度峰值减小的趋势变缓。因此，从行车动力性能、工程施工难易、养护维修等角度综合考虑，竖曲线半径既需限定其最小值，也不宜过大。

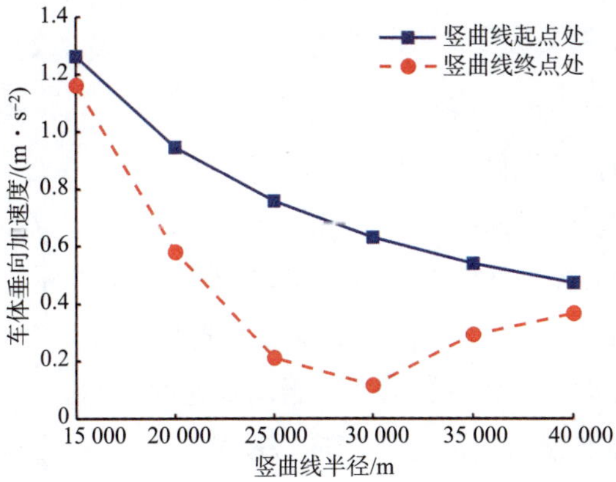

(a)Δi=5‰

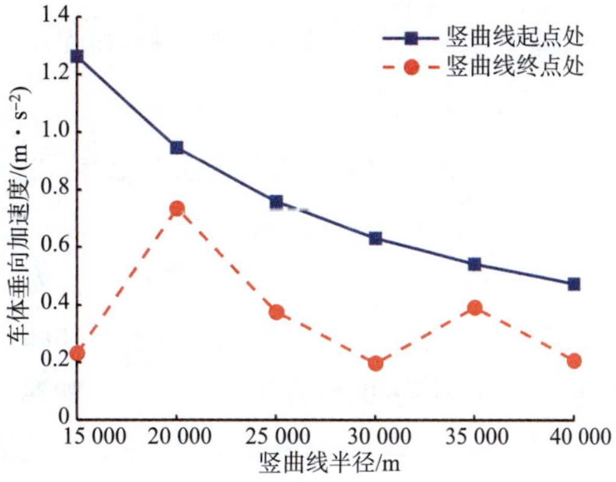

(b)Δi=10‰

图　6-23

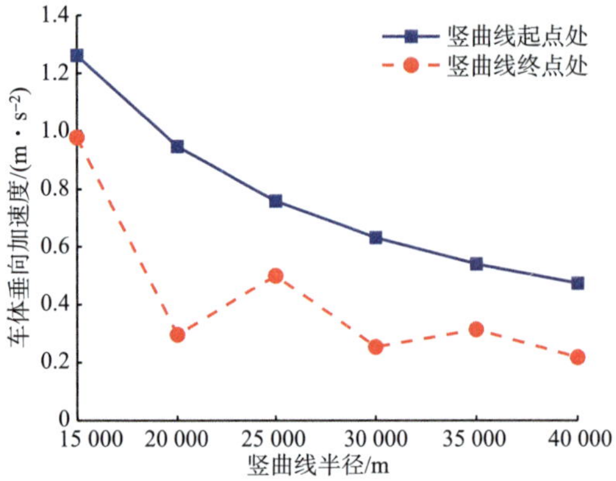

(c) $\Delta i=15‰$

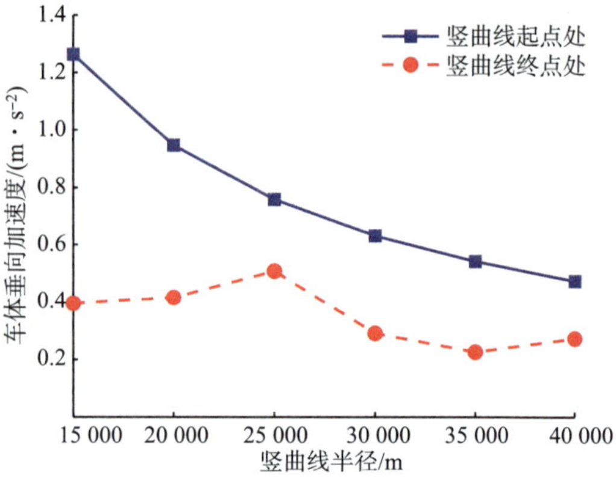

(d) $\Delta i=20‰$

图 6-23 竖曲线半径对车体垂向加速度峰值影响

在竖曲线终点处，车体垂向加速度峰值随着竖曲线半径变化呈现一定的波动，并且坡度代数差大小有很大影响。这是因为竖曲线长度由坡度代数差和竖曲线半径决定，起点处振动衰减值影响了终点处的振动峰值。但是，终点处加速度峰值总的变化趋势还是随竖曲线半径的增大而变小。

6.3 平竖曲线重叠问题分析

6.3.1 圆曲线与竖曲线重叠设置最小半径分析

高速铁路线路平面圆曲线半径较大，曲线长度较长，可达数公里，完全避免平竖曲线的重叠设置是不现实的。因此，在保证列车行车安全性与旅客乘坐舒适性的前提下，《高速铁路设计规范》中允许竖曲线与圆曲线重叠设置。本节将分析竖曲线与圆曲线重叠设置时，平、竖曲线半径对乘坐舒适度的影响，讨论平竖曲线重叠设置原则。

1. 平竖重叠圆曲线半径分析

图 6-24 所示为竖曲线与圆曲线重叠设置时，不同圆曲线半径条件下车体振动加速度的时程曲线。主要计算参数：行车速度为 350 km/h，竖曲线半径为 30 000 m，坡度代数差为 10‰，圆曲线长度为 500 m，缓和曲线长度为 590 m。从图中可以看出，在不同线路条件下，均能满足乘坐舒适性指标要求。在平竖曲线重叠处，旅客所承受的振动加速度实际是车体横垂向振动加速度的合成加速度。合成加速度大于车体横向和垂向振动加速度。

一般条件下，由于缓和曲线的作用，在缓圆点处引起的车体横向振动冲击并不大，因此竖曲线起点与缓圆点的距离对合成振动峰值的影响并不大。然而，当平竖曲线重叠时，到缓圆点处时，横向加速度达到峰值，竖曲线起点处，垂向加速度达到峰值。如果二者太近，旅客将在短时间内承受振动加速度幅值和方向的急剧变化，严重恶化旅客乘坐舒适度。因此，缓圆点与竖曲线应保持一定的间距，间距宜能满足车体横向振动有一个周期的缓冲。竖曲线与圆缓点间距对乘坐舒适度影响和缓圆点与竖曲线间距类似，保持一定的间距，能避免旅客在短时间内承受振动加速度幅值和方向的剧烈变化。

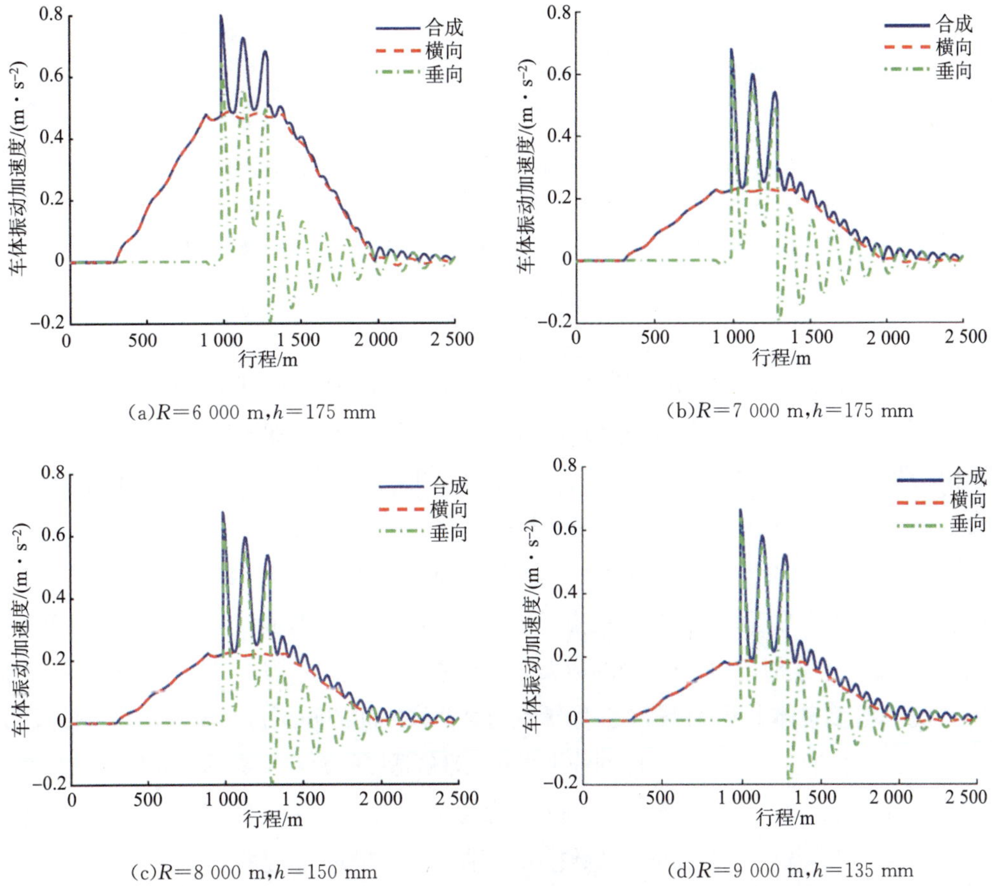

(a)R=6 000 m，h=175 mm　(b)R=7 000 m，h=175 mm

(c)R=8 000 m，h=150 mm　(d)R=9 000 m，h=135 mm

图 6-24　平竖曲线重叠、不同圆曲线半径时车体振动加速度的时程曲线

图 6-25 所示为纵断面参数一定时，合成加速度相对于垂向加速度的增量随圆曲线半径的变化曲线。主要计算参数与图 6-24 一致。由图 6-25 可知：首先，在不同线路条件下，均能满足乘坐舒适性指标要求；其次，当曲线半径大于 7 000 m 后，较大程度降低了车体振动加速度。因此在条件允许时，平竖重叠地段圆曲线半径宜大于 7 000 m。

综上，平竖曲线重叠地段，即使圆曲线半径和竖曲线半径均采用规范所允许的最小值时，也能满足乘坐舒适度的要求。因此，困难条件下，对于平竖曲线重叠地段的圆曲线和竖曲线半径大小可不作特别要求；为进一步改善乘坐舒适度，当条件允许时，圆曲线半径不宜小于 7 000 m。

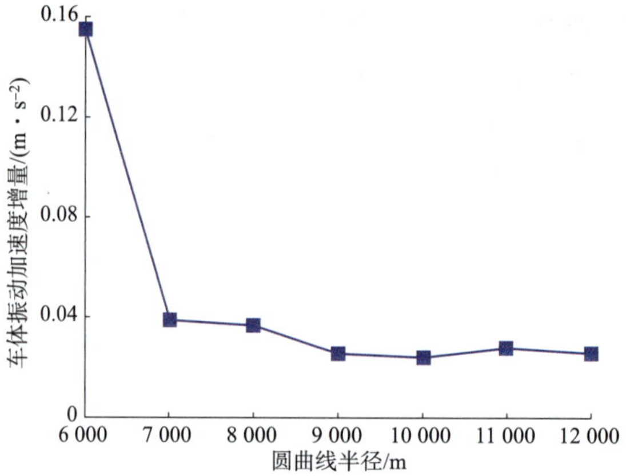

图 6-25 合成加速度相对于垂向加速度的增量随圆曲线半径变化曲线

2. 平竖重叠竖曲线半径分析

图 6-26 所示为竖曲线与圆曲线重叠设置时，不同竖曲线半径条件下车体振动加速度的时程曲线。图 6-27 所示为平面参数一定时，合成加速度相对于横向加速度的增量随竖曲线半径的变化曲线。主要计算参数：行车速度为 350 km/h，坡度代数差为 10‰，圆曲线半径为 8 000 m，长度为 500 m，超高为 150 mm，缓和曲线长度为 590 m。

从图 6-26 中可以看出，不同竖曲线半径条件下车体加速度均能满足乘坐舒适性要求。其次，竖曲线半径增大可以显著改善竖曲线起点处垂向振动，从而减小圆曲线上合成加速度峰值。但是，当坡度代数差一定时，竖曲线半径的增大会导致竖曲线长度的增加，从而一定程度上增加圆曲线上合成加速度整体水平，且缓圆点、圆缓点与竖曲线之间的间距将缩短，不利于旅客乘坐舒适度。因此，平竖曲线重叠设置时，竖曲线半径对乘坐舒适度的影响不是单调变化的。竖曲线半径的选取还应考虑圆曲线半径、长度以及坡度代数差等因素。当坡度代数差小、圆曲线长度较长时，竖曲线半径宜适当增大；而当坡度代数差大、圆曲线长度较短时，竖曲线半径不宜过大。

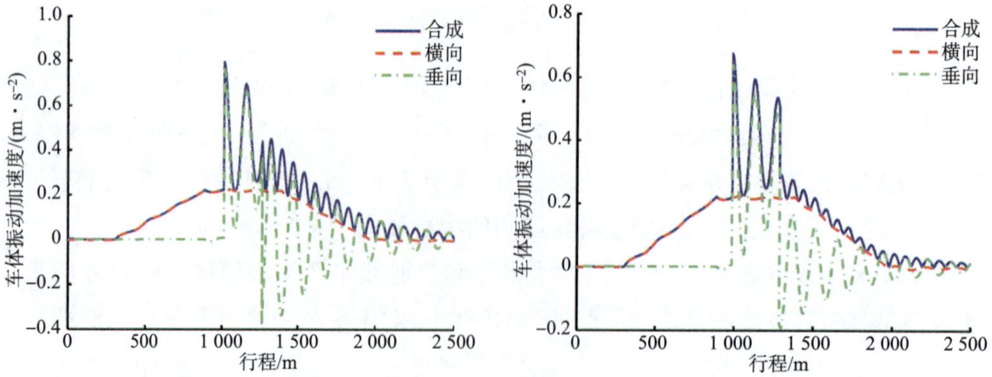

(a) R_{sh}=25 000 m

(b) R_{sh}=30 000 m

图 6-26

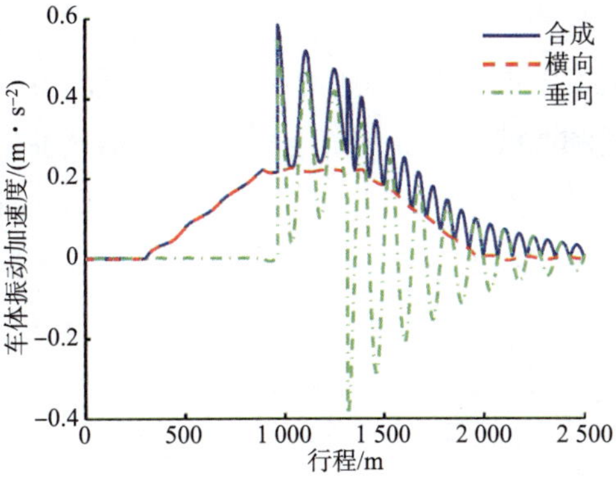

(c)R_{sh}=35 000 m

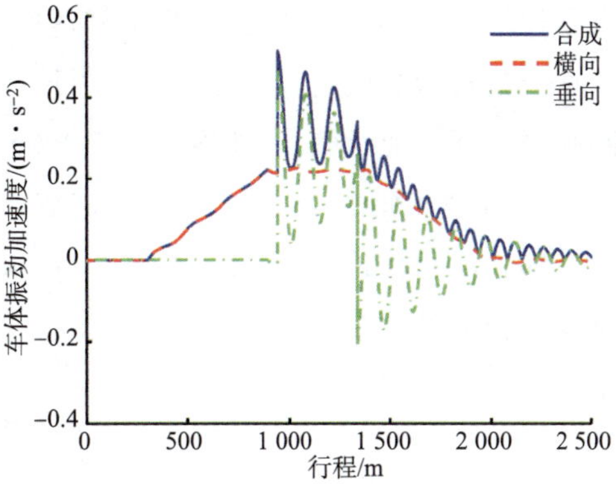

(d)R_{sh}=40 000 m

图 6-26　平竖曲线重叠、不同竖曲线半径时车体振动加速度的时程曲线

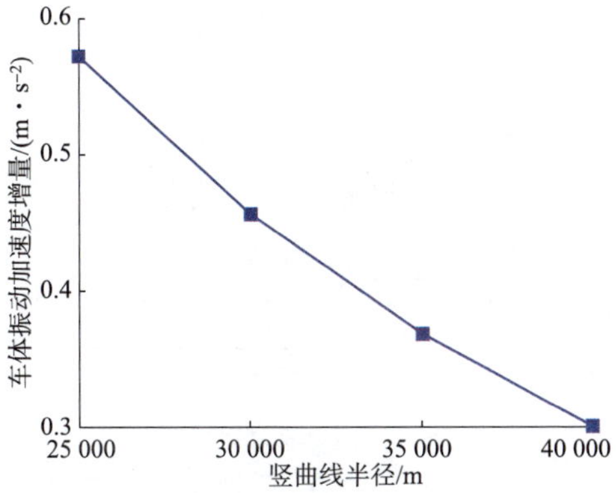

图 6-27　合成加速度相对于横向加速度的增量随竖曲线半径变化曲线

3. 圆曲线与竖曲线重叠设置分析小结

综上,平竖曲线重叠地段,即使圆曲线半径和竖曲线半径均采用规范所允许的最小值时,也能满足乘坐舒适度的要求。因此,困难条件下,对于平竖曲线重叠地段的圆曲线和竖曲线半径大小可不作特别要求;为进一步改善乘坐舒适度,当条件允许时,圆曲线半径不宜小于 7 000 m。

竖曲线半径增大可以减小合成加速度峰值。但是,竖曲线半径的增大会导致竖曲线长度的增加,一定程度上增加圆曲线上合成加速度整体水平。因此,平竖曲线重叠设置时,竖曲线半径对乘坐舒适度的影响不是单调变化的。当坡度代数差小、圆曲线长度较长时,竖曲线半径宜适当增加;而当坡度代数差大、圆曲线长度较短时,竖曲线半径不宜过大。

6.3.2　平面曲线与竖曲线间距分析

《高速铁路设计规范》(TB 10621—2014)规定,竖曲线不应与缓和曲线重叠,竖曲线起终点与平面曲线起终点间的最小距离不宜小于 20 m。本节重点讨论平面曲线与竖曲线不重叠条件下，二者之间的间距对乘坐舒适性的影响。

本节分析行车速度 350 km/h 条件下，平面曲线与竖曲线间距对行车动力性能的影响。线路平纵断面其他参数：圆曲线半径 7 000 m，缓和曲线长度 670 m，超高 170 mm，圆曲线长度 1 000 m；竖曲线半径 25 000 m，竖曲线长度 1 000 m，坡度 20‰，分为上凸和下凹两种情况，平面曲线与竖曲线间距分别为 0 m、10 m、20 m、100 m 和 0.4v。图 6-28 所示为平竖曲线重叠线路平纵断面示意图。

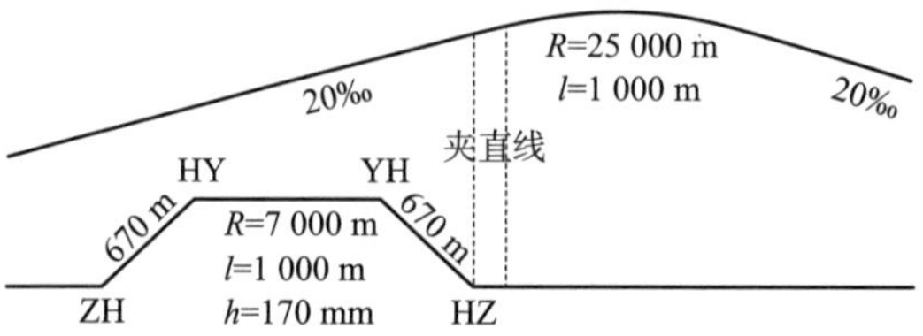

(a)平竖曲线重叠(凸形)

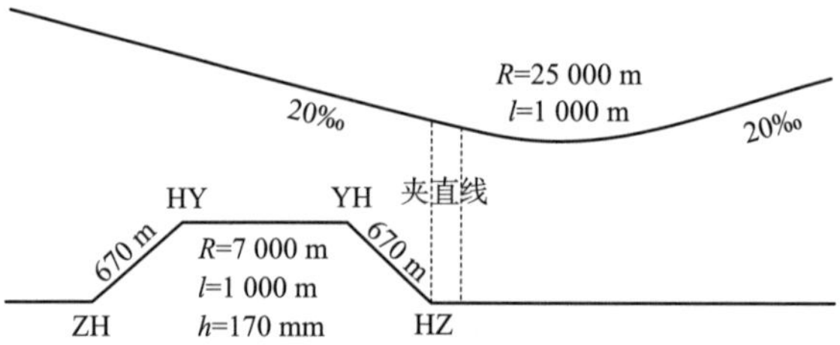

(b)平竖曲线重叠(凹形)

图 6-28　平竖曲线重叠线路示意图

图 6-29 和图 6-30 所示分别为凸形、凹形竖曲线时，平、竖曲线间距对各行车动力性能指标的影响。由图 6-29、图 6-30 可知，各种工况条件下，各动力学指标均在相应限值之内。平、竖曲线间距大小对车体侧滚角速度、脱轨系数、轮轴横向力影响不大；间距越大，车体垂向加速度和轮重减载率峰值延后出现，但对峰值大小影响很小。

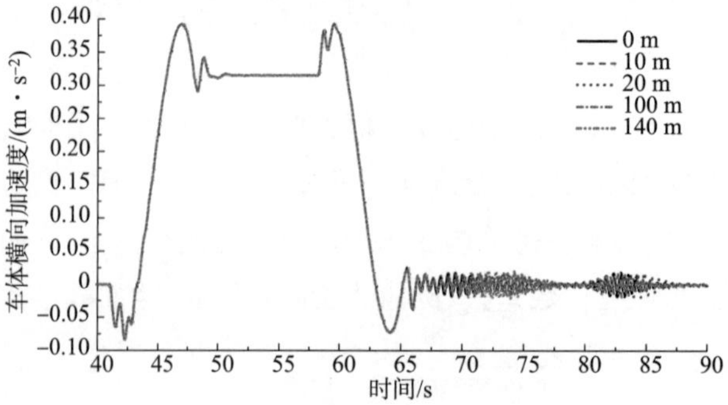

(a)凸形竖曲线车体横向加速度

图　6-29

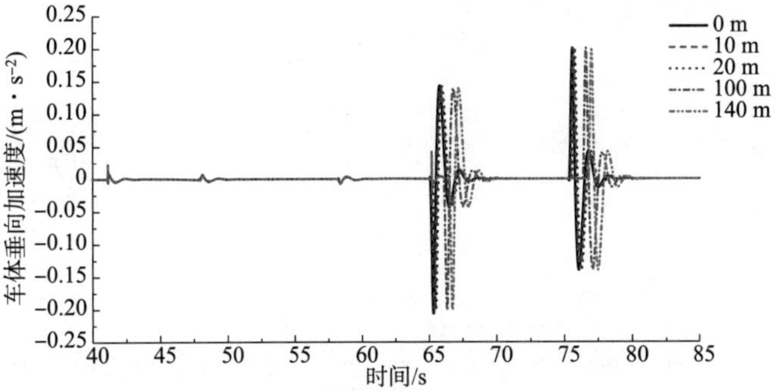

(b)凸形竖曲线车体垂向加速度

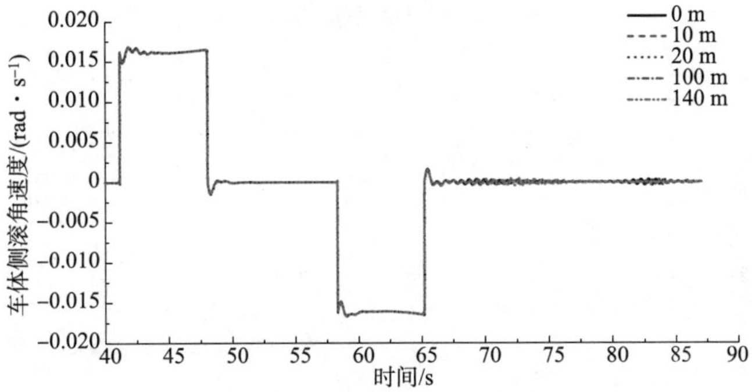

(c)凸形竖曲线车体侧滚角速度

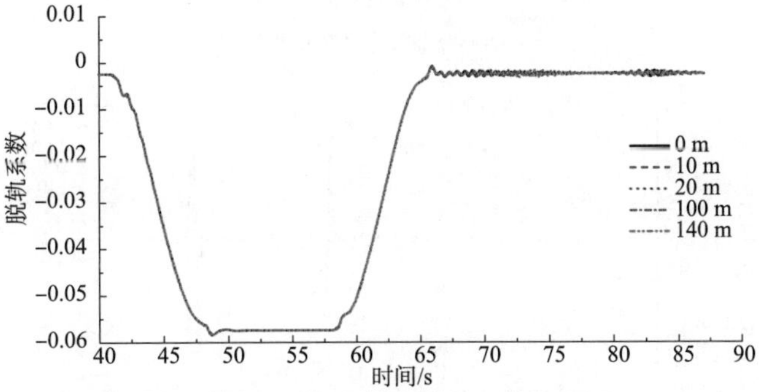

(d)凸形竖曲线脱轨系数

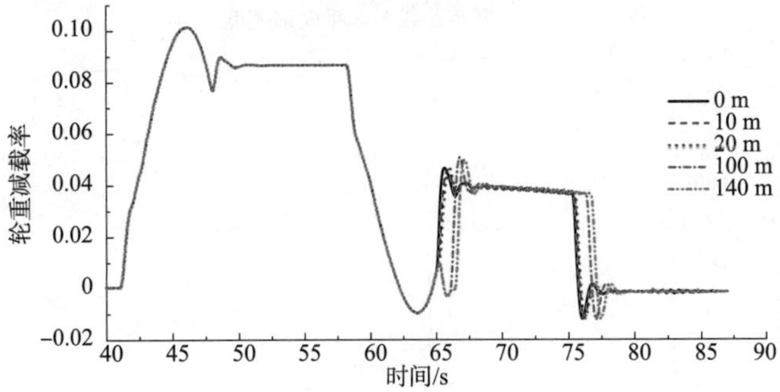

(e)凸形竖曲线轮重减载率

图　6-29

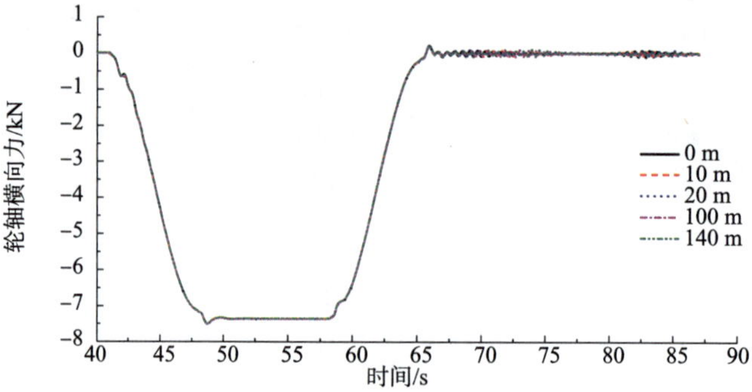

(f)凸形竖曲线轮轴横向力

图 6-29　凸形竖曲线各项动力学指标

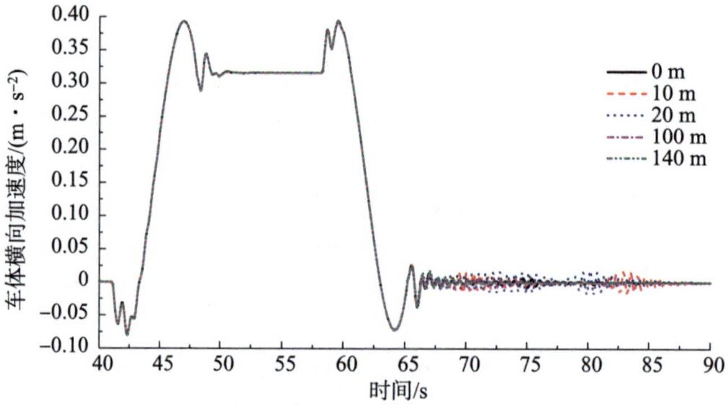

(a)凹形竖曲线车体横向加速度

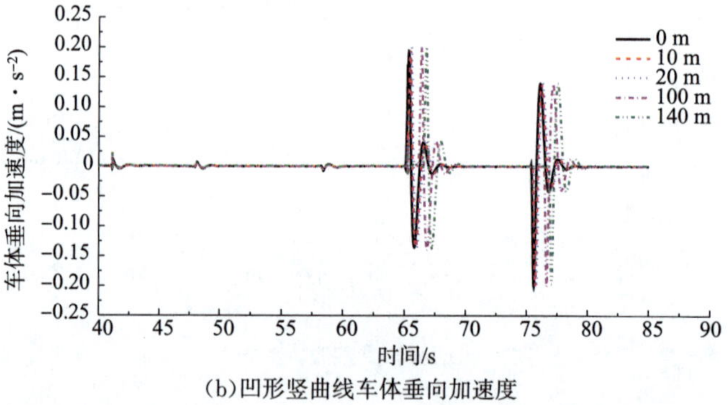

(b)凹形竖曲线车体垂向加速度

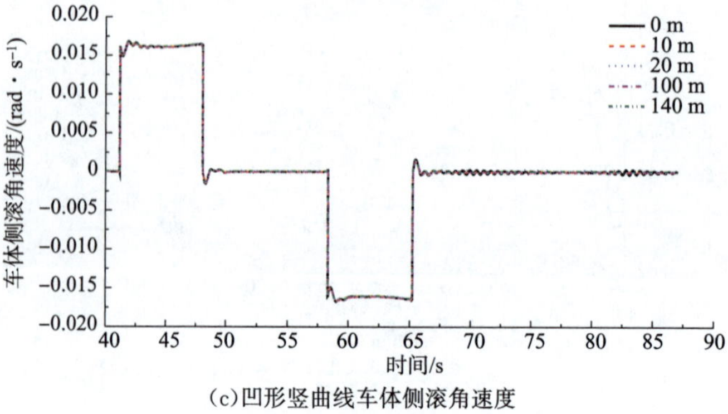

(c)凹形竖曲线车体侧滚角速度

图　6-30

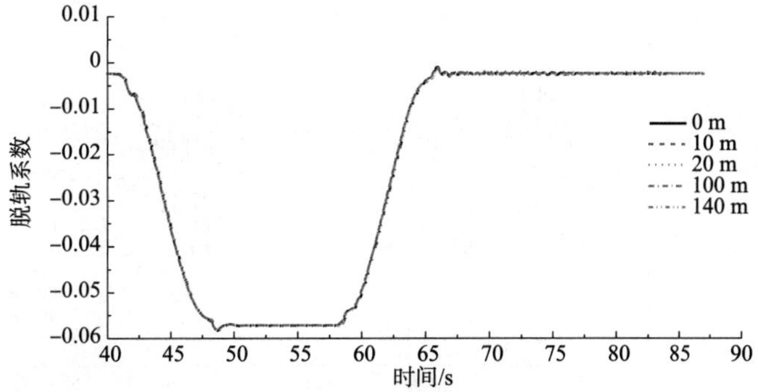

(d)凹形竖曲线脱轨系数

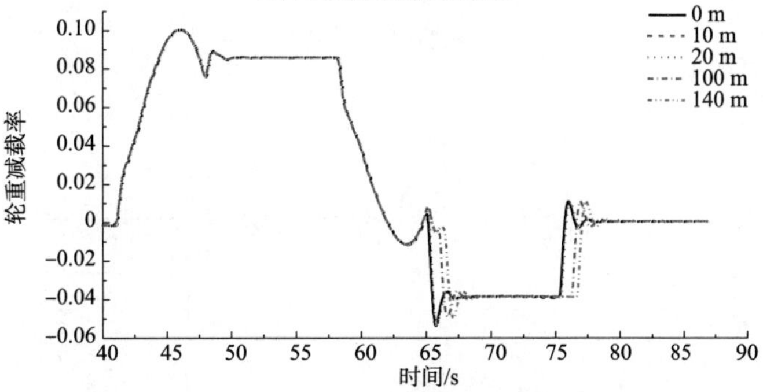

(e)凹形竖曲线轮重减载率

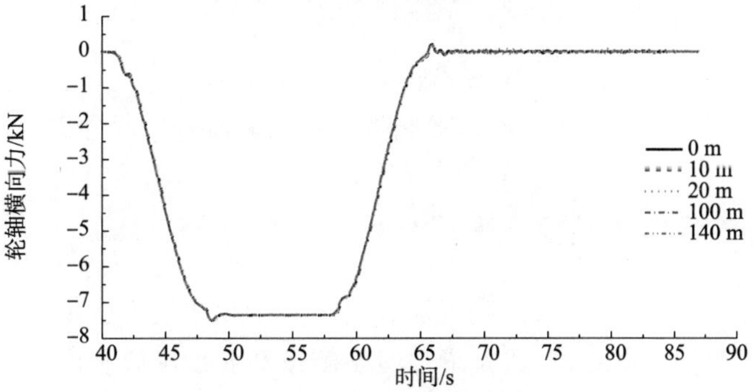

(f)凹形竖曲线轮轴横向力

图 6-30　凹形竖曲线各项动力学指标

间距大小对车体横向和垂向加速度峰值影响较小；从乘坐舒适性角度考虑，为避免连续承受横向和垂向振动，在条件允许时，间距宜能满足横向和垂向振动有效衰减的距离，一般 $0.4v$～$0.6v$。

图 6-31 所示为不同间距条件下，凸形、凹形竖曲线上车体横向加速度响应时程曲线(65 s时列车到达缓直点)。可以看出，不同间距对峰值影响较小，仅影响峰值出现时间。

综上，对于平、竖曲线之间的间距，在困难条件下可以不作特别要求，考虑线路养护维修及线形保持，设一段 20 m 的间距是合适的。为了进一步提高乘坐舒适性，在条件允许时，平、竖曲线之间间距宜能满足横向和垂向振动有效衰减要求，一般 $0.4v$～$0.6v$。

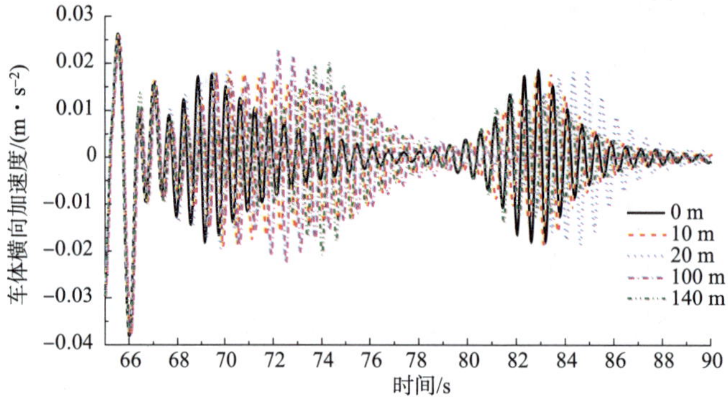

(a)凸形竖曲线段车体横向加速度

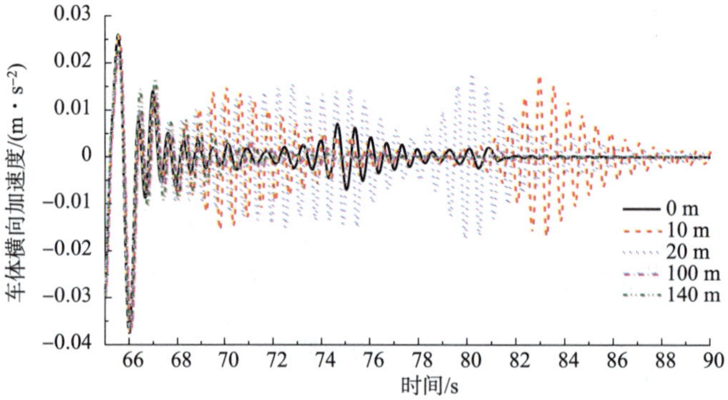

(b)凹形竖曲线段车体横向加速度

图 6-31　凸、凹形竖曲线段车体横向加速度

6.3.3　竖曲线与缓和曲线重叠设置分析

在我国铁路线路设计中，一直以来规定竖曲线与缓和曲线不能重叠设置。主要是考虑对行车安全和乘坐舒适度的影响，以及增加线路测设和养护维修难度。然而对于采用无砟轨道的高速铁路来说，线路平纵断面几何形状稳定性较容易保持，竖缓重叠设置在线路测设及养护维修方面的难度大大降低。即使是有砟轨道，以目前的测设和养护维修手段来说，竖曲线和缓和曲线重叠设置的测设和线形维修难度也大大降低了。

从实际工程的线路设计经验来看，困难条件下，允许平竖重叠设置可以极大增加线路平纵断面设计的灵活性，降低工程投资。尤其对于枢纽内的高速铁路联络线，跨线关系复杂，平面控制点多，当采用大坡度时，竖曲线长度较长，常由于竖缓曲线不能重叠导致放弃有价值的方案或者很大程度上展长线路。

从国外的有关规范及设计经验来看，欧洲铁路规范没有禁止平面缓和曲线和竖曲线重叠设置，仅分别给出横向和垂向的舒适性指标要求。而日本新干线则规定竖曲线半径小于 15 000 m 时不能与缓和曲线重叠；当竖曲线半径大于 15 000 m 时，可以与缓和曲线重叠。

综合考虑目前国内外铁路技术发展现状，有必要重新审视我国长期以来规定的不能竖缓重叠的要求。本节就竖曲线和缓和曲线重叠设置对行车安全性和乘坐舒适性的影响进行动力仿真分析。

动力仿真包括竖缓不重叠设置、竖缓重叠设置（竖曲线长于缓和曲线，即竖包缓）以及竖缓重叠设置（缓和曲线长于竖曲线，即缓包竖）三个典型工况，具体线路参数见表 6-15。

表 6-15　工况设计及其参数

工　况	行车速度/(km・h^{-1})	圆曲线半径/m	竖曲线半径/m	缓和曲线长度/m	圆曲线长度/m	超高/mm	坡度代数差/‰	竖曲线长度/m	备　注
工况 1	350	7 000	0	670	500	170	0	0	仅平面曲线
工况 2	350	7 000	25 000	670	500	170	10	250	缓包竖
工况 3	350	7 000	25 000	670	500	170	40	1 000	竖包缓
工况 4	350	7 000	30 000	670	500	170	10	300	缓包竖
工况 5	350	7 000	30 000	670	500	170	40	1 200	竖包缓

图 6-32 所示为竖缓重叠各种工况条件下，主要行车动力性能指标的时程曲线。表 6-16 给出了各指标的峰值。分析图 6-32、表 6-16 可以得出以下结论：

(1)各种工况条件下，各项行车安全性和乘坐舒适性指标均满足相应的要求，且峰值差值较小，一般小于轨道不平顺对行车安全性的影响，即竖缓重叠设置对行车安全性和乘坐舒适性影响较小。

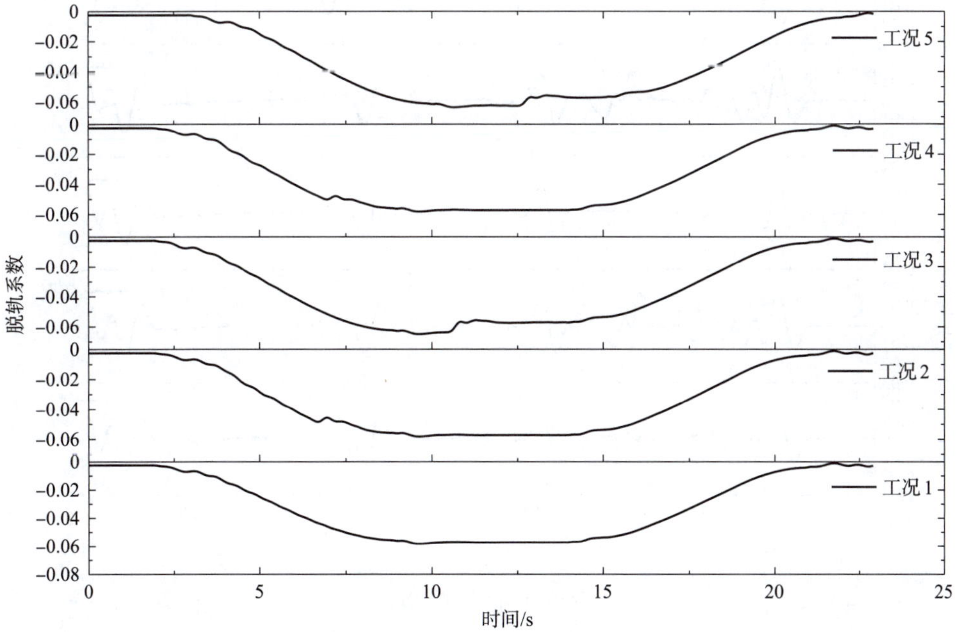

(a)脱轨系数

图　6-32

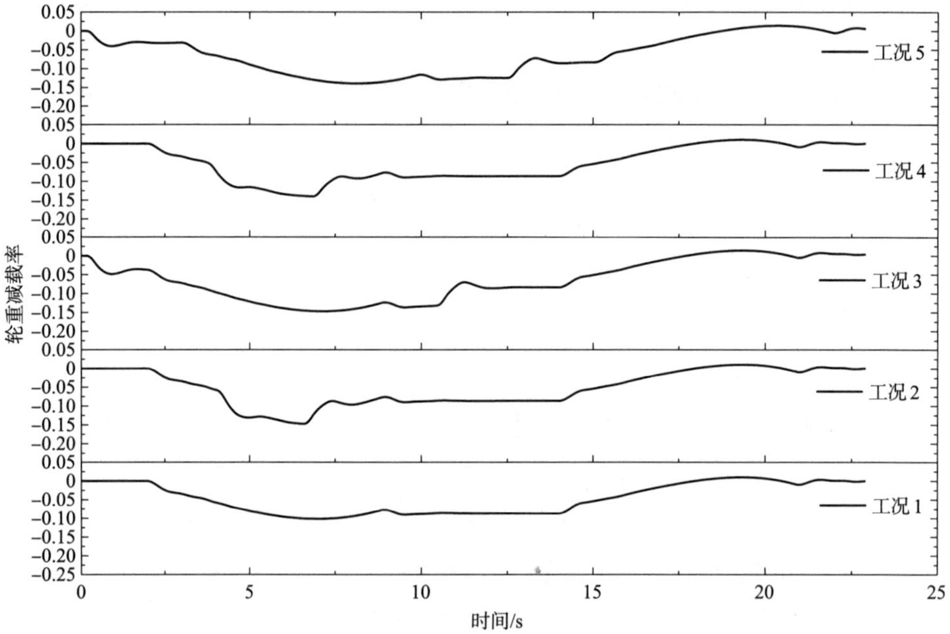

(b)轮重减载率

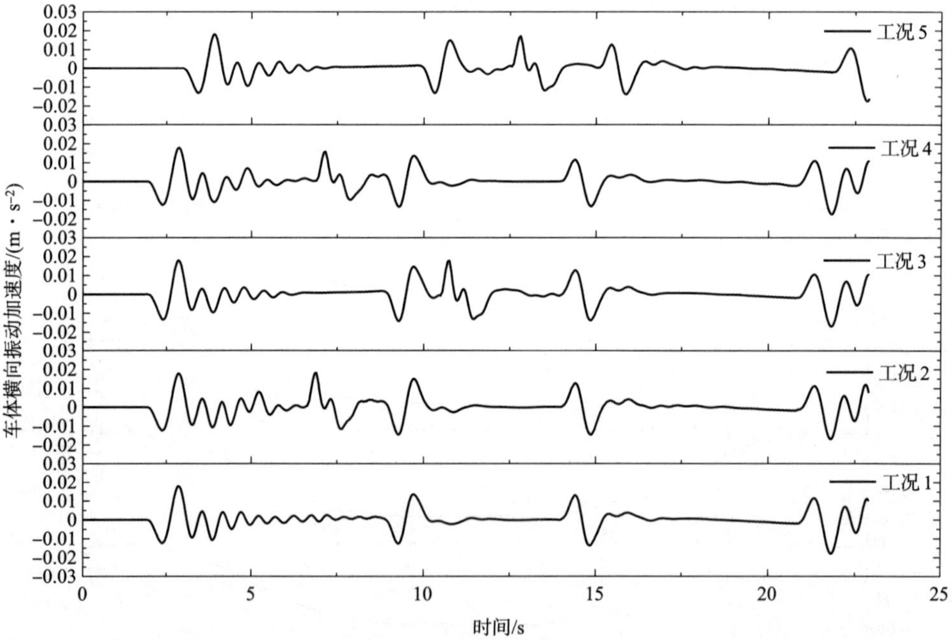

(c)车体横向振动加速度

图 6-32

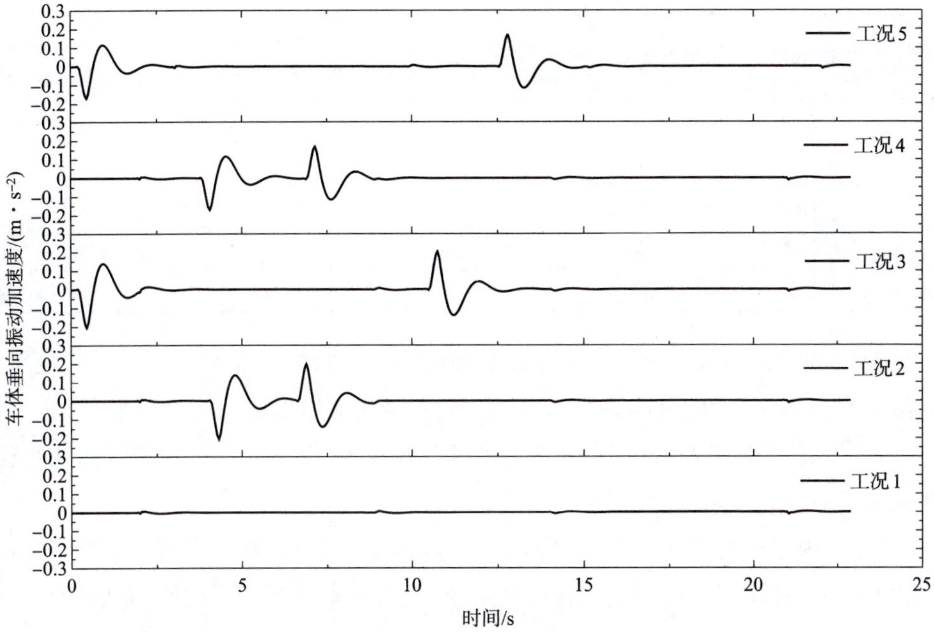

(d)车体垂向振动加速度

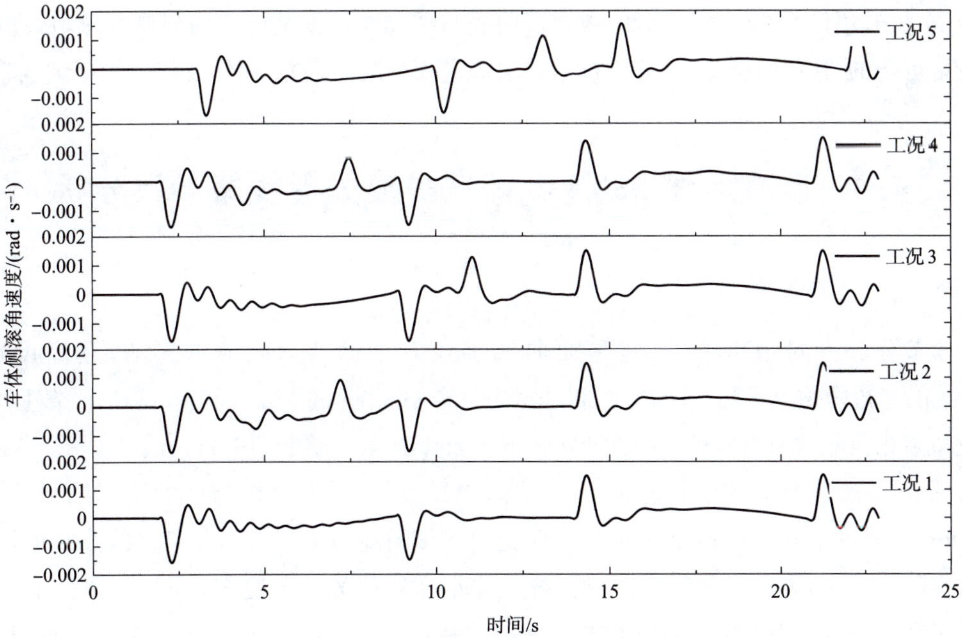

(e)车体侧滚角速度

图 6-32　竖缓重叠设置动力仿真分析结果

表 6-16　竖缓重叠设置行车动力性能指标峰值统计

工　况	脱轨系数	轮重减载率	车体横向振动加速度/(m·s^{-2})	车体垂向振动加速度/(m·s^{-2})	车体侧滚角速度/(rad·s^{-1})
工况 1	0.058 29	0.101 58	0.017 98	0.011 72	0.001 58
工况 2	0.058 26	0.147 33	0.018 25	0.204 86	0.001 58
工况 3	0.064 91	0.147 08	0.017 93	0.203 87	0.001 62
工况 4	0.058 22	0.140 22	0.017 80	0.170 21	0.001 58
工况 5	0.063 79	0.139 32	0.018 07	0.169 56	0.001 62

(2)工况 2 和工况 4 为缓包竖，脱轨系数峰值为 0.058，工况 3 和工况 5 为竖包缓，脱轨系数峰值分别为 0.065 和 0.064，就脱轨系数而言，竖包缓情形更不利于行车。

(3)由于工况 2 和工况 3 的竖曲线半径小于工况 4 和工况 5，可见增大竖曲线半径可降低重叠地段垂向加速度峰值，改善乘坐舒适性。

综上所述，由于现行高速铁路平、竖曲线参数标准均较高，在该条件下，竖缓重叠设置后，各项行车动力性能指标均能满足相应的要求，且与不重叠条件下相比，差值较小。因此，不能从行车安全性和乘坐舒适性的角度否定竖缓重叠设置的可行性。

竖曲线与缓和曲线重叠设置可以较大程度上提高困难地段的线路设计灵活性，降低工程投资，提升项目综合效益。因此，放宽竖曲线与缓和曲线重叠设置的限制要求，从理论上分析是可行的；建议结合施工、养护技术要求等进一步展开研究、评估及相应的测试试验。

6.4　既有时速 350 km 高铁提速关键线路参数分析

6.4.1　最小平面曲线半径分析

本节分析不同车速条件下，平面曲线半径对车辆动力响应的影响，超高设置为 175 mm，考虑轨道不平顺。车速在 300 km/h、350 km/h、400 km/h 和 450 km/h 条件下，与实设超高相匹配的曲线半径分别为 6 068 m、8 260 m、10 788 m、13 654 m。

图 6-33 所示为不同行车速度、不同曲线半径条件下，安全性指标的仿真结果。车速 300 km/h 条件下，6 068 m 曲线半径所匹配的均衡超高为 175 mm，随着曲线半径的增大，过超高随之增大，因此三项安全性指标峰值均呈递增趋势。车速 350 km/h 条件下，随着曲线半径的增大，安全性指标峰值先减后增，曲线半径在 8 500 m 附近时取得最低值。车速400 km/h 和 450 km/h 条件下，当曲线半径由 6 000 m 增大到 9 000 m 时，欠超高随之降低，三项安全性指标均呈递减趋势，有效改善了轮轨间的相互作用。车速 400 km/h 条件下，脱轨系数和轮轴横向力远低于限值；曲线半径为 6 000 m 时，轮重减载率达到 0.79，接近 0.8 但未超限。车速 450 km/h 条件下，当曲线半径小于 8 000 m 时，轮重减载率超过 0.8。

因此,困难条件下曲线半径取 7 500 m 可满足运行时速 400 km 高速列车的安全性要求。

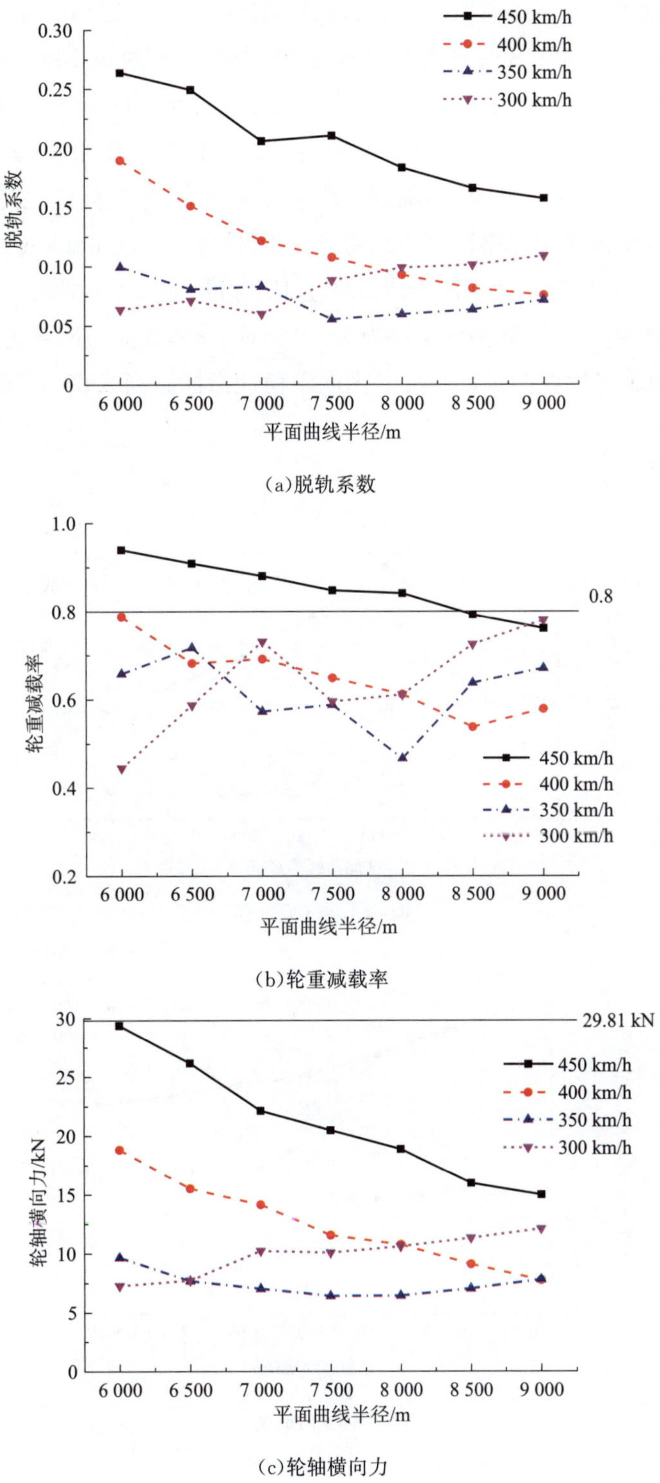

图 6-33　安全性指标(一)

图 6-34 和图 6-35 所示为不同行车速度、不同曲线半径条件下，车体加速度和 Sperling 平稳性指标的仿真结果。车体横向加速度采用Ⅲ、Ⅳ级标准 10 Hz 低通滤波处理的值进行判断，车体垂向加速度采用 20 Hz 低通滤波处理的值进行判断。车速 300 km/h 和 350 km/h 条件下，车体横向加速度峰值的变化规律和安全性指标峰值的变化规律相同，均在与实设超高相匹配的曲线半径附近取得最小值；Sperling 横向平稳性指标变化很小，分别评定为优和良。车速 400 km/h 和 450 km/h 条件下，随着曲线半径的增大，欠超高随之降低，车体横向加速度峰值和 Sperling 横向平稳性指标呈递减趋势，下降显著。车速 400 km/h 条件下，曲线半径小于 6 500 m 时，车体横向加速度评价结果超过Ⅲ级标准；曲线半径小于 7 000 m 时，Sperling 横向平稳性指标评定为不合格；曲线半径为 7 500 m 时，车体横向加速度达到 0.78 m/s^2，远低于Ⅲ、Ⅳ级标准，满足舒适性要求，Sperling 横向平稳性指标达到 2.66，评定为良好。因此，困

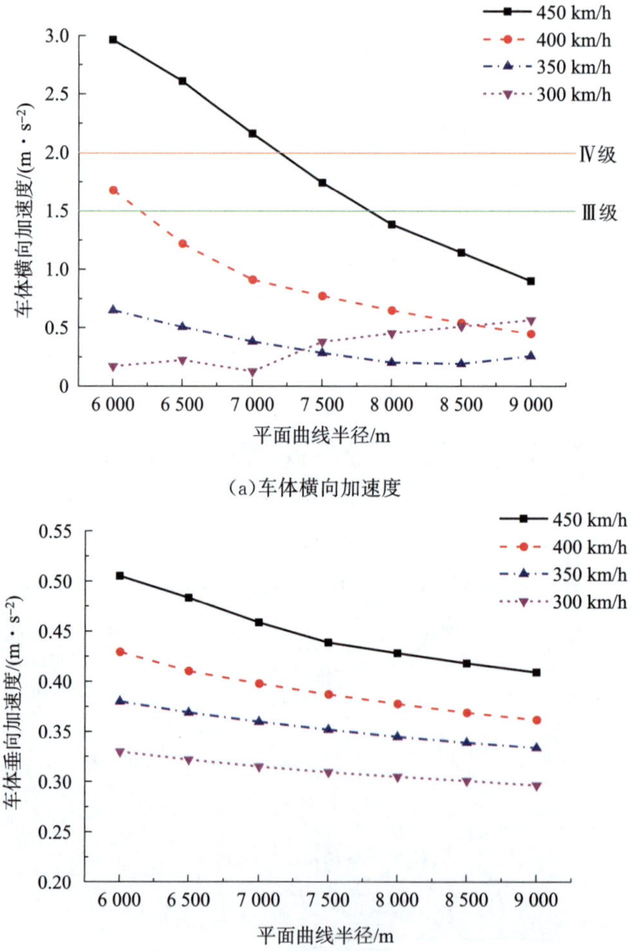

(a)车体横向加速度

(b)车体垂向加速度

图 6-34　车体加速度(一)

难条件下曲线半径取 7 500 m 可满足运行时速 400 km 高速列车的舒适性要求。在车速 450 km/h 条件下，曲线半径小于 8 000 m 时，车体横向加速度低于Ⅲ级标准；曲线半径小于 8 500 m 时，Sperling 横向平稳性指标评定为不合格。不同车速条件下，随着平面曲线半径的增大，车体垂向加速度均呈递减趋势，且变化更为平缓，Sperling 垂向平稳性指标变化也很小，可以看出曲线半径的变化对车体垂向加速度的影响较小。

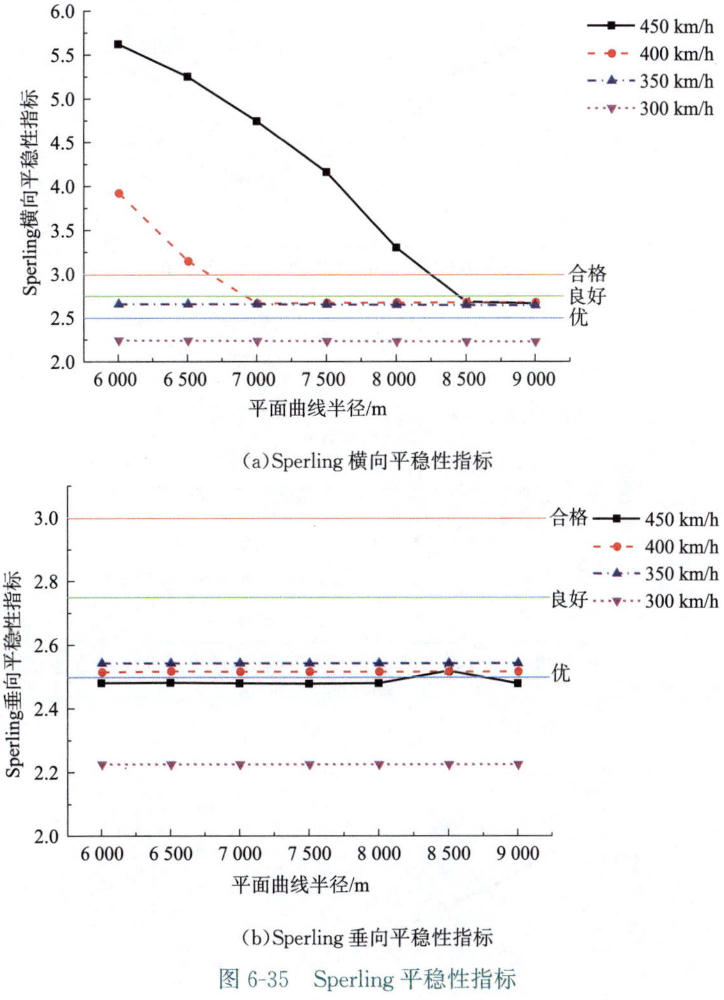

(a)Sperling 横向平稳性指标

(b)Sperling 垂向平稳性指标

图 6-35　Sperling 平稳性指标

6.4.2　超高分析

本节分析不同行车速度条件下，超高对车辆动力响应的影响，平面曲线半径设置为 8 000 m，考虑轨道不平顺。车速 350 km/h 和 400 km/h 条件下，对应的均衡超高分别为 181 mm 和 236 mm。

如图 6-36 所示，超高从 80 mm 增至 260 mm，三项安全性指标峰值均呈先降低后增大的趋势，当设计超高为 190 mm 时，在 8 000 m 半径平面曲线上运行 350 km/h 和 400 km/h

高速列车,二者行车性能相当。车速为 350 km/h 条件下,超高在 140～160 mm 区间内,安全性指标峰值达到最低,此时实设超高比均衡超高小 20 mm;车速 400 km/h 条件下,超高在 200～220 mm 区间内,安全性指标峰值达到最低,此时实设超高比均衡超高小 20 mm。综上所述,欠超高 20 mm 比在均衡超高条件下行车的安全性评价结果更优。

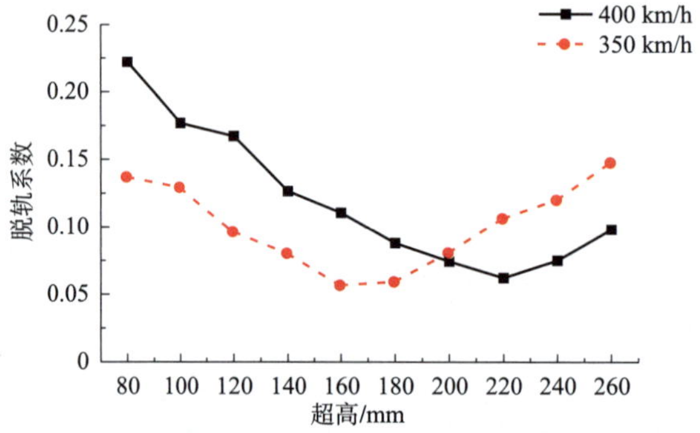

(a)脱轨系数

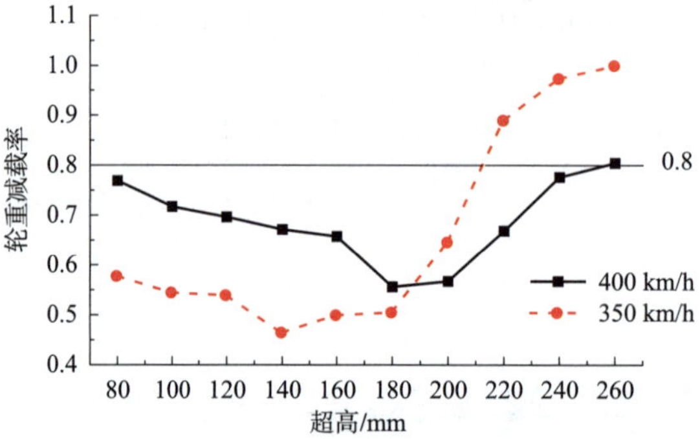

(b)轮重减载率

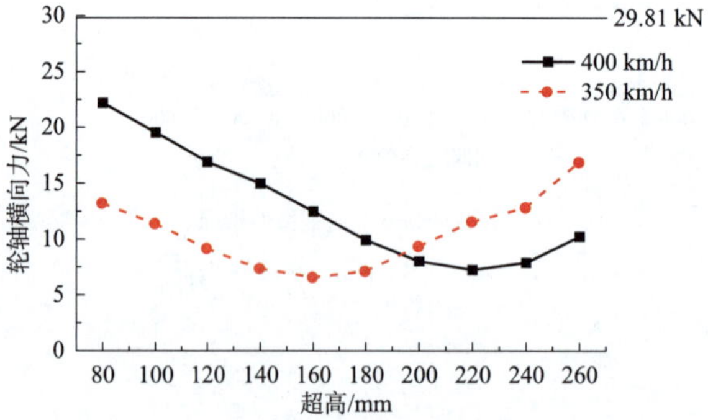

(c)轮轴横向力

图 6-36　安全性指标(二)

如图 6-37 所示,车速在 350 km/h 和 400 km/h 条件下,车体横向加速度峰值的变化规律与安全性指标峰值变化规律相同。平面曲线半径为 8 000 m、车速为 400 km/h 时,当超高由 80 mm 增大至 140 mm 时，车体横向加速度由 2.02 m/s^2 迅速降至 0.93 m/s^2，这是由于欠超高已经超出最大欠超高允许值 90 mm，超高值的变化对舒适性影响很大。车体垂向加速度随超高的增大而增大，均满足舒适性要求，超高增大引起超高顺坡变化加剧而造成垂向加速度增大，超高变化对垂向舒适性影响很大。

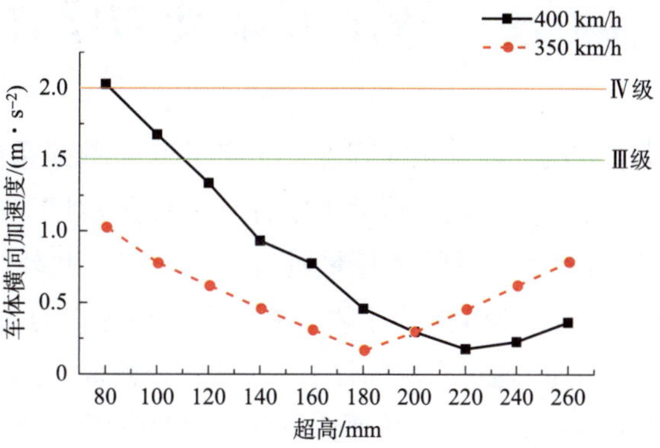

(a)车体横向加速度

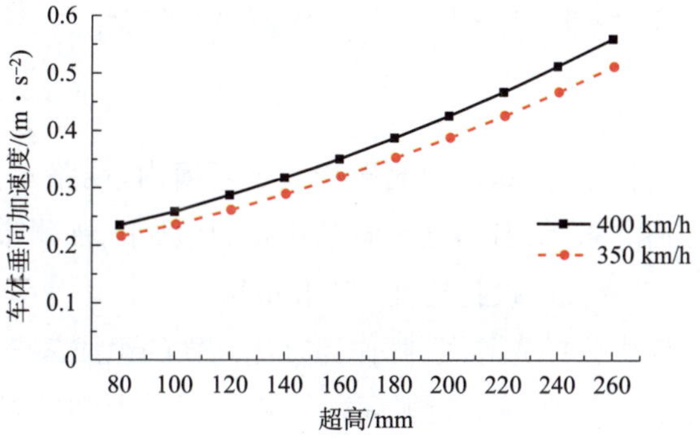

(b)车体垂向加速度

图 6-37　车体加速度(二)

本节基于车辆-线路系统动力学理论，根据现行高铁设计规范计算得到时速 400 km 高铁关键线路设计参数建议值。通过统计分析仿真结果，从安全性、舒适性角度研究了更高时速下，平面曲线半径、超高与车速间的匹配关系，并对某高铁区段线路进行动力学评估，研究了多种线路设计参数匹配后运行更高速列车的适应性。研究结论如下：

(1)建议设计时速 400 km 高速铁路最小平面曲线半径在优秀条件下取 9 000 m，一般条件下可取 8 500 m，困难条件下可放宽至 7 500 m，设计超高均为 175 mm。

(2)欠超高为 20 mm 左右车辆的动力响应最优，因此适当的欠超高更有利于行车的安全性和舒适性。

第7章 线路方案动力学评估

线路线形及其与线下结构的匹配很大程度上决定了车辆-线路系统的动力响应，并直接影响运行品质。在线路方案研究阶段开展动力学评估和优化，对于改善高速铁路运营后的行车动力性能、降低线下结构养修维护工作量具有重要意义。此外，在海外高速铁路项目中，通常需要给出线路方案动力学性能的评估报告。本章在建立的动力学模型和提出的线路方案评价指标和方法基础上，通过京沈高铁、印尼雅万高铁等实际工程案例，介绍线路系统动力学理论在高速铁路线路方案动力学评估与优化中的应用。

7.1 京沈高铁试验段线路方案动力学评估

北京至沈阳高速铁路位于北京市、河北省和辽宁省境内，线路起自北京朝阳站，沿京承高速公路向东北延伸经河北省承德市，辽宁省朝阳市、阜新市、锦州市，到达沈阳市，终至沈阳站，线路运营全长 696.764 km，设计速度 350 km/h。

京沈高铁在辽宁省境内设一先导段，既作为京沈高铁的组成部分，同时又拟将在该先导段开展高速铁路综合试验。计划围绕我国高速铁路发展需求和针对东北部地区的气候特点，开展基于自主化的高速铁路信号系统的研究与试验，铁路下一代 LTE-R 宽带移动通信系统试验，基于大数据体系的基础设施状态预测与健康管理(PHM)试验，工务工程关键材料、结构和技术工程试验，新一代牵引供电系统关键技术及应用试验，350 km/h 以上高速试验等多个系统和不同专业的综合试验。

7.1.1 计算条件

1. 试验段线路概况

高速综合试验段位于朝阳北站(DK417＋000)至古城子站(DK676＋000)，该段新建线路长度 255.025 km；设朝阳北、北票东、乌兰木图、阜新北、黑山北、新民北、古城子 7 个车站；路基长度 74.761 km；桥梁 78 座，长度 157.56 km，占 61.78%，最长桥梁为兴隆店特大桥，长度为 23.6 km；隧道 15 座，长度 22.704 km，占 8.9%，其中最长隧道为扣莫明洞，长度为 2.47 km；轨道类型为 CRTSⅢ型板式无砟轨道。

京沈高铁 DK417＋000～DK676＋000 试验段范围共计设计曲线 22 个，曲线总长 65.191 km，占线路全长的 25.56%，其中最小曲线半径 8 000 m，共计 13 处；最大曲线半径 12 000 m，共计 1 处；其余曲线为 5 处 9 000 m 和 3 处 10 000 m。最长直线段为 27.330 km，位于 DK609＋657.743～DK640＋987.694，该直线段分布工点有桥梁、路基、车站，该段最大坡度为 5.6‰（坡长 2 100 m）；试验段内另一长直线段落位于 DK575＋849.241～DK595＋145.230，长 19.296 km，该直线段分布工点有路基、桥梁、隧道、车站，该段最大坡度为 10.3‰（坡长 2 000 m）。以上两处长直线段具备开展高速综合试验的条件。

2. 动力分析段落说明

为仿真试验段的行车动力性能，在试验段选取 DK473＋238～DK533＋228 为典型区段作为行车动力性能分析的线路输入条件，图 7-1 所示为该线路的平纵断面参数示意图。计算车型采用 CRH380 型车。将我国高速铁路无砟轨道不平顺谱进行逆变换，波长范围区取 2～120 m，得到左右轨高低和轨向不平顺。该段全长 60 km，共有 6 处曲线，24 个纵断面坡段，区段的平面曲线参数见表 7-1。

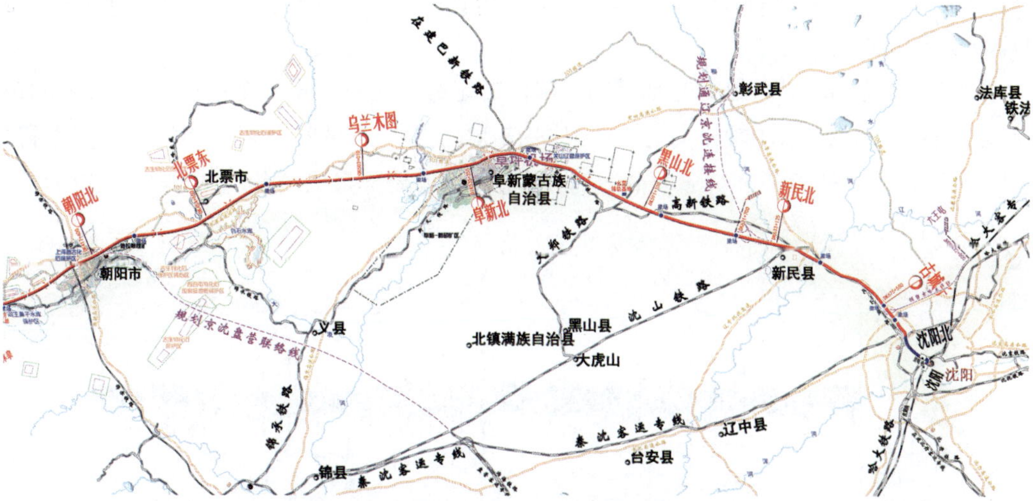

图 7-1　北京至沈阳铁路客运专线先导段线路平面示意图

表 7-1　典型区段平面曲线统计表

曲线半径/m	实设超高/mm	缓和曲线长度/m
8 000	125	590
9 000	120	530
10 000	110	470
	100	
12 000	90	370

7.1.2 动力学分析与评估

1. 系统动力响应时程分析

图 7-2 所示为列车以 350 km/h 和 400 km/h 运行速度通过试验段时动力响应时程曲线，由图可见：

(1)车体垂向加速度在－0.03g～0.03g 之间，满足 0.13g 的舒适性控制限值。

(2)350 km/h 运行速度下，车体横向加速度在－0.03g～0.03g 之间，满足 0.1g 的舒适性控制限值；400 km/h 运行速度下，车体横向加速度在半径为 8 000 m 曲线上响应较大，在－0.15g～0.15g 之间，局部地段超出 0.1g 的舒适性控制限值。

(3)350 km/h 运行速度下，脱轨系数的值很小，在－0.15～0.1 之间，远小于脱轨系数的安全限值 0.8；400 km/h 运行速度下，脱轨系数较 350 km/h 运行速度条件下略大，在－0.3～0.3 之间，同样小于脱轨系数的安全限值 0.8。

(4)350 km/h 运行速度下，轮重减载率的值为－0.35～0.4，小于动态轮重减载率的安全限值 0.8；400 km/h 运行速度下，轮重减载率的值为－0.55～0.55，同样小于动态轮重减载率的安全限值 0.8。

(5)对于轮轴横向力，依据轮轴横向力限值的定义公式可求得安全限值为 56.28 kN；在 350 km/h 运行速度下，轮轴横向力在－17～15 kN 之间，满足安全限值；400 km/h 运行速度下，列车通过半径为 8 000 m 的曲线时，轮轨横向力局部最大值约为 40 kN，已较为接近 56.28 kN 的安全限值。

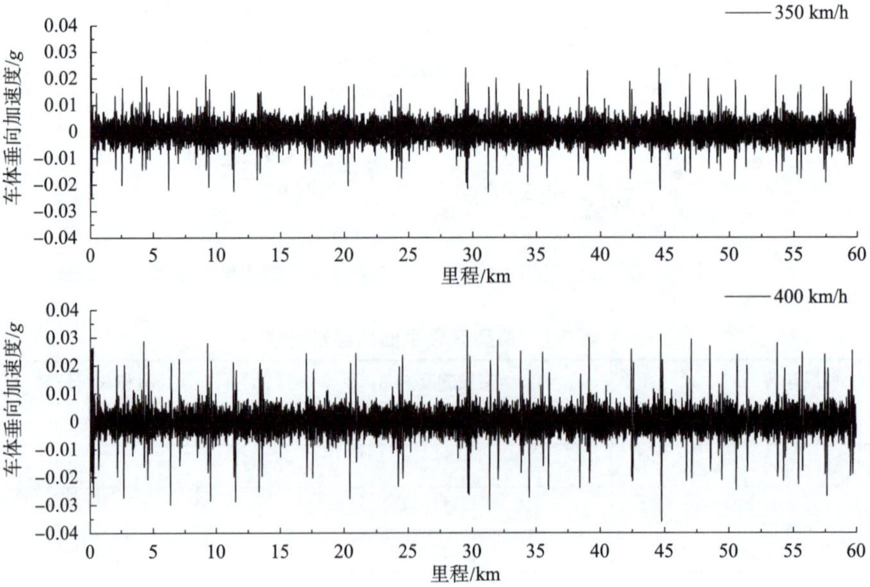

(a)车体垂向加速度

图 7-2

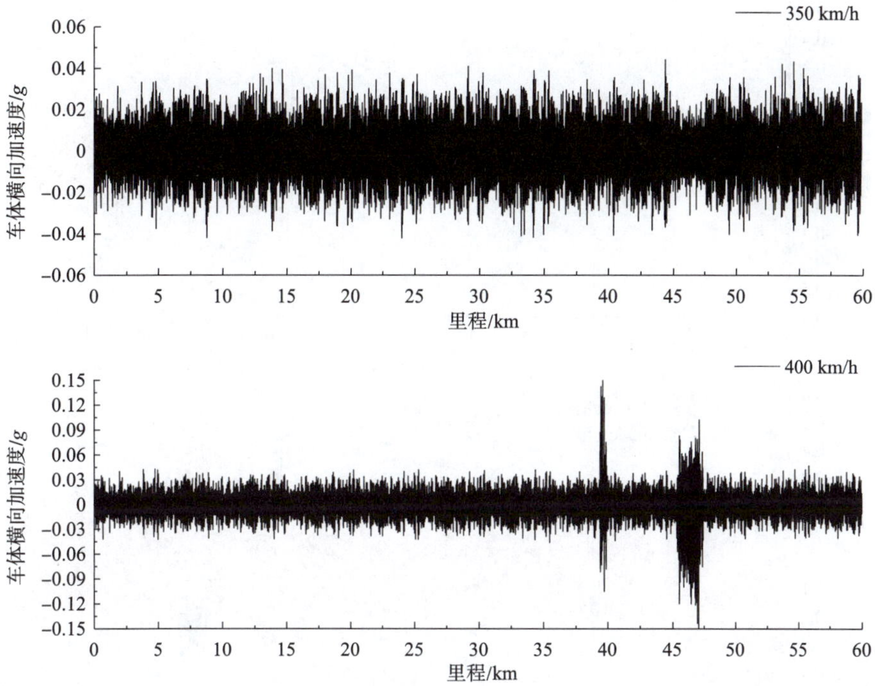

(b)车体横向加速度

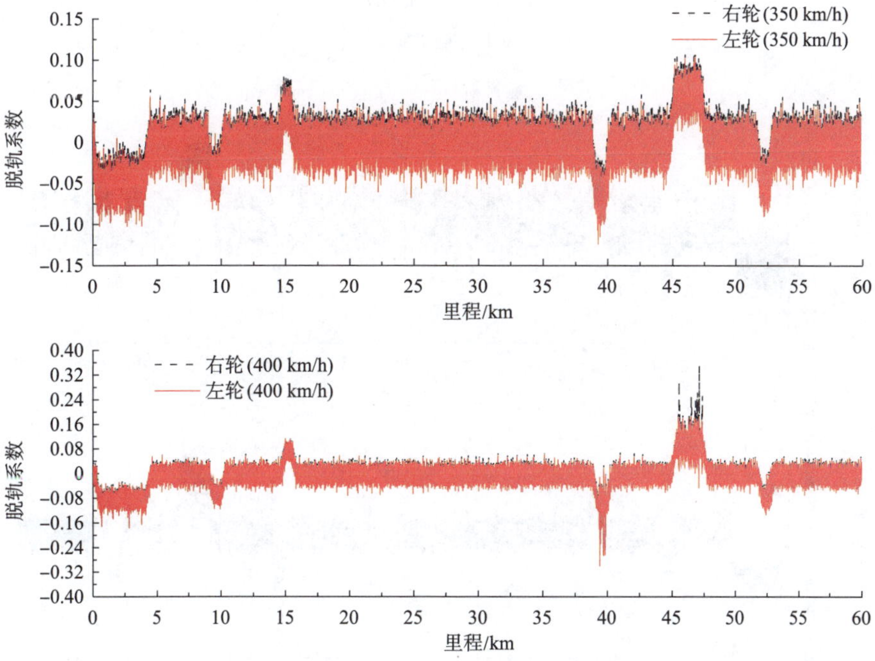

(c)脱轨系数

图　7-2

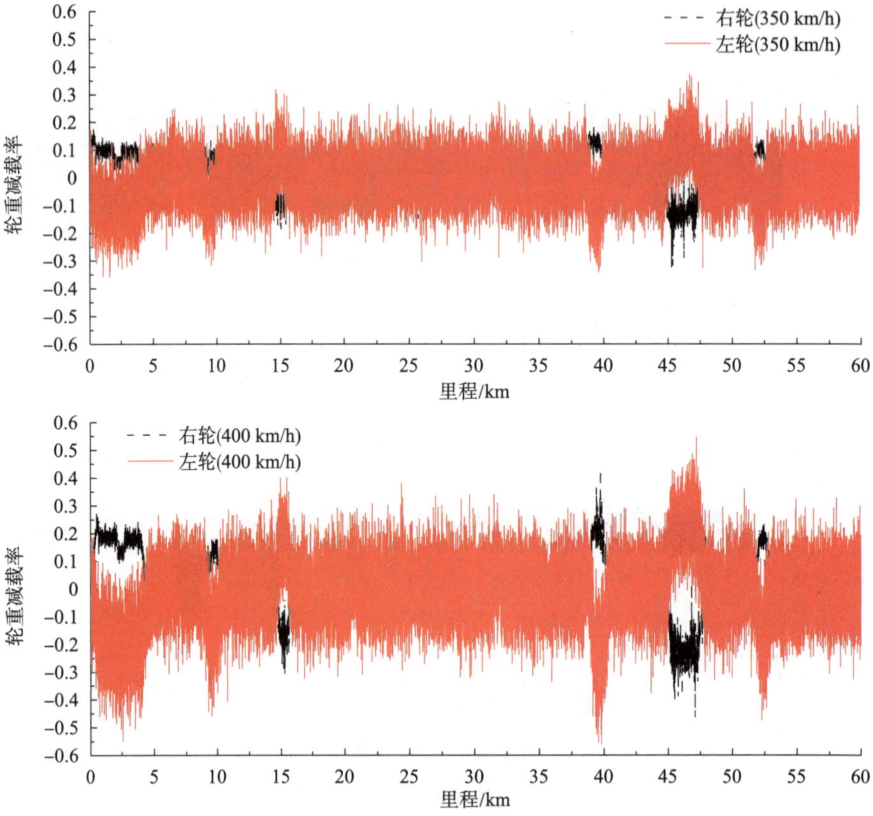

(d)轮重减载率

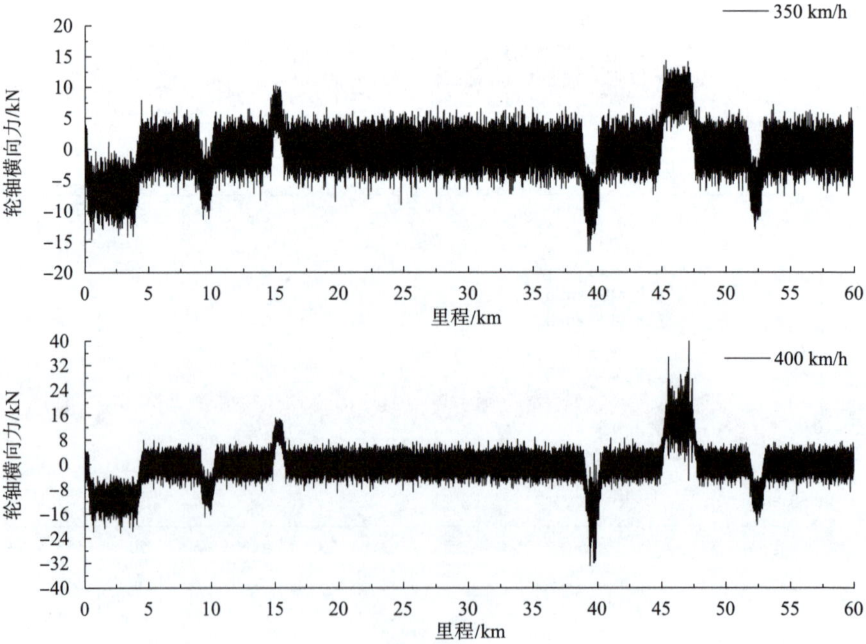

(e)轮轴横向力

图 7-2　350 km/h 和 400 km/h 运行条件下试验段动力响应时程曲线

2. 系统动力响应统计分析

(1)线路方案整体动力学性能分析

图 7-3 所示为区段各线路动力响应指标频次统计结果。从线路方案整体统计结果来看,运行速度提高到 400 km/h 后,各项动力学指标较大值出现频次均有所提高,其中轮重减载率变化较为显著。

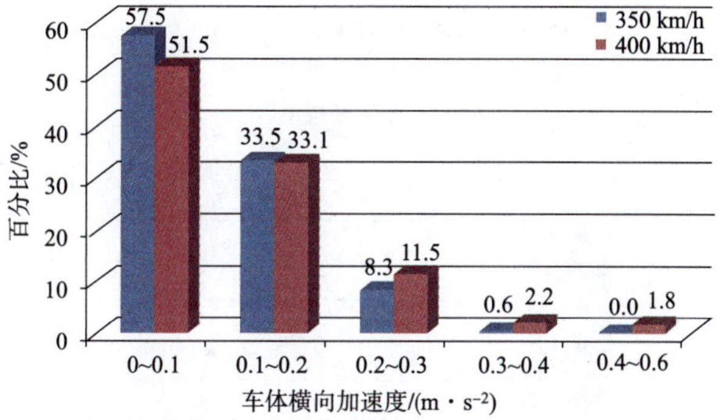

(a)车体横向加速度

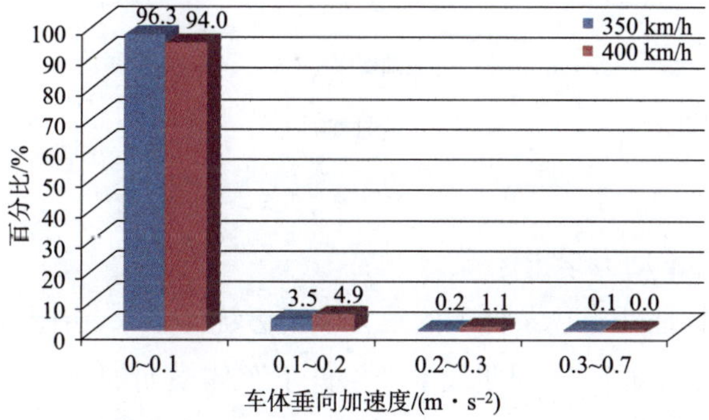

(b)车体垂向加速度

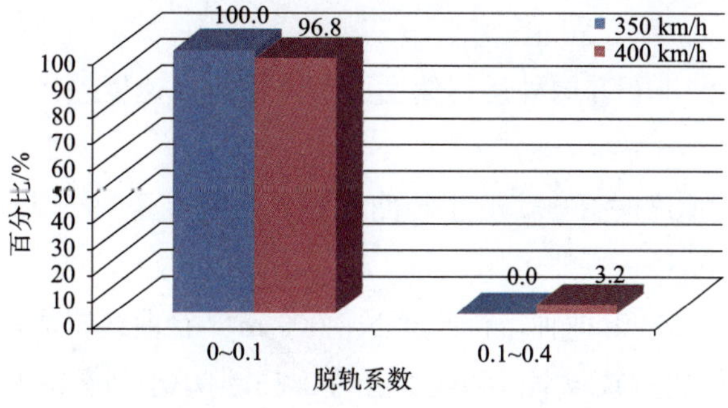

(c)脱轨系数

图　7-3

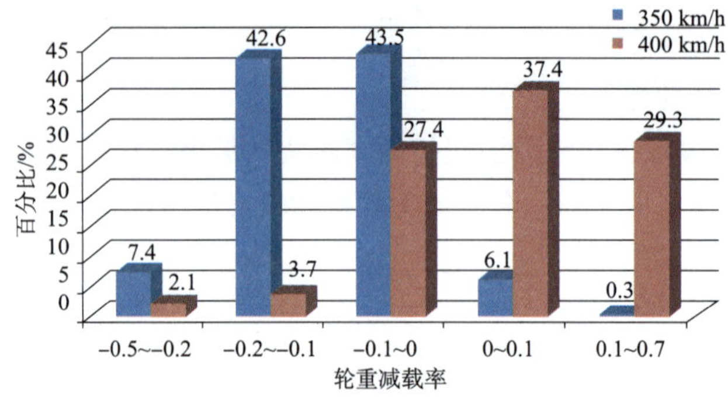

(d)轮重减载率

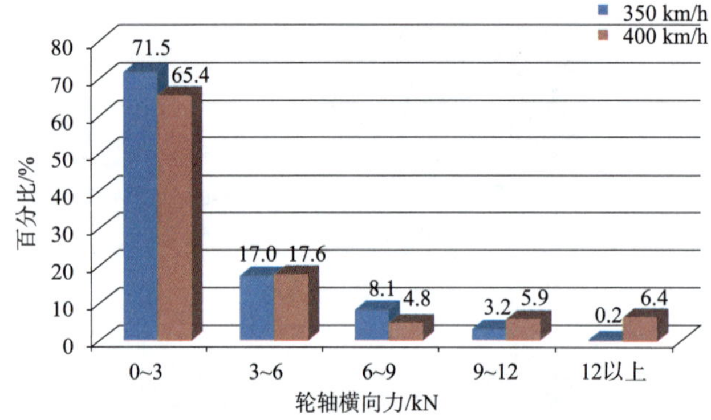

(e)轮轴横向力

图 7-3　线路方案动力学指标统计

(2)不同半径条件下动力学指标

图 7-4 所示为不同曲线半径条件下的动力学指标统计结果,由图可见:

①350 km/h 运行速度下,不同曲线半径条件下车体横向加速度差别不大,最大值基本稳定在 0.03g 附近,平均值稳定在 0.008g 附近;400 km/h 运行速度下,8 000 m 半径曲线车体横向加速度的最大值和平均值较其他半径曲线大,最大值约达到 0.15g,局部地段超出限值 0.1g。

②350 km/h 和 400 km/h 两种运行速度下车体垂向加速度差别不大,满足 0.13g 的舒适性控制限值。

③400 km/h 运行速度时 8 000 m 半径曲线脱轨系数显著大于其他半径曲线,但未超过脱轨系数的安全限值 0.8。

④350 km/h 和 400 km/h 两种运行速度下 8 000 m 半径曲线轮重减载率均大于其他半径曲线,其中 400 km/h 时轮重减载率达到最大值约 0.55,但小于动态轮重减载率安全限值 0.8。

⑤350 km/h 和 400 km/h 两种运行速度下 8 000 m 半径曲线轮轴横向力均大于其他半径曲线,其中 400 km/h 条件下,轮轴横向力最大值约为 40 kN,已接近 56.28 kN 的轮轴横向力限值。

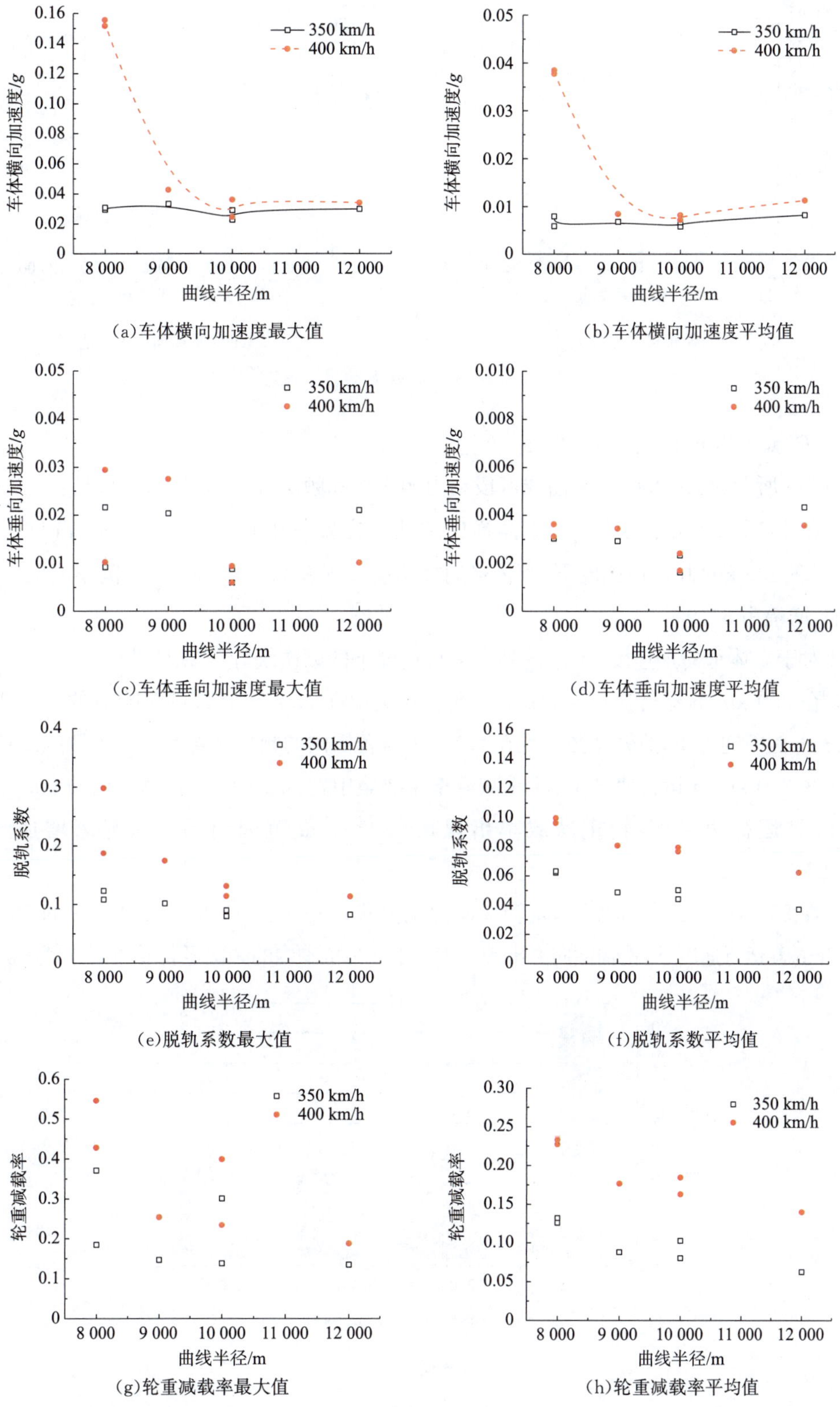

(a)车体横向加速度最大值　(b)车体横向加速度平均值

(c)车体垂向加速度最大值　(d)车体垂向加速度平均值

(e)脱轨系数最大值　(f)脱轨系数平均值

(g)轮重减载率最大值　(h)轮重减载率平均值

图　7-4

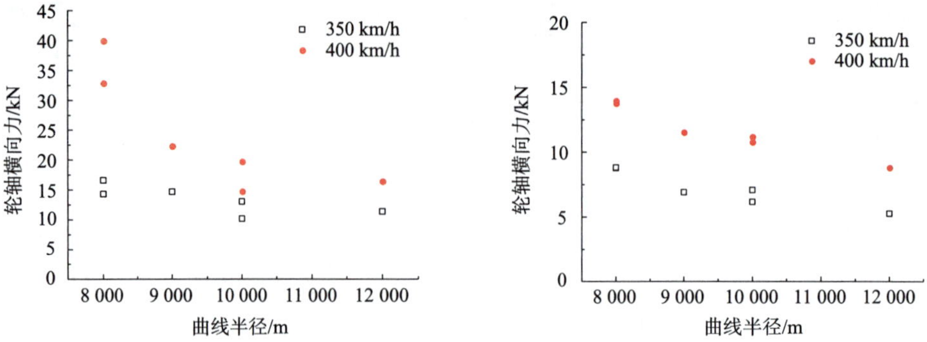

(i)轮轴横向力最大值　　(j)轮轴横向力平均值

图 7-4　不同半径条件下动力学指标

(3)R=8 000 m 曲线动力学指标

图 7-5 所示为 R=8 000 m 曲线区段动力响应指标频次统计结果，由图可见：

①在 350 km/h 运行速度下，车体横向加速度主要集中在 0～0.2 m/s^2，占总响应的 79.3%；在 400 km/h 运行速度下，车体横向加速度出现在 0.4～0.8 m/s^2 范围内的频次显著增加，增幅为 55.9%。

②对于车体垂向加速度，不同的列车运行速度下的频次统计结果差别不大。

③在 350 km/h 运行速度下，脱轨系数主要集中在 0.05～0.1，占总响应的 80.1%；在 400 km/h 运行速度下，脱轨系数出现在 0.15～0.3 范围内的频次显著增加，增幅为 23.4%。

④在 350 km/h 运行速度下，轮重减载率主要集中在 0.1～0.3，占总响应的 90.7%；在 400 km/h 运行速度下，轮重减载率出现在 0.3～0.6 范围内的频次显著增加，增幅为 33.2%。

⑤在 350 km/h 运行速度下，轮轴横向力主要集中在 10～15 kN，占总响应的 75.5%；在 400 km/h 运行速度下，轮轴横向力出现在 15～40 kN 范围内的频次显著增加，增幅为 55.6%。

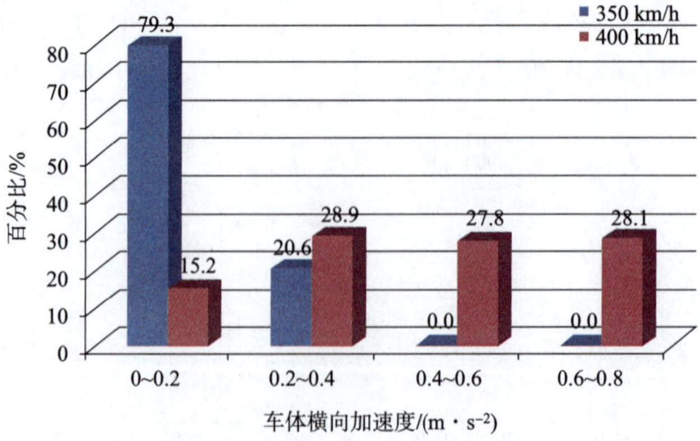

(a)车体横向加速度

图　7-5

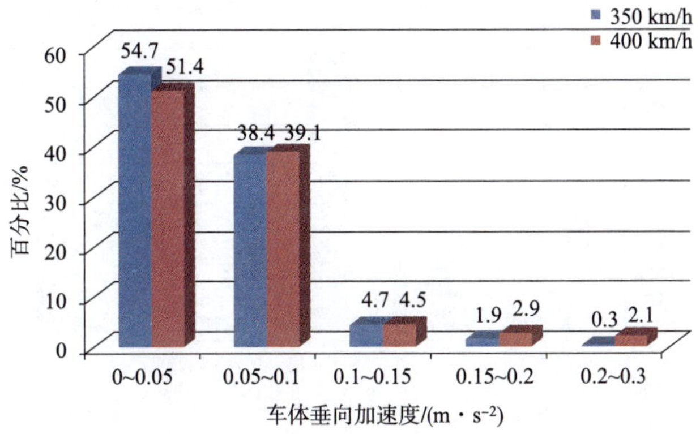

(b)车体垂向加速度

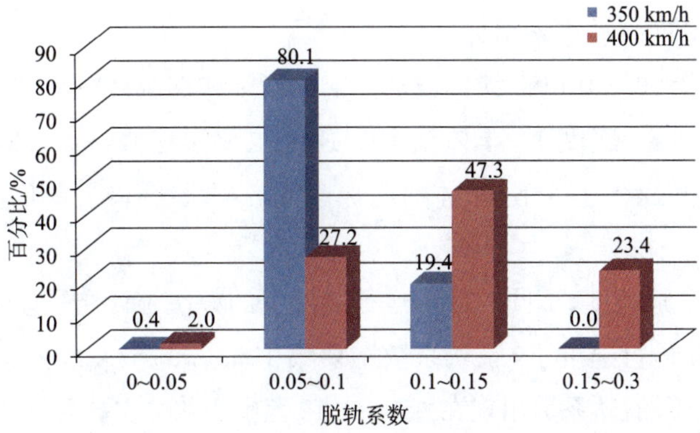

(c)脱轨系数

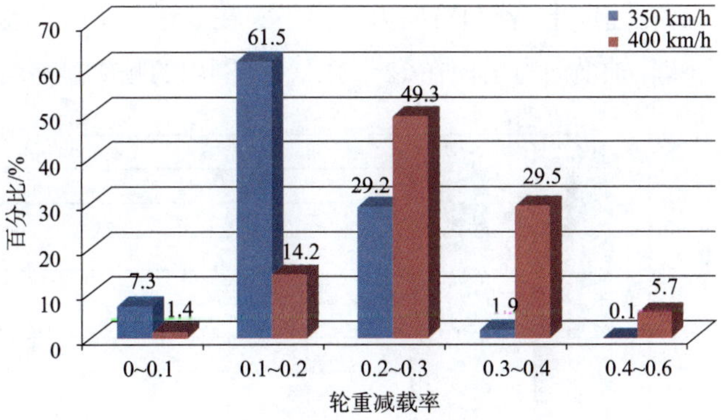

(d)轮重减载率

图　7-5

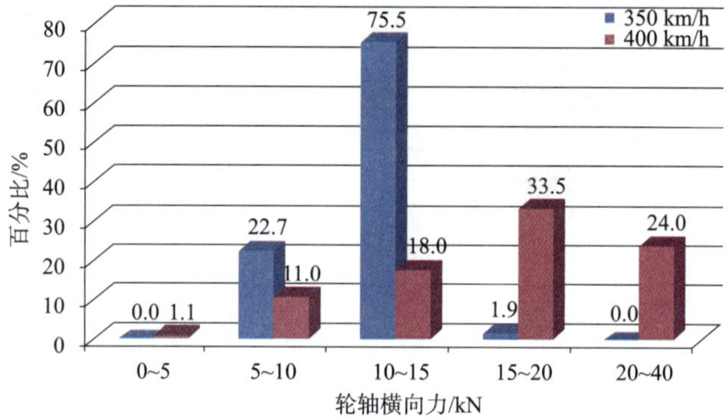

(e)轮轴横向力

图 7-5 R=8 000 m 曲线动力学指标

(4)R=9 000 m 曲线动力学指标

图 7-6 所示为 R=9 000 m 曲线区段动力响应指标频次统计结果，由图可见：

①在 350 km/h 运行速度下，车体横向加速度主要集中在 0～0.2 m/s²，占总响应的 87.6%；在 400 km/h 运行速度下，车体横向加速度的频次统计结果和 350 km/h 运行速度条件下差别不大。

②对于车体垂向加速度，不同的列车运行速度下的频次统计结果差别不大。

③在 350 km/h 运行速度下，脱轨系数主要集中在 0.05～0.1，占总响应的 89.7%；在 400 km/h 运行速度下，脱轨系数出现在 0.1～0.15 范围内的频次显著增加，增幅为 58.4%。

④在 350 km/h 运行速度下，轮重减载率主要集中在 0.1～0.15，占总响应的 74.0%；在 400 km/h 运行速度下，轮重减载率出现在 0.2～0.3 范围内的频次显著增加，增幅为 59.4%。

⑤在 350 km/h 运行速度下，轮轴横向力主要集中在 6～12 kN，占总响应的 82.6%；在 400 km/h 运行速度下，轮轴横向力出现在 12～24 kN 范围内的频次显著增加，增幅为 61.3%。

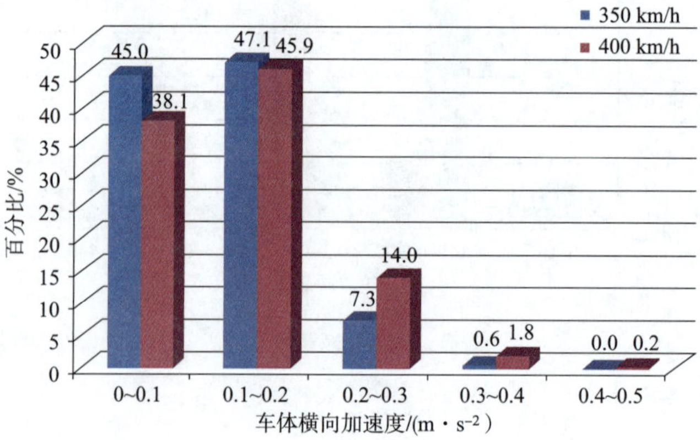

(a)车体横向加速度

图 7-6

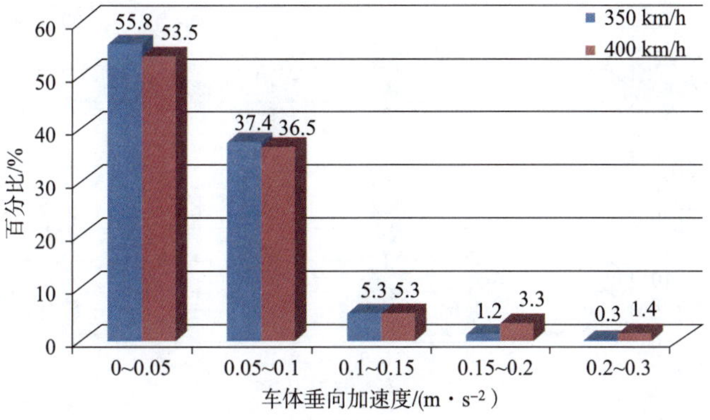

(b)车体垂向加速度

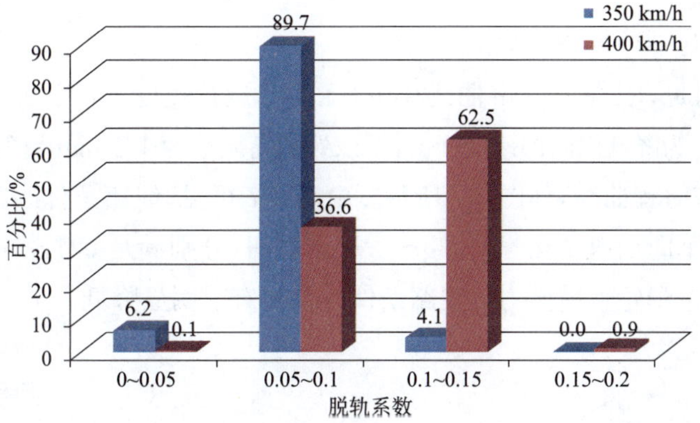

(c)脱轨系数

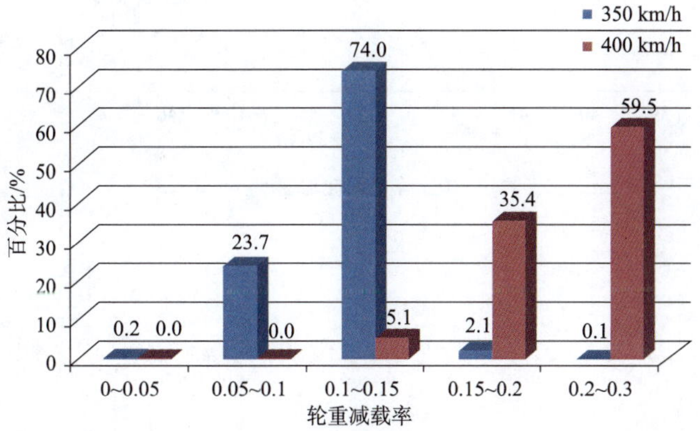

(d)轮重减载率

图　7-6

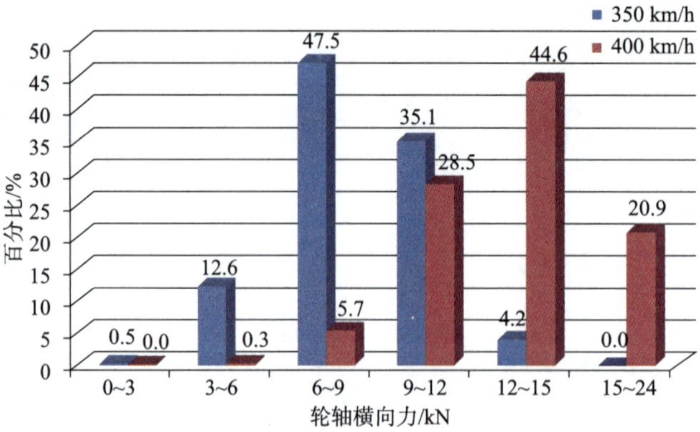

(e)轮轴横向力

图 7-6　R=9 000 m 曲线动力学指标

3. R=8 000 m 改善效果分析

从上述分析可见,R=8 000 m 曲线在 400 km/h 运行速度下局部地段车体横向加速度超出 0.1g 的限值。为降低横向加速度峰值,将该处超高调整为 170 mm,计算得到 400 km/h 运行速度下动力响应时程曲线,如图 7-7 所示。由图 7-7 可见,线路条件改善后动力响应明显降低,车体横向和垂向加速度在−0.03g～0.03g 之间,分别满足 0.1g 与 0.13g 的限值;脱轨系数、轮重减载率和轮轴横向力较线路条件改善前有了明显降低。

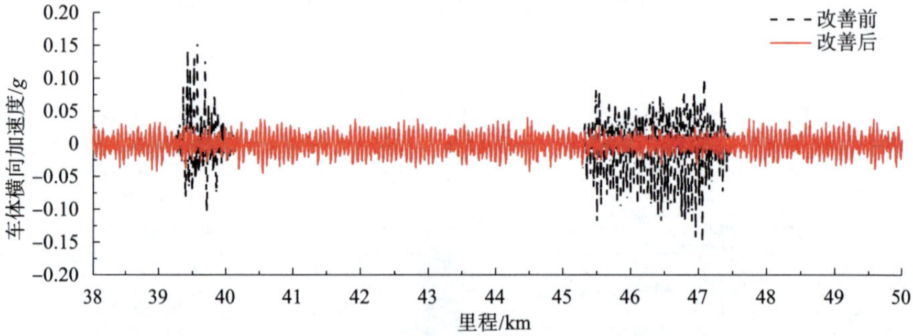

(a)车体横向加速度

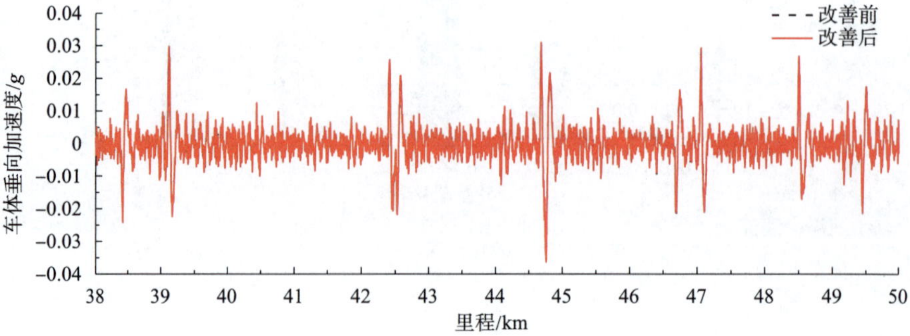

(b)车体垂向加速度

图　7-7

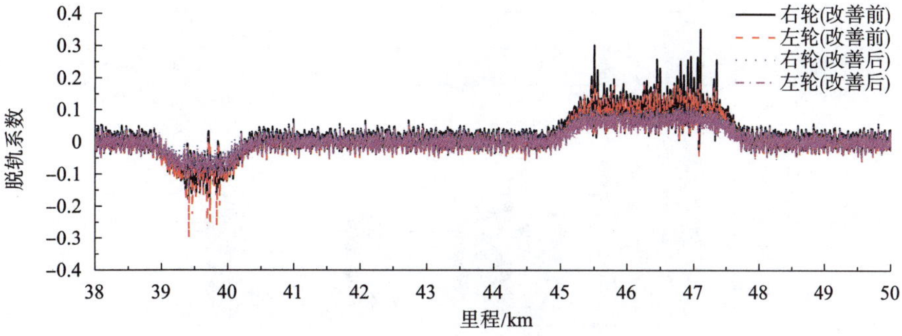

(c)脱轨系数

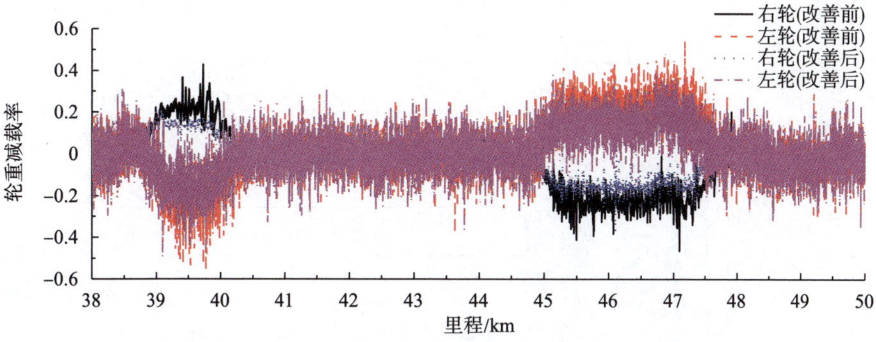

(d)轮重减载率

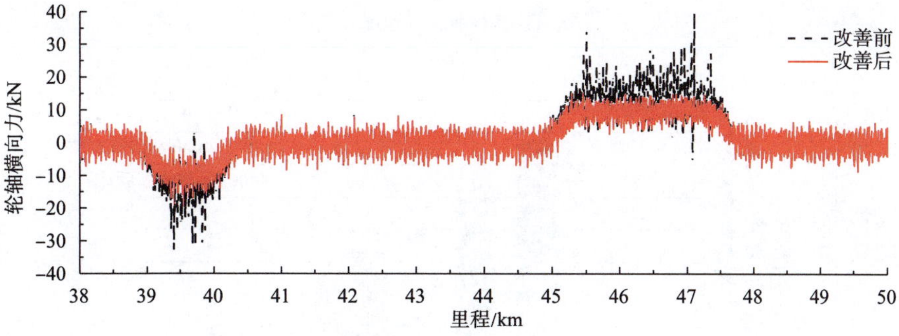

(e)轮轴横向力

图 7-7 线路条件改善前后 400 km/h 运行速度下动力学指标对比

进一步对线路条件改善前后的计算结果进行统计分析，如图 7-8 所示。由图 7-8 可见，改善后车辆横向加速度出现 0.04 m/s^2 以上响应频次明显降低；脱轨系数主要集中在 0.05～0.15，轮重减载率主要集中在 0.1～0.3，脱轨系数超过 0.15、轮重减载率超过 0.3 的频次显著减少；轮轴横向力超过 15 kN 的频次降低；线路条件改善后 400 km/h 速度运行的车线动力响应指标与改善前 350 km/h 速度条件下基本相当。

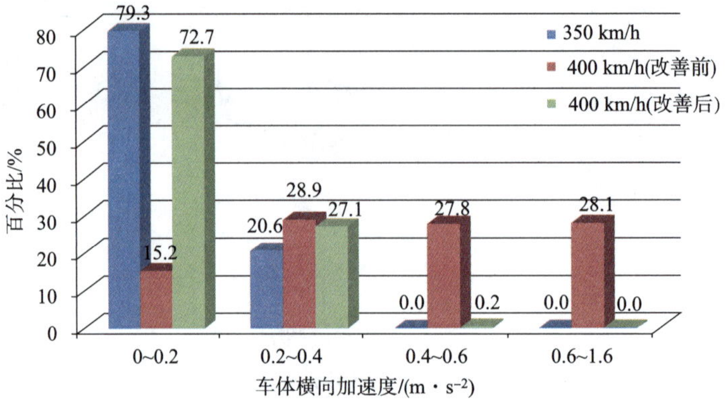

(a)车体横向加速度

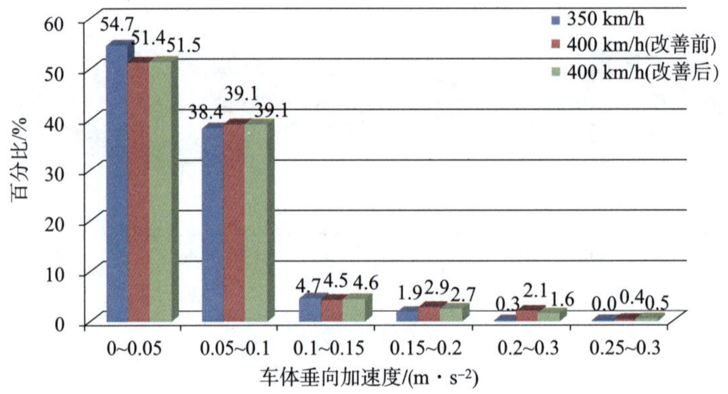

(b)车体垂向加速度

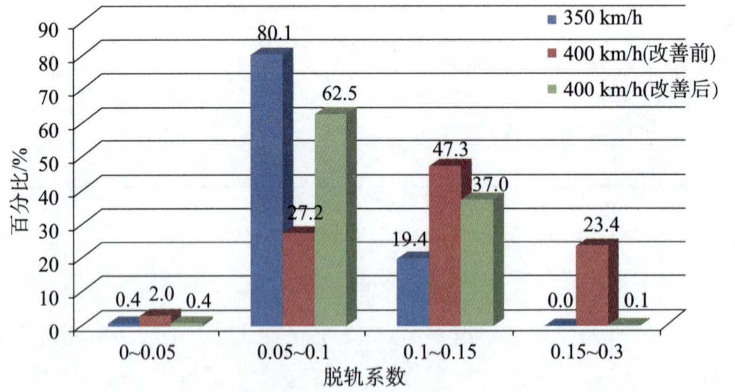

(c)脱轨系数

图 7-8

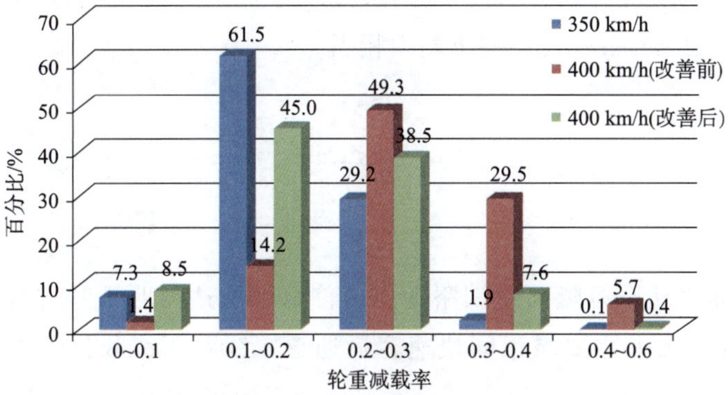

(d)轮重减载率

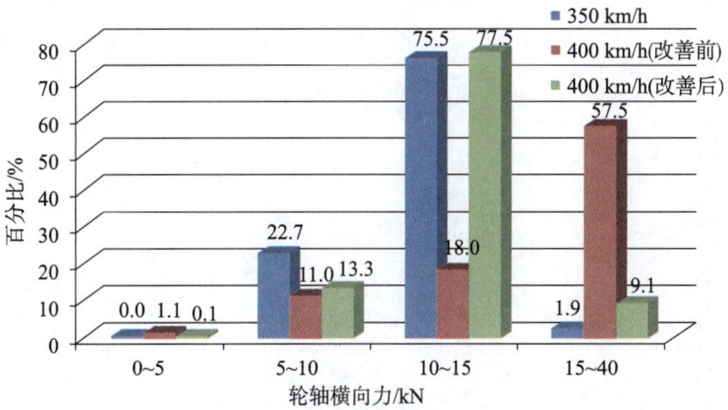

(e)轮轴横向力

图 7-8　线路条件改善前后动力响应指标频次统计结果对比

4. 小结

京沈高铁试验地段的提速试验动力仿真可为超高设置、试验安全运行提供理论依据。主要研究结论如下：

(1)CRH380 高速列车以 350 km/h 以及 400 km/h 通过该区段线路时，车辆的安全性指标均满足规范要求。除半径 8 000 m 曲线地段 400 km/h 通过时车体横向加速度最大值达 0.15g 超出 0.1g 限值要求以外，其他地段以 350 km/h 以及 400 km/h 通过时，均能满足乘坐舒适性指标要求。

(2)平面曲线半径、超高的设置对列车通过性能影响较大，曲线超高应与速度目标值相匹配。

(3)纵断面坡度、坡段长度与竖曲线半径等线形参数对速度目标值不敏感。

(4)与 350 km/h 的速度相比，当 CRH380 高速列车以 400 km/h 通过该区段线路时，各项动力学指标出现较大值频次均有所提高。

(5)将 8 000 m 半径曲线设计超高由 120 mm 提高到 170 mm，CRH380 高速列车以 400 km/h

通过时,各项动力学指标能极大改善。线路条件改善后 400 km/h 速度运行的车线动力响应指标与改善前 350 km/h 速度条件下基本相当。

7.2 印尼雅万高铁线路方案动力学分析

印度尼西亚雅加达至万隆高速铁路是连接首都雅加达与西爪哇省首府万隆的重要纽带,是爪哇岛经济走廊上主要城市间快速客运通道。线路正线长度 142.3 km,桥隧比约 73%,全线共设置车站 4 座,分别为 Halim、Karawang、Walini、Tegal Luar 站,如图 7-9 所示。

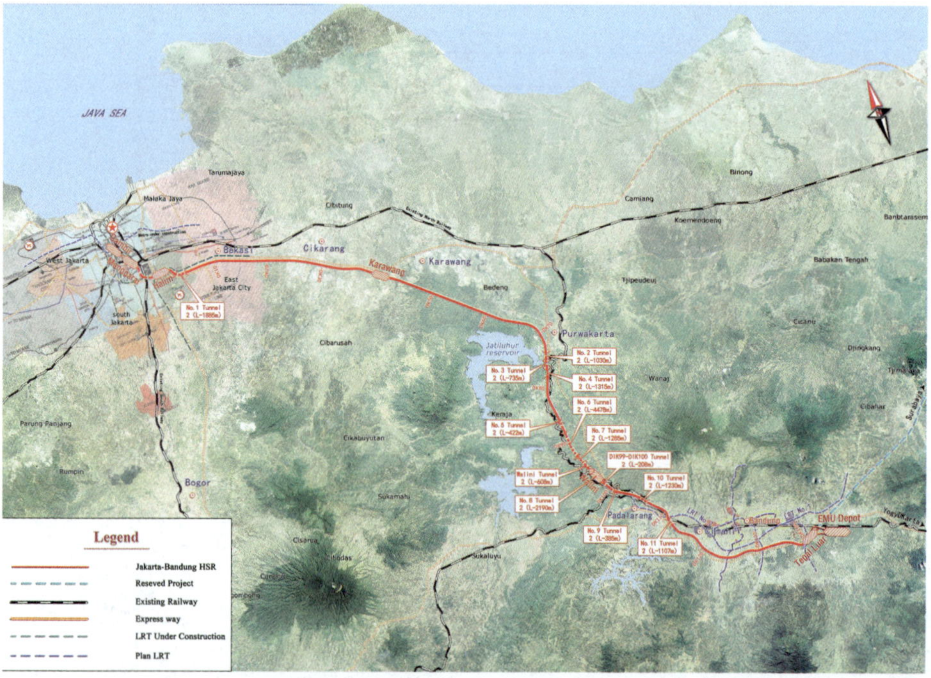

图 7-9　印尼雅万高铁线路示意图

7.2.1 线路困难地段动力学仿真分析

1. 线路困难地段线形情况简介

项目可行性研究中,CK17+000～CK31+000 段 14 km 线路方案为典型线路困难地段。该段线路设计时速 350 km。线路平面曲线 3 处,曲线半径分别为 6 000 m、7 000 m 和 9 000 m,其中,曲线半径 6 000 m 小于我国《高速铁路设计规范》中规定的一般条件限值 7 000 m;半径 6 000 m 和 7 000 m 曲线间夹直线长度 162.3 m,小于《高速铁路设计规范》中规定的最小夹直线长度困难条件限值 210 m(0.6v)。线路纵断面坡段 9 处,最大坡段长度

3 600 m，最小坡段长度 900 m，平均坡段长度 1 577 m；最大坡度代数差达到 39‰。具体线路条件如图 7-10 所示。该处线路平纵断面设计为适应国外项目经济适用性的要求，经研究比选采用部分标准超出我国规定的相应限值，是印尼雅万高铁线路设计中具有代表性的地段。

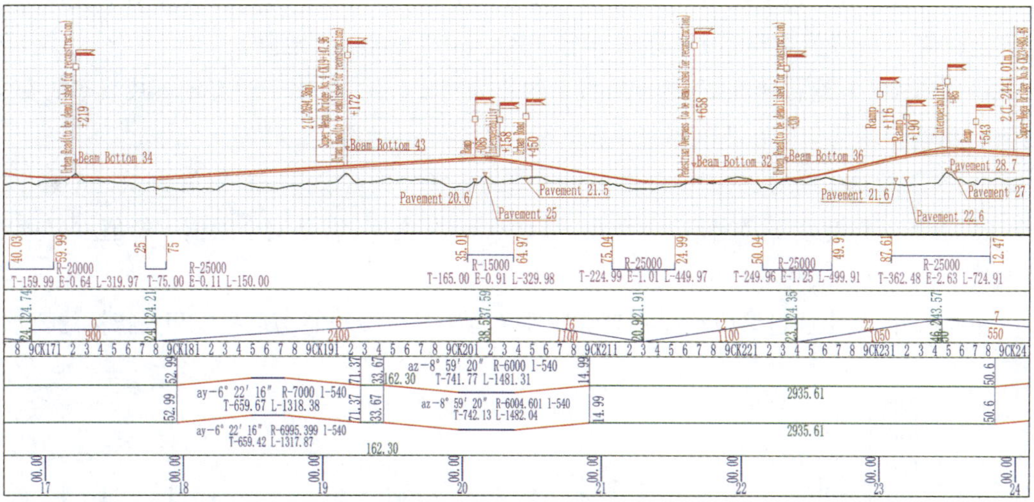

(a)CK17＋000～CK24＋000 段线路纵断面

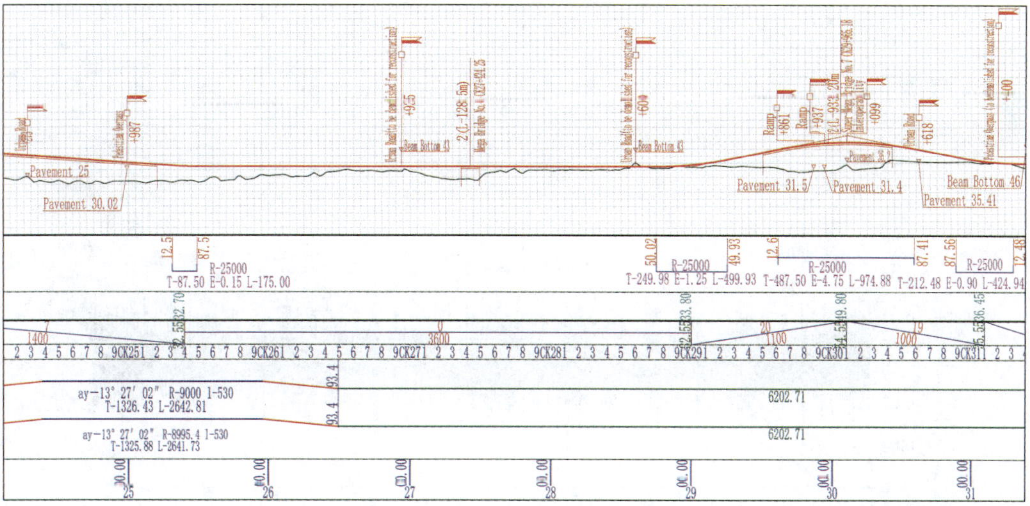

(b)CK24＋000～CK31＋000 段线路纵断面

图 7-10　印尼雅万高铁 CK17＋000～CK31＋000 段线路纵断面截图

2. 时程曲线分析

图 7-11 所示为 CRH380 动车组以时速 350 km 通过 CK17＋000～CK31＋000 段的主要行车动力学性能指标时程曲线，可以看出：

(1)车体垂向加速度在$-0.03g\sim0.03g$之间，满足$0.13g$的舒适性控制限值；峰值主要出现在曲线半径7 000 m和6 000 m缓直、直缓点以及纵断面变化处。

(2)车体横向加速度在$-0.04g\sim0.04g$之间，满足$0.1g$的舒适性控制限值；峰值出现在平竖曲线线形困难地段。

(3)350 km/h运行速度下，脱轨系数的值很小，在$-0.13\sim0.13$之间，远小于脱轨系数的安全限值0.8；峰值主要集中在曲线半径7 000 m和6 000 m地段。

(4)350 km/h运行速度下，轮重减载率的值为$-0.4\sim0.4$，小于动态轮重减载率的安全限值0.8；峰值主要集中在曲线半径7 000 m和6 000 m地段。

(5)对于轮轴横向力，依据轮轴横向力限值的定义公式可求得安全限值为56.28 kN；在350 km/h的运行速度下，轮轴横向力在$-18\sim18$ kN之间，满足安全限值。峰值主要集中在曲线半径7 000 m和6 000 m地段。

由此可知，列车通过该段线路乘坐舒适性及行车安全性均能满足我国相关指标的要求。

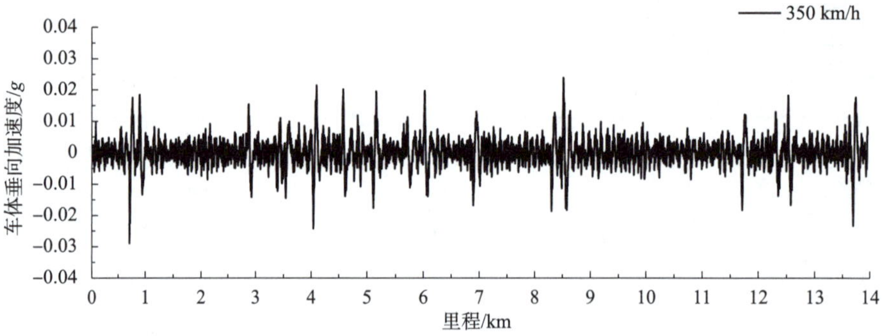

(a)车体垂向加速度

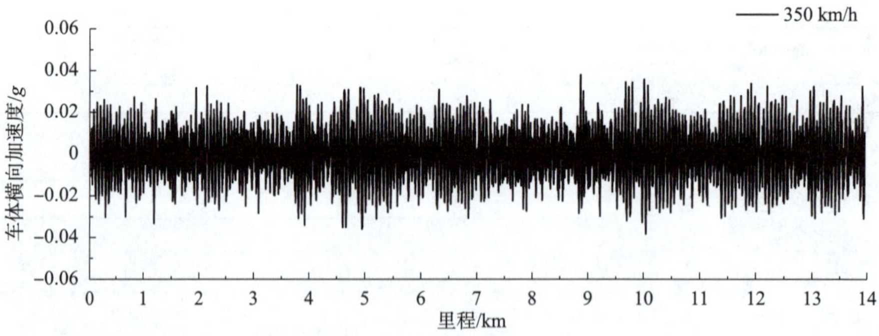

(b)车体横向加速度

图 7-11

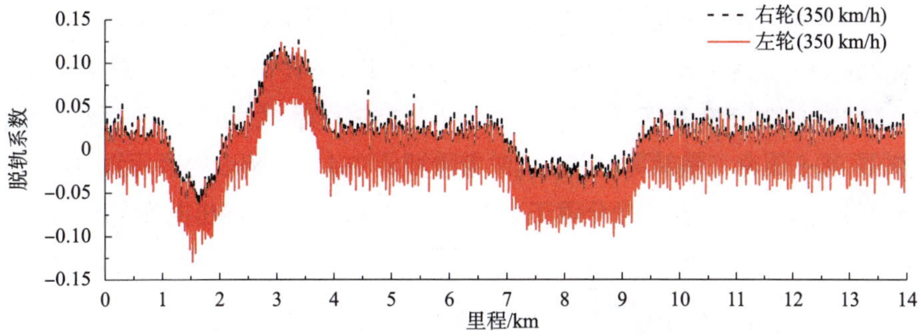

(c)脱轨系数

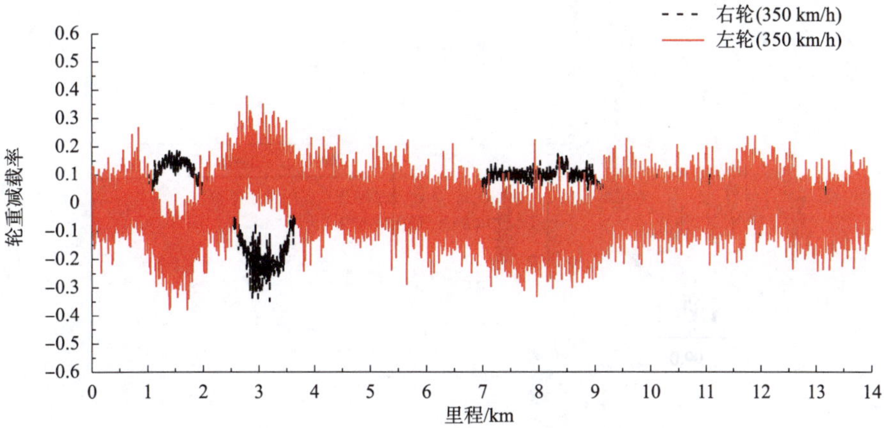

(d)轮重减载率

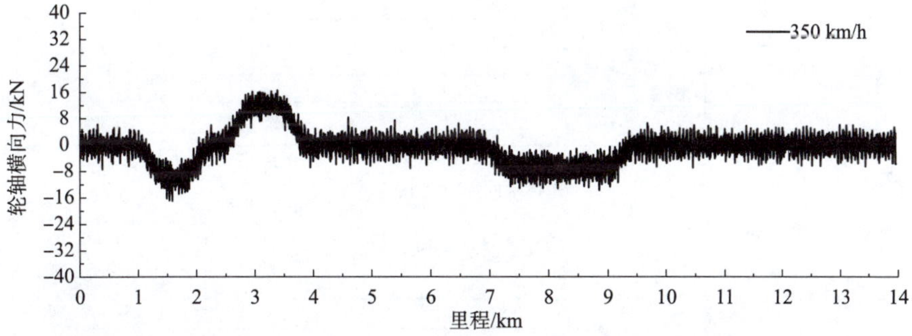

(e)轮轴横向力

图 7-11　350 km/h 运行条件下动力响应时程曲线

3. 统计分析

图 7-12 所示为该段线路动力响应指标频次统计结果，由图可见：

(1)在 350 km/h 运行速度下，车体横向加速度主要集中在 0～0.1 m/s^2，占总响应的 61.1％。

(2)在 350 km/h 运行速度下，车体垂向加速度主要集中在 0～0.1 m/s^2，占总响应的 95.1％。

(3)在 350 km/h 运行速度下,脱轨系数主要在 0.05 以下,占总响应的 82.4%。

(4)在 350 km/h 运行速度下,轮重减载率主要集中在 0.1 以下,占总响应的 77.6%,0.1~0.2 之间占总响应的 18.7%。

(5)在 350 km/h 运行速度下,轮轴横向力主要集中在 6 kN 以内,占总响应的 78.2%。

从统计结果看,各主要行车动力性能指标均保持在较好水平,与相应限值相比有较大裕量。

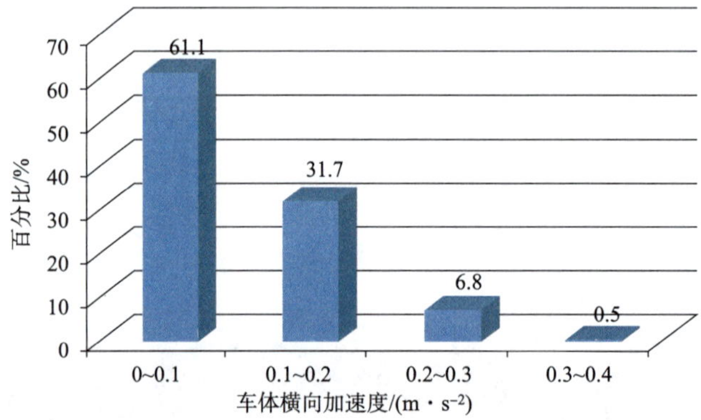

(a)车体横向加速度

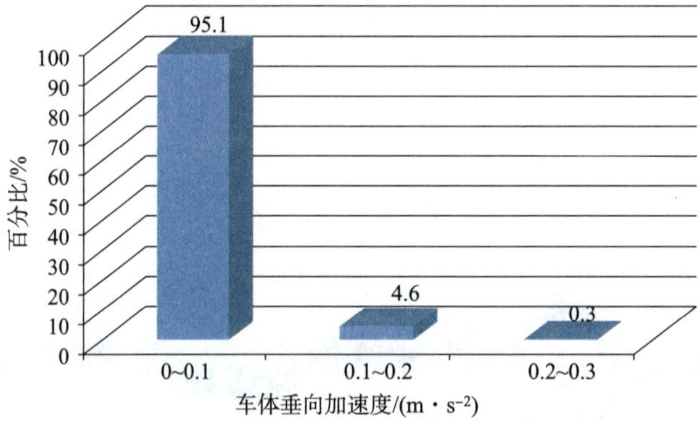

(b)车体垂向加速度

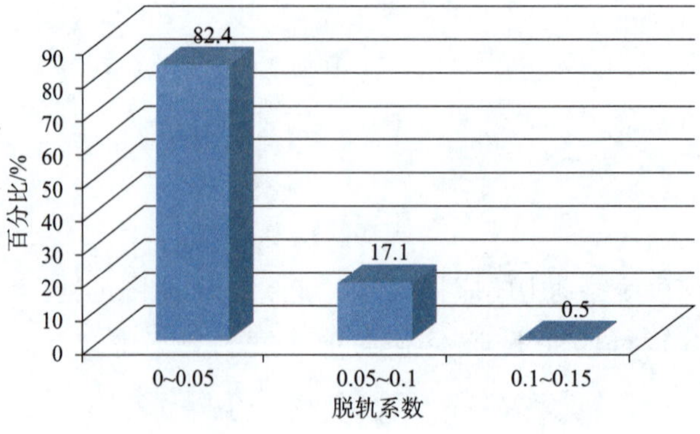

(c)脱轨系数

图 7-12

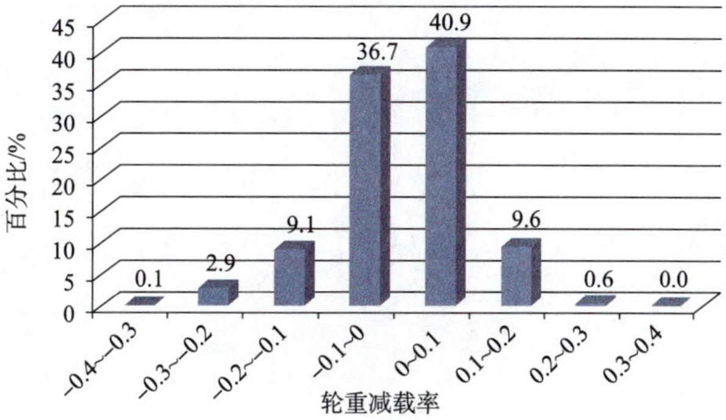

(d)轮重减载率

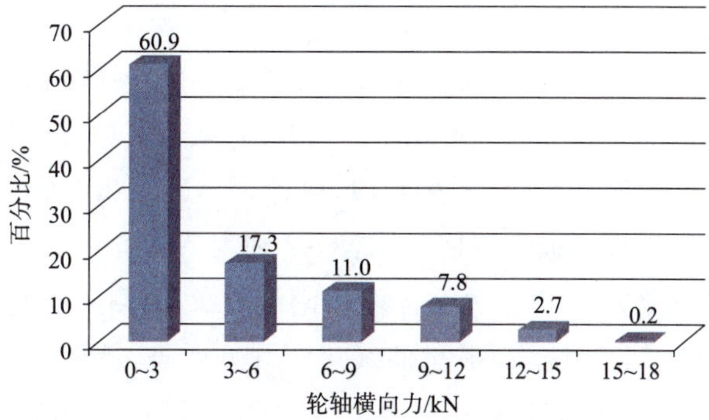

(e)轮轴横向力

图 7-12　线路方案动力学指标统计

4. 小结

为实现我国高铁“走出去”的战略需求，提高我国高铁的竞争力，结合印尼雅万高铁线路设计，对影响工程经济性显著的关键线路参数进行了系统研究。针对我国《高速铁路设计规范》，对圆曲线最小半径、夹直线最小长度等参数标准均放宽了要求。线路设计中，相关标准要求的放宽对适应地形、绕避控制点、减少拆迁、满足地方规划要求起到了很大作用，较大程度减少了工程投资，降低了工程实施难度。通过线路方案动力仿真分析，在采用超出我国现行标准的线路参数地段，均能满足相应的乘坐舒适性及行车安全性标准，并具备一定的安全裕量。

7.2.2　线路方案动力学性能评估与比选

1. 线路方案概况

印尼雅万高铁可行性研究中，结合万隆市城市规划、轨道交通规划，高铁引入地区主要研究了两个走向方案，如图 7-13 所示。

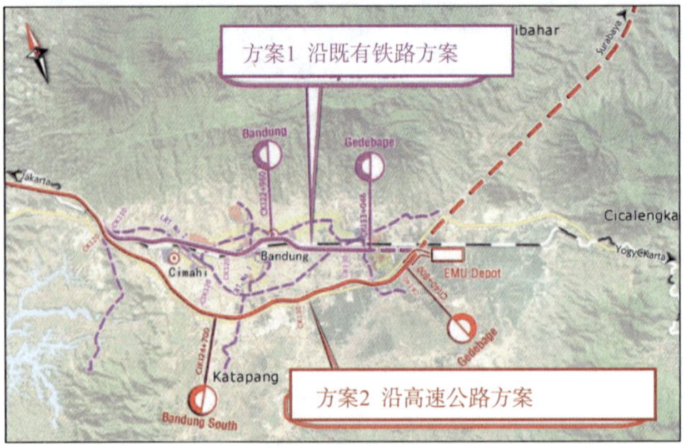

图 7-13 印尼雅万高铁线路方案示意图

方案 1 为沿既有铁路方案，该方案距离市中心较近。该段线路总长约 24 km，存在 9 处曲线，15 处坡段，最小曲线半径为 1 600 m，最短的夹直线 126 m，最大坡度为 20‰，最大坡度代数差能达到 20‰，存在平竖曲线重叠地段，设计行车速度 200 km/h。其局部平纵断面示意如图 7-14(a)所示，平纵断面设置情况见表 7-2 和表 7-3。

方案 2 为沿高速公路方案，该方案位于城市南侧边缘，两侧拆迁量小。该段线路总长约 33 km，存在 16 处曲线，14 处坡段，最小曲线半径 1 600 m，最短夹直线 82 m，最大坡度 14.3‰，最大坡度代数差 12‰，设计行车速度 200 km/h。其局部平纵断面示意如图 7-14(b)所示，平纵断面设置情况见表 7-2 和表 7-3。

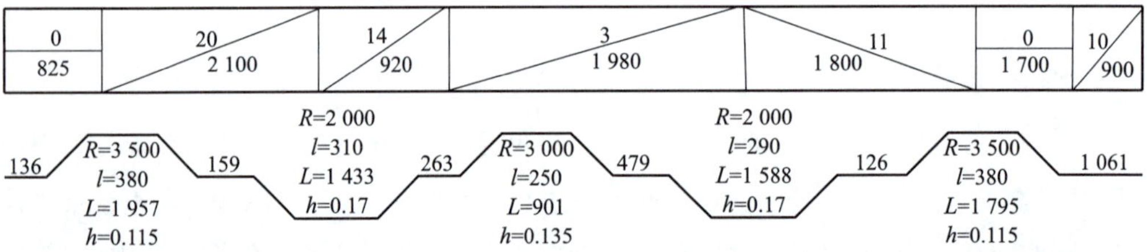

(a)方案 1

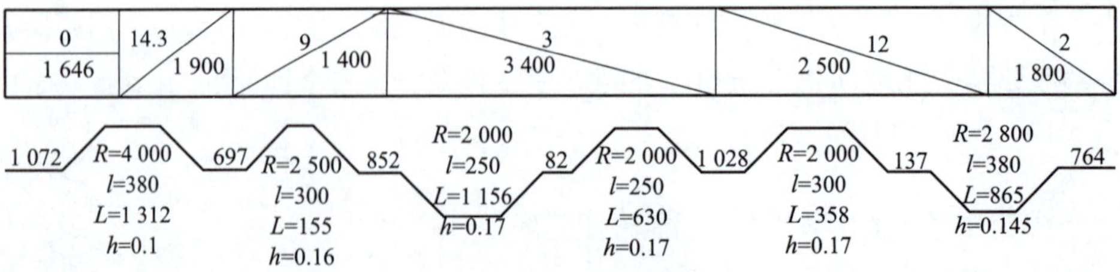

(b)方案 2

图 7-14 印尼雅万高铁局部方案平纵断面示意图

表 7-2 印尼雅万高铁局部方案线路平面参数统计

曲线半径/m	2 000 以下	2 000～3 000	3 000～4 000	4 000～5 000	5 000 以上
方案 1	1	3	3	1	1
方案 2	3	10	2	1	0

表 7-3 印尼雅万高铁局部方案纵断面坡段统计

坡度/‰	0～5	5～10	10～15	15～20	20 以上
方案 1	7	3	3	2	0
方案 2	10	3	1	0	0

2. 时程分析

比选段落动力仿真采用 CHR380 动车组，我国高速铁路无砟轨道谱作为不平顺激扰。

图 7-15 所示为列车通过时两方案的动力响应时程曲线。表 7-4 给出了两个线路方案动力响应峰值。由表 7-4 可见，行车安全性和舒适性指标远小于控制限值，方案 2 行车安全性指标和车体振动加速度略高于方案 1；两方案 Sperling 指数和 UIC 513 评价结果非常接近，Sperling 指数和 UIC 513 评价方法中采用的振动响应量频率在 0.4 Hz 以上，无法涵盖线形引起的低频振动；各项动力响应峰值主要由轨道不平顺引起，仅靠峰值难以对线路方案作出全面评估。

表 7-4 线路方案动力响应峰值

评价指标	方　案	计算结果	评价结论
脱轨系数	方案 1	0.14<[0.8]	满足要求
	方案 2	0.17<[0.8]	满足要求
轮重减载率	方案 1	0.26<[0.6]	满足要求
	方案 2	0.28<[0.8]	满足要求
轮轴横向力/kN	方案 1	18.32<[57.84]	满足要求
	方案 2	22.94<[57.84]	满足要求
横向加速度/g	方案 1	0.018<[0.1]	满足要求
	方案 2	0.020<[0.1]	满足要求
垂向加速度/g	方案 1	0.018<[0.13]	满足要求
	方案 2	0.021 <[0.13]	满足要求
Sperling 指数	方案 1	垂向:1.66;横向:2.09	优
	方案 2	垂向:1.68;横向:2.13	优
UIC 513	方案 1	0.22	非常舒适
	方案 2	0.24	非常舒适

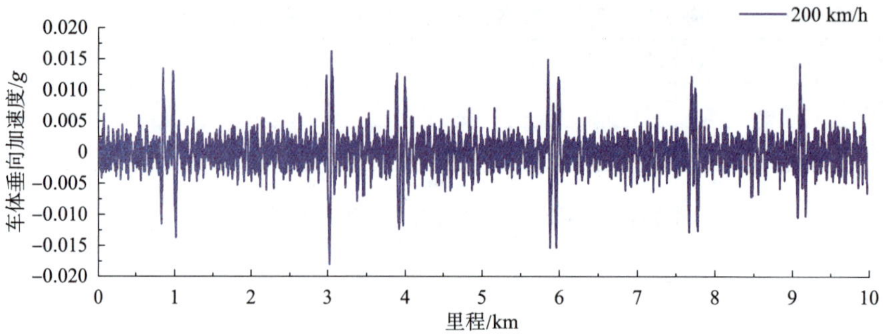

方案 1

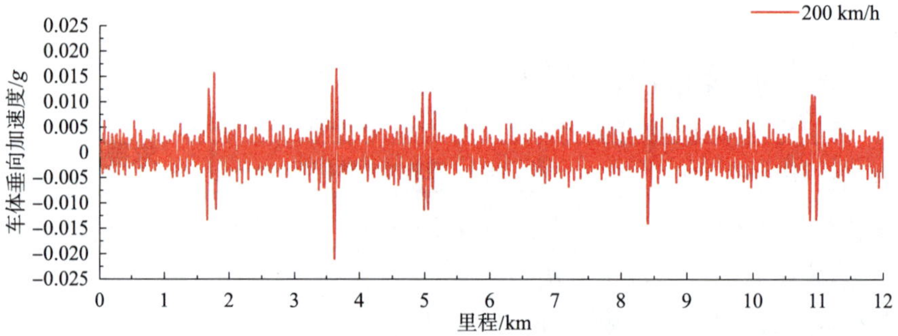

方案 2

(a)车体垂向加速度

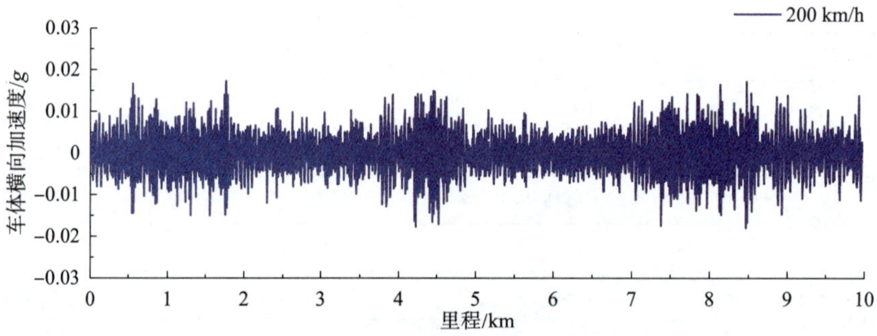

方案 1

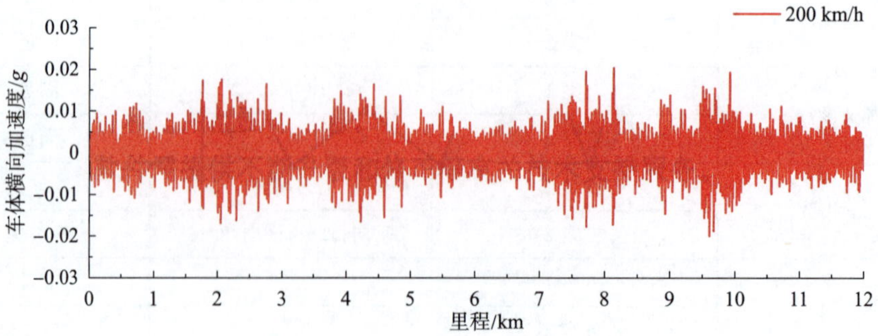

方案 2

(b)车体横向加速度

图 7-15

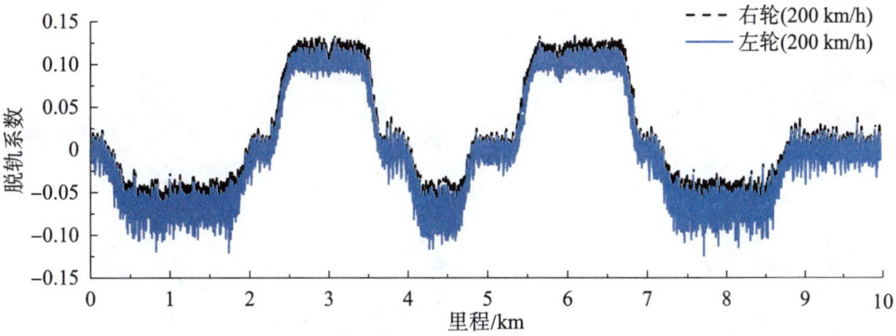

方案 1

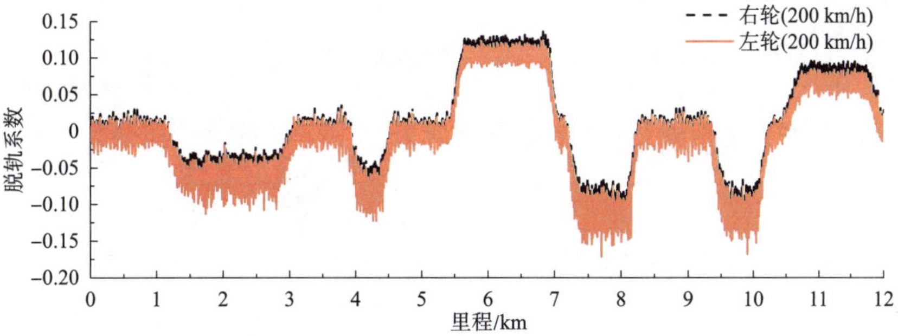

方案 2

(c)脱轨系数

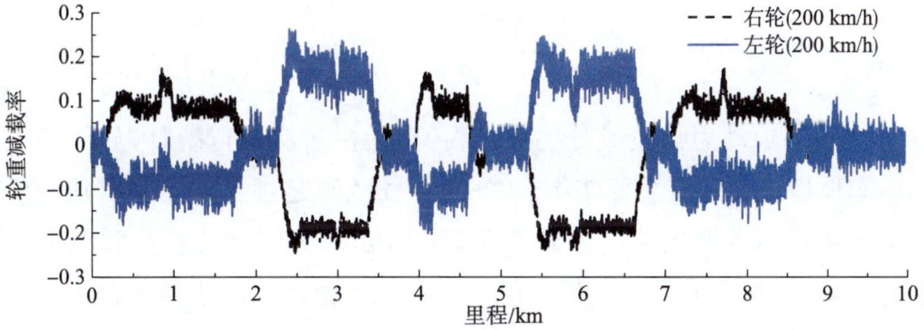

方案 1

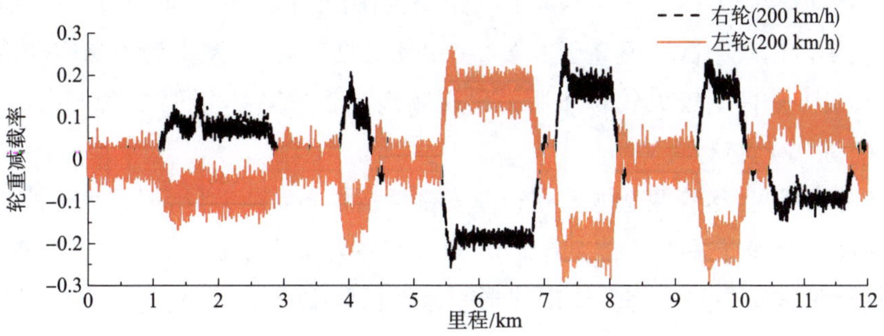

方案 2

(d)轮重减载率

图　7-15

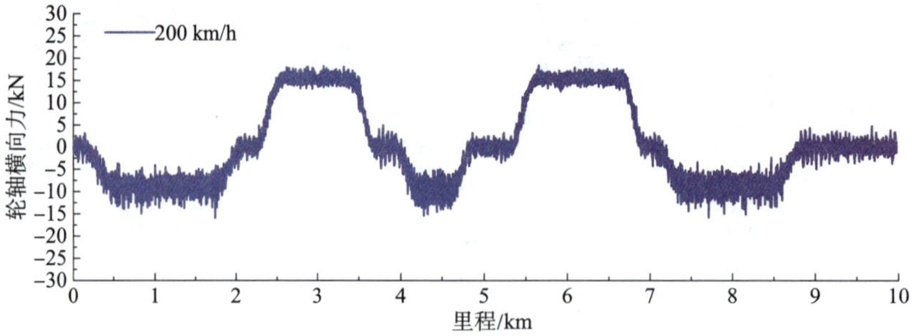

方案 1

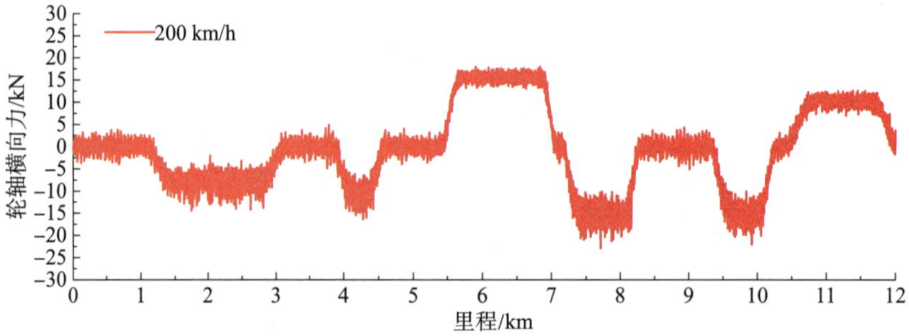

方案 2

(e)轮轴横向力

图 7-15　200 km/h 运行条件下动力响应时程曲线

3. 统计分析

为进一步分析各项动力响应成分构成，对各项指标频次进行统计，如图 7-16 所示。由图 7-16 可知：车体振动加速度主要集中在 0～0.05 m/s^2，超过 0.1 m/s^2 出现的频次很低；方案 1 脱轨系数在 0～0.05 范围内出现频次低于方案 2，而方案 1 脱轨系数大于 0.05 的出现频次明显高于方案 2；方案 1 轮重减载率在 −0.1～0.1 范围内出现频次低于方案 2(负值代表增载)，而方案1 轮重减载率在 0.1～0.2(−0.2～−0.1)范围内出现频次明显略高于方案 2；方案 1 轮轴横向力在 0～3 kN 范围内出现频次低于方案 2，而方案 1 轮轴横向力在 3～18 kN 范围内出现频次明显高于方案 2。由此可见，尽管方案 1 动力响应峰值略小于方案 2，但在方案 1 条件下较大轮轨作用力出现频次高于方案 2，说明方案 1 线路条件下，列车-线路系统动力响应较大。

由上述分析可见，尽管两个方案在行车安全性指标上有所差异，但远小于控制指标。车体振动加速度及全程舒适性评价结果显示，两方案在舒适性方面差异很小。值得指出的是，上述舒适性评价方法中并未完全体现线形引起的低频振动量，为此进一步采用曲线 P_{CT} 评价方法对两方案舒适性评估。

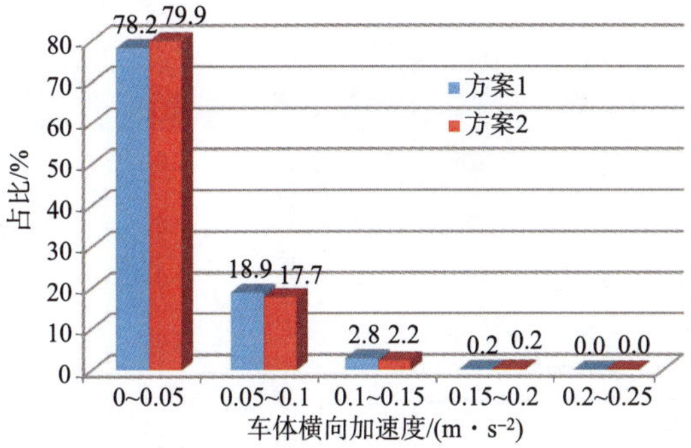

(a)车体横向加速度

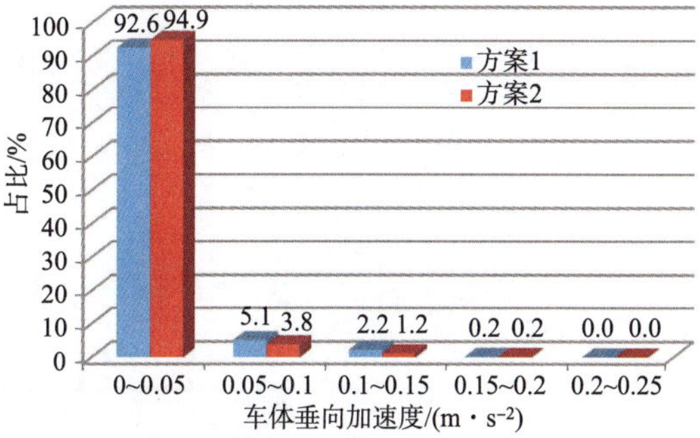

(b)车体垂向加速度

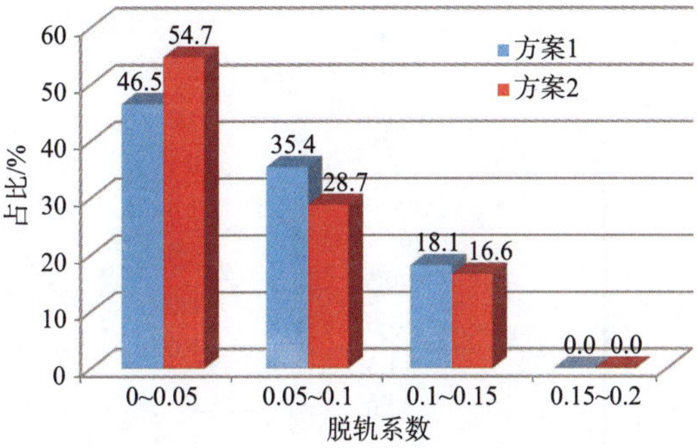

(c)脱轨系数

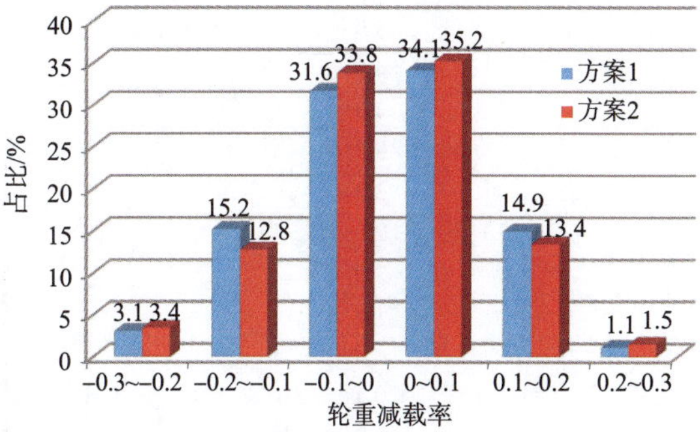

(d)轮重减载率

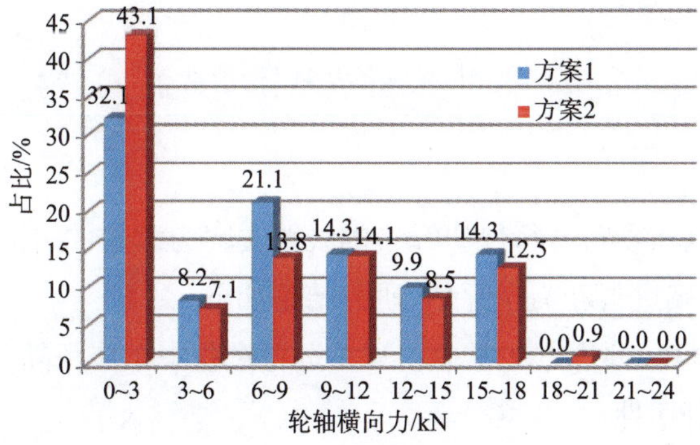

(e)轮轴横向力

图 7-16　线路方案整体动力学指标

图 7-17 所示为两线路方案的曲线舒适度 P_{CT}等指标曲线，该图包含了 P_{CT}值、车体横向加速度及车体侧滚角速度。由图 7-17 可见，方案 2 由于存在短夹直线，车体的横向加速度和车体侧滚角速度都大于方案 1；方案 1 两处 P_{CT}约 3%，方案 2 三处 P_{CT}超过了 3.5%，方案 1 乘客舒适性优于方案 2。

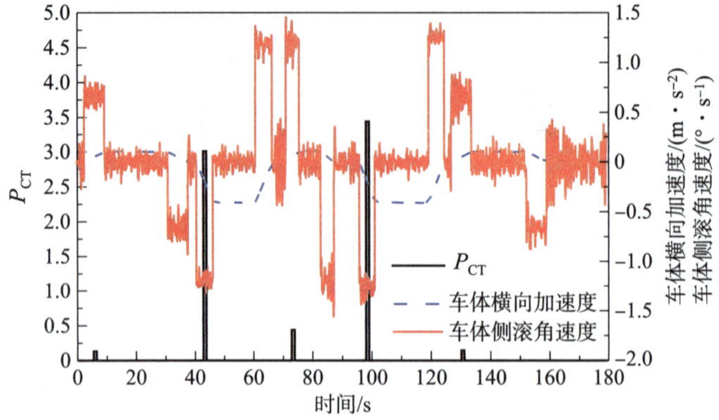

(a)方案 1

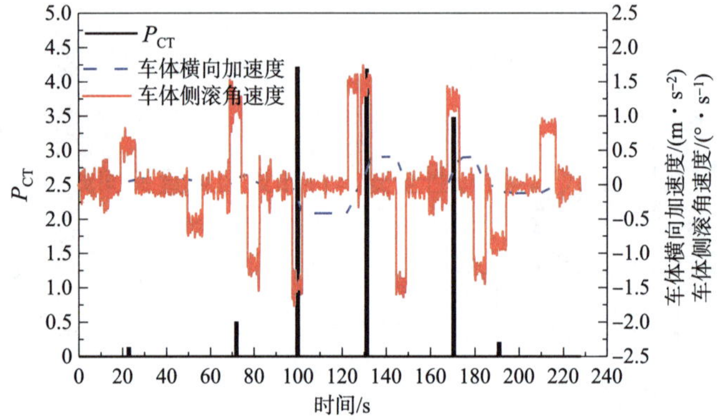

(b)方案 2

图 7-17 线路方案 P_{CT} 评价

4. 小结

本节以印尼雅万高铁项目可行性研究中的线路方案为背景，综合考虑行车安全性、乘坐舒适性，对局部线路方案进行动力学评估，研究结论如下：

(1)基于动力学的 P_{CT} 评价方法考虑了列车运行过程中车体跟随轨道面的不同步性，可较为客观地反映乘坐舒适性。

(2)Sperling 指数和 UIC 513 评价方法未完全涵盖线形引起的低频振动，难以区分线路比选方案在舒适性方面的差异性，而 P_{CT} 评价主要考虑了线形引起的振动量，能较好地区分不同线路方案对舒适性的影响程度。

(3)行车安全性指标频次统计可间接反映不同线路条件下列车对线路动力作用的强弱程度，可用于评估不同线路方案在运营中的效果。

(4)本研究采用的线路方案动力学评价方法能推广应用于其他类似项目。

7.3　某海外高速铁路线路方案评估与比选

7.3.1　研究背景

高速铁路线路线形对行车安全性和乘坐舒适性的影响显著增强，对项目行车安全和乘坐品质以及运营维护均具有很大影响。我国高铁正在实施"走出去"国家战略，国外高速铁路线路设计中，通常需要给出线路参数选取的依据以及线路方案行车动力性能评估报告。因此，基于线路系统动力学理论，开展高速铁路线路方案行车动力性能评价研究，在线路方案研究比选中考虑行车动力性能的因素具有重要工程应用价值和理论意义。本节以某海外高铁项目为背景，基于铁路线路系统动力学理论，对典型段落不同线路方案进行动力学评估比选，并提出采用行车动力学指标峰值统计频数综合对线路方案进行动力学评估的方法。

线路方案动力学性能评估应进行整体安全性和舒适性的评估，常用的舒适度评价指标包括 Sperling 平稳性指标、UIC 513 和 ISO 2631-1 中给出的乘坐舒适度指标等。但是，从这些乘坐舒适度指标的加权曲线可以看出，其主要影响频率在 0.4～80 Hz 之间。由于线路线形引起的车体振动主要集中在低频范围，且主要在平、纵断面曲线段落，因此当采用这些指标评价比选不同长段落线路方案时，有时各方案指标差异性很小，难以有效区分。

振动加速度、轮轨作用力等瞬时指标能较好地反映不同线形对系统动力响应的影响，而对于长段落线路方案可再结合统计学分析方法。经研究应用，在线路方案的动力学评估中，为较好地区分不同线路线形方案对行车动力性能的影响，可在 Sperling 平稳性指标和 UIC 513、ISO 2631 乘坐舒适度等指标基础上，进一步应用车体振动加速度、轮轨作用力等指标的有效值以及幅值的频数和累积分布特性。

7.3.2　线路方案概况

某海外高速铁路线路长度约 240 km，采用分段设计速度方案，高速区段最高设计速度：客车 350 km/h，货车 100 km/h；常速区段最高设计速度：客车 220 km/h，货车 70 km/h。该项目 PK171＋000～PK210＋500 段线路为越岭段落，地形陡峭，地质情况复杂，主要为隧道工程，最高设计速度 220 km/h。根据路基填挖高度、隧道长度、地质条件和线形条件等因素研究了两个方案。原设计方案线路全长 39.5 km，共设 11 个曲线。优化方案线路全长 39.285 km，共设 9 个曲线，主要有两段优化。

PK181＋500～PK182＋600 段：原设计方案为大段落深挖方，线路中心挖方最高已达 60 m，挖方和边坡防护工程量大，施工和运营期间工程风险高；优化方案线位东移，尽量靠近高速公路，减少挖方高度，降低施工风险，优化后最大挖方高度为 31 m。

PK185＋800～PK202＋460 段：原设计方案隧道长度为 16.6 km，平面线位在隧道内设置了 4 个曲线，不利于隧道排水及通风；优化方案线位向西偏移，将线位取直后缩短隧道长度，优化后的最长隧道为 12.2 km。优化方案与原设计方案相比，线路长度缩短 210 m，隧道总长度减少 330 m，降低了工程投资，将隧道内 4 个曲线调整为 1 个曲线，拟改善隧道内列车行车动力性能及通风条件。

具体线路平纵断面示意如图 7-18 所示。

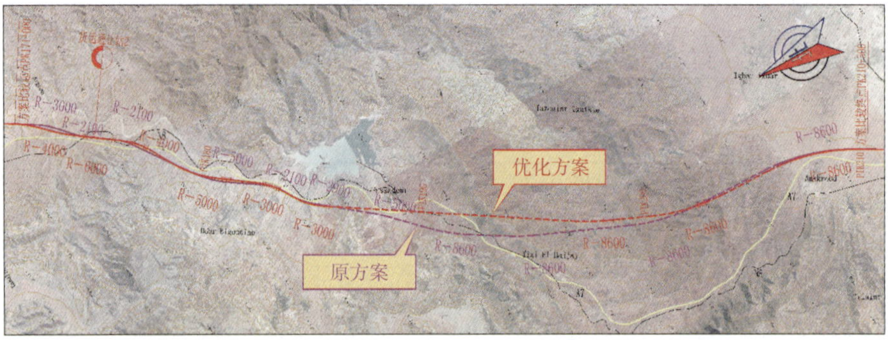

(a)线路平面示意图

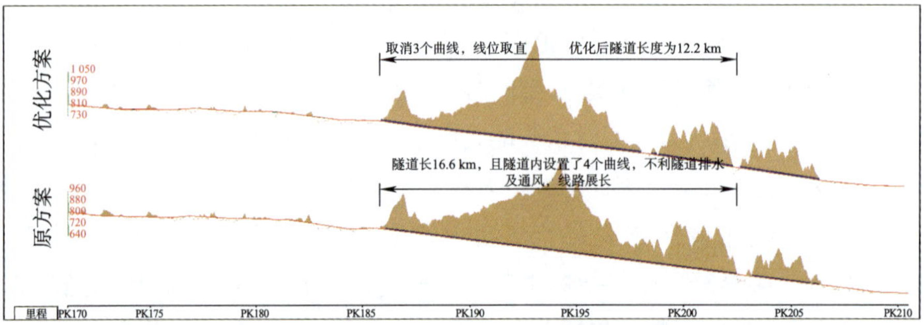

(b)线路纵断面示意图

图 7-18 线路方案平、纵断面示意图

7.3.3 线路方案评估与比选

1. 行车动力性能指标时程分析

图 7-19 所示为 PK171＋000～PK210＋500 段 39.5 km 线路方案优化前后主要行车动力性能指标时程曲线的对比。总体来看，线路平、纵断面曲线地段是行车动力性能困难地段，优化平纵断面曲线相关参数对改善行车动力性能，提高行车安全性和旅客乘坐舒适性均有较大作用。由图 7-19 可知，优化后的线路方案较原设计方案各指标峰值有不同程度的降低，表明行车动力性能得以改善。对车体横、垂向加速度数据进行滤波、傅里叶变换等处理分析，可得到原设计方案车体横、垂向 Sperling 平稳性指标分别为 1.61 和 1.56，优化方案

分别为 1.58 和 1.55，均小于平稳性“优”级标准(<2.5)。根据 UIC 513 标准，原设计方案和优化方案乘坐舒适度指标 N 分别为 1.68、1.66，舒适度等级为 2 级“舒适”($1 \leqslant N < 2$)，同样表明优化方案行车动力性能得到改善，但从指标的绝对值来看，二者差值较小。

为了进一步分析线路方案优化后，最小曲线半径的增大对行车动力性能改善的效果，对 PK178＋000～PK187＋000 段进行对比分析。该区间平面包含 3 段曲线，原设计半径依次为 5 000 m、2 100 m、2 900 m；优化后方案半径依次为 5 000 m、3 000 m、3 000 m，设计速度 220 km/h。由图 7-19 可知，优化后半径增大，各项动力学指标减小，行车动力性能改善明显。车体横向加速度，原设计方案在半径 2 100 m 圆曲线地段平均达到 1.5 m/s^2，优化线路后降低至 1.0 m/s^2 以内，对旅客乘坐舒适性改善明显。同时，轮重减载率和脱轨系数指标均有较大程度的改善，提升了行车安全性能。

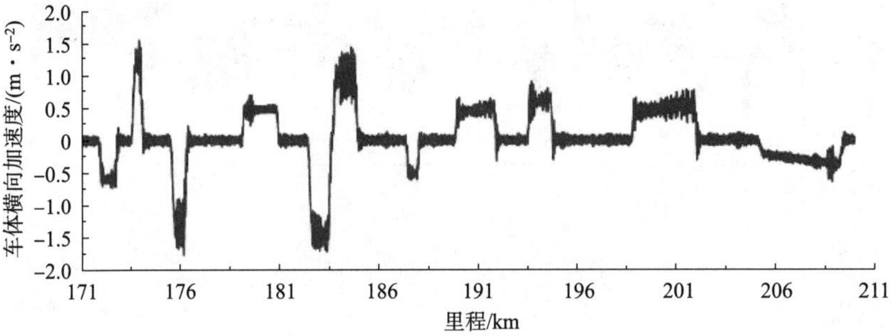

(a)原设计方案车体横向加速度时程曲线

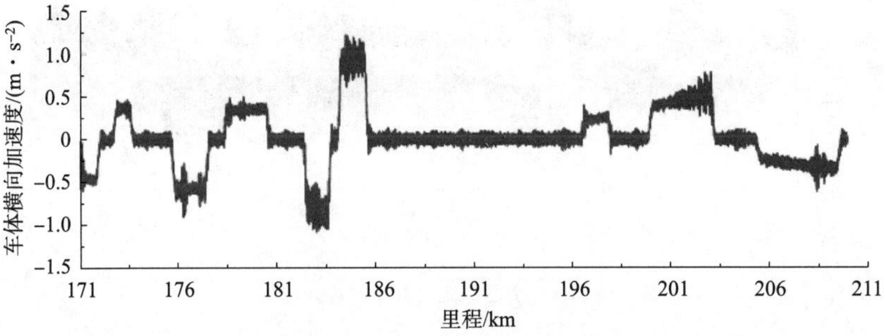

(b)优化方案车体横向加速度时程曲线

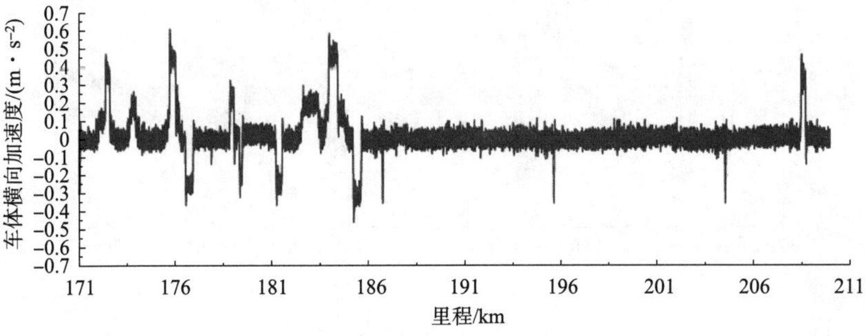

(c)原设计方案车体垂向加速度时程曲线

图　7-19

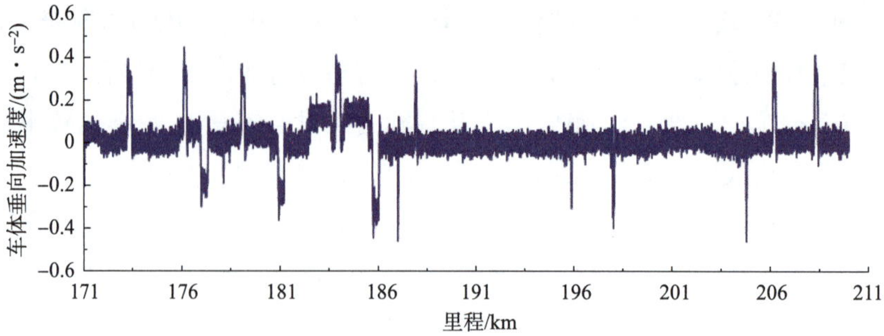

(d)优化方案车体垂向加速度时程曲线

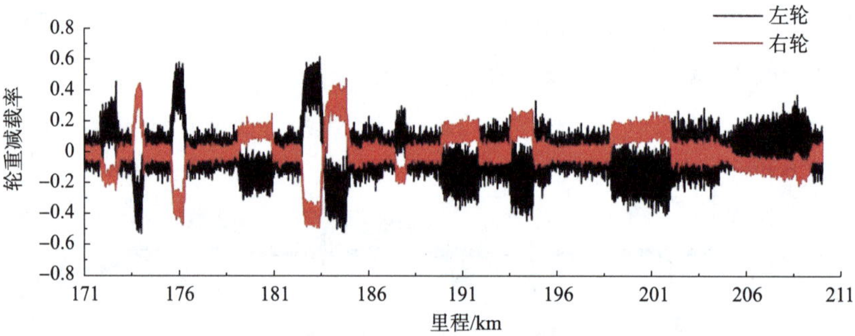

(e)原设计方案轮重减载率时程曲线

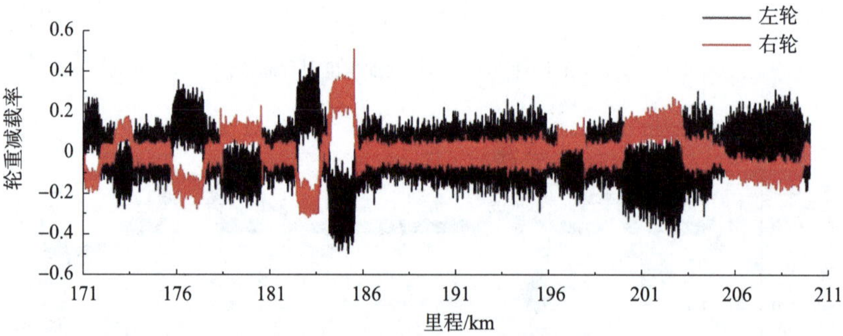

(f)优化方案轮重减载率时程曲线

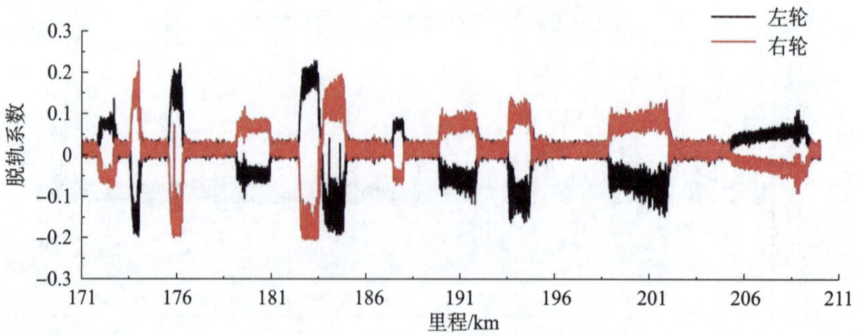

(g)原设计方案脱轨系数时程曲线

图 7-19

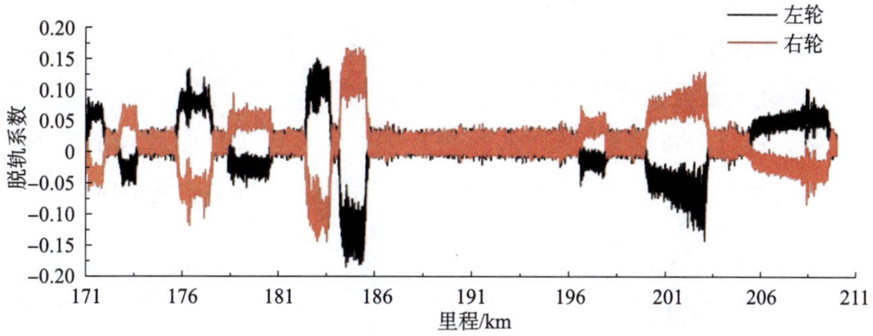

(h)优化方案脱轨系数时程曲线

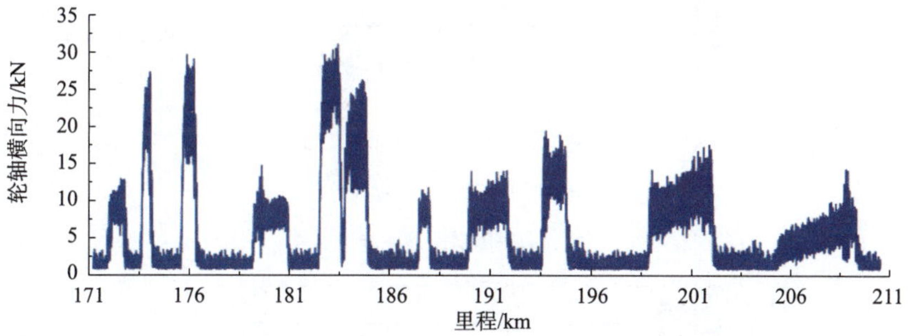

(i)原设计方案轮轴横向力时程曲线

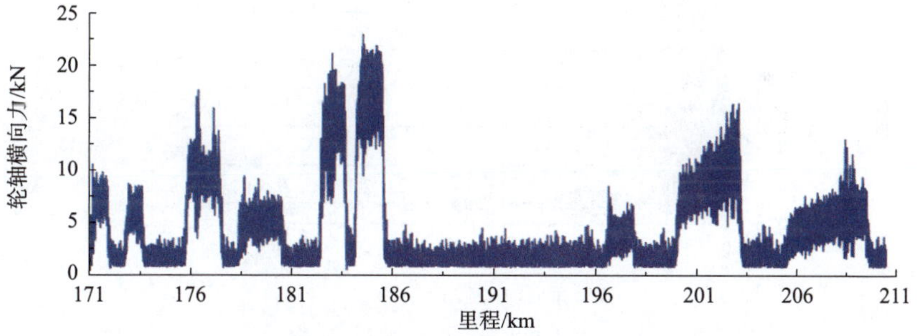

(j)优化方案轮轴横向力时程曲线

图 7-19　线路方案行车动力性能指标时程曲线对比

2. 行车动力性能指标统计分析

图 7-20 所示为 PK171＋000～PK210＋500 段优化前后线路方案的主要行车动力性能指标统计分析图。从该段线路方案整体统计结果来看，优化后线路方案最小曲线半径增大，平、纵断面参数匹配合理，各项动力学指标峰值均有一定程度的降低，行车动力性能明显改善。

原设计方案车体横向加速度小于 0.4 m/s^2 段落占 73.1％，1.3％的峰值超过 1.5 m/s^2；优化后方案小于 0.4 m/s^2 段落占 82％，且优化后车体横向加速峰值均小于 1.5 m/s^2。

车体垂向加速度原设计方案峰值在 0.4～0.8 m/s^2 之间占 2％，优化后峰值基本小于

0.4 m/s^2。线路平、纵断面的优化对旅客乘坐舒适性有较大程度改善。

线路平、纵断面优化后对轮轴横向力、轮重减载率和脱轨系数指标峰值均有一定程度降低，对行车安全性有一定程度改善。

由动力学指标统计分析结果可知，采用动力学指标频数统计可以较清晰地分析不同线路方案的行车动力性能的差异性，适于在线路方案动力学评估和比选中应用。

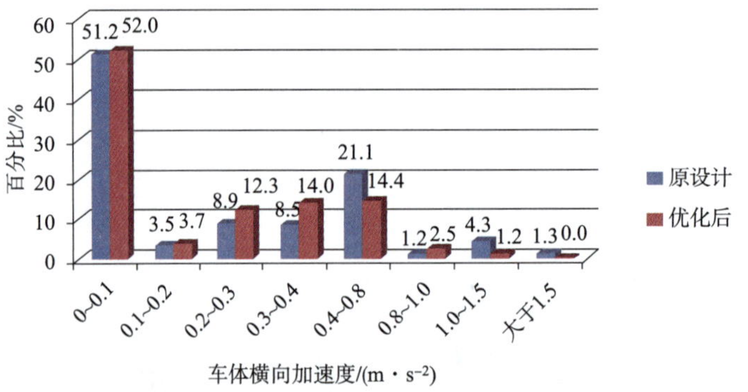

(a)车体横向加速度

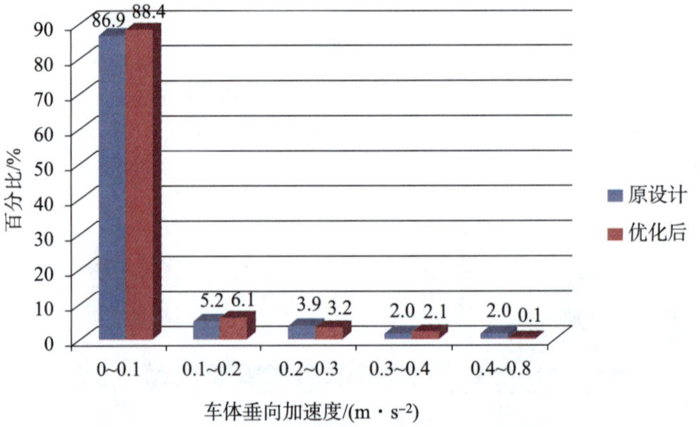

(b)车体垂向加速度

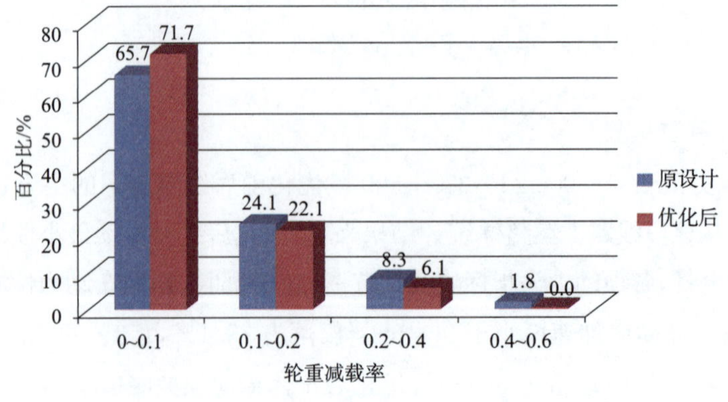

(c)轮重减载率

图 7-20

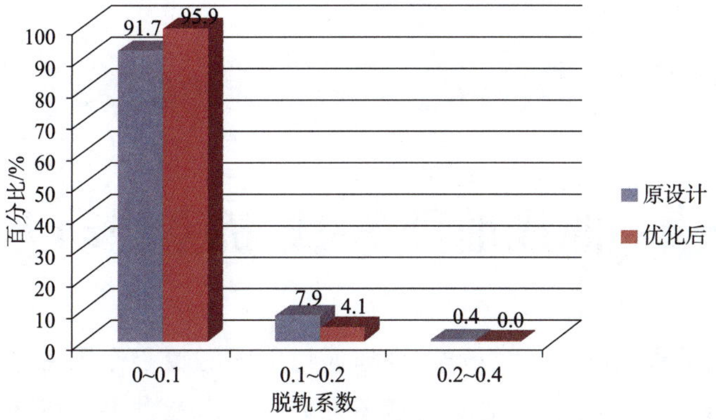

(d)脱轨系数

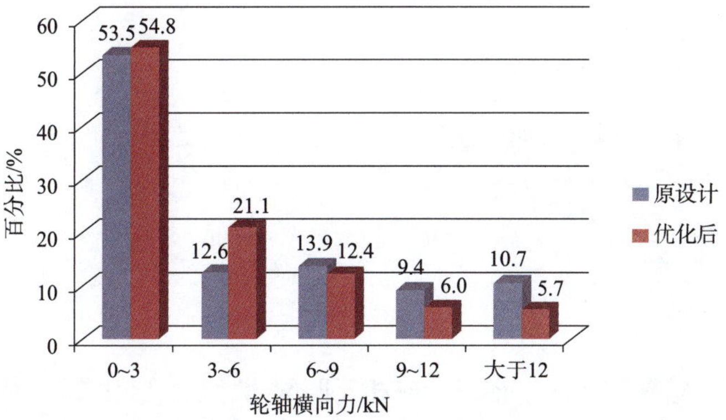

(e)轮轴横向力

图 7-20　线路方案行车动力性能指标统计分析

3. 小结

本节针对某海外高铁项目前期研究中的线路方案，采用线路系统动力学方法，从对系统动力响应及行车动力性能影响的角度开展线路方案评估比选，在常规动力学评价指标基础上，增加指标峰值频数统计的评估方法。通过该线路方案动力学评估比选可以看出：

(1)采用动力学评估比选，可为线路方案的比选决策提供参考依据，为线路方案线形优化提供指导。

(2)动力学指标频数统计能较好地体现不同线路方案对系统动力响应影响的差异性，适用于线路方案动力学评估和比选。本文提出的线路方案动力学评估和比选方法可推广应用于其他类似项目。

第8章　曲线地段车-线-桥系统动力学分析

高速铁路有大量桥梁位于曲线地段，列车通过曲线时离心作用将进一步加大车-线-桥系统动力响应，对乘坐舒适和行车安全造成不利影响。本章首先分析曲线地段车-线-桥动力学行为特征，其次介绍太焦铁路桥梁反向曲线夹直线较短条件下车-线-桥动力学系统性能检算案例。

8.1　曲线地段车-线-桥动力学行为特征

8.1.1　计算条件

1. 曲线设置条件

高速铁路速度、超高和曲线半径三者应相互匹配，为结合工程实际，参考《高速铁路设计规范》和实际选用半径序列，按表8-1选取速度、超高和半径参数。

曲线地段超高造成的重力分量可分担部分离心力，未被平衡的离心加速度可按下式计算：

$$a_u=\frac{v^2}{R}-g\sin\theta_s \tag{8-1}$$

未被平衡的离心加速度不仅能体现曲线对乘坐舒适性的影响，还可反映曲线地段实际作用于桥梁上的离心力，是铁路设计中衡量曲线通过性能的重要参数。在铁路标准中，未被平衡的离心加速度采用欠过超高(h_q)来表达，具体转换公式为

$$h_q=\frac{b}{g}a_u \tag{8-2}$$

b为轨宽，取1 500 mm，则

$$h_q=153a_u \tag{8-3}$$

高速铁路经过大量实践，欠过超高容许值可取90～110 mm。图8-1所示为不同速度和曲线半径条件下欠超高变化情况，其中h_q为负值表示过超高情况。为利于后文对比分析，还给出了欠超高绝对值$|h_q|$变化曲线。由图8-1可见，随着速度提高，欠超高呈现了多个波峰和波谷；由于实设超高随速度提高而不断增大，从而保证了欠过超高均在容许值范围内；

当欠超高为正值时，作用于桥面的轮轨横向力合力指向外侧，形成顺时针方向扭矩；当欠超高为负值时，列车处于过超高状态，作用于桥面的轮轨横向力形成逆时针方向扭矩。

表 8-1　高速铁路曲线设计参数

速度/(km·h^{-1})	超高/mm	半径/m
25～80	30	2 000
80～120	80	2 000
120～140	100	2 000
140～160	150	2 000
160～180	150	2 000
180～200	150	2 500
200～250	150	3 500
250～300	150	5 000
300～350	150	7 000
350～400	150	8 000
400～450	150	10 000
450～500	175	10 000

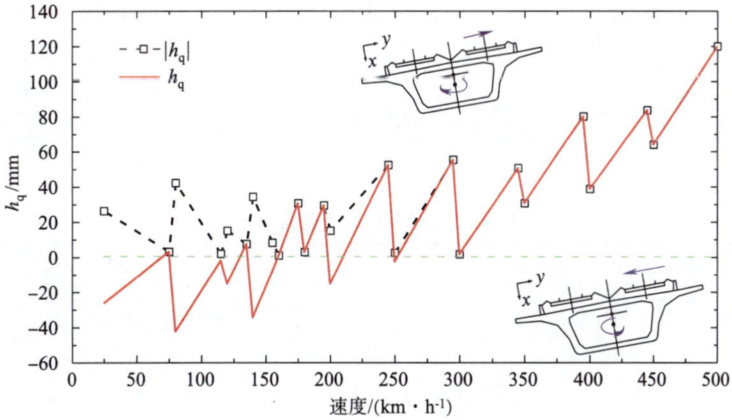

图 8-1　不同速度和曲线半径条件下欠超高变化情况

2. 桥梁振型计算

根据桥梁结构图，利用有限元软件建立双线简支箱梁模型，可以得到桥梁垂向、横向及扭转频率和振型。图 8-2 所示为时速 350 km 高速铁路 32 m 简支梁示意图。双线简支箱梁自振特性见表 8-2，由计算结果可见，梁横向和扭转振型经常联合出现，且横扭振动频率较高。

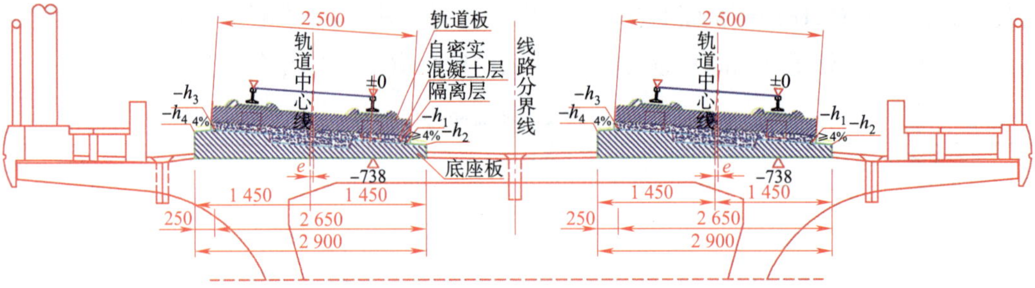

(a)桥梁断面图

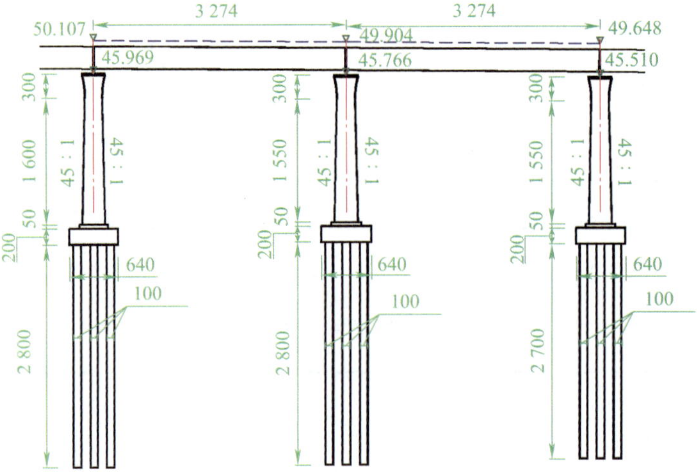

(b)桥梁纵断图

图 8-2 时速 350 km 高速铁路 32 m 简支梁示意图(单位:cm)

表 8-2 双线简支箱梁自振特性

阶 数	频率/Hz	振型描述	振 型	阶 数	频率/Hz	振型描述	振 型
1	4.917 9	垂直		6	35.361	垂直	
2	14.023	横-扭	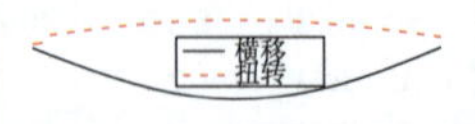	7	29.462	横-扭	
3	16.522	横-扭	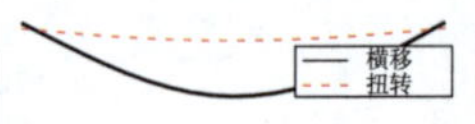	8	44.219	横向	
4	15.682	垂直		9	53.427	垂直	
5	21.015	垂直		10	44.657	扭转	

8.1.2　车桥共振与消振条件

参考图 8-3，考虑一个长度为 L 的扭转梁，承受一系列以速度 v 移动且恒定间隔 d 的力矩 T_b。受该移动力矩穿越梁的扭转振动方程为

$$-\rho J\frac{\partial^2\theta_x}{\partial t^2}+GJ\frac{\partial^2\theta_x}{\partial x^2}=\sum_{k=1}^{N}T_b\delta(x-v(t-t_k))\times[H(t-t_k)+H(t-t_k-L/v)] \tag{8-4}$$

式中，ρ 为单位体积质量；G 为剪切模量；J 为极惯性矩；T_b 为移动力矩；N 为已通过桥梁左端点的移动扭矩总数；δ 为 Dirac 函数；t_k 为第 k 个移动扭矩进入桥梁左端点时间；$H(t-t_k)$为单位阶梯函数。

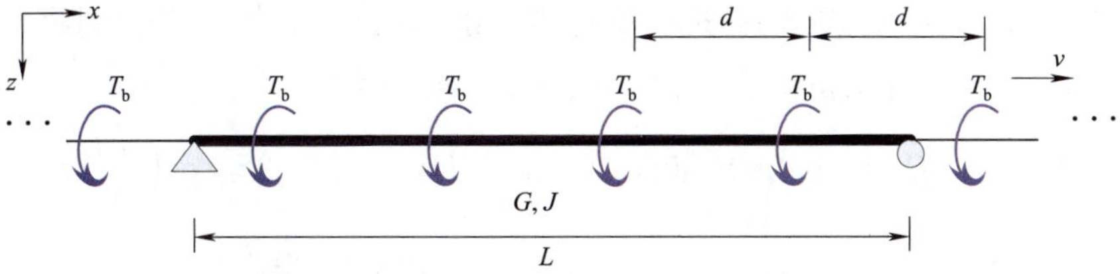

图 8-3　简支梁承受移动弯矩

对于简支梁，梁的扭转角 $\theta_x(x,t)$可以用振动模态表示，如下式所示：

$$\theta_x(x,t)=\sum_{i=1}^{\infty}\phi_i(x)\cdot q_i(t) \tag{8-5}$$

$q_i(t)$表示与梁的第 n 个振动模态相关的广义坐标。通过将式(8-5)中的角度 $\theta_x(x,t)$代入式(8-4)，则梁扭转方程可表达为

$$\begin{aligned}&-\rho J\sum_{i=1}^{\infty}\phi_i(x)\frac{\mathrm{d}^2q_i(t)}{\mathrm{d}t^2}+GJ\sum_{i=1}^{\infty}q_i(t)\frac{\mathrm{d}^2\phi_i(x)}{\mathrm{d}x^2}\\&=\sum_{k=1}^{N}T_b\delta(x-v(t-t_k))\times[H(t-t_k)+H(t-t_k-L/v)]\end{aligned} \tag{8-6}$$

对于长度 L 上的梁轴 x 进行积分，再在方程两端乘以第 n 项形函数，同时利用振型正交性，则式(8-6)可变为

$$\begin{aligned}&-\rho J\frac{\mathrm{d}^2q_n(t)}{\mathrm{d}t^2}\int_0^L\phi_n^2(x)\mathrm{d}x+GJq_n(t)\int_0^L\frac{\mathrm{d}^2\phi_n(x)}{\mathrm{d}x^2}\phi_n(x)\mathrm{d}x\\&=\int_0^L\sum_{k=1}^{N}T_b\phi_n(x)\delta(x-v(t-t_k))\times[H(t-t_k)+H(t-t_k-L/v)]\mathrm{d}x\end{aligned} \tag{8-7}$$

梁的自由扭转振动可用正弦函数来表示，即 $\phi_n(x)=\sin(n\pi x/L)$，于是式(8-7)可改写为

$$\ddot{q}_n+\omega_{tn}^2q_n=\frac{2T_b}{\rho JL}\left\{\sum_{k=1}^{N}\sin\left(\frac{\pi v(t-t_k)}{L}\right)\times[H(t-t_k)+H(t-t_k-L/v)]\right\} \tag{8-8}$$

式中，N 为已经通过移动扭矩个数；ω_{tn} 为梁的第 n 个扭转振动频率。

$$\omega_{tn}=\frac{n\pi}{L}\sqrt{\frac{G}{\rho}} \tag{8-9}$$

通过 Duhamel 积分，广义坐标系下的响应 $\theta_x(x,t)$ 可直接由式(8-10)导出。

$$\theta_x(x,t)=\frac{2T_{\mathrm{b}}L}{\pi^2 GJ}\frac{1}{1-S_{tn}^2}\sin\left(\frac{\pi x}{L}\right)\tau_n(v,t) \tag{8-10}$$

$$\begin{aligned}\tau_n(v,t)=&\sum_{k=1}^{N}\{\sin\Omega_n(t-t_k)-S_{tn}\sin\omega_{tn}(t-t_k)\}H(t-t_k)+\\&\sum_{k=1}^{N}\left\{\sin\Omega_n\left(t-t_k-\frac{L}{v}\right)-S_{tn}\sin\omega_{tn}\left(t-t_k-\frac{L}{v}\right)\right\}H\left(t-t_k-\frac{L}{v}\right)\end{aligned} \tag{8-11}$$

式中，Ω_n 为激励频率($\Omega_n=n\pi v/L$)；S_{tn} 为速度参数($S_{tn}=\Omega_n/\omega_{tn}$)。

根据参考文献[30]，将式(8-11)进一步通过三角变换公式整合，得到前列第 $N-1$ 个移动扭矩离开梁，第 N 个移动扭矩进入梁时，式(8-11)可整理为

$$\begin{aligned}\tau_n(v,t)=&[\sin\Omega_n(t-t_N)-S_{tn}\sin\omega_{tn}(t-t_N)]H(t-t_N)-2S_{tn}\cos\left(\frac{\omega_{tn}L}{2v}\right)\times\\&\left[\sin\omega_{tn}\left(t-\frac{L}{2v}\right)+\sin\omega_{tn}\left(t-\frac{L}{2v}-\frac{t_N}{2}\right)\frac{\sin(N-2)\frac{\omega_{tn}d}{2v}}{\sin\left(\frac{\omega_{tn}d}{2v}\right)}\right]H\left(t-t_{N-1}-\frac{L}{v}\right)\end{aligned} \tag{8-12}$$

式中，$H(t-t_N)$ 代表 t 时刻移动扭矩正位于梁上，而 $H\left(t-t_{N-1}-\frac{L}{v}\right)$ 代表 $N-1$ 移动扭矩离开梁后，这一移动扭矩对梁所产生的余振效果。

根据式(8-12)，当式中 $\sin\left(\frac{\omega_{tn}d}{2v}\right)=0$ 时，由 L'Hospital 法则得到

$$\begin{aligned}\tau_n(v,t)=&[\sin\Omega_n(t-t_N)-S_{tn}\sin\omega_{tn}(t-t_N)]H(t-t_N)-\\&2(N-1)S_{tn}\cos\left(\frac{\omega_{tn}L}{2v}\right)\times\sin\omega_{tn}\left(t-\frac{L}{2v}\right)H\left(t-t_{N-1}-\frac{L}{v}\right)\end{aligned} \tag{8-13}$$

式(8-13)表明，梁扭转角位移随着扭矩个数 N 的增加而不断放大，形成共振现象，可将扭转共振车速表达为

$$v_{\mathrm{res}}^{\mathrm{bt}}=3.6\frac{f_{tn}^{\mathrm{b}}d_{\mathrm{v}}}{i}\quad(i=1,2,3,\cdots) \tag{8-14}$$

式中，f_{tn}^{b} 为梁扭转频率；d_{v} 为移动扭矩间距(一般对于列车长度)。

式(8-12)中，当 $\cos\left(\frac{\omega_{tn}L}{2v}\right)=0$ 时，则只剩下一项，即

$$\tau_n(v,t)=[\sin\Omega_n(t-t_N)-S_{tn}\sin\omega_{tn}(t-t_N)]H(t-t_N) \tag{8-15}$$

这说明 $N-1$ 个集中力引起的桥梁自由振动总和为零，竖向位移仅由作用于梁上第 N 个集中力确定，此时得出消振车速为

$$v_{\mathrm{can}}^{\mathrm{bt}}=7.2\frac{f_{tn}^{\mathrm{b}}L}{2i-1}\quad(i=1,2,3,\cdots) \tag{8-16}$$

考虑列车实际轴重荷载排列存在几种不同间距，这种间距可以是车长 L_v，车辆定距 L_c 和轮对轴距 L_t，根据文献[17,18]推导，可将梁扭转消振车速统一表达为

$$v_{can}^{bt}=\frac{7.2\alpha f_{tn}^{b}L}{2i-1}\quad(i=1,2,3,\cdots)\tag{8-17}$$

式中，α 为无量纲参数，可取 $1, L_v/L, L_c/L, L_t/L$。

根据 Yang 等人[18,30]的研究，简支梁桥弯曲共振条件下的临界车速为

$$v_{res}^{bv(h)}=3.6\frac{f_{v(h)n}^{b}L_v}{i}\quad(i=1,2,3,\cdots)\tag{8-18}$$

式中，$f_{v(h)n}^{b}$ 为第 n 个模式的桥梁垂直和水平弯曲频率，Hz。

式(8-18)中，桥梁共振的临界车速不受桥梁跨度的直接影响。

简支梁桥弯曲消振的临界车速与式(8-18)形式类似，可表达为

$$v_{can}^{bv(h)}=\frac{7.2\alpha f_{v(h)n}^{b}L}{2i-1}\quad(i=1,2,3,\cdots)\tag{8-19}$$

对于本文列车结构，列车车长、定距、轴距分别为 24.65 m、17.5 m、2.5 m，此时无量纲系数 α 分别为 1、0.77、0.55 和 0.08。根据计算可得 32 m 双线简支箱梁基频共振和消振车速，见表 8-3。根据 8.1.1 节分析可知，简支箱梁横向振动频率和扭转基频联合出现，梁横向位移和扭转角共振和消振车速一致。

表 8-3　32.1 m 双线简支箱梁基频的共振和消振车速

i(阶数)		1	2	3	4	5	6	7	8	9	10
$v_{res}^{bv}/(km\cdot h^{-1})$		436	218	146	109	87	73	62	55	—	—
$v_{res}^{bh}/(km\cdot h^{-1})$		—	—	415	311	249	207	178	156	138	124
$v_{can}^{bv}/(km\cdot h^{-1})$	$\alpha=1$	—	379	227	162	126	103	87	76	67	—
	$\alpha=0.77$	—	291	175	125	97	79	67	58	51	—
	$\alpha=0.55$	—	207	124	89	69	56	—	—	—	—
	$\alpha=0.08$	89	—	—	—	—	—	—	—	—	—
$v_{can}^{bh(t)}/(km\cdot h^{-1})$	$\alpha=1$	—	—	—	463	360	295	249	216	191	171
	$\alpha=0.77$	—	—	498	356	277	226	191	166	146	131
	$\alpha=0.55$	—	—	354	253	196	161	136	118	104	93
	$\alpha=0.08$	253	84	51	—	—	—	—	—	—	—

注：—表示车速小于 50 km/h 或大于 500 km/h，未在表中列出。

8.1.3　曲线地段轮轨动力作用分析

曲线地段车桥轮轨相互作用十分关键，动力分析模型需详细考虑轮轨关系。

图 8-4 所示为直线和曲线条件下轮重减载率与速度变化曲线，由图可见，曲线上轮重减载率明显高于直线地段，曲线地段轮重减载率呈现若干个波峰与波谷；在过超高状态下外轮减载，欠超高状态下内轮减载，因而减载率随速度变化曲线中波峰和波谷规律与图 8-1 中 $|h_q|$ 相似。

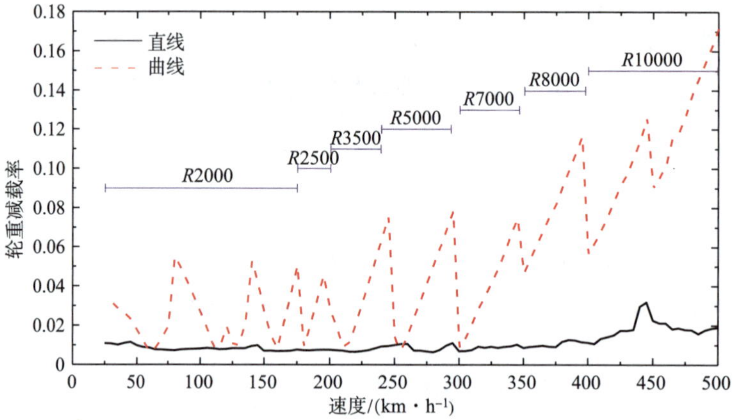

图 8-4　直线和曲线条件下轮重减载率与速度变化曲线

图 8-5 所示为直线和曲线条件下外侧车轮脱轨系数与速度变化曲线，由图可见，曲线上脱轨系数明显高于直线地段，曲线地段脱轨系数呈现若干个波峰与波谷；外侧脱轨系数与欠超高呈正相关关系，因而脱轨系数随速度变化曲线中波峰和波谷规律与图 8-1 中 h_q 相似。

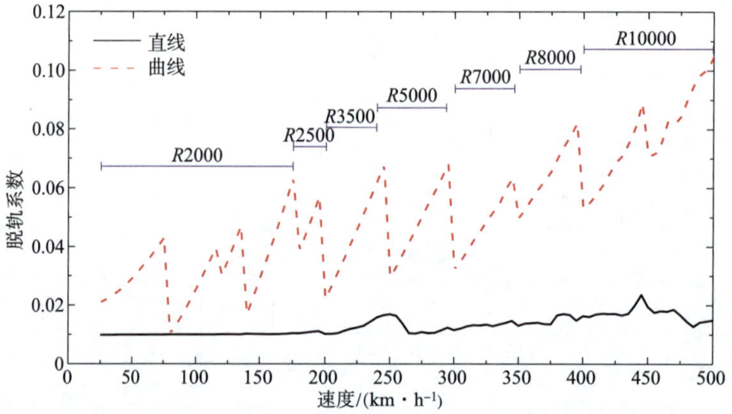

图 8-5　直线和曲线条件下外侧车轮脱轨系数与速度变化曲线

车辆通过曲线时，由于离心力作用，车轮容易偏向一侧而对轮轨造成磨耗。这里选用磨耗指数来表示轮轨磨耗的强度，如下式：

$$W=T_x\xi_x+T_y\xi_y \tag{8-20}$$

式中，T_x、T_y 分别为轮轨纵向蠕滑力和横向蠕滑力；ξ_x、ξ_y 分别为轮轨纵向蠕滑率和横向蠕滑率。

运用 Ekberg 等提出的表面疲劳指数来评价轮轨滚动接触疲劳特性。表面疲劳指数定义如下：

$$\mathrm{FI}_{\mathrm{surf}}=\mu-\frac{2\pi abk}{3F_z} \tag{8-21}$$

式中，a、b 分别为椭圆接触斑的短半轴和长半轴；k 为材料纯剪切屈服强度，取 303 MPa；F_z 为轮轨法向力；μ 为牵引系数，其值按式(8-22)确定。

$$\mu=\frac{\sqrt{T_x^2+T_y^2}}{F_z} \tag{8-22}$$

式(8-21)中，$\mathrm{FI}_{\mathrm{surf}}$疲劳指数若为正值，则认为此时轮轨材料变形将发生棘轮效应，塑性变形会累积直至材料失去韧性而发生疲劳裂纹。从式(8-21)可见，轮对导向性能较差或较差的轮轨几何关系都会导致表面疲劳指数增大，加速疲劳破坏。

图 8-6、图 8-7 所示分别为直线和曲线地段外侧车轮磨耗指数和表面疲劳指数随速度变化曲线，由图可见，曲线地段磨耗指数和疲劳指数显著大于直线地段，曲线地段两项指标随速度提高逐级减小；曲线地段列车速度超过 200 km/h 时两项指标快速下降，速度超过 300 km/h 后两项指标呈平缓下降。由此可见，曲线地段轮轨磨耗和疲劳破坏的关键因素是曲线半径，7 000 m 以上曲线半径可明显改善轮轨磨耗和疲劳问题。

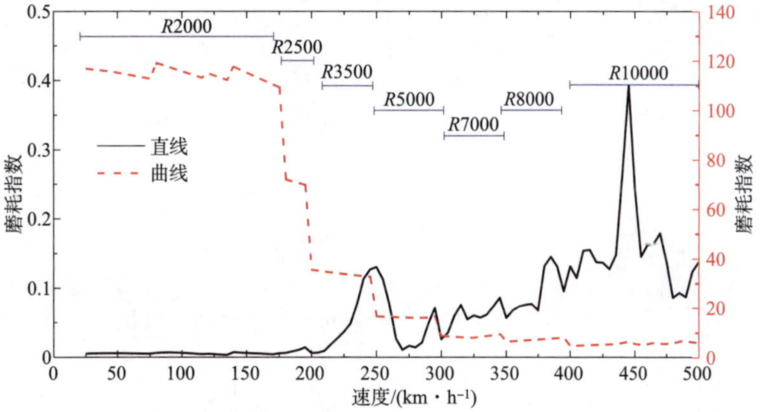

图 8-6　直线和曲线地段外侧车轮磨耗指数随速度变化曲线

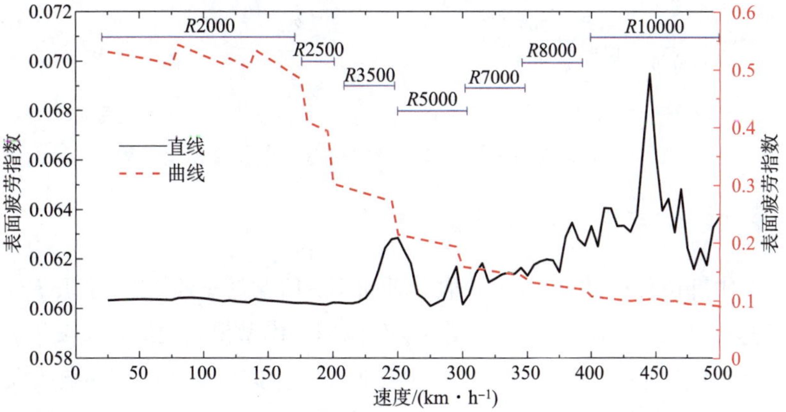

图 8-7　直线和曲线地段外侧车轮表面疲劳指数随速度变化曲线

图 8-8 所示为直线和曲线地段内外侧轮对和钢轨上接触点随速度变化曲线，由图可见，直线区段轮对和钢轨上接触点位置位于名义滚动圆和钢轨中心线附近，且位置随速度提高影响不大；曲线地段内侧轮对踏面上接触点偏向轮缘，内侧钢轨接触点向内侧中心线偏移，随着速度提高和半径增大，接触点向名义滚动圆和钢轨中心线靠拢；曲线地段曲线外轨轮对踏面和钢轨上接触点受速度和半径影响较小，接触点位置与直线地段接触位置较为接近；曲线地段内侧轮对和钢轨接触位置受半径速度影响，在实际轮轨摩擦管理中应重点关注。

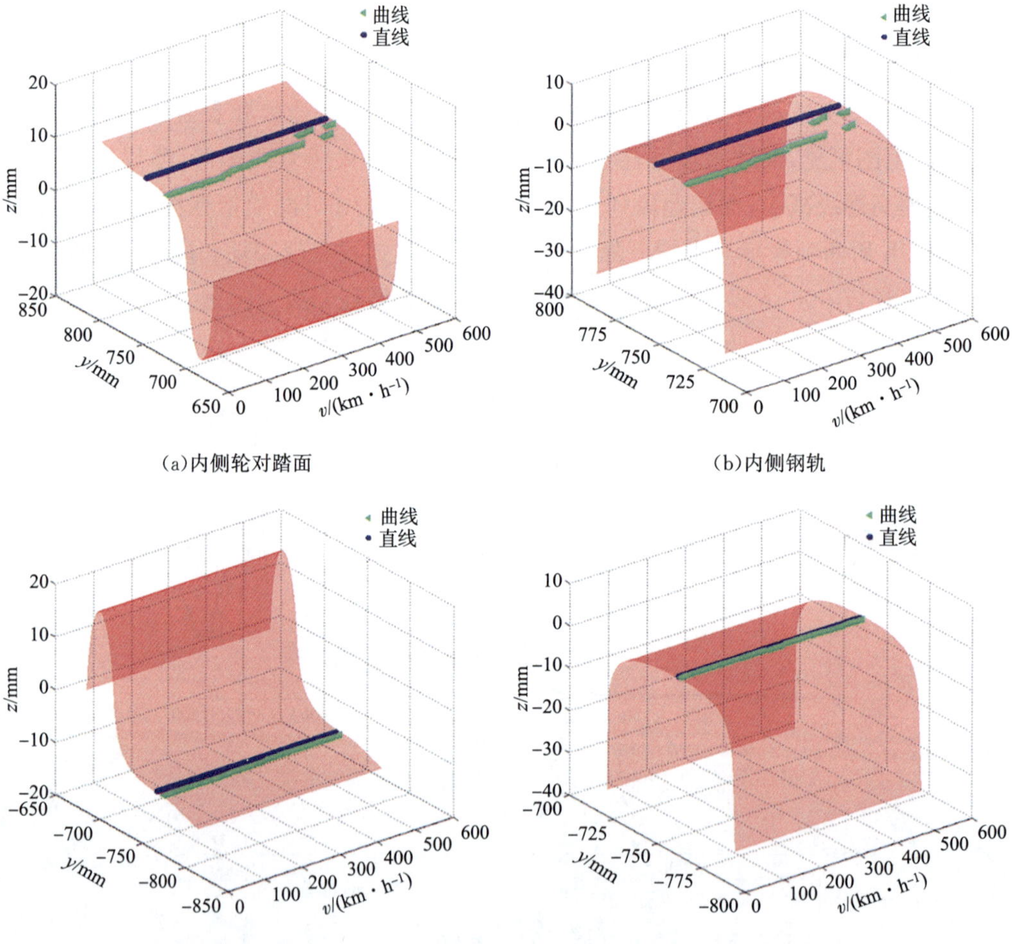

(a)内侧轮对踏面　(b)内侧钢轨

(c)外侧轮对踏面　(d)外侧钢轨

图 8-8　直线和曲线条件下轮轨接触点随速度变化趋势

8.1.4　曲线地段桥梁动力响应分析

根据表 8-3 中理论分析结果，分别选取梁垂向第一阶共振车速 436 km/h(R=10 000 m)和第二阶消振车速 379 km/h(R=8 000 m)，根据车桥耦合模型得到曲线地段梁 A 点跨中垂向位移时程曲线，如图 8-9 所示。由图 8-9 可见，共振速度下垂向位移响应被逐渐放大，而消振车速条件下移动荷载引起的余振被抑制，梁垂向位移由作用于梁上荷载引起的强迫振动确定。

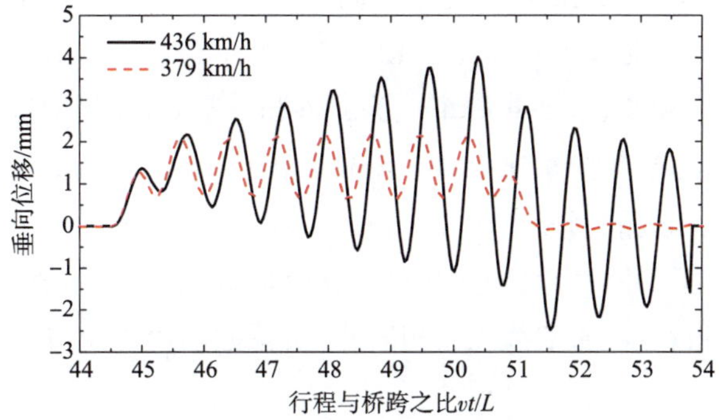

图 8-9　A 点跨中垂向位移时程曲线

根据表 8-3 中理论分析结果，分别选取梁横-扭第三阶共振车速 415 km/h(R=10 000 m)和第四阶消振车速 463 km/h(R=10 000 m)，根据车桥耦合模型得到曲线地段梁 C 点跨中横向位移和扭转角时程曲线，如图 8-10、图 8-11 所示。由图 8-10、图 8-11 可见，共振速度下梁横向位移和扭转角位移明显大于消振车速，共振条件下离心力和移动扭矩引起的余振被不断放大，消振车速条件下离心力和移动扭矩引起的余振被抑制，梁横向位移和扭转角由作用于梁上荷载和扭矩引起的强迫振动确定。

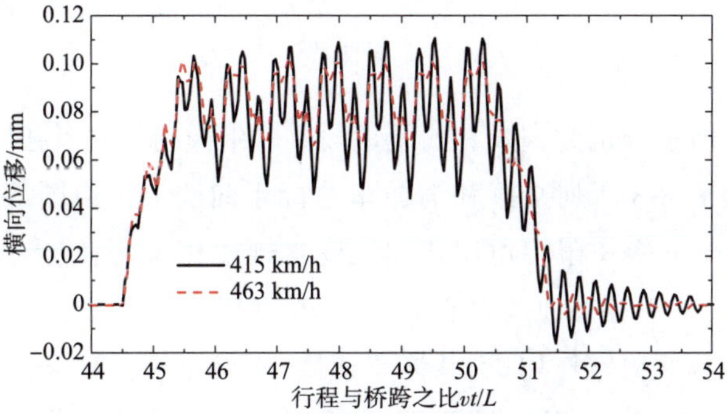

图 8-10　C 点跨中横向位移时程曲线

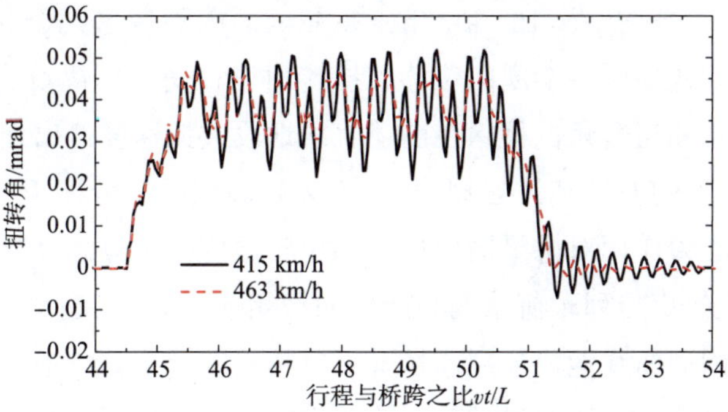

图 8-11　C 点跨中扭转角时程曲线

图 8-12 所示为直线和曲线地段梁跨中垂向位移随车速变化关系，为对比方便，将表 8-3 所列共振和消振车速标于曲线上。由图 8-12 可见：随着车速提高，位移曲线不是单调增大，而是出现了若干个波峰和波谷；当共振车速为 436 km/h、146 km/h 时垂向位移均较大，此时确实发生了共振现象；当共振车速为 218 km/h、109 km/h、87 km/h、73 km/h、62 km/h、55 km/h 时，出现与之相近的消振车速 227 km/h、103 km/h、87 km/h、76 km/h、56 km/h，因而在这几个共振车速下并没有垂向明显的共振峰值，发生了共振消失现象；曲线半径对桥梁垂向位移响应影响很小，由于双线箱梁扭转作用，梁截面边侧位置(B)动力响应大于梁中心线位置(A)响应。

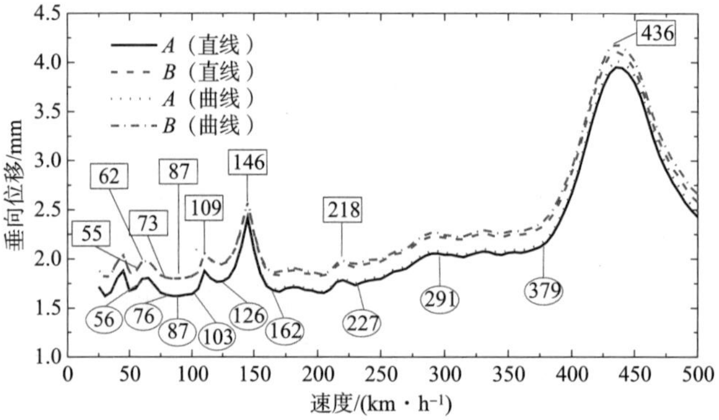

图 8-12　梁跨中垂向位移随车速变化关系

图 8-13、图 8-14 所示分别为直线和曲线地段梁跨中横向位移及扭转角位移随车速变化关系，为对比方便，将表 8-3 所列共振和消振车速标于曲线上。由图 8-13、图 8-14 可见：随着车速提高，跨中横向位移和扭转角位移曲线变化规律相似，曲线出现了若干个波峰和波谷；直线区段列车运行时不存在曲线离心力，列车在双线箱梁上偏心运行引起的移动扭矩对横向位移和扭转角位移起决定作用，当共振车速为 415 km/h、178 km/h、124 km/h 时横向位移和扭转角位移均较大，出现了较为明显的扭转共振现象；直线区段当共振车速为 311 km/h、249 km/h、207 km/h、156 km/h、138 km/h 时，出现与之相近的消振车速 295 km/h、249 km/h、201 km/h、161 km/h、136 km/h，因而在这几个共振车速下并没有垂向明显的共振峰值；曲线地段桥梁横向位移和扭转角位移受列车离心力和偏心扭矩共同作用，曲线地段横向位移和扭转角位移除在前述直线地段共振速度处出现峰值外，还保持了与图 8-1 欠超高变化一致的波峰和波谷规律，由于欠超高反映了分配于桥梁上实际离心力大小，说明曲线地段离心力作用对桥梁横向位移和扭转角位移响应起重要作用；曲线地段过超高情况下离心力产生扭矩与列车荷载偏心产生的扭矩相反，而欠超高情况下离心力扭矩与偏心扭矩方向一致，因而曲线地段欠超高情况下位移响应低于直线地段，过超高情况下位移响应高于直线地段。由此可见，通过调整曲线实设超高可降低扭转共振响应峰值。

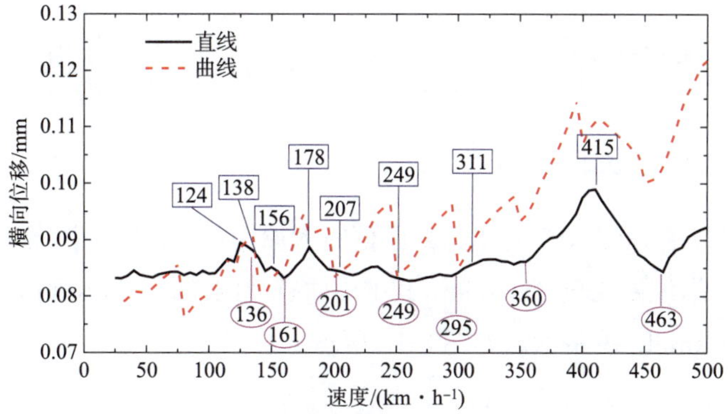

图 8-13　梁跨中横向位移随车速变化关系

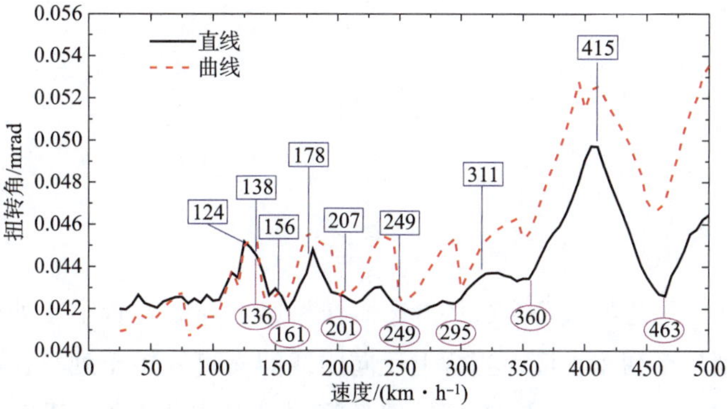

图 8-14　梁跨中扭转角位移随车速变化关系

8.1.5　曲线地段动力学分析结论

(1)曲线地段桥梁横向位移和扭转角位移受列车离心力和偏心扭矩共同作用,欠超高对桥梁横向位移和扭转角位移响应起重要作用,通过调整曲线实设超高可降低扭转共振响应峰值。

(2)曲线地段轮重减载率和脱轨系数变化与欠超高正相关,曲线半径是影响轮轨磨耗和疲劳的关键因素,7 000 m 以上曲线半径可明显改善轮轨磨耗和疲劳问题,此外列车在曲线桥上以欠超高状态运行也可降低磨耗和疲劳效应。随着速度和曲线半径增大,轮轨接触点向轮对踏面名义滚动圆和钢轨中心线靠拢,内侧轮对和钢轨接触位置受半径速度影响较大,在实际轮轨摩擦管理中应重点关注。

(3)由于受车辆部件机械约束和车桥间相互作用影响,均衡超高不是车桥系统受力最合理的位置,现有准静态计算方法不能准确反映曲线地段轮轨相互作用。

8.2 车-线-桥动力学系统性能检算

8.2.1 太焦铁路桥上反向曲线地段工况

太原至焦作铁路客运专线线路北起太原枢纽太原南站，经太原市、晋中市、长治市，终至郑焦城际铁路焦作站，线路长度 358.8 km，其中山西省境内 325.4 km，河南省境内 33.4 km，设计行车速度为 250 km/h，线路示意如图 8-15 所示。

图 8-15 太焦铁路线路平、纵断面示意图

太焦铁路跨 207 国道特大桥全长约 8 km，在桥梁上连续设置了 4 处曲线，反向曲线间夹直线长度达不到一个列车长度。当桥上反向曲线间夹直线短于列车长度时，有可能会对运行安全和桥梁结构产生不利影响。《铁路桥涵设计基本规范》局部修订条文(铁总建设〔2013〕92 号)要求：“困难条件下，桥上反向曲线夹直线长度不能满足一个列车长度时，必须进行充分的技术经济论证并采取必要的技术措施，确保行车安全。”鉴于此，对太原至焦作铁路跨 207 国道特大桥连续反向曲线进行动力学分析，结合桥梁结构性能和运行安全性评估桥上曲线设计方案。

8.2.2 R=3 000 m 曲线地段车-线-桥动力学行为特征

1. 计算工况

车线桥系统空间模型主要由车辆模型、轨道模型和桥梁模型组成，其中车辆模型考虑车辆部件空间振动特性，轨道模型采用有砟轨道模型，桥梁模型采用高速铁路常用的双线单室箱梁模型，采用有限元建立桥梁模型，采用模态综合法建立运动方程，轮轨间考虑接触几何非线性关系和轮轨接触力关系，模型详见第 2 章、第 3 章。

计算选用 CRH5 型动车组，列车编组 8 节，运行速度 250 km/h。曲线半径取 3 000 m，缓和曲线长度 380 m，圆曲线长度 1 383 m，超高 150 mm。列车运行在双线桥一侧，具体如图 8-16 所示。为突出曲线线形条件下结构振动特性，本节算例中未考虑轨道不平顺。

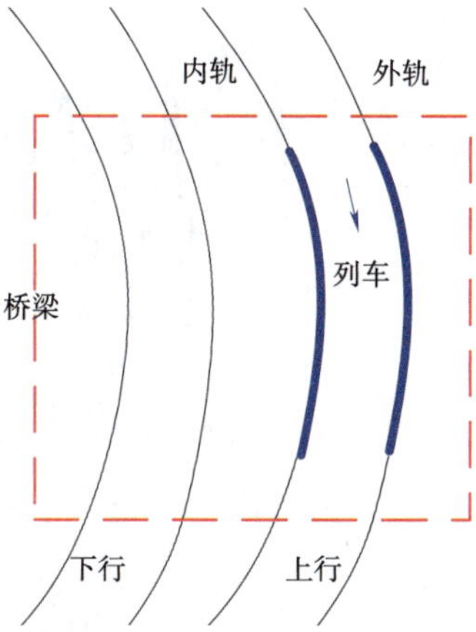

图 8-16　列车运行位置示意图

2. 时程分析

图 8-17 所示为列车以 250 km/h 通过双线曲线桥地段时钢轨垂向位移、钢轨横向位移、桥梁跨中加速度和曲线地段扣件力时程曲线。由图 8-17 可知，由于曲线欠超高作用，外轨垂向变形、外轨扣件力均高于内轨；钢轨垂向变形最大值 1.8 mm，钢轨横向变形最大值 0.4 mm，桥梁跨中垂向加速度最大值 0.09 m/s^2，桥梁跨中横向加速度最大值 0.02 m/s^2，上述指标均满足规范标准要求。

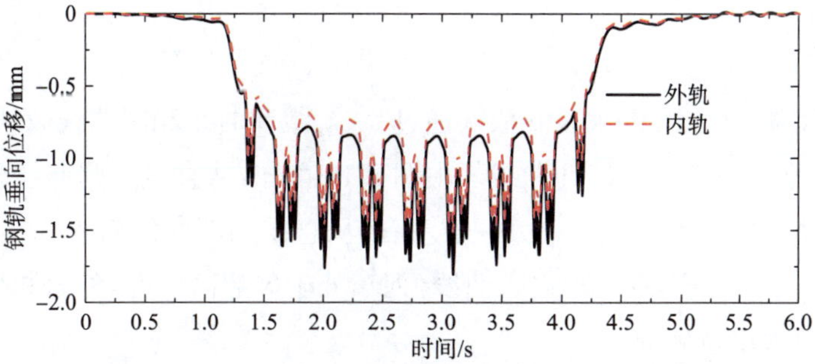

(a)钢轨垂向位移

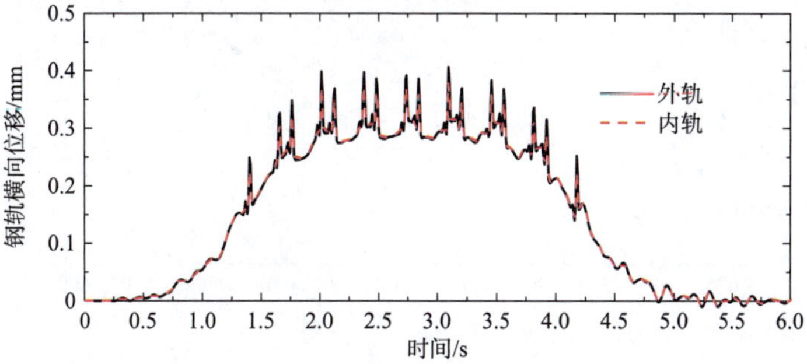

(b)钢轨横向位移

图　8-17

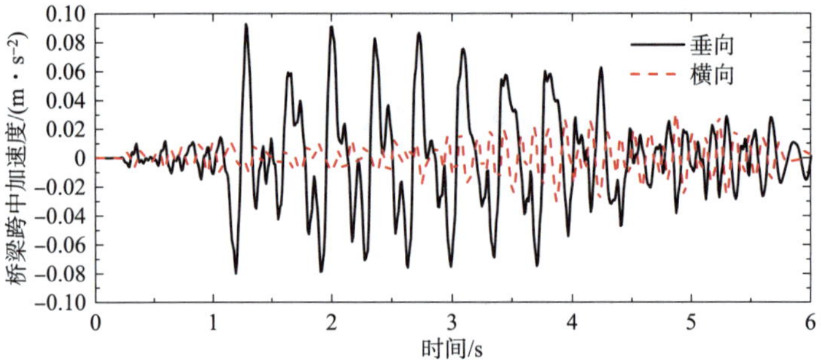

(c)桥梁跨中加速度

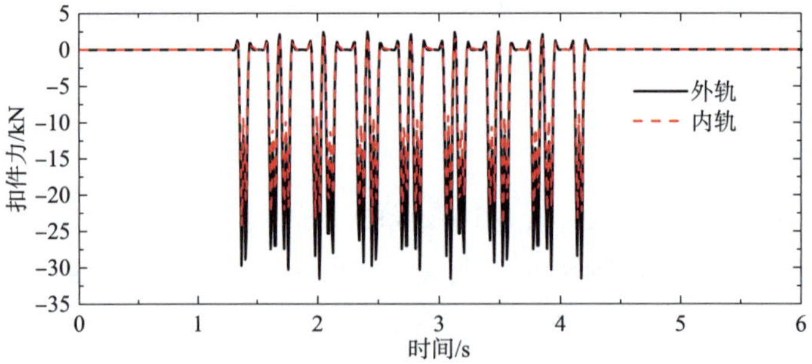

(d)曲线地段垂向扣件力

图 8-17　轨道-桥梁动力响应时程曲线

3. 统计分析

图 8-18 所示为列车以 250 km/h 依次通过直线、缓和曲线和圆曲线时轨距扩大量、轨枕横向位移和扣件垂向力最大值统计曲线。由图 8-18 可知：从直线到圆曲线轨距扩大量逐渐提高，圆曲线上轨距扩大量比直线上大一倍左右；从直线到圆曲线轨枕横向位移缓慢递增，增加幅度 0.1～0.2 mm；随着列车进入曲线，列车处于欠超高状态，外轨扣件垂向力逐渐提高，内轨扣件垂向力逐渐降低。

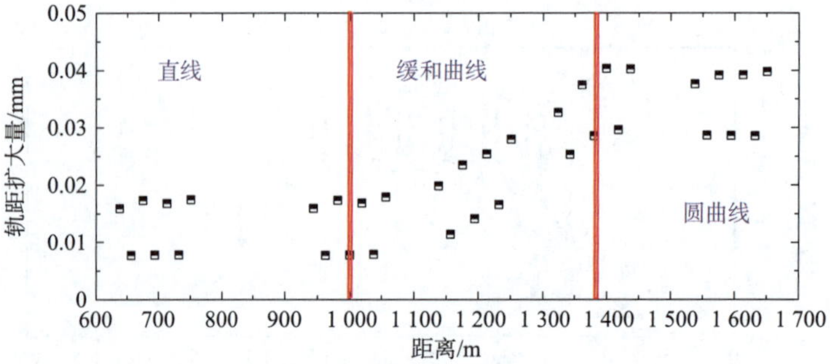

(a)轨距扩大量

图　8-18

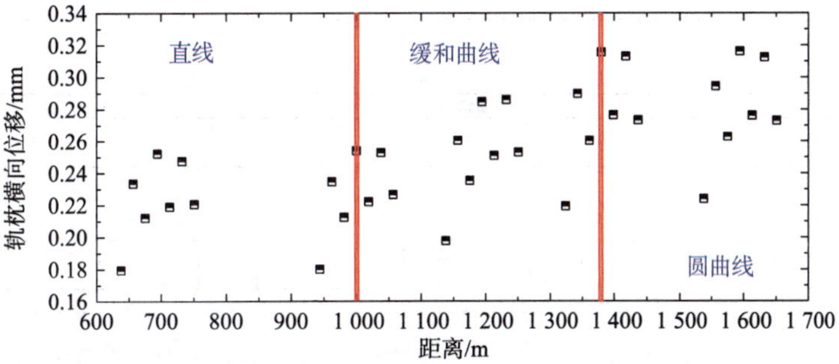

(b)轨枕横向位移

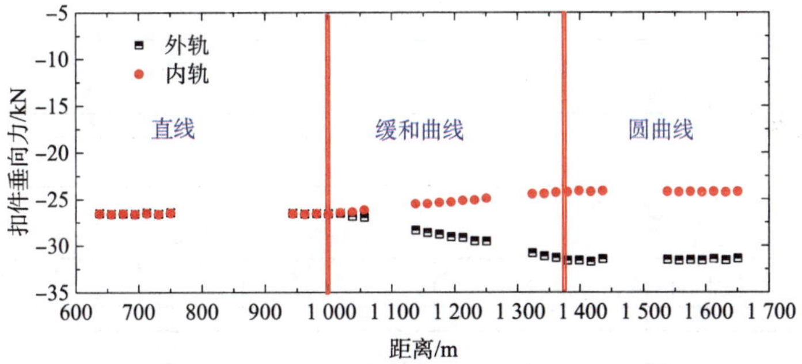

(c)扣件垂向力

图 8-18 不同位置轨道结构动力响应峰值

8.2.3 桥上反向曲线设置动力学分析

1. 计算条件

(1)车型

太焦铁路全部开行客车,城际客车和跨线客车共线运行列车采用速度 250 km/h 及以上的 CRH 系列动车组,动车组设计尺寸及参数按实际情况选取。

(2)线路参数

检算区段的起点里程为 DK263+064.32,终点里程为 DK274+164.52。该段线路平面共包含 4 个曲线段,曲线半径依次为 3 500 m、11 000 m、3 500 m、3 000 m;纵断面上共设置 6 个坡段、6 处竖曲线,竖曲线半径均为 20 000 m。线路参数见表 8-4 和图 8-19。

表 8-4 太焦铁路桥上反向曲线地段曲线参数

<table>
<tr><th>曲线半径 R/m</th><th>前缓和曲线长度 l/m</th><th>后缓和曲线长度 l/m</th><th>曲线长度 L/m</th><th>夹直线长度/m</th></tr>
<tr><td rowspan="2">3 500</td><td rowspan="2">430</td><td rowspan="2">430</td><td rowspan="2">383</td><td></td></tr>
<tr><td rowspan="2">273</td></tr>
<tr><td rowspan="2">11 000</td><td rowspan="2">160</td><td rowspan="2">160</td><td rowspan="2">291</td></tr>
<tr><td rowspan="2">820</td></tr>
<tr><td rowspan="2">3 500</td><td rowspan="2">380</td><td rowspan="2">380</td><td rowspan="2">330</td></tr>
<tr><td rowspan="2">200</td></tr>
<tr><td rowspan="2">3 000</td><td rowspan="2">380</td><td rowspan="2">380</td><td rowspan="2">1 383</td></tr>
<tr><td></td></tr>
</table>

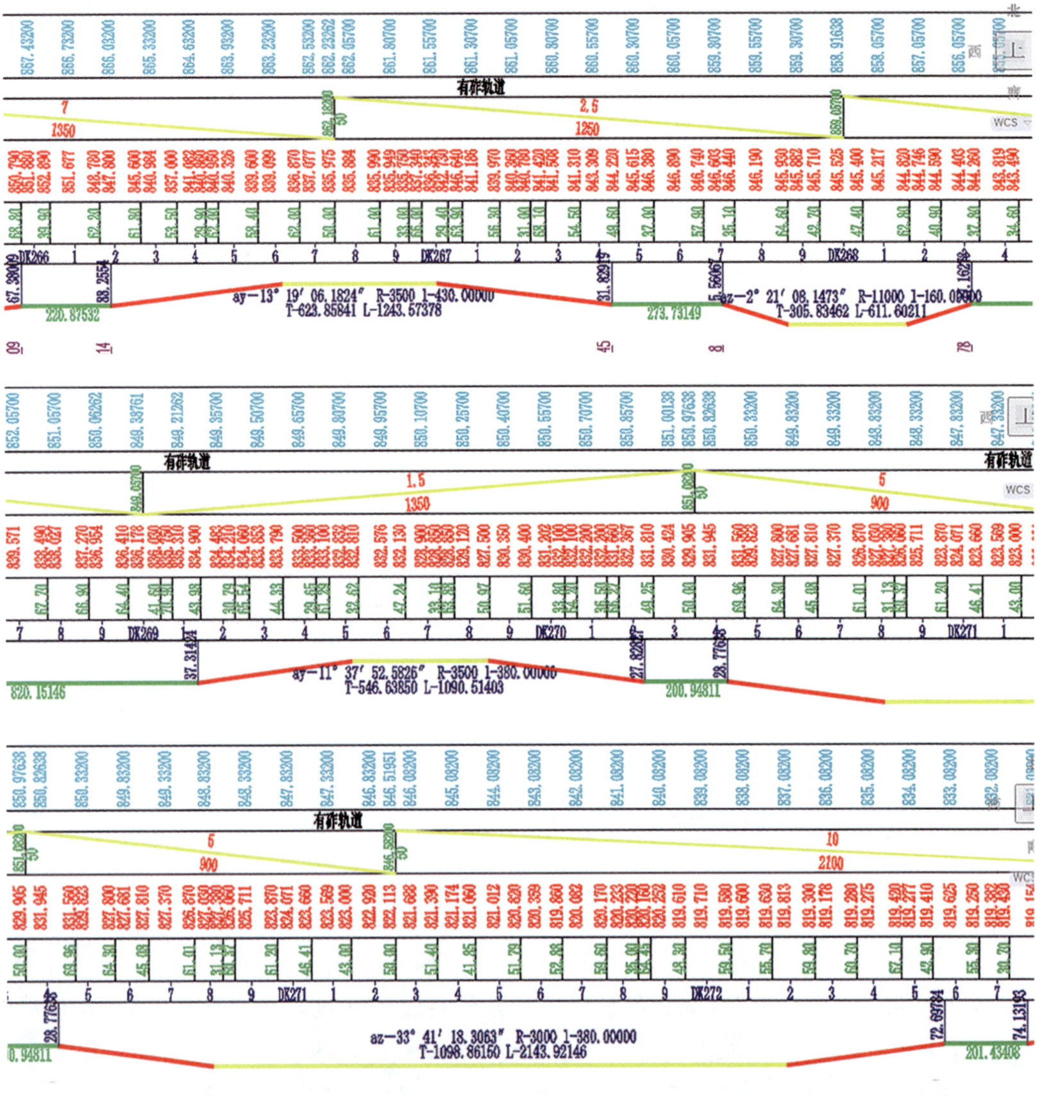

图 8-19　太焦铁路桥上反向曲线地段平纵断面设置情况(截图)

参考《高速铁路设计规范》(TB 10621—2014)中有砟轨道超高规定,曲线实设超高见表 8-5。

表 8-5　太焦铁路桥上反向曲线地段曲线超高设置

曲线半径/m	运行速度/(km·h^{-1})	均衡超高/mm	实设超高/mm
3 000	250	245	150
	275	297	150
	300	354	150
3 500	250	210	150
	275	255	150
	300	303	150

续上表

曲线半径/m	运行速度/(km·h^{-1})	均衡超高/mm	实设超高/mm
11 000	250	67	105
	275	81	105
	300	96	105

仿真计算中,列车运行方向及线路位置如图 8-20 所示,连续反向曲线依次编号为曲线 1、曲线 2、曲线 3、曲线 4。

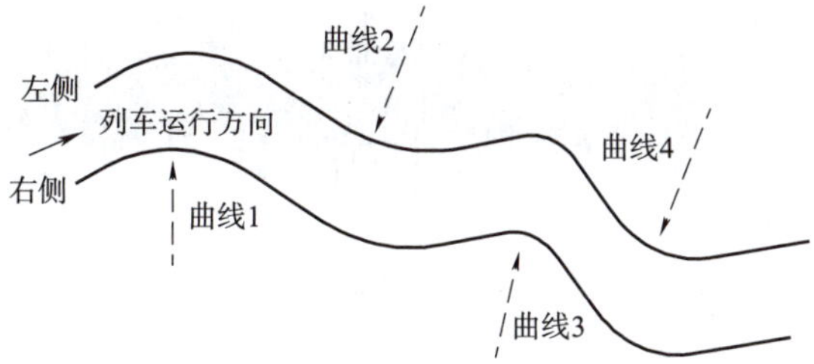

图 8-20 太焦铁路桥上反向曲线地段示意图

(3)轨道不平顺

轨道不平顺采用中国高速铁路有砟轨道不平顺谱。

2. 桥上反向曲线动力学检算

(1)时程分析

计算了 16 节编组高速列车以 250 km/h 通过桥上连续反向曲线时的动力响应,各项动力响应时程曲线如图 8-21～图 8-27 所示,可以得出:

①列车通过连续反向曲线时,车体垂向加速度受线形设置影响较小,车体最大垂向加速度 0.112 m/s^2;车体横向加速度在曲线 4 上明显出现放大现象,其中最大横向加速度 0.117 m/s^2,未被平衡的最大横向加速度 0.7 m/s^2;在夹直线上最大横向加速度 0.075 m/s^2。总体来看,车体振动加速度满足《高速铁路设计规范》桥梁地段车体振动加速度小于 0.13g(垂向)、0.10g(横向)和 0.784 m/s^2(未被平衡横向)的限值要求。

②列车通过连续反向曲线时,桥梁跨中垂向动位移和加速度受线形设置影响较小,桥梁跨中垂向最大动位移 1.834 mm,最大加速度 0.743 m/s^2;桥梁跨中横向动位移和加速度在曲线 4 上有明显放大现象,最大动位移 0.087 mm,最大横向加速度 0.307 m/s^2;在夹直线上桥梁最大横向动位移 0.066 mm,最大横向加速度 0.290 m/s^2;上述桥梁动力性能指标满足有砟轨道桥梁垂向加速度 0.35g、横向加速度 0.14g 和桥梁横向振幅 8 mm 的控制标准。

③轮轴横向力在夹直线上较小,最大值为 2.003 kN;轮轴横向力在曲线上呈现较大值,其中曲线 4 轮轴横向力最大,为 9.55 kN,小于 57.84 kN 的容许值。

④行车安全性指标在夹直线上较小,轮重减载率最大值 0.035,脱轨系数最大值 0.049;

曲线上轮对一侧增载，一侧减载，轮轨横向力变大，曲线 1、2 和 4 脱轨系数和轮重减载率出现较大值，其中轮重减载率最大值 0.234，脱轨系数最大值 0.188，均满足轮重减载率小于 0.8 和脱轨系数小于 0.8 的行车安全控制标准。

综上所述，列车以 250 km/h 速度通过该区段桥上连续反向曲线时乘坐舒适性、行车安全性、结构动力性能均满足控制标准，该段线路方案与线下结构匹配符合相关要求。

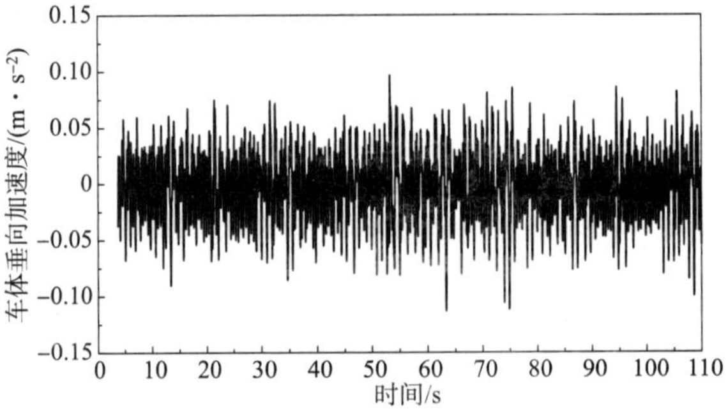

(a)车体垂向加速度

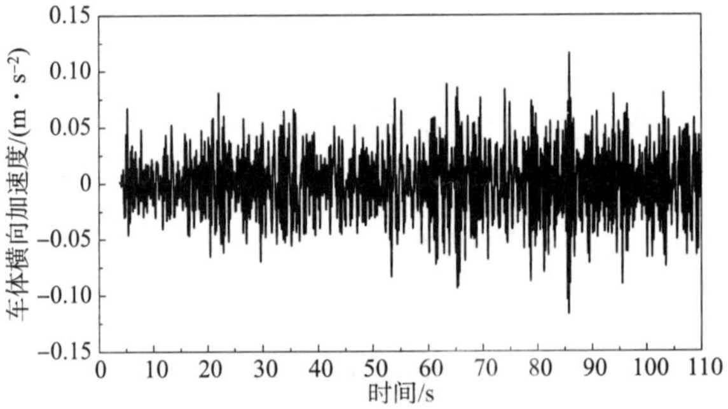

(b)车体横向加速度

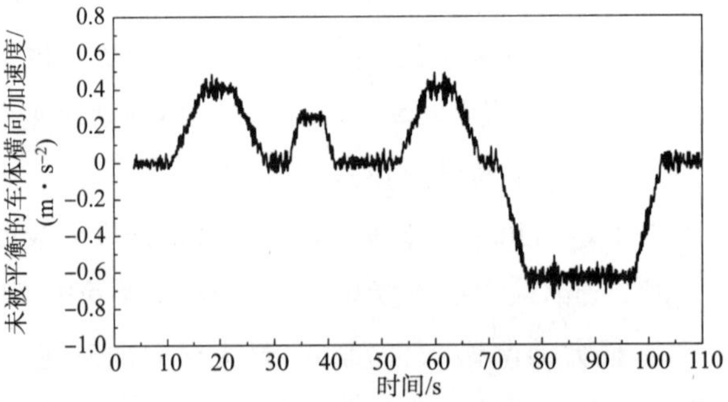

(c)未被平衡的横向加速度

图 8-21　车辆动力响应时程曲线

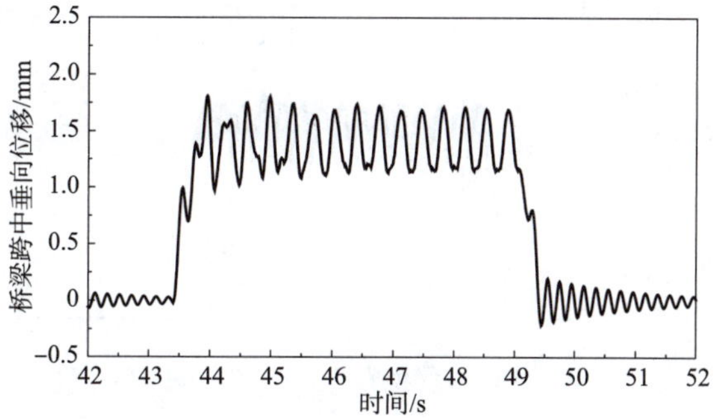

(a)桥梁跨中垂向位移

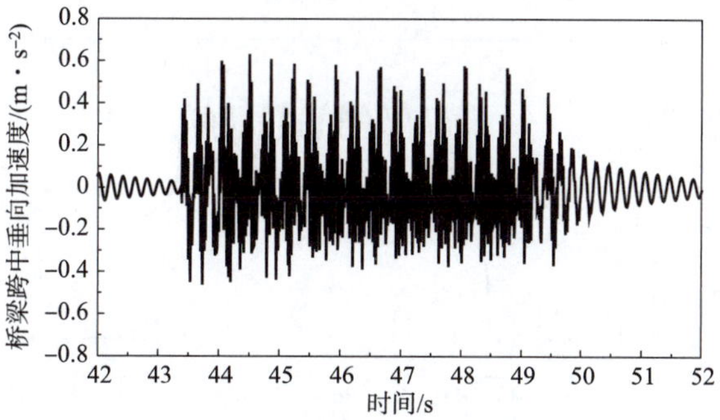

(b)桥梁跨中垂向加速度

图 8-22　桥梁跨中垂向动力响应

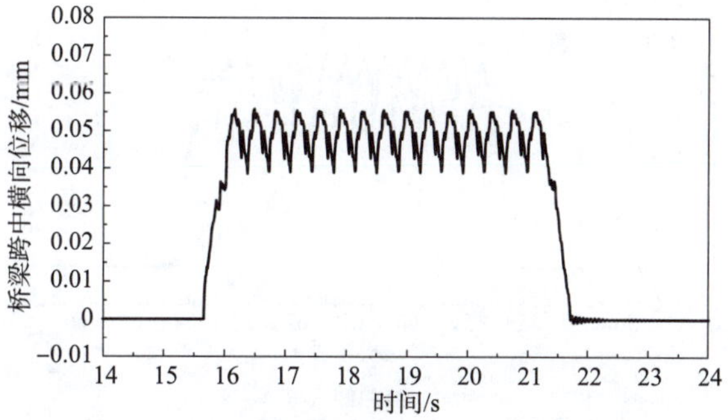

(a)曲线 1

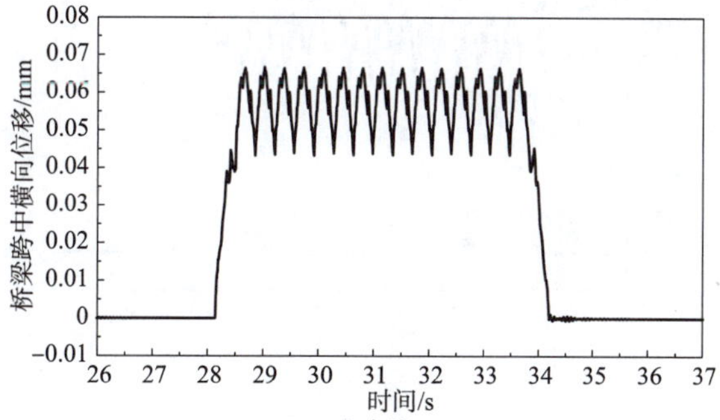

(b)夹直线 1

图　8-23

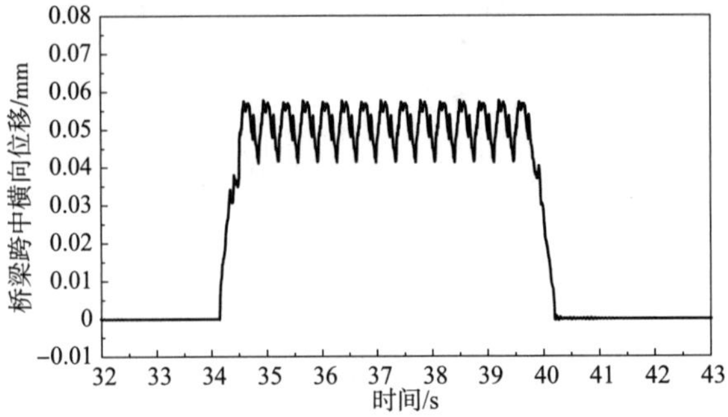

(c)曲线 2

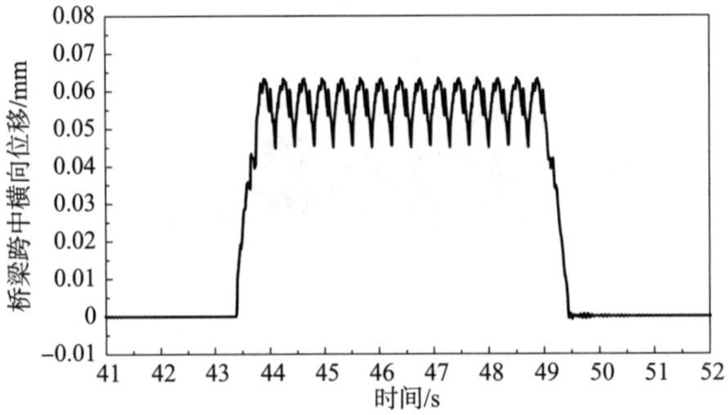

(d)直线 2

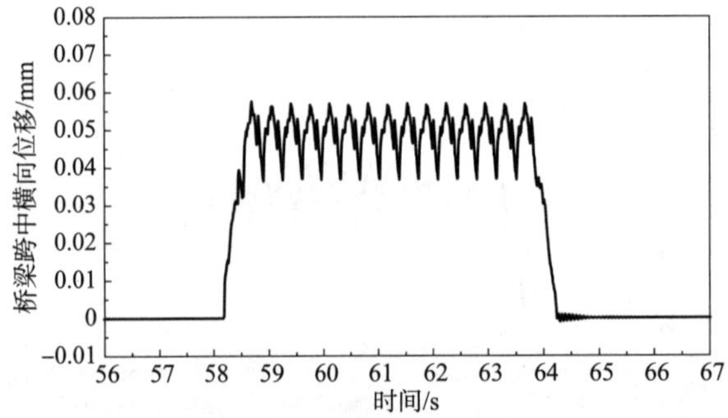

(e)曲线 3

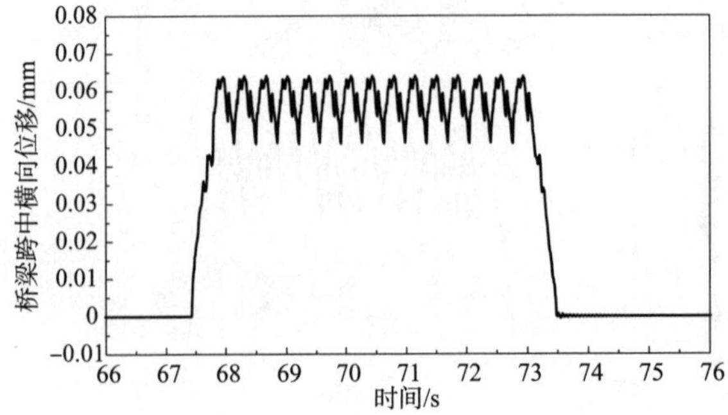

(f)夹直线 3

图 8-23

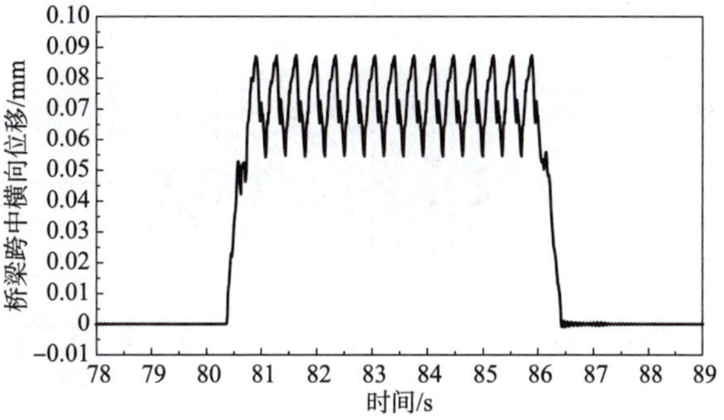

(g)曲线 4

图 8-23　桥梁跨中横向位移

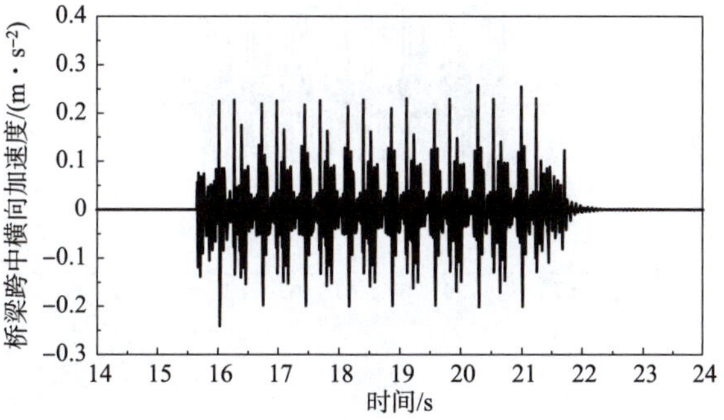

(a)曲线 1

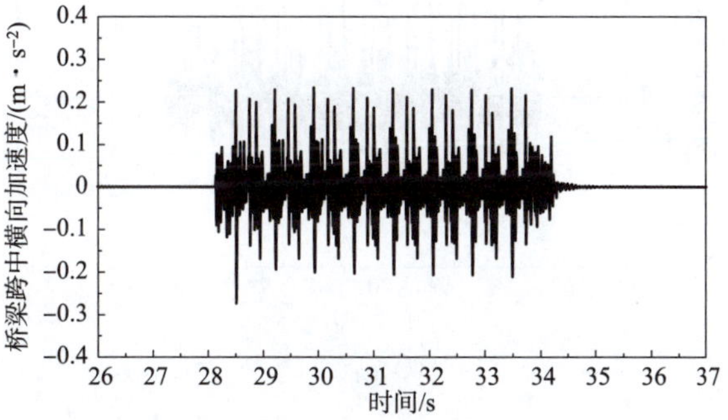

(b)夹直线 1

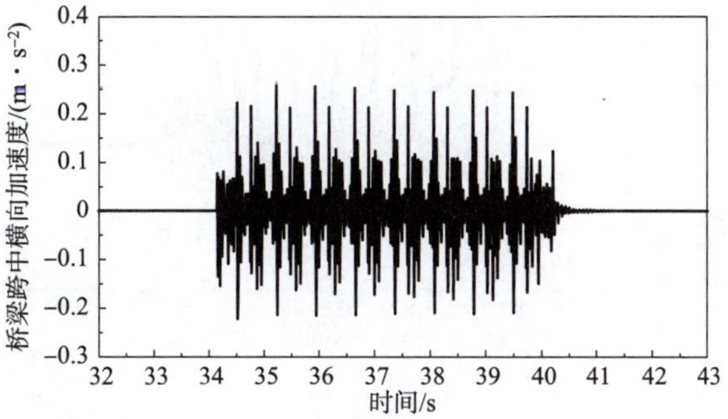

(c)曲线 2

图　8-24

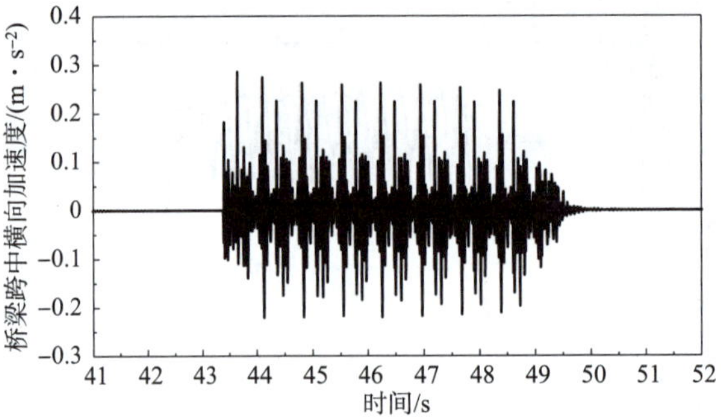

(d)直线 2

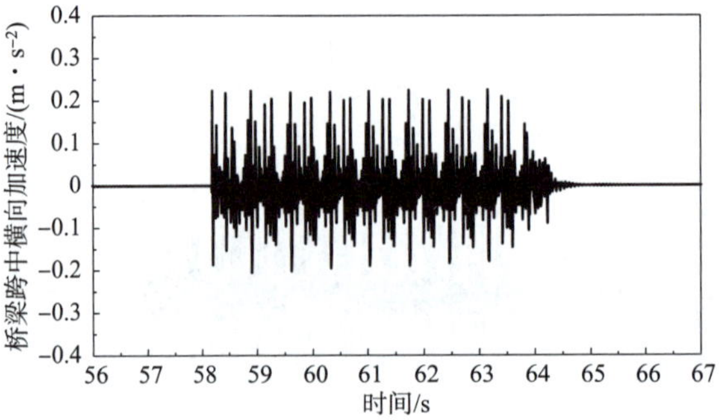

(e)曲线 3

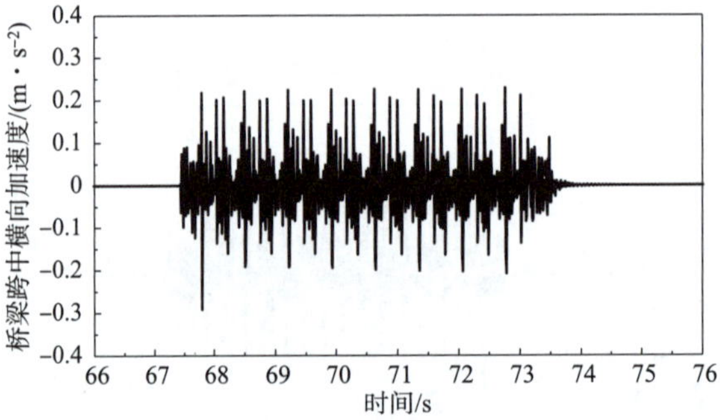

(f)夹直线 3

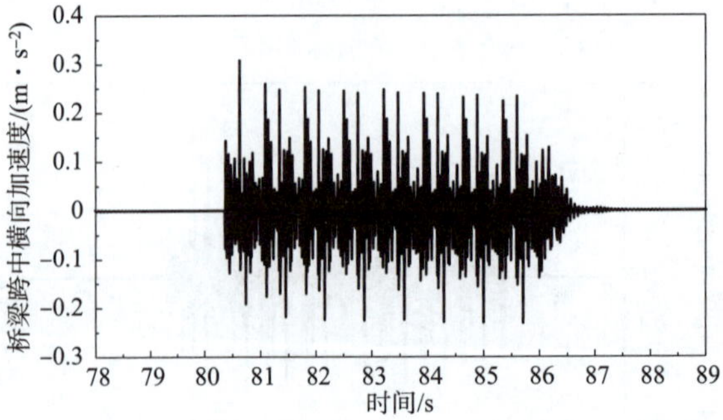

(g)曲线 4

图 8-24　桥梁跨中横向加速度

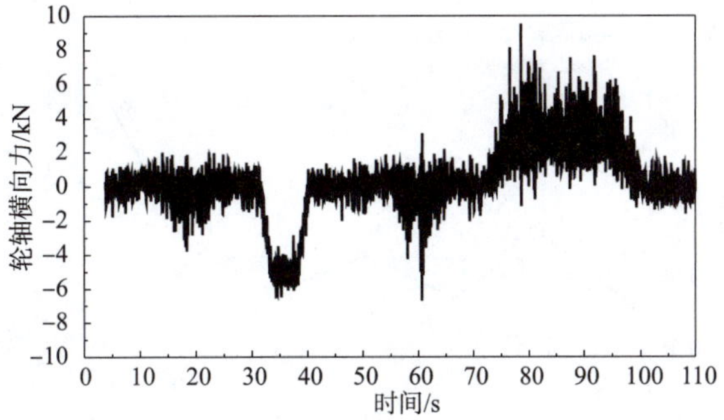

图 8-25　轮轴横向力

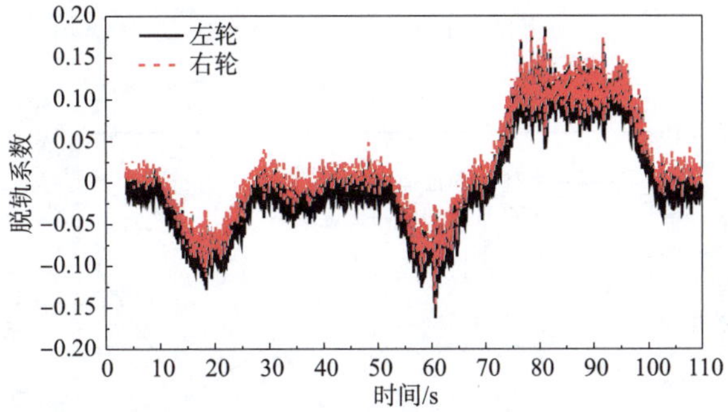

图 8-26　脱轨系数

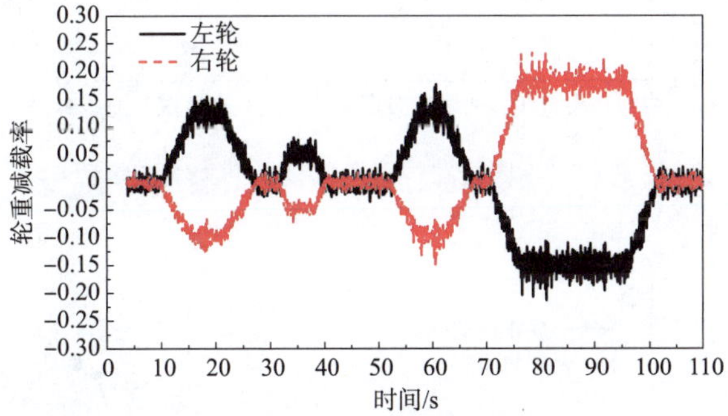

图 8-27　轮重减载率

(2)统计分析

进一步对 250 km/h 速度通过桥上反向曲线时动力响应最大值进行分析，得到统计结果如图 8-28～图 8-31 及表 8-6 所示。由统计结果可知：

①行车安全性、桥梁动力性能及乘坐舒适性指标在夹直线上基本相当，各项动力响应均小于曲线区段，夹直线长度不是影响行车性能的关键因素。

②曲线上各项动力响应指标均高于夹直线区段，其中在 3 000 m 半径曲线 4 上动力性能指标取得最大值，但曲线上行车安全性、乘坐舒适性和结构动力性能等指标均满足规范标准限值要求。

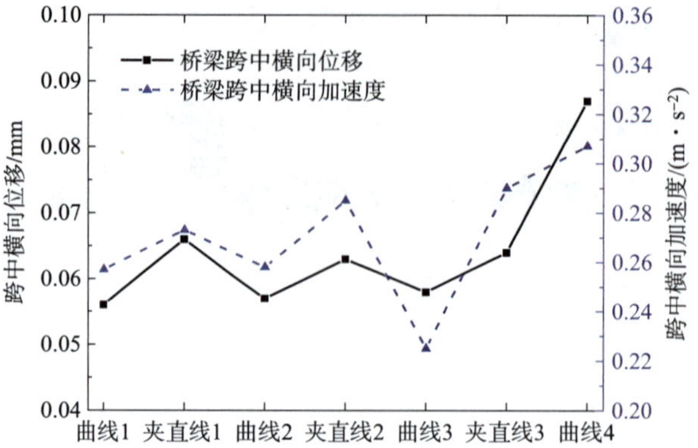

图 8-28　不同线路位置桥梁跨中横向动力响应峰值

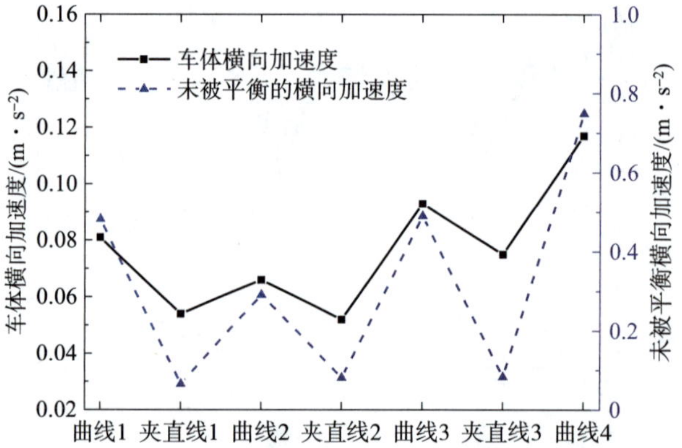

图 8-29　不同线路位置车体横向动力响应峰值

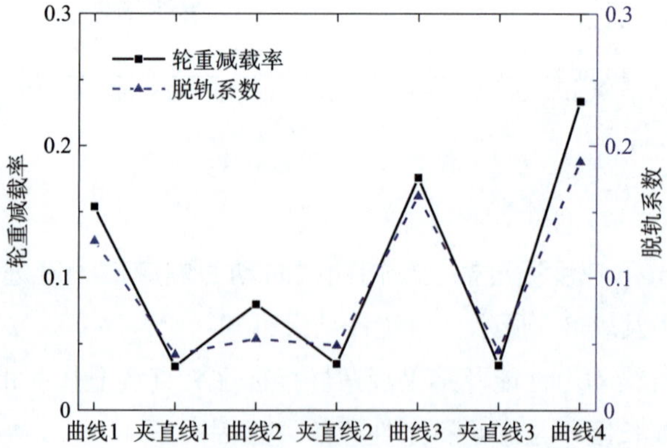

图 8-30　不同线路位置行车安全性指标峰值

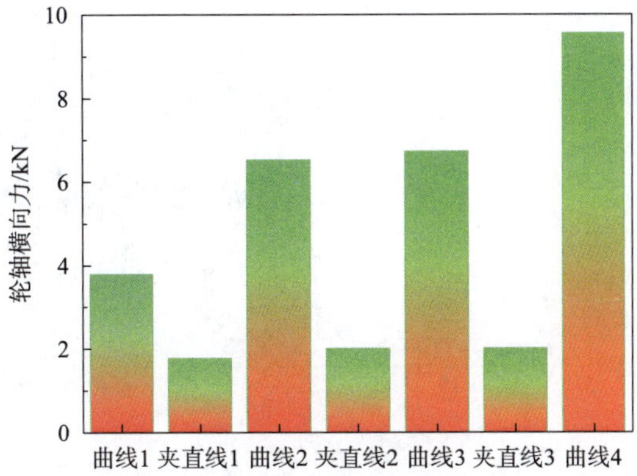

图 8-31　不同线路位置轮轴横向力峰值

表 8-6　250 km/h 运行速度下动力学指标最大值

线路位置	桥梁动位移/mm		桥梁加速度/($m \cdot s^{-2}$)		车体加速度/($m \cdot s^{-2}$)			轮轴横向力/kN	轮重减载率	脱轨系数
	垂向	横向	垂向	横向	垂向	横向	未被平衡加速度			
曲线 1	1.827	0.056	0.639	0.257	0.090	0.081	0.482	3.786	0.154	0.128
夹直线 1	1.801	0.066	0.650	0.273	0.075	0.054	0.065	1.768	0.033	0.042
曲线 2	1.809	0.057	0.656	0.258	0.085	0.066	0.291	6.517	0.080	0.054
夹直线 2	1.809	0.063	0.635	0.285	0.081	0.052	0.081	2.001	0.035	0.049
曲线 3	1.821	0.058	0.611	0.225	0.113	0.093	0.490	6.721	0.176	0.162
夹直线 3	1.809	0.064	0.667	0.290	0.080	0.075	0.083	2.003	0.034	0.045
曲线 4	1.834	0.087	0.743	0.307	0.112	0.117	0.749	9.552	0.234	0.188

3. 桥上夹直线长度对动力响应的影响

(1)计算工况

设置 3 000 m 半径两处反向曲线，夹直线长度分别选取 150 m(0.6v)、200 m(0.8v)、432 m(一列车长)，计算速度选取 250 km/h，见表 8-7。

表 8-7　曲线参数

曲线半径 R/m	前缓和曲线长度 l/m	后缓和曲线长度 l/m	曲线长度 L/m	夹直线长度/m
3 000	380	380	400	150(0.6v); 200(0.8v); 432(一列车长)
3 000	380	380	400	

(2)结果分析

图 8-32 所示为 150 m(0.6v)、200 m(0.8v)、432 m(一列车长)夹直线长度下车体横向振动加速度变化情况，由图可见，夹直线长度不影响下一曲线起点造成的冲击振动。由图 8-33 和表 8-8 进一步可见，车体横向振动在一个周期(0.44v)长度内衰减可达 80%以上。

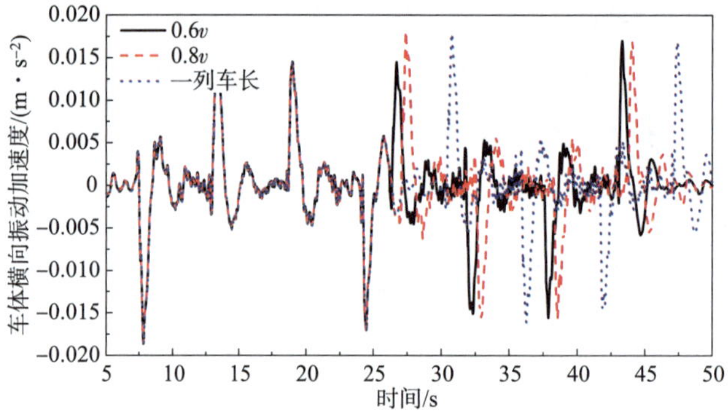

图 8-32　不同夹直线长度下车体横向加速度变化情况

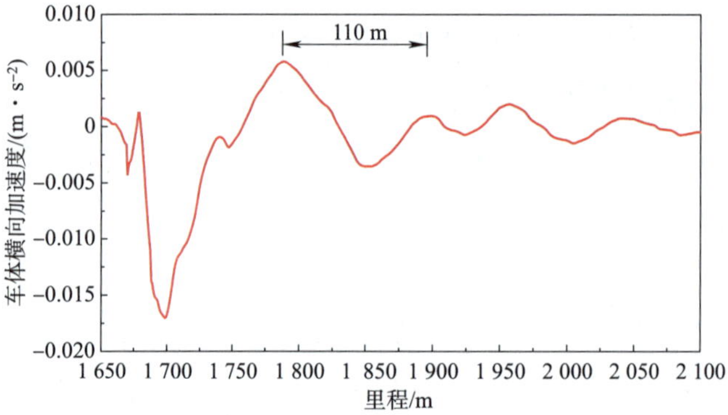

图 8-33　夹直线区段振动衰减情况

表 8-8　车体振动衰减情况

主频/Hz	0.63
周期/s	1.585
波长/m	110
起点车体横向加速度峰值/($m\cdot s^{-2}$)	0.005 77
一个周期(0.44v)后横向加速度衰减比例/%	82.4

图 8-34 所示为 150 m(0.6v)、200 m(0.8v)、432 m(一列车长)夹直线长度下轮重减载率和脱轨系数变化情况，由图可见，影响行车安全指标的关键因素是曲线，夹直线长度缩短不会影响行车安全。

4. 小结

本节对太焦铁路 4 处连续反向曲线夹直线长度不满足一个列车长度的工况进行了动力学检算，并进一步分析了夹直线长度对高速列车通过桥上反向曲线时行车安全性、乘坐舒适性与结构动力学性能的影响，主要结论如下：

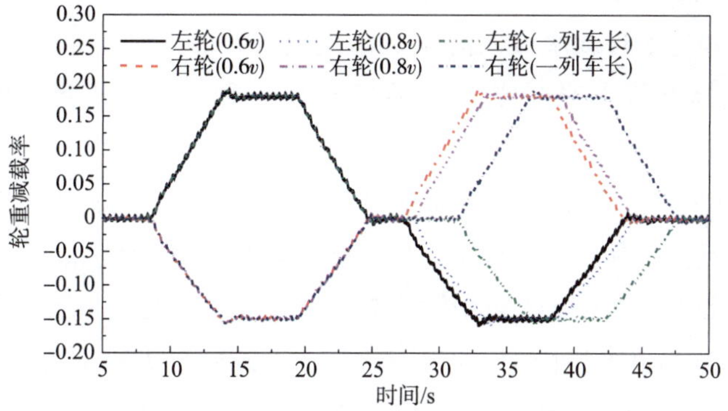

(a)轮重减载率

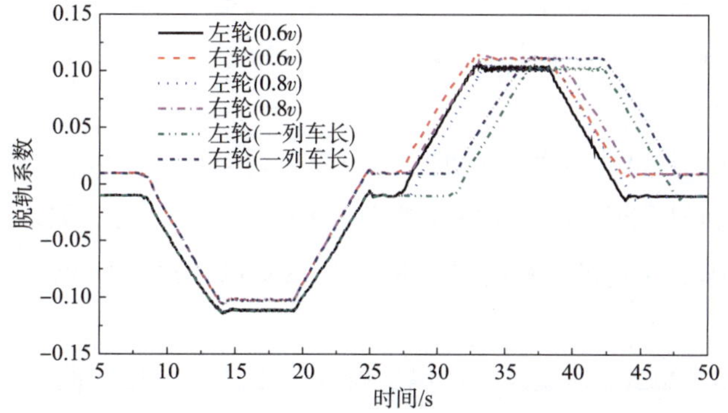

(b)脱轨系数

图 8-34　不同夹直线长度下行车安全性指标变化情况

(1)列车以 250 km/h 通过桥上连续反向曲线时，曲线上各项动力性能指标取得最大值，其中：车体最大垂向加速度 0.112 m/s²，车体最大横向加速度 0.117 m/s²，未被平衡的最大横向加速度 0.7 m/s²；桥梁跨中最大垂向加速度 0.743 m/s²，桥梁跨中最大横向位移 0.087 mm，桥梁跨中最大横向加速度 0.307 m/s²，轮轴最大横向力 9.55 kN，轮重减载率最大值 0.234，脱轨系数最大值 0.188。夹直线上动力响应指标较小，其中：车体最大横向加速度 0.075 m/s²，桥梁最大横向动位移 0.066 mm，桥梁最大横向加速度 0.290 m/s²，轮轴最大横向力 2.003 kN，轮重减载率最大值 0.035，脱轨系数最大值 0.049。乘坐舒适性、行车安全性、结构动力性能指标均满足《高速铁路设计规范》(TB 10621)等标准的要求。

(2)列车以 275 km/h 通过桥上连续反向曲线时，曲线上各项动力性能指标达到峰值，其中：车体最大垂向加速度 0.111 m/s²，车体最大横向加速度 0.162 m/s²，未被平衡的最大横向加速度 1.132 m/s²；桥梁跨中垂向最大加速度 1.056 m/s²，桥梁跨中最大横向位移 0.102 mm，桥梁跨中最大横向加速度 0.322 m/s²；轮轴最大横向力 16.04 kN，轮重减载率最大值 0.362，脱轨系数最大值 0.317。夹直线上动力响应指标较小，其中：车体最大横向加速度 0.092 m/s^2，桥梁最大横向动位移 0.07 mm，桥梁最大横向加速度 0.253 m/s^2，轮轴最大横向力 2.326 kN，轮重减载率最大值 0.038，脱轨系数最大值 0.054。行车安全性和结构动力性能满足有关标准行车安全要求，但在 3 000 m 和 3 500 m 半径曲线上乘坐舒适性较差。

(3)列车以 300 km/h 通过桥上连续反向曲线时，曲线上各项动力性能指标取得最大值，其中：车体最大垂向加速度 0.114 m/s^2，车体最大横向加速度 0.261 m/s^2，未被平衡的最大横向加速度 1.604 m/s^2；桥梁跨中垂向最大加速度 1.472 m/s^2，桥梁跨中最大横向位移 0.109 mm，桥梁跨中最大横向加速度 0.429 m/s^2；轮轴最大横向力 26.02 kN，轮重减载率最大值 0.504，脱轨系数最大值 0.507。夹直线上动力响应指标较小，其中：车体最大横向加速度 0.078 m/s^2，桥梁最大横向动位移 0.068 mm，桥梁最大横向加速度 0.329 m/s^2，轮轴最大横向力 2.546 kN，轮重减载率最大值 0.043，脱轨系数最大值 0.06。行车安全性和结构动力性能满足有关标准行车安全要求，但在 3 000 m 和 3 500 m 半径曲线上乘坐舒适性较差。

(4)列车在反向曲线间夹直线区段的行车安全性、桥梁动力性能及乘坐舒适性指标均小于曲线区段，夹直线长度缩短对行车安全影响较小。车体横向振动在一个周期(0.44v)长度内衰减可达 80%以上，考虑车辆长度因素，夹直线长度设置在 0.6v 以上可保证上一曲线振动充分衰减。

综上，列车以 250 km/h 速度跨 207 国道特大桥 4 处连续反向曲线时乘坐舒适性、行车安全性、结构动力性能均满足控制标准，该段线路方案与线下结构匹配符合相关要求。动力仿真分析为该方案的实施提供了理论依据。

参考文献

[1] 克拉夫,彭津. 结构动力学(第二版)[M]. 王光远,译. 北京:高等教育出版社,2006.

[2] 刘晶波,杜修力. 结构动力学[M]. 2 版. 北京:机械工业出版社,2016.

[3] 于开平,邹经湘. 结构动力学[M]. 3 版. 哈尔滨:哈尔滨工业大学出版社,2016.

[4] 休斯顿,刘又午. 多体系统动力学[M]. 天津:天津大学出版社,1991.

[5] 洪嘉振. 计算多体系统动力学[M]. 北京:高等教育出版社,1999.

[6] 袁世杰,吕哲勤. 多刚体系统动力学[M]. 北京:北京理工大学出版社,1992.

[7] 张雄,王天舒,刘岩. 计算动力学[M]. 2 版. 北京:清华大学出版社,2015.

[8] 王福天. 车辆系统动力学[M]. 北京:中国铁道出版社,1994.

[9] 张定贤. 机车车辆轨道系统动力学[M]. 北京:中国铁道出版社,1996.

[10] 翟婉明. 车辆-轨道耦合动力学[M]. 4 版. 北京:科学出版社,2015.

[11] 任尊松. 车辆动力学基础[M]. 北京:中国铁道出版社,2009.

[12] 罗仁,石怀龙. 高速列车系统动力学[M]. 成都:成都西南交大出版社有限公司,2019.

[13] 姚建伟,孙丽霞. 机车车辆动力学[M]. 北京:科学出版社,2014.

[14] 沈钢. 轨道车辆系统动力学[M]. 北京:中国铁道出版社,2014.

[15] 翟婉明,夏禾,等. 列车-轨道-桥梁动力相互作用理论与工程应用[M]. 北京:科学出版社,2011.

[16] 夏禾,张楠,郭薇薇. 高速铁路车桥耦合动力学:理论与应用[M]. 北京:北京交通大学出版社,2018.

[17] 夏禾,张楠,郭薇薇. 车桥耦合振动工程[M]. 北京:科学出版社,2014.

[18] 姚忠达,杨永斌. 高速铁路车-桥互制理论[M]. 台北:图文技术服务有限公司,2000.

[19] 雷晓燕. 高速铁路轨道动力学:模型、算法与应用[M]. 2 版. 北京:科学出版社,2021.

[20] 高亮. 高速铁路无砟轨道空间精细化分析方法及其应用[M]. 北京:科学出版社,2020.

[21] 王平. 高速铁路道岔设计理论与实践[M]. 2 版. 成都:成都西南交大出版社有限公司,2017.

[22] 李小珍,晋智斌,朱艳. 车辆-桥梁时变系统随机振动:理论与工程应用[M]. 北京:科学出版社,2017.

[23] 李奇,陈艾荣. 车辆-桥梁轨道系统耦合震动精细分析理论及应用[M]. 上海:同济大学出版社,2020.

[24] LADISLAV FRÝBA. Vibration of solids and structures under moving loads[M]. Third edition. London:Thomas Telford Publishing,1999.

[25] GARG V K,DUKKIPATI R V. Dynamics of railway vehicle systems[M]. Ontario, Canada:Academic Press, 1984.

[26] KLAUS KNOTHE,SEBASTIAN STICHEL. Rail vehicle dynamics[M]. Berlin:Springer Nature,2017.

[27] SIMON IWNICKI,MAKSYM SPIRYAGIN,COLIN COLE,etc. Handbook of railway vehicle dynamics[M]. Boca Raton,Fla,USA:CRC Press,2019.

[28] WICKENS A H . Fundamentals of rail vehicle dynamics:guidance and stability[M]. Lisse Exton,PA: Swets & Zeitlinger Publishers,2004.

[29] SHABANA A A, ZAAZAA K E, SUGIYAMA H. Railroad vehicle dynamics: A computational approach[M]. Boca Raton, Fla, USA: CRC Press, 2010.

[30] YANG Y B, YAU J D, WU Y S. Vehicle-bridge interaction dynamics-with applications to high-speed railways [M]. Singapore: World Scientific, 2004.

[31] LADISLAV FRYBA. Dynamics of railway bridges[M]. London: Thomas Telford, 1996.

[32] SAUVAGE G, PASCAL J P. Solution of the multiple wheel and rail contact dynamic problem[J]. Vehicle System Dynamics, 1990, 19(5): 257-272.

[33] SHEN Z Y, HEDRICK J K, ELKINS J A. A comparison of alternative creep force models for rail vehicle dynamic analysis[C]//Proc. 8th IAVSD Symposium, MIT, Cambridge, 1983, 591-605.

[34] NAGURKA M L. Curving performance of rail passenger vehicles[D]. Cambridge, Massachusetts, USA: Massachusetts Institute of Technology, 1983.

[35] YANG GUANG. Dynamic analysis of railway wheelsets and complete vehicle systems[D]. Delft, Netherlands: Delft University of Technology, 1993.

[36] XIA FUJIE. The dynamics of the three-piece-freight truck[D]. Copenhagen: Technical University of Denmark, 2002.

[37] MARK HOFFMANN. Kongens lyngby dynamics of european two-axle freight wagons[D]. Copenhagen: Technical University of Denmark, 2006.

[38] 金学松. 轮轨蠕滑理论及其试验研究[D]. 成都:西南交通大学, 2006.

[39] 杨国伟, 魏宇杰, 赵桂林, 等. 高速列车的关键力学问题[J]. 力学进展, 2015, 45: 201507.

[40] International Union of Railways. UIC 513R, Guidelines for evaluating passenger comfort in relation to vibration in railway vehicles[S].

[41] International Organization for Standardization. ISO 2631-1, Mechanical vibration and shock-evaluation of human exposure to whole-body vibration. Part 1: General requirements[S].

[42] SUZUKI H. Research trends on riding comfort evaluation in Japan[J]. Proceedings of the Institution of Mechanical Engineers, Part F: Journal of Rail and Rapid Transit, 1998, 212(1): 61-72.

[43] KIM Y G, WON H B, KIM S W, et al. Correlation of ride comfort evaluation methods for railway vehicles[J]. Proceedings of the Institution of Mechanical Engineers, Part F: Journal of Rail and Rapid Transit, 2003, 217(2): 73-88.

[44] 王开文. 车轮接触点迹线及轮轨接触几何参数的计算[J]. 西南交通大学学报, 1984(1): 92-102.

[45] 王成国, 王永菲, 李海涛, 等. 高速轮轨接触几何关系的比较分析[J]. 铁道机车车辆, 2006, 26(4): 1-5.

[46] 翟婉明. 机车车辆与线路最佳匹配设计原理、方法及工程实践[J]. 中国铁道科学, 2006(2): 60-65.

[47] 翟婉明, 蔡成标, 王开云. 高速铁路线路平纵断面设计的动力学评估方法[J]. 高速铁路技术, 2010, 1(1): 1-5.

[48] 刘鹏飞, 王开云, 翟婉明. 长大列车通过弹性曲线轨道仿真求解方法研究[J]. 西南交通大学学报, 2018, 53(1): 31-37.

[49] 翟婉明, 姚力, 孙立, 等. 基于车辆-轨道耦合动力学的 400 km/h 高速铁路线路平面参数设计研究[J]. 高速铁路技术, 2021, 12(2): 1-10, 16.

[50] 王开云,周维俊,翟婉明,等.基于动力学理论对高中速客运专线和高低速客货共线铁路平纵面合理匹配的研究[J].铁道标准设计,2005(7):1-3.

[51] 王开云.提速和高速铁路曲线轨道轮轨动态相互作用性能匹配研究[J].中国铁道科学,2014,35(1):142-144.

[52] 王开云,袁玄成,翟婉明.高速铁路动车组在线路上适应性设计方法及应用[J].中国工程科学,2015,(4):90-97.

[53] 王开云,吕凯凯.高速铁路线路空间线形的动力学评价指标体系研究[J].西南交通大学学报,2016(2):227-235.

[54] 梁晨,司道林,徐玉坡.时速 400/380 km 高速铁路最小曲线半径取值研究[J].铁道建筑,2016(1):63-66.

[55] 易思蓉,聂良涛,秦方方.基于动力学分析的高速铁路最小曲线半径研究[J].西南交通大学学报,2013(1):16-20.

[56] KRZYSZTOF Z. Dynamical investigation of railway vehicles on a curved track[J]. European Journal of Mechanics,A/Solids,1998,17(6):1001-1020.

[57] KUFVER B,ANDERSSON E. Optimisation of length of transition curves with vehicle reaction taken into consideration[J]. Transactions on the Built Environment,1998,34:33-42.

[58] KUFVER B. Optimisation of single horizontal curves in railway alignments[R]. TRITA-FKT Report,1997.

[59] UM J H,CHOI I Y,YANG S C,et al. Optimization of alignment considering ride comfort for superimposition of vertical and horizontal curves[J]. Proceedings of the Institution of Mechanical Engineers,Part F:Journal of Rail and Rapid Transit,2011,255(6):649-662.

[60] 龙许友.高速铁路线路参数对车线动力响应影响分析及参数优化与匹配研究[D].北京:北京交通大学,2008.

[61] 龙许友,时瑾,王英杰,等.高速铁路线路线形动力仿真及乘坐舒适度评价[J].铁道科学与工程学报,2012,9(3):26-33.

[62] LONG XUYOU,WEI QINGCHAO,ZHENG FANGYUAN. Dynamic analysis of railway transition curves[J]. Proceedings of the Institution of Mechanical Engineers,Part F:Journal of Rail and Rapid Transit,2010,224(1):1-14.

[63] 龙许友,时瑾,王英杰.重载铁路线路平纵断面关键参数研究[J].铁道工程学报,2016,208(1):30-35.

[64] LONG X Y,WEI Q C,SHI J,et al. Dynamic analysis of slab track due to high speed trains[C]//Environmental Vibration:Prediction,Monitoring and Evaluation,Beijing,2009.

[65] 龙许友,时瑾,方文珊.高速铁路纵断面设置对乘坐舒适性影响评价[J].铁道工程学报,2015,32(4):48-53.

[66] 王英杰,时瑾,龙许友,等.高速铁路人车系统动力响应及乘客舒适性评价[J].中南大学学报:自然科学版,2013,44(7):3046-3052.

[67] 时瑾,龙许友,王英杰.重载铁路桥上反向曲线地段列车运行引起的动力响应分析及参数设置研究[J].铁道学报,2016,38(2),119-126.

[68] GAO Y,SHI J,LU C,et al. A two-step composite time integration scheme for vehicle-track interaction analysis considering contact separation[J]. Shock and Vibration,2019:1-13.

[69] SHI JIN,HOU DEFENG. Reliability assessment of a curved heavy-haul railway track-bridge system [J]. Structure and Infrastructure Engineering,2020,16(3):465-480.

[70] SHI J,GAO Y,LONG X,et al. Optimizing rail profiles to improve metro vehicle-rail dynamic performance considering worn wheel profiles and curved tracks[J]. Structural and Multidisciplinary Optimization,2021 (63):419-438.

[71] 时瑾,孙征南,孙宪夫,等. 现行 350 km/h 高铁线路技术条件运营 400 km/h 高速列车适应性研究[J]. 铁道科学与工程学报,2021,17(9):2171-2180.

[72] SHI J,MA D,GAO Y. Interaction dynamic response of a high-speed train moving over curved bridges with deficient or surplus superelevation[J]. International Journal of Structural Stability and Dynamics, 2021,21(8):2150103.

[73] NEVES S G M,MONTENEGRO P A,AZEVEDO A F M,et al. A direct method for analyzing the nonlinear vehicle-structure interaction[J]. Engineering Structures,2014,69:83-89.

[74] BELL C E,HORAK D,HEDRICK J K. Stability and curving mechanics of rail vehicles[J]. Journal of Dynamic Systems,Measurement,and Control,1981,103(3):181-190.

[75] KUO C M,HUANG C H,CHEN Y Y. Vibration characteristics of floating-slab track[J]. Journal of Sound and Vibration,2008,317:1017-1034.

[76] YANG Y B,YAU J D. Vehicle-bridge interaction element for dynamic analysis[J]. Journal of Structural Engineering,1997,123(11):1512-1518.

[77] DONG R G,SANGKAR S. DUKKIPATI R V. A finite element model of railway track and its application to the wheel flat problem[J]. Proceedings of the Institution of Mechanical Engineers,Part F:Journal of Rail and Rapid Transit,1994,208:61-72.

[78] NEWTON S G, CLARK R A. An investigation into the dynamic effects on the track of wheelflats on railway vehicles[J] . ARCHIVE Journal of Mechanical Engineering Science 1959-1982 (vols 1-23), 1979, 21(4):287-297.

[79] KORTUM W. Review of multibody computer codes for vehicle system dynamics[J]. Vehicle System Dynamics,1993,22(S1):3-31.

高速铁路基础研究与技术创新丛书

第一期(16 册)

(一)基础理论与基础技术系列

高速铁路散体道床宏细观力学行为 赵春发　翟婉明　张　徐　著

ISBN 978-7-113-28857-0

高速铁路线路系统动力学 龙许友　时　瑾　王英杰　编著

ISBN 978-7-113-28997-3

高速铁路弓网关系研究 韩通新　著

ISBN 978-7-113-28941-6

(二)动车组系列

高速列车轻量化设计 李　明　伊召锋　米莉艳　等编著

ISBN 978-7-113-28972-0

(三)供电系列

高速铁路受电弓 韩通新　编著

ISBN 978-7-113-28975-1

高速铁路接触网检测技术 韩通新　著

ISBN 978-7-113-28961-4

(四)工程设计系列

高速铁路桥梁抗震设计 陈兴冲　张永亮　编著

ISBN 978-7-113-28964-5

高速铁路轨道工程 BIM 正向设计软件开发与实践 姚　力　刘大园　董凤翔　等编著

ISBN 978-7-113-28934-8

(五)工程施工与组织系列

高速铁路桥梁 BIM 技术研究与实践 盛黎明　苏　伟　刘延宏　宋树峰　编著

ISBN 978-7-113-28938-6

高速铁路岩溶路基边坡变形与稳定 白明洲　师　海　田　岗　等编著

ISBN 978-7-113-28880-8

高速铁路工程地质灾害超前预报图形判别和解译　　李　忠　郝娜娜　等编著

ISBN 978-7-113-28935-5

（六）通信与列控系列

高速铁路宽带无线信道测量与建模技术　　周　涛　何睿斯　艾　渤　编著

ISBN 978-7-113-28930-0

（七）测量与检测系列

（八）高铁运营与经济系列

高速铁路社会效益研究——基于时空经济分析　　李红昌　夏璇璇　著

ISBN 978-7-113-28942-3

（九）现代信息技术系列

高速铁路物联网技术　　史天运　孙　鹏　张惟皎　陈瑞凤　编著

ISBN 978-7-113-29029-0

（十）安全·健康·维护系列

高速铁路道砟飞溅机理及防治　　高　亮　石顺伟　殷　浩　著

ISBN 978-7-113-28906-5

高速列车多目标均衡综合节能技术　　张　雷　李　明　司志强　等编著

ISBN 978-7-113-28976-8